现行铁路工程设计规范大全

第二册　路　　基

中国铁道出版社有限公司

2019年·北　京

图书在版编目(CIP)数据

现行铁路工程设计规范大全. 第二册,路基/中国铁道出版社有限公司汇编. —北京:中国铁道出版社有限公司,2019.5

ISBN 978-7-113-24822-2

Ⅰ.①现… Ⅱ.①中… Ⅲ.①铁路工程-设计规范-中国②铁路路基-设计规范-中国 Ⅳ.①U2-65

中国版本图书馆 CIP 数据核字(2019)第 082959 号

书　　名:**现行铁路工程设计规范大全　第二册　路基**
作　　者:中国铁道出版社有限公司

策　　划:江新锡　程东海　王　健
责任编辑:陶赛赛　　　　**编辑部电话**:010-51873065
封面设计:郑春鹏
责任校对:苗　丹
责任印制:高春晓

出版发行:中国铁道出版社有限公司(100054,北京市西城区右安门西街 8 号)
网　　址:http://www.tdpress.com
印　　刷:北京铭成印刷有限公司
版　　次:2019 年 5 月第 1 版　2019 年 5 月第 1 次印刷
开　　本:787 mm×1 092 mm　1/16　印张:31　字数:766 千
书　　号:ISBN 978-7-113-24822-2
定　　价:98.00 元

前　　言

设计是工程建设的灵魂,设计规范是设计的依据。广大铁路工程技术人员按照"以人为本、服务运输、强本简末、系统优化、着眼发展"的铁路建设理念,结合工程具体情况,因地制宜,充分发挥主观能动性,积极采用安全、可靠、先进、成熟、经济、适用的新技术,经过多年的经验积累,形成了一套完整的设计规范体系,为铁路工程设计提供了坚实的基础。

为了方便铁路工程建设者更好地学习,掌握铁路工程设计规范,并在铁路工程建设过程中准确地执行、运用规范,保证规范的权威性、严肃性落到实处,我们对现行的铁路工程设计规范按专业进行了系统整理,现汇编出版,供各级领导干部、工程技术人员、管理人员等使用。

本大全收录了截至2019年4月已发布的现行铁路工程设计规范73种,按专业分册出版发行。全套分为:综合(上、下册),路基,桥涵,隧道,线路、轨道,通信,信号、信息,电力、电牵、机务车辆,房建、站场及其他,计10分册。

随着铁路技术装备的更新和设计理论的进一步发展,设计规范也不断地修订和完善,读者在使用本套大全的过程中,应注意相关设计规范的变化情况,并及时更新相应内容。

在本大全编辑过程中,对原版中的内容进行了勘误。由于汇编人员水平有限,不当之处在所难免,敬请读者不吝赐教,以利改进。

2019年4月

总　目　录

UDC

TB

中华人民共和国行业标准

P

TB 10001 —2016
J 447 —2017

铁 路 路 基 设 计 规 范

Code for Design of Railway Earth Structure

2016-12-20 发布　　2017-04-01 实施

国 家 铁 路 局　　发 布

国家铁路局关于发布铁道行业标准的公告

（工程建设标准2016年第10批）

国铁科法〔2016〕50号

现公布《铁路路基设计规范》(TB 10001—2016)行业标准,自2017年4月1日起实施。《铁路路基设计规范》(TB 10001—2005)同时废止。

以上标准由中国铁道出版社出版发行。

国家铁路局

2016年12月20日

前　言

本规范是根据国家铁路局构建铁路工程建设标准体系的要求，为满足铁路建设和发展需要，统一铁路路基设计标准，提高铁路路基设计水平，保障铁路路基安全与质量，在《铁路路基设计规范》TB 10001—2005 等规范的基础上，总结近年来我国高速、城际、客货共线和重载铁路路基建设、运营的实践经验和科研成果，借鉴了国内外有关标准的规定，在广泛征求意见的基础上，全面修订而成。

本规范贯彻落实了安全优先的原则，强化了质量安全、节约资源、保护环境以及防灾减灾等技术要求，结合我国国情、经济社会发展水平，合理确定了不同运输性质类型、不同速度等级铁路路基的主要设计标准，进一步提升了规范的科学性和技术经济合理性。

本规范共分 16 章，内容包括：总则、术语和符号、基本规定、设计荷载、工程材料、基床、路堤、路堑、过渡段、地基处理、支挡结构、路基防护、路基防排水、改建既有线与增建第二线铁路路基、取（弃）土场及土石方调配、路基接口设计等，另有 6 个附录。

本次修编的主要内容有：

1. 明确了本规范适用于高速铁路、城际铁路、客货共线Ⅰ级和Ⅱ级铁路、重载铁路的标准轨距路基设计，规定了铁路列车荷载确定原则和采用荷载图式的要求，补充了地基处理和支挡结构的设计原则，完善了工程材料的选择、过渡段的设置以及路基排水等方面要求。

2. 补充了路基稳定及沉降控制标准、变形观测与评估、设计使用年限等内容；补充完善了路基面形状和宽度的相关规定。

3. 规定了荷载分类、荷载组合，并对轨道荷载、列车荷载、结构重力、土压力、附加力、特殊力等进行了规定。

4. 修改完善了填料的分类和要求，补充了对石料、混凝土、水泥砂浆、钢材、土工合成材料等的规定。

5. 补充了基床结构计算公式，修改完善了路基基床填料的种类和粒径要求，调整了压实控制指标的种类，修改了基床底层范围的天然地基基本承载力标准。

6. 规定了路堤边坡控制高度、浸水路基填料使用、寒冷地区填料采用，并调整了压实控制指标的种类。

7. 补充了按路堤式路堑结构形式设计的要求。

8. 补充倒梯形的过渡段型式，并修改完善了过渡段设置的要求。

9. 补充了地基处理的主要技术要求和常用措施的使用条件。

10. 规定了支挡结构的主要技术要求和常用措施及适用范围。

11. 补充完善了植物防护、骨架护坡、实体护坡（墙）、孔窗式护坡（墙）、锚杆框架梁护坡、喷射混凝土（砂浆）护坡、防护网、防护网、土工合成材料防护、风沙及雪害地区路基平面防护、路基保温防护等防护形式的设计要求。

12. 补充完善了地面水和地下水的防排水要求。

13. 补充完善了改建既有线与增建第二线路基的设计原则,明确改建既有线路基采取的措施,帮宽顶部宽度调整为不宜小于 1.0 m。

14. 明确了取(弃)土场的设置要求和土石方调配干扰类型,规定了土石方调配要求。

15. 补充完善了安全防护设施、电缆槽、养路机械作业平台、接触网支柱基础、综合接地系统等方面的要求。

16. 取消了附录 A 关于铁路建设用地的相关内容。

在执行本规范过程中,希望各单位结合工程实践,认真总结经验、积累资料。如发现需要修改和补充之处,请及时将意见和有关资料寄交中铁第一勘察设计院集团有限公司(陕西省西安市西影路 2 号,邮政编码:710043),并抄送中国铁路经济规划研究院(地址:北京市海淀区北蜂窝路乙 29 号,邮政编码:100038),供今后修订时参考。

本规范由国家铁路局科技与法制司负责解释。

主编单位:中铁第一勘察设计院集团有限公司。

参编单位:中国铁道科学研究院、中铁二院工程集团有限公司、铁道第三勘察设计院集团有限公司、中铁第四勘察设计院集团有限公司。

主要起草人:薛增利、王应铭、张宗堂、杨常所、王向阳、姚宏乐、王仲锦、罗一农、吴连海、周宏元、胡三喜、葛建军、田士军、曹元平、朱　莹、庞应刚、姚洪锡、朱树念、刘会娟、张劲松、王金艳。

主要审查人:李海光、顾湘生、曾会欣、刘　燕、彭泽仁、周诗广、刘　珣、余　雷、詹志雄、尤昌龙、张千里、李　响、李　成、李安洪、姚裕春、崔维孝、赵新益、曾长贤、郭绍影、杜文山、钱国玉、田　杨、杨鹏健、胡　建、吴　波、何贤军、唐　红、罗　强。

本规范的历次版本发布情况:《铁路路基设计规范》TBJ 1—85;TB 10001—99;TB 10001—2005。

目　次

1 总　　则

1.0.1 为统一铁路路基设计技术标准,使路基设计符合安全可靠、技术先进、经济合理的要求,制定本规范。

1.0.2 本规范适用于高速铁路、城际铁路、客货共线Ⅰ级和Ⅱ级铁路、重载铁路的标准轨距路基设计。

1.0.3 路基工程应按土工结构物进行设计,确保其满足强度、稳定性和耐久性的要求,并符合环境保护、水土保持、文物保护等的相关要求。

1.0.4 路基工程应通过地质调绘、综合勘探、试验和分析,查明路基基底、路堑边坡、支挡结构地基等的岩土结构及物理力学性质,查明填料性质和分布,在取得可靠的地质资料基础上开展设计。

1.0.5 路基工程设计宜避免高填、深挖、长路堑,绕避不良地质条件的地段。在进行路基与桥梁、隧道工程比选工作中,应从技术条件、施工条件、占用土地、可能造成的环境和社会影响、城镇建设规划、建设投资与运营养护费用等方面综合分析,确定工程类型。

1.0.6 铁路列车荷载应根据铁路运输特征、移动装备情况、设计速度等确定,高速铁路宜采用 ZK 荷载图式、城际铁路宜采用 ZC 荷载图式、客货共线铁路宜采用 ZKH 荷载图式、重载铁路宜采用 ZH 荷载图式。客货共线铁路货运特征达到重载铁路标准时,应采用 ZH 荷载图式。

1.0.7 路基工程设计应根据铁路等级、路基结构等因素,因地制宜、合理选用工程材料,并应符合路基工程的应用条件和使用要求。路基填料应作为工程材料进行勘察设计,合理确定土石方调配方案。

1.0.8 路基工程设计应考虑路基与桥梁、横向结构物、隧道等工程及路基不同结构之间的衔接过渡。

1.0.9 路基工程的地基处理措施应根据铁路等级、地质条件、环境要求、路堤高度、填料、建设工期等确定,并应满足路基稳定和工后沉降等要求。

1.0.10 路基支挡结构应根据地质条件、轨道荷载及列车荷载等进行设计,并考虑大气降水、地下水、周边环境等自然因素的影响。

1.0.11 路基工程应有完整、系统、通畅的排水设施,并与铁路桥涵、隧道、站场及地方排水系统合理衔接。

1.0.12 路基上设置的接触网支柱基础、声屏障基础、电缆槽、过轨管线及综合接地等结构,应与路基工程同步设计、协调施工,保证路基的完整性、稳定性。

1.0.13 路基工程应推广采用安全可靠的新技术、新结构、新材料和新工艺。

1.0.14 路基用地应符合国家建设用地政策和有关规定,贯彻节约用地的原则,满足路基稳定、排水设施及防护栅栏设置等要求。

1.0.15 铁路路基设计除应符合本规范外,尚应符合国家现行有关标准的规定。

2　术语和符号

2.1　术　　语

2.1.1　路基　earth structure

经开挖或填筑而形成的直接支承轨道结构的土工结构物。

2.1.2　路堤　embankment

在地面上用土、石填筑的路基。

2.1.3　路堑　cutting

自地面向下开挖的路基。

2.1.4　路肩　subgrade shoulder

路基面两侧无道床覆盖的部分。

2.1.5　路肩高程　elevation of subgrade shoulder

路肩外缘的高程。

2.1.6　路基面宽度　width of formation surface

路基面两侧路肩外缘之间的水平距离。

2.1.7　基床　subgrade bed

路肩高程以下、受列车荷载作用影响显著的路基上部结构。基床由表层和底层组成。

2.1.8　横向结构物　lateral structure

横穿铁路路基的涵洞、框架桥、刚架桥(刚构桥)等结构物的总称。

2.1.9　过渡段　transition section

路基与桥台、横向结构物、隧道及路堤与路堑等衔接处,需作特殊处理的地段。

2.1.10　路基工后沉降　post-construction settlement of subgrade

铺轨工程完成后路基的沉降量。

2.1.11　沉降评估　settlement evaluation

根据沉降观测数据,结合地质条件、地基处理措施,综合分析评价路基沉降是否满足要求的过程。

2.1.12　压实系数　compacting factor

填料压实后的干密度与重型击实试验得出的最大干密度的比值。

2.1.13　地基系数 K_{30}　foundation deformation coefficient K_{30}

通过试验测得的直径 30 cm 荷载板下沉 1.25 mm 时对应的荷载强度(MPa)与其下沉量(mm)的比值。

2.1.14　原土料　original soil

在取土场开采的或在路堑、隧道直接挖出的,未经加工的土料。

2.1.15　普通填料　ordinary filler

颗粒级配及技术性能满足填料要求可直接填筑的原土料,或经简单筛分、拌和后能满足填筑要求的原土料。

2.1.16 改良土 improved soil

通过在原土料中掺入砂、砾石、碎石或石灰、水泥、粉煤灰等材料以提高其工程特性的混合料。

2.1.17 物理改良土 physical improved soil

原土料经过破碎、筛分或掺入砂、砾(碎)石等材料并拌和均匀,以改变填料的颗粒级配、改善工程性能的混合土料。

2.1.18 化学改良土 chemically-improved soil

通过在原土料中掺入石灰、水泥、矿物掺合料等材料改变填料的化学成分,以改善其工程性能的混合料。

2.1.19 级配碎石 graded crushed stone

不同粒径的碎石、砾石集料和石屑按一定比例配制的混合料,其颗粒组成、材质符合规定的要求。

2.1.20 渗水土 permeable soil

细粒土含量小于 10%、渗透系数大于 1×10^{-5} m/s 的巨粒土、粗粒土(细砂除外)。

2.1.21 土工合成材料 geosynthetics

用于土木工程的以合成聚合物为原料的各类材料的总称。

2.1.22 最优含水率 optimum moisture content

击实试验所得的干密度与含水率关系曲线上峰值点对应的含水率。

2.1.23 地基处理 ground treatment

提高地基承载力、改善其变形性能或渗透性能而采取的技术措施。

2.1.24 散体材料桩复合地基 granular column composite foundation

以砂桩、砂石桩和碎石桩等散体材料桩作为竖向增强体的复合地基。

2.1.25 柔性桩复合地基 flexible pile composite foundation

以柔性桩作为竖向增强体的复合地基。

2.1.26 刚性桩复合地基 rigid pile composite foundation

以摩擦型刚性桩作为竖向增强体的复合地基。

2.1.27 支挡结构 retaining structure

支承侧向土压力或抵御土体滑动的结构物。

2.1.28 边坡稳定系数 stability factor of slope

边坡稳定性分析中,土体沿某一滑动面的抗滑力(矩)和滑动力(矩)之比值。

2.1.29 护坡 revetment;slope protection

为防止路基边坡(缓于 1∶1.0)坡面风化、剥落、溜坍、冲刷而设的防护工程。

2.1.30 护墙 protecting wall

为防止路堑边坡[(1∶0.5)~(1∶1.0)]坡面风化、剥落、溜坍、冲蚀,但不承受土压力的防护结构。

2.1.31 植物防护 plant protection

利用灌木、乔木或草等植物的叶、茎和根系与被保护土共同作用,达到稳固土体、保持水土及改善环境的目的。

2.1.32 侧沟 side drain

紧靠路堑的路肩外侧，用以排除路基面及堑坡水的明沟。

2. 1. 33 天沟 overhead ditch

设于堑顶外，排除地面水、山坡水的明沟。

2. 1. 34 排水沟 drainage ditch

设于路堤坡脚外，排除地面水、山坡水的明沟。

2. 1. 35 截水沟 intercepting ditch

设于路堑边坡平台上，截排上部边坡水的明沟。

2. 1. 36 渗沟 blind drain

用以降低、截引地下水的渗水暗沟。

2.2 符 号

C_c——曲率系数

C_u——不均匀系数

d_{85}——较细一层土的颗粒粒径，小于该粒径的土重占总土重的 85%

D_{15}——较粗一层土的颗粒粒径，小于该粒径的土重占总土重的 15%

K——重型击实试验压实系数

E_{vd}——动态变形模量

σ_0——基本承载力

R_c——饱和单轴抗压强度

I_P——塑性指数

ω_L——液限含水率，简称液限

M10——立方体试块 28 d 龄期的极限抗压强度标准值为10 MPa的水泥砂浆强度等级

MU20——立方体试块在饱和湿度条件下、极限抗压强度标准值为 20 MPa 的石料强度等级

C30——立方体抗压强度标准值为 30 MPa 的混凝土强度等级

HRB400——强度级别为 400 MPa 的普通热轧带肋钢筋

3 基本规定

3.1 路肩高程

3.1.1 路肩高程受洪水位或潮水位控制时,设计洪水位或设计潮水位应按下列规定确定:

1 设计洪水频率标准应采用1/100。观测洪水(含调查洪水)频率小于设计洪水频率时,应按观测洪水频率设计;观测洪水频率小于1/300时,应按1/300频率设计。

2 滨海路堤的设计潮水位,应采用重现期为100年一遇的高潮位。滨海路堤兼作水运码头时,还应按水运码头设计要求确定设计最低潮位。

3 在淤积严重或有特殊要求的水库地段,应在可行性研究阶段确定洪水频率标准。

4 改建既有线与增建第二线的洪水频率,应根据多年运营和水害情况在可行性研究阶段确定。

3.1.2 滨河、河滩路堤的路肩高程应大于设计洪水位、壅水高(包括河道卡口或建筑物造成的壅水、河湾水面超高)、波浪侵袭高或斜水流局部冲高、河床淤积影响高度、安全高度等之和。其中波浪侵袭高与斜水流局部冲高应取二者中之大值。

3.1.3 水库路基的路肩高程,应大于设计水位、波浪侵袭高、壅水高(包括水库回水及边岸壅水)、安全高度等之和。当按规定洪水频率计算的设计水位低于水库正常高水位时,应采用水库正常高水位作为设计水位。

3.1.4 滨海路堤,当顶部未设防浪胸墙时,其路肩高程应大于设计高潮水位、波浪侵袭高(波浪爬高)、安全高度等之和;当设有防浪胸墙时,路肩高程应大于设计高潮位与安全高度之和。

3.1.5 地下水水位或地面积水水位较高地段的路基,其路肩高程应大于最高地下水水位或最高地面积水水位、毛细水强烈上升高度、安全高度等之和。

3.1.6 季节性冻土地区路基的路肩高程应大于冻前地下水水位或冻前地面积水水位、毛细水强烈上升高度、有害冻胀深度、安全高度等之和。

3.1.7 盐渍土路基的路肩高程应大于最高地下水水位或最高地面积水水位、毛细水强烈上升高度、蒸发强烈影响深度、安全高度等之和。当盐渍土路基存在季节性冻害时,应按本规范第3.1.6条和本条的规定分别计算路肩高程,取二者中之大值。

3.1.8 当路基采取降低水位、设置毛细水隔断层等措施时,路肩高程可不受本规范第3.1.5条~3.1.7条规定的限制。

3.1.9 本规范第3.1.2条~3.1.7条中安全高度宜取0.5 m。

3.2 路基面形状和宽度

3.2.1 路基面形状设置应符合下列规定:

1　有砟轨道路基面形状应设计为三角形，两侧横向排水坡不宜小于 4%。

2　无砟轨道支承层（或底座）底部范围内路基面可水平设置，支承层（或底座）外侧路基面应设置不小于 4% 的横向排水坡。

3.2.2　有砟轨道两侧路肩宽度应根据设计速度、边坡稳定、养护维修、路肩上设备设置要求等条件综合确定，并符合下列规定：

1　客货共线设计速度 200 km/h 铁路不应小于 1.0 m、设计速度 200 km/h 以下铁路不应小于 0.8 m。

2　高速铁路双线不应小于 1.4 m，单线不应小于 1.5 m。

3　城际铁路不应小于 0.8 m。

4　重载铁路路堤不应小于 1.0 m，路堑不应小于 0.8 m。

3.2.3　区间路基面宽度应根据设计速度、轨道类型、正线数目、线间距、曲线加宽、路肩宽度、养路形式、电缆槽、接触网支柱类型和基础类型等因素计算确定，必要时应考虑声屏障基础的设置。

3.2.4　客货共线非电气化铁路直线地段标准路基面宽度应按下列方法计算确定。

1　单线标准路基面宽度应按式（3.2.4—1）、式（3.2.4—2）计算，如图 3.2.4—1 所示。

$$B = A + 2x + 2c \qquad (3.2.4\text{—}1)$$

$$x = \frac{h + \left(\frac{A}{2} - \frac{1.435 + g}{2}\right) \times 0.04 + e}{\frac{1}{m} - 0.04} \qquad (3.2.4\text{—}2)$$

式中　B——路基面宽度（m）；

A——单线地段道床顶面宽度（m）；

m——道床边坡坡率，正线道床一般取 1.75；

h——钢轨中心的轨枕底以下的道床厚度（m）；

e——轨枕埋入道砟深度（m），Ⅲ型混凝土轨枕取 0.185 m，Ⅱ型混凝土轨枕取 0.165 m；

g——轨头宽度（m），75 kg/m 轨取 0.075 m，60 kg/m 轨取 0.073 m；

c——路肩宽度（m）；

x——砟肩至砟脚的水平距离（m）。

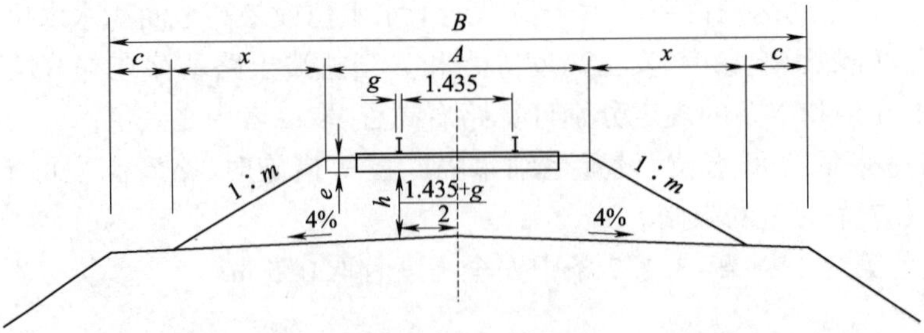

图 3.2.4—1　非电气化单线铁路直线地段标准横断面示意图

2　双线标准路基面宽度应按式（3.2.4—3）、式（3.2.4—4）计算，如图 3.2.4—2 所示。

$$B=2\left(c+x+\frac{A}{2}\right)+D \tag{3.2.4—3}$$

$$x=\frac{h+\left(\frac{A}{2}+\frac{1.435+g}{2}\right)\times 0.04+e}{\frac{1}{m}-0.04} \tag{3.2.4—4}$$

式中 D——双线线间距(m)；

h——靠近路基面中心侧的钢轨中心处轨枕底以下的道床厚度(m)。

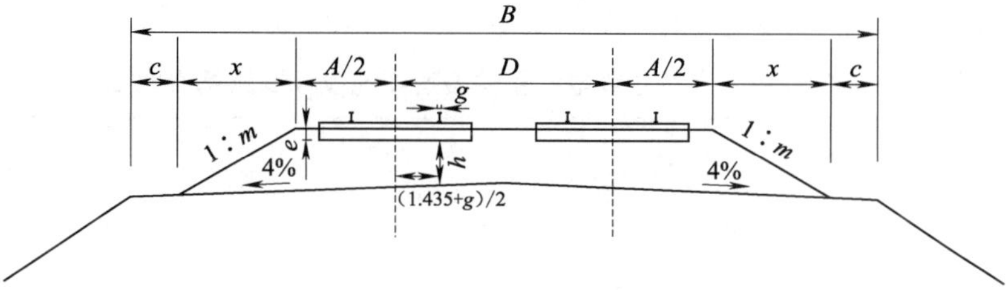

图 3.2.4—2 非电气化双线铁路直线地段标准横断面示意图

3 常用客货共线非电气化铁路直线地段标准路基面宽度可按表 3.2.4 取值。

表 3.2.4 客货共线非电气化铁路直线地段标准路基面宽度

项目		单位	Ⅰ级铁路								Ⅱ级铁路	
设计速度		km/h	200		160			120	≤120			
双线线间距		m	4.4		4.2			4.0	4.0			
单线道床顶面宽度		m	3.5		3.4			3.4	3.4			
道床结构		层	单		双	单		双	单		双	单
道床厚度		m	0.35	0.30	0.50	0.35	0.30	0.50	0.35	0.30	0.45	0.30
路基面宽度	单线	m	7.7	7.5	7.8	7.2	7.0	7.8	7.2	7.0	7.5	7.0
	双线	m	12.3	12.1	12.2	11.6	11.4	12.0	11.4	11.2	11.7	11.2

注：表中路基面宽度按下列条件计算确定，如有变化，应计算调整路基面宽度：

(1)无缝线路轨道、60 kg/m 钢轨。

(2)Ⅰ级铁路采用Ⅲ型混凝土枕，Ⅱ级铁路采用新Ⅱ型混凝土枕。

3.2.5 客货共线电气化铁路直线地段标准路基面宽度应按式(3.2.5)、图 3.2.5 计算确定，当计算值小于非电气化铁路路基面宽度时，按非电气化铁路路基面宽度采用。常用电气化铁路直线地段标准路基面宽度可按表 3.2.5—1 取值；高速铁路、城际铁路、重载铁路标准路基面宽度可分别按表 3.2.5—2～表 3.2.5—4 取值。

$$B=2\left(D_1+\frac{E}{2}+\frac{F}{2}+0.25\right)+D \tag{3.2.5}$$

式中 D_1——路基面处接触网支柱内侧至线路中心的距离(m)；

E——接触网支柱在路基面处的宽度(m)；

F——接触网支柱基础在路基面处的宽度(m)；

D——双线线间距(m)。

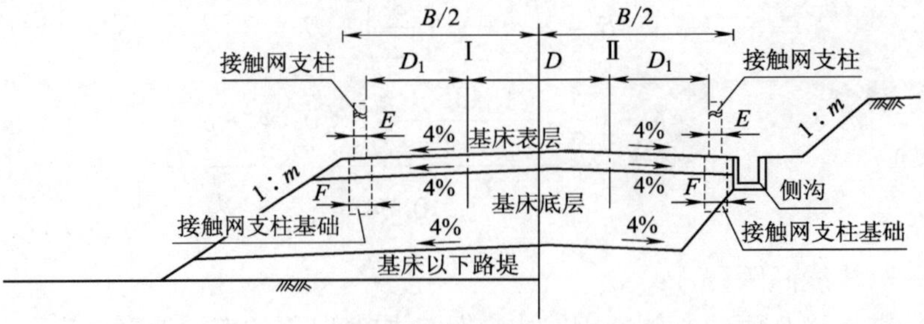

图 3.2.5　电气化铁路直线地段标准横断面示意图

表 3.2.5—1　客货共线电气化铁路直线地段标准路基面宽度

项目		单位	Ⅰ级铁路								Ⅱ级铁路	
设计速度		km/h	200		160			120			≤120	
双线线间距		m	4.4		4.2			4.0			4.0	
单线道床顶面宽度		m	3.5		3.4			3.4			3.4	
道床结构		层	单		双	单		双	单		双	单
道床厚度		m	0.35	0.30	0.50	0.35	0.30	0.50	0.35	0.30	0.45	0.30
路基面宽度	单线	m	8.1 (7.7)	8.1 (7.7)	8.1 (7.8)	8.1 (7.7)	8.1 (7.7)	8.1 (7.8)	8.1 (7.7)	8.1 (7.7)	8.1 (7.7)	8.1 (7.7)
	双线	m	12.5 (12.3)	12.5 (12.1)	12.3 (12.2)	12.3 (11.9)	12.3 (11.9)	12.1 (12.0)	12.1 (11.7)	12.1 (11.7)	12.1 (11.8)	12.1 (11.7)

注：1　表中路基面宽度按下列条件计算确定，如有变化，应计算调整路基面宽度：

(1)路基面处接触网支柱内侧至线路中心的距离为 3.1 m。

(2)无缝线路轨道、60 kg/m 钢轨。

(3)Ⅰ级铁路采用Ⅲ型混凝土枕，Ⅱ级铁路采用新Ⅱ型混凝土枕。

2　括号外为采用横腹杆式接触网支柱时路基面宽度，括号内为采用环形等径支柱时路基面宽度。

表 3.2.5—2　高速铁路标准路基面宽度

项　　目		单位	有砟轨道			无砟轨道		
设计速度		km/h	350	300	250	350	300	250
双线线间距		m	5.0	4.8	4.6	5.0	4.8	4.6
道床厚度		m	0.35	0.35	0.35	—	—	—
路基面宽度	单线	m	8.8	8.8	8.8	8.6	8.6	8.6
	双线	m	13.8	13.6	13.4	13.6	13.4	13.2

注：表中路基面宽度计算时按路肩设电缆槽考虑，如有变化，应计算调整路基面宽度。

表 3.2.5—3　城际铁路直线地段标准路基面宽度

项　　目	单位	有砟轨道			无砟轨道		
设计速度	km/h	200	160	120	200	160	120
双线线间距	m	4.2	4.0	4.0	4.2	4.0	4.0

续上表

项　目			单位	有砟轨道						无砟轨道		
道床结构			层	单		单	双	单	双	—	—	—
道床厚度			m	0. 30	0. 35	0. 30	0. 50	0. 30	0. 45	—	—	—
路基面宽度	单线	路肩上不设电缆槽	m	7. 3	7. 3	7. 3	7. 8	7. 3	7. 6	6. 1	6. 1	6. 1
		路肩上设电缆槽	m	7. 3	7. 3	7. 3	7. 8	7. 3	7. 6	6. 1	6. 1	6. 1
	双线	路肩上不设电缆槽	m	11. 5	11. 7	11. 3	12. 0	11. 3	11. 8	10. 3	10. 1	10. 1
		路肩上设电缆槽	m	13. 0	13. 0	12. 8	12. 8	12. 8	12. 8	11. 8	11. 6	11. 6

注：表中数值是按路基面处接触网支柱内侧至线路中心的距离有砟轨道为3. 1 m、无砟轨道为2. 5 m计算的，如有变化时，应计算调整路基面宽度。

表 3. 2. 5—4　重载铁路直线地段标准路基面宽度

项　目			单位	有砟轨道			
双线线间距			m	4. 0			
道床结构			层	单		双	
道床厚度			m	0. 35	0. 30	0. 55	0. 50
路基面宽度	单线	路堤	m	8. 1	8. 1	8. 5	8. 3
		路堑	m	8. 1	8. 1	8. 1	8. 1
	双线	路堤	m	12. 1	12. 1	12. 7	12. 5
		路堑	m	12. 1	12. 1	12. 3	12. 1

注：表中数值是按路基面处接触网支柱内侧至线路中心的距离为 3. 1 m 计算的，如有变化时，应计算调整路基面宽度。

3. 2. 6 客货共线电气化铁路路基面设置电缆槽时，路基面宽度应符合下列规定：

1 单线铁路路基电缆槽与接触网支柱宜分侧设置，如图 3. 2. 6—1所示。

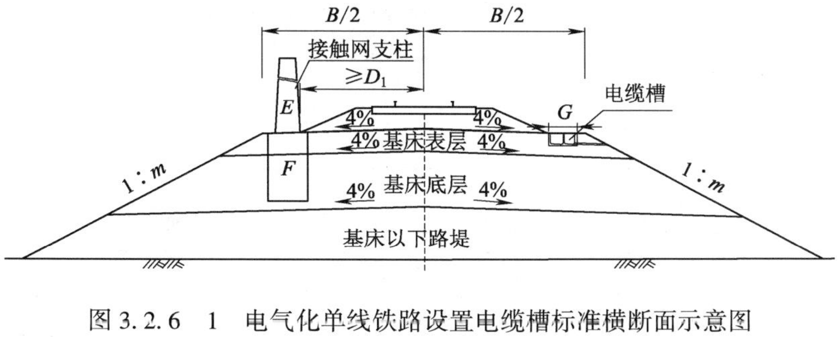

图 3. 2. 6　1　电气化单线铁路设置电缆槽标准横断面示意图

2 双线铁路路堑电缆槽宜设置于侧沟平台，路基面宽度按本规范第 3. 2. 5 条确定。

3 双线铁路路堤电缆槽设置于路肩，路基面宽度应根据电缆槽尺寸及与接触网支柱的位置关系，按式(3. 2. 6)计算确定，如图 3. 2. 6—2所示。

$$B=2\left(D_1+\frac{E}{2}+\frac{F}{2}+0.02+G\right)+D \qquad (3.2.6)$$

式中　G——电缆槽结构宽度(m)。

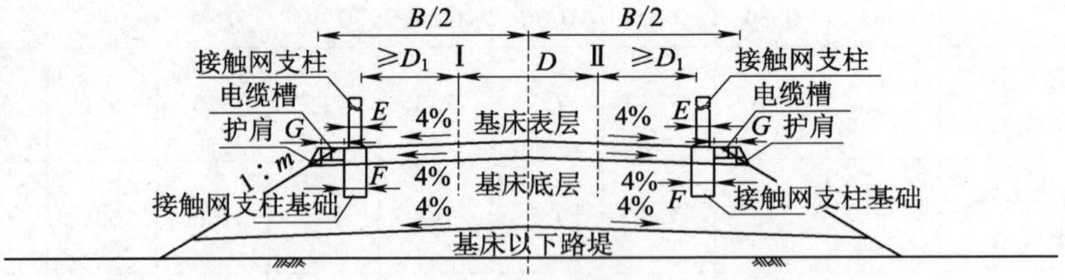

图 3.2.6—2　电气化双线铁路设置电缆槽标准横断面示意图

3.2.7　客货共线铁路区间单、双线曲线地段的路基面宽度,应在本规范第 3.2.4 条、第 3.2.5 条规定基础上在曲线外侧按表 3.2.7—1的数值加宽;有砟轨道高速铁路、有砟轨道城际铁路、重载铁路区间单、双线曲线地段的路基面宽度,应在本规范表 3.2.5—2～表 3.2.5—4 基础上在曲线外侧按表 3.2.7—2～表 3.2.7—4的数值加宽,加宽值应在缓和曲线范围内线性递减。

表 3.2.7—1　客货共线铁路曲线地段路基面加宽值

铁路等级	设计速度(km/h)	曲线半径 R(m)	路基面外侧加宽值(m)
Ⅰ级铁路	200	2 800≤R<3 500	0.4
		3 500≤R≤6 000	0.3
		R>6 000	0.2
	160	1 600≤R≤2 000	0.4
		2 000<R<3 000	0.3
		3 000≤R<10 000	0.2
		R≥10 000	0.1
	120	800≤R<1 200	0.4
		1 200≤R<1 600	0.3
		1 600≤R<5 000	0.2
		R≥5 000	0.1
Ⅱ级铁路	120	800≤R<1 200	0.4
		1 200≤R<1 600	0.3
		1 600≤R<5 000	0.2
		R≥5 000	0.1

表 3.2.7—2　有砟轨道高速铁路曲线地段路基面加宽值

设计速度(km/h)	曲线半径 R(m)	路基面外侧加宽值(m)
250	R<4 000	0.6
	4 000≤R<5 000	0.5
	5 000≤R<7 000	0.4
	7 000≤R<10 000	0.3
	R≥10 000	0.2

续上表

设计速度(km/h)	曲线半径 R(m)	路基面外侧加宽值(m)
300	R<5 000	0.6
	5 000≤R<7 000	0.5
	7 000≤R<9 000	0.4
	9 000≤R<14 000	0.3
	R≥14 000	0.2
350	R<6 000	0.6
	6 000≤R<9 000	0.5
	9 000≤R<12 000	0.4
	R≥12 000	0.3

表 3.2.7—3 有砟轨道城际铁路曲线地段路基面加宽值

设计速度(km/h)	曲线半径 R(m)	路基面外侧加宽值(m)
200	R<3 100	0.5
	3 100≤R<4 000	0.4
	4 000≤R<6 000	0.3
	6 000≤R<10 000	0.2
	R≥10 000	0.1
160	R<1 900	0.5
	1 900≤R<2 700	0.4
	2 700≤R<3 800	0.3
	3 800≤R<7 500	0.2
	R≥7 500	0.1
120	R<1 200	0.5
	1 200≤R<1 500	0.4
	1 500≤R<2 200	0.3
	2 200≤R<5 000	0.2
	R≥5 000	0.1

表 3.2.7—4 重载铁路曲线地段路基面加宽值

曲线半径 R(m)	路基面外侧加宽值(m)
600≤R<800	0.5
800≤R<1 200	0.4
1 200≤R<1 600	0.3
1 600≤R<5 000	0.2
R≥5 000	0.1

3.2.8 不同基床结构衔接时,应设长度不小于 10 m 的渐变段。

3.3　路基稳定及沉降控制标准

3.3.1　边坡稳定性应根据边坡类型和可能的破坏形式，采用圆弧滑动法、平面滑动法或折线滑动法等适宜的计算方法分析。当边坡破坏机制复杂时，宜结合数值分析法进行分析。

3.3.2　黏性土边坡和较大规模的破碎结构岩质边坡宜采用圆弧滑动法按式(3.3.2—1)～式(3.3.2—4)和图3.3.2计算边坡稳定性系数。

$$K_s = \frac{\sum_{i=1}^{n} R_i}{\sum_{i=1}^{n} T_i} \quad (3.3.2\text{—}1)$$

$$R_i = N_i \tan\varphi_i + c_i l_i \quad (3.3.2\text{—}2)$$

$$T_i = (G_i + G_{bi})\sin\theta_i + P_{Wi}\cos(\alpha_i - \theta_i) \quad (3.3.2\text{—}3)$$

$$N_i = (G_i + G_{bi})\cos\theta_i + P_{Wi}\sin(\alpha_i - \theta_i) \quad (3.3.2\text{—}4)$$

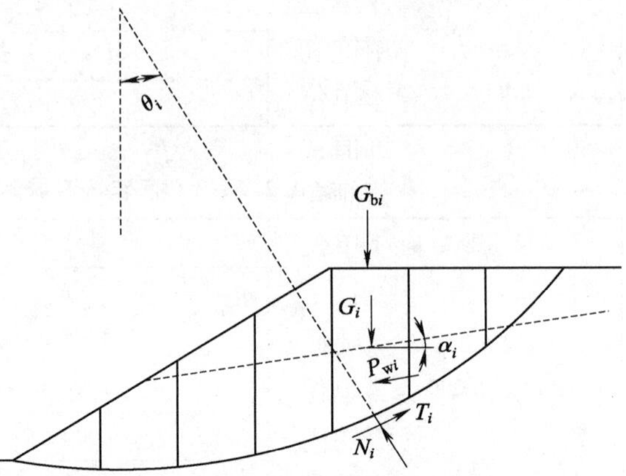

图3.3.2　圆弧形滑面边坡计算示意图

式中　K_s——边坡稳定性系数；

R_i——第i计算条块在滑动面上的抗滑力(kN/m)；

T_i——第i计算条块在滑动面上的下滑力(kN/m)；

N_i——第i计算条块在滑动面法线上的下反力(kN/m)；

i——计算条块号；

n——条块数量；

φ_i——第i计算条块滑面内摩擦角(°)；

c_i——第i计算条块滑面黏聚力(kPa)；

l_i——第i计算条块滑动面长度(m)；

G_i——第i计算条块单位宽度自重(kN/m)，地下水位以下砂土和粉土采用浮重度，黏性土采用饱和重度计算自重；

G_{bi}——第i计算条块单位宽度竖向附加荷载(kN/m)；

θ_i——第i计算条块滑面倾角(°)，滑面倾向与滑动方向相同时取正值，滑面倾向与滑动方向相反时取负值；

P_{Wi}——第i计算条块单位宽度的渗透力(kN/m)；

α_i——第i计算条块地下水位面倾角(°)。

3.3.3　对可能产生平面滑动的边坡宜采用平面滑动法按式(3.3.3—1)～式(3.3.3—5)和图3.3.3计算边坡稳定性系数。

$$K_s = \frac{R}{T} \quad (3.3.3\text{—}1)$$

$$R = [(G + G_b)\cos\theta - Q\sin\theta - V\sin\theta - U]\tan\varphi + cL \qquad (3.3.3\text{—}2)$$

$$T = (G + G_b)\sin\theta + Q\cos\theta + V\cos\theta \qquad (3.3.3\text{—}3)$$

$$V = \frac{1}{2}\gamma_W h_W^2 \qquad (3.3.3\text{—}4)$$

$$U = \frac{1}{2}\gamma_W h_W L \qquad (3.3.3\text{—}5)$$

式中 R——滑体单位宽度重力及其他外力引起的抗滑力(kN/m)；

T——滑体单位宽度重力及其他外力引起的下滑力(kN/m)；

G——滑体单位宽度自重(kN/m)，地下水位以下砂土和粉土采用浮重度,黏性土采用饱和重度计算自重；

G_b——滑体单位宽度竖向附加荷载(kN/m),方向指向下方时取正值,指向上方时取负值；

θ——滑面倾角(°)；

Q——滑体单位宽度水平荷载(kN/m),方向指向坡外时取正值,指向坡内时取负值；

V——后缘陡倾裂隙面上的单位宽度总水压力(kN/m)；

U——滑面单位宽度总水压力(kN/m)；

φ——滑面的内摩擦角(°)；

c——滑面的黏聚力(kPa)；

L——滑面长度(m)；

γ_W——水的重度,取 10 kN/m^3；

h_W——后缘陡倾裂隙充水高度(m),根据裂隙情况及汇水条件确定。

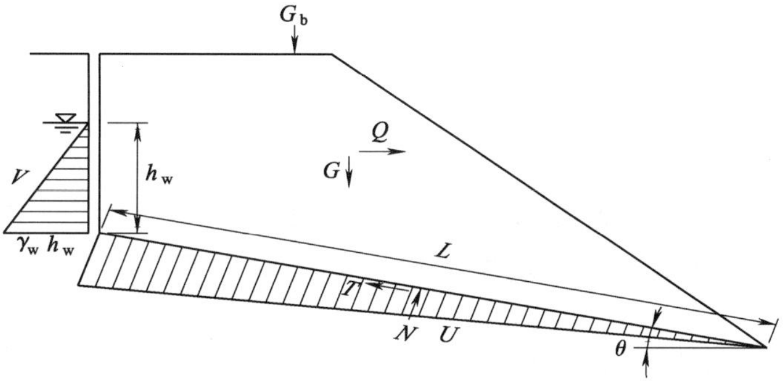

图 3.3.3 平面滑动面边坡计算简图

3.3.4 对可能产生折线滑动的边坡宜采用折线滑动法按式(3.3.4—1)~式(3.3.4—4)和图 3.3.4 计算边坡稳定性系数。

$$K_s = \frac{\sum_{i=1}^{n-1} R_i\psi_i\psi_{i+1}\cdots\psi_{n-1} + R_n}{\sum_{i=1}^{n-1} T_i\psi_i\psi_{i+1}\cdots\psi_{n-1} + T_n} \qquad (3.3.4\text{—}1)$$

$$R_i = c_i l_i + [(G_i + G_{bi})\cos\theta_i - Q_i\sin\theta_i]\tan\varphi_i \qquad (3.3.4\text{—}2)$$

$$T_i = (G_i + G_{bi})\sin\theta_i + Q_i\cos\theta_i \tag{3.3.4—3}$$

$$\psi_i = \cos(\theta_i - \theta_{i+1}) - \sin(\theta_i - \theta_{i+1})\tan\varphi_{i+1} \tag{3.3.4—4}$$

式中　R_i ——第 i 计算条块单位宽度重力及其他外力引起的抗滑力(kN/m);

T_i ——第 i 计算条块单位宽度重力及其他外力引起的下滑力(kN/m);

ψ_i ——第 i 计算条块对第 $i+1$ 计算条块的传力系数。

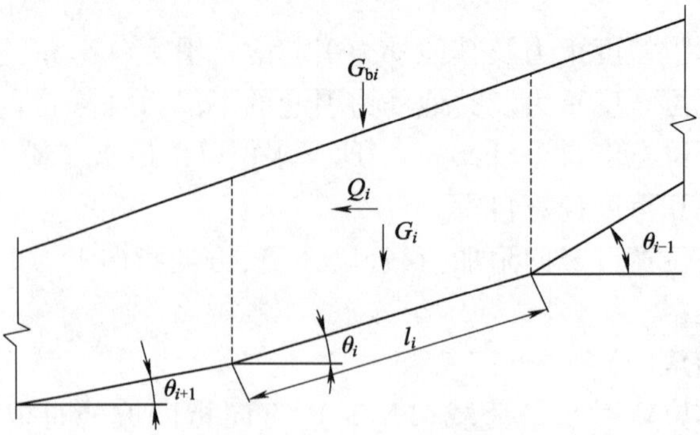

图 3.3.4　折线形滑面边坡传递系数法计算简图

3.3.5　路基边坡稳定分析计算时,最小稳定安全系数应符合下列规定:

1　永久边坡,一般工况边坡最小稳定安全系数应为 1.15~1.25;地震工况边坡最小稳定安全系数应为 1.10~1.15。

2　临时边坡,边坡稳定安全系数应不小于 1.05~1.10。

3.3.6　路基工后沉降应满足式(3.3.6—1)的要求,可按式(3.3.6—2)~式(3.3.6—4)计算确定:

$$S_r \leqslant C_d \tag{3.3.6—1}$$

$$S_r = S_{有荷} + S_D - S_T \tag{3.3.6—2}$$

$$S_D = CH \tag{3.3.6—3}$$

$$S_T = \eta S_{无荷} \tag{3.3.6—4}$$

式中　S_r——工后沉降(m);

C_d——工后沉降控制限值(m),按表 3.3.6 取值;

$S_{有荷}$——有荷状态下地基总沉降量(m),按本规范第 3.3.7 条、第 3.3.8 条计算确定;

S_D——铺轨工程完成后路堤填料的剩余沉降量(m);

S_T——施工期沉降量(m)(一般按无荷状态计算,当采用堆载预压或超载预压措施处理时宜按相应荷载状态计算);

C——路堤填料的沉降比,应结合填料、路基填筑完成放置时间、压实设备、压实标准及地区经验综合确定;

H——路堤边坡高度(m);

η ——施工期沉降量完成比例系数,应结合地基条件、地基处理措施、路基填筑完成放置时间及地区经验综合确定;

$S_{无荷}$——无荷状态下地基总沉降量(m),按本规范 3.3.7 条、第 3.3.8 条计算确定。

表 3.3.6 路基工后沉降控制限值 C_d

铁路类别				一般地段工后沉降（mm）	桥台台尾过渡段工后沉降（差异沉降）（mm）	沉降速率（mm/年）
有砟轨道	客货共线铁路	200 km/h		≤150	≤80	≤40
		200 km/h 以下	Ⅰ级	≤200	≤100	≤50
			Ⅱ级	≤300	≤150	≤60
	高速铁路	300 km/h、350 km/h		≤50	≤30	≤20
		250 km/h		≤100	≤50	≤30
	城际铁路	200 km/h		≤150	≤80	≤40
		160 km/h、120 km/h		≤200	≤100	≤50
	重载铁路			≤200	≤100	≤50
无砟轨道				≤15	5	—

注：1 无砟轨道铁路不仅应满足差异沉降要求，还应满足不均匀沉降造成的折角不应大于 1/1 000 的规定。

2 无砟轨道路基沉降比较均匀且调整轨面高程后的竖曲线半径大于 $0.4v^2$ 时（v 为设计速度），工后沉降控制限值为 30 mm。

3.3.7 天然地基的总沉降量可按式（3.3.7—1）计算确定，采用排水固结法处理后地基的总沉降量也可按式（3.3.7—2）计算。

$$S = m_s S_j \tag{3.3.7—1}$$

$$S = S_C + S_I + S_S \tag{3.3.7—2}$$

式中 S——地基总沉降量（m）；

m_s——沉降经验修正系数，与地基条件、荷载强度、加荷速率等有关；

S_j——沉降计算值（m），一般采用分层总和法计算；

S_C——主固结沉降量（m），一般采用分层总和法计算；

S_I——瞬时沉降量（m），可按弹性理论计算；

S_S——次固结沉降量（m），可采用次固结系数计算。

3.3.8 复合地基的总沉降量可按式（3.3.8）计算确定。

$$S = m_{Js} S_1 + m_{Xs} S_2 \tag{3.3.8}$$

式中 m_{Js}——加固区沉降经验修正系数，与地基条件、荷载强度、地基处理措施及路基填筑完成放置时间等因素有关；

S_1——加固区沉降计算值（m）；

m_{Xs}——下卧层沉降经验修正系数，与地基条件、荷载强度、加荷速率等有关；

S_2——下卧层沉降计算值（m）。

3.3.9 地基沉降计算应符合下列规定：

1 高速铁路、无砟轨道铁路地基压缩层的计算深度按附加应力等于 0.1 倍的自重应力确定，其他铁路地基压缩层的计算深度按附加应力等于 0.2 倍的自重应力确定。

2 计算深度以下仍有软土层时，应继续增加计算深度。

3 双线路基沉降计算时，轨道荷载可按双线设计，列车荷载宜按单线设计。

3.4 变形观测与评估

3.4.1 高速铁路、无砟轨道铁路路基应进行沉降评估；重载铁路、设计速度200 km/h及以下有砟轨道铁路在软土、湿陷性黄土等地段，宜进行路基沉降评估。

3.4.2 路基变形观测应以路基面沉降和地基沉降观测为主，软土地段路堤填筑期间尚应对路基坡脚水平位移进行观测，控制填筑速率，保证路基稳定。

3.4.3 变形观测断面及观测设施的布置应根据地形地质条件、地基处理方法、路基类型、路堤高度等因素结合施工工期综合确定，观测断面间距宜为50 m~100 m。

3.4.4 变形观测方法和精度应满足不同等级铁路相关规范要求，路基施工开始后应进行连续观测，路基填筑完成或施加预压荷载后沉降观测时间不宜少于6个月。观测数据不足以评估或工后沉降评估不能符合要求时，应延长观测期，必要时可采取加速或控制沉降的措施。

3.4.5 路基沉降预测宜采用曲线回归法，曲线回归的相关系数及沉降预测的可靠性、精度要求等应符合相关规范的规定。

3.4.6 路基工后沉降的评估应结合路基各断面之间的相互关系以及相邻桥隧的沉降情况进行综合分析，路基的工后沉降以及各断面之间、路基与相邻桥隧之间的不均匀沉降应符合有关规范的要求。

3.5 设计使用年限

3.5.1 路基支挡及承载结构的设计使用年限应为100年。

3.5.2 路基防护结构及高速铁路、重载铁路、设计速度200 km/h的城际铁路和客货共线铁路的路基排水结构设计使用年限应为60年。

3.5.3 电缆槽、防护砌块、栏杆等可更换的小型构件及设计速度200 km/h以下城际铁路和客货共线铁路的路基排水结构设计使用年限应为30年。

4 设计荷载

4.1 一般规定

4.1.1 铁路路基结构上承受的荷载可根据作用的时间和出现的频率按表4.1.1进行分类。

表4.1.1 荷载分类

<table>
<tr><th colspan="2">荷载分类</th><th>荷载名称</th></tr>
<tr><td rowspan="8">主　力</td><td rowspan="6">永久荷载</td><td>轨道荷载</td></tr>
<tr><td>结构重力</td></tr>
<tr><td>结构顶面上的恒载</td></tr>
<tr><td>土压力</td></tr>
<tr><td>常水位时静水压力和浮力</td></tr>
<tr><td>滑坡推力</td></tr>
<tr><td rowspan="2">可变荷载</td><td>列车荷载</td></tr>
<tr><td>人行道荷载</td></tr>
<tr><td rowspan="4">附加力</td><td rowspan="4">可变荷载</td><td>设计水位的静水压力和浮力</td></tr>
<tr><td>渗透力</td></tr>
<tr><td>波浪压力、风压力</td></tr>
<tr><td>膨胀力、冻胀力和冰压力</td></tr>
<tr><td rowspan="2">特殊力</td><td>偶然荷载</td><td>地震力</td></tr>
<tr><td>可变荷载</td><td>施工及临时荷载</td></tr>
</table>

注:1 常水位系指每年大部分时间保持的水位。
2 浸水挡土墙应从设计水位及以下选择最不利水位作为计算水位。
3 墙背填料为渗水土时,可不计墙身两侧静水压力和墙背渗透力。
4 冻胀力和冰压力,不与波浪压力同时计算。
5 洪水和地震不同时考虑。

4.1.2 路基工程设计应按照结构的功能要求和设计使用状况采用相应的组合,设计检算采用不同的安全系数。

4.1.3 路基工程采用总安全系数法设计时,荷载及作用应采用计算值,荷载组合应符合表4.1.3的规定;采用极限状态法设计时,荷载及作用应采用设计值,荷载组合应符合相关规定。

表 4.1.3　荷载组合

环　境		荷载组合	示　例
一般地区		永久荷载(主)	路堤无列车荷载或路堑地段
		永久荷载(主)+列车荷载(主可变)	路堤地段有列车
		永久荷载(主)+特殊力(可变)	路堤地段有架梁机或施工临时荷载
浸水地区	常水位和无水	与一般地区相同	路堤地段与一般地区相同
	洪水位	永久荷载(主)+列车荷载(主可变)+附加力(可变)	路堤地段有列车
		永久荷载(主)+附加力(可变)	路堤地段无列车
		永久荷载(主)+特殊力(可变)+附加力(可变)	路堤地有架梁机
地震地区	无震	与一般地区相同	与一般地区相同
	有震	永久荷载(主)+特殊力(偶然)	路堤无列车或路堑地段
		永久荷载(主)+列车荷载(主可变)+特殊力(偶然)	路堤地段有列车
		永久荷载(主)+特殊力(可变)+特殊力(偶然)	路堤地段有架梁机

注:主力和特殊荷载组合时,不检算裂缝宽度、变形和沉降。

4.2　主　　力

4.2.1　有砟轨道荷载在路基面上的单位荷载可按式(4.2.1)计算,其分布自轨枕底面端部向下按45°扩散。客货共线铁路路基面上的轨道荷载分布如图4.2.3所示,不同轨道结构荷载分布宽度、单位荷载等可按表4.2.3选用;高速铁路、城际铁路及重载铁路路基轨道和列车荷载应符合相关规范的规定。

$$p = P_1/L_0 \tag{4.2.1}$$

式中　p——轨道荷载作用在路基面上的单位荷载(kN/m²);

P_1——轨道荷载(kN/m);

L_0——轨道荷载在路基横断面上的分布宽度(m)。

4.2.2　不同等级铁路的列车荷载应符合表4.2.2的规定。

表 4.2.2　铁路列车荷载图式

线路类型	图式名称	荷载图式	
		普通荷载	特种荷载
高速铁路	ZK	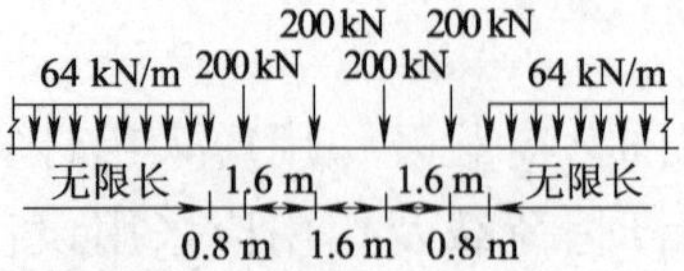	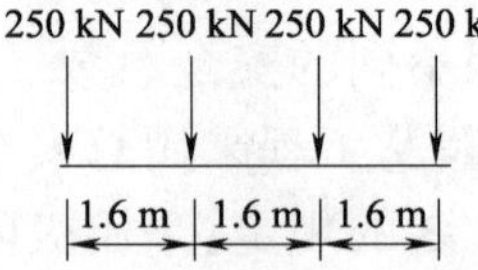

续上表

线路类型	图式名称	荷载图式	
		普通荷载	特种荷载
城际轨道	ZC	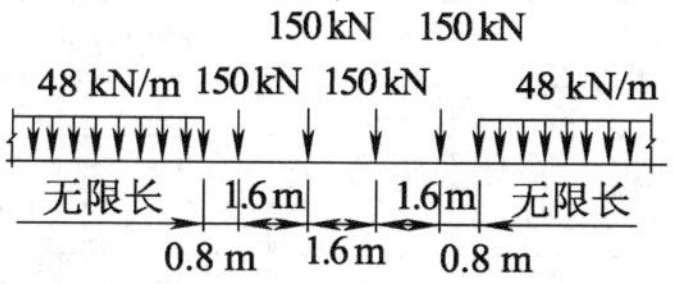	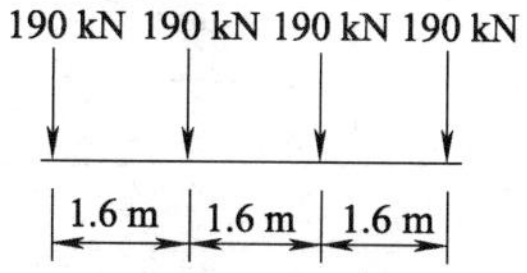
客货共线	ZKH	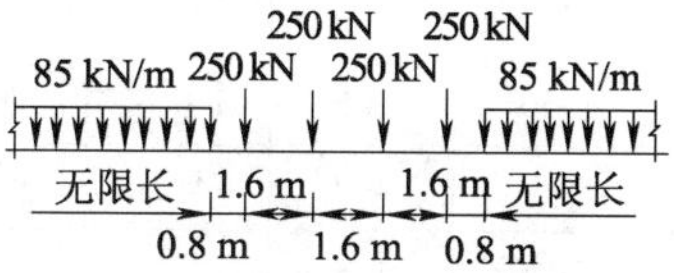	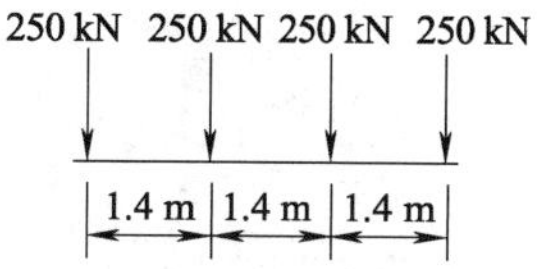
重载铁路	ZH	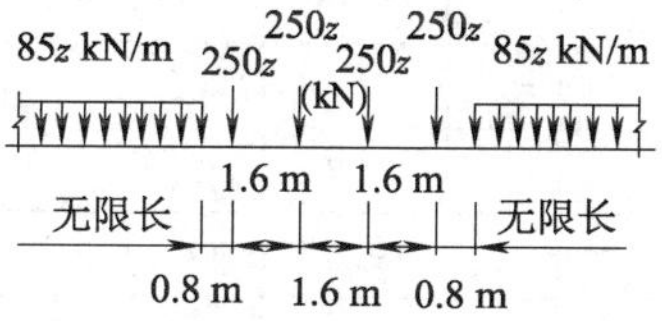 荷载系数 $z \geq 1.0$	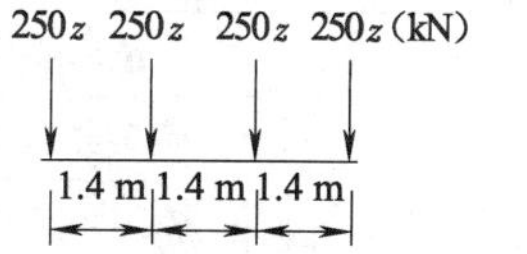 $z \geq 1.0$

4.2.3 客货共线铁路列车荷载的单位荷载和列车动荷载标准计算应符合下列规定：

1 在静力分析时，采用列车等效均布荷载，列车荷载自轨枕底面端部向下按45°扩散，作用在路基面上的单位荷载标准值可按式(4.2.3—1)计算。路基面上的列车荷载分布如图4.2.3所示，单位荷载标准值可按表4.2.3选用。

$$q = Q/L_0 \tag{4.2.3—1}$$

式中 q——列车荷载作用在路基面上的单位荷载(kN/m²)；

Q——列车荷载(kN/m)；

L_0——列车荷载分布宽度(m)。

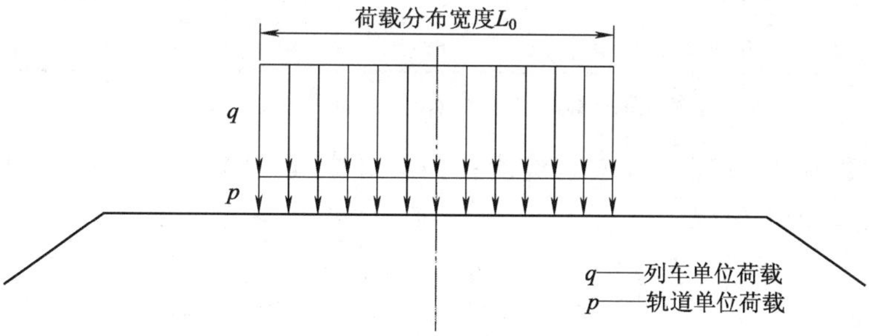

图4.2.3 轨道结构荷载和列车荷载分布图

2 在基床分析时，道床顶面上的列车动荷载可按式(4.2.3—2)计算。

$$P_d = P_s(1 + \alpha v) \tag{4.2.3—2}$$

式中 P_d——动荷载(kN)；

P_s——静轴重(kN)；

α——速度影响系数，无缝线路货车取0.004、客车取0.003；有缝线路取 0.005；

v——设计速度（km/h）。

表 4.2.3　路基轨道荷载、列车荷载

项　目			单位	Ⅰ级铁路					Ⅱ级铁路
设计速度			km/h	200	160	160	120	120	≤120
钢轨			kg/m	60	75	60	60	50	50
混凝土轨枕型号				Ⅲ	Ⅲ	Ⅲ	Ⅲ	Ⅱ	Ⅱ
混凝土轨枕长度			m	2.6	2.6	2.6	2.6	2.5	2.5
铺轨根数			根	1 667	1 667	1 667	1 667	1 760	1 760
双线线间距			m	4.4	4.2	4.2	4.0	4.0	4.0
道床顶面宽度			m	3.5	3.5	3.4	3.4	3.3	3.3
道床边坡坡率				1.75	1.75	1.75	1.75	1.75	1.75
基床表层类型	土质	道床厚度	m	—	0.5	0.5	0.5	0.45	0.45
		荷载分布宽度	m	—	3.7	3.7	3.7	3.5	3.5
		轨道单位荷载	kN/m²	—	19.07	18.61	18.61	16.79	16.79
		列车单位荷载	kN/m²	—	48.26	48.26	48.26	51.02	51.02
		单位荷载合计	kN/m²	—	67.33	66.87	66.87	67.81	67.81
	硬质岩石	道床厚度	m	0.35	0.35	0.35	0.35	0.3	0.3
		荷载分布宽度	m	3.4	3.4	3.4	3.4	3.2	3.2
		轨道单位荷载	kN/m²	15.47	15.51	15.11	15.11	13.24	13.24
		列车单位荷载	kN/m²	52.52	52.52	52.52	52.52	55.80	55.80
		单位荷载合计	kN/m²	67.99	68.03	67.63	67.63	69.04	69.04
	级配碎石	道床厚度	m	0.3	0.3	0.3	—	—	—
		荷载分布宽度	m	3.3	3.3	3.3	—	—	—
		轨道单位荷载	kN/m²	14.25	14.29	13.91	—	—	—
		列车单位荷载	kN/m²	54.11	54.11	54.11	—	—	—
		单位荷载合计	kN/m²	68.36	68.40	68.02	—	—	—

注：表中列车单位荷载是按特种荷载计算的，当采用普通荷载时需另行计算。

4.2.4　高速铁路列车荷载、轨道结构荷载分布如图 4.2.4 所示，路基面上均布荷载的取值应符合表 4.2.4 的规定。

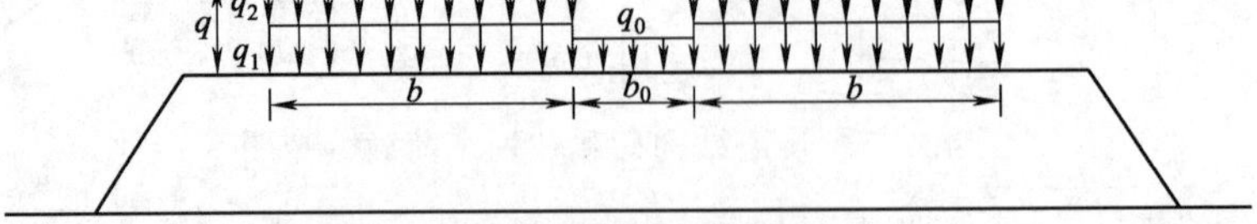

图 4.2.4　路基面荷载分布图

q_1—轨道结构自重均布荷载强度（kN/m²）；q_2—列车荷载（ZK 荷载）均布荷载强度（kN/m²）；q_0—线间回填均布荷载强度（kN/m²）；q—轨道结构自重与列车荷载均布荷载强度之和（kN/m²）；b—每股道均布荷载分布宽度（m）；b_0—线间回填均布荷载分布宽度（m）

表 4.2.4 轨道和列车均布荷载

轨道形式	分布宽度 b(m)	轨道、列车荷载：轨道自重 q_1 (kN/m^2)	列车荷载 q_2(kN/m^2)：ZK 普通荷载	列车荷载 q_2(kN/m^2)：ZK 特种荷载	总荷载 q(kN/m^2)：ZK 普通荷载	总荷载 q(kN/m^2)：ZK 特种荷载	线间荷载 q_0 (kN/m^2)
CRTS Ⅰ型板式无砟轨道	3.0	12.6	41.7	52.0	54.3	64.6	13.2
CRTS Ⅱ型板式无砟轨道	3.25 (2.95)	11.6 (14.3)	38.5 (42.4)	50.1 (53.0)	50.1 (56.7)	61.7 (67.3)	14.1 (12.0)
CRTS Ⅲ型板式无砟轨道	3.1	13.7	40.4	50.4	54.1	64.1	2.3
CRTS Ⅰ型双块式无砟轨道	3.4	13.7	36.8	46.0	50.5	59.7	15.1
有砟轨道	3.4	17.3	36.8	46.0	54.1	63.3	10.7

注：1 CRTS Ⅱ型板式无砟轨道栏中，扩号内为摩擦板范围内的荷载值，扩号外为摩擦板范围以外的荷载值。

2 双线铁路线间荷载的分布宽度 b_0 为线间距与轨道和列车荷载分布宽度 b 的差值。

4.2.5 城际铁路列车荷载、轨道结构荷载分布如图 4.2.5 所示，路基面上均布荷载的取值应符合表 4.2.5 的规定。

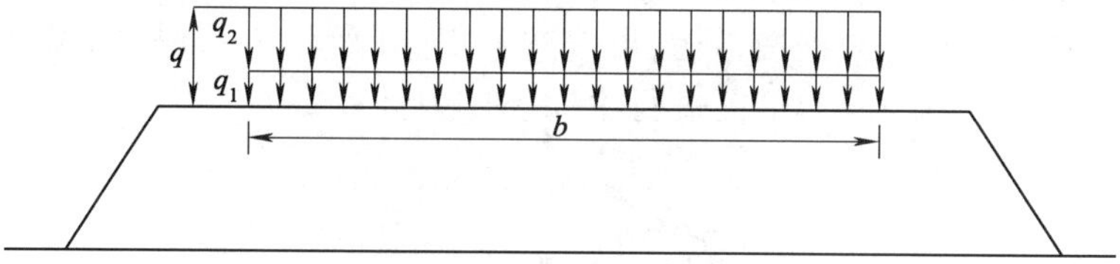

图 4.2.5 路基面上的轨道及列车荷载分布示意图

q_1—轨道结构自重均布荷载强度(kN/m^2)；q_2—列车荷载(ZC 荷载)均布荷载强度(kN/m^2)；q—轨道结构自重与列车荷载均布荷载强度之和(kN/m^2)；b—每股道均布荷载分布宽度(m)

表 4.2.5 路基面上的轨道及列车荷载

轨道类型	设计速度 (km/h)	道砟厚度 (m)	分布宽度 b(m)	轨道结构荷载强度 q_1(kN/m^2)	列车荷载强度 q_2(kN/m^2)：ZC 普通荷载	列车荷载强度 q_2(kN/m^2)：ZC 特种荷载	总荷载 q(kN/m^2)：ZC 普通荷载	总荷载 q(kN/m^2)：ZC 特种荷载
有砟轨道	200	0.30	3.3	19.3	28.5	36.0	47.8	55.3
		0.35	3.4	20.5	27.6	35.0	48.1	55.5
	160	0.30	3.3	18.8	28.5	36.0	47.3	54.8
		0.50	3.7	23.3	25.4	32.1	48.7	55.4
	120	0.30	3.3	18.8	28.5	36.0	47.3	54.8
		0.45	3.6	22.2	26.1	33.0	48.3	55.2

注：表中未包含的轨道形式应另行计算确定。

4.2.6 路基面以上荷载对支挡结构产生的土压力可根据具体情况按弹性理论或破裂面方向传递于墙背的方式计算。

4.2.7 受动应力影响的路基结构,设计时应考虑列车动荷载。

4.2.8 结构重力可按表 4.2.8 计算确定。

表 4.2.8　常用材料标准重度

材料名称	重度(kN/m^3)	备　注
钢	78.5	
铸铁	72.5	
钢筋混凝土	25.0	
混凝土、片石混凝土	23.0	
浆砌片石	22.0	
浆砌块石	23.0	
干砌片石	20.2	
填土	17.0~21.0	
填石	19.0~22.0	弃砟利用
碎石道砟	21.0	

4.2.9 土压力荷载应根据路基工程结构的具体情况采用主动土压力、静止土压力或被动土压力,并结合工程经验乘以相应的增大或折减系数。

4.2.10 承受主动土压力的支挡结构,可按图 4.2.10 所示力系,根据墙背反力与破裂棱体重力和破裂面反力的静力平衡进行主动土压力计算。

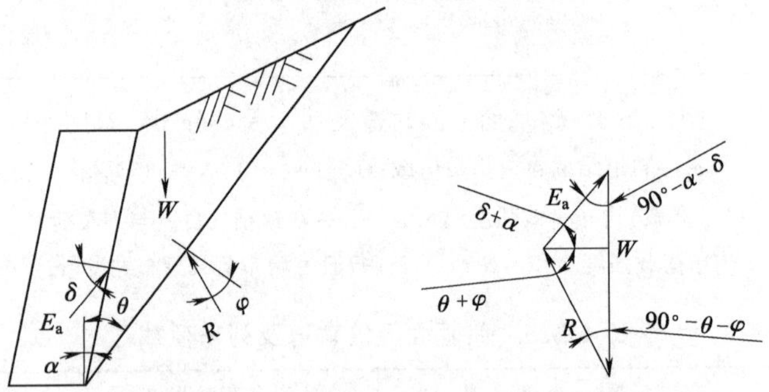

图 4.2.10　主动土压力及与之平衡的力系

α—墙背倾角,若产生第二破裂面,则为第二破裂面的竖向夹角;

θ—第一破裂面的竖向夹角;δ—墙背摩擦角;φ—墙背岩土综合内摩擦角;

W—破裂棱体自重;E_a—墙背反力,与主动土压力相等;R—破裂面反力

4.2.11 挡土墙前的被动土压力可不计算,当基础埋置较深且地层稳定、不受水流冲刷和扰动破坏时,根据墙身的位移条件,可采用 1/3 被动土压力值。

4.2.12 浸水路基土压力计算应区分水土合算与水土分算。路基填料为黏性土,应考虑黏性土抗剪强度指标降低;路基填料为砂性土,宜按无水条件计算土压力并扣除破裂棱体受浮力影响减少的土压力。

4.2.13 浸水路基静水压力和浮力(主力)应按常水位进行计算。墙背填料为渗水土且墙身设有泄水孔时，可不计墙身两侧静水压力。

4.2.14 重力式支挡结构墙身所受浮力按墙体排开水的体积计算，浮力的设计值应根据地基地层情况按计算值的100%或50%计。

4.2.15 滑坡推力应根据边界条件、滑体重度和滑带土的强度指标通过计算确定，可采用传递系数法进行计算。滑动面的强度指标，宜根据试验确定，当缺乏试验资料时，可根据反算值及经验数据等综合确定。

4.3 附加力

4.3.1 浸水路基的静水压力和浮力（附加力）应按最不利设计水位进行计算。

4.3.2 浸水路基在下列情况下应考虑渗透力：

1 路堤两侧有水位差，形成贯通渗流。

2 路基一侧水位骤降、升，出现渗流。

3 浸水地区滑坡发生水位骤降。

4.3.3 支挡结构作为防浪建筑物时，作用在支挡结构上的波浪压力，应根据墙前风向、风速、风区长度（吹程）、风区内的平均水深以及墙前实际波态等，按相关标准的规定计算确定。

4.3.4 冻土地区支挡结构设计荷载应考虑作用在基础及墙背上的冻胀力。土压力、冻胀力应按暖季和寒季分别计算，土压力和冻胀力不应叠加。

4.4 特殊力

4.4.1 地震工况下路基结构应考虑地震力。刚性结构和土体破裂棱体上的地震力计算方法可采用静力法。

4.4.2 路基结构验算应考虑运架设备及其载重量等临时荷载。

5 工程材料

5.1 一般规定

5.1.1 路基工程采用的填料、石料、混凝土、水泥砂浆、钢材及土工合成材料等，应根据其类型、特征、性能、适应范围和应用结构型式、应用环境等确定。

5.1.2 路基工程材料的物理力学性能应根据相应的试验标准确定，当利用标准试件的试验结果确定材料的实际性能时，尚应考虑实际结构与标准试件、实际工作条件与标准试验条件等的差别。

5.2 填　　料

5.2.1 路基填料应通过地质调绘和勘探、试验工作，查明料源岩土性质、分布和储量，确定填料来源、分类、分组名称、调配方案、改良措施等。

5.2.2 路基填料根据对原土料的使用方法或加工工艺，可分为普通填料、物理改良土、化学改良土和级配碎石。

5.2.3 普通填料粒组划分应按表5.2.3确定。母岩饱和单轴抗压强度小于20 MPa的粗粒和巨粒在粒组划分时按细粒考虑。

表5.2.3　普通填料粒组划分

粒组	颗粒名称		粒径范围(mm)
巨粒	漂石(块石)		$200 \leq d < 300$
	卵石(碎石)		$60 \leq d < 200$
粗粒	砾粒	粗砾	$20 \leq d < 60$
		中砾	$5 \leq d < 20$
		细砾	$2 \leq d < 5$
	砂粒	粗砂	$0.5 \leq d < 2$
		中砂	$0.25 \leq d < 0.5$
		细砂	$0.075 \leq d < 0.25$
细粒	粉粒		$0.005 \leq d < 0.075$
	黏粒		$d \leq 0.005$

5.2.4 普通填料按工程性能及级配特征可分为A、B、C、D组填料，普通填料组别分类见附录A。母岩饱和单轴抗压强度小于20 MPa的粗粒和巨粒土填料组别划分应结合试验和地区经验确定；有机土(有机质含量大于5%)严禁作为路基填料使用；膨胀土、盐渍土作为路基填料使用应符合《铁路特殊路基设计规范》TB 10035相关规定。

5.2.5 普通填料的分类应符合下列规定：

1 A组填料为良好级配、细粒含量小于15%的碎石土和砾石土，分为A1、A2组，并符合表5.2.5—1的规定。

表5.2.5—1 A组填料细分表

分类＼项目		名称	级配	细粒含量
A1组		角砾土	良好	＜15%
A2组	1	圆砾土	良好	＜15%
	2	碎石土	良好	＜15%
	3	卵石土	良好	＜15%

2 B组填料分为B1、B2、B3组，并符合表5.2.5—2的规定。

表5.2.5—2 B组填料细分表

分类＼项目		名　称	级配	细粒含量	小于5 mm颗粒含量	0.075 mm～5 mm颗粒含量
B1组	1	角砾土、碎石土、圆砾土、卵石土	间断	＜15%	＞35%	—
	2	砾砂、粗砂、中砂	良好	＜15%	—	—
B2组	1	角砾土、碎石土、圆砾土、卵石土	间断	＜15%	≤35%	—
	2	角砾土、碎石土、圆砾土、卵石土	均匀	＜15%	—	—
	3	角砾土、碎石土、圆砾土、卵石	—	15%～30%粉土	—	≥15%
	4	砾砂、粗砂、中砂	间断	＜15%	—	—
	5	砾砂、粗砂、中砂	—	15%～30%粉土	—	—
B3组	1	角砾土、碎石土、圆砾土、卵石土	—	15%～30%粉土	—	＜15%
	2	角砾土、碎石土、圆砾土、卵石土	—	15%～30%黏土	—	≥15%
	3	砾砂、粗砂、中砂	均匀	＜15%	—	—
	4	砾砂、粗砂、中砂	—	15%～30%黏土	—	—

3 C组填料分为C1、C2、C3组，并符合表5.2.5—3的规定。

表5.2.5—3 C组填料细分表

分类＼项目		颗粒名称	级配	细粒含量	0.075 mm～5 mm颗粒含量
C1组	1	块石土	—	＜30%	—
	2	块石土	—	30%～50%粉土	—

续上表

分类		颗粒名称	级配	细粒含量	0.075 mm~5 mm 颗粒含量
C1 组	3	碎石土、砾石土	—	15%~30% 黏土	<15%
	4	碎石土、砾石土	—	30%~50% 粉土	—
	5	砾砂、粗砂、中砂	—	30%~50% 粉土	—
C2 组	1	块石土	—	30%~50% 黏土	—
	2	碎石土、砾石土	—	30%~50% 黏土	—
	3	砾砂、粗砂、中砂	—	30%~50% 黏土	—
	4	细砂	良好	<15%	—
C3 组	1	细砂	间断或均匀	<15%	—
	2	粉砂	—	—	—
	3	低液限粉土	—	—	—
	4	低液限黏土	—	—	—
	5	低液限软岩	—	—	—

4　D 组填料可分为 D1、D2 组,并符合表 5.2.5—4 的规定。

表 5.2.5—4　D 组填料细分表

分类		颗粒名称	粗粒含量
D1 组	1	高液限粉土	30%~50%
	2	高液限黏土	30%~50%
	3	高液限软岩土	30%~50%
D2 组	1	高液限粉土	<30%
	2	高液限黏土	<30%
	3	高液限软岩土	<30%

5.2.6　路基填料的粒径或可压实性不满足相应部位要求的巨粒土、粗粒土,可采用破碎、筛分或掺入不同粒径材料等措施进行物理改良,改善颗粒级配、粒径和细粒含量等指标。

5.2.7　路基填料不能满足相应部位要求的细粒土,宜根据土的性质,采用掺入适宜的外掺料进行化学改良,改变土的物理、力学性质。化学改良土应符合下列规定:

1　化学改良土应采用成熟的、可靠的技术。常用外掺料有水泥、石灰、粉煤灰等无机料,其中粉煤灰不宜单独作为外掺料用于土的改良。

2　填料改良应通过试验提出最适宜掺合料、最佳配比及改良后的强度等指标。

3　化学改良土的设计及试验要求应符合附录 B 的规定。

5.2.8　渗水土填料压实后应符合细粒土含量小于 10%、渗透系数大于 1×10^{-5} m/s 的巨粒土或粗粒土(细砂除外)的规定。

5.2.9　填料的冻胀敏感性可分为不敏感、弱敏感、敏感和强敏感,冻胀性应按表 5.2.9 确定。严寒地区在路基冻结影响范围内,宜选用不敏感填料。

表 5.2.9 铁路路基填料冻胀性

土的类别			冻胀敏感性评价
土名		细粒含量	
碎石类土	块石类土 碎石类土 砾石类土	≤5%	不敏感
		5%~15%	弱敏感
		>15%	敏感
砂类土	粗砂 中砂	≤5%	不敏感
		5%~15%	弱敏感
		>15%	敏感
	细砂	≤5%	不敏感
		5%~15%	弱敏感
	粉砂		敏感
细粒土	低液限粉土(I_p≤10、ω_L<40%)		强敏感
	低液限粉质黏土、低液限黏土、(I_p>10、ω_L<40%)		强敏感

注:本表仅适用于有砟轨道路基,无砟轨道路基应进行特殊设计。

5.2.10 路基基床表层级配碎石分Ⅰ型级配碎石和Ⅱ型级配碎石,应符合下列规定:

1 Ⅰ型级配碎石的粒径级配应符合表5.2.10—1的规定,0.02 mm以下粒径质量百分率不应大于3%;在压实系数为0.97情况下,其渗透系数应小于1×10^{-6} m/s。

表 5.2.10—1 基床表层Ⅰ型级配碎石粒径级配

方孔筛孔边长(mm)	0.075	0.5	1.7	7.1	22.4	31.5	45
过筛质量百分率	0~7%	19%~32%	33%~46%	53%~75%	79%~91%	89%~100%	100%

2 Ⅱ型级配碎石的粒径级配应符合表5.2.10—2的规定,0.075 mm以下粒径质量百分率不得大于3%,压实后0.075 mm颗粒含量不得大于5%,细颗粒含量需采用洗筛的方法测试;持水率不应大于5%,渗透系数应大于5×10^{-5} m/s。

表 5.2.10—2 基床表层Ⅱ型级配碎石粒径级配

方孔筛孔边长(mm)	0.075	0.5	1.7	7.1	22.4	31.5	45	60
过筛质量百分率	0~3% (5%)	8%~20%	16%~33%	37%~53%	63%~79%	73%~89%	85%~100%	100%

注:表中括号内数值为压实后的颗粒含量。

3 级配碎石级配特性应满足不均匀系数C_u不小于15、曲率系数C_c为1~3。

4 粒径大于1.7 mm集料的洛杉矶磨耗率不应大于30%。

5 粒径大于1.7 mm集料的硫酸钠溶液浸泡损失率不应大于6%。

6 级配曲线应接近圆滑,某种尺寸的颗粒不应过多或过少。

7 颗粒中细长及扁平颗粒含量不应超过20%,压碎指标应小于16。

8 粒径小于0.5 mm细粒料的液限不应大于25%,塑性指数不应大于6。

9 黏土团及有机物含量不应超过 2%。

5.2.11 路基基床表层以下过渡段采用级配碎石时，其级配范围应符合表 5.2.11 的规定。

表 5.2.11 过渡段级配碎石的粒径级配范围

级配编号	通过筛孔(mm)质量百分率									
	50	40	30	25	20	10	5	2.5	0.5	0.075
1	100%	95%~100%	—	—	60%~90%	—	30%~65%	20%~50%	10%~30%	2%~10%
2	—	100%	95%~100%	—	60%~90%	—	30%~65%	20%~50%	10%~30%	2%~10%
3	—	—	100%	95%~100%	—	50%~80%	30%~65%	20%~50%	10%~30%	2%~10%

注：颗粒中针状、片状碎石含量不应超过 20%；质软、易破碎的碎石含量不应超过 10%；黏土团及有机物含量不应超过 2%。

5.3 石　　料

5.3.1 路基工程中石料可分为片石、块石及料石等，其形状、规格应符合下列规定：

1 片石中部厚度不小于 15 cm。

2 块石形状规则，大致方正，顶面及底面较平整，厚度不小于 20 cm，长度和宽度不小于厚度。

3 料石为形状规则的六面体，厚度不小于 20 cm，且不小于长度的 1/3，宽度不小于厚度，长度不小于宽度的 1.5 倍。

5.3.2 石料的强度等级应根据边长为 7 cm 的立方体试块在饱和湿度条件下的极限抗压强度标准值，按表 5.3.2 确定。

表 5.3.2 石料强度等级和极限抗压强度

石料强度等级	MU120	MU100	MU90	MU80	MU70	MU60	MU50	MU40	MU30	MU20
饱和极限抗压强度(MPa)	120	100	90	80	70	60	50	40	30	20

5.3.3 路基工程应采用未风化且不易风化、均质、无软夹层、无裂纹、无水锈的石料。当环境具有化学侵蚀性时，不应选用易溶岩岩石。石料的强度等级应符合下列规定：

1 浆砌片石、片石混凝土支挡结构，不应低于 MU30 且饱和抗压强度不低于混凝土强度，在严寒、寒冷地区，尚应符合抗冻试验要求。

2 护坡、护墙等防护结构，一般地区不应低于 MU20，严寒地区不应低于 MU30。

3 处于浸水地区的路基支护工程所用石料的软化系数不应低于0.8。

5.3.4 片石混凝土中石料的最大尺寸不应超过填放处结构最小尺寸的1/4,且不应小于15 cm,数量不应超过混凝土结构体积的20%。片石应均匀分布,片石间净距不应小于15 cm,其与模板或结构边缘的间距不宜小于25 cm。

5.4 混凝土

5.4.1 路基工程中的混凝土可分为素混凝土、片石混凝土、钢筋混凝土。

5.4.2 混凝土强度等级应按立方体抗压强度标准值确定。立方体抗压强度标准值系按标准方法制作,养护的边长为150 mm的立方体试件,在28 d或设计规定龄期以标准试验方法测得的具有95%保证率的抗压强度值。混凝土轴心抗压、抗拉强度应根据其强度等级按附录C的规定采用。

5.4.3 路基工程混凝土的原材料性能及强度等级应符合《铁路混凝土结构耐久性设计规范》TB 10005的相关规定。

5.5 水泥砂浆

5.5.1 路基工程中的水泥砂浆可分为砌筑砂浆、锚固砂浆、填充砂浆及喷护砂浆等,应具有良好的和易性、黏结性、密实性、均匀性、水稳性、耐温性和耐侵蚀性,满足强度和黏结力好、体积变化小、防水防潮、防侵蚀等使用要求。

5.5.2 水泥砂浆的强度等级应根据其极限抗压强度标准值按表5.5.2确定。水泥砂浆极限抗压强度标准值系按标准方法制作,养护的边长为70.7 mm的立方体试件,在28 d龄期以标准试验方法测得的极限抗压强度值。

表5.5.2 水泥砂浆强度等级及其极限抗压强度

水泥砂浆强度等级	M7.5	M10	M12.5	M15	M20	M25	M30	M35
极限抗压强度(MPa)	7.5	10	12.5	15	20	25	30	35

5.5.3 水泥砂浆的配合比应通过试验确定,并符合下列规定:

1 胶结材料宜采用硅酸盐水泥和普通硅酸盐水泥,在气候干热地区的地上工程、侵蚀性土及流动水等环境中,宜采用火山灰水泥、矿渣水泥或抗硫酸盐水泥,不宜采用复合水泥。水泥性能应符合国家标准《通用硅酸盐水泥》GB 175的规定。

2 细骨料应选用级配合理、质地坚固、吸水率低、空隙率小的洁净天然中粗河砂,也可选用专门机组生产的人工砂,严禁使用海砂。

3 在10℃以下低温施工时,为加速硬化,宜添加早强剂。

5.5.4 水泥砂浆的类型及其适用条件应符合下列规定:

1 水泥砂浆砌体结构应根据环境类别、结构类型及铁路等级、施工及养护条件等,按耐久性和使用年限要求设计。砌筑砂浆最低强度等级及适用范围可按表5.5.4确定。

表 5.5.4　路基工程砌筑砂浆最低强度等级及适用范围

砌体结构类型	水泥砂浆最低强度等级	适用范围
片石或混凝土块砌体防护结构、排水结构	M7.5	护肩、护坡、侧沟、天沟、排水沟、边坡渗沟、渗水暗沟、急流槽
	M10	护肩抹面、护墙、脚墙、冲刷防护、渗水隧洞、寒冷及严寒地区的侧沟、天沟、排水沟
片石砌体支挡结构	M10	一般地区路堑、路堤挡土墙，墙高不大于 5 m
	M15	浸水、严寒地区路堑、路堤挡土墙，墙高不大于 5 m

注：最冷月的平均温度在 −3℃ ~ −8℃ 的地区为寒冷地区；−8℃ 以下的地区为严寒地区。

2　路基边坡锚固结构中非预应力锚杆锚固砂浆强度等级不宜低于 M30；预应力锚杆锚固砂浆强度等级不宜低于 M35。

3　采用水泥砂浆填充空隙、空洞或采用水泥砂浆搅拌桩加固地基时，水泥砂浆强度等级不宜低于 M10，可掺入适量粉煤灰；采用水泥砂浆微型桩加固地基时，砂浆强度等级不宜低于 M20。

4　坡面采用砂浆喷射防护时，水泥砂浆强度等级不宜低于 M10。

5.6　钢　　材

5.6.1　路基工程钢材可采用钢筋、预应力钢丝、钢绞线、钢板及型钢等。钢筋、预应力钢丝、钢绞线强度应根据其型号按附录 C 确定。

5.6.2　普通钢筋及预应力钢筋应按下列规定选用：

1　支挡及承载钢筋混凝土结构纵向受力筋宜采用 HRB400、HRB500 钢筋，也可采用 HPB300 钢筋；箍筋宜采用 HPB300、HRB400、HRB500 钢筋。

2　锚杆挡土墙、土钉墙结构受拉锚杆宜采用带肋钢筋、预应力螺纹钢筋，不宜采用镀锌钢材，直径不宜小于 16 mm；竖向预应力锚杆挡土墙等结构预应力锚杆，宜采用冷拉钢筋。

3　边坡挂网防护或框架梁护坡等结构受拉锚杆，宜采用 HRB400、HRB500 钢筋，直径不宜小于 16 mm。

5.6.3　预应力锚杆宜采用预应力螺纹钢筋，预应力锚索宜采用高强度低松弛预应力钢绞线，钢绞线直径可采用 ϕ12.7 mm 或 ϕ15.2 mm。

5.6.4　钢板、型钢、螺栓及锚栓等钢材应符合下列规定：

1　钢板分为 U 形、Z 形、S 形、直线形等类型，型钢分为工字钢、槽钢、角钢、圆钢等类型。

2　小型基坑、边坡开挖临时支护可采用钢板、工字钢或槽钢，也可采用废旧钢轨。

3　锚定板拉杆、锚杆挡土墙锚杆及预应力锚杆端部固定钢垫板尺寸应满足局部承压强度计算要求。

4　防护栏杆扶手可采用角钢。

5.7 土工合成材料

5.7.1 路基工程土工合成材料可采用土工织物、土工膜、土工复合材料与土工特种材料等。应用于路基工程中防渗、隔离、加筋、反滤、排水、防护或保温时,材料性能应满足相应的功能设计要求。

5.7.2 土工合成材料的力学性能、水力学性能、耐久性能及其与土之间的摩擦系数等指标宜通过试验确定;试验条件不具备时,可结合工程经验或相关资料确定。

5.7.3 土工合成材料设计容许抗拉强度 T_a 可根据式(5.7.3—1)计算:

$$T_a = \frac{1}{F} \cdot T \qquad (5.7.3—1)$$

$$F = F_{iD} \cdot F_{cR} \cdot F_{cD} \cdot F_{bD} \qquad (5.7.3—2)$$

式中 T_a——设计容许抗拉强度(kN/m);

F——材料强度影响系数,一般按式(5.7.3—2)计算确定;无经验时,宜采用2.5~5.0,当变形控制要求高、材料蠕变性大、施工条件差时,应采用大值,当为临时性工程时,宜取小值;

T——由加筋材料拉伸试验测得的极限抗拉强度(kN/m);

F_{iD}——铺设时机械破坏影响系数;

F_{cR}——材料蠕变影响系数;

F_{cD}——化学剂破坏影响系数;

F_{bD}——生物破坏影响系数。

5.7.4 土工合成材料用于路基基床处理及路基防排水处理时,应符合下列规定:

1 新建铁路路基基床隔水防渗层、路堤基底毛细水隔断垫层,宜采用不透水的土工膜、复合土工膜、毛细型或复合型防排水板等,严寒地区应满足抗冻要求;用于毛细水隔断时,对硫酸盐、氯盐、碳酸盐应具有长期耐腐蚀性和抗老化性能。

2 既有路基基床强度不足、下沉外挤、陷槽、积水等病害整治时,可采用土工格室加固补强,采用渗水管或排水板引排水处理。

3 冻害地区路基基床可采用聚苯乙烯或聚氨酯等泡沫塑料保温层,其表观密度、抗压强度、热导率、吸水率等性能指标应满足设计要求。

4 路堤基底横向排水垫层,护坡、护墙、挡土墙或截排水暗沟、渗沟后反滤层,不同粒径填料之间的反滤层,可采用无纺土工布或其与砂砾石、碎石的包裹体作为反滤材料。无纺土工布的保土性、透水性、防淤堵性指标、刺破强度等应符合设计要求。

5 引排地下水可采用渗水管或土工布与砂砾石、碎石包裹体作为滤、排水体。

6 渗水管应有良好的透水、渗滤、纵向排水性能,应具有环刚度高、耐化学腐蚀、寿命长等特点。

5.7.5 土工合成材料用于路基坡面防护时,应符合下列规定:

1 对于土质边坡,可采用土工网、土工网垫或立体植被护坡网等植草灌植物绿化。

2 对砂类土、碎石类土或岩质等不适宜植物生长的路基边坡,可采用土工网垫客土植草、植生带、植生袋或生态袋植草灌植物绿化。

3 土工网垫极限抗拉强度不应小于0.8 kN/m。

5.7.6　土工合成材料用于路基冲刷防护时,可采用模袋混凝土护坡,土工模袋内充填水泥砂浆时,容许流速为 2 m/s~3 m/s,充填混凝土时,容许流速为 2 m/s~5 m/s,需水下施工时,容许流速不大于 1.5 m/s;对流速 4 m/s~5 m/s、冲刷较严重的护坡、护底,可采用机织土工布沉枕。土工膜袋布断裂强度应不小于 40 kN/m,伸长率不大于 30%;机织土工布经纬向断裂强度不应小于20 kN/m;材料耐老化能力应满足工程需要。

5.7.7　土工合成材料用于路基边坡加筋土结构时,应符合下列规定:

1　路堤填筑边坡较高、坡面易受暴雨冲蚀时,可在边坡浅层铺设双向土工格栅进行加强防护,土工格栅极限抗拉强度不应小于 25 kN/m。

2　陡边坡加筋土路堤或加筋土挡土墙宜采用强度高、延伸率小、蠕变小、耐候性和耐化学性好的塑料单向拉伸土工格栅。土工格栅的极限抗拉强度不应小于 35 kN/m,标称延伸率不大于 10%。

5.7.8　土工合成材料用于路基地基处理时,应符合下列规定:

1　垫层加筋宜采用强度较高、延伸率较小的土工格栅、土工布或土工格室;软土地基深层排水固结法中竖向排水体可采用排水带或袋装砂井;大面积处理地段,可采用大直径渗水管或软式透水管作为集水井,加速地基排水固结。

2　土工格栅、土工布或土工格室的极限抗拉强度不应小于 50 kN/m,标称延伸率不大于 10%;排水带芯材的抗拉强度、耐腐性、柔性和垂直排水能力及滤套的强度、反滤能力等性能指标应符合有关标准规定;袋装砂井的袋料应采用韧性强的聚丙烯或其他适用的土工布,极限抗拉强度不应小于 15 kN/m,质量不应小于 95 g/m^2,等效孔径 O_{95} 不应大于 0.05 mm,渗透系数应大于 5×10^{-5} m/s。

6 基　床

6.1 一般规定

6.1.1 路基基床结构应满足强度和变形的要求,保证其在列车荷载、降水、干湿循环及冻融循环等因素的影响下具有长期稳定性。

6.1.2 基床底层范围内的天然地基基本承载力应符合下列规定:

1 设计速度 200 km/h 及以上的有砟轨道铁路、无砟轨道铁路及重载铁路均不小于 180 kPa。

2 设计速度 200 km/h 以下的有砟轨道铁路不小于 150 kPa。

6.1.3 路堑基床范围内的土质、密实度、承载力等不满足要求或受地下水影响时,应采取换填或适宜的加固处理措施。

6.1.4 基床分层填筑的上下层填土的颗粒结构应符合式(6.1.4)的要求。当不符合时,应采取过渡措施,或铺设起反滤和隔离作用的土工合成材料。当填料为化学改良土时,可不受此项规定限制。

$$D_{15} < 4d_{85} \tag{6.1.4}$$

6.1.5 路肩上电缆槽外侧宜设置混凝土或浆砌片石护肩,其排水应与路基基床排水相协调,防止对基床产生影响。

6.2 基床结构

6.2.1 路基基床结构应由基床表层和基床底层构成,其结构设计在列车荷载作用下应符合下列规定:

1 基床表层动应力应满足式(6.2.1—1)的要求。

$$\sigma \leqslant R/K \tag{6.2.1—1}$$

式中　σ ——基床表层动应力(kPa);

R ——基床表层承载能力(kPa);

K ——安全系数。

2 基床表层动变形应满足式(6.2.1—2)的要求。

$$\omega \leqslant C_{\omega} \tag{6.2.1—2}$$

式中　ω——计算变形值(mm);

C_{ω}——变形限制值(mm),有砟轨道取 1 mm,无砟轨道取 0.22 mm(轨道结构外侧边缘位置)。

3 基床底层的动应变应满足式(6.2.1—3)的要求。

$$\varepsilon \leqslant C_{\varepsilon} \tag{6.2.1—3}$$

式中　ε ——计算动应变;

C_{ε} ——临界应变。

6.2.2 常用路基基床结构的厚度应按表 6.2.2 确定。

表 6.2.2 常用路基基床结构厚度

铁路等级		基床表层(m)	基床底层(m)	总厚度(m)
客货共线铁路		0.6	1.9	2.5
城际铁路	有砟轨道	0.5	1.5	2.0
	无砟轨道	0.3	1.5	1.8
高速铁路	有砟轨道	0.7	2.3	3.0
	无砟轨道	0.4	2.3	2.7
重载铁路	设计轴重 250 kN、270 kN	0.6	1.9	2.5
	设计轴重 300 kN	0.7	2.3	3.0

6.2.3 基床底层的顶面和基床以下填料的顶面应设不小于 4% 的人字排水横坡。

6.3 路堤基床

6.3.1 基床表层填料应根据铁路等级、设计速度、轨道类型等按表 6.3.1 确定。

表 6.3.1 基床表层填料选择标准

铁路等级及设计速度		粒径限值	可选填料类别
客货共线铁路及城际铁路	200 km/h	≤60 mm	级配碎石
	160 km/h	≤100 mm	宜选用砾石类、碎石类中的 A1、A2 组填料;当缺乏 A1、A2 组填料时,经经济比选后可采用级配碎石
	≤120 km/h	≤100 mm	优先选用砾石类、碎石类中的 A1、A2 组填料,其次为砾石类、碎石类及砂类土中的 B1、B2 组填料,有经验时可采用化学改良土
	无砟轨道	≤60 mm	级配碎石
高速铁路		≤60 mm	级配碎石
重载铁路		≤60 mm	应采用级配碎石及 A1、A2 组填料

注:1 有砟轨道及非冻土地区无砟轨道基床表层采用Ⅰ型级配碎石。

2 冻结深度大于 0.5 m 的冻土地区以及多雨地区无砟轨道基床表层采用Ⅱ型级配碎石。

6.3.2 基床底层填料应根据铁路等级、设计速度、轨道类型等按表 6.3.2 确定。

表 6.3.2 基床底层填料选择标准

铁路等级及设计速度		粒径限值	可选填料类别
客货共线铁路及城际铁路	200 km/h	≤100 mm	砾石类、碎石类及砂类土中的 A、B 组填料或化学改良土
	160 km/h	≤200 mm	砾石类、碎石类及砂类土中的 A、B 组填料或化学改良土
	≤120 km/h	≤200 mm	砾石类、碎石类及砂类土中的 A、B、C1、C2 组填料或化学改良土
	无砟轨道	≤60 mm	砾石类、砂类土中的 A、B 组填料或化学改良土

续上表

铁路等级及设计速度	粒径限值	可选填料类别
高速铁路	≤60 mm	砾石类、砂类土中的 A、B 组填料或化学改良土
重载铁路	≤100 mm	砾石类土、碎石类土及砂类土中的 A、B 组填料或化学改良土

注：1　无砟轨道及严寒寒冷地区有砟轨道冻结深度影响范围内基床底层填料的细粒含量不应大于 5%，渗透系数应大于 5×10^{-5} m/s。

2　在有可靠资料和工程经验的情况下，采取加固或封闭措施，设计速度160 km/h铁路基床底层可采用 C 组填料。

6.3.3　高度小于 2.5 m 的低路堤，基床底层范围内天然地基的承载力、土质、天然密实度应符合本规范第 6.1.2 条、第 6.3.2 条、第 6.5.3 条的规定。

6.4　路 堑 基 床

6.4.1　不易风化的硬质岩石基床，路基面应设不小于 4% 人字排水坡。

6.4.2　土质、易风化的软质岩、强风化硬质岩路堑的基床表层填料应符合本规范第 6.3.1 条的规定；基床底层的土质、天然密实度、承载力等应符合本规范第 6.1.2 条、第 6.3.2 条、第 6.5.3 条的规定。否则应采取措施进行处理。

6.4.3　膨胀土(岩)、黄土、风沙、冻土等地区的路堑基床处理应符合《铁路特殊路基设计规范》TB 10035 的有关规定。

6.5　基床压实标准

6.5.1　路基基床填料的压实控制指标应符合下列规定：

1　无砟轨道铁路、高速铁路及重载铁路采用的级配碎石、砾石类、碎石类及砂类土应采用压实系数、地基系数、动态变形模量作为控制指标；其余铁路采用的级配碎石、砾石类、碎石类及砂类土应采用压实系数、地基系数作为控制指标。

2　化学改良土应采用压实系数及 7 d 饱和无侧限抗压强度作为控制指标。

6.5.2　基床表层填料的压实标准应符合表 6.5.2 的规定。

表 6.5.2　基床表层填料的压实标准

<table>
<tr><th colspan="2" rowspan="2">铁路等级及设计速度</th><th colspan="2" rowspan="2">填料</th><th colspan="4">压实标准</th></tr>
<tr><th>压实系数 K</th><th>地基系数 K_{30} (MPa/m)</th><th>7 d 饱和无侧限抗压强度(kPa)</th><th>动态变形模量 E_{vd} (MPa)</th></tr>
<tr><td rowspan="4">客货共线铁路及城际铁路</td><td>200 km/h</td><td colspan="2">级配碎石</td><td>≥0.97</td><td>≥190</td><td>—</td><td>—</td></tr>
<tr><td rowspan="2">160 km/h</td><td colspan="2">级配碎石</td><td>≥0.95</td><td>≥150</td><td>—</td><td>—</td></tr>
<tr><td>A1、A2 组</td><td>砾石类、碎石类</td><td>≥0.95</td><td>≥150</td><td>—</td><td>—</td></tr>
<tr><td>120 km/h</td><td>A1、A2 组</td><td>砾石类、碎石类</td><td>≥0.95</td><td>≥150</td><td>—</td><td>—</td></tr>
</table>

续上表

铁路等级及设计速度		填料		压实标准			
				压实系数 K	地基系数 K_{30} (MPa/m)	7 d 饱和无侧限抗压强度(kPa)	动态变形模量 E_{vd} (MPa)
客货共线铁路及城际铁路	120 km/h	B1、B2 组	砾石类、碎石类	≥0.95	≥150	—	—
			砂类土(粉细砂除外)	≥0.95	≥110	—	—
		化学改良土		≥0.95	—	≥500(700)	—
	无砟轨道	级配碎石		≥0.97	≥190	—	≥55
高速铁路		级配碎石		≥0.97	≥190	—	≥55
重载铁路		级配碎石		≥0.97	≥190	—	≥55
		A1 组	砾石类	≥0.97	≥190	—	≥55

注:括号内数值为严寒地区化学改良土考虑冻融循环作用所需强度值。

6.5.3　基床底层填料的压实标准应符合表 6.5.3 的规定。

表 6.5.3　基床底层填料的压实标准

铁路等级及设计速度		填料		压实标准			
				压实系数 K	地基系数 K_{30} (MPa/m)	7 d 饱和无侧限抗压强度(kPa)	动态变形模量 E_{vd} (MPa)
客货共线铁路、城际铁路	200 km/h	A、B 组	粗砾土、碎石类	≥0.95	≥150	—	—
			砂类土(粉砂除外)细砾土	≥0.95	≥130	—	—
		化学改良土		≥0.95	—	≥350(550)	—
	160 km/h	A、B 组	砾石类、碎石类	≥0.93	≥130	—	—
			砂类土(粉细砂除外)	≥0.93	≥100	—	—
		化学改良土		≥0.93	—	≥350(550)	—
	120 km/h	A、B、C1、C2 组	砾石类、碎石类	≥0.93	≥130	—	—
			砂类土、细粒土	≥0.93	≥100	—	—
		化学改良土		≥0.93	—	≥350(550)	—
	无砟轨道	A、B 组	粗砾土、碎石类	≥0.95	≥150	—	≥40
			砂类土(粉砂除外)细砾土	≥0.95	≥130	—	≥40
		化学改良土		≥0.95	—	≥350(550)	—

续上表

铁路等级及设计速度	填料		压实标准			
			压实系数 K	地基系数 K_{30} (MPa/m)	7 d 饱和无侧限抗压强度(kPa)	动态变形模量 E_{vd} (MPa)
高速铁路	A、B 组	粗砾土、碎石类	≥0.95	≥150	—	≥40
		砂类土(粉砂除外)细砾土	≥0.95	≥130	—	≥40
	化学改良土		≥0.95	—	≥350(550)	—
重载铁路	A、B 组	粗砾土、碎石类	≥0.95	≥150	—	≥40
		砂类土(粉砂除外)细砾土	≥0.95	≥130	—	≥40
	化学改良土		≥0.95	—	≥350(550)	—

注:括号内数值为严寒地区化学改良土考虑冻融循环作用所需强度值。

6.6 基床处理措施

6.6.1 基床底层范围内的天然地基土质符合本规范第 6.3.2 条的规定,天然密实度不满足本规范第 6.5.3 条的规定,可采用翻挖回填或碾压夯实的措施。

6.6.2 基床底层范围内的土质或填料不符合要求时,可采用换填或加固措施进行处理。

6.6.3 路基基床受地下水影响时宜采用降低地下水位、设置路堤式路堑等措施,以降低、疏干基床范围内的水。

6.6.4 陡坡地段的半填半挖路基,半挖侧路基面以下不小于 1 m 范围应挖除换填,填料应符合本规范第 6.3.1 条、第 6.3.2 条的规定。

7 路 堤

7.1 一般规定

7.1.1 路堤边坡高度应结合铁路等级、轨道类型、地基条件、填料来源、用地性质及环境因素等合理确定,不宜超过 20 m。

7.1.2 稳定斜坡地段路堤的基底表层处理应符合下列规定:

1 地表坡率缓于 1∶5 时,应清除地表植被。

2 地表坡率为(1∶5)~(1∶2.5)时,应在原地表挖台阶,台阶宽度不应小于 2 m。当基岩面上的覆盖层较薄时,宜先清除覆盖层后再挖台阶;覆盖层较厚且稳定时,可直接在原地面挖台阶。

7.1.3 地面横坡陡于 1∶2.5 地段的陡坡路堤,基底及基底下软弱层滑动稳定安全系数不应小于 1.25。当符合要求时,应在原地面设计台阶;否则应采取改善基底条件或设置支挡结构等防滑措施。陡坡路堤靠山侧应设排水设施,并采取防渗加固措施。

7.1.4 基底有地下水影响路堤稳定时,应采取拦截引排至基底范围以外或在路堤底部填筑渗水填料等措施,但不应恶化基底条件。

7.1.5 软土及其他类型厚层松软地基上路堤的稳定性、工后沉降不满足要求时,应进行地基处理并与基底处理相协调。

7.2 填料及填筑要求

7.2.1 基床以下路堤填料应符合下列规定:

1 重载铁路和设计速度 200 km/h 及以下的有砟轨道铁路可采用 A、B、C 组填料或化学改良土。

2 无砟轨道铁路和设计速度 200 km/h 以上的有砟轨道铁路宜选用 A、B、C1、C2 组填料或化学改良土。

3 设计速度 200 km/h 以下的有砟轨道铁路采用 D 组填料时应进行改良或采取加固措施。

7.2.2 路堤浸水部位应结合铁路等级、轨道类型等采用水稳性好的填料或采取封闭、隔水措施,长期浸水部分应采用渗水土填料。

7.2.3 寒冷地区有害冻胀深度范围内的路基,宜采用冻胀不敏感填料。

7.2.4 路堤基床以下部位填料的最大粒径应符合下列规定:

1 重载铁路、设计速度 200 km/h 以下的有砟轨道铁路填料最大粒径不应大于摊铺厚度的 2/3,且不应大于 300 mm。

2 设计速度 200 km/h 的有砟轨道铁路填料的最大粒径不应大于 150 mm。

3 无砟轨道铁路、设计速度 200 km/h 以上的有砟轨道铁路填料的最大粒径不应大于 75 mm。

7.2.5 路堤采用不同填料填筑时应符合下列规定：

1 渗水性土填在非渗水土上时，非渗水土层顶面应向两侧设 4% 的人字排水横坡。

2 上下两层填料的颗粒不满足本规范式（6.1.4）的要求，应在分界面上设置隔离垫层或采用其他措施；下层填料为化学改良土时，不受本条限制。

7.2.6 基床以下路堤填料采用 C2 组中的砂类土及 C3 组时，应采取加强防护措施。

7.3 压实标准

7.3.1 基床以下路堤填料的压实控制指标应符合下列规定：

1 细粒土、砂类土、砾石类土、碎石类土、块石类土等应采用压实系数和地基系数作为控制指标。

2 改良土应采用压实系数和 7 d 饱和无侧限抗压强度作为控制指标。

7.3.2 基床以下路堤填料的压实标准应符合表 7.3.2 的规定。

表 7.3.2 基床以下路堤填料的压实标准

铁路等级及设计速度		填料	压实标准		
			压实系数 K	地基系数 K_{30}（MPa/m）	7 d 饱和无侧限抗压强度（kPa）
客货共线铁路、城际铁路有砟轨道	200 km/h	细粒土	≥0.90	≥90	—
		砂类土、细砾土	≥0.90	≥110	
		碎石类及粗砾土	≥0.90	≥130	—
		化学改良土	≥0.90	—	≥250
	160 km/h、120 km/h	细粒土、砂类土	≥0.90	≥80	—
		砾石类、碎石土	≥0.90	≥110	—
		块石类	≥0.90	≥130	
		化学改良土	≥0.90	—	≥200
高速铁路及无砟轨道客货共线铁路、城际铁路		砂类土及细砾土	≥0.92	≥110	—
		碎石类及粗砾土	≥0.92	≥130	—
		化学改良土	≥0.92	—	≥250
重载铁路		细粒土、砂类土	≥0.92	≥90	—
		细砾土	≥0.92	≥110	—
		碎石类及粗砾土	≥0.92	≥130	
		化学改良土	≥0.92	—	≥250

7.3.3 基床以下路堤填料采用 C3 组及化学改良土填筑，填料的含水率应接近最优含水率，否则可采取疏干晾晒或加水湿润等措施。

7.3.4 路堤边坡高度大于 15 m 时，应根据填料、边坡高度等加宽路基面，其每侧加宽值应按式（7.3.4）计算确定。

$$\Delta b = CHm \qquad (7.3.4)$$

式中　C——路堤填料的沉降比,应结合填料、压实设备、压实标准及地区经验综合确定;

H——路堤边坡高度(m);

m——道床边坡坡率,$m=1.75$。

7.4　边坡形式和坡率

7.4.1　路堤边坡形式和坡率应根据轨道类型和列车荷载、填料的物理力学性质、边坡高度及地基工程地质条件等由稳定分析计算确定。当地基条件良好,边坡高度不大于表 7.4.1 的规定,其边坡形式和坡率可按表 7.4.1 采用。

表 7.4.1　路堤边坡形式和坡率

填料名称	边坡高度(m)			边坡坡率		边坡形式
	全部高度	上部高度	下部高度	上部坡率	下部坡率	
细粒土、易风化的软块石土	20	8	12	1∶1.50	1∶1.75	折线形或台阶形
粗粒土(细砂、粉砂除外)、漂石土、卵石土、碎石土、不易风化的软块石土	20	12	8	1∶1.50	1∶1.75	折线形或台阶形
硬块石土	8	—	—	1∶1.30		直线形
	20	—	—	1∶1.50		直线形

注:1　如有可靠资料和经验时,可不受本表限制。

2　边坡高度较高时可采用台阶型。

3　路基浸水或填料为粉细砂、膨胀土、盐渍土等时,其边坡形式和坡率应符合《铁路特殊路基设计规范》的相关规定。

7.4.2　路堤边坡稳定性应分别检算路堤施工期及铁路运营期的稳定系数,以运营期的稳定安全系数作为设计指标,以施工期的稳定安全系数作为验算指标。

7.4.3　铁路运营期路堤边坡最小稳定安全系数应符合本规范第 3.3.5条的规定;考虑运架设备等施工临时荷载时,稳定安全系数不宜小于 1.10。

7.4.4　路堤坡脚外应设置宽度不小于 2 m 的护道。在经济作物区地段,可设宽度不小于 1 m 的人工护道或坡脚墙。

8 路　堑

8.1 一般规定

8.1.1 路堑边坡高度应根据地层岩性、岩体破碎程度、水文条件等综合确定,不宜超过 30 m。

8.1.2 土质、软质岩及强风化的硬质岩路堑应设置侧沟平台,宽度不宜小于 0.5 m;路堑边坡在土石分界、透水和不透水层交界面处宜设置边坡平台,宽度不宜小于 2 m。

8.1.3 地下水发育、排水困难及膨胀土(岩)等地段,可按路堤式路堑结构形式设计。

8.1.4 路堑设计应减少对天然植被和山体的破坏,防止诱发地质灾害。

8.1.5 较高土质边坡和软弱松散岩石路堑,应根据工程地质条件、岩层风化及节理发育程度,结合施工工艺,宜采用分层开挖、分层稳定和坡脚预加固技术。

8.2 土质路堑

8.2.1 土质路堑边坡形式及坡率应根据工程地质、水文地质和气象条件、边坡高度、防排水措施、施工方法等,结合自然稳定山坡和人工边坡的调查及力学分析综合确定。

8.2.2 土质路堑边坡高度小于 20 m 时,边坡坡率可按表 8.2.2 确定;当存在不利地层分界面、滑动面、地下水出露等特殊情况,需通过稳定分析计算确定。

表 8.2.2　土质路堑边坡坡率

土的类别		边坡坡率
黏土、粉质黏土、塑性指数大于 3 的粉土		(1 : 1.00)~(1 : 1.50)
中密以上的中砂、粗砂、砾砂		(1 : 1.50)~(1 : 1.75)
漂石土、卵石土、碎石土、粗砾土、细砾土	胶结和密实	(1 : 0.50)~(1 : 1.25)
	中　密	(1 : 1.25)~(1 : 1.50)

注:1　特殊土路堑边坡形式及坡率应符合《铁路特殊路基设计规范》TB 10035 的相关规定。
　　2　有可靠的资料和经验时,可不受本表限制。

8.2.3 路堑边坡高度大于 20 m 时,边坡坡率、形式等应通过稳定性分析计算确定,最小稳定安全系数应符合本规范第 3.3.5 条的规定。

8.2.4 黄土、膨胀土、风沙等特殊土路堑设计应符合《铁路特殊路基设计规范》TB 10035 的相关规定。

8.3 岩石路堑

8.3.1 岩石路堑边坡形式及坡率应根据工程地质、水文地质和气象条件、岩性、边坡高度、施工方法，并结合岩体结构、结构面产状、风化程度及自然稳定边坡和人工边坡的调查等因素综合确定，必要时可进行稳定分析方法予以检算。

8.3.2 岩石路堑边坡高度小于 20 m 时，边坡坡率可按表 8.3.2 确定。

表 8.3.2 岩石路堑边坡坡率

岩石类别	风化程度	边坡坡率
硬质岩	未风化、微风化	(1∶0.1)~(1∶0.5)
	弱风化、强风化	(1∶0.3)~(1∶0.75)
	全风化	(1∶0.75)~(1∶1.0)
软质岩	未风化、微风化	(1∶0.3)~(1∶0.75)
	弱风化、强风化	(1∶0.5)~(1∶1.0)
	全风化	(1∶0.75)~(1∶1.5)

注：1 特殊岩路堑边坡形式及坡率应符合《铁路特殊路基设计规范》的相关规定。
2 存在不利结构面的岩质边坡应通过稳定计算确定。
3 有可靠的资料和经验时，可不受本表限制。

8.3.3 强风化或全风化的硬质岩及软质岩路堑，可按本规范第 8.1.2条规定设置平台和排水设施。

8.3.4 岩石路堑边坡高度大于 20 m 时，边坡坡率、形式等应通过稳定性分析计算确定，最小稳定安全系数应符合本规范第 3.3.5 条的规定。

8.3.5 硬质岩路堑应根据岩体结构、结构面产状、岩性及施工影响范围内既有建筑物的安全性要求等，采用光面爆破、预裂爆破等控制爆破技术或机械开挖施工。

9 过 渡 段

9.1 一般规定

9.1.1 路基与桥隧等其他线下结构物、不同路基结构、不同地基处理形式连接处可能导致轨道基础沉降变形及刚度差异时,应设置过渡段。

9.1.2 桥梁、涵洞及隧道等结构工程之间的路基,有砟轨道城际铁路、重载铁路及客货共线铁路长度小于20 m,高速铁路、无砟轨道城际铁路长度小于40 m时,应按过渡段进行特殊设计。

9.1.3 无砟轨道与有砟轨道路基连接处应在有砟轨道范围设置过渡段,过渡段地基处理、填料及压实标准应满足无砟轨道路基技术条件。

9.1.4 轨道下横跨挖方与填方的半填半挖路基,可通过换填挖方部分调整与填方部分的刚度差异,换填厚度宜根据地基条件及填方部分的高度确定。

9.1.5 桥台背及横向结构物两侧设置的过渡段,需挖除硬质岩时,宜结合铁路等级、挖方高度等进行特殊设计,可采用回填混凝土措施处理。

9.2 路基与桥台过渡段

9.2.1 路基与桥台过渡段宜采用沿线路纵向倒梯形过渡形式,如图9.2.1—1所示;过渡段施工先于邻近路基时,可采用沿线路纵向正梯形过渡形式,如图9.2.1—2所示。

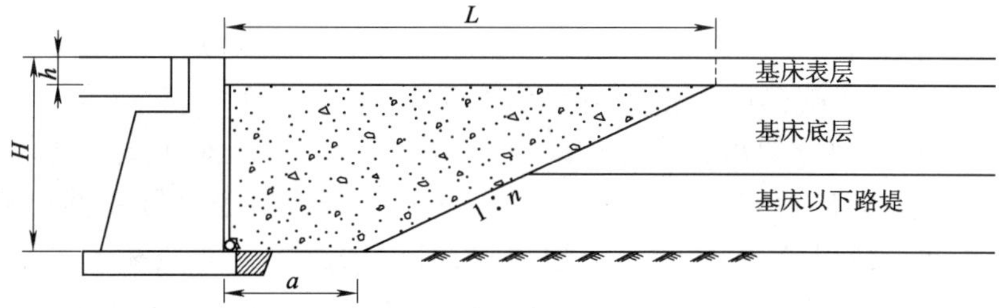

图9.2.1—1 台尾倒梯形过渡段设置示意图

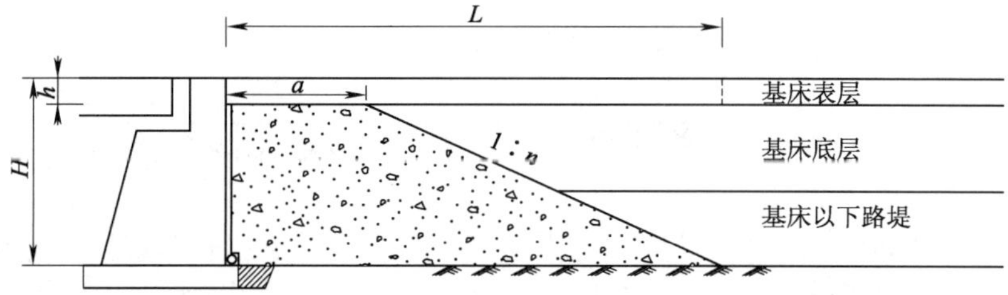

图9.2.1—2 台尾正梯形过渡段设置示意图

9.2.2 过渡段长度按式(9.2.2)确定,高速铁路、无砟轨道铁路过渡段长度不应小于20 m。

$$L=a+(H-h)n \tag{9.2.2}$$

式中 L——过渡段长度(m);

H——台后路堤高度(m);

h——基床表层厚度(m);

a——过渡段梯形底部(或顶部)沿线路方向长度,高速铁路、无砟轨道城际铁路、重载铁路、设计速度200 km/h的有砟轨道城际铁路和客货共线铁路取3 m~5 m,设计速度200 km/h以下的有砟轨道城际铁路和客货共线铁路取3;

n——常数,高速铁路、无砟轨道城际铁路、重载铁路、设计速度200 km/h的有砟轨道城际铁路和客货共线铁路取2~5,设计速度200 km/h以下的有砟轨道城际铁路和客货共线铁路取2。

9.2.3 过渡段路基基床表层应符合本规范第6.3.1条及第6.5.1条的要求。

9.2.4 过渡段基床表层以下梯形部分的填料及填筑压实应符合下列规定:

1 高速铁路、无砟轨道及设计速度200 km/h的有砟轨道城际铁路应分层填筑掺入不小于3%水泥的级配碎石,压实标准应符合压实系数$K\geqslant0.95$、地基系数$K_{30}\geqslant$150 MPa/m、动态变形模量$E_{vd}\geqslant$50 MPa。

2 设计速度200 km/h的客货共线铁路可分层填筑级配碎石,距离结构物2.0 m范围应掺入不小于3%水泥,压实标准应符合压实系数$K\geqslant0.95$、地基系数$K_{30}\geqslant$150 MPa/m。

3 重载铁路应分层填筑A组填料,压实标准应符合压实系数$K\geqslant0.95$、地基系数$K_{30}\geqslant$150 MPa/m、动态变形模量$E_{vd}\geqslant$40 MPa。

4 设计速度200 km/h以下的有砟轨道城际铁路和客货共线铁路应填筑A组填料,其压实标准应符合本规范第6.5.3条中基床底层的相关规定。

5 级配碎石的级配范围应符合本规范第5.2.11条的规定。

9.2.5 过渡段浸水部分的填料除级配碎石外均应符合渗水土填料的技术要求。

9.2.6 高速铁路、无砟轨道及设计速度200 km/h的有砟轨道城际铁路过渡段桥台基坑应以混凝土回填或以碎石、改良土分层填筑,其他铁路的过渡段桥台基坑应以碎石、改良土分层填筑。混凝土应满足设计强度要求,碎石、改良土填筑应满足$E_{vd}\geqslant$30 MPa。

9.2.7 过渡段地基加固措施应满足工后沉降控制要求,并应考虑与桥台及相邻路基地段变形协调,必要时可在台后设置钢筋混凝土搭板。

9.3 路基与横向结构物过渡段

9.3.1 路基与横向结构物(立交框构、箱涵等)连接处,根据地形、地质条件设置过渡段,宜采用沿线路纵向倒梯形过渡形式,如图9.3.1—1所示;过渡段施工先于邻近路基时,可采用沿线路纵向正梯形过渡形式,如图9.3.1—2所示。

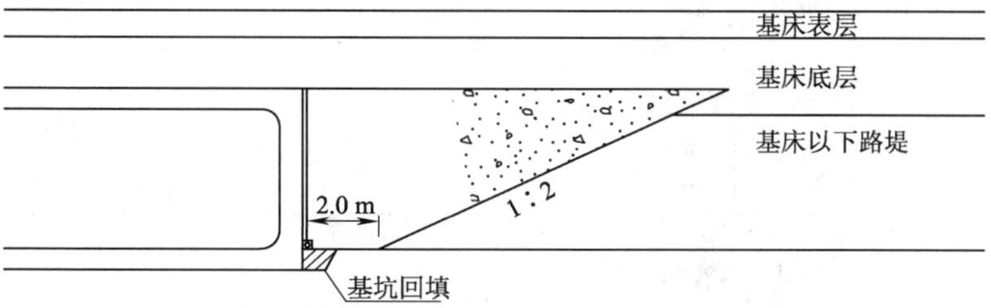

图 9.3.1—1 路基与横向结构物倒梯形过渡段示意图

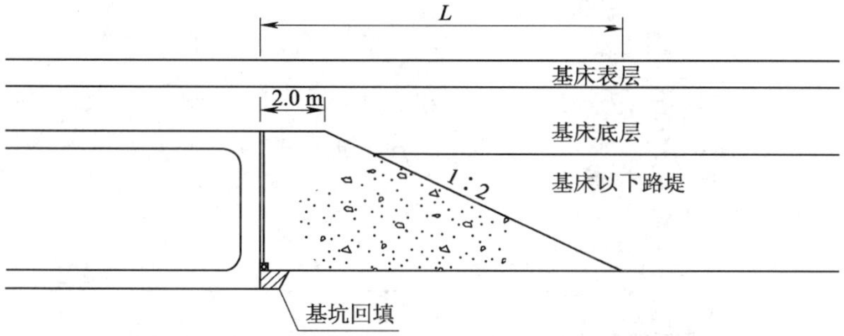

图 9.3.1—2 路基与横向结构物正梯形过渡段示意图

9.3.2 横向结构物顶部及过渡段路基基床表层应符合本规范第 6.3.1 条及第 6.5.2 条的要求。

9.3.3 寒冷、严寒地区过渡段与横向结构物接触区冻结影响范围应填筑防冻胀性能较好的填料，如图 9.3.3 所示。

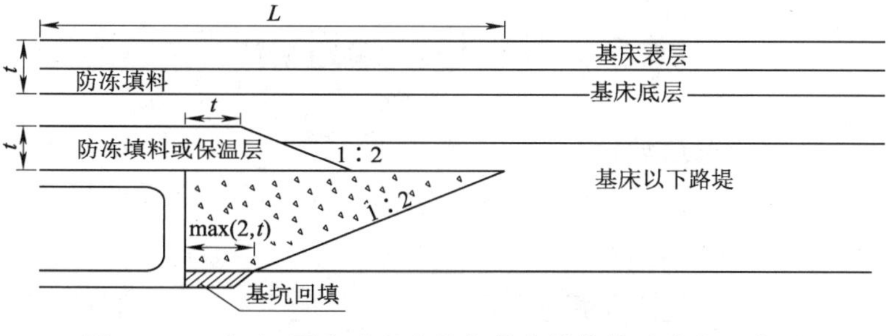

图 9.3.3 寒冷、严寒地区路基与横向结构物过渡段示意图

注：图中 t 为冻胀设防厚度，单位 m。

9.3.4 路基与横向结构物过渡段填料、压实标准、基坑回填及施工应符合本规范第 9.2.4 条～第 9.2.6 条的规定。

9.3.5 过渡段地基加固应满足工后沉降控制要求，横向结构物地基加固措施应与相邻路基地段地基加固措施协调。

9.3.6 有砟轨道铁路横向结构物顶面填土高度大于 3 m，且大于路堤高度的 2/3 时可不设过渡段。

9.4 路堤与路堑过渡段

9.4.1 当路堤与硬质岩石路堑连接时，在路堑一侧顺原地面纵向开挖台阶，每级台阶宽度不应小于 1.0 m，并在路堤一侧设置过渡段，如图 9.4.1 所示。过渡段填筑要求应符合本规范第 9.2.4 条 ~第 9.2.7 条的规定。

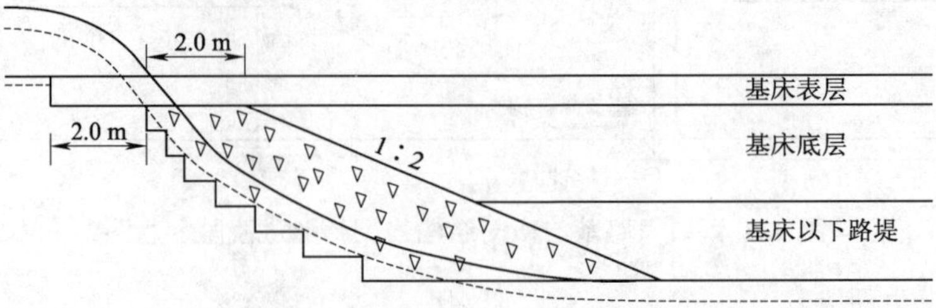

图 9.4.1　硬质岩石堤堑过渡段示意图

9.4.2　当路堤与软质岩石或土质路堑连接时，应顺原地面纵向开挖台阶，每级台阶宽度不小于 1.0 m，如图 9.4.2 所示。开挖部分填筑要求应与路堤相应位置相同。

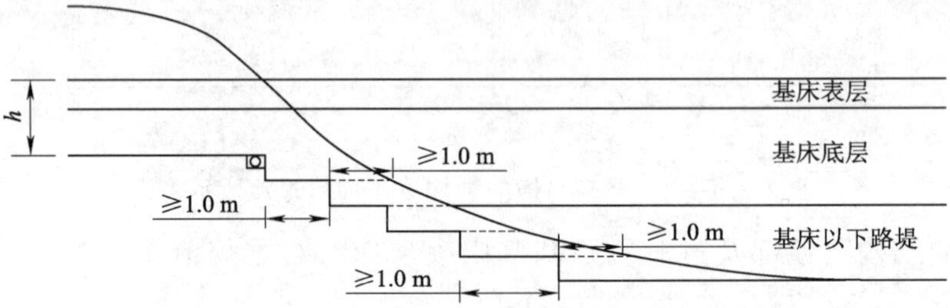

图 9.4.2　软质岩石或土质堤堑过渡段示意图

注：图中 h 为路堑基床换填厚度，单位：m。

9.5　路堑与隧道过渡段

9.5.1　高速铁路、无砟轨道城际铁路、设计速度 200 km/h 的有砟轨道城际铁路及客货共线铁路土质、软质岩路堑与隧道连接处，应设置过渡段，宜采用沿线路纵向倒梯形过渡形式，如图 9.5.1 所示。

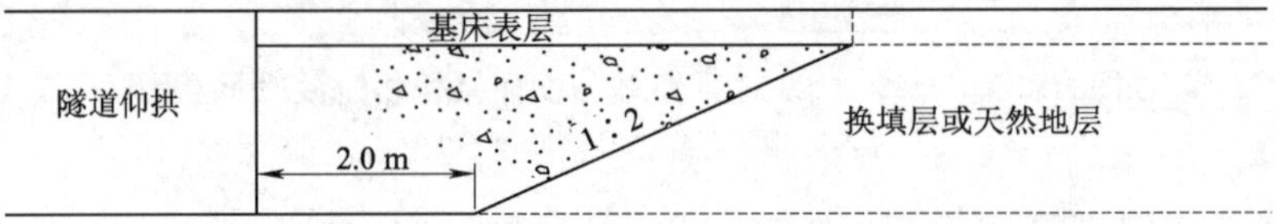

图 9.5.1　路堑与隧道过渡段示意图

9.5.2　过渡段路基填料、压实标准应满足本规范第 9.2.3 条~第 9.2.6 条的规定。

10 地基处理

10.1 一般规定

10.1.1 地基处理方法应根据铁路等级、轨道类型、荷载大小、场地地质和环境条件、处理目的、工期要求等因素,结合处理措施的适宜性、施工工艺和地区经验等合理确定。

10.1.2 地基处理设计应满足路基稳定、沉降变形控制或基床、支挡结构物地基承载力要求;饱和粉土及松散砂土地基,应满足防止振动液化或地震液化的要求。

10.1.3 路堤与地基的整体稳定性、地基沉降应根据地基特征、处理措施类型及滑动破坏型式等条件,按施工期和运营期分别进行计算分析,稳定安全系数和工后沉降控制标准应符合本规范及《铁路特殊路基设计规范》TB 10035 的有关规定。

10.1.4 地基处理设计与施工有关参数,应进行代表性现场试验或试验性施工,并进行必要的测试,确认技术上可行后,方可正式施工。

10.1.5 地基处理应加强施工过程质量控制和加固效果检测。地基处理质量验收合格后方可进行上部路基施工。

10.1.6 地基处理地段路基,应根据本规范第 3.4 节的要求进行沉降变形观测与评估,工后沉降满足要求后方可铺轨。

10.2 主要技术要求

10.2.1 路堤位于稳定斜坡时,地基表层处理应符合本规范第 7.1.2条的规定。

10.2.2 路堤与地基的整体稳定性检算应符合下列规定:

1 天然地基或采用排水固结法处理地基时,整体滑动稳定性宜采用圆弧法检算;基底软弱土层较薄时,除按圆弧滑动法计算外,还应按不平衡推力传递系数法分析路堤沿复式滑面滑动的稳定性;路堤沿斜坡地基或软弱夹层带滑动的稳定性,除按圆弧滑动法计算外,还应按不平衡推力传递系数法分析。

2 散体材料桩、柔性桩复合地基整体滑动稳定性一般可按第 1 款的规定检算,并应根据滑弧切割地层及范围分别采用复合或天然地基土抗剪强度指标。

3 刚性桩复合地基及路堤较高、软土性质极差的柔性桩复合地基,宜根据可能的破坏模式,采用适宜的方法进行检算,必要时可结合数值法分析。

4 采用钢筋混凝土桩网(筏)、桩板结构处理时,应按桩承式路堤刚性桩结构进行稳定性分析检算,单桩竖向承载力应不小于其承担的竖向荷载。

10.2.3 地基沉降应分别计算加固区沉降和下卧层沉降。地基压缩沉降量计算方法宜根据地基处理措施类型按下列原则确定:

1 采用浅层处理法、排水固结法处理地基,宜按本规范第 3.3.7 条规定的方法计算。

2　散体材料桩、柔性桩复合地基加固区沉降宜按复合模量法，下卧层宜按 Boussinesq 法、应力扩散法计算。

3　刚性桩复合地基加固区沉降宜按承载力比法，下卧层宜按 Boussinesq 法、应力扩散法、$L/3$ 法等计算。

4　钢筋混凝土桩桩网（筏）、桩板结构地基下卧层沉降宜按等效实体法、$L/3$ 法计算。

10.2.4　膨胀土、冻土地基胀缩变形计算及地基处理措施应结合地基土膨胀性等级、冻胀等级等按国家现行相关规范确定。

10.2.5　湿陷性黄土地区路基，应分别进行压缩沉降和地基湿陷量分析、计算，根据不同等级铁路工后沉降要求采取防止、减少或消除地基湿陷性处理措施。

10.2.6　岩溶、洞穴地基应进行稳定性评价，路基与塌陷不稳定区域之间应留有一定安全距离，安全距离的大小根据铁路等级、轨道类型、洞穴顶板的埋藏深度等综合确定，必要时采取消除塌陷的地基处理措施。

10.2.7　路基与其他构筑物分界处、地层变化较大地段及不同地基处理措施连接处，应进行差异沉降检算，采取渐变过渡的地基处理措施，减少不均匀沉降。

10.2.8　地基处理邻近既有铁路、公路、地下管线或其他建筑物地段，应对既有设施的影响进行必要的检算与评估，采取加强监测和必要的处理措施，保证既有设施的正常使用和安全。

10.3　常用措施

10.3.1　路堤基底地面横坡陡于 1∶2.5，不满足陡坡路堤抗滑动稳定性要求时，可采取在原地面挖台阶、复合地基、钢筋混凝土桩桩网（筏）、桩板结构等地基处理措施。

10.3.2　地基表层为软弱土层，其静力触探比贯入阻力 P_s 值小于 1.0 MPa，或天然地基基本承载力 σ_0 小于 0.12 MPa，路堤稳定性、工后沉降满足要求时，应根据土层性质、厚度、地表积水情况等条件，采取排水疏干、清除地表种植土、粗粒土垫层（加筋）、碾压片石或挖除换填等适应填筑需要的地表或浅层处理措施。碾压片石、挖除换填处理深度不应大于 3 m。

10.3.3　地基土软弱、松散或存在湿陷、液化等不良地基条件，不满足路基稳定、沉降变形控制或承载力等要求时，宜结合附录 D，按下列原则采取适宜的处理措施：

1　处理深度不大于 3 m 时，宜采用压实、换填、垫层法等浅层处理措施。

2　淤泥、淤泥质土、饱和黏性土等软土地基及饱和的粉土、黄土、吹填土地基，宜采用预压排水固结或强夯置换墩、碎石桩、水泥搅拌桩、旋喷桩等置换桩复合地基或钢筋混凝土桩网（筏）等深层处理措施。

3　非饱和黏性土、湿陷性黄土、粉土、松散粗粒土、填土地基，可采用强夯或砂桩、碎石桩、柱锤冲扩桩、灰土（水泥土）挤密桩、水泥土搅拌桩、旋喷桩、水泥粉煤灰碎石（CFG）桩、低强度素混凝土桩等挤密、置换桩复合地基或钢筋混凝土桩网（筏）等深层处理措施。

4　地基软弱层深厚、成层分布较复杂或路堤较高时，可采用排水固结、复合地基及钢筋混凝土桩网(筏)等综合加固措施。

5 软弱层底横坡较陡或斜坡软弱地基,应加强抗滑动稳定性,宜采用复合地基、钢筋混凝土桩网(筏)或二者综合加固的处理措施。

10.3.4 岩溶、人为坑洞地基处理,可采用强夯、回填、换填、跨越、注浆或钢筋混凝土桩网(筏)等处理措施。

10.3.5 地质、环境条件复杂时,松散粗粒土、非饱和粉土及黏性土、湿陷性黄土地基处理或既有工程地基补强加固,可采用注浆或微型桩等特殊措施。

11 支挡结构

11.1 一般规定

11.1.1 路基支挡结构设计应满足强度、稳定性和耐久性的要求；结构类型选择及设置位置的确定应安全可靠、经济合理，便于施工养护。

11.1.2 路基在下列情况宜设置支挡结构：

1 减少路堑边坡薄层开挖、路堤边坡薄层填方地段或加强路堤本体稳定地段的陡坡路基。

2 避免大量挖方、降低边坡高度或加强边坡稳定性的路堑地段。

3 不良地质条件下的地基、边坡、山体、危岩或落石地段。

4 受水流冲刷影响路堤稳定的沿河、滨海路堤地段。

5 节约用地、少占农田或保护重要的既有建筑物地段。

6 保护生态环境地段。

7 车站、景区等有需求的地段。

11.1.3 设置支挡结构的地段，应查明地质条件、地基承载力和锚固条件，合理确定岩土（或填料）物理力学参数。

11.1.4 路肩挡土墙应在下列地段设置防护栏杆：

1 墙顶高出地面 2 m 且连续长度大于 10 m 时。

2 墙趾下为悬崖陡坎或地面横坡陡于 1∶1、连续长度大于 20 m 的山坡时。

3 车站有调车作业地段。

11.1.5 本规范第 11.1.4 条第 1、第 2 款规定地段应在靠山侧铺设单侧护轮轨，铺设范围为两端各延长 5 m。

11.1.6 路基支挡结构应与桥台、隧道洞门、既有支挡结构物及边坡防护、排水系统等协调配合，衔接平顺。

11.1.7 改建和增建新线工程中的支挡结构设计应注意采取措施减少对既有线行车的干扰，保证既有线的行车安全。

11.2 主要设计原则

11.2.1 支挡结构设计应根据不同工况的荷载组合，按《铁路路基支挡结构设计规范》TB 10025 进行稳定性检算及结构构件设计。顶部设有防护栏杆、接触网立柱或声屏障基础时，应考虑结构物顶部外力作用。

11.2.2 挡土墙应采用总安全系数法按式（11.2.2—1）、式（11.2.2—2）进行抗滑动和抗倾覆稳定性检算，挡土墙稳定系数应满足表 11.2.2 的要求。

$$K_c = \frac{\sum R}{\sum T} \qquad (11.2.2\text{—}1)$$

式中 K_c——抗滑动稳定系数；

$\sum R$——总的抗滑力(kN)；

$\sum T$——总的滑动力(kN)。

$$K_0 = \frac{\sum M_y}{\sum M_0} \qquad (11.2.2\text{—}2)$$

式中 K_0——抗倾覆稳定系数；

$\sum M_y$——稳定力系对墙趾的总力矩(kN·m)；

$\sum M_0$——倾覆力系对墙趾的总力矩(kN·m)。

表 11.2.2 挡土墙稳定系数

项目名称	一般工况、常水位工况	洪水位工况	地震工况	临时工况
抗滑动稳定系数	≥1.3	≥1.2	≥1.1	≥1.05
抗倾覆稳定系数	≥1.6	≥1.4	≥1.3	≥1.1

注：临时荷载主要指架桥机等运架设备及其他施工临时荷载。

11.2.3 加筋挡土墙、土钉墙、预应力锚索应进行抗拉检算和抗拔检算；锚固桩结构应进行锚固段地基侧向压应力检算；必要时，桩板墙应进行顶部位移验算。

11.2.4 支挡结构结构构件设计应符合下列规定：

1 素混凝土和片石混凝土结构应按容许应力法进行偏心、截面法向压应力和拉应力及剪应力验算，满足《铁路路基支挡结构设计规范》TB 10025 的规定。

2 钢筋混凝土构件宜按《混凝土结构设计规范》GB 50010 进行抗弯、抗剪、抗拉、抗压、抗扭、挠度和裂缝宽度等验算，荷载分项系数应按《铁路路基支挡结构设计规范》TB 10025 的规定取值。

11.2.5 位于软土、斜坡等地段的路基支挡结构，应进行整体稳定性检算，稳定安全系数应满足本规范 3.3.5 条的规定。

11.2.6 支挡结构抗震设计应符合《铁路工程抗震设计规范》GB 50111的规定。

11.2.7 支挡结构耐久性应符合《铁路混凝土结构耐久性设计规范》TB 10005 的规定。

11.3 常用支挡结构类型及适用范围

11.3.1 支挡结构类型应综合考虑荷载类型、地形条件、地质条件、周围环境、征地、拆迁及工程投资等因素，并结合支挡结构自身特点合理选用，必要时可选择两种或两种以上支挡结构相结合的形式。

11.3.2 一般地区设置支挡结构应符合下列规定：

1 铁路路堑设置支挡结构宜选择重力式挡土墙、土钉墙、桩板式挡土墙、抗滑桩、预应力锚索、锚杆挡土墙等结构型式。

2 铁路路堤设置支挡结构宜选择重力式挡土墙、悬臂式和扶壁式挡土墙、桩基托梁挡土墙、桩板式挡土墙、加筋土挡土墙、抗滑桩等结构型式。

11.3.3 浸水地区铁路路堤设置支挡结构宜选择重力式挡土墙、悬臂式挡土墙、桩基托梁挡土墙、桩板式挡土墙等结构型式。

11.3.4　地震地区铁路路堑设置支挡结构时宜选择桩板式挡土墙、预应力锚索、重力式挡土墙等结构型式,铁路路堤设置支挡结构时宜选择悬臂式挡土墙、桩板式挡土墙、加筋土挡土墙、抗滑桩、重力式挡土墙等结构型式。

11.3.5　滑坡、岩堆、顺层等不良地质地段设置支挡结构,推力较大时,宜选择抗滑桩、桩板式挡土墙、预应力锚索及锚索桩;推力较小时,可采用重力式挡土墙。

11.3.6　在城市及风景区周边宜采用悬臂式和扶壁式挡土墙、加筋土挡土墙等与周围景观协调的轻型支挡结构。

12 路基防护

12.1 一般规定

12.1.1 路基防护包含路基边坡防护、风沙及雪害地段平面防护、路基保温防护等。

12.1.2 路基防护设计应遵循因地制宜、安全可靠、经济适用、易于管护、兼顾景观的原则。

12.1.3 路基边坡防护应设置在稳定的边坡上,防护工程边坡坡率不应陡于岩土稳定边坡坡率。

12.1.4 路基边坡防护设计应结合边坡的岩土性质、地质构造、水文地质条件、气候环境、边坡朝向、边坡坡率和高度等采用植物防护或植物防护与工程防护相结合的措施。

12.2 植物防护

12.2.1 植物防护设计应根据边坡岩土条件、种植目的、水源及周边环境条件等,结合边坡坡面情况、防护类型,合理确定植物种类及配置、建植方法、施工和养护要求。

12.2.2 土质路基边坡宜采用灌草结合或栽植灌木的防护形式;气候条件适宜植物生长地区的岩石路基边坡可采用客土(种植土)植草、灌植物,植生袋植草、灌植物,喷混植生等防护形式。

12.2.3 受季节性水流浸泡、流速小于 1.8 m/s 地段的路堤边坡,应采用根茎发达、缠绕性强和耐湿、耐水淹的灌木防护。沿河路堤的下部边坡或坡脚,可采用栽植乔木、灌木的防冲刷措施。

12.2.4 植物防护常用植物种类应结合植物生长的自然条件、降水量和气温等按附录 E 选用,不应采用油脂性植物。

12.2.5 植物防护不得影响行车和铁路设备的安全。植物与地下管线最小水平距离应符合附录 E 的规定。

12.2.6 混播草、灌木或藤本植物种子的配置要遵循速生与慢生相结合、豆科与非豆科相结合、浅根与深根相结合、返青期不同的品种相结合的原则。

12.2.7 草、灌木或藤本植物种子的播种量,应结合工点边坡的岩土性质、边坡坡率、种子发芽率、粒重、设计覆盖率和成活率等确定。

12.2.8 植物防护施工和养护用水,不应含有危害植物生长的成分,必要时进行水质分析。

12.3 骨架护坡

12.3.1 骨架护坡可用于路堤边坡和土质、全风化岩层及强风化软质岩路堑边坡防护。

12.3.2 骨架护坡可采用片石砌筑、混凝土浇筑或预制混凝土构件拼装。

12.3.3　骨架护坡宜采用带截水缘的拱型、人字型、方格型等，骨架间距宜采用 2 m～4 m。骨架嵌入边坡的深度应结合边坡岩土性质和坡率、气候条件等综合确定，不应小于 0.4 m。

12.3.4　骨架护坡可多级设置，边坡坡率不应陡于 1∶1，每级高度不宜大于 12 m。

12.3.5　骨架护坡内宜根据土质及环境条件采用铺设干（浆）砌片石、混凝土块、空心砖、种植草灌等防护措施。

12.4　实体护坡（墙）

12.4.1　实体护坡（墙）包括干砌片石、浆砌片石或混凝土护坡（墙），宜用于风沙、浸水及受河流冲刷地段的路堤边坡及河岸和水库岸坡等的防护，也可用于土质和易风化剥落的岩石路堑边坡防护。

12.4.2　实体护坡用于河流冲刷或岸坡防护，应符合下列规定：

1　干砌片石护坡、混凝土预制块护坡可用于水流较平顺、不受主流冲刷且流速小于 3 m/s 的地段。

2　浆砌片石或混凝土护坡用于受主流冲刷、流速不大于8 m/s，波浪作用强烈的地段。

3　护坡下应设置反滤层。

12.4.3　实体护坡（墙）用于路堑边坡防护，单级高度不宜超过12 m，超过时宜设平台、分级砌筑或浇筑。

12.4.4　干砌片石护坡厚度不宜小于 0.25 m，浆砌片石护坡厚度不宜小于 0.3 m，现浇混凝土护坡厚度不宜小于 0.15 m，预制混凝土护坡厚度不宜小于 0.08 m。浆砌片石或混凝土护墙厚度不宜小于 0.4 m。

12.4.5　实体护坡（墙）基础埋置深度，应符合下列规定：

1　用于河流冲刷或岸坡的护坡，应埋设在冲刷深度以下不小于 1.0 m 或嵌入基岩内不小于 0.2 m。

2　用于路堑边坡的护墙基础埋深不应小于 1.0 m。

12.5　孔窗式护坡（墙）

12.5.1　孔窗式护坡（墙）可用于易风化或风化破碎的岩石路堑边坡、坡面易受侵蚀的土质路堑边坡防护。

12.5.2　孔窗式护坡（墙）可采用片石或混凝土预制块砌筑、混凝土浇筑。

12.5.3　护坡（墙）单级高度不宜超过 12 m，超过时宜设平台、分级砌筑或浇筑。

12.5.4　孔窗式护坡（墙）坡率不宜陡于 1∶0.75，开孔尺寸宜选用 2 m～4 m，窗孔内宜喷混植生或种植植物。

12.5.5　孔窗式护墙的基础埋深应不小于 1 m。

12.6　锚杆框架梁护坡

12.6.1　锚杆框架梁护坡可用于土质、软质岩及风化硬质岩路堑边坡防护，可与植物防护、土工网垫客土植生、空心砖内客土植生、喷混植生、生态袋、植生袋、喷锚网、柔性防护网等防护组合使用。

12.6.2 锚杆框架梁护坡可多级设置,边坡坡率不宜陡于1∶0.75,单级高度不宜超过15 m。

12.6.3 锚杆框架梁应采用钢筋混凝土现浇,可按正方形或菱形布置,截面尺寸不宜小于0.3 m,混凝土强度等级应不低于C30。锚杆间距不宜小于2 m,锚杆长度不宜小于5 m。

12.6.4 护坡防护起点、讫点处各0.5 m宽度应采用现浇混凝土或浆砌片石砌筑镶边加固。护坡堑顶应设置混凝土或浆砌片石镶边,护坡坡脚应设置混凝土或浆砌片石护脚。

12.6.5 年平均降雨量超过600 mm地区,框架梁上应设置截水槽,边坡平台应设置截水沟。

12.7 喷射混凝土(砂浆)护坡

12.7.1 喷射混凝土(砂浆)护坡可用于风化破碎、节理裂隙较发育或较高陡的岩石路堑边坡。必要时可增加挂网措施。

12.7.2 重力喷射砂浆宜采用纯净的细砂,粒径应为0.1 mm~0.25 mm;机械喷射砂浆和喷射混凝土宜采用纯净的中粗砂,粒径应为0.25 mm~0.5 mm,含土量不应超过5%。

12.7.3 喷射砂浆厚度不宜小于5 cm;喷射混凝土厚度宜为7 cm~10 cm。

12.7.4 喷射混凝土(砂浆)护坡应设置泄水孔,应每隔2 m~3 m上下左右交错布置。地下水发育时,应根据情况适当加密、加深、加粗。

12.8 石笼防护

12.8.1 石笼防护可用于流速4 m/s~5 m/s、波浪高1.5 m~1.8 m的周期性浸水地段的河岸或路基边坡防护。在有滚石的河段,不宜采用石笼防护。

12.8.2 编织石笼的材料可选用土工合成材料、金属。

12.8.3 石笼内填充石料应选用坚硬不崩解,未风化的卵石、块石,石料块径应大于网孔尺寸。

12.8.4 石笼应铺设在平整,夯实的基底上;石笼用于垒砌时宜采用长方体,用于平铺时宜采用扁长方体。

12.9 防护网

12.9.1 危岩、落石防护措施应根据其分布范围、规模大小、边坡高度及距线路远近等因素综合确定,可结合清除危石处理等防护措施设置防护网防护。

12.9.2 坡面危石分布较多且体积较大,可根据检算采用主动防护网防护,或分级采用被动防护网防护。坡面危石、孤石分散且难以清理时,宜采用被动防护网防护或进行综合治理。

12.9.3 落石动能及其弹跳高度宜通过现场滚落石试验观测确定;现场滚落石试验观测难以实施时,可运用理论计算或数值模拟计算予以确定。

12.9.4 被动防护网设计高度不应小于落石最大弹跳高度加1.0 m,最小设计高度不应小于2.0 m。

12.9.5 被动防护网钢柱的高度不应低于防护网设计高度,钢柱间距不宜大于12.0 m,最小间距不宜小于4.0 m。

12.10 土工合成材料防护

12.10.1 土工合成材料可与其他工程材料、工程措施相结合用于路基防护。

12.10.2 土工网、土工网垫、立体植被护坡网用于路基防护时,应符合下列规定:

1 可用于适宜植物生长的土质、风化岩、易风化软岩路基边坡防护。

2 可用于粉细砂填筑的路堤边坡及粉细砂地层路堑边坡的风蚀防护。

3 可用于风沙路基两侧的固沙、阻沙工程。

12.10.3 土工格栅用于土质路基边坡补强时,应符合下列规定:

1 细粒土、粉细砂或软岩填筑的较高路堤,可于边坡表层不小于3 m宽度范围铺设土工网、土工格栅,抑制边坡浅层溜坍和增强边坡抗冲蚀能力。

2 改建或增建二线帮宽或加宽、陡坡地基填土路堤,可于边坡坡面至填土界面内铺设土工格栅,提高界面处摩擦力,增强路堤整体稳定性。

12.10.4 风沙路基两侧的阻沙工程可采用土工网方格沙障和高立式土工合成材料防沙网沙障。

12.10.5 土工合成材料石笼或沉枕、土工模袋等可与土、石、混凝土相结合,用于覆盖冲刷防护工程的坡面或河底,其类型及适用条件可按表12.10.5确定。

表 12.10.5 土工合成材料用于冲刷防护工程的类型及适用条件

防护类型	结构形式	适用条件
土工格栅或土工网石笼	用土工格栅或土工网等制成箱形或圆柱形,笼内装块石、卵石形成条体或块体	适用于临时工程,流速4 m/s~5 m/s,无滚石河段
土工合成材料沉枕	土工布缝成管袋,内填砂石料等制成的枕状物	流速4 m/s~5 m/s、冲刷较严重的护坡、护底,如丁坝、顺坝等
土工模袋	土工模袋内充填流动性水泥砂浆或混凝土,厚度视工程需要确定	护坡坡度不陡于1:1.5。充填水泥砂浆时,容许流速为2 m/s~3 m/s;充填混凝土时,容许流速大于3 m/s

12.11 风沙及雪害地区路基平面防护

12.11.1 风沙地区路基两侧应结合当地的治沙经验,采取固沙、阻沙、输沙和封沙育草、保护天然植被等多种防护措施,构成严密的、整体性的防沙结构体系。

12.11.2 两侧防沙体系应自路堤(或路堑)坡脚(或堑顶)外依序设置防火带、防护带、植被保护带等。防护带内工程防护和植物防护措施应相互协调配合,发挥整体效能。

12.11.3 防沙林和采用草类等易燃材料的防护带,应在路基坡脚或堑顶外选用卵石土、碎石土、粗砾土等铺设防火带。防火带宽度应符合《铁路工程设计防火规范》TB 10063的规定。

12.11.4 路基两侧应根据沙源、风况、沙丘活动情况和天然植被状况等因素,分别按严重、中等和轻微风沙地段设置防护带和植被保护带。

12.11.5 防护类型应依据风沙活动特征、输沙量、地形和防护材料性质等综合确定，可采用平铺粗粒土、设置阻沙沙障、挡沙墙或高立式沙障等措施。

12.11.6 有水源可利用或年平均降水量大于250 mm地区，应采用植物固沙；在年平均降水量为100 mm～250 mm且湿沙层含水率大于3%的地区，宜采用植物固沙。固沙植物应选择生长良好、固沙能力强的当地沙漠植物。

12.11.7 雪害地区应根据地形、地貌、植被、气候、风向、积雪厚度，并结合线路位置、路基高度等因素在路基一侧或两侧设计防护林带。防护林带宜采用乔、灌混合林。林带树种应根据当地土壤和气候条件，选用适合当地生长、易于成活、生长快的树种。

12.11.8 在不宜种植防护林和防护林未能起作用前，可在迎风一侧设置固定式或活动式防雪栅栏、防雪堤、防雪沟或导风板等，并与主导风向垂直。当地形开阔积雪严重时，可采用防雪堤、防雪栅栏、灌木林带相结合的综合防护体系。

12.11.9 易发生掩埋线路的严重雪害或有雪崩情况的地段，可采用明洞或棚洞等防护措施。

12.12 路基保温防护

12.12.1 多年冻土地区路基应根据年平均地温、冻土类别、冻土含冰量、平面分布特征及路基的稳定状态综合分析，可采用保温层、通风管、热棒、遮阳板、保温护道等措施。青藏高原地区宜采用片石气冷路基，边坡设置片(碎)石护坡等措施。

12.12.2 多年冻土区路堤采用聚氨酯板、聚苯乙烯板或挤塑聚苯乙烯板等保温材料时，应根据路堤高度、地表地温、地层含水情况经热工计算确定。

12.12.3 多年冻土区路基埋设通风管时，可采用预制钢筋混凝土管、钢管。

12.12.4 多年冻土区路基采用热棒降温时，热棒直径和间距应根据热棒类型、所采用的工质和地-气温差等因素综合确定。

12.12.5 多年冻土区高含冰量地段路基两侧或向阳一侧边坡可设遮阳板防护。

12.12.6 多年冻土区采用片石气冷路基降温时，片石层厚度不宜小于1.0 m，片石粒径宜为0.1 m～0.3 m，并应在片石层顶部设置0.2 m厚碎砾石层和0.2 m厚中粗砂垫层，片石层底应做好防排水措施。

12.12.7 多年冻土区高含冰量地段路堤两侧应设置保温护道，护道材料可采用细粒土或细粒土内埋设聚苯乙烯泡沫(EPS)隔温板等。护道尺寸根据路堤边坡的朝向、护道材料综合确定，并应符合表12.12.7的规定。

表12.12.7 保温护道尺寸

填筑材料	护道(m)		边坡坡率
	高度	宽度	
细粒土	1.5～2.0	2.5～3.0	1∶1.75
细粒土+聚苯乙烯泡沫隔温板或聚氨酯板	0.5	1.5～3.0	1∶1.75

注：1 护道材料为聚苯乙烯泡沫隔温板时，根据地层含冰情况选用双层或单层(EPS板一般厚30 mm或50 mm)。板下铺设0.2 m厚的中砂(或炉渣)作垫层，板上铺0.2 m厚细粒土厚防火层。聚氨酯板一般厚60 mm～80 mm。

2 护道顶面设4%排水横坡。

12.12.8　多年冻土区采用片(碎)石护坡时,片(碎)石层厚度不宜小于 0.8 m,阳坡侧应适当加厚。

12.12.9　支挡结构物背后可采用工业保温材料保温,保温层设置应根据支挡结构物类型、厚度、当地气温、地层含水情况等综合确定。

13　路基防排水

13.1　一般规定

13.1.1　路基排水应与路基坡面支护工程相协调,与桥涵、隧道、车站等排水设施衔接,形成完善、畅通的防排水系统。

13.1.2　路基排水系统应包括路基面、路基边坡及对路基工程有影响的地面水和地下水的引排。

13.1.3　路基排水设计应在现场详细调查及勘察的基础上进行。

13.1.4　路基排水设计应做到全面规划,合理布局,重视环境保护,减少占地,并与当地排灌系统和水土保持工程相协调,完善出水口处理,避免水土流失和水资源污染。

13.1.5　路基排水设施所用材料应符合本规范第5章的相关规定。设计速度200 km/h及以上铁路的侧沟、天沟、排水沟应采用混凝土浇筑或预制构件拼装。

13.1.6　特殊土(岩)及不良地质地段路基,其排水设计应结合工程的其他处治措施综合进行。

13.1.7　路基排水设计降雨重现期应根据铁路等级确定,按表13.1.7确定。

表13.1.7　路基排水设计降雨重现期

铁路等级	设计速度200 km/h及以上铁路、重载铁路	设计速度200 km/h以下铁路
重现期(年)	50	25～50

13.1.8　路基排水水文计算应根据各段落的汇水面积、表面形状、周边地形、地质条件、气候特点,结合当地的地区经验选取合理的参数和方法,参照附录F进行计算。

13.1.9　排水设施结构尺寸应通过计算并结合地区工程经验确定。

13.2　地　面　水

13.2.1　地面排水设计应包括沿线排水的系统设计和排水设施的设计。

13.2.2　地面排水设施的布置应充分利用地形和既有排水体统,形成完善的排水系统,使水流顺畅,不出现堵塞、溢流、渗漏、淤积、冲刷、冻结等。

13.2.3　地面排水系统设计应综合考虑坡面截排水工程等,采取有效措施防止坡面冲刷和边坡失稳。

13.2.4　地面排水设施严禁兼作其他流水用途,且排放的水流不应直接进入饮用水源、养殖池、农田等。

13.2.5　地面排水设施的设计应符合下列规定:

1　地质或土质条件差,有可能产生渗漏或变形时,应采取适宜的加固防护措施。

2　沟底纵坡不宜小于2‰。单面排水坡坡段长度大于400 m时宜在适当位置增设出水口。

3 沟渠的线形要求平顺，转弯处宜做成弧线。

4 沟槽的顶面高度应高出设计水位不小于 0.2 m。

13.2.6 排入自然沟渠的天沟、排水沟，其末端应设置消能、沉淀设施，避免集中水流对地表的冲蚀。

13.2.7 自然及人工沟渠发育地区，应设过水桥涵进行疏通，不宜采用管道疏通。

13.2.8 气候干旱、排水极困难地段，可利用沿线的集中取土坑或专门开挖的凹坑修筑蒸发池。

13.2.9 填方地段路基排水应符合下列规定：

1 路基坡脚外应根据地形、气象等情况设置排水设施，以汇集并排泄坡面水和路基面上的表面水。

2 排水沟应设置在天然护道外，可根据地势情况等单侧或双侧布置。

3 地面横坡不明显地段，填高小于 2.5 m 的路堤应在路堤两侧设置排水沟。

4 设置骨架护坡时应结合降水量情况，采用带截水槽的拱型、人字型或方格型骨架结构。

5 护坡的截水槽与路堤排水沟之间可根据流量等设置连接排水槽，避免边坡集中水流冲刷坡脚。

6 特殊土(岩)及不良地质地段，排水沟的位置应根据路堤稳定性的要求按个别设计确定。

7 边坡平台截水沟的设置应结合具体工程情况确定，选择适宜的出水口并进行加固处理。

8 困难情况下可采取设置圬工护脚等措施代替排水沟，并设置不小于 2.0 m 宽的 4% 向外排水护道。

13.2.10 挖方地段路基排水应符合下列规定：

1 路肩外侧应设置侧沟，以汇集并排泄坡面和路基面上的表面水；上坡侧堑顶外设置天沟拦截堑顶外地表径流。

2 侧沟可采用梯形或矩形横断面。土质、软质岩、强风化或全风化的硬质岩地段，应采取防止冲刷或渗漏的加固措施。有特殊要求时应在侧沟顶面设置盖板。

3 侧沟纵坡坡度应结合线路纵坡、地形、土质、出水口位置等情况确定，同时满足本规范第 13.2.5 条的规定。

4 侧沟水不应流经隧道排出。当排水困难且隧道长度小于 300 m，洞外路堑侧沟水量较小、含泥量少时，经研究比较确定。

5 长大路堑和反坡排水困难地段，可增设桥涵建筑物将侧沟水引出路基之外。

6 基床表层换填渗水性较好的材料时，侧沟底宜低于换填底面 0.2 m，且靠线路侧沟壁应预留出水孔。

7 天沟水不应排至路堑侧沟。当受地形限制，需要将天沟水通过急流槽(吊沟)或急流管引入侧沟排出时，应根据流量调整侧沟尺寸，并对进出口进行加固和消能等处理，设置拦水墙。

8 路堑边坡平台截水沟可根据坡面土质情况进行加固处理。

9 路堑天沟内边缘至堑顶距离不宜小于 5 m。当沟内采取加固防渗措施时，距离不应小于 2 m。

10 急流槽应根据铁路等级及地区工程实践经验，采用由混凝土或浆砌片石砌筑的矩形断面。急流槽的主体部分应每隔2 m~5 m 设置防滑平台，嵌入坡体内。

11 既有线改建地段的侧沟受排水高程控制时，可采取加高侧沟沟壁的措施，但不应削弱既有路基排水条件。

13.2.11 路基面防排水应符合下列规定：

1 路基面水应采取适当措施引入排水沟或侧沟，或设置集水井进行集中引排。有特殊要求的路基面尚应进行防水下渗处理。

2 电缆槽、护肩等设施应预留排水孔。

3 既有线路基面帮宽地段，应自既有线道床坡脚处设置向外侧的排水横坡。

4 既有线路基面抬高或下挖时，应由线路中心向两侧设 4% 的横向排水横坡。

5 增建二线地段路基面排水应根据第二线路肩与既有路肩的高差，自既有线路肩或以下向外设 4% 的排水横坡。

6 增建二线地段两线间应根据具体情况设置排水设施。

7 增建二线地段路基面排水不应削弱既有路基的排水条件。

8 膨胀土(岩)地区路基基床底层顶面或换填层底面应加强封闭、隔水处理。

9 黄土地区路基面防排水应结合路基结构层位的填料性质确定。

13.3 地 下 水

13.3.1 地下防排水设计应根据地下水类型、含水层埋藏深度、地层的渗透性、冻结深度、气象、地下水利用等条件及对环境的影响，采用适宜的排水设施。

13.3.2 地下防排水设计前应进行野外工程地质和水文地质调查、勘探和测试。

13.3.3 影响路基旁山坡或山体稳定的地下水，应进行较大范围的勘察及试验，经过方案比较后确定排水措施。

13.3.4 地下排水设施流水面纵坡不应缓于 5‰，困难情况下不应缓于 2‰，出口部分宜采用较陡纵坡。

13.3.5 地下排水设施出水口应能使集积的地下水迅速排出，严寒地区应采取防冻措施。

13.3.6 截排地下水的渗沟或隧洞其底部应埋入隔水层内；降低地下水位或引排地下水的排水设施则可根据地层情况和排水要求，将其底部埋入隔水层内或设在含水层中。

13.3.7 有多层含水层与隔水层相间组成的复杂地层宜采用立式排水设施与其下的平式排水设施相配合。

13.3.8 检查井设置位置应符合下列规定：

1 渗水暗沟每隔约 30 m。

2 渗水隧洞每隔约 120 m。

3 平面转折点、断面或纵坡变化点等。

13.3.9 渗沟、渗水隧洞、渗水井等排水设施应根据含水层的地层情况，设置适宜的反滤层。检查井兼起渗井作用时，其井壁应设置反滤层。反滤层可采用砂砾石、无砂混

凝土板、土工布等材料。反滤层的层数、厚度和颗粒级配等应根据坑壁土质和反滤层材料来确定,并符合下列规定:

1 砂砾石应筛选、洗净,其中小于 0.15 mm 的颗粒含量不应大于 5%,并不应夹有草根、树叶等杂物。

2 无砂混凝土板厚度应根据具体排水设施来选定,宜采用 10 cm~20 cm。当坑壁土质为黏性土、粉土或粉细砂时,应在板外侧加设厚度为 10 cm~15 cm 的中粗砂或土工布反滤层。

3 土工布应采用耐腐蚀、抗老化的无纺土工布,并满足本规范 5.7 节的有关规定。

13.3.10 渗沟、渗水井的填充料宜采用筛选洗净的卵石、碎石、砾石、粗砂或片石。仰斜式排水孔内应设置渗水管,渗水管应满足耐腐蚀、抗老化的要求。

13.3.11 路基范围内有泉水出露时,应设置暗沟或暗管将水引排至路堤坡脚外或路堑侧沟内。暗沟沟底应高出出水口沟渠最高水位不小于 20 cm,严禁出现倒灌现象。

13.3.12 明沟或槽沟的过水能力、深度、使用条件应符合下列规定:

1 有足够的过水能力,设计流量应超过所汇集的地面水流量与地下水流量之和。

2 明沟深度不宜超过 1.2 m,超过时应采用槽沟,其深度不宜超过 2.0 m。

3 沟槽外侧与含水层之间应设置反滤层。

4 严寒或冻结期较长的寒冷地区慎用。

13.3.13 边坡渗沟的布置方式、断面形式、出水口应符合下列规定:

1 垂直嵌入边坡坡体,其布置方式、结构构造、出口处理等均需根据具体情况确定。

2 基底宜设置在较干燥稳定土层中。

3 断面宜采用矩形,宽度不宜小于 1.2 m,深度视边坡潮湿土层的厚度而定。

4 出水口宜采用干砌片石垛支撑,寒冷地区应采取措施防止出水口积冰。

5 坡体不稳定时,出口片石垛应具备抗滑能力。

13.3.14 引(截)水渗沟的布置方式、断面形式、出水口应符合下列规定:

1 浅埋式引水渗沟一般沿侧沟纵向布置,其出水口部分应偏离路基。

2 断面宜采用矩形,内部用筛洗干净的渗水材料填充,填充料与沟壁之间应设置反滤层。

3 渗沟底部应设置排水通道或圆管。

4 深埋式引水渗沟应间隔一定距离设置检查井。

13.3.15 渗水隧洞的平面布置、断面型式、埋深、洞口位置、出水口应符合下列规定:

1 隧洞平面布置宜采用条带状或树枝状,选择最短的排水通路布置。

2 隧洞应埋入欲截引的主要含水地层下部的稳定地层内。滑坡区的隧洞,其顶部应置于滑动面(滑动带)以下不小于 0.5 m。

3 隧洞的断面型式,应根据其所在地层的性质确定。隧洞穿过不同性质的地层时,可采用不同的衬砌断面,并应在分界处设置沉降缝。

4 隧洞顶拱及边墙的进水部分均预留渗水孔,其外围应设置与渗水孔眼大小和隧洞所在地层性质相应的反滤层。

5 隧洞洞口位置宜根据当地的地形、地质情况及便于迅速排水的条件选择,洞口挖方不宜太深。

6　洞门墙应按挡土墙设计,宜采用仰斜重力式挡土墙。出水口的底部宜高出当地天然河沟的设计洪水位不小于0.5 m。

7　洞口应采取封闭措施。

13.3.16　平式钻孔排水的使用、仰坡、出水口应符合下列规定:

1　可与立式渗井群配合使用。

2　排水仰坡以能够迅速排水为原则,可采用10%~15%的平均仰坡。

3　靠近出水口不小于0.6 m长的范围内应封堵钻孔与排水管之间的空隙。

13.3.17　立式渗水井和渗水管的平面布置、深度、断面应符合下列规定:

1　渗水井或渗水管群的平面布置和间距应根据含水层的分布情况和渗透性质、井或管的影响半径,以及使用要求确定。

2　井群或管群的排列方向宜垂直于渗流方向,其深度宜穿过含水层并与下卧的排水设备或渗水地层相衔接。

3　渗水井断面宜采用直径为1.0 m~1.5 m的圆形或边长为1.0 m~1.5 m的方形,井壁与充填料之间可根据两者的颗粒组成情况设置反滤层。

4　渗水管宜采用直径不小于0.25 m的钻孔,在钻孔轴心处设置直径不小于5 cm的滤管,渗水管周围应设置反滤层。

5　渗水井或渗水管的顶部应采用隔渗材料覆盖。

13.3.18　检查井结构构造应符合下列规定:

1　宜采用直立式或转角式。

2　井身宜采用圆筒结构,筒壁厚度按其埋置深度、所在地层土的性质以及所用建筑材料的强度通过计算确定。

3　井筒内壁应设置工作梯蹬,井口顶部宜高出附近地面0.3 m~0.5 m,并设井盖。

4　寒冷及严寒地区,井内应加设防寒木盖。

13.3.19　地下排水设施施工应选择合理的施工方法和工序,使用适宜的临时支撑并做好反滤层。

14　改建既有线与增建第二线铁路路基

14.1　一 般 规 定

14.1.1　改建既有线与增建第二线路基设计应充分调查、收集既有线运营路基状况资料,并进行必要的勘察、试验工作,查明既有路基病害类型、特征、形成原因及危害程度,分析新建工程对既有工程及运营的影响程度。

14.1.2　改建既有线单线或双线绕行地段路基应按照新建标准设计,并注意新建绕行地段与利用既有路基地段的衔接和过渡。

14.1.3　改建既有线与增建第二线路基设计应符合下列规定:

1　路基帮宽各部位填料不应低于既有路基填料。

2　应保证既有路基排水通畅。

3　应充分利用既有路基及其结构物。对于限制运营速度提高且不满足设计标准要求的既有路基本体及支挡、防护、排水等结构物,应结合工程条件分别采取补强、加固或彻底改建措施。

4　既有线路基病害严重影响运营或危及增建第二线路基稳定时,应遵循彻底整治、不留后患的原则进行整治。

5　软弱土地基、高填方及易产生边坡变形病害等路基地段,应分析帮宽路基及上部荷载对既有路基稳定或沉降变形的影响,采取必要的地基及既有路基边坡加固措施,并进行必要的变形观测。

6　既有线附近开挖施工时,应分段跳槽开挖,并设置必要的临时开挖防护措施。

14.1.4　改建既有线与增建第二线路基设计应采取措施减少施工对运营干扰,保证行车安全及施工安全。

14.1.5　对施工可能侵限、影响既有线运营安全、严重限制行车速度及控制工期的改建既有线与增建第二线路基地段,宜采取修建便线路基等过渡措施维持临时行车。

14.1.6　便线路基的路基面宽度、路基结构、填料、压实标准、工后沉降控制值等应结合既有路基状况,根据便线区间运输要求、设计速度、车流密度、列车荷载、地形及地质条件等综合分析确定。

14.1.7　改建既有线路基、增建第二线以及便线路基地基加固设计应根据既有路基高度、既有线施工安全距离要求、施工设备作业空间要求等选择适宜工程措施。

14.1.8　改建既有线及增建第二线地段路基设计除符合本标准外,还应符合既有线改建及增建第二线的其他相关强制性标准的规定。

14.2　改建既有线路基

14.2.1　改建既有线路基应根据沿线气象条件和行车速度、列车荷载等技术条件要求，结合既有道床厚度、轨道平顺状况，以及既有路基填料、基床压实程度、路基面平整度、运营病害情况和对行车速度影响程度等，综合分析、评价既有路基状况。

14.2.2　改建既有线路基，应根据既有路基状况和改建线路平面、纵断面设计及运营速度等要求，分别采取路基帮宽、抬道、调坡、基床加固、路基病害整治等措施。

14.2.3　改建既有线路肩高程应符合本规范第3.1节的有关规定。

14.2.4　改建路基面形状应满足路基面排水要求，设置横向排水坡，并不应恶化既有路基面排水条件。

14.2.5　改建路基面宽度应符合下列规定：

1　改建铁路路基面宽度应结合既有路基面宽度、路肩上各种设备布置要求、运营养护要求等计算确定，不应小于既有路基面宽度。

2　既有路基面高程不变时，路肩宽度不应小于既有路肩宽度，并应符合本规范第3.3节的规定，困难地段Ⅰ级铁路路堤不应小于0.6 m，Ⅰ级铁路路堑及Ⅱ级铁路不应小于0.4 m。

14.2.6　既有线路基帮宽应符合下列规定：

1　既有路基面高程不变，仅帮宽路基时，应自既有线道床坡脚处向外做成4%的横向排水坡。

2　帮宽路堤边坡形式和坡率应符合本规范第7.4节规定。

3　帮宽顶部宽度不宜小于1.0 m，底部不应小于顶部帮宽值。帮宽填筑难以实施时，可采取浆砌片石或现浇混凝土护肩墙等方法加宽路肩，护肩墙高度不宜大于1.5 m。

4　帮宽路堤时应沿既有路堤坡面挖成宽度不小于1 m的台阶，分层加筋、分层碾压。

5　帮宽路堤的填料，应符合新建铁路的标准。

6　在不宜刷方扩宽路堑地段，可采用设置坡脚支挡、改变侧沟形式、削减侧沟平台、设置侧沟盖板等措施加宽路基。削减后的侧沟平台宽度不宜小于1 m。

14.2.7　既有线路基抬道及调坡应符合下列规定：

1　抬高或下挖既有路基面时，应由线路中心向两侧设4%的横向排水横坡。

2　抬高或下挖路基面时，路基面宽度同新建铁路。

3　采用道砟抬道后，对既有道床过厚地段，可在标准道床以下的超厚部分采用渗水土垫肩。

4　抬高路基面的填料，应符合新建铁路的标准。

5　抬道、落道后，当路堑侧沟受排水高程控制时，可采取加高侧沟沟壁或减少侧沟深度的措施。对易产生基床病害的既有路堑还应采取防止积水沿路基面下渗的措施。

14.2.8　既有线路基提速改造、基床加固及病害整治应符合下列规定：

1　既有路基提速改造时，当道床厚度大于0.6 m且轨道平顺、路基稳定、土质良好、无基床病害，可不作基床加固。

2　既有路基提速改造时，应对病害路基地段、轨道平顺性差的路基及路桥、路涵、堤堑、路隧等过渡段进行加固或病害处理。

3　基床加固及病害整治应根据基床状况、病害产生原因等，分别采取基床换填或土质改良、水泥土挤密桩或旋喷桩、注浆等补强加固措施,并结合基床土工合成材料封闭防水、设置渗沟或盲沟等加强路基排水措施。

4 改建既有线路堑边坡坡率可按照本规范第8章有关规定或根据既有路堑稳定边坡坡率确定,并应尽量减少削皮刷方,必要时可增设挡护工程。

5 既有路堑边坡病害经多年整治已趋稳定的地段,改建时应进行全面勘察、检测和安全稳定性评估,确定处理措施。宜尽量减少拆除工程,不宜触动原边坡。

6 路堤边坡病害应根据路基填料及压实、路基边坡排水状况、既有坡面变形及加固防护设备存在问题,采取相应的边坡注浆、锚固、支挡、加固排水及坡面防护措施。

14.2.9 在既有岩石路堑扩堑刷方,应根据既有线状况、刷方宽度、路堑边坡高度、岩石软硬、节理裂隙发育和风化程度、顺层等情况采用封闭线路要点施工,分别采用机械开挖、光面爆破、静态爆破、预裂爆破等措施,以及采取炮被、管棚架等坡面临时爆破防护措施,并保护既有线接触网、通信信号等电缆、轨道等设备,保证既有线运营安全。

14.3 增建第二线路基

14.3.1 增建第二线路基应考虑与既有线路基间的相互影响,统筹兼顾,必要时可采取修建便线和维持临时通车的过渡措施。特别是松软土、软土、湿陷性黄土地区,应充分考虑新增二线对于既有线路基沉降变形等影响,采取必要的加固防护及变形监测措施。

14.3.2 增建第二线的路肩高程、路基面宽度、边坡坡率等应符合本规范的有关规定。

14.3.3 增建并行的第二线路基路肩与既有路肩不等高时,应符合下列规定:

1 增建并行的第二线路基路肩高于既有路肩时,第二线路基面应设计为三角形路拱,并应自既有线路肩或以下向外设置4%的排水横坡,横坡以上部分应采用渗水土填筑并符合相应部位填料要求。

2 当第二线路肩低于既有路肩时,应通过第二线路肩设置不小于4%的横向排水坡。

3 并行不等高地段的路基,两线间边坡坡率的设计必须考虑上线列车荷载的影响。有条件时应增大线间距,或采取支挡措施。

4 不等高地段路基,两线间应设置排水设施。线间距较小地段,排水沟可与挡土墙结合设置。排水沟设计应考虑既有地下管线、电缆等构筑物拆迁影响,采取必要的施工过渡或保护措施。

14.3.4 增建并行的第二线路基的填料及压实标准应符合本规范有关规定。

14.3.5 增建并行第二线及换侧地段,帮填路堤应按本规范第14.2.6条的要求设计台阶,并自台阶内侧分层铺设宽度不宜小于3.0 m的土工格栅,加强新老路基的连接。

14.3.6 增建第二线应保证两线路基面及线间排水通畅,并不应恶化既有路基的排水条件。

14.3.7 扩宽岩石路堑时,应按照本规范第14.2.6条和第14.2.9条的要求进行设计。

14.4 既有结构物的改造、加固和利用

14.4.1 改建既有线和增建第二线时,对既有挡墙和坡面防护结构物、侧沟、地下水排水盲沟等结构物应进行运营期间病害、维修养护等使用状况调查,必要时开展无损检测或局部破检,综合进行结构物安全稳定性评估,根据评估结果分别采取利用、改造、加固、拆除重建等措施。

14.4.2 既有及新建路基防护工程复杂地段,当既有支挡和防护设备使用良好,且能保证新线路基的稳定和行车安全时宜保留。必须拆除时,应对既有路基边坡采取临时防护及加固措施,保证施工过渡安全。

14.4.3 加固利用的既有结构物,新旧混凝土或砌体应紧密连接,形成整体。

14.4.4 采用干砌片石垛加宽或抬高路肩时,其高度不应超过 1 m。

14.4.5 既有路堑设有支挡或防护工程的地段,采用落道下挖路基面时,应对基础进行加固处理。

14.4.6 改建既有线及增建第二线路基,应对存在路基排水病害地段进行现场调查、分析原因,并核算既有排水系统排水能力,并分别采取调整纵坡、增加过水断面、延长或接入排水沟渠等措施,使原有排水系统通畅。

14.4.7 拆除的既有结构物或基础遗留的沟槽、坑、洞等应视具体情况分别采取回填、夯实、砌筑、注浆等措施处理。

15 取(弃)土场及土石方调配

15.1 一 般 规 定

15.1.1 取(弃)土场应根据土石方调配方案,结合当地土地利用、环保规划等进行布置,并取得当地政府部门的同意,满足环境保护要求。

15.1.2 取(弃)土场设置应保证自身稳定,不应影响铁路工程及周边公共设施、工业企业、居民点等的安全使用。

15.1.3 取(弃)土场涉及河道的,应符合治导规划及防洪行洪的规定,不应在江河、湖泊、建城水库及河道管理范围内设置弃土(石、砟)场;不宜在流量较大的沟道设置弃土(石、渣)场。

15.1.4 弃土场在山丘区宜选择荒沟、凹地、支毛沟,平原区宜选择凹地、荒地,风沙区应避开风口和易产生风蚀的地方。

15.1.5 取(弃)土场的设置应防止诱发次生灾害。大型及陡坡等地形特殊地段的取(弃)土场应进行专项设计。

15.1.6 路基土石方调配应确保路基各部位填料符合标准要求及节约用地的原则。

15.1.7 土石方调配时应明确运输路线、运输方法及运输距离。增建二线或既有线改造存在行车干扰时,应注明干扰类型;采用控制爆破工程时应区分控制爆破类别。

15.1.8 土石方调配时应采取确保既有铁路运营、施工安全的措施。

15.2 取 土 场

15.2.1 取土场面积应根据取土量,结合稳定边坡、取土深度、施工方法和土地复垦等要求合理确定。

15.2.2 取土场兼作排水沟时,应确保水流畅通排出。其深度不宜超过该地区地下水位并应与桥涵进口高程相衔接。

15.2.3 路堤填方数量大时宜集中取土。

15.2.4 取土后的裸露面宜进行土地整治或采取防护措施。

15.3 弃土场(堆)

15.3.1 弃土场(堆)应根据弃土量、周边环境、可弃土高度、施工方法和土地复垦等要求合理确定。

15.3.2 路堑弃土不宜沿江、河岸滩堆置;不应弃入主河道、挤压桥孔或涵洞口,不应改变水流方向和加剧对河流的冲刷。

15.3.3 陡坡路基和深路堑地段的弃土(堆)应置于山坡下侧。

15.3.4　严禁在不良地质体、不稳定斜坡、软土上及岩溶漏斗、暗河口弃土。

15.3.5　严禁贴近桥墩台及其他铁路结构物附近弃土。

15.4　取(弃)土场复垦与防护

15.4.1　复垦应以恢复到原有用途或结合当地条件将复垦后的土地用于农、林、渔、牧等为原则。无明确用途的荒地地区取(弃)土场不能恢复到可供任何使用状态时,可不进行复垦。

15.4.2　在耕地上取、弃土时应先将表层熟土堆置一旁,待取、弃土完毕平整后,将熟土推回摊平于表面,取、弃土场位于坡地时可视具体情况挖成阶地。

15.4.3　弃方为土夹石时,应先弃石后弃土,以土覆盖石渣并进行复垦。

15.4.4　取(弃)土场影响环境或受地形限制时可设支挡工程。

15.4.5　取(弃)土场位于河道、冲沟附近,受水流冲刷易引起水土流失、造成环境污染或堵塞河道地段,应设支挡结构或冲刷防护工程。

15.4.6　取弃土完成后,有植物生长条件时应对取(弃)土场边坡进行绿化防护。

15.4.7　平原区或居民区取土场造成平面洼地时,应设置防护围栏及警示牌,做好排水工程,并与当地排灌系统和水土保持工程相协调。

15.5　土石方调配

15.5.1　土石方调配前应落实取弃土场位置、施工方法,规划运输路线。对移挖作填、集中取(弃)土、填料改良等方案进行经济、技术比较。

15.5.2　区间土石方调配应充分利用路堑、隧道、站场、改移道路等弃土。

15.5.3　区间路基土石方填挖不平衡时,应利用山坡、山包、劣地等设置集中取(弃)土场。

15.5.4　当填料含水量过高时,可采用排水疏干、松土翻晒或改良等措施处理;含水量过低时,宜采取洒水润湿的措施。

15.5.5　增建二线或既有线改造工程,土石方调配时应考虑行车干扰,干扰类型按表15.5.5确定。

表 15.5.5　土石方调配干扰类型

干扰类型	判定标准
a	挖、装、运、卸均在行车干扰范围内
b	挖、装、运在行车干扰范围内
c	运、卸在行车干扰范围内
d	平面跨越行车线运输土石方

15.5.6　土石方调配应根据地形条件、施工场地等采用机械施工或人力施工。

16 路基接口设计

16.1 一般规定

16.1.1 路基工程设计应考虑安全防护设施及养护维修条件。

16.1.2 路基工程设计应按相关要求预留电缆槽、电缆井、过轨管线、接触网支柱及声屏障基础、综合接地等工程设施的条件。

16.1.3 路基上的各种预埋设备及基础应与路基填筑系统设计,合理规划、分步实施,避免因站后设备敷设开挖路基,破坏路基面排水系统,影响路基强度及稳定。

16.2 安全防护设施

16.2.1 铁路路基防护栅栏宜根据线路等级、周边环境等综合确定。

16.2.2 防护栅栏宜设在用地界内0.5 m处;路基与桥、隧、涵洞工程连接处应做好衔接过渡。

16.2.3 既有铁路改建工程条件困难,防护栅栏需设在路肩上时,可采用金属网片防护栅栏。

16.2.4 防护栅栏应在适当位置设置栅栏门。

16.2.5 路肩上设置防护栏杆的条件应符合下列规定:

1 路堤边坡坡度陡于1∶0.5且边坡高度大于2 m。

2 路肩挡土墙墙顶高出地面2 m且连续长度大于10 m。

3 车站内有列检及其他专业作业地段的高路堤。

16.2.6 公铁并行路段,应在靠近铁路的公路土路肩上设置护栏或防撞墩、墙。护栏或防撞墩、墙的防撞要求应符合《公路交通安全设施设计规范》JTG D81等公路相关标准、规范规定。

16.3 电缆槽

16.3.1 电缆槽设置于路肩上时,应采取防排水措施,并与电缆井及桥梁、隧道上的电缆槽平顺连接。

16.3.2 电缆井宜设置在过轨处及电缆槽过渡处,应避开接触网支柱。电缆井顶面应与路肩平齐,其内排水应与路基排水系统衔接。

16.3.3 电缆上下路基时应在边坡上设置电缆槽。

16.3.4 电缆槽、电缆井(槽)盖板应采用预制结构,工厂化生产。

16.3.5 通信信号电缆敷设于坡脚时,路堤段宜敷设于护道位置,路堑段宜敷设于侧沟平台位置,可采用直埋和必要的保护措施。

16.4 其　　他

16.4.1 未采用大型养路机械养护的Ⅱ级铁路,区间路基每隔 500 m 左右宜设置养路机械作业平台一处,单线铁路可在一侧或两侧交错设置,双线铁路两侧均应设置。

16.4.2 接触网支柱基础宜设置于路肩上,声屏障基础宜设置于路肩外侧。与路基支挡结构物相干扰时,应统筹设计,必要时可加宽路基。

16.4.3 设置综合接地系统的线路,距接触网带电体 5 m 范围以内的路基钢筋混凝土结构应接入综合接地系统;贯通地线宜置于两侧路肩下的基床底层中,接地极应充分利用接触网支柱基础。

16.4.4 路基地段设置防灾安全监控系统时应符合相关规定。

附录 A　普通填料组别分类

A. 0. 1　填料中的粗粒和巨粒母岩饱和单轴抗压强度 R_c 应不小于 20 MPa；R_c 小于20 MPa 为软岩，按细粒土考虑。

A. 0. 2　填料颗粒级配特征应根据土的不均匀系数 C_u 和曲率系数 C_c 确定。$C_u<10$ 为均匀级配；$C_u\geqslant 10$ 且 $1\leqslant C_c\leqslant 3$ 为良好级配；$C_u\geqslant 10$ 且 $C_c<1$ 或 $C_c>3$ 为间断级配。不均匀系数 C_u、曲率系数 C_c 分别按式(A. 0. 2—1)、式(A. 0. 2—2)计算。

$$C_u=d_{60}/d_{10} \tag{A. 0. 2—1}$$

$$C_c=d_{30}^2/(d_{60}\times d_{10}) \tag{A. 0. 2—2}$$

式中　d_{60}——限制粒径，颗粒大小分布曲线上的某粒径，小于该粒径的土含量占总质量的 60%；

d_{10}——有效粒径，颗粒大小分布曲线上的某粒径，小于该粒径的土含量占总质量的 10%；

d_{30}——颗粒大小分布曲线上的某粒径，小于该粒径的土含量占总质量的 30%。

A. 0. 3　巨粒土填料组别分类应符合表 A. 0. 3 的规定。

表 A. 0. 3　巨粒土填料组别分类

<table>
<tr><th colspan="5">一级定名</th><th colspan="3">二级定名</th><th rowspan="2">填料组别</th></tr>
<tr><th>类别</th><th colspan="3">名称</th><th>说明</th><th>细粒含量</th><th>级配</th><th>定名</th></tr>
<tr><td rowspan="14">巨粒土</td><td rowspan="14">块石类</td><td rowspan="14">块石土</td><td rowspan="11">硬块石土</td><td rowspan="11">粒径大于 200 mm 颗粒的质量超过总质量的 50%（不易风化，尖棱状为主）</td><td rowspan="3"><5%</td><td>良好</td><td>良好级配块石</td><td>C1</td></tr>
<tr><td>间断</td><td>间断级配块石</td><td>C1</td></tr>
<tr><td>均匀</td><td>均匀级配块石</td><td>C1</td></tr>
<tr><td rowspan="3">5%～15%</td><td>良好</td><td>良好级配含土块石</td><td>C1</td></tr>
<tr><td>间断</td><td>间断级配含土块石</td><td>C1</td></tr>
<tr><td>均匀</td><td>均匀级配含土块石</td><td>C1</td></tr>
<tr><td rowspan="2">15%～30%</td><td></td><td>粉土块石</td><td>C1</td></tr>
<tr><td></td><td>黏土块石</td><td>C1</td></tr>
<tr><td rowspan="3">30%～50%</td><td></td><td>多粉土块石</td><td>C1</td></tr>
<tr><td></td><td>多黏土块石</td><td>C2</td></tr>
<tr><td></td><td></td><td></td></tr>
<tr><td rowspan="3">漂石土</td><td rowspan="3">粒径大于 200 mm 颗粒的质量超过总质量的 50%（浑圆或圆棱状为主）</td><td rowspan="3"><5%</td><td>良好</td><td>良好级配漂石</td><td>C1</td></tr>
<tr><td>间断</td><td>间断级配漂石</td><td>C1</td></tr>
<tr><td>均匀</td><td>均匀级配漂石</td><td>C1</td></tr>
</table>

续上表

一级定名					二级定名			填料组别
类别		名称		说明	细粒含量	级配	定名	
巨粒土	块石类	块石土	漂石土	粒径大于 200 mm 颗粒的质量超过总质量的 50%(浑圆或圆棱状为主)	5% ~ 15%	良好	良好级配含土漂石	C1
						间断	间断级配含土漂石	C1
						均匀	均匀级配含土漂石	C1
					15% ~ 30%		粉土漂石	C1
							黏土漂石	C1
					>30%		多粉土漂石	C1
							多黏土漂石	C2
	碎石类	碎石土	卵石土	粒径大于 60 mm 颗粒的质量超过总质量的 50%(浑圆或圆棱状为主)	<5%	良好	良好级配卵石	A2
						间断	间断级配卵石	B1、B2
						均匀	均匀级配卵石	B2
					5% ~ 15%	良好	良好级配含土卵石	A2
						间断	间断级配含土卵石均	B1、B2
						均匀	匀级配含土卵石	B2
					15% ~ 30%		粉土卵石	B2、B3
							黏土卵石	B3、C1
					>30%		多粉土卵石	C1
							多黏土卵石	C2
			碎石土	粒径大于 60 mm 颗粒的质量超过总质量的 50%(尖棱状为主)	<5%	良好	良好级配碎石	A2
						间断	间断级配碎石	B1、B2
						均匀	均匀级配碎石	B2
					5% ~ 15%	良好	良好级配含土碎石	A2
						间断	间断级配含土碎石	B1、B2
						均匀	均匀级配含土碎石	B2
					15% ~ 30%		粉土碎石	B2、B3
							黏土碎石	B3、C1
					>30%		多粉土碎石	C1
							多黏土碎石	C2

注：1　表中“细粒含量”指细粒(粒径 $d \leq 0.075$ mm)的质量占总质量的百分数，以下各表同。

2　在碎石土间断级配中，粒径小于 5 mm 颗粒含量>35%的土(冲蚀稳定)，为 B1 组，其余为 B2 组。

3　在碎石土细粒含量为 15% ~ 30%粉土中，当粒径 0.075 mm ~ 5 mm 颗粒含量≥15%时为 B2 组，否则为 B3 组。

4　在碎石土细粒含量为 15% ~ 30%黏土中，当粒径 0.075 mm ~ 5 mm 颗粒含量≥15%时为 B3 组，否则为 C1 组。

A. 0. 4　砾石土填料组别分类应符合表 A. 0. 4 的规定。

表 A. 0. 4　砾石土填料组别分类

一级定名					二级定名			填料组别
类别		名称		说明	细粒含量	级配	定名	
粗粒土	砾石类	粗砾石土	粗圆砾土	粒径大于 20 mm 颗粒的质量超过总质量的 50%（浑圆或圆棱状为主）	＜5%	良好	良好级配粗圆砾	A2
						间断	间断级配粗圆砾	B1、B2
						均匀	均匀级配粗圆砾	B2
					5% ~ 15%	良好	良好级配含土粗圆砾	A2
						间断	间断级配含土粗圆砾	B1、B2
						均匀	均匀级配含土粗圆砾	B2
					15% ~ 30%		粉土粗圆砾	B2、B3
							黏土粗圆砾	B3、C1
					30% ~ 50%		多粉土粗圆砾	C1
							多黏土粗圆砾	C2
			粗角砾土	粒径大于 20 mm 颗粒的质量超过总质量的 50%（尖棱状为主）	＜5%	良好	良好级配粗角砾	A1
						间断	间断级配粗角砾	B1、B2
						均匀	均匀级配粗角砾	B2
					5% ~ 15%	良好	良好级配含土粗角砾	A1
						间断	间断级配含土粗角砾	B1、B2
						均匀	均匀级配含土粗角砾	B2
					15% ~ 30%		粉土粗角砾	B2、B3
							黏土粗角砾	B3、C1
					30% ~ 50%		多粉土粗角砾	C1
							多黏土粗角砾	C2
		中砾石土	中圆砾土	粒径大于 5 mm 颗粒的质量超过总质量的 50%（浑圆或圆棱状为主）	＜5%	良好	良好级配中圆砾	A2
						间断	间断级配中圆砾	B1、B2
						均匀	均匀级配中圆砾	B2
					5% ~ 15%	良好	良好级配含土中圆砾	A2
						间断	间断级配含土中圆砾	B1、B2
						均匀	均匀级配含土中圆砾	B2
					15% ~ 30%		粉土质中圆砾	B2、B3
							黏土质中圆砾	B3、C1
					30% ~ 50%		多粉土中圆砾	C1
							多黏土中圆砾	C2

续上表

一级定名					二级定名			填料组别
类别		名称		说明	细粒含量	级配	定名	
粗粒土	砾石类	中砾石土	中角砾土	粒径大于 5 mm 颗粒的质量超过总质量的 50%(尖棱状为主)	<5%	良好	良好级配中角砾	A1
						间断	间断级配中角砾	B1、B2
						均匀	均匀级配中角砾	B2
					5% ~ 15%	良好	良好级配含土中角砾	A1
						间断	间断级配含土中角砾	B1、B2
						均匀	均匀级配含土中角砾	B2
					15% ~ 30%		粉土中角砾	B2、B3
							黏土中角砾	B3、C1
					30% ~ 50%		多粉土中角砾	C1
							多黏土中角砾	C2
		细砾石土	细圆砾土	粒径大于 2 mm 颗粒的质量超过总质量的 50%(浑圆或圆棱状为主)	<5%	良好	良好级配细圆砾	A2
						间断	间断级配细圆砾	B1、B2
						均匀	均匀级配细圆砾	B2
					5% ~ 15%	良好	良好级配含土细圆砾	A2
						间断	间断级配含土细圆砾	B1、B2
						均匀	均匀级配含土细圆砾	B2
					15% ~ 30%		粉土细圆砾	B2、B3
							黏土细圆砾	B3、C1
					30% ~ 50%		多粉土细圆砾	C1
							多黏土细圆砾	C2
			细角砾土	粒径大于 2 mm 颗粒的质量超过总质量的 50%(尖棱状为主)	<5%	良好	良好级配细角砾	A1
						间断	间断级配细角砾	B1、B2
						均匀	均匀级配细角砾	B2
					5% ~ 15%	良好	良好级配含土细角砾	A1
						间断	间断级配含土细角砾	B1、B2
						均匀	均匀级配含土细角砾	B2
					15% ~ 30%		粉土细角砾	B2、B3
							黏土细角砾	B3、C1

续上表

一级定名					二级定名			填料组别
类别		名称		说明	细粒含量	级配	定名	
粗粒土	砾石类	细砾石土	细角砾土	粒径大于 2 mm 颗粒的质量超过总质量的 50%(尖棱状为主)	30% ~50%		多粉土细角砾	C1
							多黏土细角砾	C2

注:1 在间断级配中,粒径小于 5 mm 颗粒含量大于 35% 的土(冲蚀稳定),为 B1 组,其余为 B2 组。

2 在细粒含量为 15% ~30% 粉土中,当粒径 0.075 mm~5 mm 颗粒含量≥15% 时为 B2 组,否则为 B3 组。

3 在细粒含量为 15% ~30% 黏土中,当粒径 0.075 mm~5 mm 颗粒含量≥15% 时为 B3 组,否则为 C1 组。

A. 0. 5 砂类土填料组别分类应符合表 A. 0. 5 的规定。

表 A. 0. 5 砂类土填料组别分类

一级定名				二级定名			填料组别
类别	名称	土名	说明	细粒含量	级配	定名	
粗粒土	砂类	砾砂	粒径大于 2 mm 颗粒的质量占总质量的 25% ~50%	<5%	良好	良好级配砾砂	B1
					间断	间断级配砾砂	B2
					均匀	均匀级配砾砂	B3
				5% ~15%	良好	良好级配含土砾砂	B1
					间断	均匀级配含土砾砂	B2
					均匀	间断级配含土砾砂	B3
				15% ~30%		粉土砾砂	B2
						黏土砾砂	B3
				30% ~50%		多粉土砾砂	C1
						多黏土砾砂	C2
		粗砂	粒径大于 0.5 mm 颗粒的质量超过总质量的 50%	<5%	良好	良好级配粗砂	B1
					间断	间断级配粗砂	B2
					均匀	均匀级配粗砂	B3
				5% ~15%	良好	良好级配含土粗砂	B1
					间断	间断级配含土粗砂	B2
					均匀	均匀级配含土粗砂	B3
				15% ~30%		粉土粗砂	B2
						黏土粗砂	B3
				30% ~50%		多粉土粗砂	C1
						多黏土粗砂	C2
		中砂	粒径大于 0.25 mm 颗粒的质量超过总质量的 50%	<5%	良好	良好级配中砂	B1
					间断	间断级配中砂	B2
					均匀	均匀级配中砂	B3
				5% ~15%	良好	良好级配含土中砂	B1
					间断	间断级配含土中砂	B2
					均匀	均匀级配含土中砂	B3

续上表

一级定名				二级定名			填料组别
类别	名称	土名	说明	细粒含量	级配	定名	
粗粒土	砂类	中砂	粒径大于 0.25 mm 颗粒的质量超过总质量的 50%	15%～30%		粉土中砂	B2
						黏土中砂	B3
				30%～50%		多粉土中砂	C1
						多黏土中砂	C2
		细砂	粒径大于 0.075 mm 颗粒的质量超过总质量的 85%	<5%	良好	良好级配细砂	C2
					间断	间断级配细砂	C3
					均匀	均匀级配细砂	C3
				5%～15%	良好	良好级配含土细砂	C2
					间断	间断级配含土细砂	C3
					均匀	均匀级配含土细砂	C3
		粉砂	粒径大于 0.075 mm 颗粒的质量超过总质量的 50%	15%～30%		粉土粉砂	C3
						黏土粉砂	C3
				30%～50%		多粉土粉砂	C3
						多黏土粉砂	C3

A.0.6　细粒土填料包括粉土、黏性土和软岩土，细粒土填料组别分类应符合表 A.0.6 的规定；细粒土的液塑限按图 A.0.6 确定。对于颗粒为软岩的土，其液塑限按泡水软化后的土进行试验。

表 A.0.6　细粒土填料组别分类

	一级分类定名	二级分类定名		三级分类定名			填料组别
	主成分	定名	液、塑限描述	粗粒含量	粗粒成分	定名	
细粒土（粒径小于 0.075 mm 颗粒含量 ≥50%）	粉土（M）	低液限粉土（ML）	A 线以下，$I_p<10$，$\omega_L<40$	<30%		低液限粉土	C3
				30%～50%	砾	含砾的低液限粉土	C3
					砂	含砂的低液限粉土	C3
		高液限粉土（MH）	A 线以下，$I_p<10$，$\omega_L\geq40$	<30%		高液限粉土	D2
				30%～50%	砾	含砾的高液限粉土	D1
					砂	含砂的高液限粉土	D1
	黏土（C）	低液限黏土（CL）	A 线以上，$I_p\geq10$，$\omega_L<40$	<30%		低液限黏土	C3
				30%～50%	砾	含砾的低液限黏土	C3
					砂	含砂的低液限黏土	C3
		高液限黏土（CH）	A 线以上，$I_P\geq10$，$\omega_L\geq40$	<30%		高液限黏土	D2
				30%～50%	砾	含砾的高液限黏土	D1
					砂	含砂的高液限黏土	D1

续上表

细粒土（粒径小于 0.075 mm 颗粒含量≥50%）	一级分类定名	二级分类定名		三级分类定名			填料组别
	主成分	定名	液、塑限描述	粗粒含量	粗粒成分	定名	
	软岩土		A 线以下，$I_p<10$，$\omega_L<40$			低液限软岩粉土	C3
			A 线以下，$I_p<10$，$\omega_L\geqslant40$			高液限软岩粉土	D2
			A 线以下，$I_p\geqslant10$，$\omega_L<40$			低液限软岩黏土	C3
			A 线以上，$I_p\geqslant10$，$\omega_L\geqslant40$			高液限软岩黏土	D2

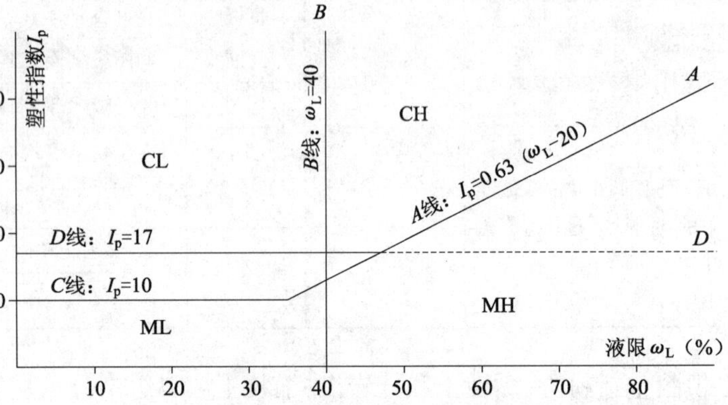

图 A.0.6　细粒土液塑图

注：1　液限试验含水率采用圆锥仪法，圆锥仪总质量为 76 g，入土深度 10 mm。

2　A 线方程中的 w_L 按去掉%符号后的数值进行计算。

附录B 改良土设计及试验要求

B.1 一 般 规 定

B.1.1 路基填料应通过地质调绘、勘探、取样及试验工作,查明其土石特征、名称、分组、储量、运距,并应对取土场地适宜性进行评价。

B.1.2 应根据工程需要,调查外掺料料源,并对其质量及产量进行评价,所采用的外掺料质量应符合相关标准的要求。

B.1.3 当就近取用填料不符合路基结构相应各部位对填料的要求,或虽符合路基结构相应各部位对填料的要求,但达不到其相应压实标准时,应经过技术、经济指标综合比较后,确定对填料采取改良措施。

B.1.4 经改良后的填料,应满足路基相应部位对其技术要求,确保路基有足够强度、稳定性和耐久性。

B.1.5 改良土设计应采用成熟的、可靠的技术。改良土外掺料可采用水泥、石灰、粉煤灰、砂、砾、碎石等无机料,其中粉煤灰不宜单独作为外掺料用于土的改良;如采用其他类型外掺料,应通过室内和现场试验确认其适用性。

B.1.6 当采用水泥、石灰或石灰粉煤灰做外掺料的改良土填料,用于基床部位时,应设置防、排水措施;用于地面积水或受地下水影响地段路堤的下部填料时,应在基底采取隔水措施。

B.1.7 粉煤灰浸出液中的重金属元素含量应符合国家有关废水排放标准。

B.2 填料勘察、试验

B.2.1 路基填料的勘察应符合现行《铁路天然建筑材料工程地质勘察规程》TB 10084 的相关规定,并应满足以下要求:

1 调查了解路基填料,取土场的地形、地貌、可取范围,以及是否符合国家和地方环境保护、水土保持、土地资源保护等有关规定。

2 查明取土场范围的地层时代、地层结构,填料储量和质量;应按填料划分标准对填料进行分类和组别划分。

3 查明场地的水文地质条件,地下水类型、地下水的水位及变化幅度。

B.2.2 调查收集外掺料的来源,相关物理力学参数,可供利用的产量、运输条件等。

B.2.3 填料取样分布位置、深度等应有代表性,并根据试验项目分别采取足够数量的原状土样或扰动土样。

B.2.4 填料的试验项目,根据填料类别分别选定。

1 砂类土、碎(砾)石类应进行颗粒分析及细粒土含量分析、颗粒密度试验。

2 细粒土应进行颗粒分析(黏粒、粉粒含量),界限含水率试验,击实试验,无侧限抗压强度、回弹模量、夯后快剪强度、有机质含量、硫酸盐含量试验。

3 膨胀土等特殊土,除按细粒土一般试验项目外,尚应进行矿物成分分析、湿化试验、膨胀试验及设计要求的其他试验。

4 风化软岩应进行矿物成分分析。当风化呈土状时,还应按细粒土试验项目进行试验;风化呈砂、砾、碎石状时,还应按粗粒土试验项目进行试验。

B.2.5 填料的各项试验均应按现行《铁路工程土工试验规程》TB 10102 中相关试验方法与要求进行。

B.2.6 外掺料试验项目应符合下列规定:

1 水泥:强度等级试验、凝结时间试验、安定性试验。

2 石灰:氧化钙(CaO)与氧化镁(MgO)含量试验、未消化残渣含量试验。

3 粉煤灰:矿物成分($SiO_2+Al_2O_3+Fe_2O_3$含量)试验、SO_3含量试验、烧失量试验、细度试验。

B.2.7 水泥、石灰、粉煤灰各项试验应符合下列规定:

1 水泥:按现行国家标准《通用硅酸盐水泥》GB 175 相关试验方法与要求执行。

2 石灰:按现行国家建材行业标准《建筑石灰试验方法　第 1 部分:物理试验方法》JC/T 478.1 和《建筑石灰试验方法　第 2 部分:化学分析方法》JC/T 478.2 执行。

3 粉煤灰:化学成分和细度按现行《用于水泥和混凝土中的粉煤灰》GB 1596 执行;烧失量、三氧化硫和矿物成分($SiO_2+Al_2O_3+Fe_2O_3$)含量按现行《水泥化学分析方法》GB/T 176 执行。

B.3 改良土设计技术指标

B.3.1 外掺料为水泥时,宜采用普通硅酸盐水泥或矿渣硅酸盐水泥,强度等级为 32.5 级或 42.5 级,初凝时间不宜小于 3.0 h,终凝时间不宜小于 6.0 h,不应使用快硬水泥、早强水泥,不得使用受潮变质水泥。

B.3.2 用水泥改良的原土料,其塑性指数宜小于 12,有机质含量不宜大于 2%,硫酸盐含量不大于 0.25%。

B.3.3 外掺料为石灰时,宜采用一等建筑钙质生石灰粉或合格建筑钙质生石灰,其石灰的 CaO+MgO 含量不小于 80%,CO_2含量不大于 9%,未消化残渣含量(5 mm 圆孔筛余)不大于 15%。

B.3.4 用石灰改良的原土料,其塑性指数宜大于 12,有机质含量不大于 5%,硫酸盐含量不大于 0.8%。

B.3.5 外掺料为粉煤灰时,宜用 $SiO_2+Al_2O_3+Fe_3O_4$ 含量不小于 70% 的粉煤灰,其质量应符合现行《用于水泥和混凝土中的粉煤灰》GB 1596Ⅱ级粉煤灰的要求,即细度(0.045 mm 分孔筛余)不大于 20%,三氧化硫不大于 3%,烧失量不大于 8%。

B.3.6 经改良后填料的无侧限抗压强度应符合表 B.3.6 的要求。

表 B.3.6　改良土无侧限抗压强度(饱和)(kPa)

铁路等级 \ 路基部位		基床表层	基床底层	基床以下路基
客货共线铁路	Ⅱ	≥500(≥700)	≥300(≥450)	≥200
	Ⅰ	—	≥300(≥450)	≥200

注:1　表中的强度值为 7 d 龄期的饱和无侧限抗压强度。

2　表中括号内数值为改良土考虑冻融循环作用时所需的强度值。

B.3.7　当采用改变土的颗粒级配的物理改良方法时,其标准应满足相关规范的要求。

B.4　改良土设计方案

B.4.1　对不满足设计要求的填料,可通过改变土的物理、力学性质或改变土的颗粒级配的方法,提高填料工程性能,达到工程质量的要求。

B.4.2　对粗粒土的中砂、粗砂、砾砂、碎石类及砾石类填料,一般宜采用掺入不同粒径的材料以改变其颗粒级配的物理改良方法。

B.4.3　对细粒土,一般宜根据土的性质,选择适宜的外掺料,采用改变土的物理、力学性质的化学改良方法。当采用水泥作为外掺料时其掺量不宜超过 6%。

B.4.4　改良土的配合比设计应符合下列规定:

1　配制不少于三个不同掺入比的混合料进行击实试验,以确定各种混合料的最优含水率和最大干密度。击实试验按现行《铁路工程土工试验规程》TB 10102 中改良土试验相关规定进行。化学改良土应考虑延时效应,其最大干密度取延迟一定时间的试验值,延迟时间根据所选施工工艺经试验确定。

2　按改良土所处路基结构不同部位的压实度要求计算干密度。

3　按最优含水率、计算干密度并延迟一定的时间制备试件进行无侧限抗压强度试验。无侧限抗压强度试验按现行《铁路工程土工试验规程》TB 10102 中改良土试验相关规定进行。

4　根据路基结构不同部位对改良土强度要求,选定合适的外掺料,掺入比应按相应的无侧限抗压强度要求进行室内试验确定。

5　计算实际施工外掺料的消耗量时,可按较室内试验确定的掺入比大 0.5% ~ 1.0% 计算。当采用集中场拌施工方法时可增加 0.5%;当采用路拌施工方法时可增加 1.0%。

6　当采用两种外掺料的混合料时,则应确定两种外掺料的各自掺入比及两种外掺料混合后的掺入比,并进行配合比设计。

B.4.5　采用水泥或石灰作为单一外掺料进行化学改良时,其掺入比(干质量比)可按下列比例试验确定:

1　基床表层填料可采用下列掺入比:

水泥:4%,5%,6%。

石灰:5%,6%,8%。

2　基床底层填料可采用下列掺入比:

水泥:3%,4%,5%。

石灰:4%,5%,6%,8%。

3　基床以下填料可采用下列掺入比:

水泥:3%,4%,5%。

石灰:4%,5%,6%,8%。

B.4.6　外掺料采用水泥或石灰与粉煤灰两种混合料进行改良时,其掺入比(干质量比)可按下列比例试验确定:

1　基床部位填料可采用下列掺入比:

水泥∶粉煤灰:3%∶12%,4%∶16%,5%∶20%,6%∶24%。

石灰∶粉煤灰:5%∶15%,6%∶18%,7%∶21%,8%∶24%。

2　基床以下填料可采用下列掺入比:

水泥∶粉煤灰:3%∶12%,4%∶16%,5%∶20%,6%∶24%。

石灰∶粉煤灰:4%∶12%,5%∶15%,6%∶18%,8%∶24%。

附录 C　钢材型号、混凝土等级及强度

C. 0. 1　混凝土轴心抗压、抗拉强度标准值、设计值可按表 C. 0. 1 确定。

表 C. 0. 1　混凝土轴心抗压、抗拉强度标准值、设计值(MPa)

强度		混凝土强度等级													
		C15	C20	C25	C30	C35	C40	C45	C50	C55	C60	C65	C70	C75	C80
标准值	轴心抗压强度 f_{ck}	10	13. 4	16. 7	20. 1	23. 4	26. 8	29. 6	32. 4	35. 5	38. 5	41. 5	44. 5	47. 4	50. 2
	轴心抗拉强度 f_{tk}	1. 27	1. 54	1. 78	2. 01	2. 2	2. 39	2. 51	2. 64	2. 74	2. 85	2. 93	2. 99	3. 05	3. 11
设计值	轴心抗压强度 f_c	7. 2	9. 6	11. 9	14. 3	16. 7	19. 1	21. 1	23. 1	25. 3	27. 5	29. 7	31. 8	33. 8	35. 9
	轴心抗拉强度 f_t	0. 91	1. 1	1. 27	1. 43	1. 57	1. 71	1. 8	1. 89	1. 96	2. 04	2. 09	2. 14	2. 18	2. 22

C. 0. 2　普通钢筋、预应力钢筋型号及强度可按表 C. 0. 2 确定。

表 C. 0. 2　普通钢筋、预应力钢筋型号及强度

种类	牌号	符号	公称直径 d(mm)	屈服强度标准值 f_{yk}(MPa)	极限强度标准值 f_{stk}(MPa)	抗拉强度设计值 f_y(MPa)	抗压强度设计值 f'_y(MPa)
普通钢筋	HPB300	A	6～22	300	420	270	270
	HRB400	C	6～50	400	540	360	360
	HRBF400	C^F					
	RRB400	C^R					
	HRB500	D	6～50	500	630	435	410
	HRBF500	D^F					
预应力螺纹钢筋	PSB785	A^T	18、25、32、40、50	785	980	650	410
	PSB930			930	1 080	770	
	PSB1080			1 080	1 230	900	

C. 0. 3　预应力钢丝、钢绞线型号及强度可按表 C. 0. 3 确定。

表 C.0.3　预应力钢丝、钢绞线型号及强度

种类	牌号	符号	公称直径 d(mm)	屈服强度标准值 f_{yk}(MPa)	极限强度标准值 f_{stk}(MPa)	抗拉强度设计值 f_y(MPa)	抗压强度设计值 f'_y(MPa)
中强度预应力钢丝	光面螺旋肋	A^{PM} A^{HM}	5、7、9	620	800	510	410
				780	970	650	
				980	1 270	810	
消除应力钢丝	光面螺旋肋	A^{P} A^{H}	5	—	1 570	1 110	410
				—	1 860	1 320	
			7	—	1 570	1 110	
			9	—	1 470	1 040	
				—	1 570	1 110	
钢绞线	1×3(三股)	A^{S}	8.6、10.8、12.9	—	1 570	1 110	390
				—	1 860	1 320	
				—	1 960	1 390	
	1×7(七股)		9.5、12.7、15.2、17.8	—	1 720	1 220	
				—	1 860	1 320	
				—	1 960	1 390	
			21.6	—	1 860	1 320	

注:1　预应力钢丝按松弛率的不同可分为普通松弛(WNR)和低松弛(WLR)钢丝。

2　预应力钢绞线均为低松弛(WLR)。

3　极限强度标准值为 1 960 N/mm^2 的钢绞线作后张预应力配筋时,应有可靠的工程经验。

附录 D　常用地基处理方法及措施适用条件表

D. 0. 1　常用地基处理方法及措施可按表 D. 0. 1 确定。

表 D. 0. 1　常用地基处理方法及措施适用条件

边界条件 \ 常用地基处理方法		浅层处理			排水固结		挤密					置换						注浆	结构物	
		换填垫层	振动碾压	冲击碾压	袋装砂井	塑料排水板	强夯	挤密砂石桩	沉管碎石桩	灰土与水泥土挤密桩	柱锤冲扩桩	振冲碎石桩	强夯碎石墩	水泥土搅拌桩	水泥粉煤灰碎石桩	素混凝土桩	旋喷桩	注浆	钢筋混凝土桩网(筏)	钢筋混凝土桩板
处理目的	控制沉降	○	○	○	○	○	○	○	○	○	○	○	○	○	○	○	○	△	☆	☆
	提高稳定性	○	○	○	△	△	○	○	○	○	○	○	○	○	○	○	○	△	○	○
	提高地基承载力	○	○	○	×	×	○	○	○	○	○	○	○	○	○	○	○	△	○	○
	增强抗液化能力	○	○	○	×	×	○	☆	☆	×	△	○	○	○	○	○	○	△	×	×
	提高抗渗性	○	×	×	×	×	×	×	×	×	×	×	×	○	△	△	☆	☆	×	×
地基类型	淤泥及流塑状淤泥质土	○	×	×	○	○	×	×	×	×	×	×	△	○	×	×	○	×	☆	☆
	饱和黏性土	○	×	×	○	○	×	×	△	×	×	△	○	○	○	○	○	×	○	○
	非饱和黏性土	○	○	○	×	×	○	○	○	△	○	○	△	△	○	○	○	△	○	○
	松散砂土	○	○	○	×	×	○	☆	☆	×	△	○	○	○	○	○	○	○	○	○
	湿陷性黄土	○	○	○	×	×	○	×	×	☆	☆	×	×	×	△	△	△	×	○	○
	盐渍土	○	△	△	×	×	△	△	△	△	△	△	△	△	△	△	△	×	○	○
	冻土	○	×	×	×	×	×	×	×	×	×	×	×	×	△	△	△	×	○	○
	人工填土	○	○	○	×	×	○	○	○	△	○	○	△	×	△	△	△	○	○	○
	岩溶、采空区、人为坑洞	○	△	△	×	×	○	×	×	×	△	×	×	×	×	×	△	☆	○	○
环境影响	对邻近构造物的影响	○	△	△	×	×	×	×	×	×	×	×	×	○	○	○	○	△	○	○
	噪声、振动	○	△	△	○	○	×	△	△	△	×	△	×	○	○	○	○	○	○	○
	水质、泥浆污染	○	○	○	○	○	○	○	○	○	○	×	○	○	○	○	△	×	○	○
最大处理深度参考值(m)		3	2	3	20	20	8	15	15	15	25	15	8	20	30	30	30	60	60	60

注：☆表示优先使用；○表示适用；△表示有条件适用；×表示不适用。

附录 E 路基边坡绿色防护

E. 0. 1 路基边坡绿色防护常用灌草植物种可按表 E. 0. 1 选用。

表 E. 0. 1 路基边坡植物防护常用灌草植物种

区域	主要灌木树种	主要草种
东北地区	紫穗槐、胡枝子、沙棘、荆条、冬青、小叶锦鸡儿、柠条锦鸡儿、柽柳(红柳)、小叶黄杨、辽东水蜡、榆叶梅、东北连翘、紫丁香、红瑞木、卫矛、金银忍冬、越橘、杜鹃、杜香、柳叶绣线菊、杞柳、蒙古柳、兴安刺玫、刺五加、毛榛、小黄柳、茶条槭、六道木、偃伏莱木	苔草、小叶樟、芍药、地榆、沙参、线叶菊、针茅、野豌豆、隐子草、冷蒿、冰草、早熟禾、紫羊茅、防风、碱草、艾蒿、苜宿、鹅冠草、高羊茅
东北、华北、西北风沙地区	紫穗槐、沙柳、沙棘、柠条、锦鸡儿、毛条、山竹子、花棒、杨柴、踏郎、黄柳、杞柳、柽柳(红柳)、沙拐枣、梭梭、胡枝子、沙木蓼、白刺、沙冬青、沙枣、白梭梭	沙蒿、沙打旺、甘草中、苜宿、羊草、大针茅、鸭茅
黄河上中游地区	紫穗槐、夹竹桃、四翅滨藜、野枸杞、柽柳(红柳)、绣线菊、虎榛子、黄蔷薇、柄扁桃、沙棘、胡枝子、金银忍科、连翅、麻黄、多花木兰、白刺花、山楂、柠条、荆条、黄栌、六道木、金露梅、酸枣、山皂角、花椒、山杏、山桃	黑麦草、茅尾草、早熟禾、无芒雀麦、羊草、苜宿、黄背草、白草、龙须草、沙打旺、冬棱草、小冠花、高羊茅
华北中原地区	紫穗槐、夹竹桃、胡枝子、柽柳(红柳)、黄荆、酸枣、荆条、杞柳、绣线菊、昭山白、金露梅、杜鹃、高山柳、尖叶锦鸡儿、鹅耳枥、山皂角、花椒、枸杞、山杏、山桃、马棘	蒿草、蓼、紫花针、羽柱针茅、昆仑针茅、苔草、黄背草、白草、龙须草、沙打旺、冬梭草、小冠花、高羊茅、狗芽根
长江上中游地区	紫穗槐、夹竹桃、胡枝子、荆条、三棵针、小蘖、绢毛蔷薇、报春、爬柳、密枝杜鹃、山胡椒、乌药、箭竹、马桑、白花刺、火棘、化香、绣线菊、月月青、车桑子、盐肤木、黄荆、红花继木、小叶女贞	芒草、野古草、蕨、白三叶、红三叶、黑麦草、苜宿、雀麦、高羊茅
中南华东(南方)地区	紫穗槐、夹竹桃、山毛豆、胡枝子、荆条、爬柳、密枝杜鹃、胡枝子、孛孛栎、枹树、茅栗、化香、白檀、海棠、野山楂、红果钓樟、绣线菊、马桑、水马桑、蔷薇、黄荆、红花继木、小叶女贞	香根草、芦苇、水烛、菖蒲、莲藕、芦竹、芒草、野古草、高羊茅、狗芽根
热带地区	紫穗槐、蛇藤、米碎叶、龙须藤、小果南竹、杜鹃	金茅、野古草、绒毛鸭子嘴、海芋、芭蕉、蕨类

E. 0. 2　灌木、乔木与地下管线间的防护间距应符合表 E. 0. 2 的规定。

表 E. 0. 2　灌木、乔木与地下管线间的防护间距

地下管线名称	最小水平间距(m)	
	乔木	灌木、绿篱
电力电缆	1.5	1.0
弱电电缆	2.0	1.0
给水管、排水管及井室	1.5	—
乙炔、氧气、压缩空气管、热力管	2.0	2.0
煤气管、石油管	1.5	1.0
天然气管	1.2	1.2

注:乔木与地下管线的距离是指树干基部的外缘与管线外缘的净距离,灌木或绿篱与地下管线的距离是指地表处分蘖枝干基部的外缘与管线外缘的净距离。

附录 F　路基防排水设计用图表

F.0.1　常用排水设施的水力半径和过水断面面积可按表 F.0.1 确定。

表 F.0.1　常用排水设施的水力半径和过水断面面积计算用表

断面形状	断面示意图	过水断面面积 A	水力半径 R
矩形	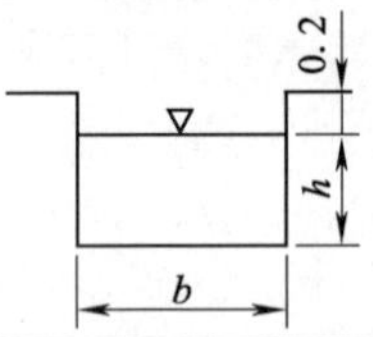	$A=bh$	$R=\frac{bh}{b+2h}$
对称梯形	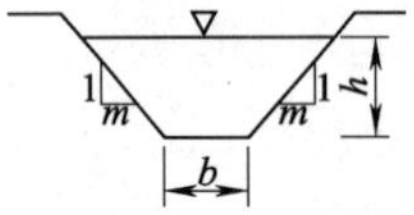	$A = bh + mh^2$	$R = \frac{bh + mh^2}{b + \left(2\sqrt{1 + m^2}\right) h}$
不对称梯形	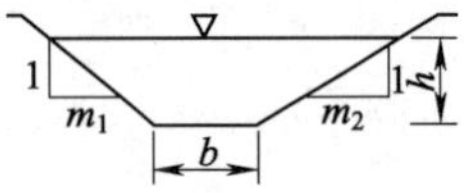	$A = bh + 0.5(m_1 + m_2)h^2$	$R = \frac{bh + 0.5(m_1 + m_2)h^2}{b + \left(\sqrt{1 + m_1^2} + \sqrt{1 + m_2^2}\right) h}$
圆形	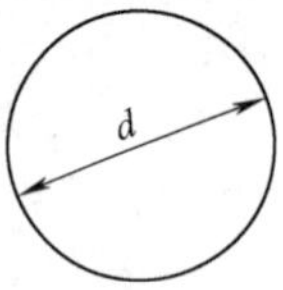	$A=\frac{\pi d^2}{4}$	$R = \frac{d}{4}$
半圆形	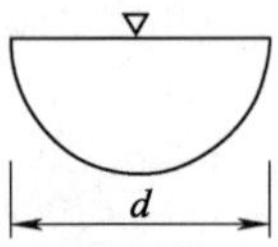	$A=\frac{\pi d^2}{8}$	$R = \frac{d}{4}$

F.0.2　地表径流系数在无试验资料时可按表 F.0.2 选用。

表 F.0.2　地表径流系数

地表种类	径流系数 ψ	地表种类	径流系数 ψ
粗粒土坡面	0.10~0.30	起伏的草地	0.40~0.65
细粒土坡面	0.40~0.65	平坦的耕地	0.45~0.60
硬质岩石坡面	0.70~0.85	落叶林地	0.35~0.60
软质岩石坡面	0.50~0.75	针叶林地	0.25~0.50
陡峻的山地	0.75~0.90	水田、水面	0.70~0.80
起伏的山地	0.60~0.80	—	—

F. 0. 3　沟(管)壁粗糙系数在无实测资料时可按表 F. 0. 3 选用。

表 F. 0. 3　沟(管)壁粗糙系数

沟管类别	粗糙系数 n	沟管类别	粗糙系数 n
UPVC 管、PE 管、玻璃钢管	0. 010	砂砾质明沟、浆砌片石明沟	0. 025
混凝土明沟(预制)	0. 012	波纹管、带杂草土质明沟	0. 027
混凝土管、陶土管	0. 013	干砌片石明沟	0. 032
铸铁管、混凝土明沟(抹面)	0. 015	岩石质明沟	0. 035
土质明沟	0. 022	—	—

注:本表给出的粗糙系数值是指过水界面较好的情况,若有充分资料或过水界面状况较为复杂时,可不受该表限制。

F. 0. 4　设计径流量计算用降雨强度可按图 F. 0. 4 确定。

F. 0. 5　设计径流量计用降雨强度转换系数算可按图 F. 0. 5 确定。

F. 0. 6　地面水汇水面积确定应符合下列规定:

1　汇水面积宜在(1 : 2 000) ~ (1 : 10 000)地形图上勾绘,经现场校核确定。

2　路堑侧沟汇水面积应包括路基面、边坡坡面、边坡平台、侧沟平台的径流面积。

3　路堤排水沟汇水面积应包含路基面、边坡坡面、边坡平台、路堤坡脚至排水沟及排水沟外侧地面径流面积。

4　路堑天沟汇水面积应包括天沟外侧汇水区域及可能流向天沟的内侧汇水区域。

F. 0. 7　路基地面排水设施的设计径流量可按式(F. 0. 7)计算确定;膨胀土、湿陷性黄土、砂性土、戈壁碎石土等易冲刷地区,其设计径流量应在式(F. 0. 7)的基础上乘以 1. 10 的系数。

$$Q = 16.67\psi qF \tag{F. 0. 7}$$

式中　Q——设计径流量(m^3/s);

ψ——径流系数,按汇水区域内的地表种类确定。当汇水区域内有多种类型的地表时,应分别为每种类型选取径流系数后,按相应的面积大小取加权平均值;

q——设计重现期和降雨历时内的平均降雨强度(mm/min),宜采用当地气象部门的降雨强度计算公式;

F——汇水面积(km^2)。

F. 0. 8　水沟和管所需的断面尺寸应根据设计流量、水力坡度、沟管粗糙率等计算确定,并检查其流速是否在允许范围内。

F. 0. 9　水沟的泄水能力可按式(F. 0. 9)计算:

$$Q_c = vA \tag{F. 0. 9}$$

式中　Q_c——泄水能力(m^3/s);

v——平均流速(m/s),按式(F. 0. 10—1)计算;

A——过水断面面积(m^2),可按表 F. 0. 1 选用。

F. 0. 10　水沟的平均流速可按式(F. 0. 10—1)计算:

$$v = C\sqrt{Ri} \tag{F. 0. 10—1}$$

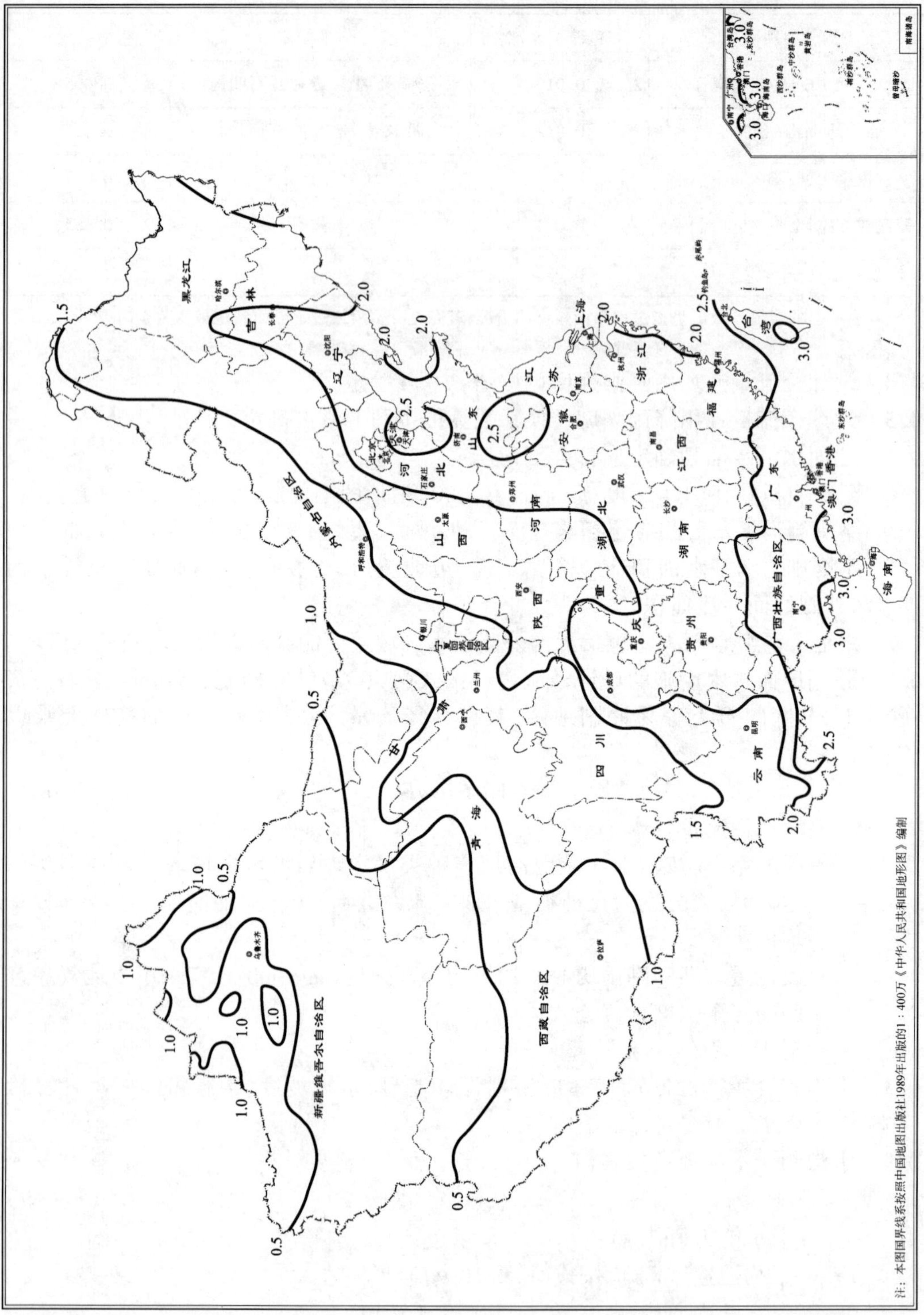

注：本图国界线系按照中国地图出版社1989年出版的1：400万《中华人民共和国地形图》编制

图 F.0.4 5年一遇10 min降雨强度($I_{5,10}$)等值线图

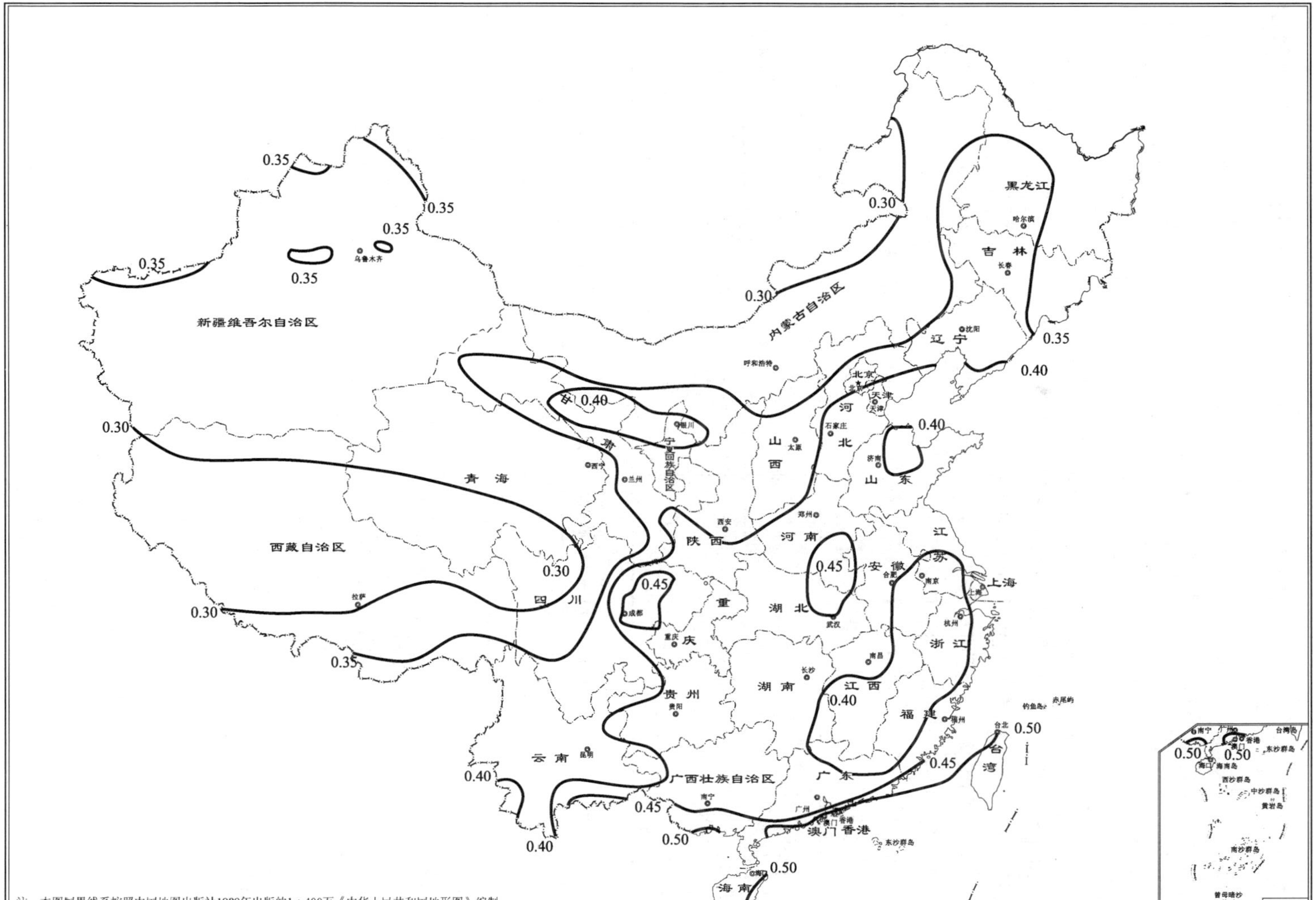

注：本图国界线系按照中国地图出版社1989年出版的1：400万《中华人民共和国地形图》编制

图 F. 0. 5　全国 60 min 降雨强度转换系数(c_{60})等值线图

式中　v——平均流速（m/s）；

R——水力半径（m），按表 F.0.1 选用；

i——水力坡度，$i=\frac{h}{l}$（h 为水头差，l 为流水长度），一般情况可取用沟管的底坡；

C——流速系数或谢才系数，按式（F.0.10—2）计算。

$$C=\frac{1}{n}R^{y} \tag{F.0.10—2}$$

$$y=2.5\sqrt{n}-0.13-0.75\sqrt{R}(\sqrt{n}-0.1) \tag{F.0.10—3}$$

式中　n——沟管壁的粗糙系数，可按表 F.0.3 确定。

F.0.11　水沟的允许流速应符合下列规定：

1　明沟的最大允许流速应按表 F.0.11—1 选用，并根据水深按表 F.0.11—1 列值乘以表 F.0.11—2 中相应的修正系数。

2　膨胀土、黄土等易冲刷及淤积地区的沟，应进行流速验算。

表 F.0.11—1　明沟最大允许流速

明沟类别	最大允许流速（m/s）	明沟类别	最大允许流速（m/s）	明沟类别	最大允许流速（m/s）	明沟类别	最大允许流速（m/s）
粉土	0.8	干砌片石	2.0	黏土	1.2	混凝土	4.0
粉质黏土	1.0	浆砌片石	3.0	草皮护面	1.6	石灰岩、中砂岩	4.0

表 F.0.11—2　最大允许流速的水深修正系数

水深 h（m）	$h\leqslant0.4$	$0.4<h\leqslant1.0$	$1.0<h<2.0$	$h\geqslant2.0$
修正系数	0.85	1.00	1.25	1.40

F.0.12　不受结构或地形限制的水沟应采用水力最优断面。

本规范用词说明

执行本规范条文时,对于要求严格程度的用词说明如下,以便在执行中区别对待。
(1)表示很严格,非这样做不可的用词:
正面词采用“必须”;
反面词采用“严禁”。
(2)表示严格,在正常情况均应这样做的用词:
正面词采用“应”;
反面词采用“不应”或“不得”。
(3)表示允许稍有选择,在条件许可时首先应这样做的用词:
正面词采用“宜”;
反面词采用“不宜。
(4)表示有选择,在一定条件下可以这样做的,采用“可”。

《铁路路基设计规范》
条 文 说 明

本条文说明系对重点条文的编制依据、存在的问题以及在执行中应注意的事项等予以说明，不具备与规范正文同等的法律效力，仅供使用者作为理解和把握规定的参考。为了减少篇幅，只列条文号，未抄录原条文。

1.0.3 规定了对路基设计的基本要求。

(1)路基工程是铁路轨下基础工程的重要组成部分，是保证列车安全、舒适运行系统中的关键工程。路基主体工程一旦破坏，维修难度高，对于运营的影响大。

路基要承受轨道和列车荷载以及各种自然因素的作用，要具有足够的稳定性，使其不致在路基本体或其地基产生破坏和位移，以保证行车的安全畅通。

(2)由于路基是在各种复杂条件下工作的土工建筑物，有各种自然因素影响着它的强度和稳定性，如风、雨、雪、大气温度变化、地震、水流等常会对路基造成破坏作用。因此，要采取适当措施，使路基具有在这些自然因素长期作用下的耐久性。

综上所述，充分考虑路基的强度、变形特性及其耐久性，制定相应的标准，将路基作为土工结构物进行设计。

此外，为了列车的安全运行，路基两侧山坡上危石要予以处理。

结合近年国家对环境影响评价的重视，本次修订中增加了要符合环境保护、水土保持、文物保护等的要求。

1.0.6 根据《铁路列车荷载图式》TB/T 3466—2016 的规定，列车荷载图式根据线路类型按表 4.2.2 选用；当选用的图式与线路类型不一致时，需研究确定图式配套的参数体系。客货共线铁路货运特征达到重载铁路标准时，要选用 ZH 荷载图式。

1.0.11 路基的排水设计是一项重要工作。根据各铁路局的工务经验，由于排水不畅造成的路基病害状况十分严重，尤其在年降水量较大地区，水对路基的影响在许多方面占据着主导地位，是病害产生的首要因素。因此，为减少路基病害，一定要做好路基的排水工作，并做好与铁路桥涵、隧道、站场及地方排水系统合理衔接。

1.0.12 根据近年来多条电气化铁路干线的施工情况来看，线路两侧设置的杆架、沟槽、管线等设施和路基的干扰较大，经常在已填筑密实的路基上又重新开挖施工这些工程，其中电缆槽的施工对路基本体的干扰尤为严重，对路基的完整性和稳定性造成了不良影响。另考虑到路肩上设置电缆沟槽后，易造成路基基床排水不畅、产生基床病害，因此制定本条。

1.0.14 铁路建设用地政策标准主要为《新建铁路工程项目建设用地指标》(建标〔2008〕232 号)，其第 3.3.3 条规定：区间路基用地宽度应符合下列条件：

路堤：排水沟、护道或坡脚矮挡墙边缘不大于 3 m。

路堑：天沟外为 2 m；无天沟时，路堑堑顶边缘外为 5 m。

风沙、雪害及特殊地段应根据路基稳定与防护工程需要计算确定用地宽度。

《新建铁路工程项目建设用地指标》规定的区间路基建设用地指标及对应的路基面宽度汇总见说明表 1.0.14。

说明表 1.0.14 区间路基建设用地指标

铁路等级	路基面宽度(m)		用地指标(hm^2/km)		
	路堤	路堑	平原	丘陵	山区
Ⅰ级双线(200 km/h)	12.1	12.1	4.805 9	5.485 0	6.693 0
Ⅰ级双线(160 km/h 及以下)	12.2	11.9	4.785 9	5.475 0	6.683 0
Ⅰ级单线(160 km/h 及以下)	7.8	7.7	4.126 5	4.866 7	5.704 8
Ⅱ级单线(120 km/h 及以下)	7.7	7.7	4.126 5	4.866 7	5.704 8
Ⅲ级单线	7.0	6.6	4.056 3	4.784 0	5.607 8
Ⅳ级单线	6.0	5.6	3.940 8	4.647 7	5.448 1

2.1.8 横向结构物按结构类型包括：涵洞、框架桥、刚架桥(刚构桥)等，按使用功能包括：排洪及灌溉涵(桥)、立交涵(桥)、过管涵、地道等。

2.1.21 路基常用土工材料包括土工织物、土工膜、土工网、土工网垫、土工格栅、土工格室、土工特种材料及土工复合材料等。

2.1.25 柔性桩复合地基主要包括采用水泥土桩、灰土桩和石灰桩等进行地基处理的复合地基。

2.1.26 刚性桩复合地基主要包括采用钢筋混凝土桩、素混凝土桩、预应力管桩、大直径薄壁筒桩、水泥粉煤灰碎石桩(CFG 桩)、二灰混凝土桩和钢管桩等进行地基处理的复合地基。

3.1.1 本条文所提设计洪水频率和潮位重现期，为计算设计水位而确定路肩高程所必需。

1 当观测洪水频率小于规定的设计洪水频率时，为安全计采用观测洪水频率，但观测洪水频率值越小则其重现机率越小，若采用值过小势必增大工程投资。因此限制不能小于 1/300。

考虑到小桥涵附近的路基同样容易受到洪水危害，因此其观测洪水频率与滨河路基等采用同一标准。

由于大型水库水坝的安全性比铁路的影响更大，因此大型水库的水库路基设计洪水频率不采用水库的设计洪水频率标准，仍采用与滨河路基等相同的设计洪水频率标准。

2 滨海铁路路堤暴露于外海，直接受到潮位控制且路基面不允许越浪，要求在一定稀调频率的高潮位及波浪发生时能抵抗高潮位及波浪的侵袭，保证路堤稳定及运输安全，其设计水位要和陆域铁路一样具有同等级的标准。因此滨海路堤的设计水位，Ⅰ、Ⅱ级铁路采用重现期为 100 年一遇的高潮位。

3 当水库淤积严重，对路基工程不利影响时，可以预估淤积量，酌量提高路基设计洪水频率标准，并一般在可研阶段确定。

4　改建既有线和增建第二线时,要尽量利用既有设备。因此往往不采用新线洪水频率标准,而是结合既有线运营期间的水害情况在可研阶段时确定设计洪水频率标准。当既有线运营期间水害确实严重时,也可以采用新线设计洪水频率标准。

3.1.2　当同时具有斜水流局部冲高与波浪侵袭高度时,由于两者相互干扰,不予叠加,一般取二者中较大值控制设计。

3.1.3　当铁路设计洪水频率低于水库设计洪水频率标准时,为避免路基长期被库水淹没,要采用水库正常高水位作为设计水位。

3.1.4　为确保滨海路基的安全,路肩的设计高程除满足设计水位(设计标准高潮位)所需高度外,同时要考虑为抗御波浪对路堤的侵袭所需的高度。因此路肩高程不能低于设计高潮水位加波浪侵袭高度(波浪爬高)并加不小于 0.5 m 的安全高度。对设防浪胸墙的路堤,因防浪胸墙已计及波浪侵袭的影响,路肩高程可以不计波浪侵袭高。

3.1.5　地下水位高或常年有地面积水的地区,路堤过低容易引起翻浆冒泥等病害。因此本条规定路肩高程高出最高地下水位或最高地面积水水位一定高度。

3.1.6　一般将路基产生不均匀冻胀且其值大于 4 mm 者,定为有害冻胀。产生有害冻胀的冻结深度为有害冻胀深度。

在季节冻土地区的有害冻胀范围内,当路基土体的含水率达到一定值时,往往会产生有害冻胀,春融时又容易产生翻浆冒泥等病害,影响运输安全,加大养护维修工作量。因此本条规定路肩高程高出冻前地下水位一定高度,使地下水沿毛细管上升时不至在有害冻胀深度范围内聚集,避免产生有害冻胀及其他病害。

另据有关科研成果证实,一般地区有害冻胀深度为最大冻结深度的 60%;东北地区因温度低且持续时间长,有害冻胀深度达最大冻结深度的 95%。

综合以上因素,高速铁路、无砟轨道有害冻胀深度可以按最大冻结深度取值;其他铁路有害冻胀深度根据工程所处地区特点可以按最大冻结深度的 60%~95% 取值。

确定毛细水强烈上升高度的方法有直接观测法、暴晒法及公式计算法等。直接观测法是开挖试坑 1 d~2 d 后,直接观测坑壁干湿变化情况,干湿变化明显处即为毛细水强烈上升带与破裂带的分界点,此点至地下水位的距离为毛细水强烈上升高度。暴晒法是分别在开挖试坑的当时和暴晒 1 d~2 d 后,测定坑壁的含水量并绘制含水量曲线,两曲线的交点到地下水位的距离即为毛细水强烈上升高度,如说明图 3.1.6 所示。公式计算法参照《铁路特殊路基设计规范》TB 10035—2006 的相关要求进行。

3.1.7　盐渍土地区,地下水或地面积水矿化度高,水中的盐分被毛细水带到路基土体中,水分蒸发后,盐分积聚下来,容易使路堤土体次生盐渍化,进而产生盐胀等病害,因此盐渍土路肩的高程需高出最高地下水水位或最高地面积水水位一定高度。

3.1.8　当路基采取降低地下水水位,设置毛细水隔断层等措施时,由于地下水水位被降低或毛细水被隔断,毛细水上升不到相应高度,不再对路基产生危害,因此,路肩高程不再受本规范第 3.1.5 条、3.1.6 条、3.1.7 条的限制。

3.2.1　路基面设计成三角形形状能够使聚积在路基面上的水较快地排出,有利于保持基床的强度和稳定性。

3.2.2　本条规定是综合考虑以下因素制定的:

(1)部分国外铁路路肩宽度列于说明表 3.2.2。

由此可见,除前苏联和瑞士铁路路肩宽度较小外,其他国家所规定的路肩宽度均接

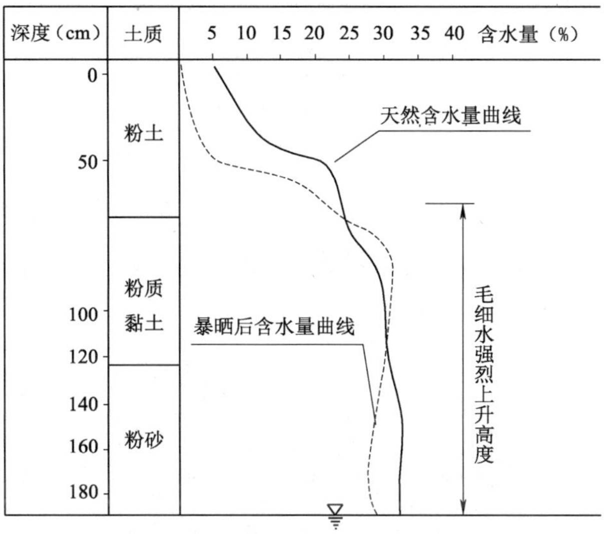

说明图 3.1.6 毛细水强烈上升高度示意

近或大于 0.7 m,宽度范围在 0.64 m~1.2 m。本条规定的路肩宽度接近大多数国家的规定值。

说明表 3.2.2 部分国外铁路路肩宽度(m)

国别	苏联		日本		法国	英国	澳大利亚	西德	比利时	瑞士
	重型混凝土枕	特重型混凝土枕	路堤	路堑						
路肩宽度	0.55	0.64	1.2	1.0	≥0.7	0.64~0.86	0.7	0.74	0.8	0.45~0.5

(2)我国大秦重载铁路规定,路肩宽度路堤不得小于 0.8 m,或一侧不小于 1.0 m,另一侧不小于 0.6 m,路堑不得小于 0.6 m;广深准高速铁路路肩宽度路堤为 0.8 m,路堑为 0.6 m。均接近或等于本条所规定的路肩宽度。

(3)根据运营和既有线提速实践总结的经验证明:路肩宽度是影响安全避车、路基的维修养护和路基本体尤其是边坡稳定性的重要因素。

(4)电气化铁路路肩宽度考虑了接触网支柱基础的设置。

综合以上因素,规定设计速度 200 km/h 铁路路肩宽度不小于 1.0 m;设计速度 200 km/h以下铁路路肩宽度不小于 0.8 m。

本条高速铁路路肩宽度双线 1.4 m、单线 1.5 m 是按路肩上设置电缆槽计算的,当路肩上设置电缆槽易引起路基冻胀、排水不良等病害,或其他原因需将电缆槽设置于路肩以外时,要另行计算确定路肩宽度。

3.2.4 表 3.2.4 参照正在修编的《铁路轨道设计规范》,取消了《铁路路基设计规范》TB 10001—2005 铁路标准划分中“特重型”、“重型”、“次重型”、“轻型”的铁路轨道结构分类标准,仅按铁路等级及设计行车速度等进行分级。

表 3.2.4 中道床结构及厚度按正在修编的《铁路轨道设计规范》取用,不同铁路正

线有砟轨道设计标准见说明表 3.2.4。

说明表 3.2.4　正线有砟轨道设计标准

项目						单位	高速铁路	城际铁路			客货共线铁路				重载铁路		
											Ⅰ级铁路			Ⅱ级铁路			
运营条件	年通过总质量			Mt	—	—	—	—					＞250	100~250		40~100	
运营条件	列车轴重 P			t	≤17	≤17	≤17	≤17	≤23	≤25	≤25	≤23	25~30	30	25、27	30	25、27
运营条件	旅客列车设计行车速度 v_K			km/h	≥250	200	160	120	200	160	120	≤120	≤120	≤120	≤120	≤120	≤120
运营条件	货物列车设计行车速度 v_H			km/h	—	—	—	—	≤120	≤120	≤80	≤80	≤90	≤90	≤90	≤90	≤90
轨道结构	钢轨			kg/m	60	60	60	60	60	60	60	60	75	60		60	60
轨道结构	扣件			—	弹条Ⅳ或Ⅴ型	弹条Ⅱ或Ⅲ型	弹条Ⅱ或Ⅲ型	弹条Ⅱ或Ⅲ型	弹条Ⅱ或Ⅲ型	弹条Ⅱ或Ⅲ型	弹条Ⅱ或Ⅲ型	弹条Ⅱ型	与轨枕匹配的弹性扣件				
轨道结构	混凝土枕	型号		—	Ⅲ	Ⅲ	Ⅲ	Ⅲ	Ⅲ	Ⅲ	Ⅲ或新Ⅱ	新Ⅱ	满足设计轴重要求的混凝土轨枕				
轨道结构	混凝土枕	间距		mm	600	600	600	600	600	600	600或570	570	600	600	600	600	600
轨道结构	道床厚度及材质	路基（双层道床）	面砟	cm	—	—	30	25	—	30	30	25	35	35	30	35	30
轨道结构	道床厚度及材质	路基（双层道床）	底砟	cm	—	—	20	20	—	20	20	20	20	20	20	20	20
轨道结构	道床厚度及材质	路基（单层道床）	道砟	cm	35	30	30	30	30	30	30	30	35	35	35	35	30
轨道结构	道床厚度及材质	硬质岩石路基、桥梁、隧道	道砟	cm	35	35	30	30	35	35	35	30	35	35	35	35	35
轨道结构	道床厚度及材质	道砟材质	面砟	—	特级	一级	一级	一级	一级	一级	一级	一级	特级	特级	特级/一级	一级	一级

3.2.5　表 3.2.5—1 对采用大型养路机械的电气化铁路，其路基面宽度需满足以下要求：电气化线路接触网立柱内侧距线路中心线不少于 3.1 m，接触网支柱外侧距路肩边缘的距离不小于0.25 m。目前设计速度 200 km/h 及以下电气化铁路广泛使用的接触网支柱有横腹杆式和环形等径两种类型，接触网采用横腹杆式支柱时，路肩处宽度接近 0.63 m，环形等径支柱宽度有 0.4 m 和 0.35 m 两种，根据以上情况分别计算了采用横腹杆式支柱、环形等径支柱两种路基面宽度。

3.2.6　在调研分析了目前建成和在建的客货共线电气化铁路接触网支柱形式、电缆槽设置情况的基础上，根据设置方式、电缆槽尺寸及与接触网支柱的位置关系（图 3.2.6—1~图 3.2.6—2），按式（3.2.6）计算的通信、信号和电力电缆槽均位于路肩时路基面宽度见说明表 3.2.6。

说明表 3.2.6 设置电缆槽的电气化铁路直线地段路基面宽度

项目				单位	Ⅰ级铁路			Ⅱ级铁路	电缆槽设置位置
设计速度 v				km/h	200	160	120	120	
双线线间距				m	4.4	4.2	4.0	4.0	
道床顶面宽度				m	3.5	3.4	3.4	3.4	
基床表层类型	土质路基	双层道床厚度		m	—	0.5	0.5	0.45	
		单线	路堤	m	—	8.1	8.1	8.1	接触网对侧路肩
			路堑	m	—	8.1	8.1	8.1	接触网对侧路肩
		双线	路堤	m	—	13.5	13.3	13.3	双侧路肩
			路堑	m	—	12.3	12.1	12.1	双侧侧沟平台
	硬质岩石	单层道床厚度		m	0.35	0.35	0.35	0.35	
		单线路堑		m	8.1	8.1	8.1	8.1	接触网对侧路肩
		双线路堑		m	12.5	12.3	12.1	12.1	双侧侧沟平台
		单层道床厚度		m	0.3	0.3	0.3	—	
	土质路基	单线	路堤	m	8.1	8.1	8.1	—	接触网对侧路肩
			路堑	m	8.1	8.1	8.1	—	接触网对侧路肩
		双线	路堤	m	13.8	13.5	12.3	—	双侧路肩
			路堑	m	12.5	12.3	12.1	—	双侧侧沟平台

注：1 路堤路基面宽度不包括两侧各 0.1 m 的护肩；路堑路基面宽度不包括两侧侧沟内侧壁厚。

2 本表路基面宽度为接触网采用横腹杆式支柱（路基面处支柱宽 0.63 m）、电缆槽采用 0.72 m 计算的，如采用其他类型的接触网支柱或电缆槽尺寸变化时，路基面宽度需根据具体尺寸数据计算调整。

电力、通信、信号均设置电缆槽，通信、信号合槽设置、电力分槽设置，电缆槽宽 0.72 m，如说明图 3.2.6—1 所示；仅信号电缆槽位于路肩时如说明图 3.2.6—2 所示。为了避免和接触网支柱的干扰，电缆槽与接触网同侧路肩时，设置于支柱外侧。

3.2.7 区间曲线地段路基面加宽值计算。

计算轨面超高值根据最高行车速度，按《铁路线路设计规范》条文说明中超高上界值选用，均不超过 150 mm 的最大超高值。曲线地段轨道抬高、路基面加宽如说明图 3.2.7 所示。

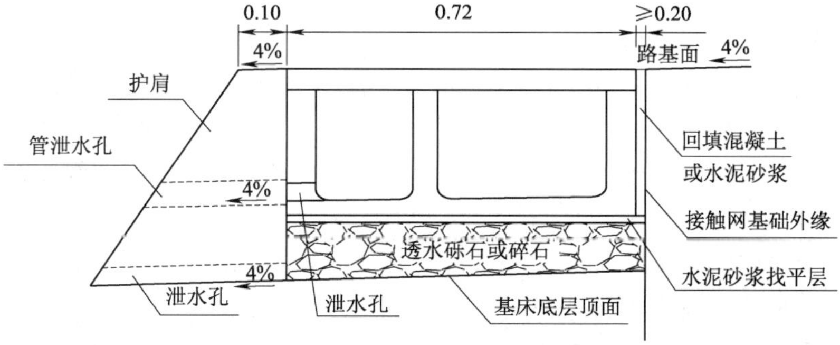

说明图 3.2.6—1 通信、信号及电力电缆槽结构图式（单位：m）

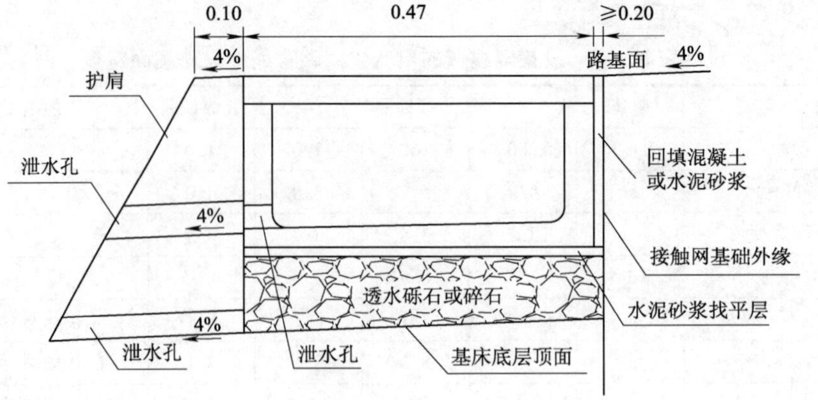

说明图 3.2.6—2　通信、信号电缆槽结构图式(单位:m)

从说明图 3.2.7 中得出曲线地段路基面外侧的加宽值为:

$$\Delta = (y_2 + x_2 + c) - \frac{B}{2} \qquad \text{(说明 3.2.7—1)}$$

$$d = (f + D + I)\tan\theta \qquad \text{(说明 3.2.7—2)}$$

道砟顶面上轨枕中垂线至铁路中心线的距离为:

$$\Delta d = \frac{d(f + D + I - e)}{f + D + I} \qquad \text{(说明 3.2.7—3)}$$

$$a_2 = \frac{e}{\tan(\beta + \theta)} \qquad \text{(说明 3.2.7—4)}$$

$$W_2 = \sqrt{a_2^2 + e^2}\cos\beta \qquad \text{(说明 3.2.7—5)}$$

$$y_2 = \left(\frac{1}{2}A + \Delta A + \Delta d\right)\cos\theta \qquad \text{(说明 3.2.7—6)}$$

由 $h+s(\tan\theta-\tan\alpha)=(x_2-W_2)(\tan\beta-\tan\alpha)-\left(d+\frac{1}{2}A+\Delta A+a_2\right)\cos\theta(\tan\theta+\tan\alpha)$ 得:

$$x_2 = \frac{h+s(\tan\theta-\tan\alpha)+\left(d+\frac{1}{2}A+\Delta A+a_2\right)\cos\theta(\tan\theta+\tan\alpha)}{\tan\beta-\tan\alpha}+W_2$$

(说明 3.2.7—7)

式中　g——钢轨头部宽度(m);

s——轨面上外轨轨头中心至轨枕中垂线与铁路中心线相交处的距离(m),$s=0.5\times(1.435+g)$;

Δs——曲线内侧轨距加宽值(m),曲线半径小于 350 m 时考虑,曲线半径大于 350 m 时,$\Delta s=0$;

h——曲线内侧距铁路中心线的水平距离为 s 处的轨枕底以下的道床厚度(m);

Δh——计算轨面超高值(m);

A——直线段的道床顶面宽度(m);

ΔA——道床顶面加宽值,无缝线路 $R<800$ m、非无缝线路 $R<600$ m 时,$\Delta A=0.1$ m,

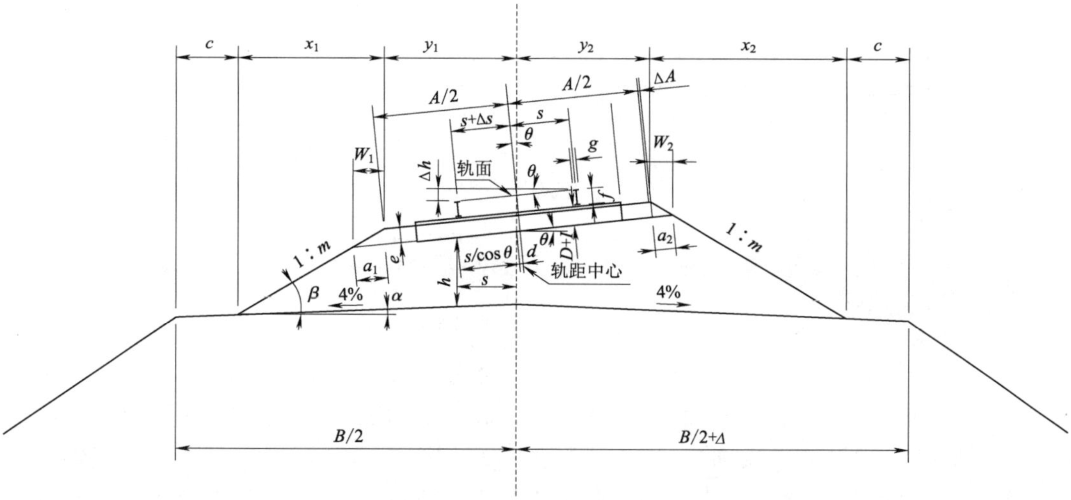

说明图 3.2.7　曲线地段路基面加宽

否则 $\Delta A=0$；

B——直线段路基面宽度(m)；

c——路肩宽度(m)；

Δ——曲线外侧加宽值(m)；

α——路拱与水平面的夹角，$\alpha=a\tan(4/100)$；

β——道砟边坡与水平面的夹角，$\beta=a\tan(1/m)$；

θ——轨面与水平面的夹角，$\theta=\arcsin\left(\dfrac{\Delta h}{2s+\Delta s}\right)$；

f——钢轨的高度(m)，75 kg/m 轨为 0.192 m，60 kg/m 轨为 0.176 m，50 kg/m 轨为 0.152 m；

D——钢轨底部的垫板厚度，$D=0.01$ m；

I——钢轨下部的轨枕高度(m)，Ⅲ型混凝土轨枕为 0.235 m，Ⅱ型混凝土轨枕为 0.205 m；

e——轨枕埋入道砟中的深度(m)，Ⅲ型混凝土轨枕为 0.185 m，Ⅱ型混凝土轨枕为 0.165 m；

x_2——曲线外侧砟肩至砟脚的水平距离(m)；

y_2——曲线外侧铁路中心线至砟肩的水平距离(m)；

W_2——砟肩至轨枕底延长线与道砟边坡交点的水平距离(m)；

a_2——砟肩投影到轨枕延长线上的垂点至轨枕底延长线与道砟边坡交点的距离(m)；

d——轨枕底面上铁路中心线与轨枕底面的交点至轨枕中心的距离(m)。

3.2.8　基床位于硬质岩石地段的路堑、基床填料为级配碎石的路基及基床表层为 A 组填料路基的道床厚度各不相同，其相互衔接时，设长度不小于 10 m 的渐变段。渐变段设在硬质岩石路堑、级配碎石或级配砂砾石地段，基床表层用相邻两种路基中较好的填料填筑。

双线铁路中并行等高段与局部单线地段连接时，在局部单线地段内逐渐顺坡至并行等高段地段，其顺坡长度不小于 10 m，如说明图 3.2.8—1 所示。

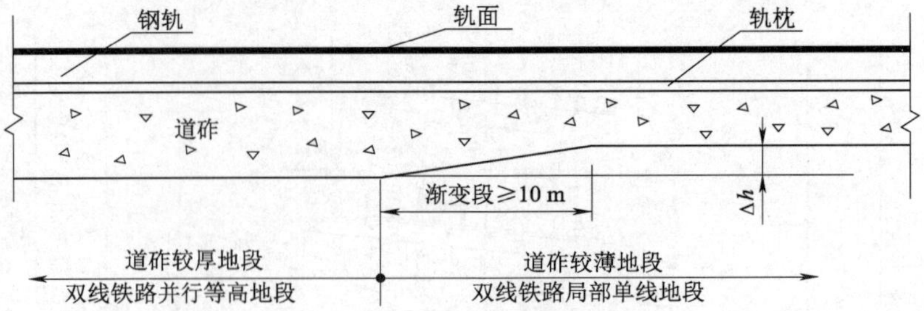

说明图 3.2.8—1　不同路基衔接图

设计速度 200 km/h 以下的新建铁路,全线的线路纵断面均按土质路堤(双层道床)标准进行设计,线路纵断面上的高程为路肩设计高程。然而,一般线路中绝大多数铁路路基工程不仅有土质路基双层道床,还有土质路基单层道床(0.30 m),曲线地段还要对曲线外侧进行加宽,软土路堤和高路堤还要对路基面两侧进行加宽;双线铁路中还有局部单线路基。

为使不同类型路基地段的轨面高程保持一致,并保证道砟厚度和路肩宽度满足要求,路基设计时须对线路纵断面的路肩设计高程进行抬高或降低(曲线加宽地段的曲线外侧、路基面两侧需加宽的软土路堤和高路堤)。不同类型路基的路肩设计高程的抬高情况介绍如下:

从说明图 3.2.8—2、说明图 3.2.8—3 中得出:在单线铁路(或双线铁路并行等高地段)中,岩石路堑及土质路基(单层道床0.30 m),其路肩设计高程要高于土质路堤(双层道床)的路肩设计高程,高出尺寸 Δh 按式(说明 3.2.8)计算。

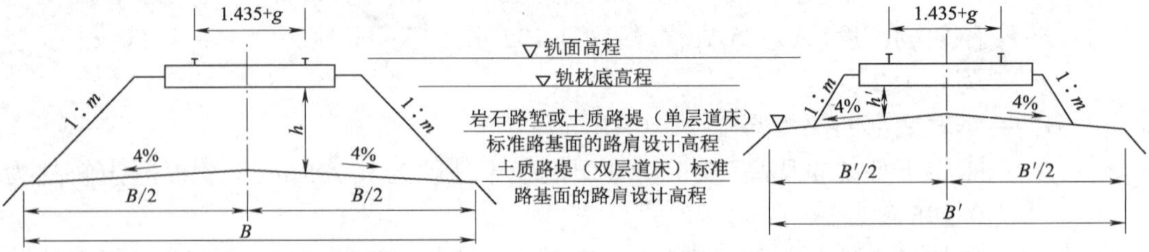

说明图 3.2.8—2　单线铁路直线地段标准路基面的路肩设计高程

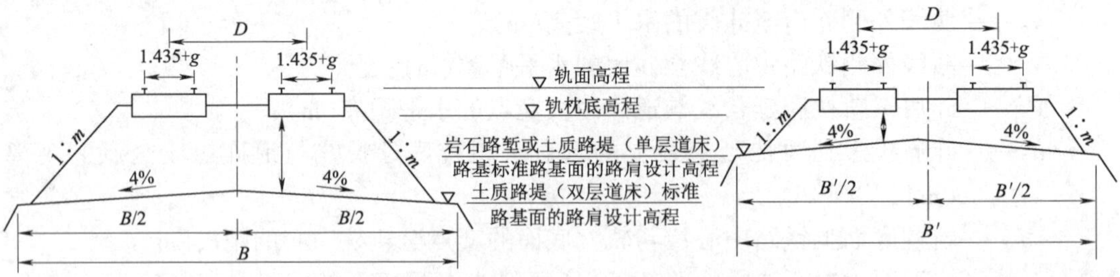

说明图 3.2.8—3　双线铁路并行等高直线地段标准路基面的路肩设计高程

$$\Delta h = (h - h') + \frac{B - B'}{2} \times 0.04 \qquad (说明 3.2.8)$$

式中　h ——设计速度 200 km/h 铁路硬质岩石路堑直线地段的标准道床厚度,或设计速度 200 km/h 以下铁路 A 组填料路基直线地段的标准道床厚度(m);

B ——设计速度 200 km/h 铁路硬质岩石路堑直线地段的标准路基面宽度，或设计速度 200 km/h 以下铁路基床表层为 A 组填料路基直线地段的标准路基面宽度（本规范表 3.2.4 中的值）；

h' ——设计速度 200 km/h 铁路基床表层为级配碎石路基直线地段的标准道床厚度，或设计速度 200 km/h 以下铁路硬质岩石路堑、级配碎石路基直线地段的标准道床厚度（m）；

B' ——设计速度 200 km/h 铁路基床表层为级配碎石路基直线地段的标准路基面宽度，或设计速度 200 km/h 以下铁路硬质岩石路堑、级配碎石路基直线地段的标准路基面宽度（m）。

计算确定的各种情况标准路基面路肩设计高程的抬高值见说明表 3.2.8。

说明表 3.2.8 设计速度 200 km/h 以下标准路基面的路肩设计高程抬高值

项目		单位	Ⅰ级铁路		Ⅱ级铁路
设计速度 v		km/h	160	120	120
单线铁路	土质路堤（双层道床）	m	0	0	0
	土质路堑（双层道床）	m	0	0	0
	硬质岩石路堑（单层道床 0.35 m）	m	0.162	0.162	0.162
	土质路基（单层道床 0.30 m）	m	0.216		
	土质路堑（单层道床 0.30 m）	m	0.216		
双线铁路并行等高地段	土质路堤（双层道床）	m	0	0	0
	土质路堑（双层道床）	m	0	0	0
	硬质岩石路堑（单层道床 0.35 m）	m	0.162	0.162	0.162
	土质路基（单层道床 0.30 m）	m	0.216		
	土质路堑（单层道床 0.30 m）	m	0.216		

当路基面加宽（含曲线加宽地段的曲线外侧、软土路堤路基面加宽地段的两侧、高路堤路基面加宽侧等）时，其路肩设计高程要在抬高后的高程基础上降低，其降低值为单侧路基面宽度加宽值（m）与 0.04 的积。但当单侧加宽值小于等于 0.5 m（含曲线加宽）时，其对路肩高程的影响仅为 0.02 m，可以忽略不计，路肩设计高程可以近似采用标准路基面宽度的路肩设计高程（抬高后的高程）。

3.3.4 本次修编对折线滑动法边坡稳定性系数的计算，选择了三种方法进行对比分析，不同计算方法公式表达式见说明表 3.3.4—1。计算以某滑面为折线形的滑坡为例（说明图 3.3.4—1、说明图 3.3.4—2），通过固定滑面，改变土体的强度参数来分析三种方法计算的差异，计算结果见说明表 3.3.4—2、说明表 3.3.4—3。

说明表 3.3.4—1 不同计算方法公式表达式

序号	计算方法	公式	备注
1	隐式法	$P_n=0$ $P_i=P_{i-1}\psi_{i-1}+T_i-R_i/F_s$ $\psi_{i-1}=\cos(\theta_{i-1}-\theta_i)-\sin(\theta_{i-1}-\theta_i)\tan\varphi_i/F_s$ $T_i=(G_i+G_{bi})\sin\theta_i+Q_i\cos\theta_i$ $R_i=c_il_i=[(G_i+G_{bi})\cos\theta_i-Q_i\sin\theta_i-U_i]\tan\varphi_i$	《建筑边坡工程技术规范》GB 50330—2013

续上表

序号	计算方法	公　式	备注
2	显式法 1	$F_s=\dfrac{\sum_{i=1}^{n-1}\left(R_i\prod_{j=1}^{n-1}\psi_j\right)+R_n}{\sum_{i=1}^{n-1}\left(T_i\prod_{j=1}^{n-1}\psi_j\right)+T_n}$ $\psi_j=\cos(\theta_i+\theta_{i+1})-\sin(\theta_i+\theta_{i+1})\tan\varphi_{i+1}$ $R_i=N_i\tan\varphi_i+c_iL_i$	《岩土工程勘察规范》GB 50021—2001（2009 版）、《工程地质手册》
3	显式法 2	$K_{si}=\dfrac{R_i+E_{i-1}\sin(\theta_{i-1}-\theta_i)\tan\varphi_i}{T_i+E_{i-1}\cos(\theta_{i-1}-\theta_i)}$ $R_i=c_il_i+[(G_i+G_{bi})\cos\theta_i-Q_i\sin\theta_i]\tan\varphi_i$ $T_i=(G_i+G_{bi})\sin\theta_i+Q_i\cos\theta_i$ $E_i=T_i-R_i+E_{i-1}\psi_{i-1}$ $\psi_{i-1}=\cos(\theta_{i-1}-\theta_i)-\sin(\theta_{i-1}-\theta_i)\tan\varphi_i$	

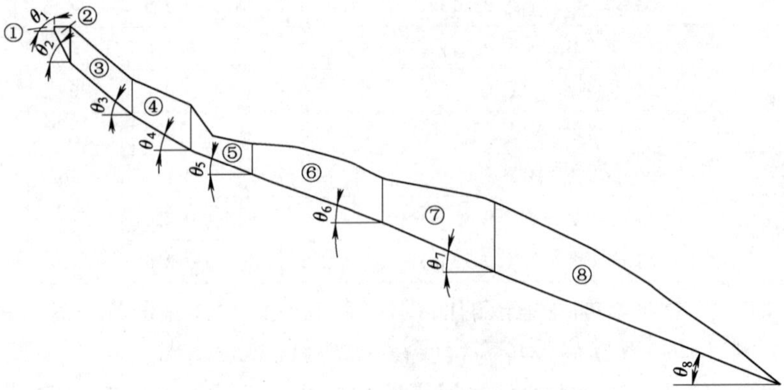

说明图 3.3.4—1　折线形滑面示意图一

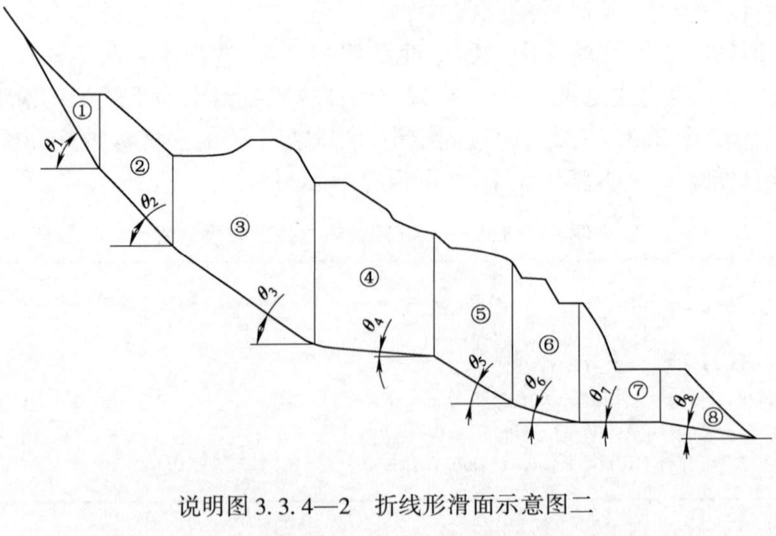

说明图 3.3.4—2　折线形滑面示意图二

说明表 3.3.4—2 不同工况和计算方法下稳定性系数

序号	计算方法	稳定性系数					备注
		参数组合 1	参数组合 2	参数组合 3	参数组合 4	参数组合 5	
		$c=10$, $\varphi=26.5°$	$c=0$, $\varphi=26.5°$	$c=0$, $\varphi=24.2°$	$c=0$, $\varphi=20°$	$c=0$, $\varphi=10°$	
1	隐式法	1.176	1.110	0.999	0.810	0.392	《建筑边坡工程技术规范》GB 50330—2013
2	显式法 1	1.180	1.113	1.000	0.809	0.389	《岩土工程勘察规范》GB 50021—2001(2009版)、《建筑边坡工程技术规范》GB 50330—2013、《工程地质手册》
3	显式法 2	1.302	1.233	1.001	0.645	0.215	

说明表 3.3.4—3 不同参数组合和计算方法下稳定性系数

序号	计算方法	稳定性系数				备注
		参数组合 1	参数组合 2	参数组合 3	参数组合 4	
		$c=10$, $\varphi=15°$	$c=0$, $\varphi=25°$	$c=0$, $\varphi=20°$	$c=0$, $\varphi=15°$	
1	隐式法	0.803	1.277	0.997	0.734	《建筑边坡工程技术规范》GB 50330—2013
2	显式法 1	0.789	1.336	1.003	0.714	《岩土工程勘察规范》GB 50021—2001(2009版)、《建筑边坡工程技术规范》GB 50330—2013、《工程地质手册》
3	显式法 2	0.180	2.817	1.029	0.102	

计算结果表明隐式法和显式法 1 十分接近；当稳定系数大于 1 时，显式法 2 稳定性系数相对于显示法 1 和隐式法更大；当稳定系数小于 1 时，显式法 2 稳定性系数相对于显示法 1 和隐式法更小。本次修编推荐显式法 1 作为折线滑动法边坡稳定性系数的计算公式，计算中注意可能出现如下问题：

(1)由于推力传递法计算的稳定系数实际上是滑坡最前部条块的稳定系数，若最前部条块划分过小，在后部传递力不大时，边坡稳定系数将显著地受该条块形状和滑面角度影响而不能客观地反映整体稳定性状态。因此，在计算条块划分时不能将最下部条块分得太小。

(2)当滑体前部滑面较缓，或出现反倾段时，自后部传递来的下滑力和抗滑力较小，而前部条块下滑力可能出现负值而使边坡稳定系数为负值，此时要视边坡为稳定状态；当最前部条块稳定系数不能较好地反映边坡整体稳定性时，可以采用倒数第二条块的稳定性系数，或最前部两个条块稳定系数的平均值。

3.3.5 设计使用年限超过 2 年的边坡称为永久边坡，设计使用年限不超过 2 年的边坡称为临时边坡。

《建筑边坡工程技术规范》GB 50330—2013 将边坡工程按其损坏后可能造成的破坏

后果(危及人的生命、造成经济损失、产生社会不良影响)的严重性、边坡类型和坡高等因素,根据说明表3.3.5—1确定安全等级。边坡工程稳定性验算时,其稳定性系数不能小于说明表3.3.5—2规定的稳定安全系数的要求,否则要对边坡进行加固处理。

说明表3.3.5—1　边坡工程安全等级

边坡类型		边坡高度 H(m)	破坏后果	安全等级
岩质边坡	岩体类型为Ⅰ或Ⅱ类	$H≤30$	很严重	一级
			严重	二级
			不严重	三级
	岩体类型为Ⅲ或Ⅳ类	$15<H≤30$	很严重	一级
			严重	二级
		$H≤15$	很严重	一级
			严重	二级
			不严重	三级
土质边坡		$10<H≤15$	很严重	一级
			严重	二级
		$H≤10$	很严重	一级
			严重	二级
			不严重	三级

说明表3.3.5—2　边坡稳定安全系数

边坡类型 \ 安全等级		一级	二级	三级
永久边坡	一般工况	1.35	1.30	1.25
	地震工况	1.15	1.10	1.05
临时边坡		1.25	1.20	1.15

《公路路基设计规范》JTG D30—2015中路堤最小稳定安全系数1.20~1.45,路堑最小稳定安全系数:

(1)边坡处于天然状态下工况:1.15~1.30。

(2)边坡处于暴雨或连续降雨状态下工况:1.05~1.20。

(3)边坡处于地震等荷载作用状态下工况:1.05~1.10。

《铁路工程抗震设计规范》GB 50111—2006规定,路基抗震稳定安全系数不小于1.10~1.15。

日本普通铁路的边坡最小稳定安全系数1.20~1.30。

综合考虑以上几方面因素,本次将路基边坡最小稳定安全系数调整如下:

(1)永久边坡,一般工况边坡最小稳定安全系数为1.15~1.25;地震工况边坡最小稳定安全系数为1.10~1.15。

(2)临时边坡,边坡稳定安全系数不小于1.10。

高速铁路路基考虑到其维修、检修作业时间一般在夜间进行,作业环境、条件较差,为尽可能减少维修工程,边坡最小稳定安全系数选高值;对地质条件很复杂或边坡破坏后果极严重的边坡工程,其稳定安全系数可以适当提高。

3.3.6 减少路基工后沉降是保持线路稳定平顺的基本前提,是列车高速、安全运行的基础。为此要对可能产生工后沉降大于允许值的地段进行沉降分析,以便在必要时采取处理措施,使路基的工后沉降小于允许值。路基的允许工后沉降量需根据以下两条原则确定:

(1)保证列车按预定的速度安全、舒适地运行。

(2)在上述前提下做到经济上合理,即因减少工后沉降需增加的投资与因工后沉降而需增加的养护维修费用的总和最小。

由于桥台与台后路基的工后沉降不同会造成静态的轨道不平顺,这对列车的平稳运行非常不利,同时使该处的轨道结构不易保持稳定,维修工作量大增,速度越高,其不利影响越明显。因此对台后过渡段的路基,建议的允许工后沉降值比一般地段的小。

中国铁路总公司工程设计鉴定中心、中铁咨询及铁一、二、三、四院完成的《无砟轨道路基沉降控制系统深化研究》(科技工函〔2015〕157 号),在充分调研我国高速铁路特殊岩土分布情况基础上,选取了 19 条高速铁路 34 处典型试验工点开展了现场填筑试验,对软土、松软土、中等压缩土地基以及湿陷性黄土、膨胀土、戈壁土等特殊岩土沉降控制进行了系统研究,根据研究成果提出了工后沉降计算公式:$S_r=S-S_T$,其中 S 为总沉降,施工期沉降量 $S_T=\eta S_{无荷}$,施工期沉降量完成比例系数 η 要结合地基条件、地基处理措施及地区经验综合确定,也可以参照说明表 3.3.6 取值。

说明表 3.3.6 施工期沉降量完成比例系数 η

地基土类型	荷载稳定 3 个月	荷载稳定 6 个月	荷载稳定 12 个月
中低压缩性土	80%~85%	85%~90%	90%~95%
黄土(消除湿陷性)	90%~95%		—
膨胀土	90%	—	—

注:表中"中低压缩性土"是指压缩系数 $\alpha_{0.1\sim0.2}$(MPa^{-1})为 0.1~0.3 的土。

当采用超载预压加速沉降完成措施时,式(3.3.6—2)中 $S_{有荷}$ 按超载预压荷载计算。当地基采用排水固结法处理时,施工期加固区完成的沉降可能大于按照有荷状态下加固区的最终沉降,但是这部分完成的沉降不会补偿其他部分尚未发生的沉降,设计中要进行综合分析。

3.3.8 在《铁路工程地基处理技术规程》TB 10106—2010 中规定的加固区和下卧层沉降量的修正系数采用一个值,本规范中加固区沉降量和下卧层沉降量分别采用各自的修正系数,无经验积累,可以采用同一个经验值进行计算。

3.3.9 地基压缩层深度的取值是直接影响沉降计算准确性的关键,也是确定勘探深度的基本依据,国内公路、港口、市政等行业规范大都采用应力比法,附加应力比自重应力比值范围在 0.1~0.2 之间。

中铁四院等单位完成的《软土地基沉降估算方法及不同地基处理方法加固效果的研究》中,通过对某铁路软土地基工程试验工点个断面中心实测压缩层厚度与不同控制标准下计算深度的对比值对比分析得出以下结论:

(1)采用应变比法控制压缩层厚度时,计算值比实测值偏小,且误差范围较大,应变比法对于铁路路基工程不建议采用。

(2)当采用应力比不大于 0.1 控制时,计算深度均大于实测值,偏于安全。

(3)当采用应力比不大于 0.2 控制时,计算值与实测值较接近,但是仍然小于实测值,误差范围较小。

考虑到高速铁路严格的工后沉降标准,高速铁路地基压缩层的计算深度按附加应力等于 0.1 倍的自重应力确定,其他铁路地基压缩层的计算深度按附加应力等于 0.2 倍的自重应力确定。但是依此确定的沉降计算深度以下仍然有软土层时,沉降计算深度还要继续往下计算。因为,当沉降计算层深度以下仍然有软土层时,随着附加应力与自重应力的比值继续减小,沉降量增加较大,此沉降量不能忽视。

3.4　地基在荷载作用下,沉降将随时间发展,其发展规律可以通过土体固结原理进行数值分析来估算。但是由于固结理论的假定条件和确定计算指标的试验技术上的问题,使得地基沉降的实测数据在某种意义上较理论计算更为重要。根据现场施工沉降观测数据,采用曲线回归法来推算最终沉降量,判断路基的工后沉降量是否在设计范围之内。当推算的地基沉降与设计有出入时,可以根据实测数据采取相应的措施完善设计,使地基处理达到预定的目标,并为铺轨前对路基进行评估提供依据。

3.5　路基各种结构物设计要根据受力情况、所处位置的重要性、材料来源、环境条件、养护维修的难易程度及对行车安全的影响等因素选择适宜的结构类型、材料及设计使用年限。

路基支挡结构、承载结构,其结构一旦破坏将直接对行车安全产生影响,并很难修复或无法修复,因此,路基支挡结构、承载结构要具有足够的强度、稳定性和耐久性,该类结构的设计使用年限按 100 年进行设计。

路基防护结构、设计速度 200 km/h 铁路路基排水结构,是比较重要的结构,虽然其结构一旦破坏将直接对行车安全产生影响,但能通过修复补强达到其结构强度和完整性要求,设计使用年限按 60 年进行设计。

其他铁路路基排水结构,电缆槽、防护砌块、栏杆等小型构件,出现结构破坏对行车安全产生影响相对较小,能较容易进行修复或替换,设计使用年限按 30 年进行设计。

4.2.1　在静力分析时,轨道作用(恒载)包括钢轨重力、轨枕重力(Ⅲ型混凝土轨枕重 353 kg,Ⅱ型混凝土轨枕重 275 kg)、道砟重力、扣件重力(Ⅲ型混凝土轨枕为 9 kg,Ⅱ型混凝土轨枕为 6 kg),其与轨道类型、道砟厚度有关。

以重型轨道结构,道床厚度 30 cm 为例说明。道砟重力计算参考说明图 4.2.1。

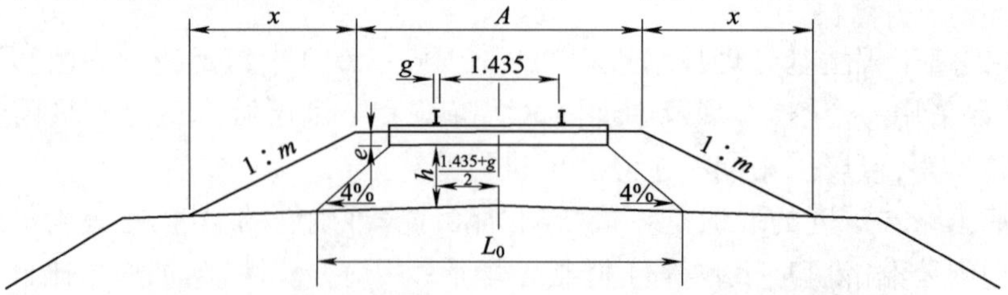

说明图 4.2.1　恒载计算以及在路基横断面上的作用宽度图

A—单线地段道床顶面宽度(m);m—道床边坡坡率;

h—钢轨中心的轨枕底以下的道床厚度(m);

e—轨枕埋入道砟深度,Ⅲ型混凝土轨枕为 0.185 m,Ⅱ型混凝土轨枕为 0.165 m;

g—轨头宽度(m),75 kg/m 轨为 0.075 m,60 kg/m 轨为 0.073 m,50 kg/m 轨为 0.07 mm;

x—砟肩至砟脚的水平距离;L_0—荷载分布宽度,即恒载在路基横断面上作用宽度轨枕及扣件重力=(3.53+0.09)×1.667=6.03(kN/m)。

钢轨重力 0.6 kN/m。

道砟重力:20×(2.233−0.128×1.667)=40.39(kN/m)。

计算轨道荷载 P=40.39+6.03+0.6=47.02(kN/m)。

荷载分布宽度按轨枕端部向下 45°扩散计算,得 L_0=3.3 m。

恒载单位荷载 $p=P/L_0$=47.02/3.3=14.25(kN/m²)。

4.2.2 列车荷载由机车荷载和车辆荷载组成。对铁路路基作用的影响主要是轴重、轴间距以及列车运营速度产生的冲击。目前采用表 4.2.2 为设计图式。铁路客货共线路基静力分析时取最不利的中-活荷载的特种荷载 250 kN,轴距 1.4 m,每延米 178.571 kN。

4.2.4 参考《高速铁路设计规范》(TB 10621—2014)第 6.1.5 条编写。

4.2.5 参考《城际铁路设计规范》(TB 10623—2014)第 6.1.4 条编写。

4.2.7 可能受动应力影响的路基结构有桩板结构和槽型挡土墙等,当桩板结构的板和槽型挡墙的底板位于基床以内时,由于动应力衰减没有完成,设计中需考虑动应力,例如:非埋式和浅埋式桩板结构、路堑式槽型挡土墙。当桩板结构的板和槽型挡墙的底板位于基床以外时,可以不考虑动应力的影响,例如:深埋式桩板结构、路堤式槽型挡土墙。

4.2.9 土压力计算值往往与实际值有一定的差异,这与土压力实际受力情况是否达到库伦主动或被动土压力有关,也与边界的限制条件有关。如衡重式挡土墙上墙、L 形挡土墙悬臂、锚杆挡土墙、悬臂式锚固桩的悬臂,都很难达到主动状态。例如:悬臂式锚固桩在计算土压力时,附加了相应的增大系数;锚杆墙的土压应力进行了修正。

4.2.11 挡土墙墙前和墙后难以同时达到被动和主动状态,被动土压力一般没有考虑,考虑时也进行了折减。有些文献资料认为,按库伦公式计算的被动土压力值偏大。另外,挡土墙处于被动状态时产生的位移远较主动状态时大,由于挡土墙前后土体既互相作用又互为一体,因此墙后土体处于主动状态时所产生的位移难以促使墙前土体进入被动状态,显然墙前土体的抗力较被动土压力小,故本条规定墙前土体对挡土墙的抗力只取部分被动土压力值。为安全起见,一般情况下取 1/3 被动土压力值。

4.2.14 墙身所受浮力,根据地基地层的浸水情况按下列原则确定:

(1)碎石类土、砂类土(细砂、粉砂除外)和节理很发育的岩石地基,按计算水位的 100% 计算。

(2)节理不发育的岩石地基按计算水位的 50% 计算。

4.2.15 滑坡推力通过增大滑体自重来增加安全度,也可以通过对滑面上的抗剪指标打折来增加安全度。如果不是处于极限平衡状态,两种方法的计算结果不一样。

4.3.1 设计水位的静水压力和浮力。

设计水位时,静水压力和浮力与常水位的计算规定是一样的,但墙背土压力的计算,属于主力与附加力的组合,结构设计的安全系数,小于常水位。

4.3.2 受渗流影响的渗透力计算方法目前尚不完善,计算时可以假定破裂角不受渗流影响。渗透力为浸水面积、渗流降落曲线的平均坡度和水的重度之积。

4.3.4 冻土地区路堑边坡高度大于 6 m,且有较好的地基时,可以修建挡土墙。墙背设置足够的保温层后,可以保持冻土不融化。暖季时,挡土墙所承受的土压力只是保温层及顶部季节融化层所造成的侧向压力;寒季时,如果墙背土体产生了冻结,土体抗剪强度会增高,挡土墙仅考虑冻涨力,如果墙背土体未冻结,则只有土压力。

4.4.1 静力法：将结构物视为刚体，各点的水平地震加速度与地面相同，不考虑建筑物的自振特性和地震竖向分量及转动分量的影响。采用静力法计算水平地震力，即用水平地震系数与建筑物重量的乘积。

动力法是考虑地震加速度的特性和结构的自振特性（自振周期、阻尼比等）。采用弹性理论计算结构物的地震效应地震时的土压力计算采用静力法：假定在地震时，土体所产生的水平惯性力，附加在破裂棱体的质心上，将破裂棱体自重、墙背土压力反力、破裂面上土压力反力和破裂棱体的水平惯性力构成封闭的力多边形，可以求得地震状态下墙背所受的土压力。

5.2.3 母岩饱和轴抗压强度 R_c 为采用立方体石料饱和极限抗压强度值，也可以采用点荷载试验确定。岩石点荷载试验适合厚度大于 30 mm（三维向最小尺寸）的岩块，具体要求：

（1）用岩心试件作径向试验时，试件的长度与直径之比不小于 1；作轴向试验时，加荷两点间距与直径之比宜为 0.3～1.0。

（2）用方块体或不规则块体试件作试验时，加荷两点间距宜为 30 mm～50 mm；加荷两点间距与加荷处平均宽度之比宜为 0.3～1.0；试件长度不小于加荷两点间距。

5.2.4 对于 R_c 小于 20 MPa 的软岩，包括泥岩、板岩、泥砂岩等，工程性质差距很大，另外在这方面研究不足，所以建议采用现场试验确定；对于经过分选的砂类土、圆砾土、卵石土，根据经验，可以直接按筛分结果进行填料组别划分。

5.2.10 此条依据中国铁道科学研究院开展的《高速铁路路基基床表层级配碎石标准研究》研究成果而确定。

Ⅰ型级配碎石要求在压实系数为 0.97 情况下，其渗透系数小于 1×10^{-6} m/s，主要是为了在路基面上把雨水排走。

Ⅱ型级配碎石要求渗透系数大于 5×10^{-5} m/s，是为了级配碎石中的水快速排走。

其中，持水率是指土样在规定击实情况下，先进行土样饱和，后提出水面放 24 h，测其土样的含水率，反应路堤土在降大雨情况下的含水情况。

5.3.2 石料的强度标准值采用立方体石料的饱和极限抗压强度值，一般取三个试件强度的平均值。对石料试件规定为边长 7 cm 的立方体，如果石料试件边长采用 20 cm、15 cm、10 cm、5 cm 时，将其在饱和湿度条件下的极限抗压强度分别乘以 1.43、1.28、1.14 或 0.86 的换算系数，换算成边长 7 cm 立方体试件的极限强度，再按本规范条文中表 5.3.2 确定石料的强度等级。换算系数引自《砌体结构设计规范》GB 50003—2011 附录 A 的附表 A.0.2。

5.5.3 水泥砂浆要选用级配良好的细骨料。参照《普通混凝土用砂、石质量及检验方法标准》JGJ 52—2006 中有关规定，级配良好的粗砂为Ⅰ区，中砂为Ⅱ区，细砂则为Ⅲ区。当采用Ⅰ区的砂时，要提高砂率，并保持足够的水泥用量，以满足水泥砂浆的和易性；当采用Ⅲ区的砂时，要适当降低砂率，以保证水泥砂浆强度；Ⅱ区的砂中含有较多的粗粒径砂，并以适当的中粒径砂及少量细粒径砂填充其空隙，砂的空隙率及总表面积较小，水泥用量较少，且强度较高，一般优先选用Ⅱ区的砂。

5.5.4 水泥砂浆砌体由片石、水泥砂浆组成，当选用未风化且不易风化、均质、无软夹层、无裂纹的石料时，其耐久性取决于水泥砂浆。水泥砂浆中细骨料的强度高、耐久性好，不易为环境所侵蚀，其耐久性主要影响因素为水泥砂浆中的水泥材料及砂浆的密实度、黏结强度。因此,浆砌片石耐久性即水泥砂浆耐久性,与素混凝土类似。

设计前,要对铁路沿线气候、水文、土质等环境条件进行勘察或调查,确定浆砌片石所处的环境类别及作用等级。浆砌片石所处的常见环境按其对砂浆的腐蚀机理分为4类,并按说明表5.5.4确定。

根据既有工程经验,浆砌片石挡墙破坏主要与施工质量有关,如挡墙厚度不足、砂浆砌筑不饱满、黏结强度不足或选用耐久性差的软岩作为片石等,并非因砂浆耐久性不足引起挡墙的破坏。因此,在片石材料来源丰富的地区,对人工劳动强度不大、施工质量容易保证、便于养护维修(不影响安全运营)的矮挡墙、护坡、护墙、排水沟、天沟等仍建议采用浆砌片石。根据环境对常用的普通水泥(硅酸盐水泥)侵蚀的情况及砌体结构类型的重要性,对砂浆采取具有抗侵蚀性能的特种水泥和集料配制、适当提高砂浆强度等级等措施。

说明表5.5.4 环境类别

环境类别	腐蚀机理
化学侵蚀环境	硫酸盐等化学物质与水泥水化产物发生化学反应导致砂浆损伤
盐类结晶破坏环境	硫酸盐等化学物质在砂浆孔中结晶膨胀导致砂浆损伤
冻融破坏环境	反复冻融作用导致砂浆损伤
磨蚀环境	风沙、河水、泥砂或流冰在砂浆表面高速流动导致砂浆表面损伤

5.6.2 根据钢筋产品标准的修改和混凝土构件对受力的性能要求,并与现行《混凝土结构设计规范》GB 50010—2010相适应,规定了铁路路基钢筋混凝土支挡及承载结构工程中各种牌号钢筋的选用原则。

(1)用300 MPa级光圆钢筋取代235 MPa级光圆钢筋;淘汰335级热轧带肋钢筋的应用;推广400 MPa、500 MPa级高强热轧带肋钢筋作为混凝土构件受力的主导钢筋。

(2)箍筋用于抗剪、抗扭及抗冲切设计时,其抗拉强度设计值受到限制,一般不采用强度高于400 MPa级的钢筋。当用于约束混凝土的间接配筋(如连续螺旋配箍或封闭焊接箍)时,其高强度可以得到充分发挥,采用500 MPa级钢筋具有一定的经济效益。

5.7.1 目前国内土工合成材料所用原材料主要有聚丙烯(PP)、聚乙烯(PE)、聚酯(PET)、聚酰胺(PA)、高密度聚乙烯(HDPE)和聚氯乙烯(PVC)等几种。按国际土工合成材料协会(IGS)分类法,土工合成材料产品分类如说明图5.7.1。

- 土工合成材料
  - 土工织物
    - 织造
      - 机织(含编织)
      - 针织
    - 非织造(无纺)
      - 针刺
      - 热粘结
      - 化学粘结
  - 土工膜
  - 土工复合材料
    - 复合土工膜
    - 复合土工织物
    - 复合防排水材料(排水带、排水管、排水防水材料等)
  - 土工特种材料(土工格栅、土工带、土工格室、土工网、土工模袋、土工网垫、聚苯乙烯泡沫塑料等)

说明图5.7.1 土工合成材料产品分类

5.7.3　土工合成材料应用于陡边坡加筋土路堤、加筋土挡墙及地基处理桩网结构加筋垫层时，采用抗拉强度设计值，其值要满足小于设计容许抗拉强度的要求。土工合成材料设计容许抗拉强度在试验测得极限抗拉强度的基础上，考虑一定的材料强度影响系数确定。

土工合成材料的长期性能受材料蠕变、周边环境（如水土中的化学剂、生物物质）等因素影响，因此材料的强度设计值需要结合不同的设计工况，考虑施工机械破坏影响、材料蠕变、化学剂和生物破坏影响等系数。各影响因素与原材料、制作工艺、周边环境条件、施工技术水平等有关，影响大小难以准确确定，有条件时开展相关的技术研究，本规范暂根据既有工程经验，提出了综合影响系数范围值。

关于土工合成材料抗拉强度折减系数的选取，当作为地基处理垫层加筋时，在路基填筑期间及填筑后路基放置初期需利用土工合成材料的强度，以保证路基的稳定，计算时仅考虑施工机械破坏影响；但当长期使用需利用其抗拉强度，计算时需考虑土工合成材料的蠕变和所处环境的影响。

6.1.1　基床是指路基上部受列车动力作用和水文气候变化影响较大的土层。其状态直接影响列车运行的平稳和速度的提高，设计规范对基床厚度、填料及其压实标准、排水等作出规定。

6.1.2　为减少基床病害对铁路运输产生的影响，减少运营期间的养护维修量和费用，保证运营安全，在2005年发布实施的《新建时速200公里客货共线铁路设计暂行规定》（铁建设函〔2005〕285号）、《铁路路基设计规范》TB 10001—2005中，根据多年来的铁路工程实践经验对低路堤、路堑基床底层的静力触探比贯入阻力值、天然地基基本承载力大小进行了规定，本次对其又进行了细化落实。

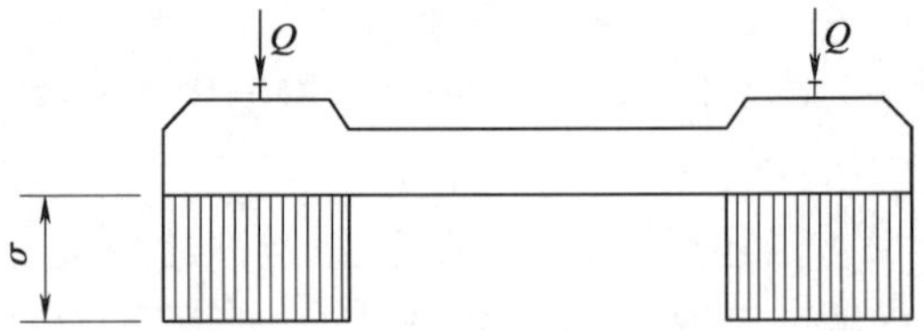

说明图 6.1.2　枕底应力分布图

按说明图6.1.2枕底应力分布图，计算出不同行车速度对应的轨枕底部的动压力σ，并采用布辛尼斯克（Boussinesq）法算出轨枕底部动压力传至基床底层顶面及以下0.5 m、1.0 m、1.9 m（基床底层底面）的动应力σ_d，同时计算出钢轨、轨枕、道砟及填土自重在基床底层顶面及以下0.5 m、1.0 m、1.9 m的自重应力σ_j，将动应力σ_d的2倍与静压力σ_j之和作为所需最小承载力的控制标准$\sigma_0 \geq 2\sigma_d + \sigma_j$，其计算结果见说明表6.1.2。

说明表 6.1.2　基床底层顶面所需承载力计算结果（kPa）

位　置	设计速度		
	120 km/h	160 km/h	200 km/h
基床底层顶面	110/143	132/149	168/178

注：表中斜线上、下方数值根据列车动轮荷载的两种计算方法得出的计算结果。

现行标准中基床底层基本承载力规定值与说明表6.1.2中基床底层的顶面所需承载力计算值的对比情况如下：

（1）现行标准对200 km/h铁路路堑、低路堤（高度小于2.5 m）的规定值180 kPa非常接近计算值178 kPa。

（2）现行标准对160 km/h铁路路堑的规定值150 kPa与计算值149 kPa一致，但低路堤(高度小于 2.5 m)的规定值 180 kPa 大于计算值 149 kPa。

(3)现行标准对 120 km/h Ⅱ级铁路低路堤(高度小于 2.5 m)的规定值 150 kPa 与计算值 143 kPa 接近,但路堑的规定值 120 kPa 低于计算值 143 kPa。

根据以上分析,将基床底层地基基本承载力标准调整为:设计时速 200 km 铁路不小于 180 kPa,设计时速 200 km 以下铁路不小于 150 kPa。

根据《铁路工程地质原位测试规程》TB 10018—2003 所列出的天然地基基本承载力 σ_0 与比贯入阻力 P_s 的关系式,经试算发现《铁路路基设计规范》TB 10001—2005 中的比贯入阻力 P_s 仅反映了黏性土(Q_4)的一种情况,本次修编中取消了静力触探比贯入阻力 P_s 值的具体规定。基床底层范围内的天然地基基本承载力最准确的测试方法是路堑开挖后采用平板载荷试验进行测试,设计中可以按勘察获得的原位测试成果对基床底层范围内的天然地基基本承载力进行判定能否满足规定。如黏性土(Q_4)的静力触探比贯入阻力 $P_s \geqslant 1.2$ MPa 时,$\sigma_0 \geqslant 150$ kPa;$P_s \geqslant 1.6$ MPa 时,$\sigma_0 \geqslant 180$ kPa。

6.2.1 该条规定是参考《铁路路基基床结构设计方法及参数的研究》(中国铁道科学研究院)的研究成果而提出的。

基床结构分析计算,考虑在列车动荷载作用下路基长期安全稳定,基床表层能够抵抗道砟压入和侵蚀,避免出现基床病害,并避免出现过大的累积变形。基床结构设计检算内容包括:基床表层承载力检算、基床动变形检算、基床动应变检算。

(1)基床承载力计算。

基床表层承载力按式(说明 6.2.1—1)(汉森公式)进行计算:

$$R = 0.3\gamma B N_\gamma + c(N_c + N_q) \quad \text{(说明 6.2.1—1)}$$

式中 N_q, N_c, N_γ——承载力系数;

$$N_q = \tan^2(45 + \phi/2)\,e^{\pi\tan\phi}$$

$$N_c = (N_q - 1)\cot\phi$$

$$N_\gamma = 1.8(N_q - 1)\tan\phi$$

γ——基床表层填料容重;

B——道砟平均粒径;

c——基床表层填料黏聚力;

ϕ——基床表层填料内摩擦角。

(2)基床应力和应变计算。

路基的动应力和动变形,采用 Boussinesq 公式进行计算。首先将动轮载按比例分担到轨枕上,按轨枕的有效支承面积将其分布在道床顶面,按照 Odemark 的模量与厚度当量假定,将不同模量的层状结构等效成均质半空间体,从而采用 Boussinesq 公式计算路基面及基床中的动应力和动变形。

基床结构计算分析把道床作为结构的一部分,综合考虑道床厚度以及性质对路基基床的影响。

1)道床动荷载,按照式(4.2.3—2)计算道床顶面上的动荷载列车,客货共线时取货车和客车中的大值。如 5 根轨枕承担轮载,分担比例为 0.1∶0.2∶0.4∶0.2∶0.1,并以轨枕的有效支承面积作为分布面积,如说明图 6.2.1—1。

2)层状结构均质等效转换。计算应力的 Boussinesq 公式,要求材料为均质体。为此,按照模量与厚度等效当量假定，将不同模量的层状结构等效为同一模量的均质体，如说明图 6. 2. 1—2 所示。不同模量结构层的等效厚度按式（说明 6. 2. 1—2）计算。

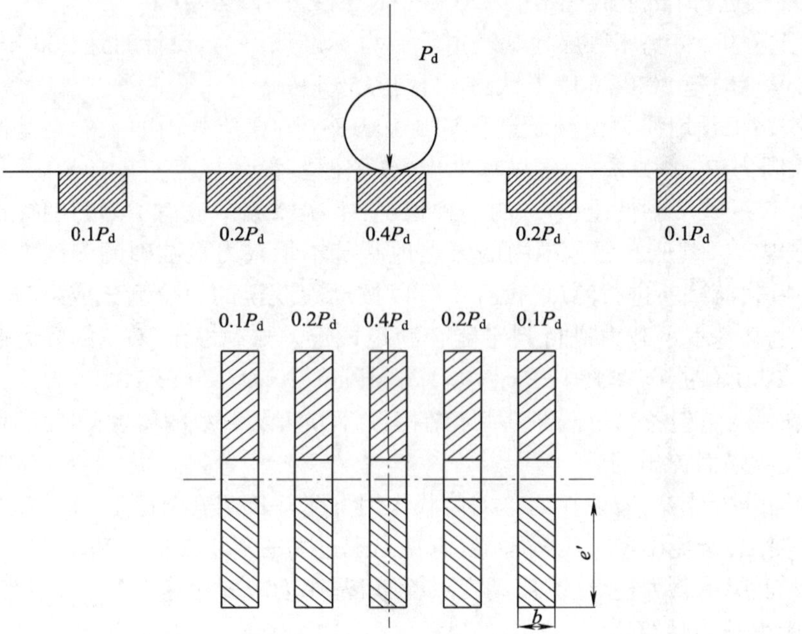

说明图 6. 2. 1—1　列车荷载在道床顶面的分布

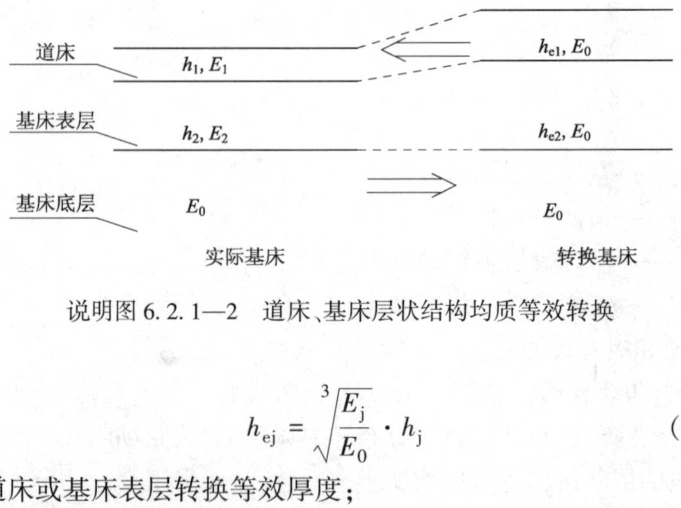

说明图 6. 2. 1—2　道床、基床层状结构均质等效转换

$$h_{ej} = \sqrt[3]{\frac{E_j}{E_0}} \cdot h_j \qquad （说明 6. 2. 1—2）$$

式中　h_{ej}——道床或基床表层转换等效厚度；

h_j——道床或基床表层原厚度；

E_j——道床或基床表层的变形模量；

E_0——基床底层的变形模量。

3）计算参数选取。计算参数主要为道床、基床表层和基床底层的变形模量，需依据试验确定。

道床、基床表层的计算模量，在缺少实测试验资料时，级配碎石基床表层取 180 MPa，碎石道床取 300 MPa。

E_0 基床底层的计算模量需考虑土的非线性特征,按实际应变状况参照说明图6.2.1—3选取对应的模量。

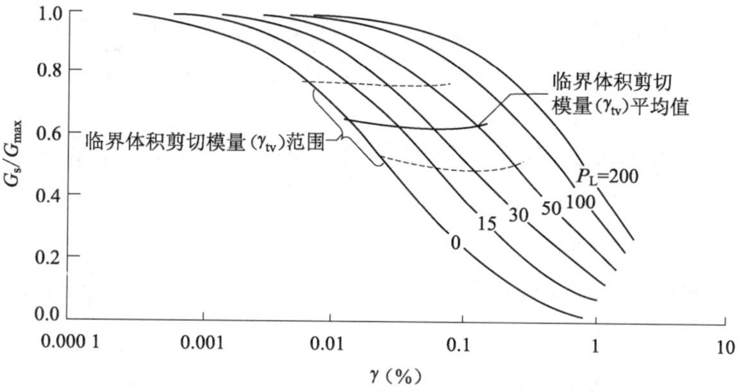

说明图 6.2.1—3　应变与模量比的关系

G_s—应变循环剪切模量;G_{max}—应变循环剪切模量最大值;P_L—塑性指数

4)路基基床应力及应变计算。在当量转化后的等效空间中由 Boussinesq 公式计算基床的应力,并根据对应关系,转化到实际空间。根据应力和各层模量,计算各点应变。

(3)路基面动变形的计算:按确定的层厚,将当量空间的应力等效对应到实际空间,根据应力和各层的计算模量,计算各点应变,再由应变计算路基面的变形 ω。

(4)确定临界应变,根据应变控制准则,最大应变不超过临界模量比范围下限即0.51所对应的应变。

6.3.1　产生基床病害的诸因素中,基床土的性质为内因,水与动载属于外因。要预防基床变形的产生,除从排水条件和路基土的压实密度方面改善提高外,主要从基床表层土的性质上去解决。水稳性强和级配良好的粗粒土是基床表层的理想材料;水稳性差的细粒土易产生基床病害,这是由于粒径小,遇水抗剪强度降低,承载力减小,稳定性差等特性引起的。

为使基床表层受力均匀,避免轨枕受力不均而产生折断,故规定了对基床表层的粒径进行了限制。

本次修编中,考虑到客货共线铁路设计速度≤120 km/h,速度低,对基床的要求相对低,结合一些地区既有工程现状,如在2000年以前修建的一些铁路,利用普通土作为路基基床表层的填料,在运营期间基床病害仍然较少,但可有效降低工程的前期投入,故规定在A、B组填料缺乏地区,有经验时,采用化学改良土是可行的。

6.3.2　修编中从前期工程投资与后期养护维修综合分析,考虑到部分既有铁路,路基基床底层采用普通土做填料,在运行速度较低的线路上,路基病害相对较少,且不会危及行车安全,如由神华集团投资修建的朔黄铁路。故本次修编中增加了“在有可靠资料和工程经验的情况下,采取加固或封闭措施,160 km/h 铁路基床底层可采用C组填料”。以增强规范的适用性。

6.5.1　《铁路工程土工试验规程》TB 10102—2010 中密度试验“灌水法适用于现场测定最大粒径”由2004版规程的60 mm调整为200 mm,与基床底层填料最大粒径要求的“不应大于200 mm”一致。从施工检验的方便、减少控制指标内容出发,将《铁路路基设计规范》TB 10001—2005 中砾石类、碎石类、级配碎石或级配砂砾石采用地基系数和孔隙率作为控制指标调整为“采用压实系数、地基系数作为控制指标”。取消了《铁路路基设计规范》TB 10001—2005中相对密度、孔隙率控制指标。

7.1.1 关于路堤边坡高度的问题,《关于发布〈铁路轨道设计规范〉等八项铁路工程建设标准局部修订条文的通知》(铁建设〔2007〕104 号)规定“Ⅰ、Ⅱ级铁路通过耕地和林地时,路堤高度不宜超过 8 m。”《铁路边坡防护及防排水工程设计补充规定》(铁建设〔2009〕172 号)中规定:“平原地区路堤高度不宜超过 6 m;山区地质条件良好地段路堤边坡高度不应超过 12 m,膨胀土、湿陷性黄土等特殊岩土及岩溶发育区等不良地质区段不应超过 8 m。”

本次修编对近年已建或正建的部分铁路项目进行了调研,各线高路堤段落统计见说明表 7.1.1。

说明表 7.1.1　部分铁路项目高路堤段落统计

项目名称	起点里程	终点进程	长度(m)	边坡高(m)	备注
包西线(160 km/h 预留 200 km/h)	DK348+635	DK348+655	20	8~16.5	增建二线
	DK350+850	DK350+900	50	12~18	新建段
	DK351+280	DK351+390	110	10~16	新建段
	DK354+680	DK354+780	100	18.5	增建二线
	DK370+970	DK371+000	30	18~23.6	
	DK374+700	DK374+750	50	8~15.5	
	DK488+500	DK488+650	150	22	
	DK493+107	DK493+242	135	15~20	
	DK686+753	DK686+891	138	15~27	
大西客专(无砟轨道)	DⅡK199+784.37	DK200+950.00	1 116.24	6.2~10.7	平原地区
	DⅡK253+006.84	DⅡK253+300.00	293.16	0~11.7	
	DK403+586.44	DK404+104.22	517.78	0~9.8	黄土冲沟
	DK404+870.69	DK406+018.51	1147.82	0~11.5	黄土冲沟
	DIK421+540.00	DIK421+967.08	427.08	0~9.2	黄土冲沟
	DK466+572.54	DK467+193.62	621.08	10.0~12.0	黄土冲沟
	DK475+300.00	DK475+761.37	461.37	4.0~10.4	黄土冲沟
西宝客专(无砟轨道)	杨凌站内			7~10	
黔张常铁路(200 km/h)	DK12+974	DK13+080	106	12~21	站内
	DK13+970	DK14+120	150	12~22	站内
	DK40+930	DK40+980	50	8~21	站内
	DK41+600	DK41+740	140	8~26	站内
	DK41+900	DK42+050	150	8~29	站内
	DK84+685	DK84+760	75	8~22	站内
	DK84+990	DK85+300	310	8~22	站内

续上表

项目名称	起点里程	终点进程	长度(m)	边坡高(m)	备注
黔张常铁路(200 km/h)	DK154+370	DK154+710	340	8~39	站内
	DK275+090	DK275+291	201	12~17	
	DK276+340	DK276+710	370	12~20	站内
	DK277+360	DK277+470	110	10~17	
阳安线增建二线	DK49+720	DK49+820	100	8~17	
	DK51+000	DK51+380	380	8~18	
	DK54+450	DK54+860	410	8~16	
	DK60+780	DK60+970	190	12~17	
	DK214+420	DK214+480	60	10~18	
宝兰客专(无砟轨道)	DK785+565	DK785+860	295	8~12	
	DK808+270	DK808+800	530	8~14	站内
银西线(客专,有砟)	DK28+878	DK29+050	172	8~14	站内
	DK55+124	DK55+700	576	9~14	站内
	DK68+522	DK68+700	178	8~13	站内
	DK238+581	DK238+710	129	8~12	站内
	DK251+140	DK251+180	40	8~20	黄土冲沟
梅汕客专(250 km/h 客专)	DK2+000	DK2+150	150	10~20	位于车站
	DK19+930	DK19+970	40	25	位于陡坡沟谷
厦深铁路(250 km/h 客专)	DK279+700	DK279+770	70	19	位于陡坡沟谷

从说明表 7.1.1 中可以看出,路堤边坡的填筑高度主要由工程设计人员根据铁路等级、轨道类型、地基条件、填料来源、用地性质及环境因素等确定,使用过程中在平原、丘陵地段的林地及耕地,为节约林地及耕地等土地资源,宜采用较低的边坡高度;而对于山区在挖方弃土或隧道弃渣量较大的地段,应结合取、弃土条件,综合考虑弃土场设置与工程用地等,合理确定路基边坡高度。故从经济性、技术性综合考虑,本次修编修改为“路堤边坡高度应结合铁路等级、轨道类型、地基条件、填料来源、用地性质及环境因素等合理确定,不宜超过 20 m”。

7.1.2 当地面横坡为(1∶5)~(1∶2.5)时,将原地面挖成台阶,目的是减少路堤沿基底面滑动和克服路堤产生纵向裂缝。但使用本条规定时,有其局限性,要加注意。对一般常遇到的细粒土斜坡来说,挖台阶的规定是完全适合的。但当斜坡为砂类土时,可以不挖台阶,只要将表层土翻松,就可达到目的。如基岩面向下倾斜,基岩面上覆盖层不厚且有滑动可能时,可以将覆盖层清除,再挖台阶,若倾斜的基岩为不易风化岩层,如要求将斜坡用爆破法挖成台阶,也是不现实的,一般将表层用爆破爆成不拘形式的粗糙面后,再在地基码砌成 2 m 宽的台阶,然后在其上进行填筑。

7.1.3 陡于 1∶2.5 的陡坡上的路堤要进行个别设计,检算路堤沿基底滑动的稳定性。如基底下有软弱层,还得检算沿该软弱层滑动的可能性。当抗滑稳定安全系数小于 1.25

时,一般先清除草皮,挖台阶,还要采取稳固措施,如在路堤的下方设置挡土墙或副堤、干砌片石垛、加筑大台阶等。

陡坡地段填方易产生坍滑。产生这种现象主要是由于水渗入填方基底面,降低了基底摩擦力,增大了填土下滑力所致。为保证填方土体及基底的干燥,增强路堤稳定,通过这些地段的侧沟、排水沟要采取防渗加固措施。

7.1.4 当路基基底存在地下水影响路堤稳定时,要采取处理措施。处理路堤基底地下水的一种措施是在路堤的上侧拦截地下水的来路,将水引到别处去;另一种是在路堤地基内作疏导工程,把地下水引排出来。拦截或引排地下水要注意对周围环境的影响。如以上的处理措施都无条件时,则要在路堤底部用渗水土填筑,以保证路堤的稳固。

7.2.1 由于D组填料遇水易于崩解软化、强度剧烈降低,如为膨胀土还具有吸水膨胀、失水收缩和反复变形的特性,因此路堤基床以下部位填料一般选用A、B、C组填料或改良土,限制使用D组土作填料。当地缺乏A、B、C组填料,采用D组填料时,除了做好排水工程防止地表水和地下水侵入堤身外,还需根据D组填料的特性采取不同措施,如土中加入石灰、水泥等掺合料。

7.2.2 路堤浸水部位一般是指河滩、滨河、滨海及积水洼地、池塘等地段,路堤位于设计水位以下经常或间歇受水浸泡的部位。一般路基浸水后会引起路基填料软化、强度降低,致使路堤自身产生沉降或局部边坡发生溜坍等病害。为预防产生病害常采用填筑水稳性好的渗水土并设置隔水护道、边坡防护等措施。对于客货共线铁路为降低建设投资,对渗水土填料来源困难地区一般仅对长期浸水部位采用渗水土填筑,对产生的沉降通过抬道、填补道砟进行处理;高速铁路及无砟轨道的城际铁路,因其沉降标准要求高、产生沉降后维修困难,对设计水位以下部位需全部采用渗水土填筑。

7.2.3 有害冻胀深度要结合铁路等级、轨道类型按本条文说明3.1.6条确定。

7.2.5 路堤尽量用同一种填料填筑,以免产生不均匀沉降。不同性质填料混杂填筑,会使其接触面形成滑动面,或在路堤内造成水囊。如条件困难,不得不采用性质不同的填料填筑时,不同性质的填料分开逐层填筑。当采用两种性质不同的填料填筑时,一般采用如下断面形式:

(1)渗水土填在非渗水土上时,如说明图7.2.5—1所示。

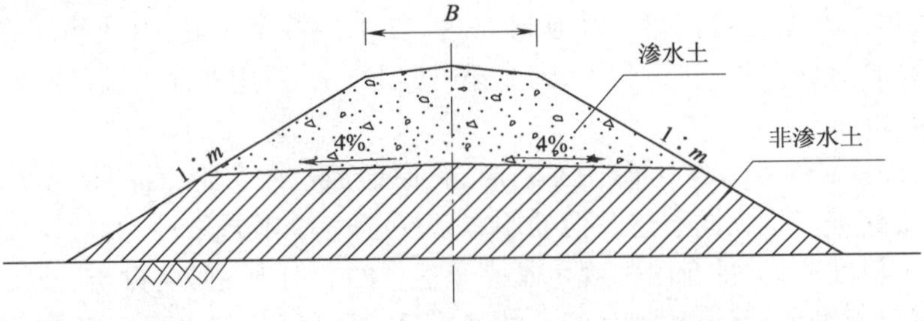

说明图7.2.5—1 用不同类土填筑的路堤断面形式之一

(2)非渗水土填在渗水土上时:

1)当上下层填料的粒径相差在规定范围内时,如说明图7.2.5—2所示。

2)当上下层填料的颗粒大小相差悬殊时,如说明图7.2.5—3所示。

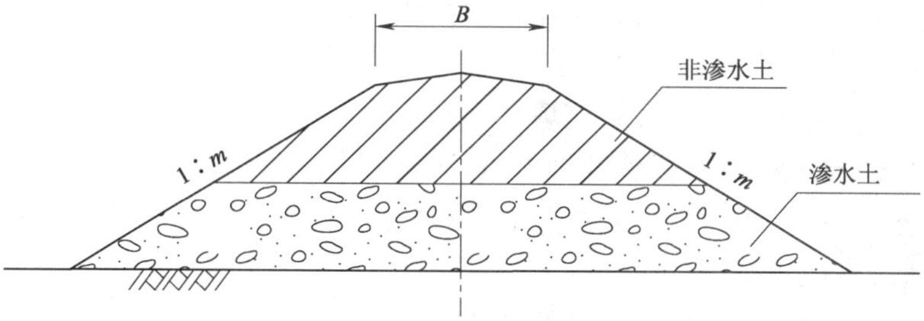

说明图 7.2.5—2 用不同类土填筑的路堤断面形式之二

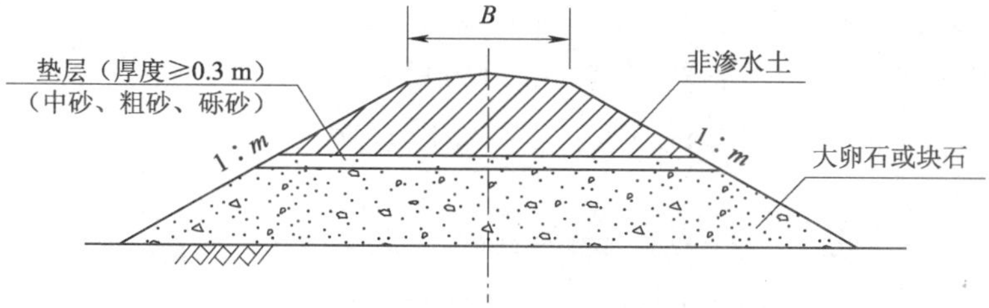

说明图 7.2.5—3 用不同类土填筑的路堤断面形式之三

7.2.6 基床以下部位采用 C2 组中的砂类土及 C3 组填料时可以采取隔水或加强边坡防护等措施。

为了提高路堤边坡部分的压实度，增强边坡的稳定性，并有利于加强对分层填筑路堤质量的管理，在使用稳定性较差的砂类土填筑路堤时，在两侧边坡 2 m~3 m 范围内分层铺设土工格栅。采取这一措施后可以使碾压机械更靠近边坡，使边坡部分的压实度提高，同时加筋还能提高边坡的总体稳定性。考虑到降低造价，格栅铺设的间隔考虑为一次碾压厚度的两倍。如果间距太大，加筋效果会大幅减小，因此格栅竖向间距为 0.5 m~0.6 m。

7.3.1 本条需说明的问题：

(1)由平板荷载试验所测得的地基系数是将土体的强度和变形合为一体的综合性指标。近年来，国内外广泛利用地基系数来检查公路、铁路、机场跑道等填土建筑物的压实密度。日本 20 世纪 70 年代已将 K_{30} 纳入规范，我国大秦线首次应用 K_{30}，之后又在某些铁路线上应用了。因此本规范引用 K_{30} 是合理的、可行的。

(2)本次修订考虑到 2010 年 11 月 21 日实施的《铁路工程土工试验规程》密度试验“灌水法适用于现场测定最大粒径”由 2004 版的 60 mm 调整为 200 mm，与路堤填料最大粒径要求的“不应大于 300 mm”相近，从施工检验的方便、减少控制指标内容出发，将《铁路路基设计规范》TB 10001—2005 中砾石类、碎石类、级配碎石或级配砂砾石采用地基系数和孔隙率作为控制指标调整为“采用压实系数、地基系数作为控制指标”。取消了《铁路路基设计规范》TB 10001—2005 相对密度、孔隙率控制指标。

(3)地基系数 K_{30} 分别与压实系数 K、无侧限抗压强度一起，对细粒土、砂类土、砾石类土、碎石类土、改良土的压实度进行双层控制，以互相验证，确保工程质量。

(4)压实系数采用重型击实试验标准，实现与国内外相关规范一致，以扩大适用范围。

7.3.3 采用C3组及改良土填筑路堤时,含水率是影响压实度的主要因素:在一定的压实功能条件下,密实度最初是随含水率的增加而上升的,但达到最优含水率后,含水率再增加反而引起密实度下降。所以要使填料压实到一定的密实度,其含水率需保持在某一个固定范围内才能实现,这个范围的上下限叫临界含水率。当含水率超过上限时,可以采取排水疏干、松土晒干、中间夹砂或重型碾压等措施;当含水率小于下限时,通过加水润湿或采取重型机械碾压等措施。

7.3.4 路堤沉降的原因,除与地基条件有关外,还与路堤高度、填料种类、压实标准等有密切关系。为保证高路堤在施工后的路肩宽度和沉降量满足设计要求,特提本条的规定。

路堤压密沉降在列车荷载及路堤本体自重作用下的压密变形,与路堤高度、填料种类、压实标准等有密切关系。在路堤填料的材质与施工质量有保证的前提下,数值是有限的。为减少高路堤的工后沉降量,设计时要选择压缩性小的填料,并提高填料的压实标准。

由于影响路堤沉降的因素复杂,沉降量目前还没有合理的理论计算方法。规范中根据相关实测资料、学术研究成果和有关规范所作的规定,经汇总分析后给出了计算方法,公式中的沉降比是指路堤总沉降量与路堤填土高度之比,与路堤填料、压实工艺、压实度等有关。关于沉降比的统计值,《铁路路基设计规范》TB 10001—2005 为:细粒土约为0.01~0.02,漂石土、卵石土、碎石土、粗粒土约为0.005~0.015,硬块石约为0.005~0.01,软块石土约为0.015~0.025;《高速铁路设计规范》TB 10621—2014 条文说明,粗粒土、碎石类土为0.001~0.003,细粒土为0.003~0.005。两者差异较大,故本次修编未给出具体值,建议结合填料、压实设备、压实标准及地区经验综合确定。

7.4.1 表7.4.1中路堤边坡坡率等问题规定的依据如下:

(1)关于低矮土质路堤边坡坡率1:1.3的问题

关于这方面的意见是最有分歧的。有的认为土质较好的低边坡,如0~3 m内用1:1.5是保守的,可以改陡用1:1.3;另一种意见则相反,认为1:1.5坡是最陡的了,不能再改陡。这是由于我国幅员辽阔,各地区的土质和气候条件各不相同,所得经验亦各不同,也是很自然的现象。

关于这个问题,铁一院曾就陕、甘、青三省126个黏土夯实土样做过路堤高度在6 m以内,边坡坡率用1:1.25时的圆弧法斜坡稳定检算,得$K \geqslant 1.5$者占总数的99.2%。所以从力学上说,低路堤是完全可以用1:1.3的边坡。再从其他地区如东北、华北、西南等地区的代表性夯实资料来看,土的黏聚力比西北地区的大,用1:1.3边坡也是可以的。

不过,一个边坡的稳定与否,力学检算只是一方面,另外还要考虑边坡受外界因素的作用情况,如雨水冲刷,人畜的走行对边坡的影响。陕西省交通科学研究所根据国外水土保持的资料认为,斜坡与水平成40°时,冲蚀(片蚀和沟蚀一起)最厉害,1:1.3的坡度接近39°,从雨水冲刷方面来说是很不利的。用1:1.3边坡的路堤,初期是没有问题的,也不会沿圆弧裂面产生滑动。但运营后随长时间的雨水冲蚀,路肩宽度减窄,边坡亦日趋平缓,对养护是不利的。但单凭这一点还不能排斥使用1:1.3边坡,在有些地区土质好,或坡面防护有条件时,还是可以使用的。这样既节省土方又可少占农田。若把这一问题放在规范中作统一规定,普遍使用,就不一定合适。故表7.4.1的注1"如有可靠资料和经验时,可不受本表限制”,对这个问题亦是适用的。

(2)关于土质路堤边坡采用1∶1.5一个坡,在边坡中部设平台的形式的问题。

建议用这种形式边坡的理由,是想在运营期中如需帮坡时,可以从中部的平台开始,减少一些帮坡土方;另一种原因是雨水沿着边坡流下,到了平台可以得到缓冲,减小了流速,对下部的边坡有利。所以采用这种形式有其优点。

为此,曾拟定了几种设平台的形式,进行了检算,与变坡的形式作对比:

1)0~6 m,1∶1.5,平台1.5 m宽,6 m~18 m,1∶1.5与0~6 m,1∶1.5,6 m~18 m,1∶1.75相对比。

2)0~10 m,1∶1.5,平台1.5 m宽,10 m~18 m,1∶1.5和0~10 m,1∶1.5,平台1.0 m宽,10 m~20 m,1∶1.5两种与0~10 m,1∶1.5,10 m~20 m,1∶1.75相对比。

从1)与2)的对比来看,设平台1.5 m宽时,安全系数都普遍地比变坡的形式有所提高;设平台1.0 m宽时,安全系数则降低。

从1)来看用平台的形式,当路堤边坡高低于12 m时占地较多,到12 m以后占地才逐渐比变坡形式减少;而土方量始终比变坡形式大。从2)来看,若平台用1 m宽,当路堤边坡高低于14 m时,土方和占地都比变坡形式大;若平台用1.5 m宽,土方量始终比变坡形式大,16 m高以后占地才逐渐减少。对比结果使人感到,设平台的形式有相形见绌之处。此外,把平台设在某一固定高度比较困难,例如把20 m高的路堤边坡平台设在8 m处是比较合适的,但对10 m高的路堤仍设在8 m处意义就不大了。

通过以上对比分析,认为采用变坡的形式较为优越,但结合近年工程经验及方便养护维修,本次规范修编中补充了台阶型,但未规定边坡平台的宽度。

7.4.4 为避免排水沟或取土坑水流冲刷沟壁和由于水的浸润作用而影响路堤的稳定性,或为防止在未设置排水沟、取土坑的地段开垦农田而影响路堤的稳定性,规定在路堤坡脚外要设有不小于2 m宽的天然护道。

在经济作物区高产田地段,土地可贵,要尽可能少占田地,并在路堤坡脚设置必要的防护措施,如做护坡或坡脚墙或设宽度不小于1 m的人工护道,以保持路堤的稳定。

8.1.1 关于路堑边坡高度的问题,《铁路边坡防护及防排水工程设计补充规定》(铁建设〔2009〕172号)中规定:“……路堑边坡高度在土质及风化破碎软质岩地段不应超过15 m,硬质岩石地段不应超过30 m,中~强膨胀土地段不应超过10 m。”从工程实践看执行难度较大,因此本次修编中仍维持《铁路路基设计规范》TB 10001—2005 30 m的规定。

8.1.2 碎石类土、砂类土、易风化岩石及其他土质的路堑边坡,如果不设防护措施,易风化剥落,且土中的细颗粒成分也易被地表水流冲至坡脚,堵塞侧沟。因此这种地段的路堑一般都设置侧沟平台。路堑侧沟平台宽度软质岩及强风化的硬质岩最小采用0.5 m,土质最小采用1.0 m。

在现场调查中,常见到土和风化岩石两种地层组成的较深路堑,由于坡面水流的冲刷和侵蚀,在土石交界处及坡脚部位被冲刷淘空,形成边坡坍塌;另外在养护维修中因边坡较高,无平台可资利用,作业极为不便。因此,有设置边坡平台的必要。其宽度不仅要考虑工程自身的安全,还需考虑后期养护维修的需要,结合多年铁路工程建设经验,确定为不小于 2 m。

关于本条中较深路堑的深度,本规范未规定一个具体数值。设计人员根据具体情况灵活运用,一般是指 15 m~20 m 及以上。土和风化岩石两种地层组成的路堑,如土只是很薄的一层覆盖层,平台则不一定设在土石分界处,以设在边坡中部为宜。

平台上截水沟尺寸以满足排水流量为原则。其断面尺寸可以小于侧沟的断面尺寸,亦可以做成三角形,但一定要铺砌加固,以免渗漏。如有渗漏,则对下部的边坡反而不利。如平台位于不易风化岩层上,无渗漏问题,开挖截水沟又困难时,则可以改做挡水墙。

8.1.5 较深的软质岩路堑高边坡,当岩体松散破碎、软弱结构面发育时,往往在开挖施工期间就出现边坡开裂、坍滑等病害,不仅影响施工的安全和进度,而且因此增加了大量的工程整治费用,给设计、施工以至运营各阶段的工作都带来了很大的问题。究其产生的原因,主要有以下几个方面:

(1)路堑边坡软质岩层节理发育,岩体松散、破碎,自稳性差,开挖后难以保持其自身的稳定性。

(2)由于目前机械化施工的推行,支挡防护工程的跳槽开挖方法很难实现,机械大拉槽施工后,后续支挡防护工程的砌筑周期长,边坡岩层长期暴露,使路堑边坡处于非稳定状态。一旦增加某些外部不利因素,如地面水下渗、拉槽内积水等,造成坡脚强度下降、边坡变形而引起坍滑。

所谓软弱松散岩质路堑,即指具有上述工程特性的软质岩石路堑。在南昆线路基工程的设计和施工中,遇到了大量的这种类型的高边坡。

根据南昆线试验工程和推广应用经验,分层开挖、分层稳定及坡脚预加固技术主要有以下形式:

1)分级稳定及坡脚预加固技术。从上到下分级开挖,分级加固防护,下部坡脚采用锚固桩进行预加固,再开挖施工,如说明图 8.1.5—1 所示。

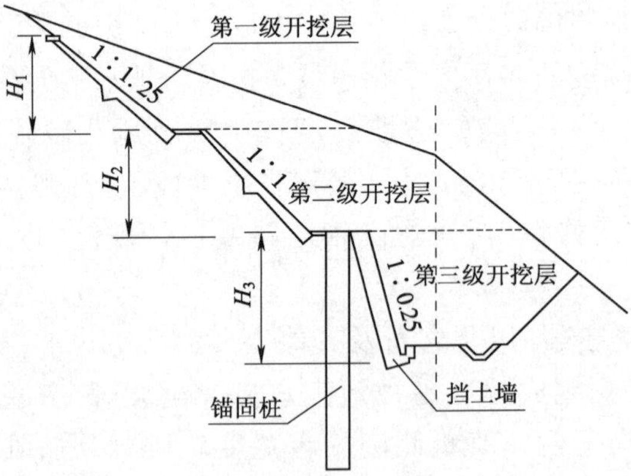

说明图 8.1.5—1　分级稳定及坡脚预加固

2)分层稳定及坡脚预加固技术。根据防护加固结构类型的不同,分为下列几种形式:

①土钉墙分层开挖、分层加固技术。从上到下分层开挖、分层施工土钉墙,及时加

固开挖后的边坡,其关键是墙身中部和坡脚的稳定,如说明图 8.1.5—2 所示。

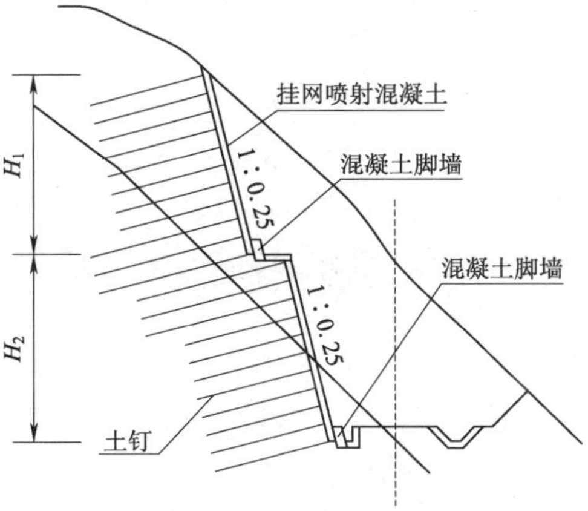

说明图 8.1.5—2　分层稳定及坡脚预加固形式之一

②挂网喷护及预应力锚索桩加固技术。上部设分层开挖、分层加固的挂网喷护;下部设先加固再分层开挖、分层加固的预应力锚索桩及桩间挂网喷护复合结构,如说明图 8.1.5—3 所示。

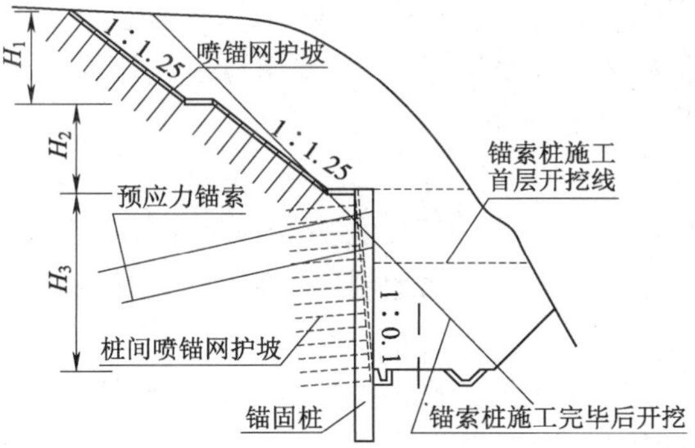

说明图 8.1.5—3　分层稳定及坡脚预加固形式之二

8.2.2　由于我国幅员辽阔,气候、地质及其他自然因素变化较大,因此表 8.2.2 中边坡坡率只列出上、下界限值。具体设计时还得根据现场调查分析的结果,结合边坡高度,在表中 8.2.2 的上、下限界范围内选用。低边坡可以选用较陡的数值,高边坡选用较缓的数值。

8.3.1　岩石路堑边坡的稳定性分析和设计比较复杂,除受其岩性、边坡高度及施工方法等因素影响外,还在很大程度上取决于其岩体结构、结构面产状及风化程度。如何正确地判断和权衡诸因素对边坡稳定性的影响程度,进行较为准确可靠的定量化分析和边坡稳定性评价,目前还是一个有待深入研究的课题,尚没有统一、完善的方法。

因此,本条按照传统设计方法对岩石边坡的设计原则和需考虑的影响因素进行了规定。

近年来由于计算机技术的发展,极限平衡法以及有限元、离散元等数值分析方法在岩石边坡稳定性分析和设计中得到了一定程度的应用,积累了一些成功的经验。故规定在特殊情况下确有必要时,可以采用稳定分析方法进行验算。

8.3.2　根据岩石强度和风化程度这两个主要因素制定了表 8.3.2,以供一般情况下高度小于 20 m 的岩石边坡设计使用。由于表中边坡坡率只列出了上、下界限值,具体设计时还得根据现场调查分析的结果，结合边坡高度，在表中的上、下限界范围内选用。低边坡、设置防护边坡或岩体结构有利于稳定的边坡选用较陡的数值，否则选用较缓的数值。

8.3.5　岩石路堑的设计有时受施工工艺、施工方法的影响较大。例如在较高的硬质岩石路堑中，常规的爆破开挖方法由于冲击和振动作用，使路堑边坡岩体破碎、松动，常造成运营期间的掉块、落石等病害。对附近一些安全性要求较高的建筑物，常规爆破方法也很难保证其安全性。因此在设计中要考虑这种情况，采用适当的防护措施加以预防。

采用光面爆破、预裂爆破技术或机械开挖施工，能够很好地解决上述问题，而且在大多数情况下，边坡不需设置防护加固措施，就能很好地保持其稳定性。进行光面爆破的工程证明：对于石质路堑，采用光面、预裂爆破或机械开挖施工可以提高路堑边坡工程质量，最大限度地减少开挖时对边坡的破坏，施工后形成的路堑边坡岩体稳定、平整美观，值得大力推广应用。

光面爆破、预裂爆破技术或机械开挖施工的采用不仅仅是一个施工方法问题，还影响设计过程中工程措施的选用和设计方案的论证。因此，本条从设计角度出发，对其应用做了原则性的规定。

9.1.1　路基与其他结构物、不同路基结构、不同地基处理形式、不同地基处理强度连接处等可能导致变形或刚度差异时均要设置过渡段，通过过渡段将突变差异调整为渐变差异，从而保证线路轨道在纵、横向的平顺。

路基与桥台、路基与横向结构物、路堤与路堑、路堑与隧道过渡段是常见的过渡段。需要进行过渡设计的路基还有很多，例如，地基处理的不同措施，相同处理措施的不同强度，不同的路基结构，高含冰量冻土不同地温间，高含冰量冻土与少冰、多冰冻土间，融区与多年冻土间等。

9.1.2　近年工程实践中，各等级铁路短路基难以避免，但因短路基地段场地狭小、不便压实，经常产生不均匀沉降等病害，特增加本条。

9.1.5　近年在设计施工中，部分工程过渡段的设置地段，自然地形陡峻、基岩出露，为设置过渡段，出现大量开挖山体，采用A、B组填料或级配碎石回填的情况，不仅施工难度大、工程投资高，且对工程质量的提高无实际意义，现场常常采用对结构物与自然岩石边坡间的三角区回填混凝土的措施，效果较好，故增加本条。

9.2.1　与桥梁连接处的路堤一直是铁路路基的一个薄弱环节，一方面由于路堤与桥梁刚度差别较大而引起轨道刚度的突变，同时路堤与桥台的沉降不一致，而导致轨面不平顺，因而引起列车与线路结构的相互作用增加，影响线路结构的稳定，影响列车高速、安全、舒适运行。

根据国外高速铁路、公路的经验，在路堤与桥梁间设置一定长度的过渡段，以控制轨道刚度的逐渐变化，并最大限度地减少路堤与桥梁的沉降不均匀而引起的轨面变形，以保证列车高速、安全、舒适运行。

过渡段的设置主要有倒梯形与正梯形两种方式，可以结合施工条件选择，有条件时尽量采用倒梯形过渡方式。

9.2.2　过渡段长度主要考虑以下因素：

(1)竖向刚度因素：路桥过渡段轨道竖向刚度的变化对行车的平稳性有一定影响。

根据车辆与线路相互作用的动力学分析结果，随着过渡段长度的增加，车体垂向振动加速度、轮轨垂向力等指标均逐步减小。理论计算结果表明，过渡段长度大于 15 m~20 m后，有关各项动力学指标的变化就非常微小了，再继续增加过渡段的长度，几乎无任何作用。理论计算结果还表明，即使过渡段的长度短至 10 m、甚至 5 m，虽然车体垂向振动加速度、轮轨垂向力等指标有一定程度的增加，但其数值仍处于比较低的水平，远低于相应的控制值。这说明，过渡段刚度的变化，对过渡段长度设置影响不显著，不成为控制因素。

(2)沉降变形因素：由路桥过渡段工后沉降差引起的轨面弯折变形对行车的影响十分显著。根据车辆与线路相互作用的动力学分析结果可知，若路桥间的工后沉降差控制值为 h ，则路桥过渡段的设置长度为 $L \geqslant h/\theta$（高速铁路折角限值 θ 不大于 1‰），才能保证过渡段轨面纵坡的变化值满足要求。如果考虑线路的正常维修作业（起拨道捣固）周期，由路桥间的工后沉降差引起的轨面弯折变形并没有这么大，相应的过渡段设置长度可根据实际情况适当缩短。在实际应用时，由于路桥间的工后沉降差多与台后路堤的高度 H 关系密切，铁路过渡段的设计长度可取路堤高度的 2 倍。

9.2.6 过渡段桥台基坑一般较为狭窄，大型压路机械无法进入，采用混凝土、碎石或灰土回填，有利于回填质量控制。回填混凝土时要保证混凝土的强度等级；碎石或灰土回填时采用小型机具压实，压实控制指标我国客运专线原来采用 $K_{30} \geqslant 60$ MPa/m，受场地所限，检测较为困难，本次规范编制采用了操作方便快捷的 E_{vd} 检测，在指标的控制上遵循有利于质量控制且不低于原标准的原则，在基床底层相关技术要求的基础上适当降低，确定为 30 MPa。

9.3.3 要重视寒冷及严寒地区路基与横向结构物过渡段的防冻问题，横向结构物的基坑开挖及回填是比较容易忽视的环节，因此要了解横向结构物基础设计情况，必要时采取防冻措施。

9.4.2 本条考虑到原地面的密实性。对于松散的原地面，由于《铁路路基设计规范》TB 10001—2005 规定的台阶宽度（不小于1 m）不能满足要求，故台阶要根据实际情况据原地面边缘具有一定距离，其数值可以根据情况掌握。

10.1.4 地基处理属地下隐蔽工程，施工质量受人为因素的影响较大，且事后检测和补救比较困难。因此，施工质量控制及检测要贯穿于施工全过程的每道工序及各个操作环节。地基加固处理工程竣工后，上部路基施工前，一定要对加固效果检测、质量检测及验收。质量检测及验收方法需在考虑加固目的、要求及上部结构类型的基础上，根据相关规范及验收标准确定。

10.1.6 沉降理论计算值与实测值往往有一定差异，为了确保工程安全，根据相关规范要求进行沉降变形观测及评估工作，根据实际沉降观测资料指导施工，确定铺轨时间。

10.2.2 近年来模型试验、数值分析研究及大量工程实践经验表明，采用柔性桩复合地基处理地段，路堤和地基的整体稳定性并非都是整体圆弧滑动破坏控制，而可能受桩体倾覆、横向水平滑移控制或发生桩间土剪切滑动破坏（绕流）。因此，不能简单地采用圆弧滑动面法，要根据可能的破坏形式选择适宜的方法。

当软土性质差或路堤较高时，由于桩土应力、应变状态与软土性质、桩顶垫层、桩体强度、间距及桩长等相互影响关系复杂，路堤和地基的整体稳定性往往不是整体圆弧滑动破坏,而可能先发生桩体倾覆、横向水平滑移或桩间土剪切滑动破坏(绕流),导致路堤突然下沉,地基侧向滑动失稳破坏。这种情况下,单纯采用整体圆弧法进行稳定分析与实际破坏模式可能严重不符,导致设计不安全。因此,本条建议刚性桩复合地基及路堤较高、软土性质极差的柔性桩复合地基要结合数值分析法或专门研究,模拟实际破坏形式,检算路堤和地基的整体稳定性,获得较可靠的结果,为复合地基加固设计达到合理、经济的目的提供较准确依据。

桩承式路堤刚性桩结构自上而下由路堤填料、加筋垫层、桩帽、刚性桩(如管桩、混凝土桩等)及桩间土组成,英国 BS 8006 规范推荐了一种有关其整体稳定性安全系数的计算方法。采用刚性桩结构处理,单桩竖向承载力不能小于其承担的竖向荷载。特殊地形如斜坡软弱地基或岸坡,以及地基较差或地基为单一无硬壳层的流塑状淤泥或淤泥质土地层时,要根据具体情况按桩承式路堤结构进行稳定性分析,对桩顶以上路堤的侧向滑动稳定性和桩网结构的整体稳定性进行验算。

10.3.1 在陡于 1 : 2.5 的陡坡上填筑路基时,要按陡坡路堤设计,检算路堤沿基底滑动的稳定性;如基底有下卧软弱层,还要检算沿该软弱层滑动的稳定性,抗滑稳定安全系数不得小于 1.25。当符合要求时,要在原地面设计台阶;否则采取改善基底条件或设置支挡结构等抗滑措施。陡坡路堤靠山侧设排水设施,并采取防渗加固措施。

10.3.3 对工后沉降要求不严的路基、场坪工程,利用预压加速地基排水固结是软基加固既经济又有效的措施,但施工组织设计要预留足够的预压期,对路基面以上的预压荷载需确定合理可行的方案。如需加大、加速施工期沉降,满足工后沉降及工期要求,可以采用增加堆载预压荷载或真空联合堆载预压措施。

根据大量工程实践经验,在大面积水塘、湖泊地段,排水固结法处理软土地基,由于施工期间地基产生较大沉降,路堤基底排水垫层标高降低,中部下沉较大,两侧坡脚附近下沉较小,导致垫层呈下凹的“锅底”型,严重影响排水效果。因此要考虑这种施工期较大地基沉降对基底排水垫层的影响,设计时可以采取预留沉降的(上)拱形排水垫层、提高排水垫层标高等方法;对大面积场坪地段,采用拱形垫层有困难或不经济时,可以设置集水井,进行抽排水处理,保证地基排水固结效果。

强夯置换墩施工前,需在施工现场有代表性的场地进行试夯或试验性施工,确定其适用性和处理效果。在邻近既有建筑物、居民区时一般不采用。

复合地基措施工程桩主要包括散体材料桩如砂桩、碎石桩,加固土桩如搅拌桩、旋喷桩及低强度 CFG 桩或素混凝土桩等类型,要根据工程要求、环境条件、地层适宜性、成桩效果、经济性等因素因地制宜确定。

砂桩、碎石桩:主要用于松散砂类土、饱和粉土地基加固,通过置换、挤密作用,防止地基液化或控制工后沉降。用于软黏性土、一般软土路堤地基处理时,利用其置换、排水固结作用,满足路堤稳定及工后沉降要求,处理深度要根据地层性质加以控制,一般要穿透软弱土层至相对硬底层内不小于 0.5 m;软弱土层较厚时,要超过最危险圆弧滑动面以下不小于 2 m,并满足沉降计算要求的深度,但不要超过 15 m,以降低设计、施工风险。

有关规范和工程实践表明,散体材料桩、低强度 CFG 桩或素混凝土桩在性质较差的深厚层软土地基中,成桩工艺和质量难以控制,要慎用。

搅拌桩:常用于较厚的软土、软黏性土、饱和粉土、饱和黄土、素填土或地下水相对静止的中砂及以下砂类土地基加固,以满足路基稳定、工后沉降要求或基床、支挡工程基础承载力要求。天然含水率大于70%、塑性指数大于25或地下水pH值小于4等性质极差的软土慎用。搅拌桩一般采用单搅拌头,桩径取0.5 m。搅拌桩工法包括干法(粉喷)和湿法(浆喷),要根据土层的天然含水率、塑性指数及其加固深度确定,天然含水率介于30%~70%且塑性指数小于18时,可以采用干法(粉喷),加固深度要控制在10 m左右,最大不超过15 m;其他情况采用湿法(浆喷),加固深度不大于15 m,最大不超过20 m。目前,为提高搅拌桩桩身均匀性及其强度,水泥砂浆[掺入一定量的粉、细砂,灰砂比约1:(0.4~0.6)]搅拌桩和多向搅拌桩新工艺正在逐步推广应用。

旋喷桩:常用于深厚层软土地基加固,可以较好地满足路基稳定、工后沉降要求或基床、支挡工程基础承载力要求,处理深度达30 m。旋喷桩一般采用单管法,桩径0.5 m~0.6 m,必要时可以采用双管法,桩径0.6 m~0.8 m。

搅拌桩、旋喷桩等加固土桩,是填方工程深厚层软土地基处理的常用方法,但其成桩质量主要由现场大面积施工工艺水平、过程监控力度决定,尤其是在地层性质极差、成层条件变化复杂、加固深度大于15 m时,大量实践证明,下部成桩效果难以保证,是影响工程稳定或沉降变形控制的主要问题之一。另一方面,加固土桩属地下隐蔽工程,现场成桩强度、均匀性、连续性等质量指标,目前的载荷试验、钻探抽芯检测手段难以准确、有效地反应实际情况,甚至可能误判(如承载力满足要求、钻孔偏斜等),因此,受竣工验收检测手段制约,现场成桩质量隐患难以有效控制,加固土桩的适应性、加固深度需进一步限制在成桩质量可控范围内。

深厚层软土、松软土地段,当路堤较高时,需满足路堤稳定性要求,且路基总沉降量较大,沉降完成的时间也较长,如采用排水固结与复合地基综合加固措施,一方面可以满足稳定性要求,另一方面,可以加快深厚层软土地基固结速度,有利于控制工后沉降和缩短路基放置时间。设计时要根据地质条件和加固要求确定合理的施工工序和施工注意事项。水泥土桩与排水固结组合形式的综合加固方法,已较多地应用于高速公路、铁路车站路基工程深厚层软土地基处理,取得了良好的效果。工程实践表明,该方法处理对沉降控制要求不严、较高填方(6 m~8 m)路基工程的深厚层软土地基,可以较好地满足路基稳定、工后沉降控制及工期要求,是较经济、合理的处理措施。

成层分布较复杂的软弱地基,加固深度超过30 m,路堤填高较高时,可以采用排水固结、复合地基及刚性桩结构综合加固措施。刚性桩具有竖向承载力高、加固深度大、施工速度快、质量较易控制的优势;在刚性桩与其他措施组合的综合加固方法中,刚性桩布置在压实填土面上,可以避免其施工场地要求高、投资贵的不足之处。一方面压实填土位于经其他措施加固的软土地基上,稳定性好,承载力高,可以较好地满足刚性桩施工要求;其次,刚性桩上部位于压实填土中,侧向约束好于软土地基,提高了桩结构的整体稳定性;三是刚性桩的加固范围位于路堤中心附近,竖向荷载分布较均匀,不但降低侧向挤压作用,同时节约投资。

刚性桩在组合措施中,类似于结构物基础,通过桩顶结构承担其上填土和运营荷载。桩顶结构形式要根据上部路基标准、轨道结构要求及其下部填土路堤沉降影响程度等综合分析确定。一般来说,客运专线尤其无砟轨道路基,要采用桩板结构,其他路基采用桩筏或桩网结构。

由填土面上高位刚性桩结构及路堤基底采用排水固结、水泥加固土"短桩"处理,形成的各种综合加固方法,将填土路堤分为上下两部分,分别进行地基处理,充分发挥了各组合措施的加固作用及分担能力。由高位刚性桩结构与路堤基底水泥土桩复合地基组合的综合加固方法,已在客运专线桩板结构路基中进行了成功的工程应用,效果良好,积累了一定的实践经验。在客货共线铁路路堤深厚层软土地基处理后,路堤填土到一定高度时,由于种种原因产生较大变形、沉降持续发展甚至失稳等问题,为控制变形和沉降、保证工期、满足路基稳定和工后沉降要求,在利用既有的排水固结、加固土桩或二者组合措施基础上,于填土面采用高位刚性桩结构补强处理,也取得了预期效果。

工程实践证明,此类综合加固方法,对于处理软土层呈上下两层或多层分布,加固深度大于 30 m 的复杂深厚层软土地基,是可靠的、合理的、经济的。

11.1.1 本条是根据多年支挡设计的经验、教训以及国内外资料,提出对支挡设计的基本要求。

(1)支挡结构在各种荷载组合作用下,满足强度和稳定性要求。

(2)支挡类型除了选择重力式挡土墙外,需根据现场的地形、地质、水文等具体情况结合工程技术条件,从各种支挡类型中选择最合适的形式。不论选择哪种类型,要符合经济合理、便于施工和养护的要求。

11.2.1 支挡结构需按结构类型进行稳定性、承载力及结构设计。

(1)重力式挡土墙、衡重式挡墙、短卸荷板式挡土墙、悬臂式和扶壁式挡土墙、加筋土挡土墙、土钉墙,要进行抗滑动稳定性检算(含水平滑动和随地基的整体滑动)、抗倾覆稳定性检算、基底偏心距计算和基底承载力验算。

(2)加筋土挡土墙、土钉墙还要进行拉筋(土钉)的抗拉检算和抗拔检算。

(3)支挡结构混凝土构件要进行截面强度检算,钢筋混凝土构件要进行结构设计,锚杆(索)要进行钢筋截面和有效锚固长度设计。结构设计可以按《铁路路基支挡结构设计规范》TB 10025—2006 和《混凝土结构设计规范》GB 50010—2010 的规定执行。

(4)挡土墙基础下遇有软弱土层时,可能导致挡土墙及墙后填料沿着软弱层面产生剪切破坏,此种情况需进行滑动稳定检算。挡土墙位于斜坡上时,挡墙墙趾以下边坡的稳定问题以往容易被忽视,因此本条文强调除了挡墙本身的稳定性检算外,还要保证斜坡的整体稳定。

11.3.1 在进行支挡结构选型时,要依据发挥各类支挡结构形式自身优点、规避缺点的原则合理选用。

11.3.6 在城市及风景区周边,为节约用地,与周围景观协调,要优先采用轻型支挡结构,研究表明墙背材料采用铺设土工格栅等加筋材料后,能有效降低土压力,因此条件具备时,也可以采用加筋土挡土墙。

11.3.7 地质条件复杂地段,可以采用挡土墙与桩相结合的桩间挡土墙及桩间土钉墙、桩与预应力锚索相结合的锚索桩、挡土墙与桩基相结合的桩基托梁挡土墙等组合形式,以更好、更充分地发挥支挡结构收坡、加固边坡等功能。

12.1.1 边坡防护是指为防止路基坡面发生溜坍等病害所采取的防护加固措施;平面防护是指对风沙、雪害地段路基两侧采取的防护加固措施;保温防护是指为保护冻土而采取的防护措施。

12.1.4 路基边坡防护工程一般不采用全坡面混凝土或浆砌片石防护,当填料及气候条件适宜时,要优先采用植物防护。

12.2.2 土质路堤、路堑边坡高度较高时，一般采用土工网、土工网垫、立体植被护坡网、浆砌片石骨架、混凝土框架、混凝土空心砖等与植物相结合的防护措施，一般不单独采用植物防护。

路堑侧沟平台和边坡平台、路堑挡土墙墙顶和墙趾处，当气候条件适宜植物生长时，在不影响边坡稳定、行车安全和铁路养护维修的前提下，可以设置绿化槽，槽内培土栽植灌木或藤本植物。

弃土(渣)场边坡绿化一般为在边坡上摊铺种植土后撒播草子、液压喷播植草。对不能使用或不能进行耕种的取土场、弃土(渣)场，具备绿化条件时，要在结束作业后的第一个种植季节内，结合水土保持进行绿化。

12.4.1 一般地区路基边坡防护一般不采用全坡面实体式浆砌片石或混凝土护坡(墙)，但冲刷防护、浸水路堤、风沙路基等边坡防护，实体式浆砌片石或混凝土护坡(墙)也可能是一种选择，故在设计时要结合具体条件慎重考虑。

12.4.5 冲刷防护工程的基础处理得当与否，是关系到该工程成败的关键。历年的实践经验证明，冲刷防护工程的失败大多是由于地基被淘空而引起的。故地基要埋置在冲刷深度线以下不小于 1 m 或嵌入基岩内。

目前在设计中使用的冲刷深度公式分为一般冲刷和局部冲刷两类。当防护地段河床纵坡变大或防护建筑物较多地压缩了水流断面，致使水流流速增大，而水流流向并不直冲建筑物时，可以按一般冲刷考虑。当防护建筑物没有或很少压缩水流断面，但水流方向与建筑物迎面切线交角较大时，可以按局部冲刷考虑。

一般冲刷深度采用包尔达柯夫公式计算：

$$h_p = \frac{A_1}{A_2}h \qquad \text{(说明 12.4.5—1)}$$

式中 h_p——压缩断面上冲刷停止时的垂线水深(m)；

h——压缩断面上冲刷前的垂线水深(m)；

A_1——以主槽天然平均流速通过设计流量时需要的断面积(m^2)；

A_2——压缩断面在冲刷前能供给的断面积(m^2)。

局部冲刷深度采用雅罗斯拉夫采夫公式计算：

$$h_{pj} = \frac{23v^2\tan\dfrac{\alpha}{2}}{g\sqrt{1+m^2}} - 30d \qquad \text{(说明 12.4.5—2)}$$

式中 h_{pj}——建筑物前局部冲刷坑深度(m)；

v——建筑物附近水流的局部流速(m/s)；

g——自由落体加速度，9.81 m/s^2；

α——水流方向与建筑物迎面切线的交角；

m——建筑物的边坡坡率，等于建筑物边坡角的余切；

d——冲刷过程中裸露出来的铺在冲刷坑底的土颗粒粒径，用土中占有 15% 以上重量的最大粒径的直径(m)。

式(说明 12.4.5—2)中 v、d 的大小直接影响 h_{pj} 值，需考虑不同水位时相应的 v 对 h_{pj} 的影响，从中找出最大值及其代表地段；确定 d 值，取土颗粒粒径时要注意土层的代表性，以减少人为因素的误差。

冲刷深度通过计算确定，并进行实际冲刷调查，对附近既有冲刷防护基础埋设深度和使用情况进行了解，结合防护地段河床地层的钻孔资料中对冲淤交替的分析判断，综合考虑决定。

防止地基淘刷的措施，按其性质分为立面防淘与平面防淘两类。立面防淘是将建筑物的基础设在冲刷深度以下，使基底不受冲刷。但这种措施在冲刷深度较深的地方，明挖施工抽水困难不易办到，可以考虑沉井、桩基。而平面防淘措施是用柔性建筑物平铺在河床或用散体的材料堆放在主体工程的前面，当河床受到冲刷后，这种建筑物就随之下沉起保护基底作用。抛石、石床、潜坝、混凝土块板和石笼等都是属于这类性质的防淘建筑物。平面防淘措施只适用于不重要的线路上使用或作为立面防淘的辅助措施。

12.6.3　本条参照《建筑边坡工程技术规范》GB 50330—2013 中的相关规定及既有工程经验，综合规定锚杆长度不小于 5 m。

《建筑边坡工程技术规范》GB 50330—2013 中第 8.4.1 条规定：锚杆总长度为锚固段、自由段和外锚头的长度之和，并符合下列规定：

(1) 锚杆自由段长度应为外锚头到潜在滑裂面的长度；预应力锚杆自由段长度应不小于 5.0 m，且应超过潜在滑裂面 1.5 m。

(2) 土层锚杆的锚固段长度不应小于 4.0 m，并不宜大于10.0 m；岩石锚杆的锚固段长度不应小于 3.0 m，且不宜大于 45D(D 为锚杆锚固段钻孔直径)和 6.5 m。

锚杆结构图如说明图 12.6.3 所示。

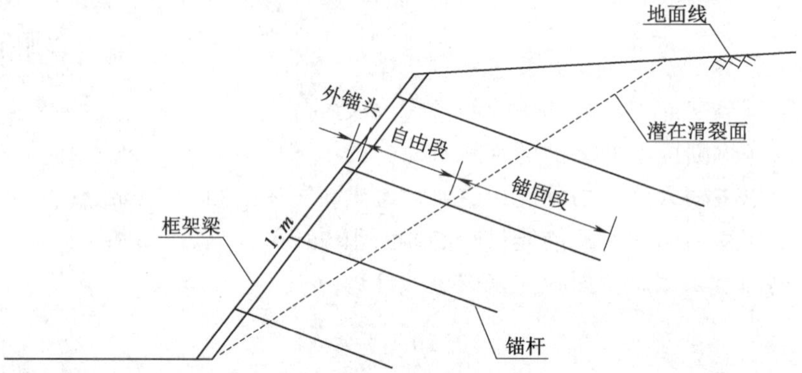

说明图 12.6.3　锚杆框架梁断面形式

12.7.1　喷射混凝土(砂浆)护坡是在边坡上形成一层保护层，可用在高而陡的边坡上，尤其对上部岩层破碎而下部岩层完整的边坡，和需要大面积防护，且较集中的边坡，采用喷浆或喷混凝土的防护更为经济，为保证喷射混凝土防护的稳定，通常结合挂网使用。混凝土的配合比要采用连续级配的骨料，按式(说明 12.7.1)设计。

$$P=100\times\frac{d}{D}\cdot n \qquad \text{(说明 12.7.1)}$$

式中　P——孔径为 d 时通过的百分率(按质量计)；

d——要计算的某些骨料粒径(mm)；

D——骨料最大粒径(mm)；

n——试验指数，n=0.3~0.6。

12.7.3 喷射混凝土时，需进行分层喷射，单层厚度主要由喷射混凝土颗粒间的凝聚力和喷射层与受喷面的黏结力决定。一般根据岩性、围岩应力、裂隙及其他形式支护的配合情况确定，以保证混凝土层不错裂、不脱落。厚度太小，将增大回弹率；厚度太大则会削弱混凝土颗粒间凝聚力，特别是拱顶喷射时会引起大片坍落。通常一次喷射厚度为粗骨料最大粒径的2倍。

12.8.1 石笼防护的优点是具有较好的强度和柔性，但不需用较大的石料。当水流中含有大量泥砂时，石笼中的孔隙将很快被淤满而形成坚固的整体护层。若水流中带有较多的滚石，容易冲破钢丝网，故不能采用石笼防护。

12.8.2 近年编织石笼常用的金属材料主要为宾格合金钢丝网，其母材采用合金含锌钢材，其涂膜钢丝具有不生锈、防静电、耐腐蚀的功能，有较好的疲劳强度及工程耐久性，钢丝直径选用 $\phi=2$ mm～3 mm，编织网钢丝单根疲劳强度不小于420 MPa，其使用寿命大于50年。

12.8.4 用于防护岸坡时，一般在最底下的一层采用扁长方体石笼，在靠岸坡处采用长方体石笼的垒砌形式。用于防洪抢险的石笼，一般采用有骨架的圆柱体，以便于顺路基或河岸边坡滚下，以防护洪水对边坡的冲刷。

12.9.2 柔性防护网按其结构形式、防护功能和作用方式的不同分为主动防护网和被动防护网两类。根据主动防护网的主要特征及构成分为三类：钢丝绳网、钢丝格栅和高强度钢丝格栅。钢丝绳网和钢丝格栅采用钢丝绳锚杆和支撑绳固定方式；高强度钢丝格栅采用钢筋（可以施加预应力）和钢丝绳锚杆（有边沿支撑绳时采用）、锚垫板以及必要时加边沿支撑绳等固定方式。被动防护网由钢丝绳网或环形网（需拦截小块落石时附加一层钢丝格栅）、固定系统（锚杆、拉锚绳、基座和支撑绳）、减压环和钢柱四个主要部分构成。其防护能量一般为150 kJ～2 000 kJ，最高达5 000 kJ。

12.9.3 计算落石动能及其弹跳高度时，需根据各坡段的地表软硬程度和覆盖情况，并考虑石块弹跳次数逐次计算，但它的缺点是计算工作量较大，因此，对于一些山坡坡面形态比较简单的情况，依据《铁路工程设计技术手册—路基》，采用苏联罗依尼什维里提出的简化的计算方法。

12.10.2 土工合成材料用于抑制边坡浅层溜坍和增强边坡抗冲蚀能力时，参考说明图12.10.2—1；用于改建或增建二线帮宽时参考说明图12.10.2—2；用于加陡边坡时参考说明图12.10.2—3。

粉砂、细砂填筑的路堤边坡及粉细砂地层路堑边坡，立体植被护坡网、土工网、土工网垫等防护可以采用说明图12.10.2—4、说明图12.10.2—5所示的形式。

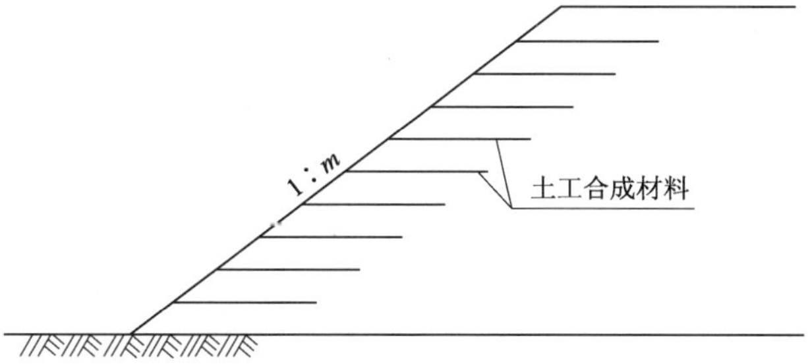

说明图12.10.2—1 路堤边坡加筋补强结构形式

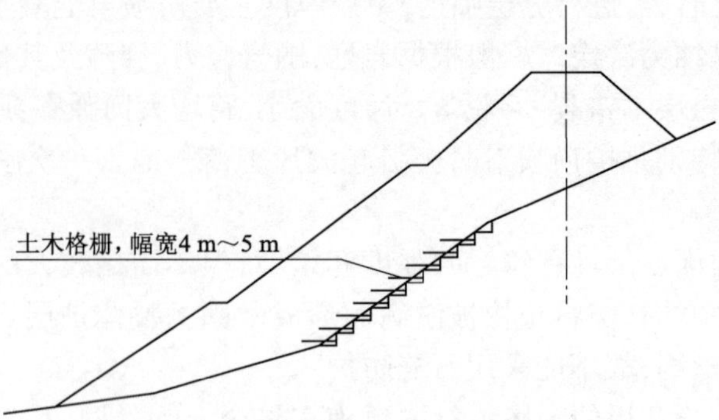

说明图 12. 10. 2—2　填土界面加筋结构形式

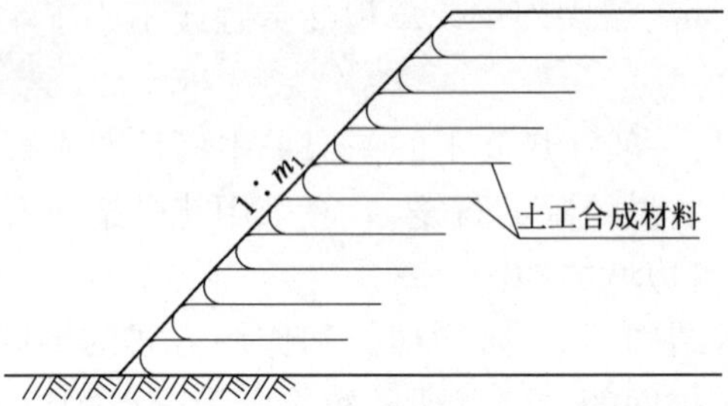

说明图 12. 10. 2—3　加筋土路堤结构形式

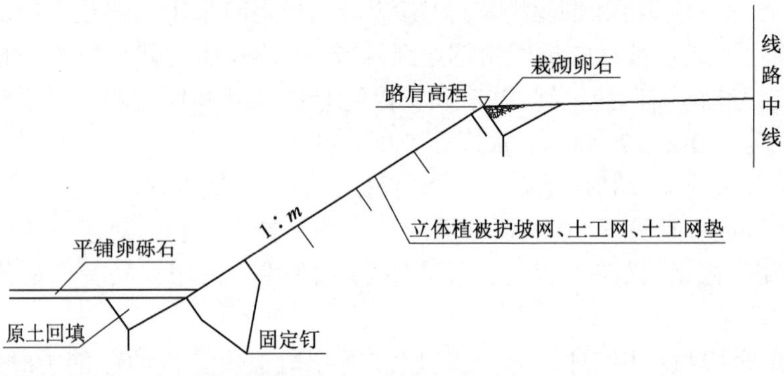

说明图 12. 10. 2—4　路堤坡面防护断面

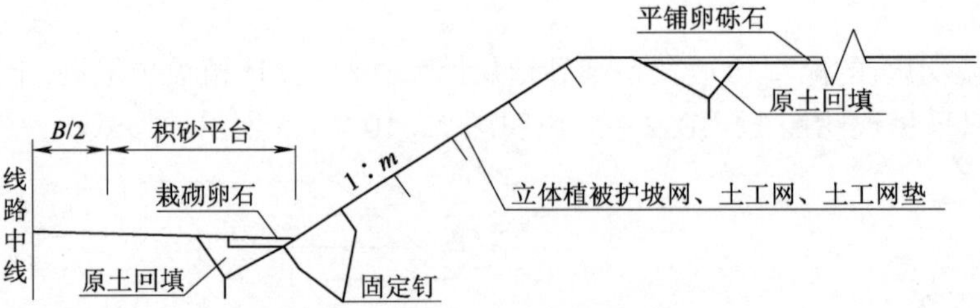

说明图 12. 10. 2—5　路堑坡面防护断面

12. 11. 1　为防止铁路发生沙害，在路基两侧一定范围内，需要采取各种工程防护和植物固沙措施，用以控制地表风蚀和改变沙的搬运堆积条件，按其作用和性质分为输沙、固沙、阻沙。

输、固、阻沙等工程防沙措施，各有其特点和使用条件，按风沙活动规律有机组合为一个整体，各尽其职，层层阻拦，形成严密的防沙体系，以达到最佳防沙效果。如草方格沙障，虽是一种行之有效的固沙措施，但外缘仍不断遭到沙埋，需要设置高立式栅栏，作为阻沙屏障。包兰线中卫沙漠路基，以路基为中线，由近及远，设置砾石平台输沙带、草方格与植物固沙带及高立式栅栏阻沙带的综合防护体系，防沙效果十分显著。

12.11.3 沙漠地区气候干燥，草类沙障及防沙林带，容易引起火灾。如包兰线中卫沙漠路基两侧草方格曾多次被烧，火势蔓延，难以扑灭。餐车清除炉渣等也发生过类似事件。故为保证列车安全运营，设置防火带。

12.11.4 风沙路基两侧平面防护，除考虑其他因素外，还要根据风沙的严重程度而区别对待。风沙严重程度一般按严重、中等、轻微风沙地段进行划分。

沙漠地区铁路防护宽度是多年来一直有争议并期待解决的问题。沙障设置过宽，则造成人力物力的浪费；过窄，则路基积沙，会危及行车安全。

根据风沙活动特点，沙丘主梁移动对铁路危害不大，而造成危害的主要因素是风沙流的运动，即以“沙舌”方式迅速前移，而威胁线路安全。观测表明，风沙流中80%的沙是沿着距地表0~5 cm高的范围内通过的，当改变下垫面的性质时，气流搬运能力也发生相应变化。故防止风沙危害的关键就在于防止和减弱风沙流的运动。

经观测，在采取工程与植物固沙措施后，风沙流的飞扬距离并不大，防护宽度在迎主导风向侧如能保持300 m，背主导风向侧200 m时，即可以保证列车行车安全。包兰线中卫至甘塘段从1958年以来按此宽度设置沙障，经40多年来的实地观察，采用此宽度控制铁路两侧的流沙，就能在数年内维持列车在沙漠中基本正常运行，且又较经济实用，但适宜的沙障宽度，还有待于作进一步的探讨。

防护带和植被保护带宽度，一般按下列规定设置：

(1)严重风沙地段，迎主导风向侧防护带宽度为250 m~300 m，植被保护带宽度不小于400 m；背主导风向侧防护带宽度为100 m~200 m，植被保护带宽度不小于150 m。

(2)中等风沙地段，迎主导风向侧防护带宽度为150 m~200 m，植被保护带宽度不小于300 m；背主导风向侧防护带宽度为100 m左右，植被保护带宽度不小于100 m。

(3)轻微风沙地段，迎主导风向侧防护带宽度为100 m左右，植被保护带宽度不小于200 m；背主导风向侧防护带宽度为50 m左右，植被保护带宽度不小于50 m。

列车运行速度越快，铁路等级越高，对钢轨、轨枕的要求越高，对沙害控制越严，故防护带和植被保护带宽度取大值。

12.11.5 平铺粗粒土的材料一般选用卵石土、碎石土、粗砾土、矿渣、炉渣等；阻沙沙障包含草方格、苇把、树枝栅栏、黏性土埂等；挡沙墙或高立式沙障一般含挡沙沟堤、土坯墙、干砌片石墙及高立式沙障、挡风墙等。

12.11.6 在年降水量大于250 mm的草原地区，固沙造林较容易，除可生长旱生植物外，还能生长中生植物，故当有水源可以利用或年平均降水量大于250 mm时，采用植物固沙；在年降水量为100 mm~250 mm的半荒漠地区，湿沙层含水量为2%~3%时，在人工沙障的配合下，能建立稀疏的植被，但随着植物生长，耗水量增大，植物处于衰退状态，同时沙面出现结皮和大量苔藓类，使流沙固定，故当年降水量在100 mm~250 mm时，采用植物固沙。

12.11.7 经验证明，防护林带不仅起到了很好的防雪作用，而且有绿化造林的意义。因为防护林带既是一种永久的防护措施，又能收到综合利用的效果。防护林带的防护效果与林带结构(林带布置、高度、透风度)有密切关系。防护林带要选用上、下紧密,使风雪流不易通过的乔、灌木混合林,使林带起到长期的防护作用。

12.11.8　固定式防雪栅栏高度不小于3.0 m,活动式的高度为1 m~2 m,其位置可以距路堑堑顶或路堤坡脚外30 m~50 m。

12.12.1　多年冻土地区路基,为使多年冻土天然上限变化较小,路堤基底要加强保温,如塔头草的空隙要以反扣塔头草充填;在地下冰发育的地段,甚至加设泥炭或泡沫塑料板等保温层,以加强保温。青藏高原地区当路堤修筑后,地基人为上限上升较高,形成冻土核,使人为上限的曲度比较缓和,以防止路堤沿冻土核表面滑动。为防止阳坡侧人为上限的下降及缓和地基两侧人为上限变化的不一致性,要在路堤两侧或向阳侧设置保温护道,并要加强地面排水,防止地面水渗入地基等综合措施。仅采取一项或两项措施,往往收不到好的效果。

在青藏线工程中,采用了路基下部设通风管、热管降温、设置工业保温材料保温层、片石气冷路基、路基边坡设置片(碎)石护坡等措施。修筑了试验段,立项进行了试验研究,证明有效。青藏线块、片石通风路基是在路基下部设置倾填块、片石,厚度0.8 m~1.2 m(试验段厚度为1.5 m),块、片石采用粒径0.1 m~0.3 m。碎石或块、片石边坡防护为在路基两侧或一侧边坡倾填碎石或块、片石,厚度0.8 m。由于青藏高原冻土和东北地区高纬度冻土两个地区的自然环境、地形、水文地质条件、气候、人文特点均有很大的不同,因此青藏线采用的块、片石通风路基以及碎石或块、片石边坡防护能否在东北地区采用,值得研究。东北地区由于降水量大(一般年均降水量在500 mm左右,而青藏高原年均降水量小于300 mm),而且地形及植被发育的特点、地表径流及地下水均较发育,若以片、块石填筑,表水渗透路基,水流将导致基底热融,冬季往往不能回冻。热融随时间而发展,将影响路基稳定。因此,东北地区不能采用,若采用需通过试验工程观测其效果而定。

12.12.2　隔热保温材料属低热导性材料,其导热系数约为填土的1/5~1/20。从路基热阻的角度出发,隔热保温材料相当于一定当量厚度的填土,铺设隔热保温层相当于增加了路基填高。青藏铁路试验段研究表明,在路堤基底以上0.5 m处铺设10 cm厚的保温材料,EPS板和PU板的热阻分别相当1.34 m和2.04 m厚填土的热阻,PU板(聚氨酯板)较EPS板(聚苯乙烯泡沫板)能够很好地阻隔热量向下传输。

由于受路基高度的限制,路基左右侧温度场存在很大差异,在低路堤中使用保温板的同时,两侧使用碎石护坡或热棒等综合工程处理措施,以调整路基左右侧温度场。

12.12.3　在路基横断面方向埋设水平通风管,扩大了空气与路堤的接触面,增加了空气向路堤及地基传输能量的途径,利用冻土地区负积温远大于正积温的特点,使传入路堤及地基的冷量大于传入的热量,增加路堤及地基中的冷储量,降低冻土地温,保护多年冻土。

通风管材质优先选用钢筋混凝土管,铺设采用挖槽法施工,使用时要满足以下条件:

(1)寒冷、多风且风力强劲的气候环境。

(2)路基填土高度不小于4.0 m。

12.12.4　热棒是主动防护措施中应用范围最广的冻土保护技术,适用路堤、路堑,但其造价较高,使用时建议进行技术经济比较。

12.12.6 青藏铁路试验工程研究表明:片石层通过强迫对流作用传输的冷量大于传入的热量,负积温约为正积温的 3 倍,增加了地基的冷储量,降低了地温,保护了多年冻土。青藏铁路填土高度 2.5 m≤H<3.5 m 时,片石层厚为 1.0 m,填土高度 H≥3.5 m 时,片石层厚为 1.2 m。

12.12.7 护道尺寸的确定要满足下列要求:

(1)位于人为活动频繁或地面排水困难的地段,要优先设土护道,其尺寸取大值。

(2)位于岛状多年冻土带或地温较高地面保温条件差的地段,护道尺寸取大值。

(3)朝向差别明显地段,向阳侧的护道尺寸取大值或仅在向阳侧设置护道。

(4)青藏高原地区可以采用片(碎)石保温护道,片石粒径为 0.1 m~0.3 m。保温护道的尺寸要采用表 12.12.7 中细粒土的小值。

据东北地区多年的观测资料分析,当路堤有一定高度时,由于两侧朝向不同,日照条件的差异,对地基多年冻土层上限的变化有明显的影响。因此在设计保温护道时要结合路堤的高低与两侧朝向的不同,对自然条件影响的差异进行具体分析。条文中表 12.12.7保温护道尺寸系东北地区经验,在地面保温条件差的地段,保温护道的断面尺寸选用表中的大值;在排水困难地段,优先选用土护道并取大值。用黏性土填筑的护道,可以阻挡和减少路堤坡脚处的地面水渗入地基,并起反压作用。尤其是在沼泽地段,可以阻止地基泥炭或其他软弱土层向两侧坡脚挤出,从而保证路堤不致产生大量沉降。保温护道材料为聚苯乙烯泡沫隔温板时,其表面设 0.2 m 厚细粒土防护,是为使其不致潮湿而长期起到良好的保温作用。

多年冻土地区路基的保温材料在东北地区过去多采用泥炭和黏性土(泥炭多于黏性土)。国外(主要是美国、加拿大)从 20 世纪 60 年代以来现场试验工程采用聚苯乙烯泡沫(即 EPS)隔温板,保温隔热效益较显著,其特点是保温性能良好、容重小、吸水率低,具有一定的抗压强度,使用时间上亦能保持较长久(可用 30 年)。我国在 20 世纪 70 年代由铁科院西北所在青藏线风火山试验路基中首次进行了铺设和观测,收到明显的隔温效果。1992 年既有牙林线 K382+775~+900 等处多年冻土路堤严重热融下沉病害地段试验铺设 EPS 板保温护道材料取得成功,隔温效果很好,路基热融下沉显著减少,而且具有施工方便、使用寿命长的优点。

EPS 板采用双层铺设时,要相互搭接交错铺设,避免产生对缝和通缝,以防止产生冷桥,降低保温性能。施工时间要严格控制,避免在 7 月、8 月、9 月三个月内进行施工。

在青藏铁路多年冻土区,由于低路堤及路堑地段无法采用通风路基结构形式,目前主要采用了铺设保温材料保护冻土的办法。保温材料有聚氨酯板、聚苯乙烯泡沫板和挤塑聚苯乙烯板,即 PU 板、EPS 板和 XPS 板。有关测试结果表明,PU 板和 EPS 板两种材料保温效果均较好,但两种材料的抗压强度及变形对保温效果影响很大,当施加荷载约 50% 强度时,变形量增大,导热系数急剧增加,且卸载后变形基本不可恢复。XPS 板的保温性能、压缩强度及耐久性更为优良。

路基填土高度不能够满足路基最小设计高度时,要采用工业保温材料保温,材料可以选用 XPS 等强度高、韧性好的板材,埋设在原地面以上 0.5 m 处,并避免在高温季节进行铺设施工。

12.12.8 在路基边坡上覆盖片石层或碎石层,粒径 5 cm~8 cm。片(碎)石空隙内的空气在一定温度梯度的作用下产生对流,增强了地层寒季的散热,减少了暖季的传热,遮蔽了太阳对原路基坡面的辐射,起到降低地温、主动保护冻土的效果。片(碎)石护坡不仅作为高原铁路冻土路基的主动保护措施,也作为运营期的病害整治。

13.1.3　路基排水系统设计所需要的基础资料,如汇水面积、当地地区暴雨强度、既有排水体系、地形、地下水情况等,均要进行详细的现场调查和勘察,以保证所采取的设计方案、措施合理有效。

13.1.4　路基排水设施要有足够的过水能力,为此,需要根据设计流量进行验证。此外,尚要根据当地铁路、公路建设经验,结合适当的水文水力计算结果进行综合确定。

13.1.5~13.1.6　路基各种排水设施所采用的材料,包括片石砌体、混凝土、管材、土工合成材料等,均要按照不同使用条件满足相应的规范要求。为了保证侧沟、天沟、排水沟的质量,对设计速度 200 km/h 铁路的水沟材料做了严格规定。

特殊土(岩)及不良地质地段路基的排水设计,结合工程特点进行综合考虑。

13.1.7　路基地面排水设计流量与地区区域性暴雨强度、降雨重现期、工程特点、地形条件等密切相关,进行设计流量确定时,在进行详细了解和调查的基础上采用本规范提供的公式进行计算。

降雨重现期的选定同铁路的重要性、地区类型等有关,设计重现期的规定,一方面会影响铁路设施的使用和受水侵害的风险大小,另一方面会影响排水设施尺寸及工程投资。

重现期是指等于和大于(或等于和小于)某水文特征值平均多少年可能出现一次,也就是平均的重现期间隔,所以又称为多少年一遇。需要特别指出的是所谓“重现期”并不是说正好多少年出现一次,重现期并非周期,它带有统计平均的意义,说得更确切一点是表示某种水文变量大于或等于某一指定值,每出现一次平均所需的时间间隔数,如 $H_{24p}=300$ mm 的频率为 1%,并不是指某地 24 h 雨量大于等于 300 mm 正好 100 年出现一次,事实上也许 100 年中这样的值出现好多次,也许一次也不会出现。只有在大量的过程中或对长时期而论是正确的。对于洪水,它们的频率 $P<50\%$(破坏率),重现期 T 就是频率 P 的倒数,即 $T=1/P$ 。

水是铁路路基强度和稳定性降低的重要因素,需要对其排水设施进行合理的设计,排水设施合理设计其中一个重要因素是设计降雨重现期的确定。重现期的确定,会影响到铁路设施的使用和完好、受水侵害的风险大小和排水设施的断面尺寸,即工程造价,同铁路的重要性以及浸水或水淹对铁路使用和周围地区的影响程度有关,也与各项排水设施的排水目的和类型有关。因此,合理实用的选择设计重现期才能较为准确地计算出设计流量,从而合理地确定排水设施的尺寸。通过对水利、公路、桥涵和铁路工程降雨重现期的对比分析,不同等级铁路的重现期值不一样,等级越高重现期越大。根据《铁路路基排水设防标准及小流域流量计算研究》成果,设计速度 200 km/h 及以上铁路、重载铁路选用 50 年,设计速度 200 km/h 以下铁路选用 25 年~50 年。

当铁路排水系统与地方防排洪等衔接时,设计重现期取二者之间的大者。

13.1.8　路基排水水文计算要结合当地的地区经验选取合理的参数和方法,当缺少地区经验时按照本规范的有关内容进行相关计算。

13.1.9　路基排水设施要有足够的过水能力,为此,需要根据设计流量进行验证。此外,尚要根据当地铁路、公路建设经验,结合适当的水文水力计算结果进行综合确定。

13.2.1 本规范路基地面排水系统包括路堤排水、路堑排水、路基面防排水以及可能停滞在路基范围以内的地面水。将路基本体范围内的地面水顺畅排出，将流向路基本体的地面水进行截流并引排，以达到保持路基本体范围土体的干燥。

13.2.2 水对土体的浸湿、饱和及冲刷作用常是促使路基病害发生和发展的重要原因之一。为了保持路基能经常处于干燥、坚固和稳定状态，首先做好排除地面水工作，即将可能停滞在路基范围以内的地面水迅速排除出去，并防止路基范围以外的地面水流入路基范围内，不使其下渗浸湿路基土体或形成漫流冲刷路基边坡，尤其是对受水浸泡后易于松软或膨胀的特殊土、易于软化的岩石路基以及地质不良地段的路基更要注意做好排水工程。

为了充分发挥路基地面排水设施的功能，一定做好出水口的选择和处理工作。对于排水设施，要做到使水流顺畅，不出现堵塞、溢流、渗漏、淤积、冲刷、冻结等。

13.2.3~13.2.4 排水设施的设置及其设计，要与具体路基工程防护加固措施相适应。路基地面排水设施不得兼作其他用途，也不得排入引用水源，切实做好出水口的选择和处理，充分利用土地、保护农田水利排灌系统、注重环保等国家政策。

13.2.5 对各种地面排水设施的平面布置、沟底纵坡进行了规定。

不良地质地段的路基工程处理，防排水作为工程处理措施之一，受到很高的重视。在这种情况下，路基地面水的排出要与具体工程措施相适应和协调，确保工程稳定和排水顺畅。如多年冻土地区路基、黄土地区路基、膨胀土地区路基、软弱土地区路基、滑坡地区等。

特殊土地区，为加强排水设施的稳定性和防止渗漏，对排水设施的基础要进行必要的处理，并对沟渠进行防护。

为了使水流尽快排出，避免冲刷、淤积堵塞，各排水设施的沟底纵坡需满足一定的要求，坡度不小于2‰。

为了防止水流溢出并具有一定的安全储备，各排水设施常需要预留一定的安全高度，沟顶高出流水面至少0.2 m。

为了将水流尽快排出路基体外，要选择最短的路径，否则将易产生淤积、堵塞、渗漏、溢出等情况，不利于路基稳定。一般情况下，排水沟、天沟的单面排水坡坡段长度不要超过400 m。

13.2.6~13.2.7 为了避免天沟、排水沟集中水流对地表的冲蚀，从而改变原有地形地貌，因此需对其末端进行消能及沉淀处理。

对于沟渠发育的自然或灌溉地区，坚持“一沟(渠)一涵(桥)”的设计原则，避免强行改沟改渠，破坏原有水系的畅通。同时，考虑到路基长期下沉的特性，严禁采用埋设管道的方式疏通原有水系。

13.2.9 本条对填方路基排水设计进行了规定：

(1)路堤排水的主要目的是引排坡面水流和路基面水流，而坡面水的出口主要是指设置在路堤坡脚外的排水沟，当无排水沟时，通过散流的形式流入天然地表。

(2)为了保证路基的稳定性，排水沟要设置在天然护道外，并根据地势情况单侧或双侧布设。

(3)路基填方段排水沟的主要作用是汇集路堤坡面水并截流地势较高侧天然地面水。由于按照一般路基基床的规定，基床结构层的厚度为2.5 m，该厚度内受到列车动应力的影响最大,一旦地面积水或形成局部径流,可能使基床受水浸泡或毛细水上升,将严重影响基床的强度,因此在路堤两侧边坡高度小于 2.5 m 的地段,若地势较为平坦时,于两侧设置排水沟。若虽然两侧边坡高度小于 2.5 m,但路基横向地面坡度明显时,经调查研究确认不会存在地面积水或形成地面局部径流时,可以仅在上游侧设置排水沟。

(4)在现有路基工程相关设计规范中,均对路堤坡面的防护做出了明确的规定。尤其是在绿色通道建设中,主张优先采取绿色防护工程。为避免水流冲刷边坡坡面,规定采用带截水槽的结构形式。

(5)不良地质或特殊土地段,由于工程对水的敏感性比较强,要根据路堤稳定性的要求来考虑,或按个别设计确定。如多年冻土地区地面水的排除,要结合具体工程措施来进行。当需要设置挡水埝时,要充分考虑挡水埝与路堤坡脚之间的降水,使之通过线路纵向顺畅排入桥涵设施,避免经常性积水产生的水化热,影响多年冻土地基的稳定。当经过充分研究论证后,可以在路堤坡脚设置土护道,以达到拦截上游侧地表水的作用。

(6)对于边坡上的平台截水沟,由于受到工程措施的影响,其位置要根据具体情况而定,但须做好平台截水沟的出口处理。

13.2.10 侧沟的主要作用是排除路堑坡面及路基面汇入的水流。位于挖方地段的路基,其路肩外两侧均要设置侧沟。干旱与极干旱荒漠带,一次降雨能全部渗入沙层不产生径流时,可以不设侧沟。

当路堑边坡高度较高(通常大于 15 m),坡面形式采用台阶式时,为截流上方坡面的水流,于台阶处设置截水沟。

一般情况下侧沟采用梯形或矩形断面形式。此处的"特殊要求"是指,深长路堑且反坡排水地段的侧沟,在无条件设桥涵时,为减少开挖量,采用带槽孔盖板的矩形断面。

对于采用渗水性较好材料进行基床表层换填的地段,为了较少或阻止降水下渗到基床底层,于基床表层底部设置防水土工膜。为了使基床表层底部的渗水能够顺利进入侧沟,规定侧沟底面高程要低于基床地底面高程。

天沟不能向侧沟排水,如受地形限制,难以选择出水口时,且无其他替代措施时,方可利用急流槽(吊沟)或急流管将天沟的水引向侧沟。在选择急流槽下游侧沟断面时,需考虑天沟流量的汇入,通过水力计算确定。

为了保证隧道的安全和正常使用,隧道进出口路堑侧沟水流一般不引入隧道。当路堑长、纵坡大时,则反坡排水工程量大,而且出水口也难以选择,在这种情况下,《铁路隧道设计规范》TB 10003—2005 中给出了规定。

天沟的作用是拦截路堑坡顶的地面水,不使其流入堑坡形成冲刷,进而影响堑坡的稳定性。因此,其位置选择要根据堑坡的稳定程度而确定,一般情况下不小于 5 m,必要时采取防渗漏措施。当堑坡地层不良、边坡较高、坡顶受到控制时,通过相关的计算来确定天沟位置。

急流槽一般采用混凝土或浆砌片石砌筑的矩形断面。

13.2.11 对于普通单线及双线铁路路基,路基面水通过设置排水横坡进行引排,而客运专线铁路则根据路基面结构及轨道类型,采取措施加强横向排水,常用的措施是将路基面水纵向集中后横向引排。

直线地段的无砟轨道路基面水通过横向坡度以散流的形式排出;曲线地段,为避免积水,通过设置集水井及横向排水管集中引排,集水井及横向排水管的布置、埋设深度等需根据降水量大小和防冻要求等确定。

为确保路基面水及时顺畅的排出，附属设施需预留泄水孔。

沥青混合料的技术指标要满足《客运专线铁路无砟轨道路基面防水层沥青混合料暂行技术条件》（科技基〔2008〕74 号）的要求。

既有线改建地段的路基面排水，由于受既有工程的限制，需结合帮宽或起落道的情况设置不小于 4% 的排水横坡。

增建二线地段，根据线路条件设置排水横坡，并引排线间水。

对于黄土、膨胀土等水敏感性较强的特殊地区路基，根据工程措施的需要，设置防水层，避免水分下渗而影响路基或地基的稳定性。

13.3.1 地下水在路基范围内的存在和活动，往往引起各种路基病害，主要有：

（1）浸湿软化：地下水浸湿路基土体，使其强度降低，在列车荷载及其他外力作用下，路基将产生各种病害，如基床翻浆冒泥、挤出下沉、边坡表土滑动、溜坍，路堤溃爬或沿倾斜基底面滑动等。地下水在路基旁侧的山坡地层中活动，可降低山坡土体及其结构面的强度，影响其稳定性，导致崩塌、滑坡等病害的发生。

（2）冻胀及盐渍化：路基表层冻结时，通过毛细水在冻结峰面处聚集形成冰晶和很厚的凝冰析离体，引起强烈冻胀，使路基发生冻胀变形，冻层融化时又会产生翻浆冒泥；在地下水含盐量大的地区，由于毛细水的活动，可能使路基土体盐渍化，引起路基松胀等病害。

（3）潜蚀：地下水可溶解土中的易溶盐类，地下水径流可以带走土中的细颗粒，这些均能降低地基土的强度，甚至形成地下洞穴，引起地表塌陷，进而引起路基下沉、坍塌等病害。

（4）流砂及液化：粉细砂地层被地下水饱和可能随地下水流动形成流砂，在地震作用下或列车荷载作用下产生液化，引起路基下沉、滑动等病害。

因此，通常在以下情况需要考虑采取措施进行地下排水处治：

（1）路堑边坡体内含水层出露或路堤基底范围内含水层出露时，需要设置渗沟，将含水层范围内的地下水进行拦截并引排至路基范围之外。

（2）在地下水位高而填土高度受到限制、路堑基床顶面距离地下水位很近时，为降低路基的湿度，提高其承载能力，需设置渗沟或采取其他措施以降低地下水位。

（3）土质路堑边坡坡体含水量很大且易产生坡体滑动时，可以设置渗沟以疏干坡体。

（4）在特殊岩土或特殊条件路基地段，为配合路基稳定性处理措施，可以采取措施拦截或疏干地下水。如滑坡路段、黄土路段、多年冻土路段等。

13.3.2 地下水大多数情况是被岩土所覆盖，隐蔽性很强，调查需要专门的勘测，工作量较大。随着铁路标准的不断提高和探测技术的不断进步，对于水文地质条件复杂的地下水文状况，要求进行较详细的调查、勘探和测定，以取得较为可靠的设计资料。地下排水设计要掌握以下资料：

（1）地下水的类别，包括包气带水、潜水、承压水（自流水）。

（2）地下水水位、流速、流向、流量、环境类别及作用等级、是否承压等。

（3）地下水的平面分布、埋藏深度、运动规律、补给来源、出露情况。

（4）含水层与隔水层的组成情况，含水层的渗透系数等渗流量计算所需参数。

(5)上层滞水和潜水的分布和毛细水达到的范围。

(6)必要的地质平面图、纵断面图和横断面图。

(7)当地工农业及生活用水情况。

13.3.4 由于地下排水设施维修较为困难,为减少维修工作量,防止淤积,要从排水设施底部纵坡和反滤层两方面进行考虑。所以这里规定“不应缓于5‰,在困难情况下,不应缓于2‰”。当采用2‰的排水纵坡时,要采取其他防淤积措施,如加强反滤层、加大排水设施尺寸、缩短检查井间距、增加出水口等。

13.3.9~13.3.10 反滤层的主要作用是防止含水地层中的细颗粒被渗流带走,淤塞排水设施。反滤层材料要满足不均匀系数(C_u)、平均粒径(d_p)及孔隙度(n)的要求。为了方便施工,反滤层要设计为不少于两层,一般可用Ⅰ型或Ⅱ型两种,其中Ⅰ型材料的 $C_u=\dfrac{d_{60}}{d_{10}}\leqslant 4,n=0.35$;Ⅱ型材料的 $C_u=\dfrac{d_{60}}{d_{10}}\leqslant 2,n=0.35$。平均粒径($d_p$)按照式(说明13.3.9)求得:

$$\frac{1}{d_p^3}=\frac{1}{2}\left(\frac{1}{d_{最大}^3}+\frac{1}{d_{最小}^3}\right) \quad (说明13.3.9)$$

在施工时,也可以用 d_{50} 代替 d_p。

在进行渗水沟(渗水井)填充料的选择时,需同时满足以下两个条件:

(1)填充料颗粒不能由缝隙(或孔眼)落入排水涵管。

(2)填充料中的小颗粒不能被渗流冲移而落入排水涵管。

13.3.11 路基范围内有泉水出露时,要引起足够的重视,并采取措施进行引排(说明图13.3.11)。

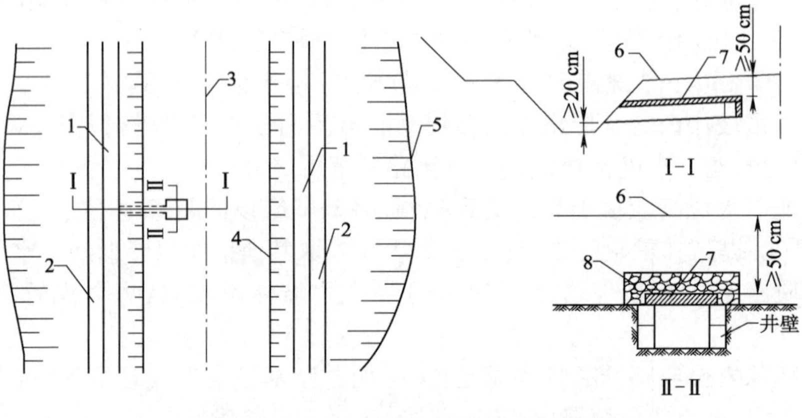

说明图13.3.11 疏导泉水的暗沟构造图

1—侧沟;2—侧沟平台;3—线路中线;4—路肩线;
5—堑顶线;6—路基面;7—盖板;8—碎石或砾石

13.3.12 当地下水埋藏较浅时,可以考虑与地面水引排合并考虑,但要保证足够的过水能力,处理好防渗、防冻等(说明图13.3.12)。

13.3.13 边坡渗沟主要用于疏干过湿的土质边坡坡体和边坡上出露的上层滞水,其布置方式、结构构造、出口处理等均需根据具体情况来确定(说明图13.3.13)。较小范围的局部湿土或有泉水出露处,一般用条带形布置;较大范围的局部湿土,一般用分岔

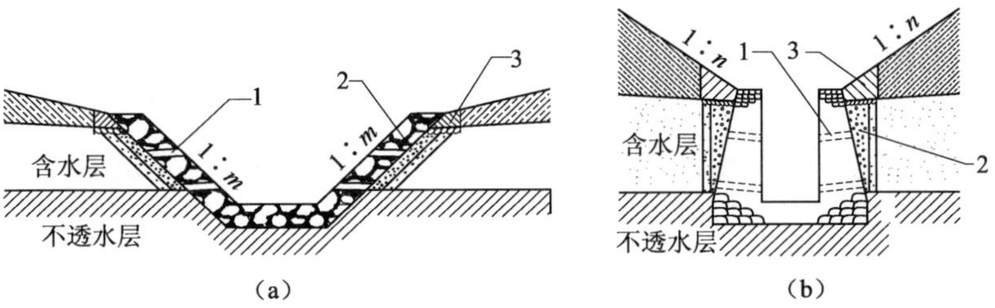

说明图 13.3.12　砌片石明沟(槽沟)断面图

1—渗水孔;2—反滤层;3—夯填土

形布置;边坡表土普遍潮湿时,一般用拱形与条带形相结合的布置。

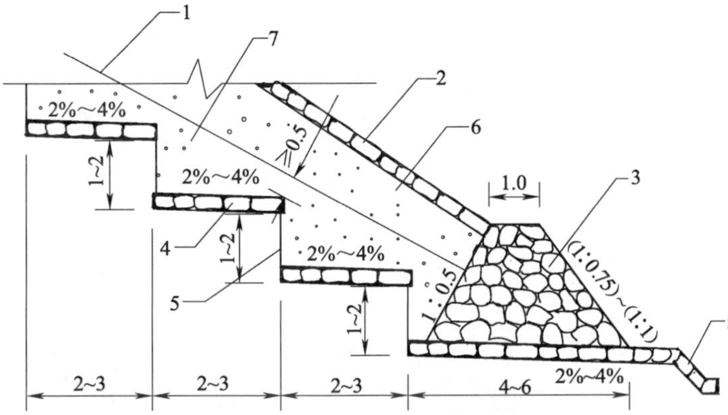

说明图 13.3.13　边坡渗沟主沟纵断面及出水口示意图(单位:m)

1—潮湿与干燥稳定上层分界线;2—干砌片石覆盖;3—干砌片石垛;4—浆砌片石铺底;

5—反滤层;6—小颗粒渗水回填料;7—大粒径石料填充;8—侧沟或排水沟

13.3.14　引水渗沟的主要作用是降低路堑范围内的地下水和疏干其附近土体,可以根据具体情况于侧沟下或侧沟旁设置,一般推荐设置在侧沟下。截水渗沟兼有截断流向路基体水流的作用,一般两侧同时设置(说明图 13.3.14)。

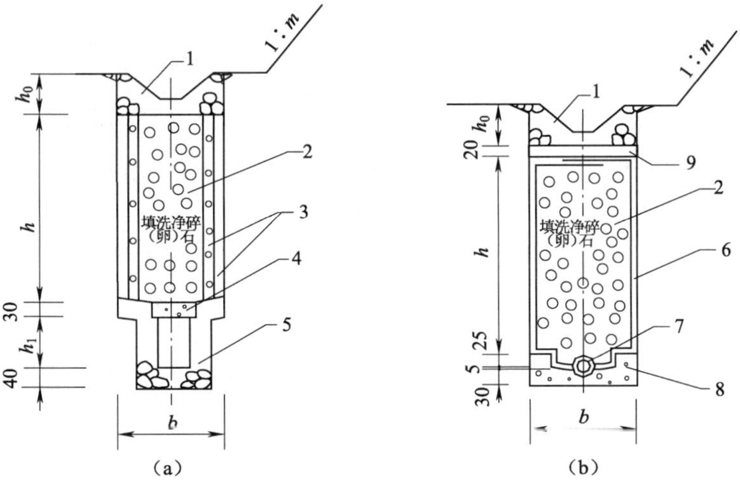

说明图 13.3.14　侧沟下引水渗沟示意图(单位:cm)

1—侧沟;2—排水层;3—反滤层;4—混凝土盖板;5—排水槽;

6—土工布;7—排水管;8—混凝土基座;9—垫层

引(截)水渗沟要选择适宜的出口,并对出口进行加固处理,一般采用端墙式出口。为便于检查和维修,需间隔一定距离设置检查井。

13.3.15 在较破碎岩层或中密以上碎石类土层内可以选用具有顶拱和垂直边墙的拱形断面,直墙式断面如说明图 13.3.15—1 所示;在松散的碎石类土层或夹有少量的卵石、碎石的黏性土层内可以选用具有顶拱及底拱和曲线形边墙的拱形断面,曲墙式断面如说明图 13.3.15—2 所示。

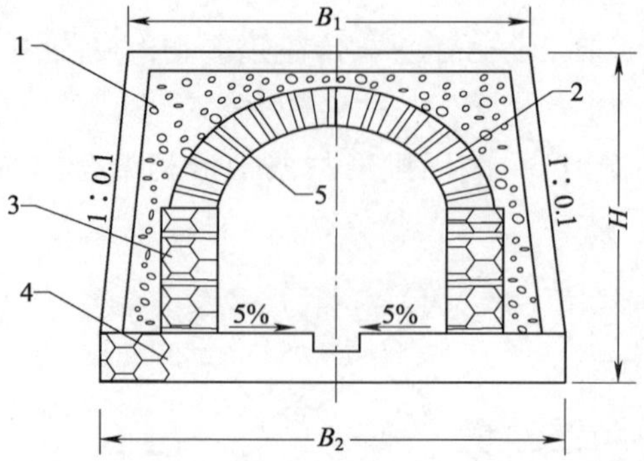

说明图 13.3.15—1 直墙式渗水隧洞断面示意图

1—反滤层;2—拱砖;3—浆砌片石边墙;4—浆砌片石底板;5—渗水孔

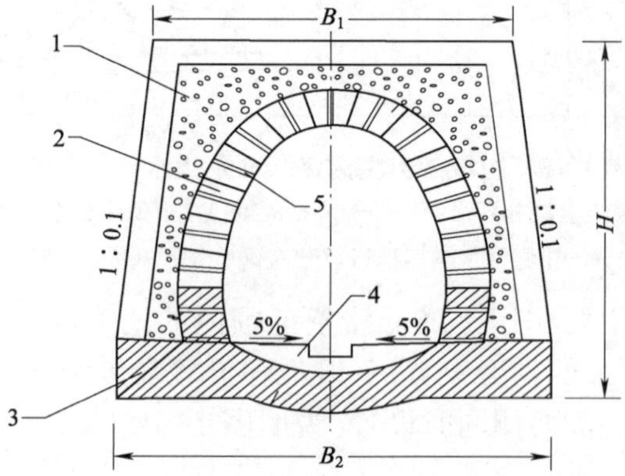

说明图 13.3.15—2 曲墙式渗水隧洞断面示意图

1—反滤层;2—拱砖;3—混凝土底板;4—混凝土过水面;5—渗水孔

13.3.16 平式钻孔排水的主要功能是引排地层内的地下水或分散的局部凹地集中的地下水,或与立式集水渗水井群配合使用以疏干潮湿的土体。在国外多采用仰斜式钻孔代替渗水隧洞,以减少工程量和施工难度。

13.3.17 立式集水渗水井主要用于集引具有多层含水层的复杂地层中的地下水和潮湿土体中的自由水,一般成群布置并与平式排水设施配合使用,以降低地下水位或疏干其附近的土体。其布置方式、数量、断面形式等根据具体情况或计算确定。为了防止淤塞,要保证顶部足够厚的隔水覆盖层。渗水井出水量的计算需视具体情况参照有关水力计算方面的专业书籍进行。

渗水井或渗水管个数可以按式(说明 13.3.17)估算:

$$N = \frac{1}{\beta} \cdot \frac{W}{QT} \qquad \text{(说明 13.3.17)}$$

式中 W——需要排出的总水量(m^3);

T——要求达到预定下降水位所需的时间(s)；

Q——单井(或单管)的出水能力(m^3/s)；

β——井(管)群相互干扰系数,可以取0.24~0.33。

13.3.18 检查井是地下排水的主要附属设施。为了便于清扫和疏通地下排水沟管,在上游端头和中间情况变化处设置检查井与地面连通,井管外露部分采用铸铁封盖。

检查井是延伸较长的平式排水设施的附属设施,为检查维修和通风之用,一般情况下要采用圆形直立式。

井身通常采用内径为1 m的圆筒结构,筒壁厚度按其埋置深度、所在地层土的性质以及所用建筑材料的强度通过计算确定。井筒一般用预制管节拼装,每节的高度结合起重吊装设备的能力一并考虑,一般为0.6 m。埋置深度在12 m以内的井筒,用C15混凝土制作;埋置更深的井筒,用C20钢筋混凝土制作。井身下部可以设计成与下卧的平式排水主体设备的顶部直接连接,也可以设计为与一个基座相连接,而基座与平式排水主体设备相连接。当基座(或主体设备)的内径比井筒的内径大时,井筒与基座相连的最下一个管节采用上小下大的正截圆锥形;基座的底面要低于主体设备的排水孔道底部不小于0.2 m~0.3 m,并在井筒内壁设置便于工作人员上下的梯蹬。

井口一般用斜截圆锥形管节收口,其顶部一般高出附近地面约0.3 m~0.5 m,并设井盖,以防地面水流入或杂物落入井内,兼防非工作人员随意入井。在寒冷及严寒地区,一般在井内加设一个防寒木盖。

检查井也可以兼起集水作用,此时,将井身通过含水层的部分管节留出交错排列的渗水孔眼,并在其外围设置与孔眼大小和含水层性质相适应的反滤层。

14.1.4~14.1.6 改建既有线与增建第二线并行路基设计中,对于需跨线取弃土和填筑路堤、地基加固等施工可能侵限、影响既有线运营安全、严重限制行车速度及控制工期的改建与增建第二线路基地段,要有方便施工、保证行车安全和不影响或少影响通过能力的过渡措施的设计,如设置施工便线、施工运输尽量利用立交桥涵进行等,以减少跨越轨道。对繁忙干线修建便线,当受运营组织要求不能减速或限速行驶时,便线路基面宽度、路基结构、填料、压实标准、工后沉降值等主要技术标准一般不低于既有线标准。

14.2.5 由于近些年铁路电气化提速改造、标准化建设要求,路肩上设置电缆槽、接触网立柱、声屏障以及防护栅栏等,使得既有路肩较宽。改建时要结合既有路基面宽度、路肩上各种设备布置要求、运营养护方式要求等确定。除特殊困难地段外,一般不小于既有路基面宽度,且路肩宽度一般不小于既有路肩宽度。

14.2.6 既有线路基帮宽:

1 当不改动既有路基面高度,仅帮宽既有路基时,为使道床下积水能迅速排出,故既有路肩形状做成4%横坡,以利排水。

2 既有路堤边坡坡度历经多年,其既有坡度值陡缓不一,为确保路基边坡稳定,故帮填边坡坡度一律采用新建路基坡度标准。

3 由于目前路堤压实标准高,帮宽和压实基本采用机械化施工,原帮填值0.5 m太小,压实设备无法碾压,但碾压设备需要最小宽度难以统一确定,结合帮填时一般需要超宽,暂按照最小帮宽1.0 m确定;同时为了避免出现新帮填部分成为顶部宽底部窄,或倒三角形式样,对边坡稳定不利,所以要求底宽不小于顶部加宽值。

4 帮宽和增建第二线路堤时,为使帮填部分与既有路基本体新老土体衔接紧密,因此要求在帮填时沿既有路堤坡面挖底宽不小于1 m台阶,并分层铺设加筋材料,分层碾压。

5 为了不造成新的路基病害,以利排水,故路基面抬高或边坡帮填以及增建第二线路基时,采用新建铁路标准的填料填筑,但要注意填料的渗透性不能比既有线填料的渗透性差。

6 对不能刷方扩宽路堑地段,如采用改变侧沟形式、削减侧沟平台等办法来加宽路基时,由于抬、落道后路基面水平总宽度发生了变化,设计时还需注意线路中心沿轨枕底面水平至路堑边坡的距离,需满足抽换枕木的要求。

另外,利用设置侧沟盖板来增宽路面,一般只限于岩石路堑地段,在坡面流水不大、长度较短时采用,因剥落土易堵塞侧沟,不能用于土质路堑地段。同时,道床坡脚还不得伸入盖板,以免影响侧沟的养护维修。

14.2.7 既有线路基抬道及调坡:

1 当抬道量较大时,一般以抬高路基面来增高轨面。抬高后的路基面需设路拱。

在落道量较小时,如落道后既有道床厚度能满足设计标准,一般不再下挖路基面,仍保持原路基面形状(有基床病害者除外);当落道量较大,减薄道床不能满足设计要求时,则要下挖既有路基面,其下挖深度以满足新建标准道床厚度为限,下挖后的路基面需设路拱。

2 当抬道量较小时,一般保持既有路基面高度不变,采用加厚道床的办法抬高轨面,路肩宽度按新建标准设计。

3 采用道砟抬道引起既有道床增厚,超厚地段造成养护、巡道人员上下作业不便,所以在标准道床厚度以下的超厚部分,采用渗水土垫肩。

4 为了不造成新的路基病害,以利排水,故路基面抬高或边坡帮填以及增建第二线路基时,采用新建铁路标准的填料填筑,但要注意填料的渗透性不能比既有线填料的渗透性差。

5 抬高路基面时,要选用与既有路基同一种填料填筑。当采用与既有线路基性质不同的填料时,要注意做好不同填料接触面间的排水措施。尤其在非渗水土路堑地段,如抬高路基填料采用渗水土时,需注意将下渗到接触面间的水横向引入侧沟内,使路基处于干燥状态,以免在路基内形成水囊,而产生基床病害。

14.2.8 既有线路基提速改造、基床加固及病害整治:

1 根据法国提速路基改造和国内既有线调查的经验,当既有线路基稳定、基床土质良好、无翻浆冒泥等基床病害,且道床厚度大于0.6 m时,可以根据具体情况不作基床加固;当开行25 t轴重列车,路基面的动应力较大,原则上对路基进行加强,但少量开通时,也可以暂不作加固,要加强路基和线路的检查、监测和维护。道床厚度和基床病害情况等也应该通过探地雷达进行彻底的调查。

2 改建既有线路基时要根据降雨、冻深等气象条件,以及改建后设计速度和车辆荷载的变化,结合道床厚度、轨道平顺状况,分析对路基静动态强度、平顺性等技术标准提高幅度。在全面掌握既有路基状况的情况下,对轨道平顺性差、基床填料性质差、压实不足、变形大、路基面不平整、排水不畅及基床病害等段落路基,设计速度160 km/h及以下基床表层承载力小于0.15 MPa或设计速度160 km/h以上基床表层承载力小于

0.18 MPa 等基床状况较差段落路基，限制或影响行车速度提高、降低乘客舒适性的路桥、路涵、堤堑、路隧等过渡段路基段落，分别采取相应加固处理措施。

3 根据近些年既有线提速改造建设经验，一般翻浆冒泥等病害地段采取基床浅层换填优质填料或土质改良，并结合基床土工合成材料封闭防水、设置排水渗沟等加强路基排水等措施；对于压实不足和承载力不足、路基下沉外挤严重等地段采用水泥土或石灰土挤密桩、旋喷桩或注浆等深层补强加固措施。冻害地段也可以采取抬高路堤、降低地下水位和铺设保温层等措施。

4 在既有路堑边坡不高且稳定，扩宽后高度增加不大时，一般参照既有稳定边坡坡度或按新建路基标准刷方扩建。但对较高路堑边坡，如发生薄层开挖，特别是岩石地段因施工不易，影响坡面稳固时，要采用挡护工程收坡，以减少剥皮刷方。

5 对有重大病害（如崩塌、滑坡或其他等），经多年整治已稳定的既有路堑或有挡护设施的地段，为避免病害重新复发或引发新的病害而引起更大工程，在设计时要慎重对待，尽量保留，不能轻易对原有边坡进行改动。

6 路堤边坡病害，既有路堤边坡坡度历经多年，其既有坡度值陡缓不一，防护形式遭到破坏，局部被雨水冲刷或者人为破坏等危及行车安全并影响通过能力。为确保路基边坡稳定，可以相应采取边坡注浆、锚固、支挡、加固排水及坡面防护措施。

14.2.9 岩石路堑刷方时，如施工方法选择不当，容易致使既有堑坡产生裂缝，破坏堑坡的整体性，而影响其边坡稳定，甚至造成永久的病害，危及行车安全。因此，岩石路堑刷方时，注意避免使用大爆破，而采用光面、静态、预裂爆破等控制爆破技术。爆破掉落和施工刷下的石块易砸坏既有线接触网、通信信号等电缆以及钢轨、轨枕等行车设备、砸伤行人等，需采取封闭施工以及炮被、管棚架等坡面临时爆破防护措施，以确保既有设备和行车安全，并保证既有线运营安全。

14.3.1 增建第二线路基时，首先对既有路基现状（含路基病害及既有设施等）进行调查分析。设计时，不仅要考虑第二线路基本身的坚固和稳定，还要考虑既有路基受第二线路基影响可能产生的问题。如既有路基原来状况良好，增建二线后，有可能使既有路基的环境恶化，甚至产生新的病害；或既有路基原来就处于病害状态，增建第二线后，也有可能促使病害扩大和发展，而导致第二线同受其害。所以在设计时，要统筹考虑，对危及稳定的病害采取措施，一并整治。采取修建便线和维持临时通车等施工过渡措施可以大大减少相互影响。特别是松软土、软土、湿陷性黄土地区，既有路基容易受增建二线路基荷载影响产生附加沉降变形甚至失稳，需采取必要的加固防护及变形监测措施。

14.3.3 第二线与既有线并行非渗水土路基地段，当增建第二线的路基面高出既有线路基面时，第二线路基面设计为三角形路拱，同时为尽快排除既有线路基面积水，故自既有线路肩或路肩以下向外设置 4% 的排水横坡，排水横坡至三角形路拱之间填 A 组渗水填料，如说明图 14.3.3—1 所示；当增建第二线的路基面低于既有线路基面时，第二线路基面设计为向外 4% 的排水横坡，如说明图 14.3.3—2 所示。

在两线并行不等高地段，两线间的路基边坡，对下线而言是路堑边坡，采用路堑坡度值就能稳定。而对上线来说，则为路堤边坡，考虑承受荷载的因素，就需适当放缓边坡坡率才能稳定，因此，设计两线间的边坡坡度值时，需考虑上线列车荷载的影响。对边坡坡度值的确定，要依据列车荷载大小、工程地质情况、两线相差高度等酌情而定。如边坡放

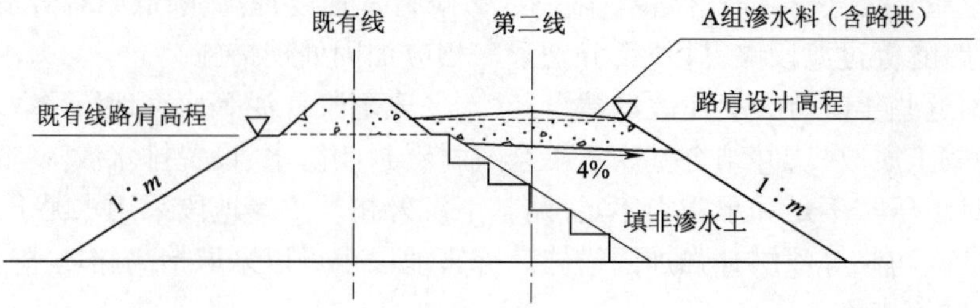

说明图 14. 3. 3—1　第二线路基面排水横坡设置一

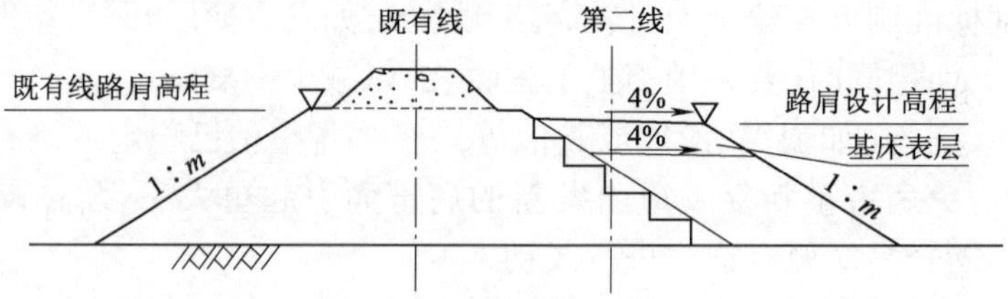

说明图 14. 3. 3—2　第二线路基面排水横坡设置二

缓后，致使线间距增大，将引起较大工程或线路改动困难时，则要与两线间设置支挡建筑物进行比选。

14. 3. 6　增建第二线并行等高（或两线高差不大、线间距较窄）地段，设计时注意设置自既有路肩（或道砟陷槽底部饱和土层下）向外倾斜的排水横坡，以使既有路基积水经二线路基，从横向迅速排出。

在并行不等高或两线线间距较大地段，为防止产生路基病害，于两线间设置纵向排水沟，以疏排两线间积水。

14. 4. 1　改建铁路和增建第二线利用既有挡墙和坡面防护结构物、侧沟、地下水排水盲沟时，需要掌握其安全稳定状况和继续使用的年限，并进行评估后分别采取利用、改造、加固、拆除重建等措施。

14. 4. 2　在改建既有线（含抬落道、改移中线、病害处理等）和增建第二线时，不可避免地会大量遇到对既有建筑物的处理问题。其处理尺度把握的恰当与否，对改建工程量的大小及投资影响极大。因此设计时，在确保行车安全和路基稳固的前提下，既有防护设备使用状况良好时，为节省投资，首先考虑尽量保留。

14. 4. 3　对既有建筑物采用加大截面、接高或加深基础等措施时，首先在既有建筑物本身坚固的前提下进行。既有建筑物截面与新增大的截面作为设计截面的共同组成部分，成为一个整体，才能起到共同承受土压力或其他外力的作用。因此在设计时，采用在既有建筑物中锚入弯钩筋等办法，使新旧混凝土与砌体紧密结合，形成整体。

14. 4. 4　用干砌片石垛加宽或加高路肩时，注意将高度控制在1 m以下。主要因为随片石垛的高度增高，其各部尺寸也相应增大，对基底承载力的要求也相应提高，而填土坡面上的承载力不一定能满足其要求；同时，当片石垛基底宽度增加后，在既有线上施工开挖的影响范围也增大，使既有路基稳定受到一定影响，对行车造成严重干扰，甚至威胁行车安全。片石垛太高对施工、养护上下作业也不便。目前在既有线上实际使用的干砌片石垛高度，一般情况下也均未超过 1 m。因此，要求干砌片石垛高度不超过 1 m。

14.4.5 既有支挡和防护工程基础埋置深度不够或暴露,易遭受自然和人为因素的坡坏,而影响既有建筑物的强度和稳定性,甚至酿成更大的危害,所以要求基础埋置深度不够时,要对其进行处理并满足有关规范的要求。

14.4.7 对于拆除的既有结构物或基础遗留的坑、洞等要视具体情况进行回填、夯实、砌筑、注浆等措施处理,避免造成积水、路基下沉等病害,给运营留下隐患。

15.1.2~15.1.3 主要参考了《开发建设项目水土保持技术规范》GB 50433—2008 第 3.2.3 条要求,其规定弃土(石、渣)场选址应符合下列规定:

(1)不得影响周边公共设施、工业企业、居民点等的安全。

(2)涉及河道的,应符合治导规划及防洪行洪的规定,不得在河道、湖泊管理范围内设置弃土(石、渣)场。

(3)禁止在对重要基础设施、人民群众生命财产安全及行洪安全有重大影响的区域布设弃土(石、渣)场。

(4)不要布设在流量较大的沟道,否则应进行防洪论证。

(5)在山丘区要选择荒沟、凹地、支毛沟,平原区要选择凹地、荒地,风沙区要避开风口和易产生风蚀的地方。

15.5.6 常用施工机械有:推土机、铲运机、挖掘机、装载机、自卸汽车及火车等;人力施工的方法一般有:人力挑抬、手推车及人力装卸配合机械运输等。

16.1.2 路基面上电缆槽、电缆井、过轨管线、接触网支柱基础、声屏障基础等工程的施工一般滞后于路基工程,需要在路基工程施工时预留条件,系统规划,统筹实施,避免进行二次开挖,造成路基及排水系统的损害。

16.2.2 防护栅栏一般选用钢筋混凝土防护栅栏和钢筋混凝土立柱金属网片防护栅栏两种类型,大型车站及有景观要求的地段防护栅栏结合整体要求统一选用,并符合下列要求:

(1)线路防护栅栏要与涵洞翼墙端部平顺连接,混凝土栅栏端部立柱与翼墙端部密贴安装。涵洞翼墙锥体坡脚原则上位于防护栅栏内。

(2)当涵洞洞顶和翼墙端部的帽石顶面均不低于混凝土栅栏有效防护高度(不含刺丝滚笼高度,下同)时,混凝土栅栏直接封闭至涵洞两侧翼墙端部。

(3)当涵洞洞顶帽石高于混凝土栅栏有效防护高度,而翼墙端部帽石顶面低于混凝土栅栏有效防护高度时,在翼墙侧立面加装金属矩形管立柱金属网片防护栅栏,使其达到有效防护高度,并确保金属网片栅栏安装牢固密贴。

(4)当涵洞洞顶和翼墙端部的帽石顶面均低于混凝土栅栏有效防护高度时,在涵洞洞顶和翼墙侧立面加装金属矩形管立柱金属网片防护栅栏,使其达到有效防护高度,并确保金属网片栅栏安装牢固密贴。

(5)防护地段设置刺丝滚笼时,刺丝滚笼要沿混凝土防护栅栏、涵洞帽石或加高金属网片栅栏的上部拉通。

(6)涵洞地段防护栅栏施工安装要合理统筹安排防护栅栏、路基、涵洞的施工安装,要制定专门施工组织方案,优化施工工艺,明确路基、涵洞与防护栅栏施工的接口关系、协调配合方案和相关工程施工安装时机。

16.2.5 从保护巡检人员及夜间车站作业人员安全等出发,增加了本条第 3 款的内容。

16.2.6 公铁并行路段是指铁路路堑上的公路路段或位于铁路线路安全保护区内,公路路肩标高高于铁路路肩或与铁路路肩等高或低于铁路路肩 1.0 m 以内的公路路段。

《铁路安全管理条例》(国务院令第 639 号)“第二十七条　铁路线路两侧应当设立铁路线路安全保护区。铁路线路安全保护区的范围,从铁路线路路堤坡脚、路堑坡顶或者铁路桥梁(含铁路、道路两用桥,下同)外侧起向外的距离分别为:(一)城市市区高速铁路为 10 米,其他铁路为 8 米;(二)城市郊区居民居住区高速铁路为 12 米,其他铁路为 10 米;(三)村镇居民居住区高速铁路为15 米,其他铁路为 12 米;(四)其他地区高速铁路为 20 米,其他铁路为 15 米。”

16.3.2　通信电缆井一般分Ⅰ、Ⅱ共两种类型。

Ⅰ型电缆井净尺寸:1 000 mm×1 000 mm×900 mm(长×宽×高),壁厚 200 mm。过轨处过轨管根据需要设置,最大根数为 4 根。

Ⅱ型电缆井净尺寸:1 200 mm×1 200 mm×900 mm(长×宽×高),壁厚 200 mm。过轨处过轨管根据需要设置,最大根数为 6 根。

电力电缆井净尺寸:1 800 mm×1 200 mm×900 mm(长×宽×高),壁厚 200 mm。过轨处过轨管根据需要设置,最大根数为 10 根。

16.4.3　综合接地系统以沿线两侧敷设的贯通地线为主干,充分利用沿线桥梁、隧道、路基地段结构物设施内的接地装置作为接地体,形成低阻等电位综合接地平台。

16.4.4　本条依据中铁路总公司《铁路自然灾害及异物侵限监测系统工程设计暂行规定》(铁总建设〔2013〕86 号)有关规定编写。

A.0.1　单轴饱和抗压强度 R_c 常采用圆柱体标准试件进行测试,试件是直径 50 mm、高径比为 2 的岩石;也可以采用点荷载试验,由点荷载强度指数换算成岩石单轴抗压强度,按式(说明 A.0.1)计算。

$$R_c = 24.338\ 2 I_{s(50)}^{0.733\ 3} \quad \text{(说明 A.0.1)}$$

式中　$I_{s(50)}$——岩石基准试件点荷载强度指数(MPa)。

F.0.6　勾绘汇水面积时要结合分水岭及天然沟槽,自线路中心线起算。利用已有地形图现场校核,校核重点是在图上标明原图出版以来新增添的人工沟渠、水库、堤坝的道路、桥梁位置。无地形图利用时,采用交会法、绕和法或辐射法实地测绘与估测。

F.0.7　确定设计径流的方法,可以采用推理法、统计分析法、地区分析法或现场评判法等,推理法是应用最为广泛的方法,结合《铁路路基排水设防标准及小流域流量计算研究》成果,本规范采用推理计算方法。

径流系数受降雨强度、降雨历时、地表覆盖状况、土壤透水性、地区湿度、地形等多种因素的影响,可以通过试验确定。本规范设计径流量计算公式参照了《公路排水设计规范》JTG/T D33—2012 的有关规定。在具体选用时,对有利于形成地面径流的地区,选用较大值,反之采用较小值。

膨胀土、湿陷性黄土、砂性土、戈壁碎石土等地区,由于地表易受水流冲刷,改变局部地貌的径流条件,同时易产生淤积,为保证水流及时排出,该类型地区的排水设施要适当加大断面尺寸。

不同设计降雨重现期和降雨历时的平均降雨强度可以根据情况选用以下三种方法:

(1)附近区域有适用的降雨强度公式时,要选用相应的公式计算。

(2)无适用公式,但有连续 10 年以上自记雨量记录的雨量站时,可以整理雨量资料推求降雨强度公式。当地气象站有 10 年以上自记雨量资料时，由雨量记录中选取历年最大 5 min、10 min、20 min、30 min、45 min、1 h、2 h、3 h、6 h、12 h 等的连续雨量，采用皮尔逊Ⅲ型分布或其他形式分布计算各频率的降雨强度后，选用下述形式的降雨强度公式推求雨强-历时关系式：

塔伯特（Talbot）公式（适用于 $t \leqslant 120$ min）

$$q = \frac{A}{t + b} \qquad \text{（说明 F.0.7—1）}$$

希尔曼（Sheman）公式（适用于 $t > 120$ min）

$$q = \frac{c}{t^n} \qquad \text{（说明 F.0.7—2）}$$

荷纳（Hemer）公式

$$q = \frac{A}{(t + b)^n} \qquad \text{（说明 F.0.7—3）}$$

式中 t——降雨历时（min）；

n——暴雨强度衰减指数；

A,b,c——系数。

（3）当地缺乏自记雨量资料时，可以利用标准降雨强度等值线图以及重现期转换系数和降雨历时转换系数的方法，计算确定设计重现期和降雨历时内的平均降雨强度。标准降雨强度等值线图所选的标准为 5 年重现期 10 min 降雨历时。降雨强度计算如下：

$$q = c_p c_t I_{5,10} \qquad \text{（说明 F.0.7—4）}$$

式中 $I_{5,10}$——5 年重现期和 10 min 降雨历时的标准降雨强度（mm/min），按铁路所在地区，由附录 F 查得；

c_p——重现期转换系数，为设计重现期降雨强度 I_p 同标准重现期降雨强度 I_5 的比值（I_p/I_5），按铁路所在地区由说明表 F.0.7—1 查取。

c_t——降雨历时转换系数，为降雨历时 t 的降雨强度 I_t 与 10 min 降雨历时的降雨强度 I_{10} 的比值（I_t/I_{10}），由说明表 F.0.7—2 查取。

说明表 F.0.7—1 重现期转换系数 c_p

地区	重现期（年）						
	3	5	10	15	25	50	100
安徽、山东、浙江、江苏、福建、江西、上海、台湾	0.90	1.00	1.14	1.23	1.33	1.44	1.56
广西、广东、海南、澳门、香港	0.90	1.00	1.14	1.23	1.33	1.44	1.56
湖南、湖北、河南	0.87	1.00	1.20	1.33	1.47	1.63	1.80
四川、重庆、贵州、云南	0.87	1.00	1.20	1.33	1.47	1.63	1.80
天津、河北、北京、内蒙古、山西	0.85	1.00	1.25	1.41	1.60	1.82	2.06
黑龙江、吉林、辽宁	0.85	1.00	1.25	1.41	1.60	1.82	2.06

续上表

地　区	重现期(年)						
	3	5	10	15	25	50	100
陕西、甘肃、宁夏、青海、新疆、西藏(干旱)	0.82	1.00	1.31	1.51	1.76	2.04	2.34
陕西、甘肃、宁夏、青海、新疆、西藏(潮湿)	0.76	1.00	1.59	2.03	2.57	3.20	3.95

说明表 F.0.7—2　降雨历时转换系数 c_t

c_{60}	降雨历时 t(min)										
	3	5	10	15	20	30	40	50	60	90	120
0.25	1.40	1.25	1.00	0.75	0.60	0.46	0.35	0.30	0.25	0.18	0.15
0.30	1.40	1.25	1.00	0.77	0.64	0.50	0.40	0.34	0.30	0.22	0.18
0.35	1.40	1.25	1.00	0.80	0.68	0.55	0.45	0.39	0.35	0.26	0.21
0.40	1.40	1.25	1.00	0.82	0.72	0.59	0.50	0.44	0.40	0.30	0.25
0.45	1.40	1.25	1.00	0.84	0.76	0.63	0.55	0.50	0.45	0.34	0.29
0.50	1.40	1.25	1.00	0.87	0.80	0.68	0.60	0.55	0.50	0.39	0.33

降雨历时一般按设计控制点的汇流历时确定。汇流历时 t 为汇水区内最远点(按水流时间)流达排水设施处所需要的时间,它由坡面汇流(或地面汇流)历时 t_1 和沟渠或管内由入口到控制点的沟管汇流历时 t_2 组成,即 $t=t_1+t_2$。在考虑路基面表面排水时,可以不计沟管内汇流历时。

坡面汇流历时可以按式(说明 F.0.7—5)计算确定:

$$t_1=1.445\left(\frac{m_1L_s}{\sqrt{i_s}}\right)^{0.467} \qquad \text{(说明 F.0.7—5)}$$

式中　t_1——坡面汇流历时(min);

L_s——坡面流的长度(m),$L_s \leqslant 370$ m;

i_s——坡面流的坡度;

m_1——地表粗度系数,按地表情况查说明表 F.0.7—3 确定。

说明表 F.0.7—3　地表粗度系数

地表状况	粗度系数(m_1)	地表状况	粗度系数(m_1)
沥青路面、水泥混凝土路面	0.013	牧草地、草地	0.400
光滑的不透水地面	0.020	落叶树林	0.600
光滑的压实土地面	0.100	针叶树林	0.800
稀疏草地、耕地	0.200		

计算沟管内汇流历时时,先在断面尺寸、坡度变化点或者有支沟(支管)汇入处分段,分别计算各段的汇流历时后再叠加而得,即:

$$t_2=\sum_{i=1}^{n}\frac{l_i}{60v_i} \qquad \text{(说明 F.0.7—6)}$$

$$v_i = 20 i_g^{0.6} \quad \text{（说明 F. 0. 7—7）}$$

式中 l_i——第 i 段沟管的长度(m)；

v_i——第 i 段沟管的平均流速(m/s)；

i_g——该段排水沟管的平均坡度。

标准强度等值线图以及重现期转换系数和降雨历时转化换系数的方法，计算确定设计重现期和降雨历时内的平均降雨强度。

所选的标准为 5 年重现期 10 min 降雨历时，本次主要采用了水利部水文局、南京水利科学研究院于 2005 年编制的《中国暴雨统计参数图集》(以下简称《图集》)计算编制。该《图集》汇集了迄今为止我国暴雨方面最全面、最系统的资料和研究成果，也是近半个世纪以来我国关于暴雨统计特征研究的最重要的总结性成果。利用水文气象站网历年实测雨量资料，用年最大选样法构建各种指定历时的雨量系列，选用皮尔逊Ⅲ型分布函数进行统计计算。《图集》包括全国和省(自治区、直辖市)级两种尺度，每种尺度包括 10 min、60 min、6 h、24 h、3 d 共 5 种标准历时的暴雨统计参数成果。共采用约 2. 4 万个观测站，190 万站年(5 种历时合计)雨量资料，用于 5 种历时统计参数计算的系列平均长度为 23. 5 年~33. 7 年，较原有图集有显著增加。

F. 0. 8 这里的沟是指各种形式的明沟，包括侧沟、排水沟、天沟、截水沟、引水沟；管是指不同材料的圆管。影响沟管泄水能力的因素包括过水断面的形状和面积、水力坡度(沟管的纵坡)、沟管壁的粗糙系数。进行水力计算的目的是检验沟管的断面形状和尺寸能否满足设计流量的要求，并检查流速是否在允许的范围之内。泄水能力不能小于设计流量。

在一般情况下，规范中规定的各类地面排水设施及其最小断面尺寸，根据多年实践经验是可以满足要求的，不必再做计算。但在某些特殊情况下(例如路堑上方的汇水面积较大，或有其他来源的水流汇入水沟，或排水困难地段等)，则需进行必要的计算，做出个别设计。

关于水流的状态及其流速，从目前国内外的研究及发展情况来看，理论上比较复杂，为使问题简单化，一般情况下均按照匀速流动状态来考虑。对于沟管断面或水流纵坡变化较大的情况需采用变速流方法计算。

F. 0. 9~F. 0. 10 严格来讲，过水断面上水的流速在各个质点是不同的，具有一定的分布形式(抛物线形式)，这与水质、过水断面介质等有很大关系，计算起来较为复杂。工程界一般广泛采用经验公式进行水力计算，主要是采用 1769 年法国工程师谢才(Chezy)提出的公式(Chezy formula)，$v = C\sqrt{Ri}$。公式中关于流速系数 C(谢才系数)的取值，主要通过经验公式进行计算，其中包括曼宁公式和巴浦洛夫斯基公式，其中巴浦洛夫斯基公式具有更广泛的适应性，该公式的适用范围为：$0.1\ \text{m} \leqslant R \leqslant 3.0\ \text{m}$，$0.011 \leqslant n \leqslant 0.04$。对于一般管道和人工渠道，粗糙系数 n 主要决定于壁面粗糙突起物的大小、形状和分布；对于天然河道，n 则与河床砂石粒径和形状，砂波大小、形状和变化，岸滩水草树木的疏密程度，以及河道水位变化等有关。

n 值要经实测确定，对于均匀流，测出某一流段的 R、v 值，即可确定该流段的 n 值。对于缓变非均匀流，n 值可用流段的 R、i、v 的平均值来确定。如无实测资料，n 值可以从水力学或水力计算手册中查得。n 值选择是否恰当对计算成果影响甚大，要慎重。表 F. 0. 3 是参照《室外排水设计规范》GB 50014—2006、《公路排水设计规范》(JTG/T D33—

2012）及《铁路工程设计技术手册—路基》（1992）确定的。

常遇到的水力计算问题主要有两类：一类是校核沟渠的输水能力，即已知设计流量、沟渠的断面形状、尺寸、水深、底坡、粗糙系数等，求沟渠能宣泄的最大流量；另一类问题是设计新的沟渠，即已知设计流量，要求选定水沟的断面尺寸或水力经济断面的尺寸。

F. 0. 11　沟的流速要求，系参照《室外排水设计规范》GB 50014—2006、《公路排水设计规范》JTG/T D33—2012、《给水排水设计手册》（2004 年第二版）、《铁路工程设计技术手册—路基》（1992）的规定。

膨胀土、黄土地区，由于易产生冲刷和淤积，影响排水设施的过水能力，除对排水设施进行加固外，还要保持一定的流速。明沟最大允许流速见说明表 F. 0. 11—1，最大允许流速的水深修正系数见说明表 F. 0. 11—2。

说明表 F. 0. 11—1　明沟最大允许流速

明沟土质或护面材料	最大允许流速（m/s）	明沟土质或护面材料	最大允许流速（m/s）	明沟土质或护面材料	最大允许流速（m/s）	明沟土质或护面材料	最大允许流速（m/s）
粉土	0.8	干砌片石	2.0	黏土	1.2	混凝土	4.0
粉质黏土	1.0	浆砌片石	3.0	草皮护面	1.6	石灰岩、中砂岩	4.0

说明表 F. 0. 11—2　最大允许流速的水深修正系数

水深 h（m）	$h \leqslant 0.4$	$0.4 < h \leqslant 1.0$	$1.0 < h < 2.0$	$h \geqslant 2.0$
修正系数	0.85	1.00	1.25	1.40

F. 0. 12　所谓水力最优断面，就是在给定设计流量、底坡和粗糙系数的条件下，所得出的沟渠过水断面为最小，或者是在过水断面 A、底坡 i、粗糙系数 n 给定的条件下，使得沟渠通过的流量最大。从式（F. 0. 10—1）（谢才公式）来看，当过水断面 A、底坡 i、粗糙系数 n 给定时，要使流量 Q 最大，使水力半径最大，也就是要使湿周 χ 最小。在各种几何形状中，在同样的面积下，圆断面的湿周最小，而半圆形与圆形的水力半径是相等的（均为 $R=\frac{d}{4}$）。所以在实际工程设计中要尽量使沟渠断面接近半圆形，考虑到边坡的稳定性、施工条件等，通常采用梯形断面。水力最优断面的水力半径及底宽 b 与水深 h 关系式见说明表 F. 0. 12。

说明表 F. 0. 12　常用排水设施的水力最优断面水力半径及底宽与水深关系式

名称	对称梯形断面	不对称梯形断面	矩形断面
水力半径（R）	$R=\frac{1}{2}h$	$R=\frac{1}{2}h$	$R=\frac{1}{2}h$
底宽/水深（b/h）	$\frac{b}{h}=2(\sqrt{1+m^2}-m)$	$\frac{b}{h}=2<2[\ ]\sqrt{1+m_1^2}+\sqrt{1+m_2^2}-(m_1+m_2)>2]]$	$\frac{b}{h}=2$

注：m 为对称梯形断面的边坡坡率，m_1、m_2 分别为不对称梯形断面的边坡坡率。

UDC

中华人民共和国行业标准

TB

TB 10035—2018

P

J 158 —2018

铁 路 特 殊 路 基 设 计 规 范

Code for Design on Special Railway Earth Structure

2018-10-12 发布

2019-01-01 实施

国 家 铁 路 局 发 布

国家铁路局关于发布铁道行业标准的公告
（工程建设标准2018年第4批）

国铁科法〔2018〕82号

现公布《铁路特殊路基设计规范》(TB 10035—2018)行业标准，自2019年1月1日起实施。《铁路特殊路基设计规范》(TB 10035—2006)同时废止。

本标准由中国铁道出版社出版发行。

国家铁路局

2018年10月12日

前　言

本规范是根据国家铁路局构建铁路工程建设标准体系的要求，为满足铁路建设和发展需要，统一铁路特殊路基设计标准，提高铁路特殊路基设计水平，保障铁路特殊路基安全与质量，在《铁路特殊路基设计规范》TB 10035—2006 等规范的基础上，总结近年来我国铁路特殊路基设计、施工及运营中的经验、教训和科研成果，借鉴了国内外有关标准的规定，在广泛征求意见的基础上，全面修订而成。

本规范贯彻落实了安全优先的原则，强化了质量安全、节约资源、保护环境以及防灾减灾等技术要求，结合我国国情、经济社会发展水平，合理确定了不同类型的铁路特殊路基的主要设计标准，进一步提升了规范的科学性和技术经济合理性。

本规范共分 16 章，内容包括：总则，术语和符号，软土地段路基，膨胀土（岩）路基，黄土路基，盐渍土、盐岩路基，多年冻土地区路基，季节冻土地区路基，花岗岩风化残积土路基，填土场地路基，滑坡地段路基，危岩、落石和崩塌与岩堆地段路基，岩溶与人为坑洞地段路基，风沙地区路基，雪害地区路基，浸水路基等，另有 4 个附录。

本规范修订的主要内容如下：

1. 适用范围调整为新建、改建铁路特殊路基设计。

2. 明确了软土路堤控制高度，完善了软土地段路基复合地基抗剪强度及稳定分析要求，补充了刚性桩结构、注浆、微型桩等软土地基处理措施要求。

3. 明确膨胀土（岩）为 D 组填料，完善了关于膨胀土（岩）填料的应用要求，补充了膨胀土地区低矮路堤和路堑膨胀及收缩变形量计算公式，修订了膨胀土（岩）路堑基床处理、路基防护加固措施、防排水等要求。

4. 完善了湿陷性黄土地基路基工后沉降检算及地基处理措施的有关规定，修订了黄土路基基床处理深度、边坡形式及坡率等要求。

5. 补充溶陷性及盐胀性盐渍土溶陷量及盐胀量计算的有关内容，完善了盐渍土、盐岩路基的地基处理、边坡防护、防排水等的设计规定。

6. 补充了多年冻土地区路基边坡支挡与防护设计、过渡段设计的有关要求。

7. 补充了季节冻土地区路基设计冻深、防冻层设置、边坡支挡与防护、路基防排水等的设计要求。

8. 规定了花岗岩风化残积土的分类及填料应用要求、花岗岩风化残积土路基边坡控制高度、基床处理深度、边坡稳定分析、边坡支挡防护措施以及防排水等设计要求。

9. 规定了填土场地路基填土分类、边坡控制高度以及基床处理深度、边坡稳定分析、地基加固、边坡支挡防护措施、防排水等设计要求。

10. 修订了滑坡地段路基稳定分析方法、有关防护措施设计规定，补充了工程监测的要求。

11. 完善了危岩、落石范围和崩塌体的防治措施，补充了工程监测的要求。

12. 修订了岩溶与人为坑洞地段路基地基处理设计规定，明确了边坡高度控制原则及要求。

13. 明确了风沙地区路基工程防沙措施防护工程设计使用年限,完善了边坡防护和风沙平面防护的要求,修订了大风区防风措施。

14. 补充完善了雪害地区路基防护措施设计要求。

15. 增加了内涝、水塘地段浸水路基的设计要求,调整了浸水部位填料要求。

在执行本规范过程中,希望各单位结合工程实践,认真总结经验、积累资料。如发现需要修改和补充之处,请及时将意见和有关资料寄交中铁第四勘察设计院集团有限公司(湖北省武汉市武昌杨园街和平大道745号,邮政编码:430063),并抄送中国铁路经济规划研究院有限公司(地址:北京市海淀区北蜂窝路乙29号,邮政编码:100038),供今后修订时参考。

本规范由国家铁路局科技与法制司负责解释。

主编单位:中铁第四勘察设计院集团有限公司。

参编单位:中铁第一勘察设计院集团有限公司、中铁二院工程集团有限责任公司、中国铁路设计集团有限公司、中铁西北科学研究院有限公司。

主要起草人:周宏元、姚洪锡、杨常所、朱　莹、田士军、魏永幸、王智猛、吴连海、李德柱、蒋富强、费建波、李　丹、朱书念、刘庆辉、陈德平、张广丰、王　平、褚宇光、封志军、王海波、邱永平、肖世伟、李　波、石　龙、李凯崇、薛春晓。

主要审查人:李海光、彭泽仁、顾湘生、李安洪、刘　燕、余　鹏、周诗广、徐红星、张千里、王仲锦、李　成、姚宏乐、王多青、崔维孝、曾长贤、郭绍影、杜文山、钱国玉、崔俊杰、胡　建、宋晓东、吴　旭、张　良、王春燕、罗　强、张先军、张鲁新、吴　波、赵世运、史存林。

本规范的历次版本发布情况:《铁路特殊路基设计规范》TBJ 35—92;TB 10035—2002;TB 10035—2006。

目　　次

1 总 则

1.0.1 为统一铁路特殊路基设计的技术标准,使特殊路基设计符合安全适用、技术先进、经济合理的要求,制定本规范。

1.0.2 本规范适用于高速铁路、城际铁路、客货共线Ⅰ级和Ⅱ级铁路、重载铁路的特殊路基设计。

1.0.3 特殊路基工程应加强地质勘察工作,采用综合勘探和综合分析的方法,查明不良地质、特殊土(岩)的成因、规模及工程性质,取得可靠的工程地质、水文地质和环境条件资料。

1.0.4 特殊路基工程应充分考虑地质、气候和环境等因素的影响,遵循预防为主,防治结合的原则,选择在危害程度较轻、易于处理的位置通过,并宜避免高填、深挖和长路堑,降低工程风险。

1.0.5 特殊路基工程应按土工结构物进行设计。设计所需要的物理力学参数,应利用原位测试、室内试验等资料,结合大气降水、地下水等自然因素的影响,综合分析确定。

1.0.6 特殊路基工程设计应因地制宜,采取可靠有效的加固处理措施,提高防御自然灾害的能力。存在多种特殊土(岩)或特殊条件时,应综合分析,综合处理。有条件时,宜积极推广应用新技术、新结构、新材料、新工艺。

1.0.7 特殊路基工程填料设计,应对移挖作填、集中取(弃)土、填料改良等方案进行技术、经济比较。采用特殊土(岩)作填料进行改良时,应通过室内外试验,提出相关的技术参数和施工工艺。

1.0.8 特殊路基工程边坡处理设计,应重视环境保护、水土保持,并兼顾节约用地和文物保护等要求,减少对天然植被和山体的破坏,加强边坡支挡加固与防护措施,防止诱发地质灾害。有条件时,边坡宜采用绿色防护。

1.0.9 特殊路基工程地基处理设计,应充分考虑地形地貌特征、地基土特性、水文条件、地基处理目的及地区经验、周边环境特殊性及敏感性等因素,必要时结合现场试验和测试,综合确定适宜的地基处理措施、施工工法等,保证地基处理效果及周边环境安全。

1.0.10 特殊路基工程防排水设计应根据特殊土(岩)特性、气候及水文地质特征、环境因素等条件,结合基床处理及边坡加固防护,系统规划,采取有效的截排、封闭等综合措施,并与桥、涵、站场或地方排水设施合理衔接,形成完整、通畅的防排水系统,满足路基防排水及环境保护等要求。

1.0.11 地质及环境条件复杂、安全风险高的特殊路基工程,应进行监测设计,实施信息化施工。

1.0.12 特殊路基工程设计除应符合本规范外,尚应符合国家现行有关标准的规定。

2　术语和符号

2.1　术　　语

2.1.1　特殊路基　earth structure of special area

特殊土(岩)路基和特殊条件路基的统称。

2.1.2　特殊土(岩)路基　earth structure of special rock and soil area

位于软土、膨胀土(岩)、黄土、盐渍土等特殊土(岩)地段的路基。

2.1.3　特殊条件路基　earth structure of special condition

位于不良地质地段的路基,以及受水、气候等自然因素影响强烈的路基。

2.1.4　软土　soft soil

在静水或缓慢的流水环境中沉积,具有含水率大($\omega \geqslant \omega_L$)、孔隙比大($e \geqslant 1.0$)、压缩性高($\alpha_{0.1\sim0.2} \geqslant 0.5\ \mathrm{MPa}^{-1}$)、强度低($P_s < 0.8$ MPa)等特点的黏性土。

2.1.5　松软土　loose-soft soil

路基工程中,具有含水率或孔隙比较大、压缩性较高($a_{0.1\sim0.2} \geqslant 0.25\ \mathrm{MPa}^{-1}$)、强度或承载力较低($\sigma_0 \leqslant 150$ kPa)等特点,达不到软土指标的黏性土、粉土及砂类土等地层。

2.1.6　膨胀土　expansive soil

土中黏土矿物主要由亲水矿物组成,具有吸水膨胀、软化、崩解和失水急剧收缩开裂,并能产生往复变形的黏性土。

2.1.7　黄土　loess

第四纪以来,在干旱、半干旱气候条件下形成的,土颗粒成分以粉粒为主、含碳酸钙及少量易溶盐,并具大孔隙和垂直节理、抗水性能差、易崩解和潜蚀、上部多具湿陷性等工程地质特征的土。

2.1.8　盐渍土　saline soil

易溶盐含量大于或等于0.3%且小于20%,并具有溶陷、盐胀等工程特性的土。

2.1.9　盐岩　salt rock

在极度干热环境的封闭凹地或湖塘,由于地表水、地下水的补给和蒸发不平衡,根据流域周边地层岩性淋出物质的不同,集聚的地表水逐渐浓缩形成不同化学成分的高矿化度卤水,因水分蒸发而结晶形成的化学沉积岩,亦称蒸发岩。

盐岩是碱金属类(含镁盐)卤素矿物组成岩层的总称。

2.1.10　盐渍岩　saline rock

盐渍岩是在覆盖或间夹盐岩的沉积岩地层中,通过化学侵蚀或淋滤作用导致岩体中分布薄膜层状、结核状团块状、纤维状、丝网状、分散状易溶盐,以及裂隙中充填的泥土状次生易溶盐含量超过0.3%。

2.1.11　多年冻土　permafrost

冻结状态持续时间在2年或2年以上的土(岩)。

2.1.12 季节冻土 seasonal frozen soil

受季节影响,冬季冻结,夏季全部融化的土。

2.1.13 风沙 sand blown by the wind

在风力作用下,地表松散砂砾吹蚀、搬运、堆积的过程及其形成的地表形态。

2.1.14 路基工后沉降 Post-construction settlement of subgrade

铺轨工程完成以后,路基产生的沉降量。

2.1.15 固结沉降 consolidation settlement

由土体排水、压密固结所产生的沉降。

2.1.16 复合地基 composite foundation

部分土体被加固、挤密、置换等处理形成增强体,由增强体和周围地基土共同承担荷载的人工地基。根据桩体材料特性的不同,可分为散体材料桩复合地基、加固土桩复合地基及刚性桩复合地基。

2.1.17 刚性桩结构 rigid pile foundation

刚性桩加固地基时,当桩土刚度差异大而不考虑桩间土竖向承载作用,以刚性桩桩体作为承载结构的加固体。

2.1.18 自由膨胀率 free swell

人工制备的松散干土浸水膨胀后所增加的体积与原体积之比,以百分比表示。

2.1.19 大气影响急剧层深度 depth of sharp atmosphere effect

自然气候条件下,由降水、蒸发、地温等气候因素引起岩土层胀缩变形的有效深度为大气影响深度,而大气影响特别显著的地层深度称为大气影响急剧层深度,一般为大气影响深度的 45%。

2.1.20 改良土 improved soil

通过在土中掺入砂、砾石、碎石或石灰、水泥、粉煤灰等物理或化学材料以改善其工程特性的混合料。

2.1.21 膨胀土峰值强度 peakstrength of expansive soil

峰值强度是原状膨胀土在经历干湿循环强度衰减前抵抗外部载荷的能力。

2.1.22 膨胀土残余强度 residual strength of expansive soil

残余强度是膨胀土在经历多次干湿循环强度衰减后保持残余变形和抵抗外部载荷的能力。

2.1.23 黄土的湿陷性 collapsibility of loess

黄土在自重或一定压力下受水浸湿,土体结构迅速破坏,并产生显著下沉的性质。

2.1.24 湿陷量的计算值 computed collapse

采用室内压缩试验资料,根据不同深度湿陷性黄土试样的湿陷系数,考虑现场条件计算的湿陷量累计值。

2.1.25 剩余湿陷量 remnant collapse

将湿陷性黄土地基湿陷量的计算值,减去基底下已处理土层的湿陷量。

2.1.26 湿陷起始压力 initial collapse pressure

非自重湿陷性黄土浸水饱和,开始出现湿陷时的压力。

2.1.27 毛细水强烈上升高度 maximum height of capillary rise

受地下水直接补给的毛细水上升的最大高度。

2.1.28 冻土天然上限 natural permafrost table

天然条件下,多年冻土层顶板的埋藏深度。

2.1.29 年平均地温 mean annual ground temperature

在一年中最高与最低温度的差值为零(一般按一年中最热月与最冷月的月平均温度计算)深度处的地温。该深度称为地温年变化深度。

2.1.30 冻胀丘 frost heaving mound

由土的差异冻胀作用所形成的丘状地形。

2.1.31 标准冻深 standard thawing depth

在平坦、裸露、城市之外的空旷场地中,不少于10年实测最大冻深的平均值。

2.1.32 主滑段 main slide section

在滑坡轴向断面上沿滑动面(带)产生下滑力的滑体段。

2.1.33 抗滑段 slied-resisting section

在滑坡轴向断面上,沿滑动面(带)产生抗滑力的滑体段。

2.1.34 导风板 wind deflector

由板条和立柱拼装而成,用于改变风雪流运行速度和方向的板体。

2.1.35 消能楔 energy dissipation wedge

由浆砌片石、钢轨、木桩或装配式混凝土等材料组成,用于分割运动着的雪崩体,降低雪崩运动速度的三角形结构物。

2.1.36 水库坍岸 sloughing bank of reservoir

由于库水作用而引起的库岸边坡变形失稳。

2.2 符　号

2.2.1 岩土的物理指标

e——天然孔隙比

I_L——液性指数

I_P——塑性指数

ω——天然含水率

ω_L——液限含水率,简称液限

ω_P——塑限含水率,简称塑限

H_c——毛细水强烈上升高度

S_r——饱和度

2.2.2 岩土的力学指标

φ_u——不排水剪切内摩擦角

φ_{cu}——固结不排水剪切内摩擦角

P_s——静力触探比贯入阻力

2.2.3 岩土的测试参数

$a_{0.1\sim0.2}$——压力为0.1 MPa~0.2 MPa时的压缩系数

3 软土地段路基

3.1 一 般 规 定

3.1.1 软土可根据其物理力学性质按本规范附录 A.0.1 进行分类,路基应考虑其下列工程特性及影响:

1 软土具有天然强度低、压缩性高的特性,导致路基稳定性差、地基沉降变形大。

2 软土具有渗透性低、固结缓慢的特性,地基固结历时长,且固结时间及其沉降量随固结条件变化差异性较大,影响深厚层软土地基路基工后沉降及工期控制。

3 高灵敏度软土具有触变性时,施工振动、扰动将导致软土强度严重降低,影响施工期周边既有工程的稳定、变形或安全使用。

4 高塑性或超固结软土具有流变性,在不排水剪切条件下,将导致软土长期强度降低较多、变形持续加大,影响路基长期稳定、变形控制及周边环境安全。

3.1.2 松软土可根据其物理力学性质按本规范附录 A.0.1 进行分类,路基稳定、工后沉降控制应考虑其强度较低、压缩性较高或易液化等工程特性及影响。

3.1.3 软土地段路基宜为路堤形式,其高度不宜小于基床厚度。路基位置选择应符合下列规定:

1 宜选在软土范围窄、厚度薄的地段。

2 在低缓丘陵地区宜避开封闭或半封闭洼地。

3 在山间谷地宜避免设在软土底面横坡较陡地段。

4 在河流中下游地带宜设在高阶地上。

5 在沉积平原地区宜远离河流、湖塘和人工渠道。

6 应避开厚度较大、极不稳定的泥沼地段。

7 在软土地区增建第二线时,宜远离既有线。

3.1.4 路基难以绕避深厚层软土、松软土地段时,应根据铁路等级及轨道类型、地形及环境条件、软土或松软土厚度及性质、填料来源及地基加固工程难易程度等因素,按下列规定控制路堤边坡高度。

1 无砟轨道铁路、时速 200 km 及以上的有砟轨道铁路,路堤高度不宜大于 6 m,其他铁路不宜大于 8 m。

2 具有触变性或流变性等特性复杂的软土地段以及斜坡地基、地表水网密集、环境条件敏感等复杂地段,路堤边坡高度应严格控制。

3.1.5 软土、松软土地段路基稳定及沉降控制等应符合下列规定:

1 路堤与地基的整体滑动稳定性采用圆弧滑动瑞典条分法(简称圆弧法)分析时,稳定安全系数应满足表 3.1.5 的要求。

2 路基沿斜坡基底、软弱夹层带或复式滑面滑动稳定性采用不平衡推力传递系数法分析时,施工期稳定安全系数不应小于 1.10,运营期稳定安全系数不应小于 1.15。

3 路堑及低路堤，基床厚度范围内地基应满足基床承载力要求。

4 路基的工后沉降量及沉降速率应满足相关规范的要求。

3.1.6 饱和粉土和砂类土地基可产生振动液化或地震液化时，应采取防止或消除液化的处理措施。

3.1.7 邻近既有线、公路、地下管线或其他建筑物地段的地基处理设计，应考虑对既有设施的影响，并采取必要的监测或处理措施，保证既有设施的正常使用和安全。

表 3.1.5 路堤与地基的整体滑动稳定安全系数

<table>
<tr><th rowspan="3">铁路等级</th><th rowspan="3">设计行车速度 v(km/h)</th><th colspan="3">天然地基、排水固结地基</th><th colspan="2">复合地基或桩网结构</th></tr>
<tr><th colspan="2">施工期</th><th rowspan="2">运营期</th><th>施工期</th><th rowspan="2">运营期</th></tr>
<tr><th>填筑、预压期</th><th>铺架期</th><th>填筑期、预压期、铺架期</th></tr>
<tr><td>高速铁路</td><td>250≤v≤350</td><td rowspan="2">≥1.10</td><td rowspan="2">≥1.20</td><td rowspan="2">≥1.25</td><td rowspan="2">≥1.20</td><td rowspan="2">≥1.25</td></tr>
<tr><td>城际铁路</td><td>120≤v≤200</td></tr>
<tr><td>Ⅰ级铁路</td><td>v =200</td><td>≥1.10</td><td>≥1.15</td><td>≥1.20</td><td>≥1.15</td><td>≥1.20</td></tr>
<tr><td>Ⅰ级铁路</td><td>120≤v<200</td><td rowspan="2">≥1.05</td><td rowspan="2">≥1.10</td><td rowspan="2">≥1.15</td><td rowspan="2">≥1.10</td><td rowspan="2">≥1.15</td></tr>
<tr><td>重载铁路</td><td>v≤120</td></tr>
<tr><td>Ⅱ级铁路</td><td>v≤120</td><td>≥1.05</td><td>≥1.10</td><td>≥1.10</td><td>≥1.10</td><td>≥1.15</td></tr>
</table>

注：1 填筑、预压期考虑填土自重(含预压)及施工临时荷载作用；铺架期，考虑路堤自重、轨道及铺架设备荷载、运梁荷载组合作用；运营期，考虑路堤自重、轨道及列车荷载作用。

2 地形、地质条件或环境复杂时，稳定安全系数宜适当提高。

3.1.8 路基上的接触网支柱基础、声屏障基础、电缆槽及其他管线沟槽等附属工程应充分考虑路基沉降、变形的影响，保证路基工程的稳固与安全。

3.2 稳定性分析与沉降计算

3.2.1 路基稳定性分析采用的强度参数，应根据土工试验和原位测试成果，结合当地经验综合确定，并应符合下列规定。

1 路堤填料的物理力学指标应根据试验资料确定，无试验资料时，可根据经验按表 3.2.1 选用。

表 3.2.1 路堤填料的物理力学指标

填料类别	黏聚力 c(kPa)	内摩擦角 φ(°)	重度 γ(kN/m^3)
细粒土、化学改良土	20~25	20~25	18~19
砂类土	0~5	25~35	19~20
碎石类、砾石类土	5~10	35~40	20~21
不易风化的块石类土	5~10	40	21~22

注：1 填料的重度可根据填料性质和压实等情况作适当修正；

2 全风化岩石、特殊土的 c、φ 值应根据试验资料确定；

3 计算水位以下采用浮重度，细粒土、化学改良土的 c、φ 值应折减，折减值应根据试验资料确定。

2 路堑边坡或地基土天然抗剪强度宜根据直剪快剪试验、三轴不固结不排水剪切试验、无侧限抗压强度试验或十字板剪切试验确定；考虑固结时，地基土固结抗剪强度可根据直剪固结快剪试验、三轴固结不排水剪切试验确定。

3　散体材料桩复合地基的抗剪强度可按式(3.2.1—1)、式(3.2.1—2)、式(3.2.1—3)计算确定：

$$c_{sp}=(1-m)c_s \tag{3.2.1—1}$$

$$\tan\varphi_{sp}=\frac{1-m}{n}\mu_p\tan\varphi_s+m\mu_p\tan\varphi_p \tag{3.2.1—2}$$

$$\mu_p=n/[1+(n-1)m] \tag{3.2.1—3}$$

式中　c_{sp}——复合地基的黏聚力(kPa)；

φ_{sp}——复合地基的内摩擦角(°)；

c_s——桩间土天然抗剪黏聚力(kPa)；

φ_s——桩间土天然抗剪内摩擦角(°)；

φ_p——桩体的内摩擦角(°)；

m——复合地基置换率；

μ_p——应力集中系数；

n——桩土应力比，无试验资料时，可按经验值 2~5 选取，桩底土质好，桩间土质差时取高值，否则取低值。

4　加固土桩复合地基的抗剪强度可按式(3.2.1—4)、式(3.2.1—5)计算确定：

$$c_{sp}=mc_p+(1-m)c_s \tag{3.2.1—4}$$

$$\varphi_{sp}=\varphi_s \tag{3.2.1—5}$$

式中　c_p——桩体的抗剪强度(kPa)，可取室内无侧限抗压强度的 0.2~0.3 倍。

5　斜坡地基或软弱层带滑动强度参数 c、φ 值，当可能存在地下水时，应采用饱水试件进行试验确定。

3.2.2　天然地基及采用预压排水固结处理时，路堤稳定性分析应符合下列规定：

1　路堤与地基的整体滑动稳定性宜按圆弧滑动，采用瑞典条分法分析检算，如图 3.2.2—1 所示，稳定安全系数宜按下列不同情况计算：

1）不考虑固结时，稳定安全系数宜按式(3.2.2—1)计算。

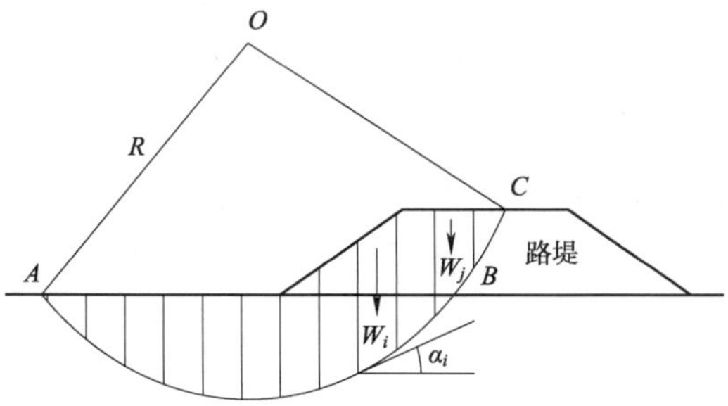

图 3.2.2—1　圆弧滑动法计算示意图

$$F_s=\frac{\sum S_i+\sum S_j}{P_t} \tag{3.2.2—1}$$

式中　F_s——稳定安全系数；

i、j——土条编号，下标 i 表示土条底部的滑裂面在地基土层内，下标 j 表示土条底部的滑裂面在路堤填料内；

P_t——各土条在滑弧切线方向的下滑力的总和（kN/m），$P_t = \sum W_i \sin\alpha_i + \sum W_j \sin\alpha_j$；

S_i——地基土内（AB 弧）抗剪力（kN/m），$S_i = W_i \cos\alpha_i \tan\varphi_{qi} + c_{qi} l_i$；

S_j——路堤内（BC 弧）抗剪力（kN/m），$S_j = W_j \cos\alpha_j \tan\varphi_{qj} + c_{qj} l_j$。

其中　W_i、W_j——第 i、j 土条重量（kN/m），$W_i = W_{ti} + W_{di}$，天然软土地基计算 S_i时，不计 W_{ti}；

W_{di}、W_{ti}——当第 i 土条的滑裂面处于地基内（AB 弧）时，分别为滑面以上该土条中的地基自重及路堤自重（kN/m）；

α_i、α_j——第 i、j 土条底滑面的倾角（°）；

l_i、l_j——第 i、j 土条底滑面的长度（m）；

c_{qi}、φ_{qi}——当第 i 土条的滑裂面处于地基内（AB 弧）时，分别为该土条所在土层的天然抗剪黏聚力（kPa）与内摩擦角（°）；

c_{qj}、φ_{qj}——当第 j 土条的滑裂面处于路堤内（BC 弧）时，分别为该土条所在路堤填料的黏聚力（kPa）与内摩擦角（°）。

2） 考虑固结时，稳定安全系数宜按式（3.2.2—2）计算。

$$F_s = \frac{\sum (S_i + \Delta S_i) + \sum S_j}{P_t} \tag{3.2.2—2}$$

式中　ΔS_i——由于固结增长的地基抗剪力（kPa），$\Delta S_i = W_{ti} U_i \cos\alpha_i \tan\varphi_{gi}$；

U_i——地基土平均固结度；

φ_{gi}——第 i 土条所在土层的固结快剪或三轴固结不排水剪的内摩擦角（°）。

2　软土层较薄时，除按圆弧滑动瑞典条分法计算外，还应按不平衡推力传递系数法分析路堤沿复式滑面滑动的稳定性，如图 3.2.2—2 所示。

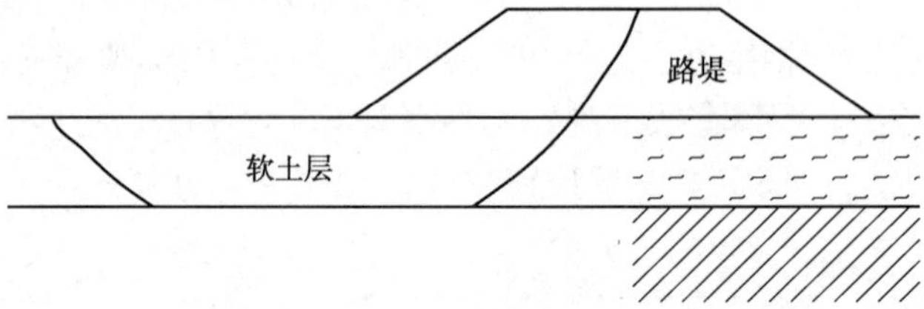

图 3.2.2—2　复式滑面计算示意图

3　路堤位于斜坡地基或软弱夹层带时，除按圆弧滑动瑞典条分法计算外，还应按不平衡推力传递系数法分析路堤沿基底或软弱夹层带滑动的稳定性，如图 3.2.2—3 所示。

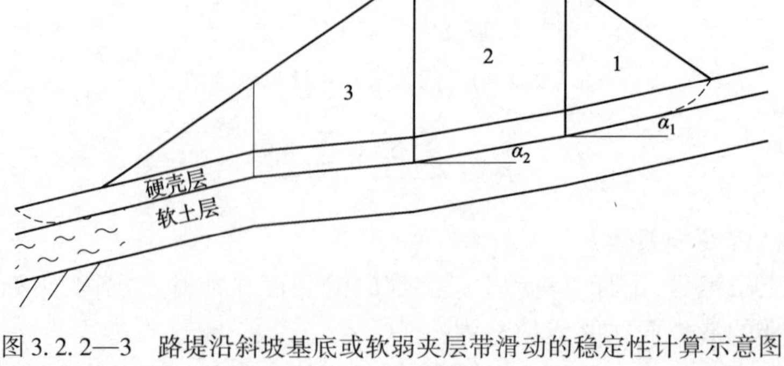

图 3.2.2—3　路堤沿斜坡基底或软弱夹层带滑动的稳定性计算示意图

4 不平衡推力传递系数法稳定安全系数 F_s 宜按式(3.2.2—3)、式(3.2.2—4)计算,直到第 n 条(最后一条)的剩余推力为零,由此确定稳定安全系数 F_s。

$$E_i = F_s W_i \sin\alpha_i - S_i - s_j - \Delta S_i + E_{i-1}\Psi_{i-1} \qquad (3.2.2—3)$$

$$\varphi_{i-1} = \cos(\alpha_{i-1} - \alpha_i) - \tan\varphi_i \sin(\alpha_{i-1} - \alpha_i) \qquad (3.2.2—4)$$

式中 W_i——第 i 土条的重力与外加竖向荷载之和;

α_i、α_{i-1}——第 i、第 i-1 土条底滑面的倾角(°);

φ_i——第 i 土条底的内摩擦角(°);

E_{i-1}——第 i-1 土条传递给第 i 土条的下滑力(kN);

φ_{i-1}——剩余下滑力传递系数。

5 路堤基底铺设土工合成材料加筋补强时,其承受的拉力应作为抗滑力进行计算。

3.2.3 采用复合地基处理时,路堤与地基的整体滑动稳定性分析应根据地质条件、复合地基类型、可能的破坏模式,采用适宜的方法,并应符合下列规定:

1 散体材料桩、一般地段加固土桩复合地基可按本规范第 3.2.2 条规定采用圆弧法或不平衡推力传递系数法检算,复合地基应根据滑弧切割地层及范围分别采用复合或天然地基土抗剪强度指标;采用散体材料桩时,可考虑其对地基的排水固结效应,计入桩间土在路堤荷载作用下由固结增长的抗剪力。

2 刚性桩复合地基及路堤较高、软土特性或环境敏感等条件复杂地段的加固土桩复合地基,宜根据复合地基可能的破坏模式,采用适宜的方法或结合数值法分析。采用圆弧法分析时,应充分考虑软土特性、桩土模量比等影响因素,合理确定桩土荷载分担形式及作用效应,计算滑面作用力;必要时,宜计算桩的水平向承载力,检算桩的横向稳定性。

3.2.4 采用刚性桩结构处理时,路堤稳定性应按桩承式路堤刚性桩结构进行分析,并应符合下列规定:

1 桩承式路堤刚性桩结构竖向承载力应满足桩顶以上路堤竖向荷载要求,单桩竖向容许承载力应按下式确定:

$$P_0 \leqslant [P] \qquad (3.2.4)$$

式中 P_0——单桩处理范围内桩顶承受的竖向荷载(kN);

$[P]$——单桩竖向容许承载力(kN)。

2 斜坡地基或无硬壳的淤泥、淤泥质土地基,宜检算桩顶以上路堤滑动稳定性及桩网结构的横向稳定性。

3 斜坡地基或无硬壳的淤泥、淤泥质土地基,必要时,宜研究桩网结构地基可能的滑动破坏模式和受力作用特点,采用适宜的方法或结合数值法分析检算路堤与桩网结构地基的整体滑动稳定性。

3.2.5 地基沉降计算参数应根据土工试验、原位测试结合地区工程经验综合确定。

3.2.6 软土、松软土地基压缩层计算深度应按附加应力等于 0.1 倍自重应力确定;对高速铁路、无砟轨道铁路,其下仍存在软土层时,计算深度应增加或至软土层底。

3.2.7 天然地基和采用预压排水固结法处理的地基,沉降计算应符合下列规定:

1 主固结沉降(S_c)宜采用分层总和法计算,对泥炭土、富含有机质黏土或高塑性黏土地层,可根据情况考虑次固结沉降(S_s)。

2 主固结沉降(S_c)可根据 e—p 曲线按下式计算:

$$S_c = \sum_{i=1}^{n} \frac{e_{0i} - e_{1i}}{1 + e_{0i}} \Delta h_i \tag{3.2.7—1}$$

式中　n——地基分层层数；

e_{0i}——第 i 层土中点自重应力所对应的孔隙比；

e_{1i}——第 i 层土中点自重应力与附加应力之和对应的孔隙比；

Δh_i——第 i 层土的厚度(m)。

3　考虑地基土层固结状态，主固结沉降(S_c)宜采用 e—lg$p$ 曲线按下列情况计算：

1) 正常固结、欠固结土层主固结沉降(S_c)可按下式计算：

$$S_c = \sum_{i=1}^{n} \frac{\Delta h_i}{1 + e_{0i}} C_{ci} \lg\left(\frac{P_{0i} + \Delta P_i}{P_{ci}}\right) \tag{3.2.7—2}$$

式中　C_{ci}——土层的压缩指数；

P_{0i}——第 i 层土中点的自重应力(kPa)；

e_{0i}——第 i 层土中点的初始孔隙比(对应于 P_{c_i} 时)；

P_{ci}——第 i 层土中点的前期固结压力，正常固结时 $P_{ci}=P_{0i}$；

ΔP_i——路堤荷载对第 i 层土中点的附加应力(kPa)。

2) 超固结土层可利用原始压缩曲线和原始再压缩曲线分别确定土的压缩指数(C_c)和回弹指数(C_s)，主固结沉降(S_c)按下列计算：

$$S_c = S_c' + S_c'' \tag{3.2.7—3}$$

对有效附加应力 $\Delta P > P_c - P_o$ 的土层，其沉降量 S_c' 按下式计算：

$$S_c' = \sum_{i=1}^{n} \frac{\Delta h_i}{1 + e_{0i}} \left[C_{si} \lg\left(\frac{P_{ci}}{P_{0i}}\right) + C_{ci} \lg\left(\frac{P_{0i} + \Delta P_i}{P_{ci}}\right) \right] \tag{3.2.7—4}$$

对于有效附加应力 $\Delta P \leqslant P_c - P_o$ 的土层，其沉降量 S_c'' 可按下式计算：

$$S_c'' = \sum_{i=1}^{n} \frac{\Delta h_i}{1 + e_{0i}} \left[C_{si} \lg\left(\frac{P_{0i} + \Delta P_i}{P_{0i}}\right) \right] \tag{3.2.7—5}$$

式中　C_{si}——土层的回弹指数。

4　对较均质土，主固结沉降 S_c 也可根据地基压缩模量按下式计算：

$$S_c = \sum_{i=1}^{n} \frac{\Delta P_i}{E_{si}} \Delta h_i \tag{3.2.7—6}$$

式中　E_{si}——第 i 层土的压缩模量(kPa)。

5　地基总沉降量(S)可根据瞬时沉降(S_d)、主固结沉降(S_c)及次固结沉降(S_s)之和，按式(3.2.7—7)计算；也可综合考虑瞬时沉降及其他因素的影响，将主固结沉降乘以修正系数(m_s)，按式(3.2.7—8)计算。

$$S = S_d + S_c + S_s \tag{3.2.7-7}$$

$$S = m_s S_c \tag{3.2.7-8}$$

式中　m_s——沉降经验修正系数，与地基条件、荷载强度、加荷速率等因素有关。对饱和软黏性土，采用堆载预压排水固结法处理时，其值宜取 1.2~1.4；采用真空预压排水固结法处理时，其值可取 1.0~1.2。

3.2.8　采用复合地基或刚性桩结构处理时，地基加固区和下卧层沉降量应根据相关规范规定选用适宜的方法计算。

3.2.9　地基工后沉降量,应根据加荷形式、加荷速率及地基加固措施等因素的影响进行计算分析,并根据观测资料进行调整。地基工后沉降量应按下式计算:

$$S_r = S - S_T \tag{3.2.9}$$

式中　S_r——工后沉降量(m);

S——总沉降量或称最终沉降量(m);

S_T——施工期沉降量(m)。

3.3　路　　堤

3.3.1　软土或松软土地基上的路堤应综合考虑地基特征、加固措施类型、环境条件及其变化等因素,通过稳定性分析、沉降计算或地基承载力验算等,进行相应的地基处理设计。

3.3.2　路堤稳定性应考虑浸水、晒塘清淤等周边环境条件变化的不利影响,分别对路堤施工期及运营期进行检算分析。

3.3.3　路堤基底软土或松软土地基应根据其性质、厚度,水文地质条件等因素,分析确定处理目的,按本规范第3.5节的规定,采取适宜的地基处理措施。

3.3.4　路堤与其他构筑物分界处、地层变化较大地段及不同地基处理措施连接处,应采取渐变过渡的地基处理措施,减少不均匀沉降。

3.3.5　采用排水固结法处理地基的路堤设计应符合下列规定:

1　应通过施工期稳定性检算分析,对快速填筑临界高度、路堤填土加荷形式、分级高度及其加荷时间(含预压)等填筑参数进行施工指导性设计;填筑临界高度也可用经验公式计算确定。

2　新建路堤,预留第二线时,宜按一次建成双线路堤设计。

3　应结合施工组织安排和工期要求提前安排施工。路堤填筑施工完毕后应放置一段时间,必要时可增大荷载进行预压。

3.3.6　设计速度200 km/h及以下有砟轨道铁路路基面应预留路基工后沉降加宽,每侧加宽值应根据工后沉降量与道床边坡坡率计算确定。

3.3.7　路堤护肩宜采用干砌片石或预制混凝土块,采用浆砌片石或预制混凝土块、现浇混凝土时,应加强防止纵向不均匀沉降及保证基床横向排水通畅的处理措施;工后沉降较大时,宜加大路拱或其横向排水坡,必要时,可于基床表层顶面或底面设隔渗层。

3.3.8　地震区软土地基上的路基上的路基基府采用砂石垫层时,垫层材料应采用碎石(卵石)或粗砂类碎石(卵石),不得采用细砂;9度及以上地震区路堤基底垫层不宜采用中、粗砂。

3.3.9　路堤边坡应根据路堤填料性质、边坡高度、气象及水文地质特征等条件,结合地基处理措施、路堤稳定性等因素,采取适宜的边坡形式、坡率、坡面防护及截排水措施。

3.3.10　路堤坡脚不宜取土、挖沟,当必须取土时,其安全距离应通过稳定性检算确定。

3.3.11　软土地段路堤宜结合工程实际,选择代表性地段提前填筑试验路基。

3.3.12　路堤填筑及预压期间,应进行路基沉降、水平位移的动态观测,控制填土速率,预测工后沉降。有运架梁作业的路基,在运架梁期间应加强路基的沉降和位移观测。

3.4 路　　堑

3.4.1 路堑基床处理应符合下列规定：

1 根据软弱土性质、厚度、水文地质条件及基床承载力要求、地基防止液化要求等按本规范第 3.5 节有关规定采取适宜的地基处理措施。

2 地下水位较高时，应在基底层顶面或换填底面采取全断面隔水、防渗措施，并采取加深侧沟或设盲沟等降低水位、引排地下水措施。

3 软弱层较厚或地下水位(承压水头)高于路肩，降低水位或引排地下水困难时，可采用“路堤式路堑”结构或封闭式 U 形槽结构。

3.4.2 软土地段路堑应根据边坡软土厚度、软弱层底横向坡度、水文地质及环境条件等因素，严格控制边坡高度。

3.4.3 路堑边坡应根据软弱土性质、厚度、层底横坡情况、水文地质条件及加固措施类型等，采用圆弧滑动法或不平衡推力法按本规范第 3.2 节有关规定进行稳定性分析，并结合边坡高度、环境条件、施工方法等因素综合确定边坡形式、坡率及作用在支挡结构上的岩土压力或下滑力等荷载大小及分布特征。

3.4.4 边坡加固防护与支挡措施应根据边坡工程地质与水文地质条件、边坡高度、外部环境条件等因素，结合边坡稳定性分析，按下列规定确定：

1 边坡软弱层较厚时，可采用水泥土搅拌桩、旋喷桩等复合地基处理措施进行边坡加固；坡面可采用生态袋柔性防护、浆砌片石或骨架护坡防护。

2 边坡不高时，坡脚宜设矮挡墙或片石垛加固；边坡较高或软弱层较厚时，坡脚宜采用钢筋混凝土排桩、L 形挡墙、U 形槽结构或综合措施等进行支挡。

3 根据施工开挖过程的安全与稳定需要，结合施工工况，可采取必要的止水、降水及临时加固防护等措施。

3.4.5 路堑应设置侧沟平台，宽度不宜小于 2.0 m；路堑边坡高度较大或软硬层分界面，宜设置边坡平台，宽度不宜小于 3.0 m。

3.4.6 路堑边坡应结合地形地貌、水文特征及周边环境等因素，采取合理的防排水措施，必要时，可设支撑渗沟或仰斜排水孔，加强排除边坡内地下水。

3.4.7 支挡结构墙背采用砂夹卵石反滤层时，其厚度不得小于 0.5 m。

3.5 地 基 处 理

3.5.1 地基处理措施应根据铁路等级、轨道类型、地基特征、施工工期、环境条件及处理目的等因素，结合处理措施的适宜性和地区经验，综合分析确定。

3.5.2 软土、松软土层厚度及埋深小于 3 m 时，宜按下列原则采用适宜的浅层处理措施：

1 优先采用挖除换填或改良回填处理措施，路堤基底宜采用 A、B 组粗粒土或 C 组细粒土换填，支挡结构物基底应采用中粗砂、砂砾石、碎石或灰土、水泥土换填。

2 表层无硬壳的淤泥、淤泥质土层及泥沼，可采用碾压片石处理措施。

3 非饱和黏性土、粉土层或松散砂类土层，可采用冲击碾压或振动碾压处理措施，碾压遍数应根据设备能力、工程经验结合现场试验确定，满足压实后地基密实度(防液化)、承载力或路基沉降变形控制要求。

4 软土层、非饱和黏性土或粉土层,地下水位接近地表、排除困难或地表硬壳层厚度大于1 m时,可直接在路堤基底采用排水(加筋)垫层处理措施,垫层材料宜采用中粗砂、砂砾石或碎石,厚度不宜小于0.5 m,垫层内可采用土工布、土工格栅、土工格室等土工合成材料加筋补强,材料层数、强度视路堤稳定性需要确定,且不应超过3层。

3.5.3 软土层厚度及埋深小于6 m时,可按下列原则选择适宜的处理措施:

1 表层硬壳厚度小于2 m时,可按本规范第3.5.2条第4款规定采取排水(加筋)垫层处理措施。

2 采用反压护道加固,反压护道宜用单级,其高度宜为路堤高度的1/3~1/2,且应小于填筑临界高度,其宽度应由稳定性检算确定。

3 当本条第1款或第2款的措施不能满足稳定要求时,可采用排水(加筋)垫层与反压护道综合处理措施。

4 采用强夯置换墩加固,在施工前应选择代表性试验段进行试夯,确定其可行性和施工工艺,指导施工。

3.5.4 软土层较厚时,可采用预压排水固结法处理措施,并应符合下列要求:

1 排水固结措施宜采用袋装砂井、塑料排水带等竖向排水井,井径、间距和深度,应根据地基情况、施工工期、固结要求等,按渗透固结理论计算确定。

2 地基表层设排水(加筋)垫层,路堤坡脚可根据稳定要求增设反压护道。在基底面积较大、地势低洼或地表水网发育地段,排水垫层厚度、布置形式应充分考虑地基沉降的影响,必要时,应采取改善或加强排水措施,保证地基排水固结效果。

3 排水垫层面以上预压措施应根据地基条件、路堤高度、工期及工后沉降量要求等综合分析确定,一般采用路堤填土堆载预压措施;路堤较矮或预压时间较短时,可采用真空预压或真空联合堆载预压措施,加快沉降速率,加大预压期的沉降量。

4 施工组织设计应预留足够的预压期,对路基面以上的预压荷载应确定合理可行的方案。

3.5.5 下列情况或地段的软土地基,应根据地层性质、环境因素、处理目的、处理措施的适宜性及地区经验等条件选择采用水泥土搅拌桩、高压旋喷桩等复合地基或刚性桩结构处理措施:

1 软土层较厚,采用预压排水固结法处理不能满足稳定、工后沉降、工期要求或预压荷载困难时。

2 软土层较厚的路堑及高度小于基床厚度的低路堤地段。

3 支挡建筑物基础或路堑边坡。

4 与既有线并行增建的第二线软土地基。

3.5.6 松软土层较厚时,应根据地层性质、环境因素、处理目的、处理措施的适宜性及地区经验等条件,采用以下处理措施:

1 松软土层为可液化的粉土、粉细砂,厚度小于8 m时,可采取强夯法处理;厚度小于15 m时,宜采取挤密砂桩、碎石桩等复合地基处理措施。

2 松软土层为软黏性土或厚度较大时,宜采用碎石桩、水泥土搅拌桩、CFG桩、高压旋喷桩等复合地基或刚性桩结构处理措施。

3.5.7 路堤较高及深厚层软土、松软土地基,性质或成层分布较复杂时,可采用排水固结与复合地基组合、复合地基与刚性桩结构组合等综合处理措施。

3.5.8 软弱层底横坡较陡或斜坡软弱地基,应采取侧向变形约束或抗滑能力强的处理措施。

3.5.9 采用刚性桩结构处理措施时,应符合下列规定:

1 应综合考虑路堤高度、地基土性质、地形及环境条件等因素,结合桩板、桩筏及桩网结构的适应性,合理确定适宜的结构形式。

2 低路堤、斜坡或无硬壳的淤泥、淤泥质土地基及沉降变形控制严格时,宜采用桩板或桩筏结构,采用桩网结构时,应采取适宜的保证横向稳定性的处理措施。

3 宜采用打入、压入预制钢筋混凝土桩,地基土夹有块石、漂石或软硬不均时,可采用钢筋混凝土钻孔灌注桩。

4 刚性桩桩顶高出地面埋入填土路堤时,应保证桩顶以下填土路堤稳定,并在其沉降基本完成后设置刚性桩结构。

3.5.10 注浆、微型桩等可用于特殊条件下的软土、松软土地基处理或既有路基地基补强加固,其设计应符合现行《既有建筑地基基础加固技术规范》JGJ 123 的有关规定。

3.5.11 复合地基及刚性桩桩底受力层存在下卧软弱层时,应验算其地基承载力,并满足相应要求。

3.5.12 复合地基、刚性桩桩网(桩筏)结构应在桩(帽)顶设置厚度不小于0.4 m的砂砾石或碎石加筋垫层,筋材宜为土工格栅,极限抗拉强度不应小于50 kN/m。

3.5.13 采用复合地基或刚性桩加固的地段,施工前应根据设计进行工艺性试桩,确认设计与施工有关参数技术上可行。

3.5.14 地基加固质量检测合格后方可施工上部路基工程。

4 膨胀土(岩)路基

4.1 一般规定

4.1.1 膨胀土(岩)的膨胀性分级可按本规范附录A.0.2的规定划分,路基应考虑下列特性及其影响:

1 膨胀土(岩)具有干缩湿胀特性,吸水膨胀时将对路基结构物或上部轨道结构产生膨胀变形及膨胀力。失水收缩时对路基工后沉降产生影响。

2 膨胀土(岩)具有强度随干湿循环产生剧烈衰减的特性,其残余强度远低于峰值强度,路基稳定和力学分析时强度指标取值应考虑其不利影响。

3 膨胀土(岩)裂隙发育,遇水时结构面强度大大降低,可能导致路基边坡稳定性不足。

4.1.2 路基宜绕避大范围中、强膨胀土(岩)地段,难以绕避时,路基应严格控制边坡高度,避免高路堤及深长路堑。膨胀土填筑的路堤边坡高度不宜超过10 m;路堑边坡高度不宜超过15 m,并应加强稳定边坡措施。

4.1.3 膨胀岩体存在不利的结构面或软弱夹层时,路基宜垂直或大角度与其相交通过,路基边坡应采取防止软弱层面滑动的措施。

4.1.4 膨胀土(岩)可作为D组路基填料,膨胀土改良时,掺和料宜采用石灰或水泥等,掺入量应根据试验确定。

4.1.5 膨胀土(岩)路基应根据铁路轨道类型、铁路等级、膨胀土(岩)的特性、边坡高度、地形地貌及气象、水文地质条件,按照排水、防渗保湿、消能的原则进行设计。

4.1.6 膨胀土(岩)路堑开挖前应做好地表排水系统。

4.1.7 高速铁路及无砟轨道铁路膨胀土(岩)路基铺轨前应进行膨胀变形监测与评估,以验证膨胀变形控制效果,根据膨胀变形隐患及时调整处理措施。

4.2 路 堤

4.2.1 基床表层不应采用膨胀土(岩)或其改良土填筑。

4.2.2 基床底层填筑应符合下列规定:

1 无砟轨道铁路不应采用膨胀土(岩)或其改良土填筑。

2 高速有砟轨道铁路可采用弱膨胀土(岩)改良土填筑。

3 其他有砟轨道铁路可采用弱、中膨胀土(岩)改良土填筑。

4.2.3 基床以下路堤填筑应符合下列规定:

1 无砟轨道铁路不宜采用膨胀土(岩)改良填筑。

2 时速200 km及以上有砟轨道铁路,不应采用膨胀土(岩)直接填筑,可采用弱、中膨胀土改良土填筑。

3 其他标准铁路可采用弱、中膨胀土(岩)改良土填筑;采用弱膨胀土(岩)直接填筑时,应加强加固及防排水措施。

4.2.4 边坡高度不大于6 m时,坡率可按1∶1.5~1∶1.75设计。边坡高度大于6 m时,边坡坡率及形式应根据填料重塑或改良后性质、气候条件、加固措施等因素进行路堤边坡稳定性分析,并结合既有路堤的成熟经验综合确定。稳定检算宜采用圆弧法,稳定安全系数不应小于1.25。

4.2.5 低路堤、地下水发育以及斜坡膨胀土地段的路堤,应加强排水、地基处理或侧向约束等处理措施。

4.2.6 膨胀土(岩)路堤应根据路堤高度及填料性质等考虑路基面加宽。

4.3 路　　堑

4.3.1 膨胀土(岩)路堑基床处理应符合下列规定:

1 基床表层应全部换填符合相应铁路等级标准要求的填料。

2 基床底层应采取换填、土质改良或其他地基加固措施,处理深度应满足表4.3.1要求;高速铁路及无砟轨道城际铁路基床加固措施及处理深度应按本规范第4.5节规定综合确定。

表4.3.1　基床底层处理深度

<table>
<tr><th colspan="2" rowspan="2">铁路等级</th><th colspan="3">膨 胀 性</th></tr>
<tr><th>弱</th><th>中</th><th>强</th></tr>
<tr><td colspan="2">无砟轨道铁路</td><td colspan="2">不小于基床底层深度</td><td rowspan="4">不小于基床底层深度且应考虑大气影响急剧层深度的影响</td></tr>
<tr><td rowspan="3">有砟轨道</td><td>时速200 km及以上铁路</td><td>≥1.0 m</td><td>≥1.5 m</td></tr>
<tr><td>其他城际及Ⅰ、Ⅱ级铁路</td><td>≥0.5 m</td><td>≥0.5 m</td></tr>
<tr><td>重载铁路</td><td>≥1.0 m</td><td>≥1.0 m</td></tr>
</table>

3 时速200 km及以上铁路或地下水发育、强膨胀土(岩)等地段,宜采用路堤式路堑。

4.3.2 路堑边坡坡率应根据边坡高度、岩土的性质、软弱层和裂隙的组合关系、气候特点、水文地质条件,以及自然山坡、人工边坡的稳定坡度等因素,结合稳定性分析综合确定。

4.3.3 膨胀土(岩)路堑边坡设计应遵循缓坡率、宽平台、加固坡脚和适宜的坡面防护相结合的原则,并应符合下列规定:

1 膨胀土(岩)路堑边坡形式应采用阶梯型,边坡分级高度不宜大于6 m,级间边坡平台宽度不应小于2.0 m。

2 膨胀土(岩)路堑边坡无不利的结构面或软弱夹层,且高度不超过10 m时,边坡坡率及平台宽度可根据边坡的高度和土质按表4.3.3设计。

表 4.3.3 膨胀土(岩)路堑边坡坡率和平台宽度

边坡高度(m)	边坡坡率			边坡平台宽度(m)			侧沟平台宽度(m)		
	边坡膨胀土(岩)性质								
	弱	中	强	弱	中	强	弱	中	强
<6	1∶1.5	1∶1.5~1∶1.75	1∶1.75~1∶2.0	可不设			1.0	1.0~2.0	2.0
6~10	1∶1.75	1∶1.75~1∶2.0	1∶2.0~1∶2.5	≥2.0	≥3.0	≥3.0	1.5~2.0	2.0	≥2.0

3 膨胀土(岩)路堑边坡存在不利结构面或软弱夹层,或高度超过 10 m 时,边坡坡率及平台宽度应结合稳定性分析进行设计。稳定性检算宜采用圆弧法,稳定安全系数不应小于 1.25;当存在不利结构面或软弱夹层时宜采用传递系数法,稳定安全系数不应小于 1.15。

4.3.4 路堑边坡宜在膨胀土(岩)与其他地层分界处或不同等级膨胀土、岩分界处设置宽度不小于 2.0 m 的边坡平台,并加强排水和加固防护措施。

4.3.5 边坡平台和侧沟平台应封闭处理。

4.3.6 路堑堑顶距建筑物应有一定的安全距离,并采取可靠的边坡稳定措施。

4.3.7 性质复杂或深、长膨胀土路堑宜进行边坡稳定性监测。

4.4 边坡防护加固

4.4.1 膨胀土路基边坡防护与支挡加固措施应符合下列规定:

1 可能发生浅层破坏时,宜采取半封闭的相对保湿防渗措施。

2 可能发生深层破坏时,应结合浅层破坏,通过边坡稳定分析确定加固处理措施。

3 用于稳定和力学分析的膨胀土(岩)强度指标应采用低于峰值强度值,可采用试验、反算、经验指标或综合分析确定。

4.4.2 膨胀土(岩)地段路基支挡结构设计应符合下列规定:

1 支挡结构应考虑水平膨胀力的影响。

2 支挡结构消能层可结合反滤层设置,厚度不应小于 0.5 m。

3 基础埋深不应小于 1.5 m,且应考虑大气影响急剧层深度的影响。

4 支挡结构基坑应采用非膨胀土回填并碾压密实。

4.4.3 路堑边坡防护加固措施可依据工程地质条件、环境因素和边坡高度按照表 4.4.3 进行设计。骨架净间距不宜大于 3 m,宽度不宜小于 0.5 m,深度不应小于 0.6 m。降雨强度较大时,膨胀土(岩)应加强坡面防护工程。

表 4.4.3 膨胀土(岩)路堑边坡防护加固措施

边坡高度(m)	膨胀性		
	弱	中	强
≤3	土工网垫客土植生防护	空心砖内客土植生防护	支撑渗沟,空心砖内客土植生防护
>3	截水骨架内植物防护;截水骨架内空心砖客土植生防护;锚杆框架梁内植物防护;支撑渗沟加截水骨架内植物防护;护墙	截水骨架内空心砖客土植生防护;支撑渗沟加截水骨架内植物防护;锚杆框架梁内植物防护;柔性护坡	支撑渗沟加截水骨架内植物防护;锚杆框架梁内空心砖客土植生防护;柔性护坡

注:边坡高度≤3 m 时,当有地表水汇集条件或地下水发育时,可设置支撑渗沟等措施加强边坡排水。

4.4.4 中、强膨胀土(岩)及边坡高度大于 6 m 的弱膨胀土(岩)路堑,坡脚应采取挡土墙、抗滑挡土墙、桩基承台抗滑挡土墙、抗滑桩板墙等支挡加固措施,必要时可对边坡采取分级抗滑支挡措施加强加固。

4.4.5 路堤边坡防护加固措施可根据填土的工程地质条件及高度按照表 4.4.5 进行设计。采用膨胀土填筑的路堤,边坡骨架净间距不宜大于 3 m,宽度不宜小于 0.5 m,深度不应小于 0.6 m;边坡较高或基底横坡较陡时,应采取坡脚支挡措施。

表 4.4.5　膨胀土(岩)路堤边坡防护加固措施

边坡高度(m)	填土条件	
	改良土	弱膨胀土
<4	土工网垫客土植生防护	空心砖内客土植生防护
4~8	边坡加筋结合空心砖内客土植生防护,截水骨架内植物防护	边坡加筋结合空心砖内客土植生防护,截水骨架内植物防护
>8	边坡加筋结合空心砖内客土植生防护,截水骨架内植物防护	边坡加筋、支撑渗沟结合空心砖内客土植生防护,截水骨架内植物防护

4.4.6 膨胀土边坡绿化宜选用低矮、耐修剪和蒸腾量小的灌木。

4.5　地 基 处 理

4.5.1 膨胀土地区的高速铁路及无砟轨道城际铁路路基,除应控制工后沉降外,还应考虑地基胀缩变形的影响。

4.5.2 膨胀土天然地基沉降应考虑其超固结特性,采用分层总和法进行计算。

4.5.3 低矮路堤和路堑地基土的膨胀变形量可按下式进行计算

$$s_e = \psi_e \sum_{i=1}^{n} \delta_{epi} \cdot h_i \tag{4.5.3}$$

式中　s_e——地基土的膨胀变形量(mm);

ψ_e——计算膨胀变形量的经验系数,宜根据当地经验确定,无可依据经验时,可采用 0.7;

δ_{epi}——基底下大气影响深度范围内第 i 层土在平均自重应力和平均附加应力之和作用下的膨胀率(用小数计),由室内试验确定;

h_i——第 i 层土的计算厚度(mm);

n——基底至计算深度内所划分的土层数,膨胀变形计算深度应根据大气影响深度确定,有浸水可能时可按浸水影响深度确定。

4.5.4 低矮路堤和路堑地基土的收缩变形量可按下式进行计算

$$s_s = \psi_s \sum_{i=1}^{n} \lambda_{si} \cdot \Delta w_i \cdot h_i \tag{4.5.4}$$

式中　s_s——地基土的收缩变形量(mm);

ψ_s——计算收缩变形量的经验系数,宜根据当地经验确定,无可依据经验时,可采用 0.6;

λ_{si}——基底下大气影响深度范围内第 i 层土的收缩系数,由室内试验确定;

Δw_i——地基土收缩过程中,第 i 层土发生的含水量变化平均值(以小数表示);

h_i——第 i 层土的计算厚度(mm)；

n——基底至计算深度内所划分的土层数,收缩变形计算深度应根据大气影响深度确定。

4.5.5　膨胀土地基变形不满足设计要求时,应采取换填、防排水、复合地基、桩网结构、桩板结构等处理措施。

4.6　路基防排水

4.6.1　堑顶及边坡应根据地形及边坡高度,设置单侧或双侧天沟及边坡平台截水沟。天沟内边缘至堑顶距离不宜小于5 m。

4.6.2　中、强膨胀土(岩)路堑边坡,宜设置边坡渗沟或仰斜排水孔,加强引排地下水。

4.6.3　基床底层顶面或换填底面应加强封闭、隔水处理。路堤及地下水发育的路堑基床,宜采用可现场连续铺设的防水性材料。采用土工合成材料封闭、隔水时,沿横断面方向不宜搭接,沿线路方向应减少搭接。地下水发育的路堑基床应采取降低或加深侧沟,设必要的纵横向排水渗沟、渗管等防排地下水措施。

4.6.4　地下水发育路堑,宜采取仰斜排水孔、边坡渗沟和纵向盲沟等地下排水措施。

4.6.5　路堤坡脚应设排水沟、抬高式护道或挡土墙等措施,防止受水浸泡。

4.6.6　低路堤、低洼地段基底,应采用渗水土填料填筑,底部设置防渗封闭层,必要时可增设纵横向排水渗沟、渗管等措施,防止和排除地表积水。

4.6.7　天沟、截水沟、侧沟、排水沟、平台应采取防冲、防渗加固措施。路堑侧沟应加强防积防渗的处理措施,侧沟结构设计应考虑水平膨胀力的影响。

5 黄土路基

5.1 一般规定

5.1.1 黄土应根据沉积时代及其工程性质特点按本规范附录表 A. 0. 3—1 进行分类，湿陷性黄土地基的湿陷性等级应根据总湿陷量和自重湿陷量的计算值等因素，按本规范附录表 A. 0. 3—2 进行分类。路基应考虑下列工程特性的影响：

1 黄土骨架结构以粉粒为主，含少量碳酸盐结核，天然含水率低，作为路基填料时应考虑其成分、粒径及液限等影响。

2 老黄土透水性弱，边坡直立性强；垂直节理发育时易剥落。

3 黄土具有湿陷性时，其湿陷变形易引起地基沉降或边坡失稳；新黄土遇水易崩解、剥蚀、产生陷穴，陡边坡稳定性较差。

4 黄土斜坡地段，土体在重力、自然因素或人类工程活动影响下，可能存在或产生滑动、崩塌等不良地质问题。

5.1.2 黄土塬梁地区，路基应避开有滑坡、崩塌、陷穴群、冲沟发育、地下水出露的塬梁边缘和斜坡地段。当无法绕避时，应短距离通过并采取切实可行的工程措施。

5.1.3 湿陷性黄土地区路基，宜设在湿陷性轻微、湿陷土层较薄、排水条件较好的地段。

5.1.4 深厚层湿陷性黄土地基路堤边坡高度，高速铁路、城际铁路不宜超过 6 m，Ⅰ级铁路、重载铁路不宜超过 10 m，Ⅱ级铁路不宜超过 15 m；新黄土路堑边坡高度不宜超过 20 m，老黄土路堑边坡高度不宜超过 25 m。

5.1.5 黄土河谷地带，当路基位于阶地陡坎或岸坡陡壁附近时，应考虑土体自身的稳定性和水流冲刷对路基稳定性的影响。

5.1.6 黄土冲积、洪积平原地区应加强排水，湿陷性黄土地区路基边坡外 20 m 范围不应有积水。

5.1.7 位于冲沟沟脑和陷穴附近的路基，应考虑冲沟和陷穴对路基稳定性的影响。

5.1.8 黄土作为填料进行土质改良时，掺和料宜采用水泥、石灰等，其掺入量应根据试验确定。

5.2 路　　堤

5.2.1 路堤基床填料应符合下列规定：

1 基床表层：时速不大于 120 km 的有砟轨道城际铁路、客货共线铁路有经验时可采用黄土改良土作填料，其他铁路不应采用黄土或其改良土作填料。

2 基床底层：可采用黄土改良土作填料；在有可靠资料和工程经验的情况下，采取加固或封闭措施，时速不大于 160 km 的客货共线铁路基床底层可采用 C 组黄土作填料。

5.2.2 基床以下路堤，无砟轨道铁路、时速 200 km 以上的有砟轨道铁路可采用黄土改良土作填料,其他铁路可采用C组黄土作填料。

5.2.3 路堤边坡高度不大于15 m时,边坡形式及边坡坡率可按表5.2.3确定。边坡高度大于15 m时,宜采用工程类比法结合稳定性检算,确定路堤的边坡形式及边坡坡率。

表5.2.3 路堤边坡形式及边坡坡率

边坡形式	路基面以下边坡分段坡率	
	$0<H\leqslant 8$ m	$8<H\leqslant 15$ m
折线形或阶梯形	1∶1.5	1∶1.75

注:阶梯形边坡在边坡高8 m处或在边坡中部设宽2 m~3 m的边坡平台。

5.2.4 路堤边坡稳定性检算宜采用圆弧法,稳定安全系数不应小于1.25。填土的抗剪强度值应按填筑压实标准的要求,采用夯后快剪试验测定。

5.3 路　堑

5.3.1 黄土路堑基床表层应进行换填处理,换填填料应符合有关规定。

5.3.2 黄土路堑基床底层处理应符合下列规定:

1 高速铁路、城际铁路、Ⅰ级铁路及重载铁路应采取换填、土质改良或其他地基加固措施,处理深度应考虑湿陷变形的影响,并满足表5.3.1要求。

表5.3.1 基床底层处理深度

铁路等级		处理深度(m)	备　注
高速铁路		≥1.8	湿陷性地基未采取其他加固措施时,基床底层宜全部换填
城际铁路	无砟轨道	≥1.5	
	有砟轨道	≥1.0	
重载铁路		≥1.0	
Ⅰ级铁路	时速200 km	≥1.0	
	时速小于200 km	≥0.5	

2 Ⅱ级铁路,在年平均降水量大于500 mm地区,基床土的塑性指数大于12,液限大于32%时,宜采取换填或土质改良措施,处理深度不宜小于0.5 m。

3 基床底层顶部宜采取封闭、隔水措施。

5.3.3 路堑边坡形式应根据黄土类别、均匀性及边坡高度按表5.3.3确定,并应符合下列规定:

1 边坡小平台,在年平均降水量小于300 mm地区宜每高12 m设一级;年平均降水量300 mm~500 mm地区宜每高10 m设一级;年平均降水量500 mm~700 mm地区宜每高8 m设一级。

2 边坡大平台宜设在边坡的中部。

3 非均质土层平台或变坡点的位置,应结合不同土层分界面和钙质结核层的位置综合确定。

4 边坡平台宽度应根据稳定性计算确定,小平台宽度宜为2.0 m~2.5 m,大平台宽度宜为4 m~6 m。

5 边坡平台应设截水沟。

6 侧沟平台宽度可为1.0 m~2.0 m。

表 5.3.3　路堑边坡形式及适用条件

边坡形式	适用条件
直线形(一坡到顶)	(1)均质土层,Q_4、Q_3黄土边坡高度 $H\leq 12$ m;Q_2、Q_1黄土边坡高度 $H\leq 15$ m; (2)非均质土层,边坡高度 $H\leq 10$ m
折线形(上缓下陡)	非均质土层,边坡高度 $H\leq 15$ m
阶梯形(小平台)	(1)均质土层,Q_4、Q_3黄土边坡高度 12 m$<H\leq$25 m;Q_2、Q_1黄土边坡高度 15 m$<H\leq$25 m; (2)非均质土层,边坡高度 15 m$<H\leq$25 m
阶梯形(大平台)	边坡高度 $H>25$ m

5.3.4　路堑边坡坡率应采用工程地质类比法结合边坡稳定性检算等综合确定。设有大平台的深路堑,除应对全边坡作稳定性检算外,还应对大平台毗邻的上下分段边坡作局部稳定性检算。当边坡高度不大于 20 m 时,可按表 5.3.4 确定边坡坡率。

表 5.3.4　路堑边坡坡率

黄土名称	边坡坡率	
	$H\leq 10$ m	10 m$<H\leq$20 m
全新世、晚更新坡积黄土(Q_4^{dl}、Q_3^{dl})	1∶1~1∶1.25	1∶1.25~1∶1.5
全新世、晚更新世冲积、洪积、风积黄土($Q_4^{al、pl}$、$Q_3^{al、pl\ eol}$)	1∶0.75~1∶1	1∶1~1∶1.25
早更新世、中更新世黄土(Q_1、Q_2)	1∶0.75~1∶1	

注:1　表列边坡坡率是指单一土层的综合边坡坡率,若为多种土层,可根据不同时代、成因土层性质的差异性及其在边坡中所占比例,综合考虑确定。

2　阶梯形边坡的分级坡率,对均质土层可取同一坡率值,对非均质土层可选用不同坡率值。

3　当堑顶地面横坡小于20°时,不计其对边坡坡率的影响;当为20°~35°时,Q_4黄土边坡高度大于 12 m,$Q_3^{al、pl}$黄土边坡高度大于 15 m,边坡坡率可放缓一级(按 0.25 计);当大于 35°时,应通过稳定检算确定。

4　对 Q_2、Q_1黄土尚应考虑构造裂隙对边坡稳定性的影响。

5.3.5　路堑边坡稳定性检算,宜采用圆弧法,稳定安全系数应不小于 1.25。

5.4　边坡防护加固

5.4.1　边坡防护加固应根据土质、降水量、边坡高度、坡率等条件,采取防止剥落、冲蚀和变形的加固措施。

5.4.2　路堤高度大于 3 m 时,宜在两侧边坡内分层水平铺设土工格栅,其竖向间距不应大于 0.6 m。路堤坡面可采取土工网垫、空心砖、截水骨架护坡等措施防护。

5.4.3　路堑边坡宜采用空心砖、截水骨架护坡、锚杆框架梁护坡、孔窗式护墙、坡脚墙或综合措施进行防护加固和防排水处理。

5.5　地 基 处 理

5.5.1　黄土地区路基,应根据沉降计算或稳定性检算,采取适宜的地基处理措施,保证路基稳定,控制工后沉降。

5.5.2 非湿陷性黄土地基应按现行《铁路路基设计规范》TB 10001 及本规范第 3 章的有关规定采取处理措施。

5.5.3 湿陷性黄土地基的自重湿陷量(Δ_{ZS})应按下式计算：

$$\Delta_{ZS} = \beta_0 \sum_{i=1}^{n} \delta_{ZSi} h_i \tag{5.5.3}$$

式中 δ_{ZSi}——第 i 层土的自重湿陷系数；

h_i——第 i 层土的厚度(mm)；

β_0——因地区土质而异的修正系数，在缺乏实测资料时，Ⅰ区(陇西地区)取 1.50；Ⅱ区(陇东—陕北—晋西地区)取 1.20；Ⅲ区(关中地区)取 0.90；其他地区取 0.50。

Δ_{ZS}应从天然地面(挖方地段应自路肩)算至其下非湿陷性黄土层顶面止，其中 δ_{ZSi}值小于 0.015 的土层不累计。

5.5.4 湿陷性黄土地基受水浸湿饱和时，其湿陷量(Δ_S)应符合下列规定：

1 湿陷量(Δ_S)应按下式计算：

$$\Delta_S = \sum_{i=1}^{n} \alpha_i \beta_i \delta_{si} h_i \tag{5.5.4}$$

式中 δ_{si}——第 i 层土的湿陷系数，可采用 p—δ_s 曲线上按地基附加应力和饱和自重应力之和对应的 δ_s 值；

h_i——第 i 层土的厚度(mm)；

β_i——考虑地基土的受力状态及地区等因素的修正系数，在缺乏实测资料时，基底下 0~5 m 深度内，取 1.50；基底下 5 m~10 m 深度内，非自重湿陷性黄土场地取 1.00，自重湿陷性黄土场地取所在地区 β_0 值，且不小于 1.0；基底下 10 m 以下至非湿陷性黄土层顶面，非自重湿陷性黄土场地Ⅰ区、Ⅱ区取 1.0，其余地区取工程所在地区的 β_0 值；

α_i——不同深度地基浸水几率系数，按地区经验取值。无地区经验时，基底下 0~10 m 深度内，取 1.0；基底下 10 m~20 m 深度内取 0.9；基底下 20 m~25 m 深度内取 0.6；基底下 25 m 以下取 0.5。如地下水有可能上升至湿陷性土层内，或侧向浸水影响不可避免的区段，取 1.0。

2 湿陷量 Δ_S的计算深度，应从基底(挖方地段应自路肩)计算，在非自重湿陷性黄土场地，累计至基底下 10 m 及地基压缩层深度止；在自重湿陷性黄土场地，累计至非湿陷性黄土层的顶面止。其中湿陷系数(δ_s)小于 0.015 的土层不累计。

5.5.5 在非自重湿陷性黄土场地，附加应力与上覆土的饱和自重压力之和大于各土层的湿陷起始压力值时，计算湿陷量。

5.5.6 湿陷性黄土地基路基工后沉降应按下列规定确定：

1 当采用穿透湿陷性地基，防止湿陷变形影响或全部消除地基湿陷性的处理措施时，工后沉降应根据处理后地基压缩变形沉降计算确定。

2 当采用部分消除地基湿陷性的处理措施时，工后沉降应根据处理后地基剩余湿陷量和地基压缩变形沉降计算确定。

3 地基压缩变形沉降计算应符合现行国家标准《湿陷性黄土地区建筑规范》GB 50025的有关规定。

5.5.7 湿陷性黄土地基应根据工后沉降要求、地基特性、处理深度、施工设备、材料来源和对周围环境的影响等因素进行分析，按表 5.5.7 的规定，采取防止、全部或部分消除湿陷性的处理措施。

表 5.5.7 湿陷性黄土地基常用的处理措施

处理措施	适用范围及其处理目的	可处理的湿陷性黄土层厚度(m)
换填垫层	地下水位以上；全部或部分消除湿陷	1~3
冲击(振动)碾压	地下水位以上，$S_r \leqslant 60\%$ 的湿陷性黄土；全部或部分消除湿陷	1~3
强夯	地下水位以上，$S_r \leqslant 60\%$ 的湿陷性黄土；全部或部分消除湿陷	3~12
挤密桩复合地基	地下水位以上，$S_r \leqslant 65\%$ 的湿陷性黄土；全部或部分消除湿陷	5~15
柱锤冲扩桩复合地基	自成孔适用 $S_r \geqslant 65\%$ 的湿陷性黄土，预钻孔适用 $S_r \leqslant 65\%$ 的湿陷性黄土；全部或部分消除湿陷	大于 15
长短桩复合地基	压缩层厚度较大，处理深度较深；全部或部分消除湿陷，减少压缩沉降	
刚性桩桩板结构	湿陷土层厚度大，处理深度深；防止湿陷变形影响，减少压缩沉降，控制不均匀沉降	
短桩复合地基+刚性长桩结构	压缩层厚度大，处理深度深；全部或部分消除湿陷，减少压缩沉降，控制不均匀沉降	

5.5.8 湿陷性黄土地基采用刚性桩结构防止湿陷变形影响时，桩端应穿透湿陷土层，桩长计算应考虑上部荷载、地基特性及湿陷产生的负摩阻力影响；对自重湿陷性土层，必要时可采取减少桩侧负摩阻力的措施。

5.5.9 湿陷性黄土地基的处理宽度，应符合下列规定：

1 挡土墙地段在非自重湿陷性黄土场地，应至基础底面外侧不小于 1 m；在自重湿陷性黄土场地，应至基础底面外侧不小于 2 m。

2 路堤地段应至坡脚外侧不小于 3 m，路堑地段为路基的整个开挖面。

5.6 路基防排水

5.6.1 堑顶地表水应及时排出，天沟内边缘至堑顶距离不宜小于 5 m，天沟内、外侧的积水洼地应回填夯实整平，夯实后土的干重度不应小于 15 kN/m³。

5.6.2 自重湿陷性黄土路堑边坡应加强对地表水的拦截、引排和防渗措施。

5.6.3 湿陷性黄土地段，路堤坡脚外应设排水沟，基底、坡脚至水沟间及排水沟底应进行封闭防渗加固。

5.6.4 砂质黄土路堤抗冲刷能力差，路肩应设拦水缘，通过边坡上的排水槽，将水集中引排，避免冲刷坡面。

5.6.5 路堤坡脚受水浸泡、冲刷时，应采取防冲、防渗的防护加固措施。

5.6.6 黄土地段的水沟宜采用梯形截面，加固措施宜采用浆砌片石或混凝土；防渗宜采用灰土封闭层、复合土工膜、防水卷材等。

5.6.7 黄土塬及冲沟边缘的排水沟出口应远离桥台锥体不少于10 m,基底及防滑平台应埋入稳定、密实地层,并采取防止冲刷坡面、结构开裂和渗漏的措施。

5.6.8 路基附近的冲沟危及路基安全时,应采取截排或防护措施。

5.7 陷穴处理

5.7.1 陷穴的处理范围应符合下列规定:

1 对外露的陷穴,在路堤坡脚或路堑坡顶线外上方侧50 m以内,下方侧10 m~20 m内,应全部处理,处理深度自地面至陷穴底。

2 对横穿路基的隐蔽暗穴,自路堤坡脚或路堑坡脚向外侧按($45°+\varphi/2$)向下扩展至需要处理的暗穴底。

5.7.2 陷穴处理方法可按表5.7.2选用。

表5.7.2 陷穴的处理方法及适用条件

处理方法	适用条件
回填夯实	外露陷穴
明挖回填夯实	隐蔽陷穴,埋藏浅
支撑回填夯实	隐蔽陷穴,埋藏较深
灌砂	隐蔽陷穴,小而直
灌泥浆、导洞、竖井	隐蔽陷穴,大而深

5.7.3 流向陷穴的地面水,应采取拦截引排措施;堑顶的裂缝和积水洼地,应填平夯实;路堤应做好靠山侧的排水工程,并填平夯实积水洼地。

6　盐渍土、盐岩路基

6.1　一 般 规 定

6.1.1　盐渍土可根据含盐化学成分、含量及溶陷和盐胀程度按本规范附录 A.0.4 分类，盐渍土地区路基应考虑下列特性影响：

1　盐渍土中的可溶盐经水浸泡溶解后，使土体结构松散，产生溶陷。

2　盐渍土具有松胀性、吸湿性，土体易产生盐胀或软化。

3　盐渍土具有较强的腐蚀性。

6.1.2　盐岩可按所含主要矿物成分分为石膏岩、钾盐岩及芒硝岩等，盐岩地区路基应考虑下列特性影响：

1　盐岩干燥状态下强度高、压缩性低，浸水后易产生潜蚀溶陷。

2　盐岩在温度和水分变化时，会产生松胀。

3　盐岩具有较强的腐蚀性。

6.1.3　盐渍土地区路基位置应选在地势较高、地下水位较深、排水通畅、土中含盐量低、地下水矿化度低、盐渍土分布范围小的地段，并应以路堤通过。

6.1.4　盐岩地区路基应避绕地表、地下水丰富和盐溶集中发育的地段，选择在盐层较厚、强度较高的地段通过；盐溶区选择在范围小、暗洞少、顶板较厚、盐溶进一步发展可能性小的地段通过。

6.2　路　　堤

6.2.1　路堤填料应根据铁路等级、降雨量等因素综合确定，并符合下列规定：

1　高速铁路、城际铁路路基不应采用盐渍土、盐岩做填料。

2　重载铁路、时速 160 km 及以上客货共线铁路基床不应采用盐渍土、盐岩做填料。

3　时速 160 km 以下客货共线铁路基床表层不应采用盐渍土、盐岩做填料。

4　盐渍土作填料时，其容许含盐量($\overline{DT}$)不应大于表 6.2.1 的规定。

5　石膏土不应作为填料。

表 6.2.1　路基填料对土层容许易溶盐含量的要求

盐渍土类型	地基或填料的容许含盐量($\overline{DT}$)
氯盐渍土	5% ≤ $\overline{DT}$ ≤ 8%（一般为 5%，如加大夯实密度，可提高其含盐量，但不得大于 8%，其中硫酸钠含量不得大于 2%）
亚氯盐渍土	$\overline{DT}$ < 5%（其中硫酸钠含量不得大于 2%）
亚硫酸盐渍土	$\overline{DT}$ < 5%（其中硫酸钠含量不得大于 2%）
硫酸盐渍土	$\overline{DT}$ < 2.5%（其中硫酸钠含量不得大于 2%）

续上表

盐渍土类型	地基或填料的容许含盐量($\overline{DT}$)
碱性盐渍土	$\overline{DT}$<2%(其中易溶的碳酸盐含量不得大于0.5%)

注:在干燥度大于50,年平均降水量小于60 mm,相对湿度小于40%的西北内陆盆地地区,当无地表水浸泡时,路堤填料和地基土可不受氯盐含量的限制。

6.2.2 盐渍土、盐岩作填料时,基床表层以下应设隔断层,路基面应适当加宽,每侧加宽不宜小于0.4 m;边坡坡率不应陡于1∶1.75,坡脚处应设置1.0 m宽、0.5 m高的护道。

6.2.3 盐渍土场地路堤最小高度(H_{min})应满足不发生次生盐渍化的要求,可按式(6.2.3)计算确定。路堤最小高度不宜小于2.5 m,不能满足时,应采取基床处理、设置隔断层和截排水措施。

$$H_{min}=H_c+\Delta h+h_s\pm h_w \tag{6.2.3}$$

式中 H_c——毛细水强烈上升高度(m);

Δh——安全高度,一般取0.5 m;

h_s——蒸发强烈影响深度(m),指自地面或路面以下,天然含水率曲线有明显变化的深度;

h_w——最高地下水水位埋藏深度或最高地面积水深度(m),其中前者取负值。

6.2.4 毛细水强烈上升高度(H_c)应通过现场测试取得。困难时,可根据土的类别、均质性及其有关物理指标,按下列类型计算确定:

1 均质砂类土可按下式计算:

$$H_c=0.290+0.0567\omega_m+1.5457d_{10}^{-0.246}+1.409d_{50}^{-0.198} \tag{6.2.4—1}$$

式中 ω_m——最大分子吸水率(%);

d_{10}——有效粒径(μm);

d_{50}——平均粒径(μm)。

2 均质细粒土可按下式计算:

$$H_c=0.590+0.0485I_p+1.6963d_{10}^{-0.323}+2.293d_{50}^{-0.229} \tag{6.2.4—2}$$

式中 I_p——土的塑性指数。

3 非均质土可按下式计算:

$$H_c=\sum_{i=1}^{n}h_i-H_{cn}\left(\sum_{i=1}^{n}\frac{h_i}{H_{ci}}-1\right) \tag{6.2.4—3}$$

式中 h_i——第i层土的厚度(m);

H_{ci}——第i层土视为均质时的毛细水强烈上升高度(m);

n——自地下水位算起的毛细水强烈上升高度顶点所在土层层数,$\sum_{i=1}^{n}\frac{h_i}{H_{ci}}\geqslant 1$时的土层数$n$;

H_{cn}——第n层土视为均质时的毛细水强烈上升高度(m)。

6.2.5 当路堤高度小于本规范第6.2.3条确定的最小高度时,路堤底部应设置毛细水隔断层,其底面高程应高于当地最高地面积水高程。

6.2.6 毛细水隔断层可采用渗水土、复合土工膜、毛细型或复合型防排水板等土工合成材料,并应符合下列规定:

1 渗水土隔断层的厚度不宜小于 50 cm，其上部应设厚15 cm的反滤层，下部应设厚 10 cm 的砂垫层。

2 复合土工膜、毛细型或复合型防排水板等土工合成材料隔断层的技术指标、性能及铺设要求应符合现行《铁路路基设计规范》TB 10001 的规定。

6.3 边坡防护

6.3.1 填料为盐渍土的路基，边坡可采用空心砖、骨架护坡、水泥砂浆块板、干砌片石和浆砌片石实体护坡等防护。

6.3.2 填料为盐岩的路堤坡面可采用卵石、干砌片石等防护。

6.3.3 地下水水位较高，毛细水进入路堤本体时，应自毛细水强烈上升高度顶面以下两侧边坡加设护道，宽度不应小于 1.5 m。

6.4 地基处理

6.4.1 盐渍土地基应根据铁路等级、轨道类型、地基特征及环境条件等因素考虑其溶陷性、盐胀性对工程的影响。

6.4.2 考虑溶陷性影响时，盐渍土地基总溶陷量（s_{rx}）应通过现场浸水载荷试验测定，无条件时可按下式计算确定：

$$s_{rx} = \sum_{i=1}^{n} \delta_{rxi} h_i (i = 1, \cdots, n) \tag{6.4.2}$$

式中　s_{rx}——盐渍土地基的总溶陷量计算值（mm）；

δ_{rxi}——室内试验测定的第 i 层土的溶陷系数；

h_i——第 i 层土的厚度（mm）；

n——基础底面以下可能产生溶陷的土层总数。

6.4.3 考虑盐胀性影响时，盐渍土总盐胀量（s_{yz}）应通过现场单点、多点法测定，无条件时可按下式计算确定：

$$s_{yz} = \sum_{i=1}^{n} \delta_{yzi} h_i (i = 1, \cdots, n) \tag{6.4.3}$$

式中　s_{yz}——盐渍土地基的总盐胀量计算值（mm）；

δ_{yzi}——室内试验测定的第 i 层土的盐胀系数；

h_i——第 i 层土的厚度（mm）；

n——基础底面以下可能产生盐胀的土层总数。

6.4.4 当路基稳定性不满足要求、地基溶陷量与压缩沉降量之和大于路基工后沉降量容许值或地基盐胀变形超过轨道调整范围时，应进行地基处理，防止、减少或消除地基溶陷性和盐胀性的影响。

6.4.5 地基处理应根据盐渍土的工程影响特性、环境条件等因素，采用换填、预压、强夯、强夯置换、碎石桩、浸水预溶、盐化、隔断法等措施和抗腐蚀能力强的工程材料。

6.4.6 地基和天然护道的表土含盐量大于本规范表 6.2.1 规定的容许值时应予铲除，设隔断层时可不铲除。

6.4.7 地基表层土松散时应予碾压密实或翻挖分层回填压实。松散土层较厚时,可采取换填、强夯等加固措施。

6.4.8 地基土为软弱土层时,应根据软弱土层的性质、厚度、含水率、地表积水深度等,按本规范第3章的有关规定进行地基处理,处理措施应满足抗腐蚀要求。

6.4.9 含溶蚀孔洞的盐壳层,基底可进行重型机械碾压处理。厚度小于3 m的疏松结构盐岩,可采用挖除换填措施。盐岩中的溶洞及溶隙应采用卵砾石填塞密实或以卤水泥浆回填等进行处理。

6.5 路基防排水

6.5.1 盐渍土地区路基应采取防渗措施,排水沟(天沟)内缘距离坡脚(堑顶)不得小于5 m,排水出口应远离线路。

6.5.2 山前斜坡平原地区,应在路基上游坡脚10 m以外设置截水沟。

6.5.3 为防止次生盐化,盐渍土地区宜优先采用排水沟降低地下水位,不宜使用渗沟。降低地下水位的排水沟可在路基上游侧或两侧设置。

7　多年冻土地区路基

7.1　一般规定

7.1.1　多年冻土分类及青藏高原多年冻土地温分区应符合本规范附录 A.0.5 的规定。

7.1.2　多年冻土路基应考虑下列特性及影响：

1　多年冻土天然或人为上限深度范围可能产生季节冻融交替变化，导致路基工程发生融沉或冻胀变形，土体的含冰量是产生融沉的关键因素。

2　多年冻土热稳定性随年平均地温而变化，年平均地温越低，蓄冷量越大，冻土地基稳定性越好。

3　天然上限附近的多年冻土对环境变化较敏感，冻土与融区交界处易产生不均匀变形。

4　青藏高原Ⅰ、Ⅱ区高含冰量冻土对环境变化及地表的扰动十分敏感，易产生或加剧不良冻土地质问题。

7.1.3　线路位于下列不良冻土区时，不宜以路基通过。

1　泉眼出露集中，含冰量较大，冬季易形成冻胀丘、冰锥、冰幔，路基工程难以治理的地段。

2　高含冰量冻土与融区的交界地段。

3　发展性热融湖塘、范围宽广的大片沼泽或横向坡度较陡的沼泽地段。

4　高温极不稳定的高含冰量地段或不易保温的岛状冻土区。

5　青藏高原Ⅰ、Ⅱ区含土冰层埋藏较浅、厚度较大的地段。

7.1.4　多年冻土地区路基宜采用路堤形式，多年冻土沼泽、厚层地下冰和冻结层上水发育的地段应避免以路堑通过。路基位置宜符合下列规定：

1　山坡上的路基应选在坡度较缓、地表干燥、向阳的地段通过。

2　冻胀丘、冰锥、冰幔地段的路基宜在其下方影响距离之外以路堤通过，并应有足够高度，位于其上方时应考虑地下水变化对路堤稳定性的影响。

3　热融滑坍体段路基宜从其下方以路堤通过。

7.1.5　低温稳定和低温基本稳定多年冻土区路基应采用保护多年冻土的设计原则，高温不稳定多年冻土区路基应采用保护多年冻土或延缓多年冻土融化速率的设计原则，高温极不稳定多年冻土区路基宜采用允许多年冻土融化的设计原则。

7.1.6　低含冰量冻土地区路基，可按一般地区路基设计，但应根据沉降量加宽路基面。

7.1.7　有厚层地下冰、冻胀丘、冰锥、冰幔、冻土沼泽、热融滑坍、热融湖塘等不良冻土现象地段的路基，应采取特殊处理措施。

7.2　路　　堤

7.2.1　路堤填料应考虑冻结层上水的发育程度及填料的冻胀敏感性。

7.2.2 按保护冻土的原则设计时，路堤最小高度应根据不同地区、不同地温分区及填料性质等因素，按下列规定综合确定：

1 青藏高原年平均气温不高于-3.5℃的Ⅲ、Ⅳ区，路堤最小高度不应小于2.0 m。

2 东北地区，大片多年冻土地段路堤最小高度不宜小于1.5 m，岛状多年冻土地段不宜小于2.0 m。

3 路堤填料为非黏性土时，本条第1、2款规定的最小高度宜乘以表7.2.2规定的换算系数。

表7.2.2 高含冰量冻土地段土质路堤最小高度换算系数

填料名称	一般黏性土	砂类土	砂、砾砂混合土	块、卵石土
换算系数	1.0	1.20	1.30	1.40

4 冻胀丘、冰锥地段路堤高度应大于冻胀丘、冰锥最大积冰高度。

5 路堤高度不满足时，应采取保护冻土措施。

7.2.3 地面横坡陡于1∶5，或多年冻土天然上限以上有松软层的斜坡地段，应沿地表、多年冻土天然上限以及人为上限等滑面，进行路基稳定性分析。

7.2.4 路基沉降量包括冻土融化下沉量和地基压缩沉降量，路基面宽度应根据工后沉降量预留加宽值。地基沉降量应按本规范附录B计算。

7.2.5 低含冰量冻土地段，路堤基底不宜清除地表草皮，向阳侧或两侧应设置土护道，护道填料应与路堤填料相同。

7.2.6 高含冰量冻土地段路堤两侧坡脚应设置块、片石护道，并加强地面排水。路堤坡脚外不得设置行车便道。

7.2.7 低温区高含冰量冻土地段路堤应优先采取片石气冷、片石护坡、通风管、热棒等主动保护冻土措施，高温不稳定区高含冰量冻土地段路堤应采取综合保护冻土措施。

7.2.8 片石气冷路基中，片石层厚度不应小于1 m，粒径0.1 m~0.3 m，片石层顶面应设厚度不小于0.2 m的卵（碎）石垫层。

7.2.9 片石护坡顶面宽度不宜小于0.8 m。片石应采用坚硬、耐冻、不易风化的岩石。

7.2.10 通风管宜采用预制钢筋混凝土管，宜埋设在地表以上0.7 m处，伸出路基边坡不小于0.3 m。

7.2.11 热棒长度、直径、间距、埋深应根据热棒类型、工质和阴阳坡等因素计算确定。

7.2.12 多年冻土沼泽地段的路堤宜按保护多年冻土的原则设计，并采取加强排水、预留沉降、防止冻害的综合措施。

1 路堤底部可采用渗水土内铺设土工格室（土工格栅）、抛填片石等地基处理措施，渗水土、抛填片石顶面应高出最高积水水位0.5 m，路堤边坡两侧应设置保温护道。

2 基底为高含冰量冻土时，应按本规范第7.2.7条规定进行设计。

3 线路通过缓山坡沼泽时，应进行基底处理或边坡支挡加固，并应根据沼泽水源补给来源，在路堤一侧或两侧加强排水设施。

7.2.13 冻胀丘、冰锥地段的路堤，应采取防治冻胀措施。冻胀丘地段的路堤，宜在路堤迎水侧坡脚20 m外，根据水文地质情况采取截堵地下水措施；冰锥地段的路堤，应根据地下水的出口位置、泉水类型、水量、水温、积冰高度等，采用积冰坑、冻结沟、挡冰堤、渗水暗沟、集水井等措施。

7.2.14　热融湖塘地段的路堤,应根据地基融化和发展情况、湖塘内积水深度,选用填料及防护加固措施。浸水部分宜用片(块)石或渗水土填筑。

7.2.15　热融湖塘地段路基,当基底为松软地层时,应考虑基底土层压实沉降的影响,采取适宜的地基处理措施。

7.2.16　地面横坡陡于 1∶5 或冻土天然上限以上土质松软的斜坡上的路堤,应根据稳定性分析,采取相应的多年冻土保护、截排冻结层上水及支挡加固等措施。

7.3　路　　堑

7.3.1　路堑及低填路堤基床,应根据地基季节融化层和多年冻土性质,采取全部或部分挖除换填渗水土,换填厚度应满足保温层厚度的要求。当基床范围全部换填时,应采取防渗措施。

7.3.2　低含冰量冻土路堑可按一般地区路基设计。

7.3.3　高含冰量冻土路堑边坡,应根据多年冻土的情况,采取部分或全部挖除换填的措施,挖除换填厚度应满足保温层厚度的要求。边坡坡率不宜陡于 1∶1.75,堑顶采用包角的形式,并做好边坡加固及排水工程。

7.3.4　保温层厚度应根据当地经验确定,当无经验时可按本规范附录 B 计算确定。

7.3.5　工业保温材料宜选用模塑聚苯乙烯泡沫塑料(EPS)等强度高、韧性好的板材,厚度 60 mm～80 mm。保温层距路肩的垂直距离不应小于 0.8 m。保温层上、下各设一层 0.2 m 厚中粗砂垫层。保温层应避免在高温季节进行施工。

7.4　边坡防护及支挡

7.4.1　土质边坡内应分层铺设宽度不小于 3 m 的土工格栅,片石护坡地段边坡可不设置。

7.4.2　土质边坡防护宜根据边坡冻融变形的特点,选用混凝土空心砖、对接拼装杆件方格骨架、干砌片石等防护形式。

7.4.3　边坡植物防护应利用乡土草皮或异地养护的草皮。

7.4.4　青藏高原对裂隙水不发育的岩质边坡宜采用网喷混凝土护坡结构。

7.4.5　支挡结构的设计荷载除土压力外,还应考虑作用在基础上的冻胀力和墙背上的水平冻胀力。土压力与水平冻胀力应按暖季和寒季分别计算,土压力和水平冻胀力不应叠加。

7.4.6　墙背主动土压力计算应根据多年冻土人为上限位置确定。墙背融土足够厚,破裂面在融土内形成时,可按库仑理论计算。墙背融土较薄,破裂面不能在融土内形成时,应结合多年冻土人为上限计算破裂面,取冻融界面上的内摩擦角和黏聚力来计算土压力。当冻融界面确定困难时,可按库仑理论计算。

7.4.7　冻融界面上的内摩擦角和黏聚力应由试验确定。当无试验资料时,可按表 7.4.7 规定取值。

表 7.4.7　冻融交界面土的抗剪强度设计值

土 的 类 型	内摩擦角 φ(°)	黏聚力 c(kPa)
细颗粒土	10°~15°	10~15
砂类土	15°~20°	0[a]
碎、砾石土	20°	0[a]

注：[a] 砂类土及碎、砾石土黏聚力应通过试验获得，若无试验数据时可取 0。

7.4.8　多年冻土区的防护构筑物不应采用浆砌片石结构。挡土墙宜采用预制拼装化的轻型、柔性结构，基础宜采用混凝土拼装基础或桩基础，埋深不应小于多年冻土天然上限的 1.3 倍。

7.4.9　受水平冻胀力影响，挡土墙截面尺寸过大时，应采取减少水平冻胀力的措施。

7.5　过　渡　段

7.5.1　多年冻土区路堤与桥(涵)连接处、路堑与路堤交界处、冻土区与融区交界处应设置过渡段。

7.5.2　路桥(涵)过渡段宜采用倒梯形结构与片石气冷路基相结合的结构形式，过渡段长度不宜小于 15 m，且应满足一般地区过渡段长度规定，如图 7.5.2 所示。过渡段路堤两侧设保温护道，护道高度不宜小于 3 m，宽度 2 m~3 m。

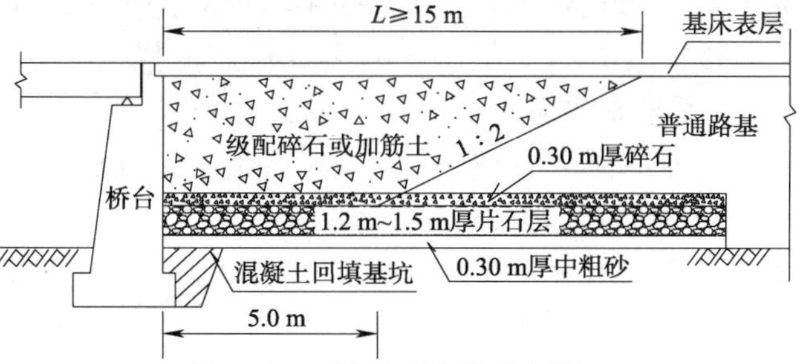

图 7.5.2　路桥过渡段示意图

7.5.3　高含冰量冻土地段路堑与路堤过渡段(图 7.5.3)应符合下列规定：

1　过渡段长度不宜小于 40 m，填挖两侧各不小于 20 m。

2　路堤段两侧应设置保温护道。

3　过渡段范围路基面下 0.8 m 处应铺设工业保温材料。

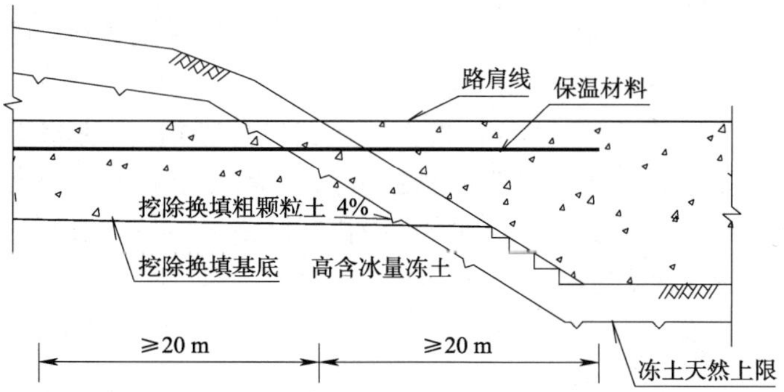

图 7.5.3　填挖过渡处理示意图

7.5.4 高含冰量冻土与低含冰量冻土交界处,应在低含冰量冻土段设置过渡段,过渡段应满足高含冰量冻土区的规定。

7.5.5 高含冰量冻土不同地温区交界处,应在低温段设置过渡段,过渡段应满足高温段规定。

7.5.6 融区与低含冰量冻土交界处,应在融区设置过渡段,过渡段应满足低含冰量冻土的规定。

7.6 路基防排水

7.6.1 多年冻土区的路基,应设置排除地表水措施,排水设施应具有足够的过水能力。

7.6.2 有天然积水或修筑路基后有可能造成积水及排水困难地段,应在路堤坡脚设防水护道、埋设挡水板或填土压实。防水护道应符合下列规定:

1 设有保温护道的地段,可将防水护道和保温护道合并设置。

2 防水护道宽度宜为 2.0 m~4.0 m,高度 2.0 m,阳坡侧护道宽度可取大值。

7.6.3 排水沟、天沟、侧沟设计应符合下列规定:

1 高含冰量冻土地段的排水沟边缘至路堤或护道坡脚的距离,在富冰冻土和饱冰冻土地段不应小于 5 m,在含土冰层地段不应小于 10 m。天沟边缘至堑顶的距离不宜小于 5 m。

2 高含冰量冻土地段的水沟断面形式应采用宽浅型,深度不宜超过 0.4 m,宽度应按计算确定,边坡坡率宜为 1∶1.0~1∶1.5,边坡必要时可选用草皮、黏性土、混凝土板、混凝土槽或干砌片石加固,并采取防渗措施。

3 低含冰量冻土地段的排水沟、天沟、挡水埝内侧至路堤坡脚或路堑堑顶的距离不应小于 5 m,水沟断面形式按一般地区设计。

7.6.4 在厚层地下冰和冻土沼泽地段,可采用挡土埝或挡水埝与排水沟结合使用,排水沟的边缘至挡水埝的坡脚间距离不应小于 1.0 m。

7.6.5 青藏高原高含冰量冻土地区,线路纵向排水条件畅通时宜采用挡水埝,挡水埝底多年冻土人为上限位置不应下降,并符合下列规定:

1 当地面横坡明显时,宜在路基上方设置,挡水埝坡脚距堑顶或路堤坡脚的距离不宜小于 5 m。

2 挡水埝的横断面应为梯形,高度不宜大于 1.0 m,顶宽不应小于 1.0 m,边坡坡率应为 1∶1.5~1∶1.75。

7.6.6 对路基有危害的地下水,应根据地下水类型、水量、积水和地层情况,选用冻结沟、积冰坑或渗沟等措施,并应符合下列规定:

1 采用渗沟排除地下水时,渗沟及检查井应采取保温措施;出水口的位置应选在地势开阔、高差较大、纵坡较陡、向阳、避风等处,并采用掩埋式锥体或其他形式的保温措施。

2 路堑边坡有地下水出露时,必须将水引排,并应在边坡上采取保温措施。

3 在冻结层上水发育地段,应对冻结层上水进行处理。

7.7 取土坑和弃土堆

7.7.1 取土坑的设置应远离线路,分段集中取土,并应符合环境保护的要求。

7.7.2 取土场的设置应考虑取土后周围地层的热平衡破坏,造成多年冻土天然上限下降,引起热融沉陷、热融滑塌等新的不良冻土现象对路基稳定的影响。

7.7.3 多年冻土区的路基,不宜在路基两侧取土;高含冰量冻土及不良冻土现象发育地段的路基,不应设置取土场。

7.7.4 取土场应选择在路堤上方植被稀疏的低含冰量冻土山坡或融区、河滩谷地。

7.7.5 高含冰量冻土路堑挖方、隧道弃渣不应作为路基及保温护道的填料,弃土位置和堆放形式不应影响线路及既有建筑物稳定及地表水的顺利排泄。

7.7.6 取(弃)土场至路基间应设计固定的行车路线,不得随意行车,行车道路宜按路堤形式设计。高含冰量冻土地段行车道路填土高度不宜小于0.7 m。

7.7.7 取(弃)土运输机械可采用挖掘机配自卸汽车,不应使用推土机和铲运机。

8 季节冻土地区路基

8.1 一般规定

8.1.1 季节冻土和季节融化层土的冻胀性分级,应根据土层的平均冻胀率 η 的大小划分为微冻胀土、弱冻胀土、冻胀土、强冻胀土和特强冻胀土五级,并应符合附录 A.0.6 的规定。冻土层的平均冻胀率 η 应按式(8.1.1)计算。

$$\eta=\frac{\Delta z}{h'-\Delta z}\times100(\%) \tag{8.1.1}$$

式中 Δz——地表冻胀量(mm);

h'——冻结层厚度(mm)。

8.1.2 路基通过地势低洼、平坦、地下水位较高地段时,宜采用路堤形式。路堤最小高度应根据防冻要求确定。

8.1.3 季节冻土地区路基应满足防冻要求,并应加强排水系统设计,防止地表水滞留并消除地下水的影响。

8.1.4 路基坡面防护工程应满足冻融循环条件下的稳定要求。

8.1.5 铺轨前宜进行冻胀变形监测,以验证冻胀变形控制效果,并根据冻胀变形隐患及时采取处理措施。

8.2 路 堤

8.2.1 路基设计冻深(z_d)可按下式确定:

$$z_d=z_0\times\psi_{zs}\times\psi_{zw}\times\psi_{zc}\times\psi_{zt0} \tag{8.2.1}$$

式中 z_0——标准冻结深度(m),应以当地不少于 10 年实测最大冻深平均值为准;无当地实测资料时,可按现行《冻土地区建筑地基基础设计规范》JGJ 118 查取;

ψ_{zs}——土的类别对冻深的影响系数,按表 8.2.1—1 的规定取值;

ψ_{zw}——冻胀性对冻深的影响系数,按表 8.2.1—2 的规定取值;

ψ_{zc}——周围环境对冻深的影响系数,按表 8.2.1—3 的规定取值;

ψ_{zt0}——地形环境对冻深的影响系数,按表 8.2.1—4 的规定取值。

表 8.2.1—1 土的类别对冻深的影响系数 ψ_{zs}

土的类别	黏性土	细砂、粉砂、粉土	中、粗砾砂	碎(卵)石土
ψ_{zs}	1.00	1.20	1.30	1.40

表 8.2.1—2 冻胀性对冻深的影响系数 ψ_{zw}

湿度(冻胀性)	微冻胀	弱冻胀	冻胀	强冻胀	特强冻胀
ψ_{zw}	1.00	0.95	0.90	0.85	0.80

注:土的冻胀性按本规范附录 A.0.6 确定。

表 8.2.1—3　周围环境对冻深的影响系数 ψ_{zc}

周 围 环 境	村、镇、旷野	城市近郊	城市市区
ψ_{zc}	1.00	0.95	0.90

表 8.2.1—4　地形环境对冻深的影响系数 ψ_{zt0}

地形环境	平坦	阳坡	阴坡
ψ_{zt0}	1.00	0.95	1.10

8.2.2　满足防冻要求的路堤最小高度 H_{min} 应按下式计算确定：

$$H_{min}=H_c+\Delta h+h_f\pm h_w \tag{8.2.2}$$

式中　H_c——毛细水强烈上升高度(m)，可根据土的类别按本规范第 6.2.4 条确定；

Δh——安全高度，一般取 0.5 m；

h_f——有害冻胀深度(m)，应根据变形控制要求、地质及水文条件确定，高速铁路不应小于设计冻深 z_d，普通铁路不应小于设计冻深 z_d 的 60%；

h_w——冻胀期地下水埋深或地面积水深度，当为地下水时取负号。

8.2.3　路堤最小高度不能满足时，可采用下列防止路基冻害的措施：

1　引排地面积水或降低地下水水位。

2　基底设毛细水隔断层。

3　采用保温层减小有害冻胀深度。

4　采用混凝土基床、桩板结构等特殊防冻结构。

8.2.4　季节冻土地区路基上部应设置防冻层，如图 8.2.4 所示，防冻层厚度不应小于有害冻胀深度。

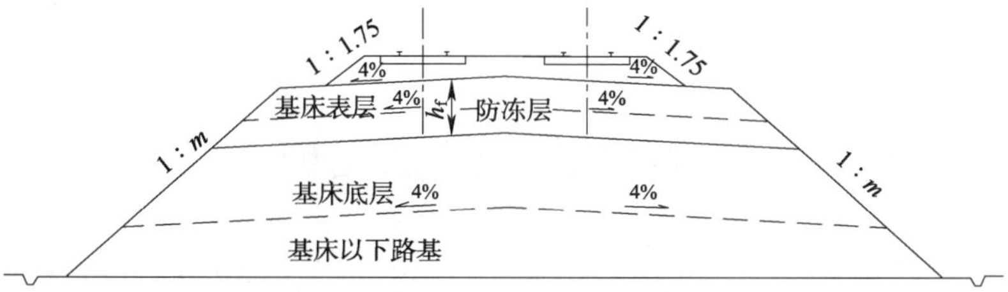

图 8.2.4　路基防冻层设置示意图

8.2.5　防冻层填料宜采用粗粒土，其粒径小于 0.02 mm 的含量，高速铁路、无砟轨道城际铁路不应大于 3%；粒径小于 0.075 mm 的颗粒含量，高速铁路、无砟轨道城际铁路不应大于 5%，其他铁路不应大于 10%；压实后渗透系数，高速铁路、无砟轨道城际铁路不应小于 5×10^{-5} m/s，其他铁路不应小于 1×10^{-5} m/s。基床表层以下防冻层采用化学改良土时，其改良配比应通过试验确定。

8.2.6　当地基为冻胀、强冻胀及特强冻胀土时，路堤两侧坡脚宜设置保温护道，如图 8.2.6 所示，保温护道可采用保温材料或填土构筑，当设置填土护道时，其宽度及高度不宜小于设计冻深。

图 8. 2. 6　保温护道设置示意图

8. 2. 7　改建既有线和整治路基冻害时，应符合下列规定：

1　有条件时，宜将路堤抬高至满足本规范式（8. 2. 2）所要求的路堤最小高度。

2　具备抬坡条件但无法满足路堤最小高度要求时，可在有害冻胀深度内加设炉渣或工业保温材料保温层。

3　当不具备抬坡条件时，宜将有害冻胀深度范围内地基土换填为满足防冻层技术要求的填料或采取加强有害冻深范围路基排水的措施。

8. 3　路　　堑

8. 3. 1　基床土冻胀等级为Ⅱ、Ⅲ、Ⅳ、Ⅴ级时，有害冻深范围应全部换填，换填料应满足防冻层技术要求。

8. 3. 2　基床为不易风化的硬质岩时，可不换填，超挖部分应采用混凝土嵌补。当采用有砟轨道时路基面应设置坡度不小于 4% 的横向排水坡。

8. 3. 3　基床土冻胀等级为Ⅰ级或基床为软质岩及易风化的硬质岩时，应根据土质、岩性、节理裂隙发育程度及冻胀变形控制要求综合分析确定其防冻性能，必要时应采取换填措施。

8. 3. 4　路堑边坡坡率应根据边坡高度、岩土性质、气候、水文条件等综合分析确定，边坡土质冻胀等级为Ⅲ、Ⅳ、Ⅴ级时，边坡坡率应适当放缓。

8. 4　路基支挡及防护

8. 4. 1　当设计冻深小于或等于 1. 0 m 时，挡土墙基础埋深不应小于设计冻深以下 0. 25 m，且不应小于 1. 0 m。当设计冻深大于 1. 0 m 时，挡土墙基础埋深不应小于 1. 25 m，还应将基底至设计冻深以下 0. 25 m 深度范围的地基土换填为微冻胀土。

8. 4. 2　挡土墙墙背和墙顶地面可设置隔热层，或采用微冻胀的粗颗粒土换填墙背边坡冻胀性土等，隔热层厚度和换填厚度可通过热工计算确定。

8. 4. 3　季节冻土地区挡土墙抗滑和抗倾覆稳定验算应按暖季和寒季分别进行验算，荷载效应组合时水平冻胀力和土压力不应同时组合。寒季设计荷载效应组合应考虑作用于基础的冻结力和墙背的水平冻胀力。

8. 4. 4　作用于墙背的水平冻胀应力的大小和分布，应由现场试验确定。在不能进行试验时，其分布图式可按图 8. 4. 4 选定，图中 σ_{Hk} 应按表 8. 4. 4 取值，并应符合下列规定：

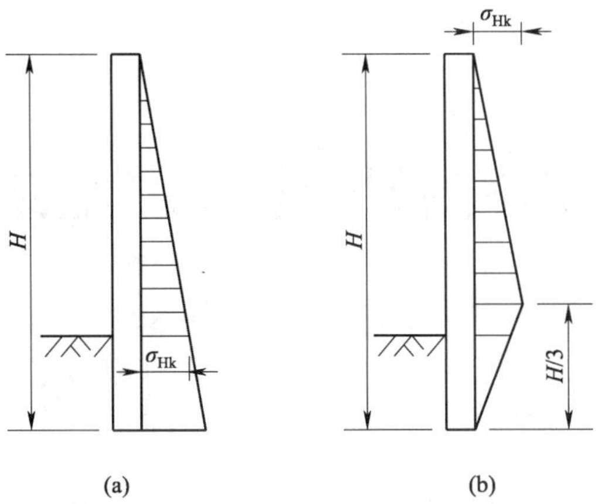

图 8.4.4 水平冻胀应力沿墙背的分布图式

1 对于粗颗粒土,水平冻胀应力宜采用图 8.4.4(a)的分布图式。

2 对于黏性土、粉土,水平冻胀应力宜采用图 8.4.4(b)的分布图式。

3 对于各种分布图式,在计算中均可不考虑基础埋深部分的水平冻胀力。

4 当通过计算所得挡土墙断面过大时,应根据本规范 8.4.2 条的规定,采取减小水平冻胀力的措施。

表 8.4.4 水平冻胀应力标准值 σ_{Hk}(kPa)

冻胀等级	微冻胀	弱冻胀	冻胀	强冻胀	特强冻胀
冻胀率 η(%)	$\eta \leqslant 1$	$1 < \eta \leqslant 3.5$	$3.5 < \eta \leqslant 6$	$6 < \eta \leqslant 12$	$\eta > 12$
水平冻胀应力 σ_{Hk}	$\sigma_{Hk} \leqslant 15$	$15 < \sigma_{Hk} \leqslant 70$	$70 < \sigma_{Hk} \leqslant 120$	$120 \leqslant \sigma_{Hk} < 200$	$\sigma_{Hk} > 200$

8.4.5 冻胀、强冻胀、特强冻胀土路基边坡防护工程结构厚度小于设计冻深时,宜设置隔热或微、弱冻胀填料垫层,强冻胀、特强冻胀土路基边坡宜设置边坡支撑渗沟等加强坡体排水的设施。

8.5 路基防排水

8.5.1 无砟轨道路基表面宜设置防水层,线间排水宜采用横向直排方式。

8.5.2 低路堤及路堑地段,当地基条件不利于地表水疏泄时,应设置渗水盲管或渗水暗沟排水。

8.5.3 当路堑基床顶面至地下水位的距离小于由本规范式(8.2.2)计算的数值且具备降排水条件时,应设置渗水暗沟降低地下水位,渗水暗沟应于背风朝阳处设置保温排水出口,渗水暗沟设置深度(d)应满足满足式(8.5.3)要求。条件困难时,可采取保温措施减小渗水暗沟设置深度。

$$d \geqslant H_c + z_d + 0.25\ (\mathrm{m}) \tag{8.5.3}$$

8.5.4 挡土墙及坡面防护工程设计应加强排水措施;受地下水影响时应做好出水口防冻设计。

8.5.5 排水沟、天沟、侧沟应采取防冻、防渗加固措施。

9　花岗岩风化残积土路基

9.1　一 般 规 定

9.1.1　花岗岩风化残积土的工程分类可按本规范附录 A.0.7 的规定划分，路基应考虑下列工程特性及其影响：

1　花岗岩风化残积土组成与结构差异性较大，作为路基填料时，应充分考虑其土体类型、颗粒成分、粒径级配和水稳性的影响。

2　花岗岩风化残积土为黏性土时，具有遇水崩解、软化或膨胀的特性，为砂类土时抗冲刷能力差；边坡易产生浅层溜坍、冲蚀或崩塌破坏。

3　花岗岩差异风化严重地段，其风化残积土易产生软弱夹层，深厚层残积土边坡易产生工程滑坡；坡面易发育危岩、孤石，影响路堑边坡稳定与路基安全。

4　花岗岩风化残积土与其下伏的强、弱风化岩的岩土体结构、强度、水稳性等性质差异较大，其接触界面形成软弱层带时，易产生工程滑坡。

9.1.2　路基宜绕避花岗岩风化残积土自然边坡冲蚀、崩塌严重或坡面危岩、孤石发育且规模较大及易产生工程滑坡等地段，难以绕避时，应选择在易于处理的位置短距离通过，并采取可靠的处理措施。

9.1.3　花岗岩风化残积土路基应避免高填深挖及长路堑，并加强稳定边坡及防冲刷、截排水措施。路堤边坡高度不宜大于 15 m，路堑边坡高度不宜大于 20 m。

9.1.4　在横坡较陡的软弱夹层或接触层带、地下水发育等深厚层花岗岩风化残积土地段，路堑边坡高度应严格控制，并采取必要的工程滑坡预防措施。

9.1.5　花岗岩风化残积土作为路基填料时，应根据其填料类别及性质确定相应的采用原则及工艺措施。需要化学改良时，掺入料宜采用水泥、石灰等，需要物理改良时，掺入料宜采用碎石等，掺入量应根据试验确定。

9.1.6　花岗岩风化残积土具有膨胀性时，应按本规范相关章节的规定采取处理措施。

9.2　路　　堤

9.2.1　花岗岩风化残积土的填料类别及性质应根据其土体类型、颗粒成分、粒径级配等因素，通过试验结合本规范附录表 A.0.7—2 确定。

9.2.2　设计速度不大于 120 km/h 的有砟轨道城际铁路及客货共线铁路，基床表层可采用细粒含量小于 15% 的花岗岩风化残积土中砂～砾砂 B1、B2 组填料；其他铁路基床表层不应采用花岗岩风化残积土作填料。

9.2.3　基床底层及基床以下路堤可按现行《铁路路基设计规范》TB 10001 的有关规定采用花岗岩风化残积土或其改良土作填料。

9.2.4　花岗岩风化残积土路堤边坡高度不大于 15 m 时，坡率可按 1 : 1.5～1 : 1.75 设计。当边坡高度大于15 m时,边坡坡率及形式应根据填料性质、气候条件、加固措施等因素进行路堤边坡稳定性分析,并结合既有路堤的成熟经验综合确定。稳定检算宜采用圆弧法,稳定安全系数不应小于1.25。

9.2.5 花岗岩风化残积土地基应根据沉降控制需要,采取压实、换填、强夯、复合地基及刚性桩结构等适宜的处理措施,地基土压缩指标宜通过原位测试试验和综合分析获取。

9.3 路 堑

9.3.1 花岗岩风化残积土路堑基床表层的土质或密实度不满足要求时,应按下列规定采取适宜的处理措施:

1 设计速度不大于120 km的有砟轨道城际铁路及客货共线铁路,土质符合本规范9.2.2条规定,密实度不满足要求时,宜采取振动碾压、冲击压实或翻挖回填压实等措施。

2 其他铁路或基床条件时,应采取换填措施。

9.3.2 花岗岩风化残积土路堑基床底层土质符合填料要求,密实度不满足要求时,宜采取振动碾压、冲击压实或翻挖回填压实措施处理。否则,应采取换填、土质改良或加固措施处理,换填、土质改良的处理深度应满足表9.3.2的要求。

表9.3.2 基床底层处理深度(m)

铁路等级	风化残积土土质及其填料类别				
	砂类土		黏性土		
	含土或土质中砂~砾砂	土质中砂~砾砂	含土细砂	低液限黏性土	高液限黏性土
	B组	C组	C组	C组	D组
高速铁路、无砟轨道铁路	≥0.5	≥1.0	≥1.5	不小于基床底层厚度	不小于基床底层厚度
有砟轨道城际铁路、Ⅰ级铁路、重载铁路	—	≥0.5	≥1.0	≥1.5	不小于基床底层厚度
Ⅱ级铁路	—	—	—	≥0.5	≥1.0

注:花岗岩风化残积土为C组细粒土且地下水发育时,时速200 km的有砟轨道铁路,处理深度宜为基床底层厚度。

9.3.3 基床表层以下为水稳性差的残积层C、D组土时,基床表层底面或换填底面宜采用土工合成材料封闭、隔水措施处理。

9.3.4 地下水发育地段路堑基床宜采取降低地下水位措施或设"路堤式"路堑结构、"U"形槽结构,必要时可采用旋喷、注浆等措施处理。

9.3.5 花岗岩风化残积土路堑边坡坡率应根据岩土的特性、软弱层性质以及结构面的组合关系、气候特点、水文地质条件,以及自然山坡、人工边坡的稳定坡度等综合确定。

9.3.6 边坡高度不超过15 m,且边坡土体较均质、胶结较好,无不利结构面,自然边坡稳定时,边坡坡率及形式可按现行《铁路路基设计规范》TB 10001设计;边坡高度大于15 m或工程地质、水文地质条件复杂时,边坡坡率及形式应采用工程类比法结合边坡稳定性分析进行设计。

9.3.7 边坡稳定性分析检算方法应根据可能的破坏形式确定。均质土体边坡整体滑动宜采用圆弧法,稳定安全系数不应小于 1. 25;边坡沿软弱层或结构面滑动时,宜采用传递系数法,稳定安全系数不应小于 1. 15。

9. 3. 8　路堑弃土应远离堑顶,并采取适宜的防护加固及截排水措施,防止水土流失或诱发地质灾害。

9. 4　边坡防护加固

9. 4. 1　边坡防护加固应遵循加强坡面防护、截排水及适宜的支挡加固相结合的原则,并符合下列规定:

1　边坡较高或工程地质及水文地质条件复杂时,应结合边坡稳定分析确定加固措施。

2　用于稳定和力学分析的花岗岩风化残积土强度指标应采用低于峰值强度值,可采用试验、反算、经验指标或综合分析确定。

9. 4. 2　路堑边坡防护加固措施应根据工程地质、水文地质条件,结合边坡高度、环保要求等综合确定,并符合下列规定:

1　花岗岩风化残积土为砂类土时,宜采用土工网垫或空心砖内客土植草灌护坡、植生袋或生态袋护坡、截水骨架或锚杆框架梁内客土植草灌护坡及其综合护坡等措施。

2　花岗岩风化残积土为黏性土时,宜采用植草灌护坡、截水骨架或锚杆框架梁内植草灌护坡等措施。

9. 4. 3　路堑边坡支挡加固措施应根据工程地质、水文地质条件、边坡高度,结合施工条件、地区工程经验等综合确定,并符合下列规定:

1　深路堑边坡岩土体中无不利结构面,自然边坡稳定时,可采用重力式挡墙加固。

2　边坡高度大于 20 m 或岩土体中存在不利结构面、软弱夹层时,应根据可能的破坏形式,采用抗滑桩、桩板墙及放缓边坡、加宽边坡平台、预应力锚杆(索)框架梁等措施,加强边坡稳定支护。

3　复杂深路堑边坡宜进行稳定性监测。

9. 4. 4　路堤边坡防护加固措施应依据土质和边坡高度等因素确定,并符合下列规定:

1　花岗岩风化残积砂类土填筑的路堤,宜采用立体植被网、土工网垫、空心砖内客土植草灌护坡、植生袋或生态袋护坡、截水骨架内客土植草灌护坡及其综合护坡等措施。

2　花岗岩风化残积黏性土填筑的路堤,宜采用植草灌护坡、截水骨架内植草灌护坡等措施。

3　路堤边坡较高时,填筑过程中两侧边坡内宜分层水平铺设土工格栅。

9. 4. 5　边坡防护加固结构尺寸应综合考虑不同铁路等级、工程地质条件及气候特征等确定。

9. 4. 6　危及路基稳定或运营安全的坡面危石、孤石、陡峭山坡薄层风化残积土应采取清除、拦截或加固等处理措施。

9. 5　路基防排水

9. 5. 1　路堑堑顶应根据地形条件,设单侧或双侧天沟;路堤坡脚应防止受水浸泡、冲刷,必要时宜采取防冲、防渗加固措施，坡脚外宜设排水沟。

9.5.2　花岗岩风化残积土路基边坡宜结合坡面防护，综合采取防冲刷、防坍滑等防排水措施；必要时可采取边坡平台截水沟、截排水槽、边坡渗沟等截排水措施。

9.5.3　地下水发育地段路堑，宜采取降低或加深侧沟或设置纵向盲沟、边坡仰斜排水孔、边坡渗沟等防治、引排地下水措施。

9.5.4　低路堤、低洼地段基底，宜采用渗水土填料填筑或采取纵横向排水渗沟、渗管等措施，防止和排除地表积水。

9.5.5　影响路基边坡稳定及排水的自然冲沟、裂隙、松散崩塌堆积物应采取回填封闭、刷坡清除、压实及适宜的防护措施，防止水土流失、堵塞排水设施或诱发地质灾害。

9.5.6　天沟、截水沟、侧沟、排水沟等排水设施应采取防冲、防渗加固措施。

10 填土场地路基

10.1 一般规定

10.1.1 填土可根据其物质组成、堆填方式及工程性质按本规范附录 A.0.8 分为填筑土、素填土、冲(吹)填土和杂填土四类。路基应考虑其下列工程特性及影响:

1 填筑土物质成分较均匀,具有一定的压实度,作为地基,随压实度及上部荷载不同,具有欠固结、正常固结或超固结性,地基处理应区别其固结状态的影响。

2 素填土具有欠固结性,承载力较低,沉降变形较大。

3 冲(吹)填土、杂填土具有欠固结性、高压缩性、低承载力等特性,易导致路基失稳或地基沉降变形较大。

4 杂填土具有有机质含量高或化学侵蚀性时,应考虑其对路基结构及环境的影响。

5 填土具有物质成分、密实度或厚度不均匀的特性时,易形成软弱夹层,不利于边坡稳定及地基差异沉降的控制;具有湿陷性或触变性时,地基处理应充分考虑其影响。

10.1.2 填土场地路基应避开规模及厚度大、性质差的冲(吹)填土、杂填土地段,宜选择在填土分布较窄、厚度较薄、成分及性质较均匀、基底横坡平缓地段通过。

10.1.3 填土场地路基应避免深长路堑,并严格控制路堑边坡高度,加强稳定边坡措施。路堑边坡高度,填筑土地段不宜超过15 m,素填土地段不宜超过 10 m,冲(吹)填土及杂填土地段不宜超过 6 m。

10.1.4 填土场地地基处理应考虑欠固结、湿陷性填土地基沉降引起的负摩阻影响。

10.1.5 复杂填土场地路基应采取稳定或变形监测措施。

10.2 路　堤

10.2.1 填土场地路堤稳定性分析和沉降计算,应符合下列规定:

1 将填土层作为地基土层,按本规范第 3 章的有关规定进行路堤与地基的整体稳定性分析;原填土表面或底面为斜坡时,尚应按不平衡推力法检算沿填土表面或地面滑动的稳定性。

2 填土层地基沉降应考虑其固结状态的影响,宜采用 e—$\lg P$ 曲线计算。

3 欠固结填土层地基采用(复合)压缩模量法计算沉降时,应考虑填土层自重及上部路堤荷载作用,分别计算填土自重应力大于前期固结压力的增量和上部路堤荷载的附加应力引起的沉降。

4 填土具有湿陷性、膨胀性时,应按本规范相关章节的规定进行沉降或变形计算。

10.2.2 填土地基应根据路堤稳定、工后沉降或低路堤基床承载力等要求采取相应的处理措施。

10.2.3 填土地基具有可液化性时,应采取消除或防止液化的处理措施。

10.2.4 路堤坡脚易受水浸泡或冲刷时，宜采取抬高式护道或坡脚墙等措施加固。

10.3 路 堑

10.3.1 路堑基床应根据填土场地工程地质、水文地质条件按下列规定进行处理：

1 填土土质符合基床填料规定，仅密实度不足时，宜采取振动压实、冲击压实或翻挖回填压实等处理措施。

2 填土土质不符合基床填料规定时，基床表层应采取换填措施；基床底层应采取换填、土质改良或加固措施，换填、土质改良的处理深度应满足表10.3.1的要求。

表10.3.1 基床底层处理深度(m)

铁路等级	填土土质及其填料类别				
	填筑土、素填土			冲(吹)填土、杂填土	
	碎石类土、中砂~砾砂	细砂	块石土、粉砂、粉土、黏性土	淤泥、淤泥质土、饱和黏性土或粉土粉细砂	建筑垃圾、生活垃圾
	C组	C组	C、D组		
高速铁路、无砟轨道铁路	≥1.0	≥基床底层厚度	≥基床底层厚度	≥基床底层厚度	≥基床底层厚度
时速200 km及以下的有砟轨道铁路、Ⅰ级铁路、重载铁路	≥0.5	≥1.0	≥1.5	≥基床底层厚度	≥基床底层厚度
Ⅱ级铁路	—	≥0.5	≥1.0	≥基床底层厚度	≥基床底层厚度

注：1 填土为D组细粒土且地下水发育时，时速200 km的有砟轨道铁路，处理深度宜为基床底层厚度；
2 填土为膨胀土、黄土等特殊岩土时，处理深度应符合本规范相关章节的规定。

3 换填、土质改良处理底部地基不满足强度、变形或防液化要求时，应采取地基加固措施。

10.3.2 路堑边坡形式及坡率应根据填土类别、性质、边坡高度、气候特点及水文地质条件综合确定。

10.3.3 路堑边坡设计应遵循缓坡率、宽平台、加固坡脚和适宜的坡面防护相结合的原则，并应符合下列规定：

1 边坡高度不超过6 m，填土层内无软弱夹层且层底横坡缓于1∶2.5时，边坡坡率及平台宽度可根据边坡高度和填土性质结合工程类比法，按表10.3.3设计。

表10.3.3 路堑边坡坡率及平台宽度

填土类型	土质类别	填土状态	边坡坡率	侧沟平台宽度(m)
填筑土	块石、碎石类土	稍密~密实	1∶1.25~1∶1.75	≥2.0
	粉土或黏性土	可塑	1∶1.75~1∶2.0	≥3.0
		硬塑	1∶1.5~1∶1.75	≥2.0

续上表

填土类型	土质类别	填土状态	边坡坡率	侧沟平台宽度(m)
素填土	块石、碎石类土,砂类土	松散~稍密	1∶1.75~1∶2.0	≥3.0
		中密	1∶1.5~1∶1.75	≥2.0
	粉土或黏性土	软塑~可塑	1∶2.0~1∶3.0	≥3.0
		硬塑	1∶1.75~1∶2.0	≥2.0

2 边坡高度大于 6 m、边坡为冲(吹)填土、填土层内存在软弱夹层或层底横坡陡于 1∶2.5 时,边坡坡率及形式应根据稳定性分析进行设计,边坡平台宽不宜小于 3 m。稳定性应根据填土类型、性质、下伏基底形状,按圆弧形、直线形或折线形滑面进行计算分析,采用圆弧法分析时,稳定性安全系数不应小于 1.25;沿层面滑动采用传递系数法分析时,稳定性安全系数不应小于 1.15。

10.3.4 路堑堑顶距建筑物应有一定的安全距离,并采取可靠的边坡稳定措施。

10.3.5 路堑边坡防护和支挡加固措施应依据填土性质、环境因素和边坡高度等条件确定,并应符合下列规定:

1 路堑坡面宜采用植被网、空心砖、植生袋或生态袋柔性护坡等绿色防护措施,必要时可加强防冲、防渗及坡脚加固处理。

2 路堑边坡应结合稳定分析,选择坡脚墙、抗滑挡土墙、抗滑桩等措施进行支挡加固,挡土墙基础应埋置于稳定持力层,必要时可采取地基加固措施。

3 路堑边坡填土性质或稳定性较差时,宜采取适宜的复合地基预加固等稳定措施。

4 边坡开挖时,宜采取必要的临时支护和防排水措施。

10.3.6 地下水发育地段填土场地路堑,可采用路堤式路堑或封闭式路堑。

10.4 地基处理

10.4.1 填土场地地基应根据填土物质成分及工程特性等因素,确定处理目的,并结合环境条件及既有工程经验,采取适宜的处理措施。

10.4.2 地基处理横向加固范围应综合考虑路基稳定、不均匀沉降及防排水等要求。

10.4.3 填土层厚度不大于 3 m 时,处理措施应符合下列规定:

1 高速铁路、无砟轨道城际铁路、时速 200 km 的有砟轨道城际铁路和Ⅰ级铁路,填土场地地基应采用挖除换填措施处理。

2 时速 200 km 以下的有砟轨道城际铁路和Ⅰ级铁路、Ⅱ级铁路及重载铁路,冲(吹)填土、杂填土地基应采用挖除换填措施处理;素填土、填筑土地基可采用挖除换填、振动(冲击)碾压措施处理。

3 存在需处理的软弱下卧层时,应按本规范第 10.4.4 条规定采取适宜的深层处理措施。

10.4.4 填土层厚度或处理深度大于 3 m 时,应根据填土及下卧层性质、厚度、处理目的及环境条件等因素,按下列原则采用适宜的处理措施:

1 生活垃圾杂填土地基,宜采取全部挖除换填的处理措施。

2 饱和冲(吹)填土地基,宜采用排水固结或强夯置换墩、水泥搅拌桩、旋喷桩及微型桩复合地基等处理措施。

3 非生活垃圾杂填土、非饱和冲(吹)填土,宜采用强夯或挤密砂石桩、碎石桩等处理措施,也可采用柱锤冲扩桩、灰土与水泥土挤密桩、CFG桩、素混凝土桩、旋喷桩、微型桩复合地基及注浆等处理措施。

4 已自重固结的填筑土、素填土地基,可采用强夯或挤密砂石桩、沉管碎石桩、柱锤冲扩桩、灰土与水泥土挤密桩或水泥搅拌桩、旋喷桩、CFG桩、素混凝土桩、微型桩复合地基及注浆等处理措施。

5 具有湿陷性或触变性的填筑土、素填土地基,宜采用强夯、灰土与水泥土挤密桩、柱锤冲扩桩等处理措施,也可采用旋喷桩、CFG桩、素混凝土桩、微型桩复合地基等处理措施。

6 当填土层及需处理的下卧层较厚或性质复杂,采用挖除换填、强夯、复合地基或注浆等处理措施不能满足相应等级铁路路基稳定、工后沉降或防液化要求时,可采用刚性桩桩网(筏)结构、桩板结构等结构物加固。

10.5 路基防排水

10.5.1 填土场地路堑基床底层顶面或换填底面应采取土工合成材料等防渗、隔水措施;地下水发育的路堑基床应采取降低或加深侧沟,必要时设纵横向排水渗沟、渗水管等防治、引排地下水措施。

10.5.2 湿陷性及松散的填土场地路堤基底和坡脚宜加强截排水或防渗处理;必要时宜适当加大坡脚与排水沟之间的距离。坡脚与排水沟之间应进行防渗加固。

10.5.3 堑顶及边坡应采取单侧或双侧天沟及边坡平台截水沟、边坡截排水槽、边坡渗沟等措施,拦截、排除地表水及坡面积水;自重湿陷性填土场地路堑边坡应加强防渗、防湿陷的截排水处理措施。

10.5.4 填土场地路堑堑顶的渗水裂缝或积水凹地,应填平夯实,必要时可采取封闭防护措施。

10.5.5 地下水发育的填土场地路堑边坡宜采取仰斜排水孔、支撑渗沟等引排地下水措施。

10.5.6 天沟、截水沟、侧沟、排水沟等排水设施应采取防冲、防渗加固措施。

10.5.7 生活垃圾、工业废料等杂填土场地路基,对含有毒物质或具有放射性的地表水、地下水应作特殊处理。

11 滑坡地段路基

11.1 一 般 规 定

11.1.1 线路应绕避巨型、大型和性质复杂的滑坡地段或滑坡群。当绕避中、小型滑坡困难时,应选择在有利于滑坡稳定和线路安全的位置通过,并采取可靠的工程处理措施。

11.1.2 滑坡地段路基应根据滑坡的类型、规模、滑坡体岩土性质、水文地质条件、滑坡形成与发展条件,分析其对工程的危害程度,及时采取有效整治措施,保证路基稳定及施工、运营安全。

11.1.3 滑坡防治应遵循"一次根治、不留后患"的原则,采取截排水与减载或反压、支挡等相结合的工程措施综合治理。

11.1.4 大型、复杂的滑坡体宜进行稳定性监测。

11.1.5 厚层松散堆积体、断裂构造破碎带、风化破碎带、岩体顺层、岩层软硬不均、斜坡软弱地基及特殊岩土等地段,应加强工程地质选线,采取可靠的预防措施,防止产生工程滑坡。

11.2 滑坡稳定性分析及下滑力计算

11.2.1 滑坡稳定性分析除应考虑滑体重力、建筑荷载、滑面阻力、设计水位的浮力作为永久荷载外,尚应考虑作用在滑体上的施工临时荷载、地震水平作用力、渗透力及其他临时荷载的影响。

11.2.2 滑坡稳定性可根据工程地质类比法和力学平衡计算综合分析,对折线滑面宜采用传递系数法计算。

11.2.3 滑坡剩余下滑力宜根据滑坡特征、水文地质条件等因素及工程经验,采用传递系数法计算。条块作用力系如图 11.2.3 所示,剩余下滑力可按下列公式计算:

$$T_i = F_s W_i \sin\alpha_i + \psi_i T_{i-1} - W_i \cos\alpha_i \tan\varphi_i - c_i l_i \quad (11.2.3\text{—}1)$$

$$\psi_i = \cos(\alpha_{i-1} - \alpha_i) - \sin(\alpha_{i-1} - \alpha_i)\tan\varphi_i \quad (11.2.3\text{—}2)$$

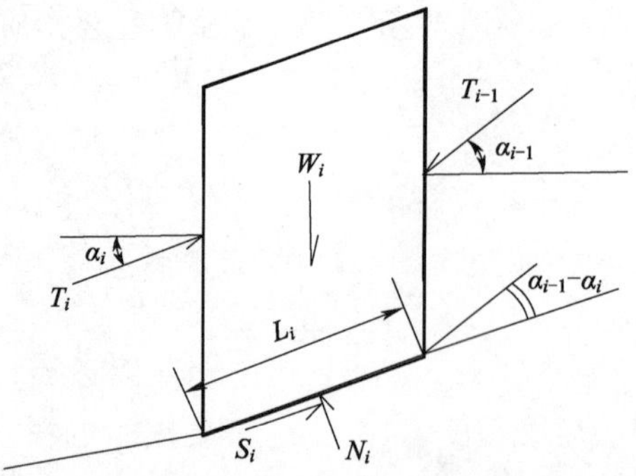

图 11.2.3 滑坡剩余下滑力计算示意图

S_i—抗滑反力;N_i—法向反力

式中 T_i, T_{i-1}——第 i 和第 $i-1$ 滑块剩余下滑力(kN/m);
F_s——安全系数,应根据滑坡的发展阶段、滑面岩土抗剪强度的可靠性、工程的重要性等综合确定,一般情况可采用 1.1~1.25;当考虑临时荷载时,可适当降低,但不应小于 1.05;
W_i——第 i 滑块的自重力(kN/m);
α_i, α_{i-1}——第 i 和第 $i-1$ 滑块对应滑面的倾角(°);
φ_i——第 i 滑块滑面内摩擦角(°);
c_i——第 i 滑块滑面岩土黏聚力(kPa);
l_i——第 i 滑块滑面长度(m);
ψ_i——传递系数。

11.2.4 滑面岩土抗剪强度取值,可依据滑面岩土室内试验资料、极限平衡反算值、工程类比经验数据,并结合滑坡可能出现的最不利情况等分析确定,必要时可由现场试验资料确定。一般情况下应根据滑坡发展阶段、滑面不同段落,在峰值强度与残余强度之间取值。当采用极限平衡反算时,应根据滑带土性质、滑体饱水情况选择综合 c 法、综合 φ 法或兼有 c 和 φ 法进行计算。

11.3 防治工程

11.3.1 滑坡的地表排水工程,应结合地形和水文地质条件,采取合理有效的措施,并符合下列规定:

1 在滑坡后缘以外的稳定地层应设环状截水沟,其排水纵坡不应小于 2%,断面尺寸可根据降雨重现期 50 年的流量计算确定。

2 滑坡范围较大时,可结合地形条件在滑坡体范围内设置树枝状排水沟,并采取防渗、防裂措施;对滑坡有影响的自然沟应进行疏通与防渗处理。

3 滑坡体上的封闭洼地应回填封闭,泉水露头应设排水沟将水引出。

4 滑坡体裂缝、松散坡面应平整夯实。

5 地表水下渗严重的土质滑坡,宜在滑坡体上植树、种草,设置截排水工程。

11.3.2 滑坡的地下排水工程,应结合地形和水文地质条件,采取合理有效的措施,并符合下列规定:

1 浅层滑坡可于滑坡前缘采用支撑渗沟,排除或疏干滑坡体地下水或浅层滞水,兼起支撑滑坡体的作用,必要时支撑渗沟可与抗滑支挡建筑物结合设置。支撑渗沟沟底应置于滑动面以下不小于 0.5 m。

2 滑坡体浅层地下水或土体浅层滞水,可采用垂直于地下水流方向的截水渗沟引出滑体外,沟底应置于不透水层或基岩内,其排水纵坡不应小于 2%。

3 滑坡深层地下水,宜采用仰斜排水孔引排,仰斜孔长度应穿过滑动面,内置软式透水管或塑料渗水管,必要时可向管内充填中粗砂或砂砾石。仰斜排水坡度不应小于 5%。

4 厚层滑坡深层地下水排除困难时,可于稳定地层内采用泄水洞引排,泄水洞断面净空高宜为 2.0 m~2.5 m,宽宜为 1.0 m~1.5 m,其集水段的衬砌可采用花边墙,泄水洞顶部可设置竖向或放射状集水孔,洞底排水纵坡不应小于 1%。

5 当滑坡体为多层含水层的复杂地层或含水量较大时,可采用集水井(群)与仰斜孔、泄水洞组合措施，组成三维立体式地下排水系统。

11.3.3 采取减载和反压措施时，应符合下列要求：

1 滑坡主滑段滑床较陡时，可在滑体中后部减载，但应确保清方后滑坡后部和两侧山体的稳定性，防止后缘产生新的滑动。

2 有条件时可采取在滑坡前缘填土反压的措施。填土反压应防止堵塞滑坡前缘地下水渗出通道，并且要考虑基底的稳定性，必要时应作地基处理。

11.3.4 采取抗滑桩（锚索抗滑桩）措施时，应符合下列要求：

1 抗滑桩宜布置在滑坡的抗滑段，桩长必须防止滑体从桩顶滑出和从桩底产生新的深层滑动。

2 根据滑坡剩余下滑力大小，结合路基工程边坡支挡形式等，可布置为单排、多排或组合桩。

3 当采用多排桩加固大型滑坡时，各排桩的推力分担比应根据滑坡形态、布设位置、排距及沉埋深度等因素确定。

4 在土层或破碎岩层中开挖桩井应设置护壁；当存在有害气体或桩井较深时，应考虑井下通风。

11.3.5 采取预应力锚索措施时，应符合下列要求：

1 预应力锚索锚固段应置于滑面以下的稳定地层中。

2 预应力锚索外锚体根据滑坡体岩土承载力可采用格子梁、锚墩或承压板等，其坡面须采取防止表土被雨水冲蚀、防止局部溜坍的措施。

11.3.6 采取抗滑挡土墙措施时，应符合下列要求：

1 抗滑挡土墙宜设置在滑坡前缘。

2 抗滑挡土墙应分别按滑坡剩余下滑力和库仑土压力设计，取两者截面的大值，其高度和基础埋深应防止滑体从墙顶滑出或从基底以下土层滑移的可能。

3 挡土墙基坑较深、土体稳定性较差时，应采取挡板支撑、临时锚杆等临时防护措施，其施工必须分段跳槽进行，保证滑坡在施工期间的稳定和施工安全。

11.3.7 土质、中小型滑坡可采取高压旋喷桩、微型桩、钻孔灌注桩等措施，提高滑动带岩土抗剪强度，增强滑坡稳定性。

11.3.8 滑坡前沿受河水冲刷时，应采取防冲刷措施。

11.4 工程滑坡预防

11.4.1 厚层松散堆积体、弃渣场地、断裂构造或风化破碎带、岩体顺层带，易产生工程滑坡，工程地质选线应符合下列要求。

1 线路不应与大断裂平行，应绕避地下水发育地段的厚层构造破碎带及岩体顺层带。

2 不宜切割厚层松散堆积体、风化破碎带的坡脚或在其上部填方。

3 线路宜绕避大型尾矿坝、弃渣场地，不应在其边坡上或下游通过。

11.4.2 厚层松散堆积体或破碎带、岩体顺层带、特殊岩土或存在软硬不均岩层的路堑，应尽量降低边坡高度；斜坡软弱地基上的路堤，应控制填方高度。设计时应通过对路堑开挖、路堤加载后路基及边坡的稳定性分析，采取相应的工程措施，预防产生工程滑坡。

11.4.3 厚层松散堆积体或破碎带、软硬不均岩层地段的路堑高边坡，宜采取坡脚预加固措施或加强边坡中下部锚固处理。特殊岩土边坡、岩体顺层边坡，宜采取放缓边坡或顺结构面刷坡及防护的处理措施；地形陡峻时，可于坡脚设锚固桩或采取分层开挖、坡面分级锚固等措施，保证施工安全及边坡稳定。

11.4.4 斜坡软弱地基上路堤，应采取加强边坡支护和软弱地基处理措施，防止路堤加载引起边坡或地基失稳变形。

11.4.5 在地表水汇集或地下水发育地段，应加强截排水工程措施，防止地表水强烈冲蚀、下渗或浸泡边坡，地下水软化边坡及地基岩土体，确保路基工程的长期稳定。

11.5 滑坡监测

11.5.1 滑坡稳定性监测应涵盖施工安全监测、防治工程效果监测等不同阶段。有必要时可进行长期监测，长期监测宜采用自动监测方式。

11.5.2 监测项目主要包括裂缝、地表位移、深部位移、支护结构应力应变、地下水位、孔隙水压力等，应根据滑坡规模、稳定性程度、支护结构类型等合理确定监测项目。长期监测以深部位移为主，同时辅以降雨量监测。

11.5.3 地表变形观测点宜成网状布置，基点应设置在远离滑坡的稳定区；深部位移、应力应变、地下水监测点宜按剖面综合布置；监测剖面原则上与边坡变形方向平行。

11.5.4 监测仪器及元器件的选择，应遵循可靠、实用原则。

11.5.5 监测频次应根据滑坡稳定性状态、施工扰动程度等因素综合确定，一般可按表11.5.5确定。在雨季、融雪季节、变形异常和发生较大地震后等情况时，应加密观测。

表 11.5.5 监测频次

监测目的	监测工况	监测频次
施工安全监测	可能对滑坡稳定性造成较大影响的施工工况，如路堤填筑、路堑开挖、桥梁墩台基坑开挖等	1次/(8 h~24 h)
	对滑坡稳定性影响较小的施工工况，如抗滑桩桩井开挖、坡面防护工程施工等	1次/(3 d~7 d)
	施工间隔期较长	1次/(7 d~10 d)
防治效果监测	主体工程施工全部完成后第1年内	1次/(10 d~30 d)
	主体工程施工全部完成后第2年以后	1次/(30 d~90 d)

12 危岩、落石和崩塌与岩堆地段路基

12.1 一 般 规 定

12.1.1 线路应绕避大范围危岩、落石发育地段或大规模崩塌地段。对局部危岩、落石和中小规模的崩塌地段,绕避困难时,应根据病害类型及危害程度等,合理地选择线路位置及防治措施。

12.1.2 在危岩、落石和崩塌地段,路基宜选择在其影响范围小、边坡较矮缓、易于防治处理的位置,并采取遮蔽、拦截、清除、加固或综合处理等安全可靠的工程措施。

12.1.3 在岩堆地段,应根据岩堆的规模和物质组成,下伏岩土的性质和坡度、地下水、地表水的活动情况等地形地质条件,分析评价岩堆的发展阶段、稳定性及其对工程的影响,合理选择线路位置和工程措施。

12.1.4 对岩堆面积较大、堆积层松散、堆积床坡度较陡、补给来源丰富、地下水和地表水对其稳定性影响较大,可能产生滑动的大型岩堆,线路应绕避。对中小型岩堆,绕避困难时,路基宜以低填浅挖通过,并采取稳定加固措施。

12.2 危岩、落石和崩塌地段路基

12.2.1 线路距中等规模的危岩、落石或崩塌地段较近时,应采用明洞、棚洞等遮挡建筑物处理,遮挡建筑物应有足够的长度,防止危岩、落石和崩塌岩块落入路基。

12.2.2 危岩、落石范围和崩塌体规模较小或虽较大但距线路较远时,可采用清除、支顶、挂网锚喷、柔性主动防护系统、锚固等处理措施或设落石平台、落石槽、拦石堤、拦石墙、刚性防护网、柔性被动防护系统、柔性引导防护系统等拦截建筑物防护。

12.2.3 对路基有危害的零星山坡危石或危岩,应清除或采用支撑、锚固等措施加固;局部凹槽部分应进行嵌补,危岩与母岩间的裂隙可进行灌浆或注浆处理。

12.2.4 对路基范围内可能发生坍塌的破碎岩体,应根据岩性、破碎程度等采取适宜的刷坡、防护或支挡加固措施,并进行坡顶的截排水处理。有地下水出露时,应采取疏导、引排措施。在构造节理发育、岩性十分破碎的高陡山坡上,不宜刷坡,可采取支挡加固与拦截建筑物相结合的措施或采取遮挡建筑物处理。

12.2.5 危岩落石拦截建筑物的类型、结构尺寸、防护能级、设置排数及位置应根据落石的大小、数量、分布位置、冲击力和与线路的距离确定。

12.2.6 落石的弹跳高度和速度可根据落石质量、山体边坡坡率、坡面堆积物类型及植被等因素进行计算。

12.2.7 拦挡建筑物的位置和高度应根据地形和落石的弹跳轨迹确定。拦挡建筑物的类型和大小,以及防护层的厚度或防护能级应根据最大的冲击动能确定。

12.2.8 危岩、落石和崩塌地段的防治工程施工,严禁采用大爆破方法开挖。

12.2.9 对技术复杂的山坡危石或危害程度大的高陡岩质边坡,可设置监测系统,确保施工和运营安全。

12.3 岩堆地段路基

12.3.1 岩堆地段路基设计时,应根据路基类型及位置进行稳定性检算,检算方法可采用传递系数法,其安全系数可采用1.10~1.25。以路堤通过时,应检算加载后路堤的稳定性;以路堑通过时,应检算开挖卸载边坡的稳定性。当堆积床体具有向下倾斜岩面或岩堆体内存在薄弱夹层时,尚应分别检算其稳定性。

12.3.2 岩堆地段路基应根据岩堆的水文地质条件,采用截、排地表水和地下水措施。沟谷中的岩堆应加强防排水措施。临河的岩堆应做好冲刷防护。

12.3.3 岩堆地段的路堑边坡宜根据物质组成、自然安息角并结合稳定性分析等综合确定边坡坡度。当边坡较高时,宜采用阶梯形边坡。

12.3.4 路基位于不稳定岩堆地段时,应采取相应的抗滑支挡等综合措施,保证路基的稳定。稳定岩堆地段路基,挖方边坡切割岩堆可能破坏岩堆的平衡条件时,宜在上侧或下侧修建支挡工程。

12.3.5 松散堆积层地段应根据坡体岩性、密实程度等,采取刷坡、边坡防护或基底防滑加固等措施。边坡应控制高度,并进行坡顶的截排水处理,防止边坡产生病害。有地下水出露时,应采取疏导、引排措施。

12.3.6 较复杂的岩堆地段路基应采取变形监测措施,监测可按本规范第11.5节执行。根据观测数据,调整施工方法和完善设计措施,确保施工和运营安全。

12.3.7 路堑基床及路堤基底岩堆体土质或密实度不满足要求时,应采取原地碾压、翻挖夯实、换填或灌浆加固等处理措施。

13　岩溶与人为坑洞地段路基

13.1　一 般 规 定

13.1.1　路基应避开岩溶强烈发育区、水文地质及环境条件复杂的岩溶发育区，宜选择在岩溶发育程度较弱，范围较窄、易于处理的位置通过。

13.1.2　路基应避开大型采空区，其位置应满足安全距离要求。经技术经济比选，必须以路基通过小型采空区、洞穴等人为坑洞地段时，宜根据人为坑洞分布特征、水文地质及环境条件等因素进行安全评估，确定适宜的位置，并采取可靠的处理措施。

13.1.3　岩溶地段路基边坡控制高度应符合下列规定：

1　岩溶或覆盖层土洞较发育、水文及环境条件较复杂时，高速铁路、城际铁路、时速200 km Ⅰ级铁路，路堤高度不宜超过8 m，其他Ⅰ级铁路、Ⅱ级铁路及重载铁路，路堤高度不宜超过10 m。

2　岩溶、溶蚀裂隙较发育，岩体呈碎裂结构时，路堑边坡高度不宜超过20 m。

3　溶蚀裂隙发育较深，边坡充填或覆盖较厚的具膨胀性的坡残积黏性土层时，路堑边坡高度不宜超过15 m。

13.1.4　岩溶地段路堑，施工开挖至路基面后，应进行必要的补充勘察，详细查明覆盖土层厚度、岩溶发育程度和地下水活动特征等工程地质、水文地质条件。

13.1.5　岩溶地段路基设计应根据工程地质、水文地质条件及环境影响因素，综合分析评价地基或边坡稳定性，合理采取回填、跨越、加固等处理措施。

13.1.6　人为坑洞地段路基，宜设置地面位移观测设施，监测施工期和运营期基底地表沉陷及水平位移，及时采取必要的处理措施。

13.1.7　路基基底注浆处理应遵循“探灌结合、过程控制”的原则，根据先导注浆（勘探）孔施工揭示的地质条件及注浆情况，调整注浆参数及工艺等设计要求。

13.1.8　注浆加固的地基，应采用压水试验配合物探、钻孔取芯等综合方法进行注浆效果检测及评价。

13.2　岩溶地段路基

13.2.1　路基基床范围内的溶洞或无（半）充填的溶蚀裂隙，充填型的溶沟、溶槽等，应采用揭盖回填、挖除换填或梁板跨越等措施进行加固处理。

13.2.2　基床范围以下的溶洞、溶蚀裂隙发育带，应根据其对路基稳定性的危害程度、变形控制要求及环境因素等，按下列原则选择处理措施：

1　裸露型岩溶或覆盖层厚度不大于5 m时，宜采用回填、挖除换填、洞内支顶加固或梁板结构跨越、注浆加固等处理措施。

2　覆盖层厚度大于5 m，封闭隔离地下水可保持水资源正常使用时，宜采用注浆加固,封闭土石界面。

3 基底岩溶复杂的高速铁路、无砟轨道城际铁路路基或地下水环境保护要求较严地段的铁路路基,宜采用桩板结构跨越。

13.2.3 采用回填、挖除换填、洞内支顶加固或梁板结构跨越措施时,设计应符合下列规定:

1 裸露型岩溶和埋藏较浅的溶洞,为消除基底不均匀性,应挖除覆盖层、充填物或揭开溶洞顶板后,换填或回填碎石、片石、浆砌片石、混凝土等。

2 换填、回填封闭的范围,应超出路基坡脚外并预留 3 m~5 m 的安全距离。

3 回填的碎、片石与路基填料之间应采取渗滤或隔离地下水措施。

4 洞穴较深、孔径较大、顶板较完整的干溶洞,洞内采用浆砌片石或混凝土竖向支顶柱加固时,应按支顶柱、顶板组成的跨越结构进行设计,顶板厚跨比不应小于 0.5;顶板较破碎、较薄,不满足承载能力、变形控制要求时,应将顶板爆破清除,以钢筋混凝土梁板结构代替。

13.2.4 采用桩板结构跨越措施时,设计应符合下列规定:

1 桩板结构应位于基床表层以下,其宽度应保证路基边坡稳定。

2 桩板结构应按多支撑连续板梁设计。

3 宜采用钻孔灌注桩,直径宜为 0.8 m~1.5 m,间距应根据作用于板上的荷载及单桩承载能力经检算确定。

4 桩端穿透溶洞深入稳定的基岩内不宜小于 1.5 倍桩径,柱桩底以下完整底板厚度不应小于 5.0 m,摩擦桩底稳定的基岩底板厚度不宜小于 2.0 m。

13.2.5 采用注浆加固措施处理溶洞、溶蚀裂隙发育带及覆盖层土洞时,设计应符合下列规定:

1 裸露型岩溶或覆盖层厚度不大于 5 m 时,注浆深度应根据溶蚀裂隙发育情况或溶洞大小、顶板厚度、溶洞的厚跨比等综合确定,不应小于 8 m,进入基岩内的深度不应小于 5 m;覆盖层土洞宜回填夯实并作好地表水的引排封闭处理。

2 覆盖层厚度大于 5 m 时,宜采用注浆封闭土、石界面,形成隔水帷幕,其中基岩面以上土层注浆厚度不宜小于 3.0 m,进入基岩内的深度不宜小于 5 m;覆盖层土洞发育或易产生土洞时,宜采取注浆充填封堵或全覆盖层注浆加固等措施处理。

3 溶洞呈串珠状或空洞较大时,注浆加固的深度应至稳定的底板以内不小于 2 m。

4 注浆加固分段应综合考虑加固后地下水条件变化等因素的影响,消除隐患。

13.2.6 路基基底注浆加固宽度,应符合下列规定:

1 路堤地段应至坡脚外不小于 5 m,设置路肩、路堤挡土墙的地段,应至墙趾以外不小于 3 m。

2 路堑地段应至侧沟平台。

13.2.7 注浆孔间距、浆液浓度和掺入料、注浆压力等施工工艺参数,应根据溶蚀发育程度及溶洞、溶隙的连通性等地质条件确定。

1 注浆孔间距宜为 3 m~10 m,且应通过现场注浆试验验证和调整。

2 注浆材料主要为水泥浆,浆液的水灰比为 1∶1~0.6∶1。空洞、裂隙较大时,可适量掺入黏性土、细砂、粉煤灰等粗骨料;遇连续注浆单孔注浆量过大且不见升压等特殊情况时,可加入适量水玻璃等混合浆液,加快凝结速率,控制进浆范围和注浆量。必要时宜采用间歇注浆或先投入粗骨料后再行注浆。

3 注浆压力宜为 0.2 MPa~0.5 MPa,对空洞,初期可采用自流注浆。

4 注浆段的单位注浆量宜通过现场试验确定。

13.2.8 坡面上的溶洞、溶槽等影响路堑边坡稳定时,宜采取嵌补、洞内支顶、回填封闭等措施加固。

13.2.9 路堑边坡岩溶裂隙发育岩体破碎时,应采取稳定加固及防排水措施。

13.2.10 路堑边坡坡残积层具膨胀性时,应按本规范第 4 章的规定处理。

13.2.11 对路基稳定有影响的岩溶水应疏导、引排至路基安全距离以外的排水系统。路基上方的岩溶泉或冒水洞应采用截水沟、排水管将水引排至路基外,截水沟尺寸或引水管口径应经过计算确定;基底的岩溶泉或冒水洞宜采取涵洞将水排除。

13.2.12 路基位于溶蚀洼地时,应采取避免积水的地面排水措施;地面排水困难时,基底宜采取注浆加固等封闭隔水措施,防止地表水下渗导致地面塌陷,并采用岩块或粗粒土填筑路堤至高出积水位不小于 0.5 m。

13.2.13 路基通过大型封闭溶蚀洼地且地表水与地下水连通时,基底可采用无纺土工布包裹高强度双向土工格栅垫层,增强路堤稳定性。

13.3 人为坑洞地段路基

13.3.1 采空区的路基应根据矿区规划、矿产资源分布,以及地表变形、移动等调查资料,分析评价稳定性及变形趋势,并相应采取防止坍陷、预留足够的沉降量、加宽路基及控制开采边界,保证安全距离等措施。

13.3.2 路基两侧的安全距离应根据采空区埋藏深度及大小、顶板厚度及岩土性质、地表稳定性及变形趋势等因素,采用适宜的评价方法,通过综合分析计算确定。

13.3.3 影响路基稳定或变形控制的采空区,应根据其位置、形状尺寸、坑道走向、顶板厚度、顶板岩土坚固程度、坑道内充填情况及填充物密实程度等确定加固方法,并应符合下列规定:

1 埋藏较浅的采空区宜采用明挖回填处理。

2 埋藏较深、坑道通畅的采空区宜采用片石回填、支顶、注浆等措施处理。

3 埋藏较深、多层重叠交错、无法进入的采空区宜采用注浆、灌砂等措施处理。

4 高速铁路、无砟轨道城际铁路路基,基底坑道埋藏较深或重叠交错时,可采用桩板结构跨越措施处理。

13.3.4 路基基底处理宽度应保证未处理的采空区安全距离满足本规范第 13.3.2 条的要求。

13.3.5 采用注浆加固时,可根据加固区范围内坑道的长度、形状尺寸及填充情况,按本规范第 13.2.7 条规定对隐伏的采空区进行注浆加固设计。坑道延伸方向超出路基加固范围时,可在坑道的加固边界处设钻孔,灌注混凝土形成止浆坝。

13.3.6 墓穴、地窖、枯井、坎儿井(地下渠)等人为洞穴,应根据情况采取开挖回填、夯实、注浆加固或桩板结构跨越等防止坍塌的处理措施。

13.3.7 在采空区或人为洞穴地段修建铁路时,不宜采用抽排地下水的措施。

14　风沙地区路基

14.1　一般规定

14.1.1　风沙可按本规范附录 A.0.9 进行分类。沙漠、戈壁和沙漠化土地地区路基应按风沙地区路基设计。

14.1.2　风沙地区线路应综合考虑风沙环境及地形地貌条件，选择在地形开阔地段通过。严重风沙地段应采用直线或较大半径曲线，并采用适宜的工程类型。

14.1.3　风沙地区路基宜采用路堤形式，避免长段低路堑、深路堑及半堤半堑、高路堤，避免路堤、路堑频繁变化。路基位置应符合下列规定：

1　沙漠地段路基宜设置在固定、半固定、低矮沙丘带、地下水位较浅等易于设防地段，并远离沙丘背风坡。

2　戈壁地段路基工程宜设置在地表砾质覆盖、无流沙、风力较小地段，避开大风风口地带。

3　沙漠化土地地段路基不宜设置在土地沙漠化迅速、大面积严重沙漠化土地的腹部。

14.1.4　风沙地区路基，应根据沿线地形地貌及气候、水文特征、大风特性、风沙活动规律及对铁路运营影响程度等因素，按照“因地制宜、永临结合、分步实施、综合治理”等原则，分段进行两侧平面防护。

14.1.5　防沙、防风工程设计时，基本风压应结合防护结构物对运营安全的影响程度和防护时效等因素确定，并符合以下规定：

1　防沙工程基本风压宜按当地 10 年一遇的最大风速计算。

2　路基两侧的防风结构，基本风压应按照百年一遇，且不小于历史实测最大风速计算。

14.1.6　风沙平面防护工程固沙措施和树枝、荆条笆、土工合成材料等透风沙障，其设计使用年限不应小于 5 年。

14.1.7　当横向取、弃土时，取土坑和弃土堆应设在背主导风向侧。在确保路基稳定的前提下，取土坑内边缘距路堤坡脚不应小于 5 m，弃土堆内边缘距堑顶不应小于 10 m，并应采取防风沙措施。

14.1.8　风沙地区工程建设应避免在大风季节施工，尽量避免对线路两侧各 500 m 范围内天然植被和地表硬壳的破坏。

14.1.9　严重风沙地区宜设置风沙流监测设备，监测大风和风沙流结构特征，确定防风沙工程设计参数。

14.2　路　　堤

14.2.1　高速铁路、城际铁路、Ⅰ级铁路及重载铁路路堤高度不宜小于 2.5 m，Ⅱ级铁路路堤高度不宜小于 1.0 m。

14.2.2 路基填料应符合相关铁路标准要求。

14.2.3 采用粉砂、细砂改良土填料时，掺和料宜采用粗粒土、水泥或粉土等，掺入量应根据现场试验确定。

14.2.4 砂类土上部填筑碎石类土时，砂类土顶面宜掺入水泥，厚度不小于 20 cm，或铺设土工布隔离。

14.2.5 粉、细砂路堤边坡形式应采用直线型。边坡高度不大于 6 m 时，边坡坡率不应陡于 1∶1.75；边坡高度大于 6 m 且不超过 12 m 时，边坡坡率不应陡于 1∶2，路基面每侧应加宽 0.3 m~0.5 m。

14.2.6 大风地区采用碎石类土作填料，且路堤边坡无防护措施时，路基面每侧应加宽 0.3 m~0.5 m。

14.3 路　　堑

14.3.1 高速铁路、无砟轨道铁路及重载铁路基床底层为粉砂、细砂时，应采取换填、土质改良或加固措施；其他铁路基床底层承载力不满足要求时，宜采取压实措施。

14.3.2 粉、细砂路堑边坡形式应采用直线型。边坡高度不大于 6 m 时，边坡坡率不宜陡于 1∶1.75；边坡高度大于 6 m 且不超过 12 m 时，边坡坡率不宜陡于 1∶2。

14.3.3 戈壁风沙流地区的浅路堑，当风向与线路的交角较大时，宜采用展开式，其边坡坡率不宜陡于 1∶4。

14.3.4 干旱与极干旱荒漠带，一次降雨能全部渗入沙层不产生径流时，可不设排水设施。

14.3.5 路堑地段应设置积沙平台，积沙平台宽度应根据沙源、主导风向及一次最大积沙量等确定。侧沟外积沙平台宽度不应小于 2 m，不设侧沟时，积沙平台宽度不应小于 3 m。积沙平台应采用卵石土、碎石土、粗砾土、黏性土或水泥砂浆块板等覆盖。

14.4 路基边坡防护

14.4.1 路堤填料或路堑边坡地层为粉砂、细砂及易被吹蚀的粉土时，应对路肩、坡面及自堑顶至外侧 5 m 范围的地表进行防护。为其他填料或地层时，在大风区和风力强大的戈壁风沙流地区，宜根据边坡高度对路肩和坡面采取防风蚀措施。

14.4.2 路基边坡防护形式应根据工程及水文地质条件、边坡高度、风沙类型和危害程度、材料来源和施工条件等因素确定，并应符合下列规定：

1 年平均降水量达 200 mm 及以上的地区，可分区、段采用植物防护、工程防护或植物防护与工程防护相结合的防护形式。

2 年平均降水量小于 200 mm 的地区，宜以工程防护为主，有灌溉条件时，可结合采用植物防护。

14.4.3 植物防护可采用立体植被护坡网、土工网(垫、格室)植草(灌)、客土植生、植生袋、纤维植被毯等植物措施。

14.4.4 工程防护应根据当地地材情况，采用栽砌卵石方格护坡，铺砌片石、混凝土或水泥砂浆板块护坡,夯拍碎石土、粗砾土、黏性土、矿渣等包坡,铺设土工合成材料等固沙、防风蚀措施。

14.4.5 易受水流冲刷、浸泡的路基边坡应加强防冲刷措施。

14.4.6 路堤施工期间可采用覆盖草席、树枝、土工合成材料等必要的临时防风蚀措施。

14.5 风沙平面防护

14.5.1 风沙平面防护应根据地形地貌、风沙流特性、路基形式、大气降水、灌溉条件、材料来源等因素,综合考虑建设、运营期间的实施条件,按照植物优先、远阻近固、工程先导原则,确定防沙措施。

14.5.2 防沙措施包括固沙、阻沙、输沙,其设置应符合下列规定:

1 在线路两侧地表存在流动和半固定沙地、沙丘或沙漠化地段,应在微地形上的风蚀区采取合理的固沙措施,在铁路迎风侧上游根据风沙流状况设置合理的阻沙、输沙措施。

2 戈壁风沙流地段应以采取阻沙措施为主。

3 输沙措施应根据区域环境特点综合分析选用。

14.5.3 风沙平面防护可采用植物防沙或工程防沙形式,具备下列条件之一时,宜采用植物防沙形式:

1 年平均降水量大于 250 mm。

2 年平均降水量 100 mm~250 mm,且湿沙层含水率大于 3% 的地区。

3 有水源可利用,且经济合理。

14.5.4 风沙平面防护宽度应根据风速、风向、地形地貌、线路走向、路基形式、防护目标、土地资源、风沙危害程度等因素综合确定,在严重和中等风沙地段不宜小于 100 m,在轻微风沙地段不宜小于 50 m。

14.5.5 植物防沙防护应根据风沙流情况等采取合理的植物固沙或植物阻沙措施,并符合下列规定:

1 植物的选择、配置、密度应根据立地条件、种植目的及经济适用性等确定。宜采用当地生长良好、固沙能力强的乡土植物,引种非乡土树(草)种时,应经过栽培试验,成功后推广应用。

2 植物固沙可采用植生袋、植生带、植被纤维毯等新型措施,或土壤改良、客土等措施建立人工植生层,构建固沙方格、植物覆盖层等措施为主的固沙体系。

3 植物阻沙应根据当地风沙流情况、造林经验、植物种类和水源条件,采用乔木、灌木或乔灌相结合的方式建设疏透或紧密结构防护林带。采取植物阻沙措施地区年冻结期应小于 6 个月。

4 林带距离路基坡脚不小于 30 m,每条林带宽度宜为 20 m~50 m,每两条林带间应设林间空地,其宽度宜为 30 m~40 m。

5 植物建植可采用移植、栽植或种植等适宜的方式,植物建植初期宜配合采用合适的工程阻沙措施。

6 植物的灌溉宜采用喷灌和滴(渗)灌方式。

14.5.6 工程固沙措施可根据当地条件选用卵石方格、片石方格、树枝栅栏、黏性土埂、沥青毡、植物纤维、组合式多孔复合岩板、防沙网等固沙沙障,也可选用平铺卵石土、碎石土、粗砾石土等粗颗粒土及化学固沙,并应符合下列规定:

1 环境风力达到 12 级及以上时,不宜采用土工合成材料防沙网。

2 固沙沙障宜为矩形和菱形,边长 1 m~6 m,高度 0.1 m~1 m。

3 风向单一时,固沙沙障宜按条带状布设,风向多变时,可按格状布设。

14.5.7 工程阻沙措施应根据风向、风速、沙源、经济合理等因素,选用挡沙沟堤、土坯墙、干砌片石墙、挡风墙等不透风高立式沙障,或采用树枝、荆条笆、废轨枕、土工合成材料(HDPE)、钢筋混凝土、镀锌铝合金板及空心砖墙等透风高立式沙障,并符合下列规定:

1 风沙荷载应根据最大风速、当地起沙风速、风沙流密度、设计标准等,按本规范附录 C 计算确定。

2 永久性沙障应根据风沙荷载进行结构设计,沙障基础埋深可按照本规范附录 D 计算,沙障的抗倾覆稳定安全系数不应小于 1.2。

3 高立式沙障宜与主导风向垂直,距路堤坡脚或堑顶的距离应根据风速、路堤高度或路堑深度及上风侧的地形地貌综合确定,且不宜小于 50 m。

4 高立式沙障的高度应根据地形地貌、风速、携沙高度、工程造价等资料综合确定,无资料时沙漠地区不宜小于 1 m,戈壁大风地区不宜小于 1.5 m。

5 在风力强劲及沙源丰富地段,可向外适当增加沙障排数,其排间距离应根据最大风速计算确定,宜为障高的 10~20 倍,前缘不宜采用永久性沙障结构。

6 单一挡沙沟堤宜在沙源较少地段使用,当沙源较多时,可在其外侧采用防沙栅栏,距挡沙沟堤的距离不宜小于 20 m。

7 跨越沟谷或漫流区时,应根据洪水压力和风力分别计算立柱的抗倾覆稳定性。

14.5.8 风沙平面防护应设置养护通道,并根据需要设置防火隔离带,其设置应符合下列规定:

1 养护通道宜根据防沙工程、桥涵出入口、防火隔离带等统一规划。

2 养护通道表面宜铺设卵石或碎石防风蚀,粒径不宜小于3 cm,厚度不宜小于 10 cm,宽度不宜小于 5 m。

3 当蒸汽机车牵引通过重点草原防火区,应在路堤坡脚或低路堑堑顶位置处设置防火隔离带。

4 采用植物防护措施时,宜在林带间宽 50 m 以及长度 200 m 处设置防火隔离带。

5 防火隔离带表面应清除植被,并铺设卵石、碎石和砾石防止风蚀,粒径不宜小于 5 cm,厚度不宜小于 10 cm,宽度不宜小于 20 m。

6 养护通道可设置在线路两侧的防火隔离带上。

14.5.9 风沙平面防护外侧应根据风沙严重程度、大气降水、土壤含水率、天然植被状况、人类活动等因素设置植物保护区,并在植物保护区外缘设置严禁采樵、放牧和开垦等护林标志或带刺铁丝网、护林沟堤等设施。

14.5.10 铁路沿线的河道和湖岸风沙防治可采用挡水堤蓄水等措施,以水压沙或固沙,减少风沙流的活动强度。

14.6 大风区防风措施

14.6.1 防风措施设计的环境风速及防护段落应根据铁路等级、临界翻车风速等确定。必要时可进行降低设防等级与列车行车限速、停轮运营损失进行经济比较。铁路路肩的防风措施设计使用年限应与铁路主体工程设计年限相同。

14.6.2 防风工程宜综合考虑防沙工程,且与主导风向垂直,并应设置在风沙流通过的关键地段。

14.6.3 防风工程措施应针对环境风速、风向分布规律等,确定防风设施的形式及位置。

14.6.4 防风结构可结合工程条件以及路基形式,采用土堤式、对拉式、悬臂式(扶壁式)、柱板式挡风墙及防风走廊等。挡风墙的抗倾覆稳定系数不应小于1.6。

14.6.5 高速铁路大风核心区、车站或地形变化等地段,宜设置封闭或半封闭防风结构。

15 雪害地区路基

15.1 一 般 规 定

15.1.1 铁路雪害包括积雪和雪崩两种形式。

15.1.2 线路走向宜与风雪流的主导风向平行或交角不应大于 30°;线路应绕避严重积雪的山坡坡脚、易产生雪崩地段及其危害区域。绕避困难时,应选择在范围小、危害轻的地段以合理防治工程通过;路基工程应根据地形、地势、积雪或雪崩的特征,采取有效的防护措施。

15.1.3 雪害地段路基应避免低填浅挖及深、长路堑。路堤高度宜大于平均积雪深度的 3 倍,且不得小于 1.5 m;路堑深度宜为 2.0 m~6.0 m。当不可避免时,应采用不易积雪的断面,并采取适宜的防护措施。

15.1.4 雪害地区路基防护工程设计应符合下列规定:

1 积雪严重地段,可采取防雪栅栏、防雪堤、导风板、灌木林带等相结合的综合治理措施,防止积雪危害路基工程。

2 路基通过雪崩地段及其危害区域时,根据地形条件,可采取稳定山坡积雪、分级阻挡、疏导消能等防治措施。

15.1.5 既有路基地段,经常发生掩埋线路的严重积雪或雪崩危害时,可采用明洞或棚洞等工程措施进行整治。

15.1.6 路基应满足融雪水流冲刷及防排水要求。

15.1.7 复杂雪害地段路基,应监测路基成型后的雪害及危害程度,并调整防治措施。

15.2 路基断面形式

15.2.1 路基横断面形式应有利于防止积雪。路堤宜采用缓边坡形式,挖方地段宜采用展开式路堑。

15.2.2 路堤迎风侧的边坡宜放缓,边坡坡率不宜陡于 1∶4。

15.2.3 路堑深度小于 2.0 m 时,边坡坡率宜缓于 1∶4;路堑深度为 2.0 m~6.0 m 时,宜在两侧坡脚设积雪平台,平台宽度不小于 4.0 m;当路堑深度大于 6.0 m 时,宜根据地形及边坡高度等条件,采用阶梯形边坡、适当加宽坡脚侧沟平台等形式,防止积雪。

15.3 防 护 措 施

15.3.1 雪害地区应根据地形、地貌、植被、气候、风向、积雪厚度,并结合线路位置、路基高度等因素在路基一侧或两侧设计防护林带。

15.3.2 防护林带宜采用乔、灌混合林型。林带树种应根据当地土壤和气候条件,选用适合当地生长、易于成活、生长快的树种。防护林带的宽度不宜小于 20 m,路堑顶或路堤坡脚与至防护林带间应根据现行《铁路工程设计防火规范》TB 10063 的规定设置防火隔离带。

15.3.3 在不宜种植防护林或防护林未能起作用前,可在迎风一侧设置固定式或活动式防雪栅栏、防雪堤、防雪沟或导风板等设施,并与主导风向垂直。

15.3.4 防雪栅栏的设置应符合下列规定:

1 对于风雪流较少,持续时间久,风力变化不大或不便经常维护的地段,可采用固定式防雪栅栏。栅栏高度不应小于 3.0 m。

2 对于风雪频繁,风力较大以及易于移动的地段,可采用活动式防雪栅栏,栅栏高度不应小于 1.5 m。

3 防雪栅栏应布设在积雪路基的迎风侧,并与积雪期的主导风向垂直或接近垂直,其位置可距路堑堑顶或路堤坡脚外 30 m~50 m。对于降雪量大、雪源丰富的雪害地段,可设置双排或多排防雪栅栏。

15.3.5 防雪堤(墙)的设置应符合下列规定:

1 防雪堤(墙)的高度不应小于 1.5 m。

2 降雪量较大时可采用透风式防雪墙。

3 防雪堤(墙)距路堑堑顶或路堤坡脚外 20 m~30 m。对于降雪量大、雪源丰富的雪害地段,可设置双排防雪堤(墙)。

4 防雪堤(墙)的设置长度一般应大于雪害段落 5 m~8 m。

15.3.6 导风板按其结构可分为下导风板和侧导风板,其设置应符合下列规定:

1 在背风山坡上或其山脚下的路基,主导风向与路基中线夹角大于 40°,或在迎风山坡上及其山脚下的路基,主导风向与路基中线夹角大于 30°时,可采用下导风板。

2 下导风板应设置在路基迎风侧路肩处,并与积雪期的主风向垂直;导风板的板高宜为 2 m~4 m;下导风口高度不应小于 1.0 m。

3 侧导风板应设置在路基迎风侧,板面宽度及高度宜为2 m~4 m。侧导风板距路堑堑顶或路堤坡脚外的距离不小于 15 m。

4 侧导风板布置形式可按直线形或羽毛形排列。

15.3.7 对于经常产生坡面雪崩的山坡及沟槽雪崩的源头,可采取于山坡设置水平台阶、稳雪栅栏、消能楔、土丘、导雪堤等防护工程措施,并应符合下列规定:

1 山坡坡度小于 40°,土层较厚且透水性好,植被更新快,不易产生滑坡、泥流的山坡上可采取设置水平台阶的措施。

2 水平台阶的宽度、间距应根据山坡坡度和山坡上最大积雪深度等综合确定。

3 山坡坡度较陡,土层较薄,透水性能差,不宜开挖水平台阶的山坡可设置稳雪栅栏。

4 稳雪栅栏宜设置多排,最高一排栅栏应尽量在雪崩裂点及雪檐下方。

5 土层较厚,坡度较缓,规模较大的沟槽雪崩地段可采用消能楔、土丘等措施,可以起到减缓雪崩运动速度、阻挡部分雪崩的作用。

6 当线路由雪崩堆积锥的下方通过,线路上方有适当的堆雪场所时,可采用导雪堤措施。

7　导雪堤自沟槽一侧伸至沟的中央与雪崩流向成锐角相交,交角不应大于30°。

8　导雪堤的高度应大于雪崩最大锋面高度。

15.3.8　永久性防雪墙、防雪栅栏应根据风雪荷载参照本规范第14章防风墙、沙障的有关规定进行结构设计。

16 浸水路基

16.1 一般规定

16.1.1 浸水路基包括设计水位以下受水浸泡的水塘、内涝地段、河滩、滨河、滨海及水库地段路基。穿越滞洪区、行洪区以及积水洼地的路基可根据具体情况按照本章有关规定设计。

16.1.2 河滩、滨河路基应避免过多挤压河床，不得侵入山区河流的河槽。应避免在河流凹岸、水流顶冲严重地段及洪水经常泛滥区域内设置路基。河滩路堤的平面布设应使河滩水流顺畅，不宜在河滩范围内设计成折向下游的路堤。

16.1.3 滨海路基应选择在海面最短、水深不大、波浪较小、海滩地势较为平坦、地质条件好的地段通过。

16.1.4 水库路基应选择在水库边缘、水库支沟及支流地段通过，并应考虑水库坍岸的影响。

16.1.5 浸水路基稳定性分析方法应根据路堤断面结构形式和填料性质等确定，宜采用圆弧法，稳定安全系数不应小于1.25。稳定性分析应考虑下列因素及影响：

1 浸水部位应考虑受水浸泡影响，采用水下饱和强度进行计算分析。

2 当路基两侧存在较大水头差及水文条件复杂时，应考虑地基渗流以及堤身渗流对路基稳定性的影响；采用渗水土填筑的路堤，堤身可不考虑水的渗流影响。

3 水库及滨海路基应考虑波浪对边坡稳定性影响。在封冰和流冰地区，还须考虑冰荷载作用。在滨河及水库上游地段，当流速较大时，还应考虑水流的冲刷作用影响。

4 淤积后增加的抗滑力可不考虑。

16.1.6 浸水路堤应根据浸水深度、水流状况、波浪、基底地层、河道（海岸、库岸）地貌等条件选择断面形式和边坡防护加固类型。流速较大地段应进行冲刷防护计算。

16.1.7 路堤浸水部位应根据浸水条件、铁路等级、轨道类型、地基条件、填料来源和性质等因素，结合路堤稳定及沉降分析，采用水稳性好的填料，并符合下列规定：

1 长期受水浸泡的河滩、滨河、滨海及水库地段路堤，浸水部位应采用渗水土填料。

2 长期受水浸泡的水塘地段及非长期浸水地段路堤，浸水部位宜采用渗水土填料。

3 本条第2款浸水条件地段，当渗水土来源困难时，在采取放缓边坡、加宽护道及加强隔水、防渗、地基处理等可靠的加固措施，渗流稳定性及沉降满足要求的情况下，经技术经济综合比选，路堤浸水部位可结合浸水条件、铁路等级等因素，采用水稳性好的非渗水土填料。

16.1.8 浸水路基断面设计应符合下列规定：

1 防护高程以上路基边坡坡率应与非浸水路基相同，防护高程以下应至少放缓一级，浸水较深或渗流等条件复杂时应结合稳定性检算确定。

2 防护高程处宜根据浸水深度及时间、路堤稳定及养护要求等因素设置边坡平台或护道，宽度不宜小于 2.0 m。

3 路堤采用不同填料时，填料分界处不应低于防护高程，且应设宽度不小于 0.5 m 的平台。当两种材料粒径相差较大时，平台顶面应设隔离垫层，其厚度为 0.3 m~0.5 m，并可根据填料粒径采用土工合成材料等。

4 在严寒地区，应在浸水侧坡脚外防护高程以下采取加宽护道和挡水捻等措施，防止路基浸水产生冻胀病害。

16.1.9 路基本体和地基内渗流的处理应符合下列规定：

1 浸水路堤两侧有较大水头差时，应设置过水建筑。

2 当堤身或地基可能发生管涌潜蚀时，应进行防渗计算。可在低水位一侧边坡下采取设置排水设备、放缓边坡、加宽护道或护底铺盖及在路堤本体及地基内设置防渗墙等防止渗透的加固措施。

16.1.10 浸水路堤地基为松软土层，受水浸泡及地下水壅升后将形成的松软土层，湿陷性黄土的地基，列车振动荷载作用下可能产生液化的饱和粉土、粉细砂地基，必须进行地基加固处理。

16.1.11 浸水路基地段安全影响范围内严禁取土。

16.1.12 浸水路基需要设置挡土墙等支挡防护结构物时，应根据浸水的深度、时间、水流作用性质等因素，按照现行《铁路路基设计规范》TB 10001、《铁路路基支挡结构设计规范》TB 10025 等有关规定进行结构受力及稳定性计算分析，并加强支挡防护结构的排水设计。

16.2 水塘、内涝地段路基

16.2.1 边坡浸水防护高程，应高出塘埂高程或内涝设计水位加不小于 0.5 m 的安全高度。

16.2.2 当渗水土来源困难时，在采取放缓边坡、隔水护道、防渗围堰或其他可靠的加固措施，渗流稳定性及沉降满足要求的情况下，高速铁路、无砟轨道城际铁路路堤，浸水部位可采用 A、B 组填料；重载铁路、有砟轨道城际铁路及Ⅰ级铁路正线等路堤，浸水部位可采用 A、B、C 组粗粒土（细砂、粉砂除外）填料；Ⅱ级铁路、Ⅰ级铁路站线路堤，浸水部位可采用 A、B、C 组粗粒土填料或改良土填料。

16.2.3 防护高程以下路基坡面，应根据铁路等级、路堤高度、填料性质、水深及流速、地基条件等因素，采取植物、干砌片石、浆砌片石及混凝土等护坡措施，护坡基础可采用勺形基础、矩形基础或脚墙基础。

16.2.4 水塘地段围堰的类型、断面形式、填料及防渗措施等应根据水塘大小、水深、地基条件、路堤占压范围等因素确定，避免施工期间发生透水、变形、失稳。

16.2.5 水塘、内涝地段路堑应根据铁路等级、水深、水塘离堑顶距离、地下水位和地基渗透性等具体条件，采取填平水塘、整平路堑外场地、设置排水沟等措施避免积水，并结合放缓路堑边坡、设置防渗永久围堰、支撑渗沟或渗水盲沟等措施综合处理。困难时可设置封闭式路堑。

16.3 河滩、滨河路基

16.3.1 边坡浸水防护高程,应高出设计水位加波浪侵袭高或斜水流局部冲高加壅水高(包括河道卡口或建筑物造成的壅水、河湾水面超高、桥前水面拱坡附加高)加河道淤积影响高度加不小于0.5 m的安全高度。

16.3.2 非长期浸水的滨河地段,当渗水土来源困难时,在采取放缓边坡、加宽护道、防渗围堰、隔水帷幕或其他可靠的加固措施,渗流稳定性及沉降满足要求的情况下,重载铁路、有砟轨道城际铁路及Ⅰ级铁路正线等路堤,浸水部位可采用A、B组填料;Ⅱ级铁路、Ⅰ级铁路站线路堤,浸水部位可采用A、B、C组粗粒土(细砂、粉砂除外)填料。

16.3.3 路基坡面受水流冲刷时,应根据铁路等级、路堤高度、填料性质、流向、流速、水深、浪高、地基条件等因素,采取干砌片石、浆砌片石、混凝土、石笼、大型砌块等护坡措施,峡谷急流和水流冲刷严重地段宜设浸水挡土墙加固。防护工程基底应埋设在冲刷深度以下不小于1.0 m或嵌入稳定基岩内,必要时应采用桩基础。

16.3.4 在平原及山区的宽阔河床水流易改变方向的地段,为降低冲刷流速及改变冲刷部位,可设置挑水导流建筑物。导流建筑物应根据防护要求和河道平面的轴线,合理确定导治线、导流建筑物的类型、结构尺寸及平面布置。

16.4 滨海路基

16.4.1 滨海路基的路肩高程应大于设计高潮水位加波浪侵袭高(波浪爬高)加不小于0.5 m的安全高度。当路堤顶设防浪墙时,路肩设计高程应不小于设计高潮位加不小于0.5 m安全高度。

16.4.2 设计潮水位应采用重现期为100年一遇的高潮位。当滨海路堤兼作水运码头时,还应按照设计要求确定设计最低潮位。

16.4.3 防浪墙和坡面防护工程的强度和稳定性计算时,设计波高重现期应采用50年,波列累积频率应按表16.4.3采用。当推算的波高大于浅水极限波高时,应按极限波高采用。

表16.4.3 波列累积频率

滨海路堤形式	部　　位	计算内容	波列累积频率 F(%)
斜坡式	胸墙,堤顶方块	强度和稳定性	1
	护坡块石,护坡块体	稳定性	13*
	护底块石	稳定性	13
直墙式	上部结构,墙身桩基	强度和稳定性	1
	基床护底块石	稳定性	5

注:* 为当平均波高与水深的比值 $\overline{H}/d<0.3$ 时,F 宜采用5%。

16.4.4 滨海路基与港区路基所采用的设计高程不同时,应设置路肩高程渐变段,使之与港区路基平顺衔接,并应采取防止路基面越浪的措施。

16.4.5 当渗水土来源困难时,在采取放缓边坡、加宽护道、隔水帷幕或其他可靠的加固措施,渗流稳定性及沉降满足要求的情况下,Ⅱ级铁路、Ⅰ级铁路站线路堤,浸水部位可采用A、B组填料。

16.4.6　路基断面结构形式应根据水深、波高、地基条件、填料性质、渗流路径、施工条件及使用要求等因素,经过综合稳定性分析确定,宜采用斜坡式或直墙式。

16.4.7　路堤边坡坡率应根据路堤填料性质、路堤高度、防护形式及海洋水文条件等因素综合分析确定。当外海侧缓于内海侧、块石护面缓于混凝土块护面、堤头部缓于堤身时,边坡坡率可按 表16.4.7选用。

表16.4.7　不同坡面防护类型的边坡坡率

坡面防护类型	边坡坡率
抛填或安放块石	1∶1.5~1∶3
干砌或浆砌块石	1∶1.5~1∶2
干砌条石	1∶0.8~1∶2
安放人工块体	1∶1.25~1∶2
抛填方块	1∶1.0~1∶1.25

16.4.8　坡面防护应根据水深、波浪高度、波浪压力及施工条件等因素,采用混凝土人工块体(扭工字块体、四脚锥体、四角空心方块等)、干砌块石、干砌条石、浆砌块石、混凝土板、栅栏板及模袋混凝土等措施。各种防护工程应能满足抗海水冲蚀、生物侵蚀和抗冻等要求。

16.4.9　护坡垫层石块质量可取护石块体质量的1/10~1/20。当困难时,其质量不得小于1/40。当采用四脚空心块和栅栏板护面时,其垫层石块不应小于护石结构的空隙尺度,垫层厚度不宜小于400 mm。

16.4.10　外海侧护坡底部应设抛块石或混凝土块体,块体顶面高程宜在设计低水位以下约1.0倍设计波浪高并高于施工水位,顶面宽度不宜小于2.0 m,厚度不宜小于1.0 m。

16.4.11　冲刷地基上外海侧坡脚应抛填护底石,内海侧可根据具体情况确定。护底石可采用1~2层,厚度不宜小于1.0 m,宽度可根据堤前水深和流速大小采用5 m~10 m。对砂质海底,在护底块石层下宜设置厚度不小于0.3 m的碎石层,护底石宽度应根据冲刷情况确定。

16.4.12　坡面防护设计中护面块体重量、护面厚度、护底块石重量、栅栏板平面尺寸和厚度及强度、防浪墙的强度及稳定性分析等应根据水深、波浪高度、波长、波浪压力等要素,进行坡面受力及稳定性分析后计算确定,所采用材料(块石、混凝土等)的强度要求等应满足抗侵蚀、抗冻及耐久性要求。

16.5　水库地段路基

16.5.1　水库路基包括线路沿水库边缘行进或跨越水库支沟、支流修筑的受库水作用影响的路基。

16.5.2　水库路基设计时应根据水库的特点和要求及水库对路基的影响,考虑岸坡岩(土)体的物理力学性质、库水浸泡、水理性、水位变化、波浪侵袭、水流冲刷、坍岸、淤积和地下水壅升的变化以及大孔性土的湿陷等因素,进行路基和库岸稳定性分析,确定相应的防护加固措施。

16.5.3 路基浸水或由于水库坍岸而危及水库路基的安全与稳定时，应进行水库路基防护加固。水库路基的防护加固设计应包括路基的防护加固和水库坍岸的防护加固。其中路基防护加固应包括对本体内渗流的处理，路基边坡防护及路基基底的处理。

16.5.4 库岸的稳定性应根据工程地质条件、水文气象特征及库水运行规律、库岸形态、水库坍岸、水库淤积、地下水壅升等因素，并考虑波浪、荷载、地震等作用力的影响，进行分析和评价。库岸的坍岸线应通过对水库坍岸的预测和计算确定。路基距预测坍岸线应有一定的安全距离。

16.5.5 库岸浪高超过 1.0 m 时，水库路基的支挡结构应考虑浪压和波浪的抽吸作用。

16.5.6 非长期浸水的水库支沟及支流地段，当渗水土来源困难时，在采取放缓边坡、隔水护道、防渗围堰或其他可靠的加固措施，渗流稳定性及沉降满足要求的情况下，重载铁路、有砟轨道城际铁路及Ⅰ级铁路正线等路堤，浸水部位可采用 A、B 组填料；Ⅱ级铁路、Ⅰ级铁路站线路堤，浸水部位可采用 A、B、C 组粗粒土（细砂、粉砂除外）填料。

16.5.7 路基边坡防护加固设计应符合下列规定：

1 路基边坡浸水防护顶面高程应为设计水位（当设计水位低于水库正常高水位时，采用水库正常高水位）加波浪侵袭高加安全高度 0.5 m，底面高程为水库设计低水位减波浪影响深度（可采用 2~2.5 倍低水位时的波浪高）；当蓄水初期由于浸水或水流的作用影响边坡稳定时，防护底面至路堤坡脚之间的坡面应进行适当防护。淤积较快的地段，可采用临时防护措施。

2 路基边坡防护措施应根据水库类型、波浪力大小、路基所处位置等因素确定，可采用干砌片石、混凝土板护坡，并应做好反滤层。有冲刷时，可采用抛石、浆砌片石护坡、石笼、片石垛、土工织物沉枕、土工模袋、混凝土连锁块等防护措施。

3 由于浸水、冲刷等原因而影响路基稳定时，可采用挡土墙、防淘建筑物、副堤等加固措施。

16.5.8 水库坍岸防护加固设计应符合下列规定：

1 水库坍岸危及路基的稳定时，应根据线路的位置、库岸岩性、库岸高度和坡率、浸水深度、水库淤积等情况，对库岸采取相应的防护措施。

2 水库坍岸的防护顶面高程应为水库正常高水位加波浪侵袭高加 0.5 m 的安全高度，底面高程应为水库设计低水位减波浪影响深度。

3 水库坍岸的防护类型可根据波浪、水冻结膨胀压力的破坏作用和地质、地形等情况合理选用。

4 水库坍岸防护长度应根据路基所在库岸边坡受波浪作用的影响范围确定，防护工程两端应有适当的安全距离，基础应嵌入库岸或路基边坡内。

5 位于坍岸范围内的支挡结构基础应置于坍岸线以下，其埋入深度和距坍岸线的水平距离应符合现行《铁路路基支挡结构设计规范》TB 10025 的规定。

附录A　特殊土(岩)的分类及有关特性

A.0.1　软土、松软土按物理力学性质的分类应符合表A.0.1—1、表A.0.1—2的规定。当粉土的物理力学性质大部分指标满足软土指标时,可定名为软粉土。

表A.0.1—1　软土按物理力学指标分类

指标 \ 分类		软黏性土	淤泥质土	淤泥	泥炭质土	泥炭
有机质含量 u	%	$\omega_u<3$	$3\leqslant\omega_u<10$		$10\leqslant\omega_u\leqslant60$	$\omega_u>60$
天然孔隙比 e	—	$e\geqslant1.0$	$1.0\leqslant e\leqslant1.5$	$e>1.5$	$e>3$	$e>10$
天然含水率 ω	%	$\omega\geqslant\omega_L$			$\omega\geqslant\omega_L$	
渗透系数 K	cm/s	$K<10^{-6}$			$K<10^{-3}$	$K<10^{-2}$
压缩系数 $a_{0.1\sim0.2}$	MPa^{-1}	$a_{0.1\sim0.2}\geqslant0.5$			—	
不排水抗剪强度 CU	kPa	$CU<30$			$CU<10$	
静力触探比贯入阻力 P_s	MPa	$P_s<0.8$			—	
标准贯入试验锤击数 N	击	$N<4$	$N<2$		—	

表A.0.1—2　路基工程常见的松软土基本类型

指标 \ 分类		黏性土	粉土	粉砂、细砂
天然孔隙比 e	—	$e\geqslant0.70$	$e\geqslant0.90$	—
天然含水率 ω	%	—	$\omega\geqslant20$	—
压缩系数 $a_{0.1\sim0.2}$	MPa^{-1}	$a_{0.1\sim0.2}\geqslant0.25$		—
静力触探比贯入阻力 P_s	MPa	$P_s\leqslant1.2$	$P_s<3.0$	$P_s<3.0$
基本承载力 σ_0	kPa	$\sigma_0\leqslant150$	$\sigma_0\leqslant150$	$\sigma_0\leqslant150$
标准贯入试验锤击数 N	击	$N\leqslant20$	—	$N\leqslant15$
备注		不含软土	不含软粉土	—

A.0.2　膨胀土(岩)的分类应符合下列规定:

1　膨胀土应按表A.0.2—1的规定进行膨胀性分级。

2　膨胀岩应根据室内试验指标按表A.0.2—2的规定进行判定。

3　膨胀岩可根据干燥岩块的饱和吸水率按表A.0.2—3的规定进行膨胀性分级。

表A.0.2—1　膨胀土的膨胀性分级

膨胀性分级	分级指标		
	自由膨胀率 F_s(%)	蒙脱石含量 M(%)	阳离子交换量 $CEC(NH_4^+)$ (mmol/kg)
弱膨胀土	$40\leqslant F_s<60$	$7\leqslant M<17$	$170\leqslant CEC(NH_4^+)<260$

续上表

膨胀性分级	分级指标		
	自由膨胀率 F_s(%)	蒙脱石含量 M(%)	阳离子交换量 CEC(NH_4^+)(mmol/kg)
中膨胀土	$60 \leq F_s < 90$	$17 \leq M < 27$	$260 \leq$ CEC(NH_4^+) < 360
强膨胀土	$F_s \geq 90$	$M \geq 27$	CEC(NH_4^+) ≥ 360

注：当有 2 项指标符合时，即判定为该等级。

表 A.0.2—2　膨胀岩的判定

试验项目		判定指标
膨胀率 V_H(%)	不易崩解的岩石	$V_H \geq 3$
自由膨胀率 F_s(%)	易崩解的岩石	$F_s \geq 30$
膨胀力 P_p(kPa)		$P_p \geq 100$
饱和吸水率 ω_{sa}(%)		$\omega_{sa} \geq 10$

注：1　不易崩解的岩石，应取轴向或径向自由膨胀率中的大值进行判定；
2　易崩解的岩石应将其粉碎，过 0.5 mm 的筛去除粗颗粒后，比照土的自由膨胀率试验方法进行试验；
3　当有 2 项指标符合时，可判定为膨胀岩。

表 A.0.2—3　膨胀岩的膨胀性分级

膨胀性分级	干燥后的饱和吸水率 ω_{sa}(%)
弱膨胀岩	$10 \leq \omega_{sa} < 30$
中膨胀岩	$30 \leq \omega_{sa} < 50$
强膨胀岩	$\omega_{sa} \geq 50$

A.0.3　黄土按沉积时代分类应符合表 A.0.3—1 的规定。当湿陷系数 $\delta_s \geq 0.015$ 时，应为湿陷性黄土；湿陷性黄土地基的湿陷性等级分类应符合表 A.0.3—2 的规定。

表 A.0.3—1　黄土的时代及其工程性质

沉积时代	地层名称		工程性质				
			湿陷性	抗水性	透水性	压缩性	直立性
全新世(Q_4)	新黄土	新近堆积黄土	一般具湿陷性	易冲蚀、潜蚀、崩解	中	高至中	直立性较差，不能维持陡边坡
晚更新世(Q_3)		马兰黄土		易冲蚀、潜蚀、崩解	中	中	直立性一般，不能维持陡边坡
中更新世(Q_2)	老黄土	离石黄土	上部部分土层具湿陷性	冲蚀、潜蚀、崩解较慢	弱	中至低	直立性强，能维持高、陡边坡
早更新世(Q_1)		午城黄土	不具湿陷性	冲蚀、潜蚀、崩解慢	弱	低	直立性强，能维持高、陡边坡，但易剥落

表 A.0.3—2　湿陷性黄土地基的湿陷性等级

Δ_S(mm)	场地湿陷类型		
	非自重湿陷性	自重湿陷性	
	$\Delta_{ZS}\leqslant 70$ mm	70 mm$<\Delta_{ZS}\leqslant 350$ mm	$\Delta_{ZS}>350$ mm
$\Delta_S\leqslant 300$	Ⅰ(轻微)	Ⅱ(中等)	—
$300<\Delta_S\leqslant 700$	Ⅱ(中等)	* Ⅱ(中等)或Ⅲ(严重)	Ⅲ(严重)
$\Delta_S>700$	Ⅱ(中等)	Ⅲ(严重)	Ⅳ(很严重)

注：* 当 $\Delta_S>600$ mm、$\Delta_{ZS}>300$ mm 时，可判为Ⅲ级，其他情况可判为Ⅱ级。

A.0.4　盐渍土的分类应符合下列规定：

1　按盐的化学成分分类应符合表 A.0.4—1 的规定，按含盐量分类应符合表 A.0.4—2 的规定。

表 A.0.4—1　盐渍土按盐的化学成分分类

盐渍土名称	$D_1=\dfrac{c(Cl^-)}{2c(SO_4^{2-})}$	$D_2=\dfrac{2c(CO_3^{2-})+c(HCO_3^-)}{c(Cl^-)+2c(SO_4^{2-})}$
氯盐渍土	$D_1>2.0$	—
亚氯盐渍土	$2.0\geqslant D_1>1.0$	—
亚硫酸盐渍土	$1.0\geqslant D_1>0.3$	—
硫酸盐渍土	$D_1\leqslant 0.3$	—
碱性盐渍土	—	$D_2>0.3$

注：$c(Cl^-)$、$c(SO_4^{2-})$、$c(CO_3^{2-})$、$c(HCO_3^-)$分别表示氯离子、硫酸根离子、碳酸根离子、碳酸氢根离子在 0.1 kg 土中所含括号摩尔数(单位为 mmol/0.1 kg)。

表 A.0.4—2　盐渍土按含盐量分类

盐渍土名称	盐渍土层的平均含盐量$\overline{DT}$(%)		
	氯盐渍土及亚氯盐渍土	硫酸盐渍土及亚硫酸盐渍土	碱性盐渍土
弱盐渍土	$1.0>\overline{DT}\geqslant 0.3$	—	—
中盐渍土	$5.0>\overline{DT}\geqslant 1.0$	$2.0>\overline{DT}\geqslant 0.3$	$1.0>\overline{DT}\geqslant 0.3$
强盐渍土	$8.0>\overline{DT}\geqslant 5.0$	$5.0>\overline{DT}\geqslant 2.0$	$2.0>\overline{DT}\geqslant 1.0$
超盐渍土	$\overline{DT}\geqslant 8.0$	$\overline{DT}\geqslant 5.0$	$\overline{DT}\geqslant 2.0$

2　当溶陷系数 $\delta_{rx}\geqslant 0.01$ 时，应判定为溶陷性盐渍土，见表 A.0.4—3。

表 A.0.4—3　盐渍土的溶陷程度和等级分类

盐渍土的溶陷程度		地基土的溶陷等级	
溶陷程度	溶陷系数 δ_{rx}	溶陷等级	总溶陷量 s_{rx}(mm)
溶陷性轻微	$0.01\leqslant\delta_{rx}\leqslant 0.03$	Ⅰ级弱溶陷	$70<s_{rx}\leqslant 150$
溶陷性中等	$0.03<\delta_{rx}\leqslant 0.05$	Ⅱ级中溶陷	$150<s_{rx}\leqslant 400$
溶陷性强	$\delta_{rx}>0.05$	Ⅲ级强溶陷	$s_{rx}>400$

3　当盐胀系数 $\delta_{yz}\geqslant 0.01$ 时，应判定为盐胀性盐渍土，见表 A.0.4—4。

表 A.0.4—4 盐渍土的盐胀程度和等级分类

盐渍土的盐胀性			地基土的盐胀等级	
盐胀性	盐胀系数 δ_{yz}	硫酸钠含量 C_{ssn}(%)	盐胀等级	总盐胀量 s_{yz}(mm)
弱盐胀性	$0.01 \leqslant \delta_{yz} \leqslant 0.02$	$0.5 \leqslant C_{ssn} \leqslant 1.2$	Ⅰ级弱盐胀	$30 < s_{yz} \leqslant 70$
中盐胀性	$0.02 < \delta_{yz} \leqslant 0.04$	$1.2 < C_{ssn} \leqslant 2.0$	Ⅱ级中盐胀	$70 < s_{yz} \leqslant 150$
强盐胀性	$\delta_{yz} > 0.04$	$C_{ssn} > 2.0$	Ⅲ级强盐胀	$s_{yz} > 150$

注:当盐胀系数和硫酸钠含量两个指标判定的盐胀性不一致时,应以硫酸钠含量为主。

A.0.5 多年冻土的分类应根据土的类别、总含水率等,按表 A.0.5—1 的规定进行划分,青藏高原多年冻土应按表 A.0.5—2 划分地温分区。

表 A.0.5—1 多年冻土分类及融沉性分级表

含冰程度	多年冻土类型	土的名称	总含水率 ω_A(%)	平均融沉系数 δ_0(%)	融沉等级	融沉类别
低含冰量冻土	少冰冻土	碎石类土、砾砂、粗砂、中砂(粉黏粒质量不大于15%)	$\omega_A < 10$	$\delta_0 \leqslant 1$	Ⅰ	不融沉
		碎石类土、砾砂、粗砂、中砂(粉黏粒质量大于15%)	$\omega_A < 12$			
		细砂、粉砂	$\omega_A < 14$			
		粉土	$\omega_A < 17$			
		黏性土	$\omega_A < \omega_P$			
	多冰冻土	碎石类土、砾砂、粗砂、中砂(粉黏粒质量不大于15%)	$10 \leqslant \omega_A < 15$	$1 < \delta_0 \leqslant 3$	Ⅱ	弱融沉
		碎石类土、砾砂、粗砂、中砂(粉黏粒质量大于15%)	$12 \leqslant \omega_A < 15$			
		细砂、粉砂	$14 \leqslant \omega_A < 18$			
		粉土	$17 \leqslant \omega_A < 21$			
		黏性土	$\omega_P \leqslant \omega_A < \omega_P + 4$			
高含冰量冻土	富冰冻土	碎石类土、砾砂、粗砂、中砂(粉黏粒质量不大于15%)	$15 \leqslant \omega_A < 25$	$3 < \delta_0 \leqslant 10$	Ⅲ	融沉
		碎石类土、砾砂、粗砂、中砂(粉黏粒质量大于15%)				
		细砂、粉砂	$18 \leqslant \omega_A < 28$			
		粉土	$21 \leqslant \omega_A < 32$			
		黏性土	$\omega_P + 4 \leqslant \omega_A < \omega_P + 15$			
	饱冰冻土	碎石类土、砾砂、粗砂、中砂(粉黏粒质量不大于15%)	$25 \leqslant \omega_A < 44$	$10 < \delta_0 \leqslant 25$	Ⅳ	强融沉
		碎石类土、砾砂、粗砂、中砂(粉黏粒质量大于15%)				

续表 A. 0. 5—1

含冰程度	多年冻土类型	土的名称	总含水率 ω_A(%)	平均融沉系数 δ_0(%)	融沉等级	融沉类别
高含冰量冻土	饱冰冻土	细砂、粉砂	$28 \leqslant \omega_A < 44$	$10 < \delta_0 \leqslant 25$	Ⅳ	强融沉
		粉土	$32 \leqslant \omega_A < 44$			
		黏性土	$\omega_P + 15 \leqslant \omega_A < \omega_P + 35$			
	含土冰层	碎石类土、砂类土、粉土	$\omega_A \geqslant 44$	$\delta_0 > 25$	Ⅴ	融陷
		黏性土	$\omega_A \geqslant \omega_P + 35$			

注：1 总含水率包括冰和未冻水；

2 盐渍化冻土、泥炭化冻土、腐殖土、高塑性黏土不在表列；

3 平均融沉系数$\overline{\delta_0} = \frac{h_1 - h_2}{h_1} = \frac{e_1 - e_2}{1 + e_1} \times 100\%$，$h_1$、$e_1$—冻土试样融化前的高度(mm)和孔隙比；$h_2$、$e_2$—冻土试样融化后的高度(mm)和孔隙比。

表 A. 0. 5—2 青藏高原多年冻土地温分区

多年冻土地温分区	低温稳定区(Ⅳ)	低温基本稳定区(Ⅲ)	高温不稳定区(Ⅱ)	高温极不稳定区(Ⅰ)
年平均地温(T_{cp})	$T_{cp} < -2℃$	$-2℃ \leqslant T_{cp} < -1℃$	$-1℃ \leqslant T_{cp} < -0.5℃$	$T_{cp} \geqslant -0.5℃$

A. 0. 6 季节冻土及多年冻土融化层按冻胀性分级的分类应符合表 A. 0. 6 的规定。

表 A. 0. 6 季节冻土与季节融化层的冻胀性分类

土的名称	冻前天然含水率 ω(%)	冻前地下水位距设计冻深的最小距离 h_w(m)	平均冻胀率 η(%)	冻胀等级	冻胀类别
碎(卵)石，砾、粗、中砂(粒径小于 0.075 mm 的颗粒含量不大于 15%)，	不饱和	不考虑	$\eta \leqslant 1$	Ⅰ	微冻胀
	饱和含水	无隔水层	$1 < \eta \leqslant 3.5$	Ⅱ	弱冻胀
细砂(粒径小于 0.075 mm 的颗粒含量不大于 10%)	饱和含水	有隔水层	$3.5 < \eta$	Ⅲ	冻胀
碎(卵)石，砾、粗、中砂(粒径小于 0.075 mm 的颗粒含量大于 15%)，细砂(粒径小于 0.075 mm 的颗粒含量大于 10%)	$\omega \leqslant 12$	>1.0	$\eta \leqslant 1$	Ⅰ	微冻胀
		$\leqslant 1.0$	$1 < \eta \leqslant 3.5$	Ⅱ	弱冻胀
	$12 < \omega \leqslant 18$	>1.0			
		$\leqslant 1.0$	$3.5 < \eta \leqslant 6$	Ⅲ	冻胀
	$\omega > 18$	>0.5			
		$\leqslant 0.5$	$6 < \eta \leqslant 12$	Ⅳ	强冻胀
粉砂	$\omega \leqslant 14$	>1.0	$\eta \leqslant 1$	Ⅰ	微冻胀
		$\leqslant 1.0$	$1 < \eta \leqslant 3.5$	Ⅱ	弱冻胀
	$14 < \omega \leqslant 19$	>1.0			
		$\leqslant 1.0$	$3.5 < \eta \leqslant 6$	Ⅲ	冻胀
	$19 < \omega \leqslant 23$	>1.0			
		$\leqslant 1$	$6 < \eta \leqslant 12$	Ⅳ	强冻胀
	$\omega > 23$	不考虑	$\eta > 12$	Ⅴ	特强冻胀

续上表

土的名称	冻前天然含水率 ω(%)	冻前地下水位距设计冻深的最小距离 h_w(m)	平均冻胀率 η(%)	冻胀等级	冻胀类别
粉土	$\omega \leqslant 19$	>1.5	$\eta \leqslant 1$	Ⅰ	微冻胀
		≤1.5	$1<\eta \leqslant 3.5$	Ⅱ	弱冻胀
	$19<\omega \leqslant 22$	>1.5			
		≤1.5	$3.5<\eta \leqslant 6$	Ⅲ	冻胀
	$22<\omega \leqslant 26$	>1.5			
		≤1.5	$6<\eta \leqslant 12$	Ⅳ	强冻胀
	$26<\omega \leqslant 30$	>1.5			
		≤1.5	$\eta>12$	Ⅴ	特强冻胀
	$\omega>30$	不考虑			
黏性土	$\omega \leqslant \omega_p+2$	>2.0	$\eta \leqslant 1$	Ⅰ	微冻胀
		≤2.0	$1<\eta \leqslant 3.5$	Ⅱ	弱冻胀
	$\omega_p+2<\omega \leqslant \omega_p+5$	>2.0			
		≤2.0	$3.5<\eta \leqslant 6$	Ⅲ	冻胀
	$\omega_p+5<\omega \leqslant \omega_p+9$	>2.0			
		≤2.0	$6<\eta \leqslant 12$	Ⅳ	强冻胀
	$\omega_p+9<\omega \leqslant \omega_p+15$	>2.0			
		≤2.0	$\eta>12$	Ⅴ	特强冻胀

注:1　ω_p—塑限含水率(%);ω—冻前天然含水率在冻层内的平均值;
2　盐渍化冻土不在表列;
3　塑性指数大于22时,冻胀性降低一级;
4　粒径小于0.005 mm的颗粒含量大于全部质量的60%时为微冻胀土;
5　碎石类土当充填物大于全部质量的40%时,其冻胀性按填充物土的类别判定;
6　隔水层指季节冻结层底部及以上的隔水层。

A.0.7　按工程分类法,花岗岩强风化层以上的风化物宜统称为花岗岩风化残积土。花岗岩风化残积土自上而下可根据其组成与结构的差异、风化程度大小按表A.0.7—1的规定分为三层。花岗岩风化残积土的填料类别及性质可按表A.0.7—2的规定确定。

表A.0.7—1　花岗岩风化残积土的工程分类

风化物	风化程度	岩土名称	岩土组成与结构	工程性质
残积土	残积	均质黏性土	均质红土层,多呈砖红色或棕红色,以高岭土为主,石英颗粒少;团块状结构,较均质,原岩结构完全破坏	遇水易崩解软化,具中等压缩性,偶具膨胀性。边坡易受冲刷溜坍。填料性质差
残积土	残积~全风化	含砂、砾黏性土	网纹红土层,以紫色为主,间夹黄褐、灰白等色,长石已全部风化为黏土矿物,以高岭土为主,石英颗粒较少;网纹状结构,较松散,原岩结构基本破坏	遇水易崩解软化,具中~低压缩性,偶具膨胀性、软弱夹层,地基承载力一般大于200 kPa。边坡易受冲刷溜坍或崩塌。填料性质较差

续上表

风化物	风化程度	岩土名称	岩土组成与结构	工程性质
残积土	全风化	砂类土	多为中砂~砾砂,少量为细砂,以黄褐色为主,夹杂红、灰、白等色,长石已大部分风化为黏土矿物,以石英颗粒为主;似网纹状的结构,较松散,原岩结构外貌仍保存	低压缩性,常具软弱夹层,地基承载力大于200 kPa。边坡易受冲刷崩塌或沿软弱层滑动。填料性质较好

表 A.0.7—2　花岗岩风化残积土的填料类别及性质

风化物	风化程度	岩土名称	填料类别	填料性质
残积土	残积、全风化	均质黏性土,含砂、砾黏性土	C 组	低液限黏性土,以高岭土为主,偶具膨胀性,遇水易崩解软化,水稳性较差
			D 组	高液限黏性土,以高岭土为主,偶具膨胀性,遇水易崩解软化,水稳性差
	全风化	砂类土	B 组	含土或土质中砂~砾砂,以石英颗粒为主,细粒含量小于30%,细粒含量控制水稳性
			C 组	含土细砂或土质中砂~砾砂,含土细砂的细粒含量小于15%;土质中砂~砾砂的细粒含量30%~50%,细粒含量控制水稳性

A.0.8　填土按堆填方式、物质组成特征及工程特性的分类应符合表 A.0.8 的规定。

表 A.0.8　填土的分类及工程特性

填土名称		物质组成、成因	工程性质
填筑土		按一定标准控制材料成分、密度、含水量,经分层压实或夯实而成的填土	较均匀,具有一定的密实度或承载力,较低压缩性
素填土		堆填或弃直块石、碎石类土,砂类土,粉土或黏性土,不含或只含少量杂质	成分比较单一,可能具有湿陷性和震陷性
冲(吹)填土		经水力冲刷携带或管道吹扬运送的河道泥沙、山坡泥沙、火电厂(化工厂)细颗粒灰渣池沉积物	土层分布不均,多呈透镜体或扇形、椎体形出现,一般具有高压缩性、低承载力
杂填土	建筑垃圾杂填土	主要由建筑垃圾组成,土中含有大量的碎砖、瓦砾、混凝土块、墙皮灰渣、陶瓷、玻璃渣、朽木块等杂物,有机物含量较少	不均匀性、高压缩性、低承载力
	工业废料杂填土	主要由工业生产的废料、废渣组成,土中含有大量的矿渣、煤矸石、灰煤渣、电石渣、下脚料等其他工业废料混有部分天然土类组成	
	生活垃圾杂填土	主要由炉灰炭渣、碎骨菜根、残枝断木、塑胶残片、瓷玻碎器、金属残件等生活中废弃物组成,夹杂天然土和建筑垃圾,含有机质和未分解的腐殖质较多	

A.0.9　风沙危害程度分类应符合表 A.0.9—1 的规定,沙丘、沙地活动程度应符合表 A.0.9—2 的规定,土地荒漠化程度分类应符合表 A.0.9—3 的规定。

表 A. 0. 9—1　风沙危害程度

危害程度	特　　征
严重	线路通过大面积($>10\ km^2$)的高大、密集流动沙丘,风沙流动频繁的地区,附近有大面积稀疏、低矮流动沙丘,沙丘年向前移动值 >10 m
	线路通过大面积的严重沙漠化土地
	风力强大(常年有 10 级以上大风),沙源丰富(包括明沙与暗沙)的山口及单位长度内年输沙量 $>10\ m^3/m$的戈壁风沙流地带
中等	线路通过大面积半固定沙丘和部分流动沙丘为主的地区,沙丘年向前移动 5 m~10 m
	线路通过沙层疏松深厚的沙地及中度沙漠化土地,风蚀作用显著
	单位长度内年输沙量为 $5\ m^3/m$~$10\ m^3/m$ 的戈壁风沙流地带
轻微	线路通过半固定沙丘地区,植被遭到破坏,大风时有风沙流活动
	线路通过轻度沙漠化土地,附近有零星的流动沙丘
	单位长度内年输沙量 $<5\ m^3/m$ 的戈壁风沙流地带

表 A. 0. 9—2　沙丘、沙地活动程度

活动程度	特　　征
流动	植被稀疏,覆盖度小于 15%,甚至丘表完全裸露。风沙流活动显著,形态变化主要依据风力转移,剖面无分化特征
半固定	植被稀疏,覆盖度为 15%~40%,流沙呈斑点状分布,有风沙流活动,剖面分化不明显
固定	植被稀疏,覆盖度大于 40%,表面风沙流活动不显著,剖面分化明显

表 A. 0. 9—3　土地沙漠化程度

名　称	植被覆盖率 γ(%)	地 表 特 征
严重沙漠化土地	$\gamma<10$	流动沙丘占绝对优势,并以密集连片方式分布
中等沙漠化土地	$10\leqslant\gamma<30$	流动沙丘成片分布,并与固定、半固定沙丘交错分布
轻度沙漠化土地	$30\leqslant\gamma<60$	流沙斑点状分布,沙堆灌丛较密集,表土普遍受风蚀,地表大部粗化
潜在沙漠化土地	$\gamma\geqslant60$	流沙及风蚀点小面积零星分布

附录 B 多年冻土地基沉降量及保温层厚度计算

B. 0. 1 多年冻土地基沉降总量(S)等于路堤地基融化沉降量与压缩沉降量之和,可按下式计算:

$$S = \sum_{i=1}^{n} (\delta_{0i} + m_{vi} P_i) h_i \tag{B. 0. 1—1}$$

$$P_i = \sigma_i + \omega_i \tag{B. 0. 1—2}$$

式中 δ_{0i}——第 i 层季节融化层土的融沉系数(%);

m_{vi}——第 i 层季节融化层土的压缩系数(MPa^{-1});

h_i——第 i 层季节融化层土的厚度(cm);

P_i——第 i 层季节融化层土的附加应力与自重应力之和(MPa);

σ_i——第 i 层季节融化层土的附加应力(MPa);

ω_i——第 i 层季节融化层土的自重应力(MPa)。

B. 0. 2 融沉系数 δ_0 和压缩系数 m_v 指标应通过试验确定,对均质的冻结细粒土,可在实验室条件下用专门的试验装置确定。无试验资料时,融沉系数 δ_0 和压缩系数 m_v 可按下列规定确定:

1 高原多年冻土区融沉系数 δ_0 的确定应符合下列规定:

1) 按含水率确定融沉系数时,对于按表 A. 0. 6 中地基土含水率判别为Ⅰ、Ⅱ、Ⅲ、Ⅳ类冻土时,融沉系数可按式(B. 0. 2—1)计算;对于黏性土,可根据其塑限含水率,融沉系数按式(B. 0. 2—2)进行计算;对于按本规范附录表 A. 0. 6 中地基土含水率判别为Ⅴ类冻土的,融沉系数可按式(B. 0. 2—3)计算:

$$\delta_0 = \alpha_1(\omega_A - \omega_0) \tag{B. 0. 2—1}$$

$$\delta_0 = 5 + 0.8\omega_p \tag{B. 0. 2—2}$$

$$\delta_0 = \sqrt[3]{\omega_A - \omega_c} + \delta'_0 \tag{B. 0. 2—3}$$

$$\omega_c = \omega_p + 35 \tag{B. 0. 2—4}$$

式中 δ_0——融沉系数(%);

ω_A——冻土融沉含水率(%);

α_1——经验系数,按表 B. 0. 2—1 确定;

ω_0——起始融沉含水率(%),可按表 B. 0. 2—1 确定;

ω_p——塑限含水率(%);计算 ω_c 时,对于粗颗粒土可用 ω_0 代替 ω_p;

δ'_0——校正融沉系数(%),ω_A 等于 ω_c 时,δ_0 值可按式(B. 0. 2—2)计算,无试验资料时可按表 B. 0. 2—2 取值。

表 B.0.2—1　α_1、ω_0 值

土名/参数	砾石、碎石土	砂类土	粉土、粉质黏土	黏土
α_1	0.5	0.6	0.7	0.6
ω_0(%)	11.0	14.0	18.0	23.0

注：1　对于粉黏粒(<0.075 mm 的粒径)含量<15%者 α_1 取 0.4；

2　黏性土 ω_0 按式(B.0.1—6)计算值与表 A.0.1—1 所列值不同时，取最小值。

表 B.0.2—2　ω_0、δ'_0 值

土名/参数	砾石、碎石土	砂类土	粉土、粉质黏土	黏土
ω_0(%)	46	49	52	58
δ'_0(%)	18	20	25	20

注：对于粉黏粒(<0.075 mm 的粒径)含量<15%者，ω_0 取 44%，δ'_0 可取 14%。

2）按冻土干密度 ρ_d 确定融沉系数时，对于按本规范附录表 A.0.6 中地基土含水率判别为Ⅰ、Ⅱ、Ⅲ、Ⅳ类冻土时，融沉系数可按式(B.0.2—5)计算；对于按本规范附录表 A.0.6 中地基土含水率判别为Ⅴ类冻土时，融沉系数可按式(B.0.2—6)计算。

$$\delta_0=\alpha_2(\rho_{d0}-\rho_d)/\rho_d \quad \text{(B.0.2—5)}$$

$$\delta_0=60(\rho_{dc}-\rho_d)+\delta'_0 \quad \text{(B.0.2—6)}$$

式中　ρ_{d0}——起始融沉干密度(t/m^3)，大致相当于或略大于最佳干密度，无试验资料时可按表 B.0.2—3 确定；

α_2——经验系数，按表 B.0.2—3 确定；

ρ_{dc}——对应于 $\omega_A=\omega_c$ 的冻土干密度(t/m^3)，无试验资料时可按表 B.0.2—4 确定。

表 B.0.2—3　α_2、ρ_{d0} 值

土质	砾石、碎石土	砂类土	粉土、粉质黏土	黏土
α_2	25	30	40	30
ρ_{d0}(t/m^3)	1.95	1.80	1.70	1.65

注：对于粉黏粒(<0.075 mm 的粒径)含量<15%者，α_2 取 20，ρ_{d0} 取 2.0(t/m^3)。

表 B.0.2—4　ρ_{dc} 值

土质	砾石、碎石土	砂类土	粉土、粉质黏土	黏土
ρ_{dc}(t/m^3)	1.16	1.10	1.06	1.00

注：对于粉黏粒(<0.075 mm 的粒径)含量<15%者，ρ_{dc} 取 1.2(t/m^3)。

3）应现场测定冻土融沉含水率(ω_A)及干密度(ρ_{dc})时，应分别计算融化下沉系数(δ_0)，取较大值作为设计值。

4）冻土融化后的体积压缩系数 m_v 可按表 B.0.2—5 确定。

表 B. 0. 2—5　各类冻土融化后体积压缩系数 m_v

土质及压力(kPa) / α(MPa^{-1}) / 冻土 ρ_d(t/m^3)	砾石、碎石土 $P_0=10\sim210$	砂类土 $P_0=10\sim210$	草皮 $P_0=10\sim210$
2. 10	0. 00	—	—
2. 00	0. 10	—	—
1. 90	0. 20	0. 00	—
1. 80	0. 30	0. 12	—
1. 70	0. 30	0. 24	—
1. 60	0. 40	0. 36	—
1. 50	0. 40	0. 48	—
1. 40	0. 40	0. 48	—
1. 30	—	0. 48	0. 40
1. 20	—	0. 48	0. 45
1. 10	—	—	0. 60
1. 00	—	—	0. 75
0. 90	—	—	0. 90
0. 80	—	—	1. 05
0. 70	—	—	1. 20
0. 60	—	—	1. 30
0. 50	—	—	1. 50
0. 40	—	—	1. 65

2　东北多年冻土黏性土的含水率符合式(B. 0. 2—7)的规定时,融沉系数可按式(B. 0. 2—8)计算,压缩系数可按式(B. 0. 2—9)计算。黏性土含一定数量碎卵石时,融沉系数、压缩系数应进行折减(1-n)倍。

$$18\% < \omega_A < 150\% \quad (B.0.2—7)$$

$$\delta_0 = 26.8\ln\omega_A - 77.63 \quad (B.0.2—8)$$

$$m_v = (0.01845\ln\omega_A - 0.0178)\times10 \quad (B.0.2—9)$$

式中　δ_0——融沉系数(%);

m_v——压缩系数(MPa^{-1});

ω_A——冻土总含水率(%);

n——大于 2 cm 的碎卵石含量与单位体积的比值。

B. 0. 3　竣工后多年冻土地基沉降量可按下式计算:

$$S_{af} = S\times n_2 \quad (B.0.3—1)$$

式中　S_{af}——竣工后多年冻土地基沉降量(cm)；

S——路堤地基总沉降量(cm)；

n_2——竣工后的路堤地基沉降系数：路堤高度 H=1 m~2 m时，n_2=0.3；H=2 m~3 m时，n_2=0.2~0.3；H=3 m~5 m 时，n_2=0~0.2；H>5 m 时，n_2=0。

B.0.4 保温层厚度应符合下列规定：

1 边坡保温层厚度应符合下列规定：

1）青藏高原地区设计的保温护坡厚度可按下列公式计算：

$$h=K_G\times H_{\gamma Bmax} \tag{B.0.4—1}$$

$$H_{\gamma Bmax}=K\times K'\times K''\times H_t \tag{B.0.4—2}$$

$$K=\sqrt{\frac{\lambda_1}{(\omega_1-\omega_{u1})\gamma_{d1}}\bigg/\frac{\lambda_0}{(\omega_0-\omega_{u0})\gamma_{d0}}} \tag{B.0.4—3}$$

式中　h——设计的保温护坡厚度(m)；

$H_{\gamma Bmax}$——计算点(边坡中部)季节最大融化深度(人为上限)(m)；

K_G——安全系数，一般取 1.05~1.10；

H_t——路堑所在地段代表性地层季节最大融化深度(天然上限)(m)；

K——填料修正系数，反映边坡换填材料与代表性天然上限材料性质的差异；

λ_1、λ_0——分别为填料与天然地层的导热系数[W/(m·℃)]；

ω_1、ω_0——分别为填料与天然地层的总含水率(%)；

ω_{u1}、ω_{u0}——分别为填料与天然地层的未冻水含量(%)；

γ_{d1}、γ_{d0}——分别为填料与天然地层的干容重(g/cm^3)；

(以上参数均采用按深度的加权平均值)

K'——朝向修正系数，基于路堑边坡朝向接受太阳的辐射热的影响。可按表 B.0.4—1 取值；

K''——表面状态修正系数，按表 B.0.4—2 取值。

表 B.0.4—1　朝向修正系数表

朝向	空旷平地	阳坡	阴坡
坡率	0	1∶1.5~1∶1.75	1∶1.5~1∶1.75
K'	1.00	1.15	0.95

注：主要考虑阳坡修正。

表 B.0.4—2　表面状态修正系数表

表面状态	草皮	黏性土边坡	砂砾石边坡
K''	1.00	1.06	1.03

2）东北地区设计的保温护坡厚度可按下式计算：

$$h=K_F\times Z \tag{B.0.4—4}$$

式中　h——设计的保温护坡厚度(m)；

Z——天然上限(m)；

K_F——安全系数，可采用 1.2~1.5，视坡面的朝向而定：向阳坡取大值，背阴坡取小值，朝向不明显时取中值。东北地区的天然上限列于表 B.0.4—3。

表 B. 0. 4—3　东北多年冻土地区各种土的代表性上限深度表

土名 / 上限(m) / 保温情况	泥炭	细粒土	碎石土	砂类土及砾石土	卵石夹砂及圆砂
差	0. 85	1. 9	2. 6	2. 3	3. 7
一般	0. 65	1. 5	2. 1	1. 8	3. 1
良好	0. 45	1. 1	1. 6	1. 3	2. 5

注：阴坡、植被茂密、厚层苔藓及塔头草孔隙为苔藓所充填者为保温良好。阳坡、植被稀少、附近人为活动频繁者属保温差。在上述二者之间者属保温一般。

2　基底保温层厚度应符合下列规定：

1）青藏高原地区设计的保温护坡厚度可按下式计算：

$$h=K_G\times H_{\gamma Dmax} \tag{B. 0. 4—5}$$

$$H_{\gamma Dmax}=K\times K''\times K_D\times H_t \tag{B. 0. 4—6}$$

式中　$H_{\gamma Dmax}$——路堑基底的季节最大融化深度(人为上限)(m)；

K_D——结构修正系数，反映路堑断面形式对基底融深的影响，$K_D=1.10$；

其余符号意义同式(B. 0. 2—2)、式(B. 0. 2—3)。

2）东北地区设计的保温护坡厚度可按(B. 0. 3—7)计算，保温层上有回填土时，可按(B. 0. 3—8)计算：

$$h=Z/0.6\approx 1.67Z \tag{B. 0. 4—7}$$

$$h=1.67Z-(Z/Z_1)h_1 \tag{B. 0. 4—8}$$

式中　h——保温层厚度(m)；

Z——泥炭的代表性冻土天然上限深度(m)；见表 B. 0. 4—3；

Z_1——与回填土相当的代表性冻土天然上限深度(m)；

h_1——回填土厚度(m)。

3　保温层设计时还应注意的问题

1）代表性地层应选择路堑所在的地段草皮覆盖的空旷平地，最好选草皮覆盖良好、上限以上土质较均一的场地；

2）当堑顶不设挡水埝时，按以上公式确定保温(换填)层厚度后，应在边坡中部以上增厚 ΔZ：

$$\Delta Z=kZ \tag{B. 0. 4—9}$$

式中　k——增厚系数，取值范围为 0. 06～0. 10。

3）设计时应考虑气温波动对天然上限的影响，即以 H_{tmax} 代替 H_t：

$$H_{tmax}=K_T\cdot H_t \tag{B. 0. 4—10}$$

$$K_T=1+A(K_P-K_H) \tag{B. 0. 4—11}$$

式中　K_T——气温波动修正系数；

K_P——设计频率的年平均气温(℃)，按 2% 的保证率取值；

K_H——勘察年(即设计选用年)的年平均气温(℃)；

A——由气温、地层、植被等条件决定的气温波动上限变化率(%/℃)，应由年平均气温—融沉变化规律确定；无资料时，可取以下统计值：

一般黏性土地层、无植被覆盖 $A=20\%/℃\sim25\%/℃$；

一般黏性土地层、植被覆盖良好 $A=7\%/℃\sim10\%/℃$；

根据青藏铁路多年冻土地区 50 年以上气温趋势预测，可按 $K_P-K_H=1℃$ 计算。

4）天然地层季节最大融化深度（天然上限）H_t 可通过勘探、钎探、挖探、测温、近似计算、海拔高程相关的经验公式计算等方式取得。

B.0.5　保温层厚度换算应符合下列规定：

1　在原地面直接填筑路堤时保温层厚度 h 可按式（B.0.5—1）计算；采取部分开挖，在其底部铺设保温层，再于其上回填土层的厚度为 h_1 时，则可按式（B.0.5—2）计算：

$$h=F\times h_j\times\sqrt{\frac{\lambda\cdot C_{jv}}{\lambda_j\cdot C_v}}=F\times h_j\times\sqrt{\frac{\lambda\cdot C_{jw}\cdot\rho_j}{\lambda_j\cdot C_w\cdot\rho}} \quad (B.0.5—1)$$

$$h=F\times(h_j-h_1)\times\sqrt{\frac{\lambda\cdot C_{jw}\cdot\rho_j}{\lambda_j\cdot C_w\cdot\rho}} \quad (B.0.5—2)$$

式中　F——安全系数，可采用 1.2；

h_j——土层的最大融化深度（m）；

h_1——回填土厚度（m）；

λ——保温层的导热系数[W/(m·℃)]；

ρ——保温层的密度（t/m^3）；

C_v、C_w——保温层的容积热容量[$kJ/(m^3·℃)$]、比热[kJ/(kg·℃)]；

λ_j——当地土层的导热系数[W/(m·℃)]；

ρ_j——当地土层的密度（t/m^3）；

C_{jv}、C_{jw}——当地土层的容积热容量[$kJ/(m^3·℃)$]、比热[kJ/(kg·℃)]。

2　工业保温隔热板当量保温层厚度可按式（B.0.5—3）计算：

$$\delta=\delta_B\sqrt{K\frac{\lambda}{\lambda_B}} \quad (B.0.5—3)$$

式中　δ——当量保温层厚度（m），即在路基保温层中铺设的工业保温材折算为土层的等效厚度；

λ——换填土的导热系数[W/(m·℃)]；

λ_B——工业保湿材料的导热系数[W/(m·℃)]；

K——经验折算修正系数。由反算法确定，建议 $K=3.0\sim3.5$。

δ_B——工业保湿材料的设计厚度（m），可根据温度波衰减法按式（B.0.5—4）计算：

$$\delta_B=(h_T-h_1)\cdot\sqrt{\frac{\lambda_B\cdot C}{\lambda\cdot C_B}K} \quad (B.0.5—4)$$

式中　C_B、C——分别为保温隔热板和换填土的比热[kJ/(kg·℃)]；

K——修正系数，

$$K=e^{-\left(\frac{h_1}{h_T}\right)^2} \quad (B.0.5—5)$$

其中　h_T——未设置保温隔热板时，人为上限深度（或换填厚度）（m）；

h_1——保温隔热板埋置深度（m）。

有多层不同工业保温材料铺设时，当量保温层厚度可按式（B.0.5—6）计算，人为上限深度 h_r 可按式（B.0.5—7）计算。

$$\delta = \sum_{i=1}^{n} \delta_{Bi} \sqrt{k \frac{\lambda}{\lambda_{Bi}}} \tag{B.0.5—6}$$

$$h_T = H_T - \sum_{i=1}^{n} \delta_{Bi} \sqrt{k \frac{\lambda}{\lambda_{Bi}}} + \sum_{i=1}^{n} \delta_{Bi} \tag{B.0.5—7}$$

式中 H_T——当地土换填时的季节最大融化深度(换填厚度)m;

i——层序;

n——层数。

附录 C　风沙荷载计算

C. 0. 1　当历史最大风速大于 40 m/s 且大于起动风速时，风沙荷载按净风荷载和沙粒冲击荷载的总荷载计算；否则，按净风荷载计算。

C. 0. 2　静风荷载与沙粒冲击荷载分布简化为均布荷载。

C. 0. 3　净风荷载可按下列公式近似计算：

$$\omega_1 = \frac{v_2^2}{1\ 600} \qquad (\text{C. 0. 3})$$

式中　ω_1——净风荷载（kPa）；

　　v_2——10 年一遇 2 m 高度处最大风速（$\text{m} \cdot \text{s}^{-2}$）。

C. 0. 4　沙粒冲击荷载可按下列公式近似计算：

$$\omega_2 = \frac{\rho_{f1} \cdot v_2^2}{500} \qquad (\text{C. 0. 4})$$

式中　ω_2——沙粒冲击荷载（kPa）；

　　ρ_{f1}——1 m 高度处风速 v_2所对应的风沙流密度（$\text{kg} \cdot \text{m}^{-3}$）。

附录 D　沙障立柱基础埋深计算方法

D. 0. 1　该计算方法适用于预制立柱基础埋深计算。

D. 0. 2　沙障立柱所受风沙荷载可按下式计算：

$$q_k = b \times [\omega_1 \times (1-\xi) + \omega_2] \times \sin\alpha \quad (D.0.2)$$

式中　q_k——立柱所受风沙荷载(kN/m)；

ω_1——立柱所受静风风荷载(kPa)；

ω_2——立柱所受沙粒冲击荷载(kPa)；

α——风向与沙障的夹角；

ξ——沙障的开口率(%)；

b——相邻立柱间距(m)。

D. 0. 3　沙障立柱基础埋深计算可按下列公式确定：

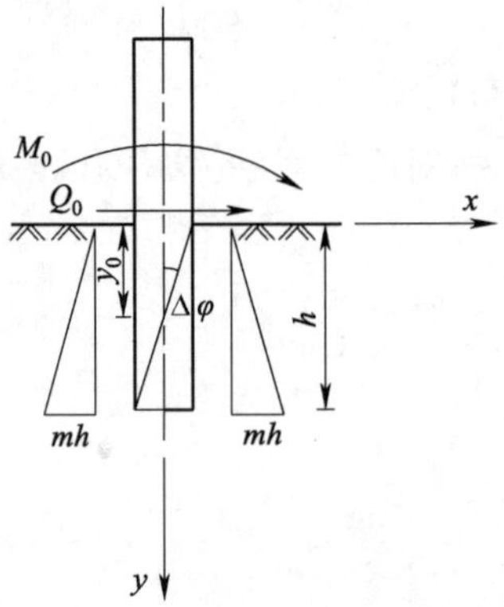

图 D. 0. 3　基础内力计算分析图

$$Q_0 = q_k l \quad (D.0.3—1)$$

$$M_0 = \frac{1}{2} q_k l^2 \quad (D.0.3—2)$$

$$\Delta\phi = \frac{12(3M_0 + 2Q_0 h)}{B_p m h^4} \quad (D.0.3—3)$$

$$y_0 = \frac{h(4M_0 + 3Q_0 h)}{2(3M_0 + 2Q_0 h)} \quad (D.0.3—4)$$

$$\sigma_{max} = \frac{1}{4} m y_0^2 \Delta\phi \quad (D.0.3—5)$$

$$\sigma_p - \sigma_a = \frac{4}{\cos\varphi}(\gamma y \tan\varphi + c) \quad (D.0.3—6)$$

$$y = \frac{1}{2} y_0 \quad (D.0.3—7)$$

$$\sigma_p - \sigma_a > \sigma_{max} \tag{D.0.3—8}$$

式中　M_0——地表处柱身受到的弯矩(kN·m)；

Q_0——地表处柱身受到的剪力(kN)；

m——土的侧向地基系数随深度变化的比例系数($kN\cdot m^{-4}$)，该数值为地面以下 2(d+1)深度内各土层的综合值；

y_0——旋转中心支沙面的距离(m)；

$\Delta\phi$——沙障基础旋转角(rad)；

y——基础侧应力最大位置距地表的距离(m)；

σ_a——主动土压力(kPa)；

σ_p——被动土压力(kPa)；

σ_{max}——基础所受最大侧应力(kPa)；

γ——土的重度($kN\cdot m^{-3}$)；

φ——土内摩擦角(°)；

c——土的黏聚力(kPa)；

B_p——柱子的计算宽度(m)：

圆形基础：当边宽 $d \leqslant 1$ m 时，$B_p = 0.9(1.5d+0.5)$；当边宽 $d>1$ m 时，$B_p = 0.9(d+1)$；

矩形基础：当直径 $b \leqslant 1$ m 时，$B_p = 1.5b+0.5$；当边宽 $b>1$ m 时，$B_p = b+1$。

本规范用词说明

执行本规范条文时,对于要求严格程度的用词说明如下,以便在执行中区别对待。

(1)表示很严格,非这样做不可的用词:

正面词采用“必须”;

反面词采用“严禁”。

(2)表示严格,在正常情况应这样做的用词:

正面词采用“应”;

反面词采用“不应”或“不得”。

(3)表示允许稍有选择,在条件许可时首先应这样做的用词:

正面词采用“宜”;

反面词采用“不宜”。

(4)表示有选择,在一定条件下可以这样做的用词,采用“可”。

《铁路特殊路基设计规范》
条 文 说 明

本条文说明系对重点的编制依据、存在的问题以及在执行中应注意的事项等予以说明,不具备与规范正文同等的法律效力,仅供使用者作为理解和把握规范规定的参考。为了减少篇幅,只列条文号,未抄录原条文。

1.0.2 本次修订时,本规范适用范围取消了速度目标值、铁路等级的限制。在各章中体现了不同等级铁路的填料及基床处理,边坡控制高度及稳定系数、工后沉降控制标准等原则性要求,以适应各类铁路特殊路基设计需要。本规范主要对高速铁路、城际铁路、重载铁路及Ⅰ、Ⅱ级铁路特殊路基设计进行了规定,Ⅲ、Ⅳ级铁路可参照Ⅱ级铁路执行。

1.0.11 根据近年来特别是高等级铁路复杂特殊路基工程实践经验,本次修订增加此条。信息化施工的基础是通过施工监测获取的有关岩土工程信息,并进行分析,指导施工,必要时调整设计或施工方案。对地质及环境条件复杂的特殊路基工程,结合路基安全风险评估,对风险高的特殊路基工程进行监测设计,在施工中采集影响工程质量与施工安全等岩土体的水文工程地质信息,如岩土体的变形、土压力的变化及地下水变化特征等关键数据。根据这些信息,及时优化完善施工组织及施工方案或及时调整设计等。一方面可保证施工安全,另一方面可使设计更加合理,确保质量,工程安全可靠。

2.1.16、2.1.17 根据桩体材料特性及桩土受力特点的不同,可分为散体材料桩复合地基、加固土桩复合地基、刚性桩复合地基及刚性桩结构。

散体材料桩复合地基是以砂桩、砂石桩和碎石桩等散体材料桩作为竖向增强体的复合地基。

加固土桩是将石灰、水泥或其他某些对土固化的材料,通过专用的机械在地基深部将软土和固化剂强制拌和形成的具有较高强度的竖向加固体。以加固土桩作为竖向增强体的复合地基即为加固土桩复合地基。如水泥土搅拌桩、石灰桩和旋喷桩等。

刚性桩复合地基是以摩擦型刚性桩作为竖向增强体的复合地基。如钢筋混凝土桩、素混凝土桩、预应力管桩、大直径薄壁筒桩、水泥粉煤灰碎石桩(CFG 桩)、二灰混凝土桩和钢管桩等。

与刚性桩复合地基不同,当桩土刚度差异大而不考虑桩间土竖向承载作用,以刚性桩桩体作为承载结构时,要视为刚性桩结构。如钢筋混凝土桩、素混凝土桩、预应力管桩、大直径薄壁筒桩、钢管桩桩筏结构和钢筋混凝土桩板结构等。

3.1.1 软土,一般是指天然含水量大、压缩性高、承载力低和抗剪强度很低的呈软塑~流塑状态的黏性土。软土是一类土的总称,并非指某一种特定的土,工程上常将软土细分为软黏性土、软粉土、淤泥或淤泥质土、泥炭及泥炭质土等。软土具有天然含水量高、天然孔隙比大、压缩性高、抗剪强度低、固结系数小、固结时间长、灵敏度高、透水性差、土层层状分布复杂、各层之间物理力学性质相差较大等特点。高灵敏度软土具有触变性时，施工振动易导致软土临时强度急剧降低，影响地基稳定；高塑性或超固结软土具有流变性，在不排水剪切条件下，软土长期强度将持续降低较多，影响路基长期稳定及周边环境安全等。

3.1.2　所谓松软土，是对路基工程而言，一般包括软塑状黏性土、松散饱和状粉土、粉砂、细砂等，目前尚无成熟统一的判别标准。当基底以下 25 m 范围内有软塑状黏性土层时，往往不能保证路基结构的稳定或不能满足路基工后沉降的控制标准，其中沉降变形往往控制地基加固设计；路堑及高度小于基床厚度的低路堤，地基为松散饱和状粉土、粉砂、细砂时，承载力不能满足基床要求，且在列车动荷载作用下，较易产生振动液化，从而导致路基失稳、变形破坏。因此，天然含水量较大、承载力较低或沉降较大的一般黏性土、饱和黄土及粉土、松散饱和的粉砂、细砂等松软土地基，当不能保证路基结构的稳定或不能满足路基工后沉降的控制标准时，要采取相应的地基加固措施，其中松散饱和的粉土、粉砂、细砂地基，尚要考虑防止振动液化的地基处理。

3.1.3　软土地区通常地下水水位较高，且土质软弱，铁路若以路堑通过则堑坡的稳定、基床的处理等工程费用会很大，且施工、运营养护亦困难，故一般以路堤通过。软土地区的路堤过低时，在列车荷载冲击振动的影响下，将导致软土强度降低，而在动荷载直接作用下的反复变形又影响地基的稳定，软土地基基床处理困难，加固工程巨大。因此规定路堤高度不小于基床厚度。软土地区路基位置的选择原则，是指从工程地质角度对线路方案比选所要考虑的一般规律，在条件许可时要尽可能的满足。

增建第二线的填土荷载，除第二线本身地基沉降外，还可引起既有线沉降。由于两线沉降不均，往往造成既有线路肩开裂，严重的甚至会影响既有路基的稳定，因此要远离既有线，并要考虑新线路基对既有路基的影响。

极不稳定的泥沼是指泥沼很烂，呈流塑状态，钻探机具在自重作用下能下沉的地层。

3.1.4　路堤高度控制要考虑地形及环境条件、软土或松软土厚度及性质、填料来源及地基加固工程难易程度、路基工后沉降控制要求等因素。对于深厚层软土地基，当处理深度大于 15 m 时，根据沉降观测分析，一般实测沉降量比理论计算大 5%～20%，特别是后期发生的长期沉降量偏差更大，使路基工后沉降量难以控制；另一方面，软土性质差，具有触变性或流变性等特性时，路堤较高时，即便采用复合地基或刚性桩结构加固处理，路堤和地基整体稳定性因控制机理较复杂而难以控制。因此对于深厚层软土，要控制填土高度。当加固工艺、质量或预压期难以得到控制和保证时，要与设桥方案作全面的技术经济比较，确定合理的路桥分界高度，即使设桥造价略贵，也是必要的。

3.1.5　由于软土具有天然强度低、压缩性高和排水固结缓慢的特点，所以在其上修筑路堤时必须进行稳定检算和沉降量计算；而地基加固设计是指通过各种具体措施条件下的计算分析，结合试验与已建工程的成果，使路堤的稳定和沉降符合要求。

在天然软土地基或采用排水固结处理的软土地基上，填土路堤的稳定性随时间变化规律如说明图 3.1.5 所示。

从说明图 3.1.5 看出，在填筑至设计高度的瞬间，稳定性是最低的。随着软土在填土荷载作用下的排水固结压密，稳定性又逐渐增高。

而在复合地基或刚性桩结构处理条件下，地基在填土施工之前已进行预先加固增强，填土施工、铺架及运营期固结作用很弱，强度增长很小，也就是说，施工至设计路堤高度后，铺架期或运营期路堤稳定性是相对较低的，但在同等条件下，其安全度一般高于排水

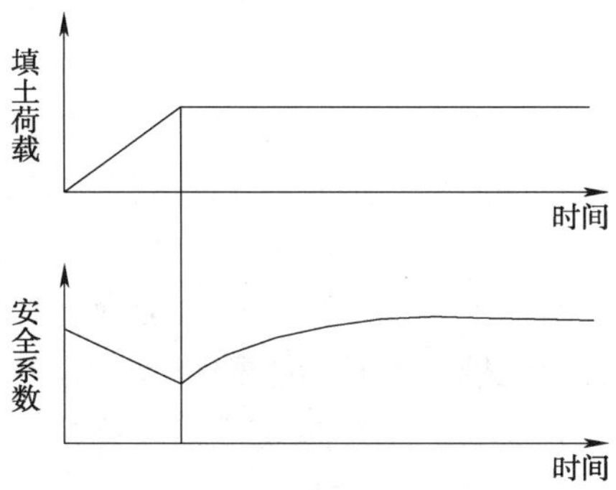

说明图 3.1.5　填土稳定性随时间变化曲线

固结法处理地基。因此,为合理的控制地基加固的投资规模,对较低等级铁路,采用排水固结法处理时,稳定安全系数要适当降低取值。

研究与实践经验表明,路堤稳定安全系数取值标准,直接影响路基工后沉降量和地基加固费用。稳定安全系数越低,地基土的性状也越接近于塑性状态,这时沉降总量增加,而地基加固措施则较轻;反之,沉降总量减少,而地基加固措施则较重,这对工期或工后沉降控制要求不高的路基,又是较奢侈的。

综上,本次修订时,为能较好的满足路基稳定、控制路基工后沉降量,对路堤的稳定安全系数按铁路等级并区别地基处理方法进行了适当调整。

3.1.6　饱和粉土及粉细砂地基,在列车振动或地震作用下可能产生液化,因此要满足防止振动液化和地震液化的要求,其中防止地震液化满足现行《铁路工程抗震设计规范》GB 50111 的规定。

3.1.8　软土地段路基设计时,接触网立柱基础、声屏障基础等要与地基处理措施统筹考虑,系统设计,避免其对地基稳定产生不利影响。施工时,软土地段路基填筑完成后,其沉降稳定还将持续,在路肩上修建接触网立柱基础、声屏障基础等附属设施,要考虑路基沉降对其基础、设施正常使用的影响,确定适宜的修建时间、基础形式,必要时要对相关基础采取单独处理措施。综合接地线,以及横向穿过路基的预埋的通信、信号、电力等电缆管,尽可能在路基沉降稳定后与基床表层同步施工,避免二次开挖造成路基面和基床的破坏;接触网支柱基础、声屏障基础、电缆槽等,要在沉降稳定后与路肩施工同步完成,避免造成排水系统的损害。

3.2.1　软土的抗剪强度指标,是路基稳定性分析计算中常用到的重要指标,要根据地基土的应力状态、应力变化速率、排水条件和应变条件等选用相应试验方法确定。

散体材料桩,如碎石桩、挤密砂石桩等抗剪强度指标取值,不考虑桩身黏聚力,而内摩擦角则可根据桩体材料、施工方法等,结合当地工程经验取值。

当分析路堤沿斜坡地基或软弱层带滑动的稳定性时,要结合场地条件,选择软弱层面的土层,根据施工速度、岩土工程性质和运营环境,并结合原位测试、室内土工试验、地区经验和类似工程土工参数综合确定强度参数 c、φ 值,可采用直剪(快剪)或三轴不固结不排水剪试验。当可能存在地下水时,要采用饱水试件进行试验。

对于复合地基土的强度参数 c、φ 值,按复合地基抗剪强度进行计算,根据滑弧切割地层及范围分别采用加固土(复合)或天然地基土抗剪强度指标,并综合考虑复合地基置换率、桩土应力比和应力折减系数等因素确定。当滑动面沿桩底部剪切时,则稳定性计算的抗剪强度同天然地基土的指标选取原则。

3.2.2 路堤与软土地基的整体稳定分析方法较多,对天然地基及采用排水固结法加固处理地基,基于地基仍可视为相对均质,多年以来一直沿用圆弧法检算,实践证明这种方法符合实际。

3.2.3 采用散体材料桩或加固土桩对软土地基进行加固处理后,形成复合地基的稳定性破坏机理较为复杂。近年来模型试验、数值分析研究及大量工程实践经验表明,采用加固土桩复合地基处理地段,路堤和地基的整体稳定性并非都是整体圆弧滑动破坏控制,而可能受桩体倾覆、横向水平滑移控制或发生桩间土剪切滑动破坏(绕流)。因此,本次修订单列为一条,将以往单纯采用圆弧滑动面法调整为根据可能的破坏形式选择适宜的方法。

散体材料桩或加固土桩形成复合地基的稳定性,在桩体强度及长度、桩间土强度、路堤高度(一般不大于 6 m)等较匹配,即在桩顶垫层作用下,桩与桩间土的应力、应变相协调的大多数情况下,桩与桩间土共同发挥作用,一般属整体圆弧滑动破坏。因此仍可根据滑弧切割地层及范围分别采用加固土(复合)或天然地基土抗剪强度指标,采用圆弧滑动面法进行稳定性分析。

刚性桩复合地基及路堤较高、软土特性或环境敏感等条件复杂地段的加固土桩复合地基,由于桩土应力、应变状态与软土性质、桩顶垫层、桩体强度、间距及桩长等,相互影响关系复杂,路堤和地基的整体稳定性往往不是整体圆弧滑动破坏,而可能先发生桩体倾覆、横向水平滑移或桩间土剪切滑动破坏(绕流),导致路堤突然下沉,地基侧向滑动失稳破坏。这种情况下,单纯采用整体圆弧法进行稳定分析与实际破坏模式可能严重不符,导致设计不安全。而对填土路堤,所谓按复合地基承载力控制设计,并不能完全解释这种地基破坏形式,且容易造成质量检测上的盲区和误判,设计并非都安全,多数情况下,设计不合理,造成不必要的浪费。也就是说,稳定分析方法如与路堤和复合地基实际破坏模式相对应,稳定分析结果是符合实际的,可靠的,而地基承载力并非控制因素。因此,本条建议刚性桩复合地基及路堤较高、软土特性或环境敏感等条件复杂地段的加固土桩复合地基,要结合数值分析法或专门研究,模拟实际破坏形式,检算路堤和地基的整体稳定性,获得较可靠的结果,为复合地基加固设计达到合理、经济的目的提供较准确依据。

3.2.4 由于刚性桩处理地基的稳定性分析理论尚不完善,目前还没有被工程界比较认可的方法,对于重要工程,设计时可根据可能破坏的模式,采用数值法进行分析。

一般情况下,钢筋混凝土刚性桩桩网或桩筏结构可能出现以下几种破坏形式:(1)由于单桩承载力不满足要求而出现下沉;(2)桩网或桩筏结构地基发生整体下沉超出设计控制值;(3)桩网结构因加筋垫层缺陷,不能抵抗路堤荷载侧向滑移作用,或不能形成稳定的土拱,而丧失结构功能。针对可能出现的几种破坏形式,设计时要进行相应控制。为防止出现上述(1)中的破坏模式,必须进行单桩承载力检算;对于桩身强度相对较高的旋喷桩、CFG 桩、素混凝土桩,当桩、土应力应变状态相协调时,即桩土能较好地共同发挥作用时,也可按复合地基承载力检算。在满足单桩或复合地基承载力的情况下,为防止出现上述(2)中的破坏模式,必须进行桩端持力层或桩端下卧层承载力检算。为防止出现(3)中的破坏模式,必须依据桩网结构整体稳定性做好桩顶加筋垫层的设计。

此外,路堤较高、特殊地形或地基为单一无硬壳的流塑状淤泥或淤泥质土地层时,对于桩身强度相对较高的旋喷桩、CFG 桩、素混凝土桩及钢筋混凝土刚性桩+柔性加筋垫层地基处理方法,除要进行整体稳定性检算外,由于桩顶柔性加筋垫层的调节作用,桩间土实际会受到一定荷载的作用,要检算单桩横向稳定性。

桩网结构地基路堤侧向滑动稳定(说明图 3.2.4—1)可以按下式检算:

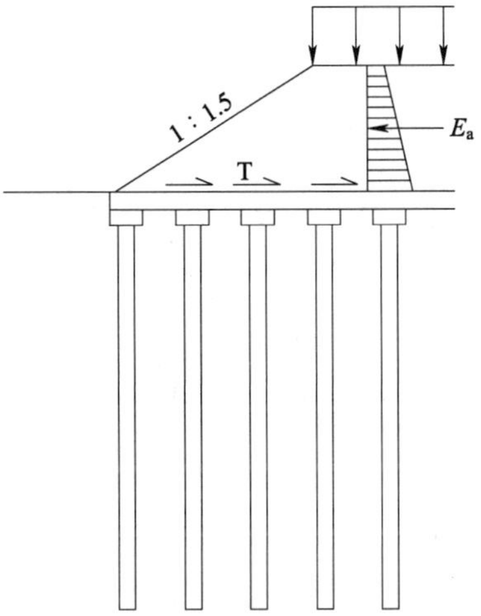

说明图 3.2.4—1 桩网结构地基路堤侧向滑动稳定检算

$$T_1 \geq E_a - f \quad (说明 3.2.4—1)$$

$$E_a = 0.5\gamma h^2 K_{ah} + PK_{ah} h \quad (说明 3.2.4—2)$$

$$f = 0.5\gamma h^2 m \tan\varphi p_s \quad (说明 3.2.4—3)$$

式中 T_1——加筋垫层加筋体设计拉力(kN/m);
E_a——路堤主动土压力(kN/m);
f——加筋垫层设计拉力(kN/m);
γ——路堤土体容重(kN/m³);
h——路堤高度(m);
K_{ah}——主动土压力系数;
P——上覆荷载(kN/m);
m——路堤边坡坡度;
φ——地基土摩擦角(°);
p_s——加筋垫层中格栅网格内面积与地基总面积的比值。

根据路堤侧向滑动作用力,可以检算单桩横向承载力是否满足要求。对于不满足要求者,要采取加强桩顶横向联结或加强地基处理的措施。

对于桩网结构的整体稳定性,英国 BS8006 规范推荐了一种计算方法。该法仍采用传统的圆弧滑动法进行稳定检算(说明图 3.2.4—2),分析中采用有效应力指标,考虑孔隙水压力的作用。但如果进行短期稳定性分析,则要采用不排水指标。为了确保路堤稳定,该规范要求滑弧抗滑和下滑力矩要满足下列要求:

$$M_D \leq M_{RS} + M_{RP} + M_{RR} \quad (说明 3.2.4—4)$$

式中 M_D——下滑力矩;
M_{RS}——桩间土抗滑力矩;
M_{RP}——桩体抗滑力矩;

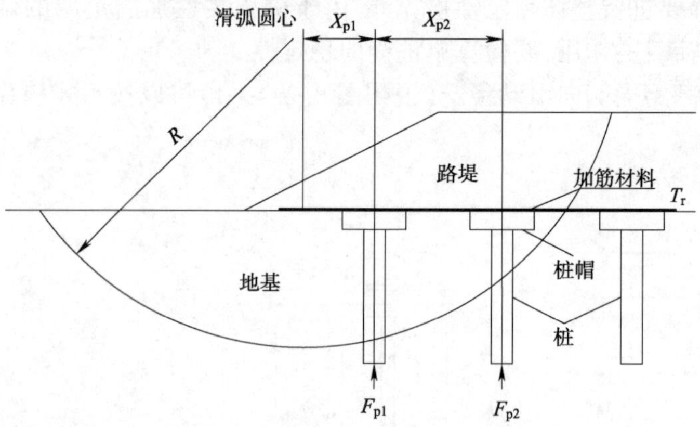

说明图 3.2.4—2　BS8006 规范桩网结构稳定性计算图式

M_{RR}——加筋材料抗滑力矩。

BS8006 规范法分析桩网结构路堤稳定性的思路是将桩、加筋材料及桩间土的抗滑力矩分别计算，三者叠加后与下滑力矩进行比较。基于该规范的思路，桩网结构的稳定系数可采用下式计算：

$$F_s = \frac{M_{RS} + M_{RP} + M_{RR}}{M_D} \qquad \text{(说明 3.2.4—5)}$$

M_{RS} 和 M_D 采用常规的圆弧分析法计算即可。M_{RP} 和 M_{RR} 可按式(说明 3.2.4—6)和式(说明 15.2.6—7)进行计算。

$$M_{RP} = \sum_{i=1}^{n} F_{pi} X_{pi} \qquad \text{(说明 3.2.4—6)}$$

式中　X_{pi}——桩 i 中心线距滑弧圆心的水平距离；

F_{pi}——桩 i 单桩处理面积内的路基荷载；

n——滑弧内桩的总数。

$$M_{RR} = T_r Y \qquad \text{(说明 3.2.4—7)}$$

式中　Y——加筋材料距滑弧圆心的竖向距离；

T_r——加筋垫层的最大张拉力，按主动土压力 $T_r = 0.5K_a \gamma H^2 + q_a K_a H$ 计算，其中 K_a 为主动土压力系数，q_a 为路堤表面均面荷载，γ 为填土容重，H 路堤高度。

3.2.6　高速铁路、无砟轨道铁路对工后沉降要求严格，软土、松软土地基压缩层计算深度除要按附加应力等于 0.1 倍自重应力确定外，其下仍存在软土或松软土层时，按 0.1 倍自重应力确定的计算深度以下的压缩层的沉降量仍需考虑，计算深度要增加或至软土、松软土层底。

3.2.7　次固结沉降是在土骨架上的有效应力基本上保持不变的条件下，地基随时间的增长而发生的沉降，可按从主固结完成后开始，由时间—压缩曲线的斜率近似地求得次固结沉降(S_0)。次固结沉降 S_s 可采用次固结系数参考下式计算：

$$S_S = \sum_{i=1}^{n} \frac{C_{ai}}{1 + e_{1i}} \lg\left(\frac{t_2}{t_1}\right) h_i \qquad \text{(说明 3.2.7—1)}$$

式中　C_{ai}——第 i 层的次固结系数，为 e—lg$p$ 曲线在主固结完成后直线段的斜率；C_{ai} 无试验资料时，可参考说明表 3.2.7 经验值，或按式(说明 3.2.7—2)估算；

e_{1i}——第 i 层的初始孔隙比；

t_1——相当于主固结完成 100% 的时间；

t_2——需要计算次固结沉降的时间（可计至主固结完成后 20 年）。

$$C_a = 0.018W \quad \text{（说明 3.2.7—2）}$$

式中　W——土的天然含水量（按小数点取值）。

说明表 3.2.7　次固结系数

软土类型	泥炭	富含有机质黏土	高塑性黏土	超固结黏土
特征	纤维结构手感如海绵	有机质含量大于 30%	塑性指数大于 25	$OCR>2$
C_a	0.1～0.3	0.005～0.03	>0.03	<0.001

对于欠固结和轻微超固结的土，用考虑地基土应力历史的 e—lg$p$ 曲线来计算沉降更接近实际，计算时要尽可能采用 e—lg$p$ 曲线进行。

影响地基沉降的因素比较多，如填土高度、软土及硬壳的性质、地基加固的方法、软土路堤的稳定性安全系数，以至加荷速率等都会影响沉降量的值。根据多年来铁四院等单位所做的试验堤以及京津塘、广佛、深汕、沪宁、杭甬等高速公路的实测数据表明，除了个别硬壳比较厚或者是采用深层搅拌桩加固的工点以外，绝大部分软土地基路堤的计算沉降量偏小，上述公路的实测值是计算值的 1.1～1.7 倍，有的甚至更大些，故现行的《公路软土地基路堤设计与施工技术规范》GTJ 017 规定软土地基沉降修正系数为 1.1～1.7，范围比较大，应用比较困难。因此，本规范根据地基土特征、加固方法对侧向变形的影响，结合实践经验，按修正系数法进行地基的总沉降量估算时，采用堆载预压排水固结法处理时，沉降修正系数建议采用 1.2～1.4，而采用真空预压排水固结法或复合地基处理时，由于地基强度已明显提高，侧向变形受到约束而显著降低，甚至向内，故建议降低至 1.0～1.2。

另外，列车活载属瞬时通过荷载，而地基沉降是在长期压密过程中逐步完成的。对双线路基而言，地基沉降计算一般按单线活载考虑，是经济的，也是合理可行的，但对低路堤或软土路堑，列车活载对地基浅层影响相对较大，为减少运营后的早期维护，仍建议按双线活载计算地基沉降。

3.2.8　采用复合地基或刚性桩结构处理时，地基沉降计算方法宜根据地基处理类型按说明表 3.2.8 选用。各计算方法简介如下：

说明表 3.2.8　复合地基或刚性桩结构处理地基沉降计算方法

<table>
<tr><td colspan="2" rowspan="2">地基处理类型</td><td>散体材料桩</td><td>加固土桩</td><td rowspan="2">水泥粉煤灰碎石（CFG）桩及低标号素混凝土桩</td><td>刚性桩结构</td></tr>
<tr><td>碎石桩、挤密砂石桩、柱锤冲扩桩</td><td>水泥土搅拌桩、旋喷桩</td><td>桩网及桩筏结构、钢筋混凝土桩板结构</td></tr>
<tr><td rowspan="2">总沉降</td><td>加固区</td><td colspan="2">置换率复合模量法</td><td>承载力比复合模量法、桩身模量法</td><td rowspan="2">等效实体法</td></tr>
<tr><td>下卧层</td><td colspan="2">Boussinesq 法、应力扩散法</td><td>Boussinesq 法、应力扩散法</td></tr>
</table>

1. 加固区沉降量计算方法

(1)置换率复合模量法

散体材料桩、加固土桩复合地基加固区压缩量可采用下式进行计算：

$$S_1 = \sum_{i=1}^{n} \frac{\Delta p_i}{E_{csi}} h_i \qquad \text{(说明 3.2.8—1)}$$

式中 Δp_i——第 i 层复合土层的平均附加应力增量(kPa)，可采用 Boussinesq 法或应力扩散法计算；

h_i——第 i 层复合土层的厚度(m)；

复合模量 E_{cs} 值可以通过面积加权平均法得到：

$$E_{cs} = mE_p + (1-m)E_s \qquad \text{(说明 3.2.8—2)}$$

式中 E_{cs}——桩土复合压缩模量(MPa)；

m——复合地基面积置换率；

E_p——桩体压缩模量(kPa)；

E_s——土体压缩模量(kPa)。

复合地基面积置换率：

$$m = \frac{A_p}{A} \qquad \text{(说明 3.2.8—3)}$$

式中 A_p——单桩面积(m^2)；

A——桩周复合土体单元面积(m^2)。

(2)承载力比复合模量法

水泥粉煤灰碎石(CFG)桩及低标号素混凝土桩复合地基加固区压缩量可按(说明 3.2.8—1)式计算，其中复合模量 E_{cs} 值通过加固区的模量提高系数 ξ 用下式计算：

$$E_{cs} = \xi E_s \qquad \text{(说明 3.2.8—4)}$$

$$\xi = \frac{\sigma_{sp}}{\sigma_0} \qquad \text{(说明 3.2.8—5)}$$

式中 σ_0——天然地基基本承载力(kPa)；

σ_{sp}——复合地基容许承载力(kPa)；

ξ——承载力与压缩模量提高系数。

(3)桩身模量法

水泥粉煤灰碎石(CFG)桩及低标号素混凝土桩等刚性桩复合地基、刚性桩结构加固区压缩量可按式(说明 3.2.8—6)计算：

$$S_1 = \psi_p \frac{Ql}{E_p A_p} \qquad \text{(说明 3.2.8—6)}$$

式中 Q——刚性桩桩顶附加荷载(kN)；

l——刚性桩桩长(m)；

E_p——桩体压缩模量(kPa)；

A_p——单桩截面积(m^2)；

ψ_p——刚性桩桩体压缩经验系数，宜综合考虑刚性桩长细比、桩端刺入量，根据地区实测资料及经验确定。

2. 下卧层沉降量计算方法

复合地基下卧层压缩量的计算仍用分层总和法进行计算，下卧层的附加应力可按如下方法进行计算。

(1) Boussinesq 法

依据 Boussinesq 理论，在条形荷载作用下，地基中心点下任一点深度 z 处的附加应力，可用下式计算：

$$\sigma_z = \alpha_z^s p \quad \text{(说明 3.2.8—7)}$$

式中 P——条形基础底面的附加拉力；

α_z^s——地基附加应力系数，$\alpha_z^s = \frac{2}{\pi}\left(\frac{2n}{1+4n^2}+\arctan\frac{1}{2n}\right)$；

其中 n——z/b，b 为条形基础底面宽度。

(2)应力扩散法

作用在下卧层顶面的附加应力可按式(说明 3.2.8—8)计算，如说明图 3.2.8—1 所示。

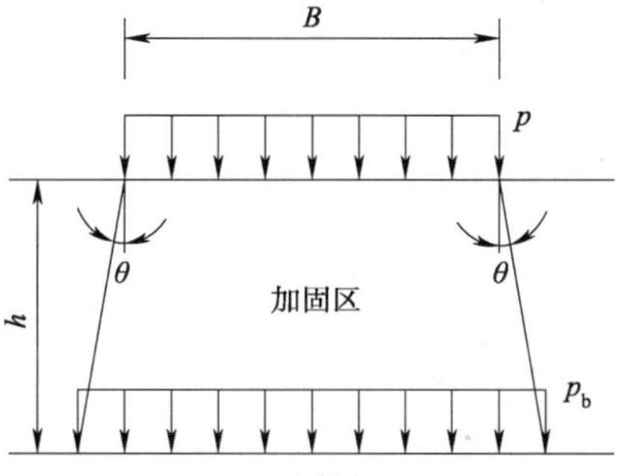

说明图 3.2.8—1 应力扩散法计算示意图

$$\sigma_z = \frac{BLp}{(B+2h\tan\theta)(L+2h\tan\theta)} \quad \text{(说明 3.2.8—8)}$$

式中 σ_z——下卧层顶面的荷载平均应力(kPa)；

B——复合土体上加载宽度(m)；

L——复合土体上加载长度(m)；

h——加固区深度(m)；

θ——应力扩散角(°)，按相关规范的规定取值。

除 Boussinesq 法、应力扩散法外，《复合地基技术规范》GB/T 50783—2012 提出了一种适用于刚性桩复合地基下卧层顶面处附加应力的计算方法——“等效实体法”(以下简称“等效实体法(复合地基技术规范法)”)。

对刚性桩复合地基，作用在下卧层顶面的附加应力可按式(说明 3.2.8—9)计算，如说明图 3.2.8—2 所示。

$$P_z = \frac{LBp_0-(2a_0+2b_0)hf}{LB} \quad \text{(说明 3.2.8—9)}$$

式中 P_z——下卧层顶面处的附加压力(kPa)；

L——矩形基础底边的长度(m)；

B——矩形基础或条形基础底边的宽度(m)；

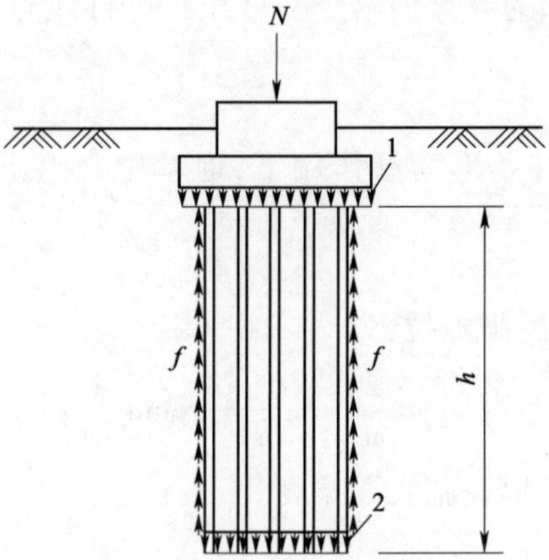

说明图 3.2.8—2　等效实体法(复合地基技术规范法)计算示意图

h——复合地基加固区的深度(m);
a_0——基础长度方向桩的外包尺寸(m);
b_0——基础宽度方向桩的外包尺寸(m);
p_0——复合地基加固区顶部的附加压力(kPa);
f——复合地基加固区桩侧摩阻力(kPa)。

3. 总沉降计算

(1)传统法

复合地基沉降可按下式计算:

$$S=m_s S_c=m_s(S_1+S_2) \quad (说明 3.2.8—10)$$

式中 S_c——主固结沉降(m);
S_1——加固区沉降量(m);
S_2——下卧层沉降量(m);
m_s——沉降经验修正系数,根据本规范第 3.2.7 条规定取值。

(2)等效实体法(铁路桥规法)

根据《铁路桥涵地基和基础设计规范》TB 10002.5—2017 规定,摩擦桩基础的总沉降量计算可将桩基视作实体基础按下式计算:

$$S = m_s \sum_{i=1}^{n} \frac{\sigma_{z(0)}}{E_{si}}(z_i C_i - z_{i-1} C_{i-1}) \quad (说明 3.2.8—11)$$

式中 S——基础的总沉降量(m);
n——基底以下地基沉降计算深度范围内按压缩模量划分的土层分层数目;
E_{si}——基础底面以下受压土层内第 i 薄层的压缩模量;
z_i, z_{i-1}——自基底至第 i 和第 i-1 薄层底面的距离;
C_i, C_{i-1}——自基底至第 i 底面范围内和至第 i-1 薄层底面范围内的平均附加应力系数;
m_s——沉降经验修正系数;
$\sigma_{z(0)}$——基础底面处的附加应力,$\sigma_{z(0)}=\sigma_h-\gamma h$,基础底面的面积可参照说明图 3.2.8—3 计算,图中桩基底面的竖向荷载包括土体 1、2、3、4 和桩的恒载,$\overline{\varphi}$ 为桩基所穿过土层的加权平均内摩擦角:

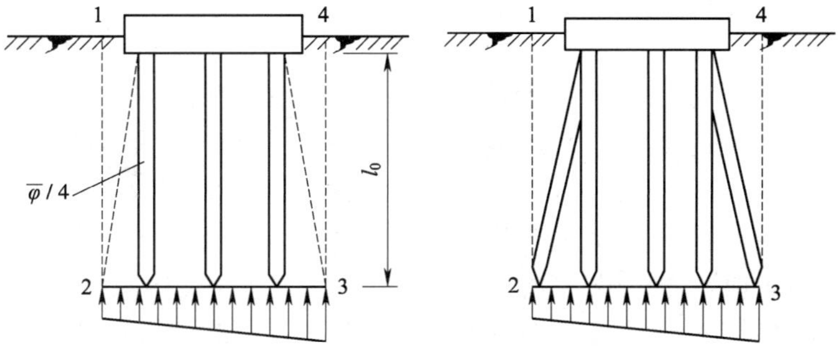

说明图 3.2.8—3 等效实体法(铁路桥规法)计算示意图

其中 σ_h——基底压应力:当 $z/b>1$ 时,采用基底平均压应力;当 $z/b\leqslant1$ 时,采用基底压应力图形中距最大应力点 $b/4\sim b/3$ 处的压应力;i 为基底至计算土层地面的距离,b 为基础的宽度;

γ——土的容重;

h——基底埋置深度。

另外,日本学者提出了一种将等效实体法和应力扩散法相结合的方法——L/3 法,该方法将上部荷载直接传递到计算起始面,然后荷载从计算起始面以 30°从两端向下扩散,通过总应力相同换算每一层的附加应力,从而可利用分层总和法计算每一层的沉降及总沉降。其中,摩擦型桩时考虑桩的刺入作用,将复合地基沉降量的计算起始面选在离桩端 $L/3$ 处,如说明图 3.2.8—4 所示。

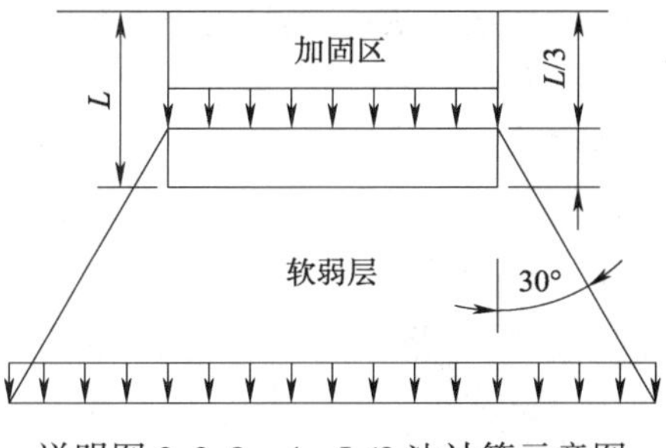

说明图 3.2.8—4 L/3 法计算示意图

复合地基下卧层沉降计算时,对散体材料桩、加固土桩、CFG 桩及低标号素混凝土桩等,可采用 Boussinesq 法、应力扩散法计算下卧层顶面附加应力。其中,Boussinesq 法假设桩土共同作用变形相等,不考虑桩体对地基中应力分布的影响,一般适用于散体材料桩和柔性相对较大的桩;采用应力扩散法计算较困难的是压力扩散角的合理选用,研究表明,在荷载作用下双层地基与复合地基中附加应力场分布及变化规律有较大差别,将复合地基认为是双层地基低估了深层土层中的附加应力值,在工程上偏不安全,采用此法计算下卧层顶面的附加应力应重视压力扩散角的合理选用。另外,《复合地基技术规范》提出的“等效实体法”计算下卧层上的附加应力时,误差主要来自侧摩阻力(f)的合理选用,当桩土相对刚度较小时,侧摩阻力(f)变化范围很大,f 选值比较困难,且将加固体视作一分离体,两侧面剪应力分布复杂,采用侧摩阻力只是一种近似,采用此方法应尤其重视 f 值的选用。因此,复合地基下卧层沉降计算时,下卧层顶面附加应力计算方法应根据桩土相对刚度结合工程经验合理选用。

对于刚性桩地基，采用分加固区、下卧层计算地基沉降时，加固区沉降包括桩身压缩量及桩端刺入变形，可以根据单桩载荷试验 $P—S$ 曲线图可以得到单桩容许承载力的桩顶沉降值，该值可认为是加固区沉降，减去桩身压缩量，可以得到桩端刺入变形；下卧层变形建议优先采用 Boussinesq 法。需要注意的是，刚性桩沉降计算方法中等效实体法（铁路桥规法）计算的是总沉降，有关桩身压缩量和桩端刺入变形已在计算方法中考虑。

3.3.2　水塘与内涝地段、河滩与滨河地段、滨海地段、水库地段等浸水地段路基，水塘晒塘清淤或路基浸水可能引起路基两侧渗水压力变化，需考虑其对路基稳定性的不利影响，分别对路堤施工期及运营期进行检算分析。

3.3.5　填筑临界高度是指在天然的软土地基上快速填筑所能填筑的最大高度。临界高度的大小，取决于软土的性质、地层的成层情况、硬壳的厚度和性质以及填料的性质等，通常用圆弧法检算确定，若能作现场填筑试验则更能切合实际。填筑临界高度，只从地基的强度、稳定出发，是线路选线、路基设计、填筑速率控制重要依据。不能以此作为控制沉降的划分高度。

地基采用排水固结措施，可缩短固结时间，减少后期沉降，但软土地基中超静水压力的消散需经过一定的时间才能完成，所以要提前施工让其有足够时间固结。

3.3.6　软土路堤建成后，在运营期间基底会产生下沉，降低原有轨顶高程。为了保持原有轨顶面高程，就必须在运营期间加厚道床来抬高轨面，为使道床抬高后仍能维持规定的路肩宽度，故设计软土路堤的路基面宽度时，每侧必须留加宽量。

路基面每侧加宽值 Δb，根据路基工后沉降量与道床边坡坡率由下式计算确定：

$$\Delta b = K_b m(S - \Delta S) \qquad (说明 3.3.6)$$

式中　S——软土地基总沉降量（m）；

ΔS——地基在施工期间的沉降量（m）；

m——道床边坡坡率，$m = 1.75$；

K_b——折减系数，一般取 0.5~0.6。

对于高速铁路、无砟轨道铁路软土路基，因工后沉降控制严格，一般情况下可不考虑地基工后沉降加宽。

3.3.7　护肩采用浆砌片石、预制混凝土块或现浇混凝土时，一般每 2 m~5 m 设置沉降缝，防止不均匀沉降导致护肩开裂，并每1 m 设置泄水孔保证基床横向排水通畅；工后沉降较大时，为避免基床积水产生基床病害，可采取加大路拱、横向排水坡或在基床表层顶面或底面设置隔渗层。

3.3.8　软土地区地下水位通常接近地表，甚至地表有积水现象，路堤基底采用砂石垫层时，大部分处于饱和状态。现场调查和室内试验都证明，处于饱和状态的粉、细砂普遍存在液化问题，在 9 度地震区，中、粗砂都可能发生液化，涌出地面。因此，本条对地震区路堤基底垫层材料作出要求。

3.3.10　在软土路堤坡脚取土、挖沟，可能造成路基失稳，宁波、连云港地区曾经出现过因为在坡脚挖沟、取土，造成路基坡脚地基侧向变形滑动甚至破坏，导致路基沉降增加或危及路堤稳定的例子。国外也有类似的实例，在加拿大魁北克有一公路路堤，高 9 m，在离坡脚 23 m 挖沟时，导致路基坍滑。因此应当避免在坡脚取土、挖沟，实在无法避免时，应当根据路堤高度、软土厚度、硬壳厚度等因素，在距路堤坡脚 2 倍路堤高度以外取土，而且要做路基稳定检算。

3.3.11 软土地段选择地层和工程情况有代表性的地段提前修筑试验路基，是掌握本地区软土地基特征与变形规律、验证地基加固设计和摸索施工工艺必不可少的。通过试验与比较，可以筛选出合理的处理方案与相应的设计参数，验证计算方法的合理性，合理确定填筑速率控制方法，为软土地段路基设计与施工提供依据。因此，软土路基填筑试验是一项十分重要的工作，要在工程全面开工前取得试验成果，以利指导软土地基处理设计与施工。值得说明的是，对于软土分布极少、分布范围极小，且厚度不大的工程，要根据工程实际情况决定是否修筑试验路基。对于时速 200 km～250 km 的客运专线及时速超过250 km的高速铁路，软土地段路基要结合工程实际，选择代表性地段提前填筑试验路基。

3.3.12 软土地基在施工过程中的观测主要为侧向位移观测和沉降观测。侧向位移是分析在荷载作用下地基的稳定性以及由于侧向位移所引起的沉降大小的重要依据，一般通过设置边桩进行量测，必要时可通过在坡脚附近埋设深层位移测斜仪，量测地基在不同深度处的侧向位移值，以判定某深度处软基挤出变形发展规律；沉降观测主要为路堤中心地基面总沉降量的观测，必要时进行地基分层沉降、路堤外地表沉降或隆起的观测。

利用边桩和路堤地基面沉降观测设备量测的数据，控制填土速率，保证路堤在填筑过程中的稳定。此外，根据沉降观测数据进行最终沉降量推算，使路基的工后沉降量在设计范围之内。当地基沉降与设计有出入时，可以根据实测数据采取相应的措施完善设计，使地基处理达到预定的目标。

天然地基及以排水固结法处理的软土地基上，路堤施工中必须严格控制填土速率，过快的填土速率会破坏地基土的结构，加大沉降总量，以往铁路路基的施工对填土速率的控制主要是从路基的稳定着眼的，以减少沉降为目的的控制施工速率的做法是从高速公路的建设开始的，它们采用的控制标准是中心沉降小于等于 10 mm/d，边桩的水平位移小于或等于 5 mm/d，现行的《公路软土地基路堤设计与施工技术细则》JTG/T D31-02 中，将这一标准应用到所有高速公路和一、二级公路的设计施工中。秦沈铁路客运专线采用了相同的控制标准。实践证明对于沉降总量比较大的软土地基，适合采用这个标准。

因此，路堤中心沉降一般不大于 10 mm/d，边桩水平位移不大于 5 mm/d；对天然地基、排水固结法处理的地基，填筑时间不小于地基抗剪强度增长需要的固结时间。

3.4.1 基床是指路基上部受列车动力作用和水文气候变化影响较大的土层，分为基床表层和基床底层，其状态直接影响列车运行的平稳和速度的提高。水是产生基床病害的主要原因之一，设人字排水坡利于基床排水。当排水困难或对防水有严格要求时，可根据工程实际情况采用“路堤式路堑”结构，其结构形式如说明图 3.4.1 所示。

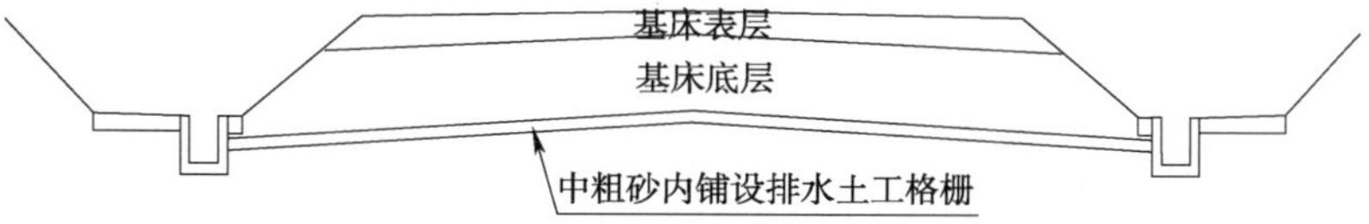

说明图 3.4.1 “路堤式路堑”结构示意图

基床表层和基床底层的厚度、填料的选用、压实标准、基床表层厚度范围内天然地基的土质及其天然密实度、基床底层厚度范围内天然地基的静力触探比贯入力 P_s 值等要满足不同等级铁路相关规范要求，具体要求可根据《铁路路基设计规范》TB 10001、《高速铁路设计规范》TB 10621 等确定。

当基床土不能满足相关规范要求时，Ⅰ级铁路的基床表层采取换填处理，Ⅰ级铁路基床底层和Ⅱ级铁路的基床可采用土质改良或地基处理措施。当基床土受水影响时，要增设地面或地下排水设备，拦截、引排或降低、疏干基床范围内的水。当降水量大，同时基床土为亲水性强的填料时，可全断面铺设隔水、防渗土工合成材料。当并存的诸因素均可诱发基床病害时，可采用上述措施的组合。

3.4.2 软土地段一般以路堤形式通过，如以路堑形式通过时，因软土工程性质差，要严格控制路堑边坡高度，并采取可靠的加固与防护措施。边坡高度较高时，一方面技术处理难度大，边坡稳定性很难保证；另一方面，边坡加固处理费用高。

3.4.3~3.4.4 边坡加固与防护措施要根据边坡工程地质与水文地质条件、边坡高度、外部环境条件等因素，结合边坡稳定性分析确定，采用绿色防护与工程防护相结合的原则，并加强边坡防排水措施。

为确保施工期间路堑边坡的稳定性，设计时要结合施工工况做好边坡开挖过程中的临时加固防护措施。

当采用柔性桩加固软土地段路堑边坡时，除检算边坡整体稳定性外，尚要对桩前土体进行局部稳定性检算，同时，当边坡采用分级防护时，要对各级边坡的稳定性进行检算。另外需说明的是，动水压力作用的角度为计算条块地面和地下水位面倾角的平均值，指向低水头方向。

采用刚性桩加固软土地段路堑边坡时，除要进行整体稳定性检算外，尚要对刚性桩的嵌固稳定性进行检算，当破坏机制复杂时，要结合数值分析法进行分析。

采用U形槽加固软土地段路堑边坡时，一般结合结构计算，由U形槽结构来满足边坡的稳定性和变形要求。

3.4.5~3.4.6 路堑边坡高度较高时，一般设置边坡平台，为截流上方坡面的水流，要于边坡平台设置截水沟。

浆砌片石侧沟、天沟、边坡平台截水沟工程质量不易保证，易开裂漏水，造成基床和边坡病害。采用混凝土现浇或预制拼装有利于质量控制。

仰斜式钻孔一般用于含水层较明显的地层中。由于渗水隧洞的工程较大，施工困难，在国外多采用仰斜式钻孔代替渗水隧洞。近年来，仰斜式钻孔在我国铁路工程中也有了一些实践经验，取得了良好的效果。

当需要采取降水措施时，要根据边坡岩土性质选择采用管井、真空井点、喷射井点等方法。

3.5.1 软土或松软土地基加固的目的主要是对以下内容及指标实施控制：(1)满足稳定要求；(2)满足沉降变形控制要求；(3)满足路堑及低矮路堤基床承载力要求，并防止饱和粉土、粉细砂地基产生振动液化或地震液化；(4)进行路堤填筑速度或施工期的设计，为满足环保要求，对施工条件、机具、材料的控制与选择等；(5)设计方案经济上合理、技术上可行。此外，还要根据铁路等级、轨道类型、加固处理措施的适宜性和地区经验，选择经济合理、技术可行的地基处理方法。

3.5.2 冲击碾压设计与施工要考虑对居民、构造物等周边环境带来的影响，距既有建筑物较近时要预留安全距离或采取效能减振措施；冲击(振动)碾压施工前要选取代表性场地进行试验性施工，确定其适用性、施工工艺和施工参数。

土工合成材料加筋补强加固地基，相当于柔性筏基，可提高地基稳定性，且具有施工简单、少占农田(与反压护道比较)等优点。

根据铁四院在广珠线软土路堤试验的成果,当路堤稳定性由整体滑动破坏控制时,增加土工合成材料层数对提高路堤稳定性作用已不十分明显,故规定土工合成材料的铺设层数不超过三层。加筋垫层土工合成材料要选用耐久性好的土工格栅、土工格室或土工布等,其性能要满足相关规范的规定。

3.5.3 强夯置换墩在国内建筑、公路等部门已有不少成功经验,也有失败的教训,在铁路上应用实践较少,故强调施工前进行工艺性试验。强夯置换墩要穿透软土层至硬底,加固深度不超过 8 m,强夯置换墩体材料要采用级配良好的块石、碎石、矿渣等坚硬粗颗粒材料,但粒径大于 300 mm 颗粒含量不超过全重的 30%。强夯置换墩体计算直径可取夯锤直径的 1.1~1.2 倍,间距为夯锤直径的 2~3 倍。强夯置换墩加固地基设计计算可考虑置换、排水固结和应力集中作用。稳定和沉降计算可采用碎石桩复合地基方法。

3.5.4 采用袋装砂井及塑料排水带作为竖向排水井时,其处理深度不超过 20 m。经验证明利用预压加速地基排水固结,是用于路堤堤坝软基加固既经济又有效的措施,但要考虑充分的预压期。

预压期根据路基的稳定性和工后沉降的要求来定,若沉降与稳定均为控制因素,则选用两者中较长的预压期。

实践证明,真空预压处理地基时,真空度在砂井内的传递与井料的颗粒组成和渗透性有关,为了减少真空度沿深度的损失,当深度超过 10 m 时,对砂井材料要求要提高,一般来说,真空预压处理深度不大于 15 m。

3.5.5 设置水泥土搅拌桩、旋喷桩后,桩与桩间土形成复合地基,要考虑桩对地基土的置换作用、应力集中效应、进而减少总沉降,但不考虑桩体加快地基的排水固结速度和对地基的挤密作用。

水泥土搅拌桩分干(粉)喷和湿(浆)喷,要根据土质及厚度选择采用合适的方法,干(粉)喷适用于处理深度不大于 15 m,含水量一般在 30%~60% 的淤泥、淤泥质土、软黏性土及粉土等;湿(浆)喷处理深度不大于 20 m;当处理泥炭土、塑性指数 $I_p>25$ 的黏土或地下水具有腐蚀性时,须通过试验确定其适用性。

高压旋喷桩适用于一般软弱地基,当土中含有较多的大粒径块石、大量植物根茎或有过多的有机质时,要根据现场试验结果确定其适用程度及施工方法。

混凝土桩主要用于深厚层(大于 20 m)淤泥、淤泥质土、软黏性土地基。

CFG 桩适用于处理软黏性土,对淤泥质土要按地区经验或通过现场试验确定其适用性,处理深度不大于 30 m。

增建二线与既有线并行地段,软土地基如采用排水固结法处理,在施工过程中,将产生较快、较大的地基固结变形,两线的差异沉降大,严重影响既有路基的稳定,因此,规范建议优先采用复合地基加固,否则,要于既有线坡脚设适当的隔离桩。

3.5.6 达不到软土指标的黏性土、粉土及砂类土等松软土层,具有含水率或孔隙比较大、压缩性较高、承载力较低或可液化等特点,其厚度较大时,可液化粉土、粉细砂地层可采用强夯、挤密桩、碎石桩等具有挤密减小孔隙比效果的处理措施,软黏性土可采用复合地基或刚性桩等控制路堤稳定与沉降的处理措施。

3.5.7 路堤较高及深厚层软土、松软土地基,性质或成层分布较复杂时,采用单一处理措施可能存在难以保证处理效果或经济性差等问题,可采用多种组合措施综合处理。

3.5.8 软弱层底横坡较陡或斜坡软弱地基,要采取侧向变形约束或抗滑能力强的处理措施,可采用反压护道、齿墙、复合地基、刚性桩结构(桩网、桩筏、桩板)、侧向约束桩及其综合加固等。如单一无硬壳的流塑状淤泥或淤泥质土地层,可采取加强桩网或桩筏结构横向稳定性的措施,并通过现场试验确定其适用性。

3.5.9 地基土夹有块石、漂石及岩溶地区,一般不采用预制打入或压入桩。

桩板结构根据连接方式、组合形式及设置位置的不同,分为非埋式、浅埋式及深埋式三种。桩板结构设计时要根据结构自身的特性,按荷载最不利组合工况进行设计。非埋式及浅埋式桩板结构列车竖向活载动力系数要根据速度目标值等,按照现行《铁路桥涵设计规范》TB 10002 进行计算,浅埋式桩板结构,该动力系数适当折减。

刚性桩桩顶高出地面埋入填土路堤时,要保证桩顶以下填土路堤稳定,并在其沉降基本完成后设置刚性桩结构。

钢筋混凝土桩网(桩筏)结构、桩板结构各构件混凝土强度等级要满足《铁路混凝土结构耐久性设计规范》TB 10005 要求。

3.5.10 既有路基地基补强加固、受限条件下路基地基加固设计要结合软土、松软土地层特点、施工机具、加固效果等因素,可采取注浆、微型桩等对周边建筑物扰动小的加固措施。

3.5.11 复合地基及刚性桩桩底受力层存在下卧软弱层时,要验算其地基承载力,下卧软弱层顶附加应力可根据地基加固措施类型采用 Boussinesq 法、应力扩散法、等效实体法等适宜的方法计算。

3.5.13~3.5.14 复合地基加固属地下隐蔽工程,施工质量受人为因素的影响较大,对其事后检测和补救亦较困难。因此,施工质量控制及检测要贯穿于施工全过程的每道工序及各个操作环节。

复合地基加固竣工后质量检测及验收是上部路基施工前必须的控制工序。质量检测及验收方法要根据加固目的、要求及上部结构类型确定。

(1)以往大量的路基工程实践证明,水泥土桩(搅拌桩、旋喷桩等)复合地基的检测以检测桩身强度为主,是合理、有效、经济的检测方法,以地基承载力控制设计的基床加固、支挡工程基础加固要以单桩及复合地基载荷试验为主要检测方法。

(2)散体材料桩(砂桩、碎石桩)及 CFG 桩复合地基的检测要符合国家相关规范的规定。

4.1.1 膨胀土(岩)吸水会产生膨胀,而膨胀量的大小受黏土矿物的种类和含量等因素的影响。膨胀土中膨胀性黏土矿物以蒙脱石或伊利石为主。其中蒙脱石是强亲水性的,吸水膨胀,失水却会明显地收缩开裂。

膨胀土的基本特性除了具有较强的胀缩性外,大多数具有超固结性和裂隙性。少数土层虽然含有较多的强亲水性矿物,但是并不具备这些超固结性和裂隙性,有的 Q_4 坡积、残积层虽然含有较多的亲水性矿物,但不是超固结土。此外部分残积层,土中母岩碎屑的风化程度及含量大小也会影响土的膨胀性。深埋的膨胀土虽然具有膨胀潜能,但因含水量较稳定,又受上覆层压力的约束,胀缩能量难以发挥,同时,也因深埋,不受气候变化影响,使裂隙不发育。

膨胀岩的基本特性除了具有较强的胀缩性外,还具有碎裂性和低强度性。膨胀岩由于岩体破碎和含水量大而导致的低强度性是突出特点。

从理论上讲,膨胀土(岩)吸水要产生膨胀变形,膨胀变形受到约束,土体就会对约束体产生膨胀压力,铁二院根据部控课题“南昆线膨胀土路基工程试验”对南昆线膨胀土挡土墙土压力膨胀力测试的结果的表明,膨胀土(岩)地区的挡墙不仅要承受土压力还要承受侧向膨胀力。膨胀力的定量计算目前是一个尚未解决的问题,设计时一般可采用降低综合内摩擦角 φ 的方法来考虑膨胀力的影响。

根据对膨胀土(岩)地区裂隙统计分析与南昆线多处膨胀岩路堑边坡变形破坏实例分析的结果,如南昆线林逢膨胀试验工点的裂隙多数充填一层很薄的灰白色的次生黏土矿物,取样分析表明,这层黏土矿物中蒙脱石含量高达 40%,路堑边坡破坏大多数是沿这组裂隙滑动造成的。

4.1.2 膨胀土(岩)工程地质性质极差,膨胀土(岩)地区既有线路基完好率仅为 25% 左右,用膨胀土(岩)填筑的高路堤浅层溜坍和深层滑动的概率更大,路堑亦是如此。铁二院在南昆线膨胀土问题最严重的那百段采取了“抬坡减少挖方、高填方改桥(填方不低于 8 m)”的优化方案,运营通车多年证明凡是优化的地段路基病害极少,效果显著。但当路堤高度大于 6 m、路堑高度大于 10 m 时,路基病害发生的概率仍然很大。铁四院在长荆线、新长线、西宁线等对较高路基通过采取填料改良、加强边坡加固防护和排水处理,大部分状况良好。因此,综合考虑,本条规定路堤边坡高度不大于 10 m、路堑边坡高度不大于 15 m。

4.1.3 线路走向垂直于主要裂隙构造面或软弱夹层,可避免路堑边坡产生顺层滑坡或顺层坍滑。

4.1.4 石灰、水泥是目前最常用的改良膨胀土添加剂,掺量一般为 3% ~8%。通过大量石灰、水泥等改良土的强度、变形、水理特性分析,掺石灰对改善膨胀土的胀缩性有明显效果,掺水泥次之,从经济性及适用性角度看,掺石灰是改良膨胀土的一种最经济有效的方法。据宁西线南京至合肥段膨胀土路基试验研究成果,对弱、中膨胀土掺入 5% ~8% 的石灰改良处理,膨胀特性明显改善,力学强度提高,水稳性大大增强。石灰改良土的现场 7 天的无侧限抗压强度可达 0.6 MPa 以上。

4.1.5 膨胀土地基的胀缩变形与含水量关系密切,地基初始含水量越低,饱和后的膨胀量越大,含水量变化幅度越大,地基胀缩变形量越大。因此,要采用防渗保湿措施,防止含水量的大幅度波动。

当膨胀变形受到限制时膨胀土会对支挡结构产生膨胀力,根据中铁二院在云桂铁路的测试结果,膨胀土最大膨胀力大于200 kPa,膨胀岩则大于 1 000 kPa,单纯采用强支挡措施会造成工程浪费。根据《支挡结构新型反滤排水系统技术研究与产品研发》研究成果,膨胀土地区挡土墙背后设置缓冲层(土工席垫)时减胀效果显著,当厚度达 10 cm 时减载率约 85%,超过 20 cm 时减载率稳定在 90%。另外,根据云桂铁路膨胀土室内竖向膨胀力试验结果,设置缓冲层(砂垫层)可明显减小竖向膨胀力,无缓冲层时最大竖向膨胀力为 126 kPa,有缓冲层时最大竖向膨胀力为 49 kPa,降低约 60%。因此,可通过设置缓冲层来降低膨胀土的膨胀势能,进而优化结构设计。

4.1.7 高速铁路及无砟轨道路基对隆起变形要求严格,实际中已有高速铁路及无砟轨道路基膨胀土基床发生了隆起变形的病害,因此高速铁路及无砟轨道膨胀土(岩)路基铺轨前要进行膨胀变形监测与评估,以验证膨胀变形控制效果、及时发现膨胀变形隐患并采取整治措施。关于路基隆起的变形控制值,目前尚没有明确的规定,可参考《高速铁路设计规范》TB 10621—2014 第 9. 2. 1 条规定,按不大于 2 mm 控制。

4. 2. 3　膨胀土(岩)属于 D 组填料。根据铁四院在长荆线、新长线、西宁线等的试验及实践经验,对于弱膨胀土(岩),通过采取控制路堤高度及边坡加筋补强或填料改良等措施,效果显著,路基状况良好,因此规范建议,根据路堤高度,可采取填料改良或边坡加固措施;对中膨胀土(岩),考虑到边坡加固措施往往很难使路基强度及边坡稳定达到设计要求,因此,从确保中膨胀土(岩)路基的安全稳定考虑,本规范强调用中膨胀土(岩)作填料时必须改良。

普速铁路及车站场坪区在弱膨胀土含水量可控情况条件下可直接填筑,但要加强边坡加固及防排水措施,可参考采用非膨胀土"包边法"的路堤断面形式(说明图 4. 2. 3),路堤底部要设置排水垫层或灰土垫层,包边宽度要满足机械化施工要求。

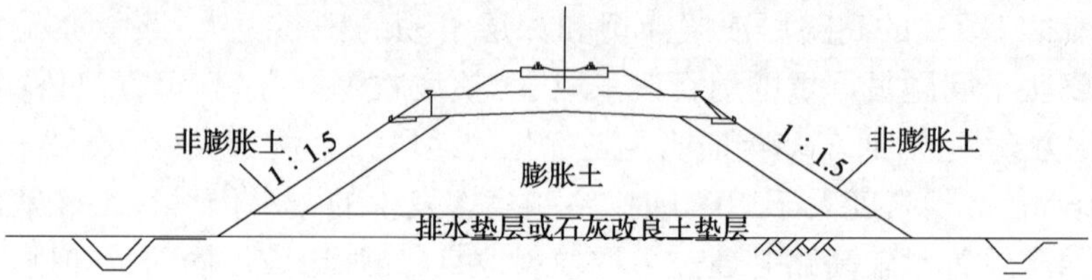

说明图 4. 2. 3　包边法膨胀土路堤结构

4. 2. 6　考虑到既有线膨胀土(岩)路堤普遍沉降这一实际情况,以及膨胀土(岩)的胀缩特性(这些特性主要表现在胀缩残余变形,侧向挤出变形以及施工中压密过程的变形等),将会使填土产生后期沉降。因此,对于膨胀土(岩)路堤,要预先适当加大路基面宽度,以便在路堤沉降后抬高道床时能保持有足够的路肩宽度。加宽值可根据施工碾压条件、填料实际含水量、土质分类等级、改良特性、路堤高度等综合考虑决定。

4. 3. 1　膨胀土(岩)路堑基床处理主要考虑到以下情况:

(1)在既有线路基出现的各种病害中,基床病害所占的比例远大于其他部位的病害。

(2)膨胀土(岩)在胀限状态下的无侧限抗压强度一般为15 kPa~30 kPa,远小于列车换算荷载 50 kPa~60 kPa。如果用膨胀土(岩)作为基床材料,显然路基面的承载力是不足的。

(3)膨胀土(岩)的液限大于 32%、塑性指数大于 12,不能满足《铁路路基设计规范》TB 10001 对基床材料要求的规定。

将强膨胀土(岩)路堑基床处理厚度加深,是根据铁路路基基床厚度和膨胀土的气候影响层厚度,为减少基床病害确定的。大气影响深度和大气影响急剧层深度的计算,要符合《膨胀土地区建筑技术规范》GB 50112 的规定。

4. 3. 3　表 4. 3. 3 中的边坡高度、边坡坡率与平台宽度等项所列的值,经过现场大量调查统计核对,证实表列数值从总体上说是符合实际的。

膨胀土(岩)路堑边坡的破坏形式是多样的,但从破坏的深度上来分,可大体归纳为浅层破坏与深层破坏两种类型。浅层破坏是指发生在气候影响层内的边坡变形,超过这层厚度的边坡变形便是深层破坏。在考虑边坡的稳定时,要该针对这两种破坏类型分别对待。

由于浅层破坏是受气候变化、风化程度、裂隙发育程度等因素的影响,其抗剪强度明显低于深部的强度。因此,对于整体边坡(包括浅层及深部)的稳定,如果不考虑边坡防护加固,则需按浅层土质特征考虑边坡。对较高的边坡,考虑边坡防护加固,则浅层的工程地质问题已基本得到解决,只需按深部的地层强度进行边坡稳定性分析决定边坡坡率,可以用较陡的边坡坡率。因此,本规范强调及时地采取防护加固和排水措施,防止浅层破坏。

4.3.4 考虑到两类土层的结合面是薄弱面,往往又是地下水富集带,路堑开挖后地下水频繁活动会加速分界处土层抗剪强度的衰减,是路堑病害的隐患。

4.3.5 根据铁二院在云桂、沪昆线等的试验及实践经验,侧沟平台或边坡平台要封闭处理,并考虑竖向膨胀力影响,平台下设置防水层及减胀层,侧沟平台要与侧沟、边坡平台与边坡防护措施一次性整体浇筑,不设置平行于线路的结构接缝,以防止结构接缝成为地表水下渗通道。

4.3.7 监测内容主要包括边坡变形、裂缝变化等。变形观测基准点的埋设以不受膨胀土胀缩变形影响为原则,一般埋设在临近的基岩露头或非膨胀土内。临近没有非膨胀土土层时,可在常年保湿条件好的地段设置深埋式观测基准点。深埋式观测基准点加设套管,并加强保湿措施。

4.4.1 膨胀土(岩)路基边坡的破坏形式,基本上与一般黏性土相同,有浅层破坏与深层破坏两种。浅层破坏包括冲蚀与溜坍,是整体边坡稳定情况下所产生的局部破坏;深层破坏包括坍滑与滑坡,影响整体边坡的稳定性。因此,在防护与加固方面,要区别对待。

膨胀土(岩)路堤边坡表层由于受气候变化的影响明显,反复的干缩湿胀会降低边坡土的抗剪强度。本条强调了“保湿防渗”措施,目的是强调边坡不仅要求有防护坡面的措施,而且加固防护措施要及时修建。这样,可使边坡土体既能保持一定的湿度(一般保持在硬塑中间含水状态),又能保持坡面排水畅通,即不致使边坡出现坑洼积水。

关于挡土墙压力计算的力学指标低于峰值强度,这是因为膨胀土(岩)的抗剪强度随变形的增加而衰减。对膨胀土(岩)地区的路堑边坡或水渠边坡发生滑坡后进行反算表明:滑面抗剪强度的下限值相当于残剪试验的残余抗剪强度;上限值略低于峰值强度,介于峰、残之间的抗剪强度。所以规定不管采用什么测试手段取得的土层抗剪强度,在具体取值时不要偏高,即低于峰值强度。

4.4.2 虽然在膨胀土地区的支挡结构中进行了大量膨胀力测试试验,但因膨胀土成因复杂、土质不均,所得结果离散性较大,对于水平膨胀力的计算,尚无准确的方法,设计者要根据经验确定。基础埋深在《铁路路基支挡结构设计规范》TB 10025—2006 第 3.4.1 条中的要求为 1.5 m,《膨胀土地区建筑设计规范》GB 50112—2013 中也为 1.5 m。原规范要求大于气候影响层深度不但与上述两个规范冲突,由于国内不少地区大气影响层深度达 3 m~5 m,支挡结构基础完全埋入大气影响层以下在实际工程中不具可操作性,因此综合考虑大气影响急剧层深度合理确定埋深。

4.4.3~4.4.5 条文所列各项防护加固措施,是多年来既有线整治路基病害中效果好的成熟经验,整理归纳而成,并突出了效果较好的边坡加筋及综合措施的应用,这些防护加固措施,可供设计选用。边坡加筋一般不与拱形骨架结合使用,主要原因是骨架施工对筋材的破坏较大,可采用较轻型的空心砖满铺措施。

膨胀土(岩)内无不利结构面时,一般采用非膨胀土覆盖或置换处理,也可采用柔性护坡,柔性护坡作为新的防护形式,秉承了膨胀土消能、排水、防渗保湿的整治理念,在公路行业已经应用,并在云桂铁路膨胀土治理中推广,效果良好,本次规范修编增加了该措施。其典型断面如说明图 4.4.3 所示。

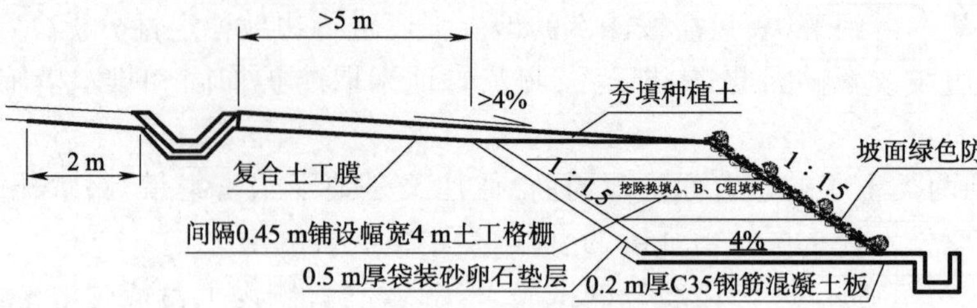

说明图 4.4.3　柔性护坡典型断面

4.5.2　超固结性是膨胀土的重要特性之一。超固结膨胀土一般具有较高的初始结构强度，低压缩性，路基荷载作用下的地基总沉降量小于正常固结土或欠固结土。以云桂铁路路基试验段(DK619+400～DK620+300)为例，试验段范围内的膨胀土属于中、强膨胀土，地基 15 m 深度范围内的土体具有超固结性，前期固结压力约为 200 kPa～460 kPa，超固结比 *OCR* 为 4.10～1.08，*OCR* 沿地基深度呈衰减变化。是否考虑超固结性时膨胀土地基沉降计算值与实测值比较情况见说明表 4.5.2，由表可知，考虑超固结性可提高膨胀土地基沉降计算的精度。

说明表 4.5.2　膨胀土地基的沉降计算值与实测值比较

断　　面	填高(m)	总沉降计算值(mm)		总沉降实测值(mm)
		方法①	方法②	
DK619+430(未处理)	5.38	81.8	290.5	53.67
DK619+450(堆载预压)	5.38	81.8	290.5	47.54
DK619+410(CFG 桩长 6 m)	5.38	76.6	97.0	42.89
DK620+230(CFG 桩长 8 m)	11.40	262.9	305.7	105.42
DK620+250(CFG 桩长 10 m)	10.61	217.0	237.5	89.67
DK620+300(CFG 桩长 15 m)	9.96	162.1	162.8	81.26

注：方法①：考虑土层超固结性，采用分层总和法，CFG 桩加固区沉降计算采用承载力比法，路基基底应力采用 γH 法，采用 Boussinesq 解计算地基附加应力，压缩层厚度按附加应力等于 0.2 倍自重应力确定。

方法②：不考虑土层超固结性，即天然地基与复合地基下卧层被视为正常固结土，其他同①。

4.5.3～4.5.4　高速铁路特别是无砟轨道结构对路基变形要求非常严格，因此膨胀土地基的低矮路堤、路堑地段考虑胀缩变形的影响。中铁二院在云桂铁路正线附近进行了中、强膨胀土地基大型浸水试验，试验场地面积约 3 000 m^2。试验段路基为比例 1 : 1 的单线无砟轨道路基，填高分别为 0.9 m、1.9 m、2.7 m，考虑 CRTS Ⅰ型板式无砟轨道荷载，不计列车荷载。试验主要以人工浸水方式对膨胀土地基进行饱和，利用砂孔、砂槽及砂垫层等方式多方位浸水，即在路基中心与左右路肩下钻孔填砂(孔深 6 m、孔径127 mm)，沿路基纵向孔间距 0.6 m，孔内回填密实的粗砂，孔口设置 0.3 m×0.3 m 砂槽，路基底部铺设 0.1 m 粗砂垫层，路基坡脚外 0.8 m 处修筑浸水沟渠。试验采用沉降板、位移观测桩、分层变形计、剖面沉降管测试膨胀土地基变形；采用土壤剖面水分测量仪测试土壤水分；采用孔隙水压力计监测孔隙水压力变化情况。不同填高时路基与地基的胀缩变形量见说明表 4.5.3。

说明表 4.5.3 不同填高时路基与地基的胀缩变形量

填高(m) \ 位置	地基表面		路基表面	
	膨胀量(mm)	收缩量(mm)	膨胀量(mm)	收缩量(mm)
0.9	14.22	7.48	10.95	7.03
1.9	11.86	6.65	8.55	6.15
2.7	8.14	6.33	5.8	5.65

膨胀土地基胀缩变形与含水量关系密切,地基初始含水量越低,饱和后的膨胀量越大,含水量变化幅度越大,地基胀缩变形量越大。对膨胀土地基低矮路堤及路堑要采取有效的防排水措施,避免土层含水量大幅度变化,以控制地基胀缩变形。路基面胀缩变形量小于膨胀土地基的胀缩变形量,有所衰减;衰减比例随路基填高增加而增大。

参照《膨胀土地区建筑技术规范》GB 50112—2013 第 5.2 节膨胀土地基变形计算方法,对云桂铁路浸水试验中的膨胀土地基进行胀缩变形计算,并将计算结果与实测值进行对比后,建议膨胀变形计算修正系数 ψ_e 取 0.7,收缩变形计算修正系数 ψ_s 取 0.6。

对于中、强膨胀土(岩)地区填高超过基床厚度的路堤,其膨胀变形高缺乏相关研究成果,宜结合具体工点开展专门研究。

4.5.5 铁路膨胀土地基处理方案要根据现场膨胀土地质条件、铁路等级、轨道类型、环境及工期等因素合理确定,达到经济合理、安全可靠。一般情况,有砟轨道可采用换填、封闭隔水措施;无砟轨道,个别性质极差、地下水极发育的有砟轨道除了采用换填、封闭隔水、设置盲沟加强排水外,还要结合复合地基、桩网结构,桩板结构等进行地基处理。

中铁二院在云桂铁路弥勒中膨胀土试验段研究发现,挖除换填能够有效减小膨胀土胀缩变形,且随着换填深度的增加,胀缩变形逐渐减少。结合理论及数值分析结果,弥勒中膨胀土在换填 3.3 m 的情况下,才可将路基面隆起量控制在 2 mm 以内。

数值分析及现场实践表明,膨胀土路堑及低矮路堤采用 CFG 桩进行地基处理,能够有效减小膨胀土路基的隆起。最优桩长可略大于大气影响深度,当桩长小于最优桩长时,随着桩长的增加,隆起量逐渐减小;当桩长大于最优桩长后,随着桩长的增加隆起量基本不变。提高复合地基置换率(增大桩径或减小桩间距),可减小路基面的隆起量,桩间距大于 4d 后,对于控制隆起的效果明显减弱。相同的置换率和桩长的条件小,采用“小桩小间距”的效果略好于“大桩大间距”。

采用桩板结构处理时,可在板底设置缓冲层,中铁二院云桂铁路室内竖向膨胀力试验发现,缓冲层(砂垫层)的设置较未设置时,竖向膨胀力明显减小。无缓冲层时最大竖向膨胀力为 126 kPa,有缓冲层时最大竖向膨胀力为 49 kPa,约为无缓冲层时的 40%。

4.6.3 地下水发育的膨胀土(岩)路堑,为减小地下水对基床及坡脚的影响,降低基床处理难度,可参考采用“路堤式路堑”形式(说明图 4.6.3)。

5.1.1 黄土路基设计是根据黄土沉积的时代和成因,选用相适应的设计原则及设计参数。按时代和成因的分类,主要考虑以下因素:

(1)按时代成因的分类,是 50 年来在黄土地区铁路建设中,对黄土不断认识和深化基础上所形成的分类方法。

(2)影响黄土工程性质及其物理力学指标的因素固然很多,而时代成因为主要因素。大量试验资料证实,不同时代成因黄土的工程性质及其物理力学指标具有明显的差别,这

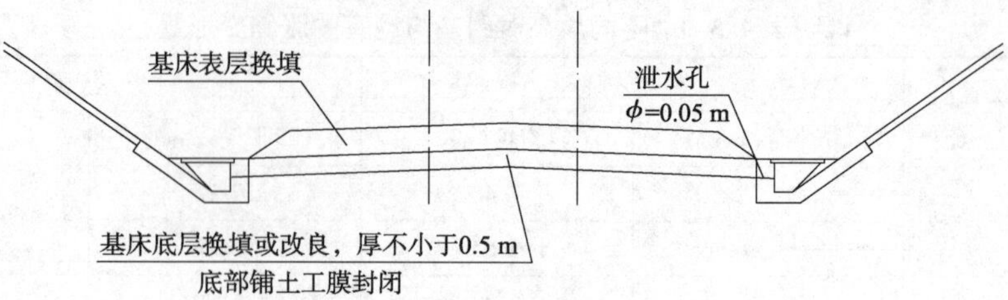

说明图 4.6.3　路堤式路堑结构横断面图

些差别在不同程度上影响了工程设计的准确性及措施的实用性。

(3)黄土路基的设计,也是按时代成因的不同来确定与之相适应的设计原则及处理措施的。如在多雨地区,Q_2、Q_1黄土和古土壤易产生基床变形,要处理;黄土地段的水沟,要作防冲防渗的加固处理等。

5.1.4　根据郑西、西宝客专等修建经验,深厚层湿陷性黄土地区路堤高度大于 6 m 时,路基工程费用已与桥梁相当,因此建议高速铁路、城际铁路不超过 6 m;客货共线工后沉降控制标准相对较大,建议Ⅰ级铁路、重载铁路不超过 10 m,Ⅱ级铁路不超过 15 m;黄土地区路堑边坡高度较高时,开挖断面大、占地宽,易引起边坡失稳,建议新黄土路堑边坡高度不超过 20 m,老黄土路堑边坡高度不超过 25 m。

5.1.6　铁路路基工程防排水的效果直接影响到路基工程的安全,尤其在湿陷性黄土地区的客运专线更为重要,决定了路基工程修建的成败。流量分析、排水出口、排水入口、排水接口、防渗等要作为设计重点。

在排水设计时要做好排水流量调查和流量计算工作,确保路基排水设施能够满足当地降雨流量要求。铁路路基工程修筑前后,对影响范围内水系的变化比较大。在湿陷性黄土区,铁路修建成型后的前期排水问题会比较显著,要对路基排水加强核查和完善,并及时进行整治处理。

5.1.8　郑西客运专线针对黄土进行了改良试验研究,改良方案分别采用:①在黄土中掺入质量比为 6%、8%、10% 的石灰;②在黄土中掺入质量比为 1%、3%、5% 的水泥;③采用体积比为 2∶8 和 3∶7 的石灰土,并在 2∶8 灰土中分别掺入质量比为 1% 水泥和 3% 水泥;④采用质量比石灰∶粉煤灰∶土 = 12∶35∶53 的二灰土。试验结果表明,在黄土中掺入石灰、水泥或掺入水泥和石灰、石灰和粉煤灰混合物,均能有效地改善土质,消除湿陷,水稳性大大增强,抗干湿循环能力大大增强,强度也有明显程度提高。在相似掺量、相同养生龄期和压实系数的条件下,掺入水泥的改良土的强度明显高于石灰土,并且掺入水泥后的改良土的强度随掺量增加而提高;而石灰土存在最优强度掺量。

5.2.1　液限含水率 ω_L < 40% 的黄土属于 C3 组填料,$\omega_L \geq 40\%$ 的黄土属于 D 组填料。

5.2.3　本条所提的路堤坡率值,是根据 440 组夯后土试验资料所求得的平均黏聚力 c 为 23 kPa、内摩擦角 φ 为 22°,用圆弧法对多年来常用的路堤断面形式进行检算,按稳定安全系数 F 不小于 1.25 的要求拟定的。

5.3.2　Q_2、Q_1黄土的 ω_L 和 I_p 偏大(统计汇总列于说明表 5.3.2),作为铁路基床底层需作处理。

5.3.3　黄土路堑边坡形式,是按时代成因的不同而分别考虑的,Q_1黄土、古土壤、坡积黄土的路堑坡面均要加强坡面防护工程。

说明表 5.3.2 Q_2、Q_1黄土和古土壤的 ω_L 和 I_p 的统计值

土的名称	液限 $\omega_{L(\%)}$				塑性指数 I_p			
	土样数目	平均值	$\omega_L>32$ 的数目	所占百分数	土样数目	平均值	$\omega_L>32$ 的数目	所占百分数
Q_2^2黄土	399	30.4	105	26	476	11.9	207	43
Q_2^1黄土	57	30.1	14	25	61	12	31	51
Q_1黄土	40	30.4	11	28	40	12.7	20	50

根据调查，从既有线路堑坡面的冲刷与边坡高度二者关系来看，一般当边坡高度 $H\geqslant$ 12 m 时，坡面下部受雨水冲刷易形成冲沟；当 $H>15$ m 时，冲刷严重，冲沟加深。据此，黄土路堑边坡一般在坡脚设高 1.5 m 的护脚，并且以 $H>12$ m 作为选用阶梯形边坡的依据。边坡设置小平台，不仅对坡面径流起缓冲、分流作用，还可拦截上方坡面少量剥落土块，便于养护维修。

小平台分级高度，主要是从节省土方数量、降水量的大小、坡度的陡缓综合考虑拟定的。分级高度大，节省的土方数量多；根据调查统计资料，降水量大、坡度缓时，冲刷临界高度小，平台分级高度要用小值；反之冲刷临界高度大，平台分级高度取大值。

当边坡高度 $H>25$ m 时，为了减轻坡脚压力，在边坡的中部设置大平台。据宝鸡峡引水干渠和西北农大水利系对陕西某工程的黄土高边坡所作的力学检算资料均说明，在平均坡度相同的情况下，在坡高的二分之一稍高处设置大平台，既能减少土方数量，又可以提高边坡稳定安全系数。

5.3.4 影响黄土路堑边坡坡率的因素有沉积时代和成因、地貌单元、地下水分布、构造斜节理、边坡高度等。2006 版规范在收集诸多既有工程基础上，考虑时代成因这一主要因素，结合稳定性检算，在边坡高度小于 20 m 时，提出了边坡坡率参考表。但是，根据近年建设项目设计经验，黄土路堑边坡一般不再采用混凝土护坡、护墙等全坡面圬工防护形式，为确保黄土路堑边坡稳定与防护效果，设计实际采用的坡率值进行了放缓，且与原规范参考表 5.2.2 的规定差异较大，因此本次修编结合稳定性检算情况对该表进行了调整。

工程地质类比法，是选择附近自然条件接近的、地层类似的自然或人工稳定边坡，对比两者在工程地质、水文地质、边坡高度及坡率等方面的相似性，借以拟定设计地段的路堑边坡坡率，这种以客观实际为依据所拟定的坡率值，比较符合实际，已为常用的主要方法。用该法所拟定的边坡是稳定的，但稳定的程度尚需通过力学检算判定，借以进一步修改初拟的坡率值，使设计更趋合理。而力学检算的精度，常受土体抗剪强度指标的取值所制约，取少数土样往往难以反映不同土层的真实强度，缺乏代表性；加之地形、地貌、水文地质条件等皆非少数土样所能代表的，所以提出以工程地质比拟法为主并辅以稳定检算，两者综合确定。

5.3.5 用于黄土路堑边坡稳定性检算的方法，目前主要有圆弧法和裂隙法。本规范之所以采用圆弧法，主要依据为：

(1)通过对一些处于极限平衡状态的边坡所作的稳定性检算，说明了用圆弧法所求得的稳定安全系数 F 值，能反映黄土边坡的实际稳定状态。

①选择 19 个处于极限平衡状态的天然黄土斜坡和人工路堑边坡，实测其物理力学性能指标(γ、c、φ)值，用圆弧法和裂隙法分别进行检算。其结果是：19 个计算点用圆弧法所

求的 F 值基本接近于 1.0，而裂隙法竟有 11 处所求的 F 值小于 1.0，约占 58%。一般裂隙法比圆弧法所求的 F 值小 5% ~ 15%。

②选择 5 处坍滑体，坍滑体背后所形成的滑面可理解为处于极限平衡状态，对其滑面进行检算。其结果为：这 5 个计算点用圆弧法所求的 F 值基本接近于 1.0，而裂隙法竟有 4 处小于 1.0，裂隙法也比圆弧法所得的安全系数小 5% ~ 15%。

上述检算的结果说明：所选择的断面是处于极限平衡状态的，野外判断和力学检算两者的结论是一致的；用极限平衡状态的边坡来衡量不同计算方法的实用性是可行的；用圆弧法所求的稳定安全系数是能够反映黄土边坡实际稳定状态的。

尚需指出的是：对高边坡，两者所求的 F 值比较接近，相对误差小；对黏聚力大或边坡低的堑坡，裂隙法所求的 F 值小，选用时尤要慎重。裂隙法求的 F 值之所以偏小，原因在于该法略去了竖直缝隙范围内的抗力作用。

(2) 圆弧法计算简便，适用于各种非均质土层和复杂坡型的计算，并可得到符合实际的稳定安全系数。

5.4.3 坡面雨水，顺坡面愈向下其流量增加、流速加大、冲刷力强，使坡脚附近的坡面形成冲沟或掏空，湿陷性黄土由于表水下渗还可能产生湿陷变形等进而可造成边坡坍塌。

根据统计资料，Q_1 黄土中黏粒含量约占 30%，古土壤约占 35%，因黏粒含量高，坡面土易剥落，需加强边坡及坡脚的加固防护。

近代堆积的 Q_4、Q_3 新黄土，由于土体松散、孔隙大、均匀性差，坡面受水冲刷后易形成冲沟、流泥，因此，要加强边坡防冲防渗处理。

5.5.1 黄土是一种特殊的岩土，随着新建铁路设计标准的不断提高，要对黄土地区地基采取必要的处理措施。

5.5.2 非湿陷性黄土，可按一般土或松软土进行沉降计算。

5.5.3、5.5.4 本次修订依据现行《湿陷性黄土地区建筑规范》GB 50025，对湿陷量的计算公式及参数进行了调整。

根据《湿陷性黄土地区建筑规范》GB 50025 的有关规定，判定黄土是否具有湿陷性的湿陷系数是 0.015，即对于满足湿陷系数小于 0.015 要求的黄土地层不再考虑其湿陷变形的影响。

郑西客专修建期间专门在Ⅳ级自重湿陷性场地进行了实体浸水试验研究，对于没有消除湿陷性的地层在浸水工况下不论是深层还是浅层湿陷沉降量都比较大。湿陷系数 <0.015 的黄土地层，在长期浸水的工况下仍有少量沉降发生，但基本上可控。同时，根据郑西、西宝和大西客专地基处理措施的实践情况，采取湿陷系数 $\delta_s < 0.015$ 的标准控制，其桩间距已经较小，在第二遍和第三遍桩施工时难度已较大。

高速铁路路基地基黄土湿陷性判定按照《湿陷性黄土地区建筑规范》GB 50025 是否合适，目前尚无针对性试验研究，但郑西运营已 10 年，针对该标准处理的湿陷性地基未出现问题，因此不建议再降低湿陷系数控制标准。

5.5.6 湿陷性黄土沉降控制主要包括两个部分，湿陷变形沉降和土层的压缩变形沉降，湿陷性变形沉降通常远大于压缩变形沉降，沉降计算时，同一土层一般在考虑湿陷变形沉降后，不再计算其压缩变形。

Ⅱ ~ Ⅳ级自重或非自重地层，湿陷性沉降变形值通常都超过普速铁路的沉降控制要求，地基需要全部或部分消除湿陷性。处理深度建议：高速铁路全部处理，普速铁路未消除湿陷性土层的湿陷变形沉降与下部土层压缩变形沉降不超过路基沉降控制标准。

Ⅰ~Ⅱ级非自重黄土地层，土层的湿陷性变形与上部荷载关系密切，在没有达到其湿陷起始压力的情况下，其湿陷性变形通常不会发生，在进行地基处理时，可先判断其荷载(含土的自重)是否达到了湿陷起始压力。

关于客专的压缩层计算深度，建议按照附加应力小于0.1倍自重应力、最底层变形小于0.025倍计算深度的总变形两项条件来控制。由郑西、西宝和大西客专计算情况看，当填土高度较小、地基相对较软时，变形控制的计算深度通常大于应力控制的深度；当路基填方高度较大时，附加应力衰减深度起控制作用。根据郑西、西宝和大西客专对改良后填料的基底应力观测情况看，改良后的填料呈现出一定程度刚性基础的特征，压缩变形计算深度受到填土高度和宽度、地层情况等多种因素的影响，很难完全界定一个固定深度值，计算深度一般集中在20 m~35 m范围。

5.5.7 黄土地基处理方法说明如下：

(1)换填垫层法

该方法在《湿陷性黄土地区建筑规范》GB 50025—2004中为“垫层法”，在铁路路基中如还采用该名称，设计时容易理解为在路堤底部设一层垫层，就会与它的初衷相违背，因此，本规范中称为“换填垫层法”。

换填垫层法有土垫层和灰土垫层。仅消除1 m~3 m湿陷性黄土的湿陷量时，一般采用土垫层进行处理；当同时要求提高垫层的承载力及增强水稳性时，一般采用灰土垫层进行处理。

换填垫层法施工时，先将基底下要处理的湿陷性黄土挖出，并利用挖出的黄土或改良后分层回填、分层碾压至设计高程。

(2)冲击(振动)碾压

冲击碾压深度一般不大于3 m，振动碾压处理深度不大于2 m。

冲击碾压要考虑对居民、构造物等周边环境带来的影响，距离建筑物较近时要预留安全距离或采取减振措施。

冲击碾压的遍数可根据现场施工时冲击轮轮迹高差小于15 mm控制，并要满足设计要求的压实标准。冲击碾压时要及时对地基表面适量洒水，使水分充分渗透，达到适宜的含水量。出现橡皮土时要及时停止施工，并做相应处理。

(3)强夯法

夯击遍数一般为2~3遍，最末一遍夯击后，再以低能量(落距4 m~6 m)对表层松土满夯2~3击，也可将表层松土压实或清除，在强夯土表面一般设置300 mm~500 mm厚的灰土垫层。

单位夯击能与处理有效深度的关系见说明表5.5.7—1。单位夯击能大，消除湿陷性黄土层的深度也相应大，但增加设备的起吊能力往往不容易解决。在工程实践中常用的单位夯击能为1 000 kN·m~4 000 kN·m，消除湿陷性黄土层的有效厚度一般为3 m~8 m，夯锤底面为圆形，锤底的静压力为25 kPa~60 kPa。

说明表5.5.7—1 采用强夯法消除湿陷性黄土层的有效深度预估值(m)

单击夯击能(kN·m) \ 土的名称	全新世(Q_4)黄土、晚更新世(Q_3)黄土	中更新世(Q_2)黄土
1 000~2 000	3~5	—

续上表

单击夯击能(kN·m) \ 土的名称	全新世(Q_4)黄土、晚更新世(Q_3)黄土	中更新世(Q_2)黄土
2 000~3 000	5~6	—
3 000~4 000	6~7	—
4 000~5 000	7~8	—
5 000~6 000	8~9	7~8
7 000~8 500	9~12	8~10

注:1　在同一栏中,单击夯击能小的取小值,单击夯击能大的取大值;
　　2　消除湿陷性黄土层的有效深度,从起夯面算起。

在城区或居民区,考虑振动的影响,建议不使用该方法。

郑西客专试验段采用了 3 000、3 500、4 000 kN·m 三种夯能,经取样试验检测,三种夯击能均能够消除处理深度范围内(6 m)的湿陷性(湿陷性系数 $\delta_s \leqslant 0.015$),但压缩模量小于 15 MPa。

(4)挤密桩

挤密孔的孔位按正三角形布置,孔心距按下式计算:

$$S=0.95\sqrt{\frac{\overline{\eta}_c\rho_{dmax}D^2-\rho_{d0}d^2}{\overline{\eta}_c\rho_{dmax}-\rho_{d0}}} \quad \text{(说明 5.5.7)}$$

式中　S——孔心距(m);

D——挤密填料孔直径(m);

d——预钻孔直径(m),对无预钻孔的挤密法中 $d=0$;

ρ_{d0}——地基挤密前压缩层范围内各层土的平均干密度(g/cm³);

ρ_{dmax}——击实试验确定的最大干密度(g/cm³);

$\overline{\eta}_c$——挤密填孔(达到 D)后,3 个孔之间土的平均挤密系数,不小于 0.9。

当挤密处理深度不超过 12 m 时,不采用预钻孔,其挤密孔直径为 0.35 m~0.45 m;当挤密处理深度超过 12 m 时,可以采用预钻孔,其直径 d 为 0.25 m~0.30 m,其挤密填料孔直径 D 为0.50 m~0.60 m。

成孔挤密要间隔分批进行,孔成后要及时夯填,填充材料可采用素土、水泥改良土、石灰改良土。如为局部处理时,要由外向里施工。

挤密地基在基底设置不小于 0.50 m 厚的灰土(或土)垫层。

当地基土的含水量 $\omega \geqslant 24\%$、饱和度 $S_r > 65\%$ 时,一般不直接选用挤密法。

根据郑西客专桩身配合比研究结论,全线推荐采用 8% 水泥土改良土,桩体施工水泥土平均压实度均达到 0.97(轻型击实标准),桩间土平均压实度均达到 0.93(轻型击实标准),湿陷系数$\delta_s < 0.015$,地基承载力特征值均大于 200 kPa,地基沉降一般在3~6 个月后即可趋于稳定,地基沉降量一般在 10 mm~20 mm 之间。

(5)柱锤冲扩桩

柱锤冲扩桩是一种处理厚层湿陷性黄土的新技术,其处理的有效深度可以达到 20 m 以上。采用该技术处理湿陷性黄土,不受黄土含水量的影响,可以有效地解决挤密桩施工时的缩孔问题,且处理后的地基承载力一般可达到 200 kPa 以上,既能消除黄土的湿陷性，又能很好的控制沉降变形。

郑西客专试验段柱锤冲扩桩设计参数为：钻孔孔径 0.4 m，桩径 0.6 m，桩间距 1.05 m，桩长 22 m，正三角形布置，桩身材料为 8% 的水泥改良黄土，采用机械洛阳铲预钻 40 cm 孔，然后用 2 吨夯锤分层夯填。检测结果看，桩体压实系数能够达到设计要求，但成桩直径比设计大 29%，实际填料量超出设计填料量 66%。

柱锤冲扩桩在同样的施工工艺条件下，先成的桩由于周围土体的约束较小，成桩直径自然较大，随着施工的进行，后来施工的桩会受到前期成桩的约束，自然成桩直径减少，因此施工过程中桩体的直径很难保证都一样，这样可以考虑采用平均桩径来控制施工质量。

(6)长短桩复合地基

长短桩复合地基是采用短桩与长桩组成复合地基，与桩间土共同承担上部传递的荷载。短桩采用水泥土挤密桩、土挤密桩、灰土挤密桩等，长桩采用 CFG 桩。其特点是先采用短桩消除地层的湿陷性，再采用长桩对地基进行加固，以达到既消除地层的湿陷性又满足高速铁路较高的稳定性和沉降控制的要求。

郑西客专对 CFG 桩桩身配合比在参阅大量既有工程实践资料，并经过多次计算及反复试配后，确定出试验配合比，见说明表 5.5.7—2。

说明表 5.5.7—2　试验配合比

配合比编号	水灰比(%)	水泥(kg/m^3)	粉煤灰(kg/m^3)	石屑(kg/m^3)	碎石(kg/m^3)		水(kg/m^3)	粉灰比	石屑率(%)
					5 mm~20 mm	20 mm~31.5 mm			
F11-Ⅰ	0.99	211	219	445	1 117	—	208	1.04	0.28
F12-Ⅰ	0.92	261	232	403	1 064	—	240	0.89	0.28
F21-Ⅰ	0.75	286	235	419	1 045	—	215	0.82	0.29
F22-Ⅰ	0.73	340	211	364	1 037	—	248	0.62	0.26
F11-Ⅱ	1.00	202	212	452	793	340	201	1.05	0.28
F12-Ⅱ	0.98	246	239	420	737	316	242	0.97	0.28
F21-Ⅱ	0.77	266	221	430	755	323	205	0.83	0.28
F22-Ⅱ	0.75	328	198	407	715	307	245	0.60	0.28

注：1　其中-Ⅰ为碎石 5 mm~20 mm 粒径的配比，其中-Ⅱ为碎石 5 mm~31.5 mm 粒径的配比；

2　其中 F11、F12 为 $f_{cu,28}\geqslant 15$ MPa；F21、F22 为 $f_{cu,28}\geqslant 20$ MPa。

根据郑西客专的试验结果，CFG 立方体试件，平均 7 d 的抗压强度达到 28 d 抗压强度的 55% 左右；平均 14 d 的抗压强度达到 28 d 抗压强度的 71% 左右；平均 90 d 的抗压强度达到 28 d 抗压强度的 144% 左右。在实际应用中，要尽早利用立方体试件 7 d 龄期的抗压强度，相对客观的估算 28 天强度，当其达到或超过 28 d 龄期的 55% 时，一般可以认为其 28 d 龄期强度满足要求，以缩短建设周期，降低工程成本。

(7)桩板结构

桩板结构由钢筋混凝土桩、托梁和承载板，或钢筋混凝土和承载板组成，适用于沉降控制困难的深厚层湿陷性黄土地基、黄土陡坎边缘、桥隧过渡段等。在进行桩的承载力和沉降计算时，要考虑湿陷性土层对其的影响，必要时可以对上部地层做消除湿陷性处理。

5.6.4　以往路基面排水通常采用散排方式，对未防护的黄土路堤坡面冲刷较为严重，集中引排应用效果好，故建议采用。

5.6.5 郑西客专浸水试验表明，坡脚长期浸水后，地基处理深度较浅时，仍会引起坡脚较大湿陷变形，浸水进行到 20 d 后沉降发生突变，表明路基坡脚积水不超过 20 d，遇到大范围降雨天气后，相关部门要在 20 d 内及时将积水排除，以免影响行车安全。

5.6.6 基于黄土的抗水性能差，同时还具有湿陷性。因此，黄土地段的水沟要采取防冲防渗的加固措施。矩形沟容易导致沟周围的土层发生湿陷性病害而破坏。

黄土水沟的加固类型，现场曾做过多种方案，从使用年限来看，一般轻型加固使用寿命短，目前多用浆砌片石加固。故本条推荐采用浆砌片石或混凝土。黄土地层扰动后，对水的敏感性比较强，对于排水沟底的隔水垫层处理要特别重视。

6.1.2 我国的盐岩主要分布在西北内陆盆地中，这里发育着众多的内陆湖泊，因为没有排泄出口，在强烈蒸发作用下，致湖水矿化程度不断升高、浓缩。当湖水矿化度达 258 g/L 时，盐就从卤水中结晶析出，成为盐岩。如塔里木盆地中的罗布泊，准噶尔盆地中的布伦托海，柴达木盆地中的察尔汗盐湖等，都是现代积盐中心，其周围分布着大片盐滩和盐沼泽。

6.1.3 盐渍土地区地势多低洼，地下水埋藏较浅、水质矿化度高，易形成盐渍土路基病害，选择以路堤通过可避免或减轻病害的产生。

6.2.1 盐渍土地区地表土层多为细粒土，属 C、D 组填料，石膏土要视为 D 组填料。盐渍土及盐岩地区往往面积很大，线路以路堤通过，异地取土填筑运距较远，为充分利用当地资源而又符合路堤各部位填料标准，作出本条规定。

关于含盐量容许值规定说明如下：

氯盐渍土具有无膨胀等特性，它在大气降水或地下水位升高的影响下，土层中盐分可能溶失，使土质变软，强度降低，说明氯盐渍土的工程性质受大气降水、空气湿度等的影响。若能控制土中的水所溶解的氯盐含量，避免填土中含有盐晶，同时保证土体的压实密度，则部分溶于土层孔隙水中的盐分，即使降雨使之溶失，也不致使土体密度、强度等工程性质受到大的影响，因此，本条对填土中的氯盐含量作了规定。试验证明，在最佳含水量的条件下，压实系数为 0.89 时，氯盐容许含盐量可为 5% ~6%；若适当加大含水量和将压实系数提高为 0.91 时，可提高容许含盐量至 8%。

硫酸盐渍土中硫酸盐的主要成分为硫酸钠。硫酸钠在温度为 32.4℃时，溶解度达到峰值，高于或低于此温度值，溶解度都将降低。当温度低于 32.4℃时，溶解于水中的硫酸钠或呈粉末状存在的硫酸钠，都将吸收 10 个水分子变成芒硝晶体，此时体积增大、比重从 2.68 下降至 1.48；当温度高于 32.4℃时，晶体硫酸钠又很快溶解于水或变为粉末状态，体积相对变小，硫酸钠体积随温度的反复胀缩，破坏着土的密度和结构。这一过程在路基上的反映就是路基先膨胀变形，引起轨面抬高，而后则下沉，并使路基上体疏松、强度降低。铁一院和新疆交通科学研究所通过大量调查、观测、试验证明，当土中硫酸钠含量超过 2% 时，即有明显的膨胀现象，因此，规定填料中硫酸钠含量不得超过 2%。

碳酸盐中有大量的吸附性阳离子，具较强的亲水性，遇水后很快与胶体颗粒相互作用，在胶体颗粒与黏土颗粒周围形成稳固的结合水薄膜，从而减少了颗粒间的凝聚力，使之相互分离，引起土体膨胀。实践证明，当土中 Na_2CO_3 含量超过 0.5% 时，其膨胀量即显著增大，故规定填料中碳酸盐含量不得超过 0.5%。

关于硫酸钠和易溶碳酸盐含量的容许值，随着行车速度的提高是否需提出更高的要求,是值得研究和探索的,但因缺乏科学试验数据和实践经验,故还没法提出更好的定量指标,有待今后通过科学试验和生产实践积累经验。

采用盐岩作填料时,要将表层盐壳铲除;如用盐壳作填料,需先碾碎后再行填筑;必要时,要浇洒卤水,以便压实。

石膏是由含石膏的水溶液经过蒸发后以化学沉淀方式而沉积的。我国西北干旱地区常见的一种地质现象为石膏与土混杂。

6.2.2 用盐岩填筑的路堤,加宽路基及放缓坡率,可防止雨水对路基的侵蚀,抑制盐胀,减少外界温度、风对路基的影响,使路基边坡表层在雨水作用下形成盐壳来保持路基内部水分的相对稳定。

用盐渍土填筑的路堤,尤其是用硫酸盐渍土填筑的路堤,由于松胀作用,造成路肩和边坡表层一定深度的土体有明显的松胀现象,易被风蚀和雨水冲蚀,为此,建议路基每侧加宽 0.4 m。

6.2.3 根据有关资料,细粒土中毛细水达到最大上升高度或强烈上升高度的时间较长,例如达到最大上升高度的时间由几十天到上百天,因此式(6.2.3)中所涉及的最高地下水位或最高地面积水水位有一定的延续时间,而对于临时性的高水位可根据其高程和延续时间酌情考虑。路堤最小高度如说明图 6.2.3 所示。

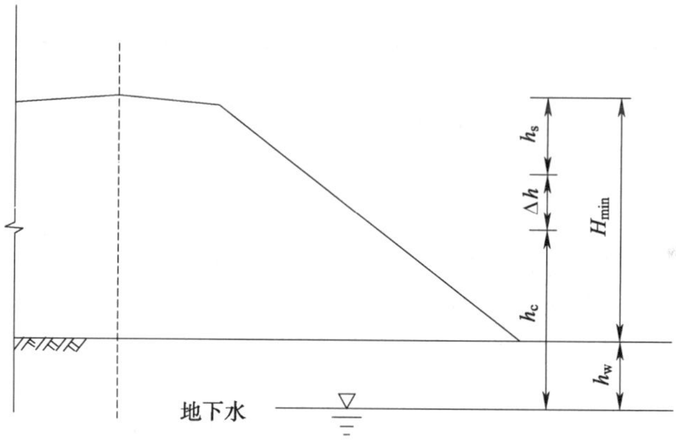

说明图 6.2.3 路堤最小高度

6.2.4 多年来,铁一院在南疆线、青藏线、南疆公路及新疆和静、焉耆等地区对均质土的毛细水强烈上升高度进行了研究,并根据现场实测毛细水的强烈上升高度及对其有影响的主要物理指标值,用回归分析法,求出有关公式见说明表 6.2.4—1。

说明表 6.2.4—1 中序号为 4 和 8 的计算公式,具有物理概念清楚、能反映诸因素的影响、精度较高、参数易取得等特点,本条采用了这两个公式。

在盐渍土地区常遇到粉质黏土、粉土与砂类土互层的非均质土。非均质土的每一层可视为均质土,如说明图 6.2.3 所示。因此,非均质土层毛细水强烈上升高度计算公式可由均质土推出。设地下水位以上各均质土分层的厚度分别为 h_1、h_2、h_3……h_n;其毛细水强烈上升高度相应为 h_{1c}、h_{2c}、h_{3c}、……、h_{nc};并假定毛细水强烈上升高度的顶点距离第 n 层顶面的距离为 Δh,则非均质土层毛细水强烈上升高度 h_c 为

$$h_c = h_1 + h_2 + h_3 + \cdots + \cdots + h_n - \Delta h = \sum_{i=1}^{n} h_i - \Delta h \quad (说明 6.2.4—1)$$

假定：$\dfrac{h_1}{h_{1c}}+\dfrac{h_2}{h_{2c}}+\dfrac{h_3}{h_{3c}}+\cdots+\dfrac{h_n-\Delta h}{h_{nc}}=1$

则：

$$\Delta h = h_{nc}\left[\sum_{i=1}^{n}\frac{h_i}{h_{ic}} - 1\right] \quad (说明 6.2.4—2)$$

说明表 6. 2. 4—1　均质土层毛细水强烈上升高度计算公式

土的类别	序号	公式	子样数目 n	剩余标准差 S	单元回归相关性检验			多元回归显著性检验		
					γ	$\gamma_{n-2}^{a=0.01}$	$\gamma_{n-1}^{a=0.05}$	F	$F_{k,n-k-1}^{a=0.01}$	$F_{k,n-k-1}^{a=0.05}$
砂类土	1	$h_c=0.850+0.1702\omega_m$		0. 135	0. 913	0. 449	0. 349	—	—	—
	2	$h_c=4.637d_{10}^{-0.246}$	32	0. 121	0. 931	0. 449	0. 349	—	—	—
	3	$h_c=4.227d_{50}^{-0.198}$	32	0. 132	0. 916	0. 449	0. 349	—	—	—
	4	$h_c=0.290+0.0567\omega_m+1.4090d_{50}^{-0.198}$	32	0. 101	—	—	—	6. 20	4. 57	2. 95
细粒土	5	$h_c=1.767+0.1456I_p$	22	0. 161	0. 904	0. 537	0. 423	—	—	—
	6	$h_c=5.089d_{10}^{-0.323}$	22	0. 156	0. 910	0. 537	0. 423	—	—	—
	7	$h_c=6.879d_{50}^{-0.229}$	22	0. 134	0. 935	0. 537	0. 423	—	—	—
	8	$h_c=0.590+0.0485I_p+2.2930d_{50}^{-0.229}$	22	0. 145	—	—	—	6. 35	5. 09	3. 16

将式（说明 6. 2. 4—2）代入式（说明 6. 2. 4—1）得：

$$h_c = \sum_{i=1}^{n} h_i - h_{nc}\left[\sum_{i=1}^{n}\frac{h_i}{h_{ic}} - 1\right] \quad (说明 6.2.4—3)$$

按上式所求的计算值与实测值一般相差 10% 左右，个别达 15%。

在计算 h_c 之前，要先假定毛细水强烈上升高度顶点所在的层位，由地下水位算起，自下而上将 h_i/h_{ic} 值逐层累加，并据此作下列判别：

当 $\sum\limits_{i=1}^{n}\dfrac{h_i}{h_{ic}}=1$ 时，毛细水强烈上升高度的顶点正好在第 n 层的顶面上；

当 $\sum\limits_{i=1}^{n}\dfrac{h_i}{h_{ic}}<1$ 时，毛细水强烈上升高度的顶点在第 n 层以上；

当 $\sum\limits_{i=1}^{n}\dfrac{h_i}{h_{ic}}>1$ 时，毛细水强烈上升高度的顶点在第 n 层之内。

《盐渍土地区建筑规范》GB/T 50942 提出了乙级、丙级建筑物场，地毛细水强烈上升高度的经验值，见说明表 6. 2. 4—2。

说明表 6. 2. 4—2　各类土毛细水强烈上升高度经验值

土的名称	毛细水强烈上升高度（m）
含砂黏土	3. 00～4. 00
含黏砂土	1. 90～2. 50
粉砂	1. 40～1. 90
细砂	0. 90～1. 20
中砂	0. 50～0. 80
粗砂	0. 20～0. 40

6.2.5 盐渍土地段大多地势低洼、排水不畅,因而建议采用毛细水隔断层措施,切断毛细水上升和补给通路,防止地下水中盐分被带入路堤土体产生次生盐渍化。

隔断层设在路堤底部,一般可保证路堤整体不产生次生盐渍化病害。隔断层设在路堤上部和中部可以节省隔断层工程量,但不能保证隔断层以下部分路堤不产生病害,因此,一般新建路堤隔断层多设在路堤底部。只有在困难条件下,例如改建铁路时,才设在路堤上部。

6.2.6 复合土工膜隔断层,其运输施工方便,造价并不高,且国内生产厂家多,品种规格也多,适宜于缺乏渗水材料的地段采用。

沥青胶砂和沥青砂板隔断层虽然效果较好,但施工工艺复杂,劳动强度大,对环境有污染,因此不再推荐采用。

用渗水土做隔断层,通过工程实践的回访、挖探证实效果最佳,为防止污染渗水土,故要铺设反滤层和垫层。

6.3.1 M10 粉细砂水泥砂浆块板护坡是 1980 年由铁一院和某部队共同研制的,曾在新(乡)菏(泽)铁路使用过,效果良好,适用于粉细砂来源丰富的地区。

6.3.2 盐岩路堤坡面可经常浇洒盐卤水,保持路基应有的含水量,以避免因水分过少而产生的干裂松散现象,同时也能起到盐胶结作用,使路堤边坡完好,抵御外界的破坏。

6.3.3 为避免或减轻路堤中、下部在毛细水强烈上升高度范围内的松胀,防止其次生盐渍化而设护道。

6.4.1 盐渍土地基产生膨胀的主要原因是土中的 Na_2SO_4 在温度或湿度变化时结晶而发生体积膨胀。盐渍土地基在考虑盐胀的同时,还要考虑冻胀。

6.4.2 现场测定的溶陷量往往更接近于实际,综合相关因素,从安全角度出发,建议在设计中取两者较大值。

6.4.5 (1)换填法:适用于地下水埋设加深的浅层盐渍土地基和不均匀的盐渍土地基,换填料为非盐渍化的级配砂砾石、中粗砂、碎石、矿渣、粉煤灰等,换填后做好防、排水,防止换填料产生次生盐渍化。

(2)预压法适用处理盐渍土中的淤泥质土、淤泥等软土地基。

(3)强夯和强夯置换适用处理盐渍土中的碎石土、砂土、粉土和低塑性黏性土地基,不能处理盐胀性地基,夯坑换填料为抗腐蚀、抗盐胀的砂石类集合料。

(4)碎石桩适用于处理盐渍土中松散的砂土、碎石土、粉土、黏性土。

(5)浸水预溶适用处理厚度不大、渗透性较好的无侧向盐分补给的盐渍土地基,黏性土、粉土及含岩量高、厚度大的盐渍土地基不适用,浸水时间以最后 5 d 的平均溶陷量小于 5 mm 为稳定标准,施工时防止对邻近建筑物及管、沟、道路等产生不利影响。

(6)盐化法适用于含盐量高、厚度大、地下水位较深、淡水资源缺乏及其他方法难以处理的盐渍土地基,"以盐治盐",提高土体结构强度、减少透水性。盐化前先进行现场试验,确定所需的用盐量、盐化遍数、盐化时间和间歇时间等主要参数。

6.4.6 铲除含盐量大于表 6.2.1 所规定容许值的地基表土,可降低毛细水的含盐量,减缓填土的次生盐渍化。

6.4.9 在盐岩地区,由于淡水低矿化度溶液渗入岩层内,使盐岩溶蚀成大小不一,形态各异的洞穴即谓之"盐溶"。盐溶化程度取决于盆地的地质构造及水文地质条件。岩盐干燥状态下具有强度高、压缩性小的特点。在浸水时间很长、很大时,岩盐中的部分固体颗粒被水流带走,产生潜蚀溶陷。盐岩路基在大气降雨、冷凝水等淡水作用下极易溶蚀,消弱晶体间及与粉黏粒、砂粒间的连接,形成溶蚀孔隙、溶槽、溶洞、溶陷等路基病害。

6.5.1 盐渍土地区各种工程危害的根源一般在于水,因此防水、排水工程的设计要高度重视。

6.5.3 设置排水沟降低地下水位是防止土体次生盐渍化的一种有效措施。降低地下水位还可适当压低路堤高度,减少填方工程数量。在新疆等地区多采用开挖长大排水沟的方法降低地下水位。

盐渍土地段大多地势低洼、渗沟排水困难,且盐分结晶易造成渗沟堵塞。

7.1.1 由于多年冻土地区无修建高速铁路、城际铁路路基的实践经验,故本章暂不适用于高速铁路、城际铁路路基设计。

我国多年冻土分布地区较广,主要集中在东北大、小兴安岭及青藏高原和西部高山区。大小兴安岭地区多年冻土自南界附近零星小块的分布逐渐增加为大块岛状分布及不连续分布,主要存在于河流冲积阶地上和沟谷间低洼的塔头草沼泽中,具有上限浅、含水率大、地温低的特点。青藏高原多年冻土属低纬度高海拔多年冻土,一般海拔为4 000 m~5 000 m,是世界上低纬度地带海拔最高、面积最大的多年冻土区,具有海拔高、气压低、气候严寒、干旱、冻结期长等特点。

我国多年冻土主要连片分布在东北的高纬度地区和西部的高海拔地区。多年冻土年平均地温是多年冻土稳定性评价的一个重要指标。多年冻土分布区的地理位置不同,地温年变化深度也不相同。青藏线根据在青藏高原多年冻土地区的科研成果,将多年冻土按年平均地温分为四个区。

7.1.3 不良冻土现象是指厚层地下冰(包括厚度大于 0.5 m 的含土冰层和厚度大于 0.3 m的纯冰层)、冻土沼泽、冻胀丘、冰锥、热融湖塘、融冻泥流等地段。这些地段一般都需要采取特殊的处理措施,因施工困难,造价昂贵,养护也不方便,要绕避。如必须通过时,也要选择在不良程度轻、长度短的位置通过。当处于大型的冻胀丘、冰锥或热融湖塘地段时,尤其是在跨越较宽沟谷沼泽地段时,由于防治工程量大,且不易根除病害,一般设桥通过。

青藏铁路工程实践经验证明:高含冰量冻土与融区交界的地段,无论采取何种保护多年冻土的措施,路基均易开裂,且冻土融沉量大,影响路基的稳定性,一般不以路基通过。

7.1.4 在多年冻土地区,采用路堤通过时,不但不会破坏地基冻层,而且路堤土体也能起保温作用,有利于保护地基多年冻土的冻结状态。当采用路堑通过时,地层开挖后,改变了多年冻土的原来状态,往往会削弱路基的稳定性,增加处理的难度和费用,并且不容易彻底根治。路堤在修筑和养护方面较路堑容易,冬季积雪、积冰的威胁较路堑为小,春季冰雪融化排水条件亦较路堑好,所以多年冻土地区线路以路堤通过。

路基位置选在坡度较缓,地表干燥向阳的地段,不但可以避免融冻流泥、冻土沼泽,而且地基比较稳固。

路基在冻胀丘、冰锥地段的下方(即地势较低侧)以路堤通过时,其处理比较简单,路堤高度不低于冻胀丘、冰锥的最大高度,并以渗水土填筑,以防止冰胀。因这种位置地下水的活动一般较少,冻胀丘、冰锥不致直接威胁路基的安全与稳定。如路基在冻胀丘、冰锥的上方(即地势较高侧)通过时,势必压实基底下的地层,压缩地下水的通道,阻碍地下水的排泄,很可能在路基上方又出现新的冻胀丘、冰锥,故要考虑由于地下水活动的变化对路基稳定性的影响。路基避免在冻胀丘、冰锥地段的上方以路堑形式通过，尤其是在地下水位较高的地段。

当线路通过热融滑坍区时，一般从坍体下方通过，这是因为热融滑塌是溯源发展的。滑坍体下方山坡是稳定的，不受滑塌过程的影响。

7.1.5 低温稳定和低温基本稳定多年冻土区，多年冻土分布面积广、厚度大，年平均气温及年平均地温均较低，对保护多年冻土有利，应按保护多年冻土（即保护地基多年冻土的冻结状态）的原则设计。而在高温不稳定多年冻土区，多年冻土分布面积小、厚度较薄，在地面保温条件较好时，可采取加强保温的措施，按保护冻土或延缓多年冻土融化速率的原则设计；而在高温极不稳定多年冻土区，多年冻土多呈零星小块分布，厚度一般仅几米至十几米，年平均地温和年平均气温都较高，对外界条件变化引起的温度反映很灵敏，地面保温条件差、人为活动频繁，多年冻土处于不稳定状态，极容易被破坏，难以保持其冻结状态，应按允许多年冻土融化的原则设计。

7.1.6 低含冰量冻土属弱融沉、弱冻胀土，其冻胀、融沉对路基影响不大，采用允许冻土融化的设计原则是可行的，故可按一般地区路基设计。低含冰量冻土地段路堤，虽然含冰量低，但由于地形、地貌、地质条件、水文条件以及工程与冻土相互作用的影响，如不采取必要的冻土保护措施，路基仍可能出现开裂，存在安全隐患。清水河试验研究也表明，低含冰量冻土路堤的冻融交界面呈凸型，路堤中心的融化深度小，两侧的融化深度大，导致路基中心处的沉降较小，两侧的沉降较大，导致路基开裂。综合工程实践和科研成果，低含冰量冻土地段路堤两侧设置保温护道，反压路堤并调整冻融交界面的形态，有利于防止路基开裂。

7.2.1 冻结层上水发育的斜坡地段，冻结层上水可能溢出形成浸水路基。

7.2.2 路堤最小高度是指在使用年限内，基底多年冻土天然上限位置保持不变的最小填土高度。在建成后的第一个寒季，路堤本体及基底土层保持完全冻结的最大填土高度为路堤最大高度。填筑高度在路堤最大、最小高度范围之内为路堤合理高度。在高温不稳定区，仅仅采用调整填土高的办法不一定有效，受全球气温升高的影响，只考虑低温冻土区路基。

冰锥地段路堤高度要大于冰锥最大积冰高度，以防冰锥掩埋路基，危及行车安全。冰锥的范围与高度，均与降水量密切相关，要尽量搜集当地或附近气象台站历年降水量资料，以当年降水量所形成的冰锥大小、高度与最丰年降水量相比较、分析后确定。

路堤高度不满足时，保护冻土措施可采用工业保温材料保温层，或基床换填渗水土保温层。

隔热保温材料属低热导性材料，其导热系数约为填土的1/5~1/20。从路基热阻的角度出发，隔热保温材料相当于一定当量厚度的填土，铺设隔热保温层相当于增加了路基填高。青藏铁路试验段研究表明，在路堤基底以上 0.5 m 处铺设 10 cm 厚的保温材料，EPS 板和 PU 板的热阻分别相当 1.34 m 和 2.04 m 厚填土的热阻，PU 板（聚胺脂板）较 EPS 板（挤塑聚苯乙烯板）能够很好的阻隔热量向下传输。

由于受路基高度的限制，路基左右侧温度场存在很大差异，在低路堤中使用保温板的同时，两侧使用碎石护坡或热棒等综合工程处理措施，以调整路基左右侧温度场。

7.2.3 在冻土斜坡地段，受路基几何尺寸不对称及坡向的影响，阳坡侧人为上限面的横向坡度较陡，同时由于大气降水或冻结层上水下渗至多年冻土人为上限面后，冻土人为上限面含水量增高,强度降低,形成软弱结构面,导致路堤易沿冻土人为上限面滑动。

青藏铁路建设期间,多处路堤填筑完成后边坡出现裂缝、坡脚附近有冻结层上水溢出,甚至滑塌现象。

7.2.4 多年冻土上限以上的季节融化层和上限下降部分为可压缩土层,当路堤修筑后,由于融化沉降和压缩沉降,地基均有较大的沉降(实际施工季节难以掌握,因此,不论采用何种原则,均要考虑沉降)。计算沉降的目的在于计算施工期间由于地基沉降所增加的土石方数量和计算在运营期间地基继续沉降所需预先加宽路堤顶面的宽度,以便在路堤继续沉降后,当需要抬道时,仍可保持足够的路肩宽度。

7.2.5 据东北地区多年的观测资料分析,当路堤有一定高度时,由于两侧朝向不同,日照条件的差异,对地基多年冻土层上限的变化有明显的影响。因此在设计保温护道时要结合路堤的高低与两侧朝向的不同,对自然条件影响的差异进行具体分析。

用黏性土填筑的护道,可阻挡和减少路堤坡脚处的地面水渗入地基,并起反压作用。尤其是在沼泽地段,可阻止地基泥炭或其他软弱土层向两侧坡脚挤出,从而保证路堤不致产生大量沉降。护道宽度 2.0 m~4.0 m,高度 2.0 m,阳侧采用大值,阴侧采用小值。

7.2.6 多年冻土地区路堤,当按保护多年冻土原则设计时,为使天然上限变化较小,在路堤(含护道)两侧坡脚外 20 m 范围内的地表植被不得破坏。路堤基底要加强保温,如塔头草的空隙要以反扣塔头草充填;在地下冰发育的地段,甚至加设泥炭或泡沫塑料板等保温层,以加强保温。青藏高原地区当路堤修筑后,地基人为上限上升较高,形成冻土核,要使人为上限的曲度比较缓和,以防止路堤沿冻土核表面滑动。为防止阳坡侧人为上限的下降,及缓和地基两侧人为上限变化的不一致性,要在路堤两侧或向阳侧设置保温护道,并要加强地面排水,防止地面水渗入地基等综合措施。仅采取一项或两项措施,往往收不到好的效果。青藏铁路高含冰量冻土地段路堤采用片石护道,高 1.5 m,阳坡侧宽 2.5 m,阴坡侧宽 2 m,起保温、调整冻土天然上限形态的作用。

7.2.7 高含冰量冻土路基的防护措施分为主动防护和被动防护两类,主要是从其工作原理上划分的。能够促使地基或路基土体散热,降低土体温度,维持冻结状态,从而防止融沉和冻胀变形的工程措施,称为主动防护措施,如热棒、片石通风路基、碎石及片石护坡、通风管路基等;采用隔热材料或其他工艺降低导热系数,增强保温效果,防止路基与大气进行热交换,从而防止季节性融沉和冻胀病害的工程措施,称为被动防护措施,如保温材料路基、保温护道等。

由于被动防护措施不能有效地降低地基温度,填土中的蓄热也不能顺利散失,阴阳坡的不对称吸热效应也不能得到有效控制,因此,低温区高含冰量冻土地段路堤需优先采取片石气冷、通风管、热棒等主动保护冻土措施。

高温不稳定区高含冰量冻土需采取主动保护多年冻土的措施,以增加地基的冷储量,降低地温;同时,考虑未来气温升高将使冻土热稳定性削弱,路基可能出现融沉、裂缝等病害,因此还需增设其他主动保护多年冻土措施,多管齐下,提高路基工程抵御升温的能力。

7.2.8 青藏线块、片石通风路基是在路基下部设置倾填块、片石,厚度 0.8 m~1.2 m(试验段厚度为 1.5 m),块、片石采用粒径0.1 m~0.3 m。青藏铁路试验工程研究表明:片石层通过强迫对流作用传输的冷量大于传入的热量,负积温约为正积温的 3 倍,增加了地基的冷储量,降低了地温,保护了多年冻土。青藏铁路填土高度 3.5 m $>H\geq$2.5 m 时,片石层厚为 1.0 m,填土高度 $H\geq$3.5 m 时,片石层厚为 1.2 m。

7.2.9 在路基边坡上覆盖片石层,片石空隙内的空气在一定温度梯度的作用下产生对流,增强了地层寒季的散热,减少了暖季的传热,遮蔽了太阳对原路基坡面的辐射,起到降低地温、主动保护冻土的效果。片石护坡不仅可作为高原铁路冻土路基的主动保护措施,也可作为运营期病害整治措施。青藏铁路试验研究及工程实践表明:阳坡侧片石护坡顶面宽度 1.6 m,阴坡侧片石护坡顶面宽度 0.8 m,冻土路基热稳定性较好。

由于青藏高原冻土和东北地区高纬度冻土两个地区的自然环境、地形、水文地质条件、气候、人文特点均有很大的不同,因此青藏线采用的块、片石通风路基以及片石边坡防护能否在东北地区采用,值得研究,东北地区由于降水量大(一般年均降水量在500 mm左右,而青藏高原年均降水量小于300 mm),而且地形及植被发育的特点、地表径流及地下水均较发育,若以片、块石填筑,表水渗透路基,水流将导致基底热融,冬季往往不能回冻。热融随时间而发展,将影响路基稳定。因此,东北地区一般不采用,若采用要通过试验工程观测其效果而定。

7.2.10 在路基横断面方向埋设水平通风管,扩大了空气与路堤的接触面,增加了空气向路堤及地基传输能量的途径,利用冻土地区负积温远大于正积温的特点,使传入路堤及地基的冷量大于传入的热量,增加路堤及地基中的冷储量,降低冻土地温,保护多年冻土。

通风管材质优先选用钢筋混凝土管,管内径采用 0.3 m~0.4 m,埋设间距为管内径的 5 倍,铺设采用挖槽法施工,使用时要满足以下条件:

(1)寒冷、多风且风力强劲的气候环境。

(2)路基填土高度不小于 4.0 m。

7.2.11 热棒是主动防护措施中应用范围最广的冻土保护技术,适用路堤、路堑,但其造价较高,使用时建议进行技术经济比较。

7.2.12 冻土沼泽地段一般地形平坦,地势低洼,地表潮湿甚至长年积水,泥炭层较厚,季节融化层土质松软,上限以下冻土含水量大。采取保护多年冻土是为了保护自然条件和地质环境,从而保证路基的稳定。

据东北地区的经验,多年冻土沼泽地段路堤高度小于 3 m 时,要采取防止路基冻胀措施,一般可在路堤底部设置毛细水隔断层。在青藏高原多年冻土地区,路堤底部冻土上限上升进入堤身较高,形成冻土核,当堤身土融化时,冻土核的表面水分加大,会降低冻土核表层土的抗剪强度,很可能产生路堤沿冻土核表面滑动的现象。所以在地下水不易疏干的地段,青藏线在路堤底部采用块、片石填筑,尽可能少的改变原地面的水热平衡状态,同时也起到阻断毛细水的作用。

线路通过缓山坡沼泽时,如线路方向与山坡走向平行时,路基基底横向坡度最陡,在融化季节,路堤常会产生滑动。这是因为沼泽中冻土含冰量一般较大,冻土融化后易形成泥浆,流动状的泥浆如果上负路堤重量,极易滑动,列车通过时,在振动荷载的作用下,往往使路堤突然下滑,造成重大的行车事故。选线时,要尽量避免通过沼泽底横向坡度较陡的地段,否则要在掌握了足够的资料后,进行特殊处理,以保证路基的稳定。

线路通过沟谷沼泽时,因沼泽呈带状分布,绕行不能明显减少跨越沼泽的长度,要采取特殊处理措施。线路若通过冲、洪积阶地范围宽广的大片沼泽时,要选在沼泽的边缘。因为沼泽的边缘泥炭层一般较中间薄,冻土含冰量相对也小,故沼泽边缘地带较其中间部分基底地址条件好,且横向取土运距较近。

7.2.13 在冻胀丘地段一般在路堤(含护道)上侧坡脚 20 m 以外设截堵地下水的措施,

如东北地区设冻结沟,青藏高原设挡水埝,用以加速地下水在初冬冻结,阻止地下水流向路基。如路基在冻胀丘上方通过,仍要在上侧采用冻结沟或挡水埝等措施,以截断地下水,并采用适当填方高度,防止积冰漫道。当不可能提高路堤高度时,要根据其出水口位置、泉水类型、水量、水温、积冰范围和高度等情况,确定具体措施。当积冰量不大时,可设冻结积冰坑;有时也可利用挖沟之土石方配合积冰坑修筑挡冰堤。当地下水流量较大时,可垂直于地下水水流方向设置渗沟以引出地下水。

7.2.14、7.2.15　在厚层地下冰地段,由于自然营力或人为活动的影响,破坏了多年冻土的热平衡状态,使地表沉降形成凹地积水时,就成为热融湖塘。在东北地区热融湖塘较少,但在青藏高原地区热融湖塘现象比较发育,在这种地段修筑路堤时,首先要查明湖塘底部的地下冰层是否已融完,湖塘底如尚有冰层继续融化,就会对路堤稳定性产生影响。其次考虑积水对路堤稳定性的影响,一般水下部分要采用片、块石或渗水土,水较深或地基松软可在两侧设置护道;如水面较宽,风浪影响大,路堤的坡面还要采取冲刷防护措施;如路堤施工后还可能继续沉降,一方面要预先加宽路基面,另一方面在确定填筑渗水土部分的顶面时,要在路堤沉降后高出冻前积水位以上 0.5 m。

7.2.16　青藏铁路建设期间,多处冻土斜坡地段路堤填筑完成后边坡出现裂缝、坡脚附近有冻结层上水溢出,甚至滑塌现象。为确保路基稳定,对地面横坡陡于 1∶5 的斜坡地段路基展开设计复查和现场调查,先后对昆仑山、风火山及唐古拉越岭地段 29 处(5 261 m)冻土斜坡地段路基采取了抗滑桩、反压护道及热管等工程措施。

7.3.1　在冻胀性土或地下冰地段的低填浅挖(低填系指填高小于路堤最小高度的路堤)或零断面的路基,最易产生病害,故在路基设计时不但要根据多年冻土的性质(融沉影响),而且要根据季节冻层的土质(冻胀影响)采取措施。

挖除换填的措施,施工复杂、造价昂贵,只在不得已时使用,一般要与改移线路和抬高路基等作比较,并尽量减少其长度。

7.3.2　在多年冻土地区,一般要尽量减少挖方。当路堑边坡和基床为低含冰量冻土和弱冻胀土融化后不会出现边坡溜坍和冻害时,可按一般路堑进行设计。

7.3.3　通过高含冰量冻土或地下冰发育的路堑,开挖后地层融化将呈流塑状态,要采用部分或全部挖除换填、放缓边坡,换填的厚度要能满足保温层厚度的要求,堑顶采用包角的形式,做好边坡加固以及排水等措施。边坡换填保温层时,要在开挖的边坡上设 2.0 m 宽台阶,并分层水平铺设土工格栅,防止保温层沿换填开挖面滑动。

如有地下水,尚要根据具体情况采用渗沟、积冰坑、挡冰堤或冰结沟等措施。

7.3.5　多年冻土地区路基的保温材料在东北地区过去多采用泥炭和黏性土(泥炭多于黏性土)。国外(主要是美国、加拿大)从20 世纪60 年代以来现场试验工程采用聚苯乙烯泡沫隔温板(即 EPS 板),保温隔热效益较显著,其特点是保温性能良好,容重小,吸水率低,具有一定的抗压强度。使用时间上亦能保持较长久(可用 30 年)。我国在 20 世纪 70 年代由铁科院西北所在青藏线风火山试验路基中首次进行了铺设和观测,收到明显的隔温效果。1992 年既有牙林线 K382+775～+900 等处多年冻土路堤严重热融下沉病害地段试验铺设 EPS 板保温护道材料取得成功,隔温效果很好,路基热融下沉显著减少,而且具有施工方便、使用寿命长的优点。

EPS 板采用双层铺设时,要相互搭接交错铺设,避免产生对缝和通缝,以防止产生冷桥,降低保温性能。施工时间要严格控制,避免在 7、8、9 三个月内进行施工。

7.4.1 多年冻土冷生作用及路基两侧几何尺寸不对称等因素，导致路基面、路肩及路基边坡等部位易出现横、纵向裂缝。加筋材料对地温场特性及路基总沉降的影响不大，但对路基变形有很好的约束作用，对防止路基纵向裂缝的产生、提高路基的整体性及不均匀沉降有明显的效果。青藏铁路填土高度大于 6 m 时于上部 4 m 范围内分层铺设土工格栅，高度大于 3 m 时于上部 2.2 m 范围内分层铺设土工格栅，层间距 0.9 m。

7.4.4 青藏铁路多年冻土地区岩质边坡防护均采用挂网喷混凝土结构形式，主要基于以下几点考虑：

(1)边坡防护区处于全封闭状态，减弱了水和外界因素的影响，减缓了岩石的风化和侵蚀。

(2)柔性结构对冻胀变形的约束小，适应冻胀变形的能力较强。

(3)便于机械化施工，降低劳动强度。

7.4.5 多年冻土区修建支挡结构，改变了原地面的热平衡，形成新的多年冻土上限，在挡土墙墙背形成季节融化层，在初冬季节，随着气温下降，墙背土体温度下降、土体收缩、土压力减小，在冻结力未出现之前，土压力减小至最小值。当稳定冻结出现后，冻胀力随冻结深度增加而增大，最后稳定在某一最大值，这时，冻胀力最大，土压力消失。夏季来临，冻土层逐渐融化，冻胀力减少直至消失，土压力逐渐增大，至季节融化层达到冻土上限，土压力达到最大值，土压力最大值与冻胀力最大值在不同的季节出现，两者不需迭加。

7.4.8 作用于墙背的水平冻胀力除与墙背填料的冻胀性有关外，还与墙体对冻胀的约束有关，试验证明，墙体稍有变形，水平冻胀力便可大为减小，所以，多年冻土区的支挡建筑物首先需选用预制拼装化的轻型、柔性结构。重力式浆砌片石挡土墙适应变形能力差，对冻胀约束严重，使冻胀土体产生较大的水平冻胀力，在经过多次冻融循环便可能破坏，所以不采用。

现浇混凝土施工过程中的水化热对冻土热状况产生很大影响，因此，在挡土墙基础设计中需尽量减少对冻土热状况的扰动。

7.4.9 减少水平冻胀力可以采用柔性结构挡土墙、墙背设渗水土保温层或渗水土和工业保温材料隔热层等措施。

7.5.1 青藏高原多年冻土区路桥(涵)过渡段、填挖过渡段除了具有一般地区过渡段的问题以外，还有其自身的特点。过渡段要该采用合理的结构形式和处理措施，达到既减小填方段和挖方段的不均匀沉降，同时又防止冻土区的各种次生病害发生的目的。

7.6.2 按保护多年冻土设计路基时，需考虑水在地基中渗流的影响，即其所携带的热量对多年冻土的融化。据东北地区的调查，多年冻土路堤产生严重沉降的病害，绝大部分是由于排水不畅，坡脚积水造成的。因此要采取措施排除地面水，以防止在路堤坡脚附近积水和产生基底渗流。

7.6.3 东北地区过去对排水沟距离坡脚按 20 m 设计，结果造成排水沟与坡脚间积水，形成基底渗流，融化了冻土，引起路基沉降。铁三院曾在东北作试验路堤，排水沟距路堤的距离有 10 m、15 m 两种，观测结果没有任何影响。同时对既有线路的排水沟亦进行了大量勘探，一般上限变化是随地面变化的。水沟影响范围仅1 m~2 m。路堤坡脚的上限下降影响范围也仅 1 m~2 m，故规定排水沟距坡脚不得小于 5 m。但在地下冰地段考虑冰层侧向融化威胁路堤稳定，规定不得小于 10 m。

排水沟的横断面尺寸，要有足够的过水能力，为防止淤塞和便于清理，一般底宽不小于 0.6 m,沟深对于青藏线一般不超过 0.4 m,东北地区不超过 0.6 m,边坡不陡于 1∶1。其边坡必要时选用草皮或黏性土进行加固。

在融区及低含冰量冻土地段以排水沟、护道为主;在纵向起伏又不深挖排水沟的地段,可以考虑排水沟与挡水埝结合使用。排水沟边缘至挡水埝坡脚的距离不小于 1 m,以保证排水系统的完整与稳定。

7.6.4 在厚层地下水和冻土沼泽地段,一般采用挡水埝代替排水沟,挡水埝相比其他排水设施,对地面扰动最小,不破坏地表植被,还可使多年冻土上限上升,起到截排地表水和上层水的双重作用,有利于保护多年冻土。但在地形平缓或地势低洼地段,挡水埝两侧(尤其是挡水埝与路堤坡脚间)存在积水问题,不利于冻土保护、路基热稳定。因此,借鉴既有冻土铁路路基工程实践经验,一般于高含冰量冻土地段设置挡水埝,且挡水埝两侧有良好的排水通道。

8.1.1 为了与冻土相关国家标准和行业标准的兼容性,土的冻胀性分类参照《冻土工程地质勘察规范》GB 50324—2014 确定。需要注意的是,本规范引入了"微冻胀土"的概念取代相关标准"不冻胀土",主要原因是该类土虽然冻胀率相对较小,但还是具有冻胀性质。冻胀发生时对于一般铁路和其他工程影响不大,可不考虑其冻胀特性,但对于高速铁路,尤其是无砟轨道高速铁路其冻胀的危害则不容忽视。

8.1.3 路基冻害一旦形成,治理难度很大,一般很难根除,只有提高本体防冻能力才能有效减少或避免路基冻害。

8.2.1 设计冻结深度的确定参考了《冻土工程地质勘察规范》GB 50324—2014。

8.2.2 统计数据表明,表层冻胀的比例及危害均较大,但表层冻胀量较小,下部较大及随冻结深度增加冻胀变形持续增加的情况也很多(说明图 8.2.2),出现上述现象的原因在于路基设计冻深范围内土质、水文等环境条件差异造成的。同时由于不同标准的铁路对于冻胀变形的适应能力不同,有害冻结深度的确定也要考虑这一因素。

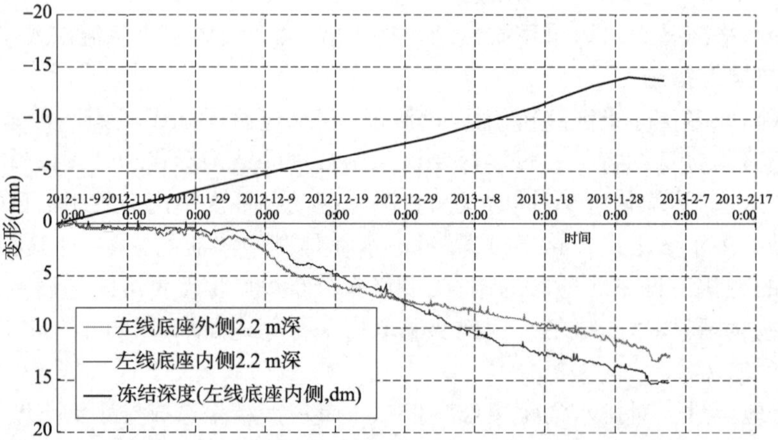

说明图 8.2.2 哈大线 K284+397.676 冻深与变形关系

8.2.3 水是冻胀三要素之一,抬高地下水位较高地段路堤高度或采取降排措施是消除地下水影响的有效措施。有条件时,首先要满足所要求的路堤最小高度。无条件时,其他可供选择的工程措施,必须结合季节冻土地区的特殊自然条件,经比选后确定。

(1)当有排水条件时,选用长、大、深排水沟是排除地面水或降低地下水的有效措施。

水位降低,可相应降低对路堤高度的要求,大量减少工程量和工程造价。

(2)毛细水隔断层的建筑材料要做经济技术比较后确定。

(3)根据铁一院、中国铁设及铁科院的冻害观测科研成果,在有害冻胀深度范围内,选用弱冻胀土作填料是防止季节冻害的有效措施之一。

(4)哈尔滨局采用聚苯乙烯泡沫板(EPS 板)防治冻害取得了良好的效果。铺设于路基本体受列车荷载作用时一般采用强度更高的挤塑式聚苯乙烯保温板(XPS 板)。

(5)当地势低洼,排水措施难以避免冻结期积水或地下水浸泡时,可采用混凝土基床、桩板结构等特殊路基结构。

8.2.5 国内外工程行业普遍认为填料粒径组成及含水量是其冻胀特性的决定性因素,铁科院"寒区铁路路基防冻胀结构及设计参数研究"指出,随着细粒含量的增加,土冻胀性敏感性逐渐增加。细粒含量低于 5% 时,含水率对填料的冻胀影响不显著;当细粒含量大于 5% 时,含水率的变化对土的冻胀性影响显著增大。并根据测试数据绘制了"粗粒土细粒含量与冻胀关系图"(说明图 8.2.5—1)。

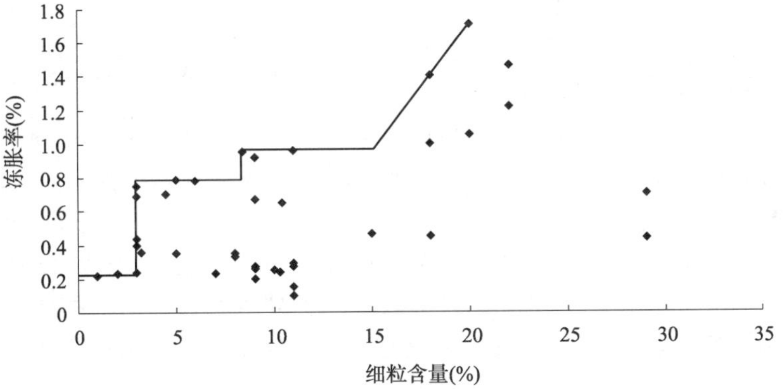

说明图 8.2.5—1 粗粒土细粒含量与冻胀关系图

可以看出,将冻胀率控制在 1% 以下,细颗粒含量控制在 15% 以内是有保证的,将冻胀率控制在 0.3% 以下,细颗粒含量需控制在 3% 以内。

饱水渗透后的填料冻胀试验结果表明,渗透系数越小,其持水能力增强,导致填料冻胀率越大,渗透系数大于 1×10^{-3} cm/s 之后,冻胀率才稳定在 1% 之下,如说明图 8.2.5—2 所示。

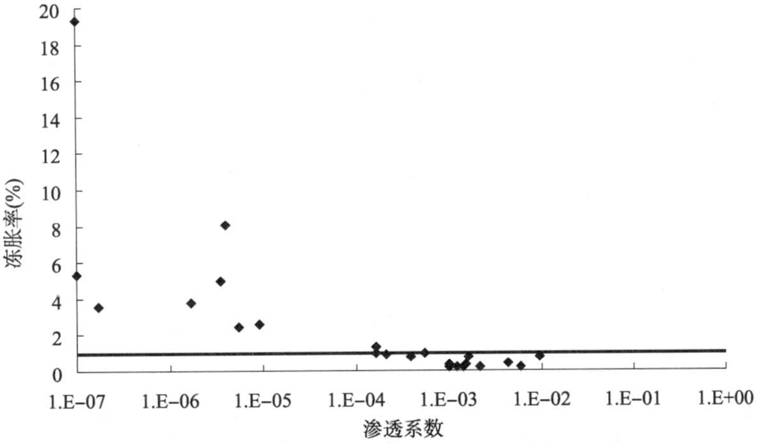

说明图 8.2.5—2 土体渗透系数与冻胀关系图

在排水良好状态，填料的渗透性足够强时，粗颗粒填料含水的差异性不会太大，如果我们将这种差异假设为最高含水率的50%，应该是不难达到的，那么，采用此填料的差异冻胀率是可以认为小于0.5%的。

中国铁设总结了哈大、哈齐、沈丹、盘营等季节冻土地区高速铁路路基防冻设计、填料核查及变形监测情况指出，防冻粗颗粒填料细颗粒含量小于5%，渗透系数不大于5×10^{-5} m/s时，其冻胀变形基本不影响无砟轨道高速铁路的安全平稳运行。

需要说明的是，本章细颗粒含量均指实际细颗粒含量，其测定必须采用水洗法。

关于防冻层采用化学改良填料，中国铁设和北京交大通过室内试验得出，高液限黏土在掺加6%水泥和9%石灰后，在最优含水量、0.95密实度及封闭条件下未发生冻胀变形。中国铁设设计的大西高铁位于季节冻土地区，黄土地区路基基床表层以下路基防冻层采用了掺加水泥的黄土填筑，建成后未发现明显的冻胀变形。

因此，在封闭环境下，采用化学改良细颗粒填料防冻是可行的，开敞环境下则需要结合改良试验确定其适用性。

8.4.1　本条参照《铁路路基支挡结构设计规范》TB 10025—2006编写。

8.4.3　在季节冻土地区，作用于支挡结构的力系，在寒季和暖季是不同的。在寒季，挡土墙地基、墙背活动层土体冻结过程中，作用于支挡结构的主要力系是冻结力和冻胀力；主动土压力、摩擦力、静水压力和浮力等，可能部分消失或全部消失。在暖季，则不存在冻结力及冻胀力作用。在确定设计荷载时，要根据挡土墙基础埋深、地质及水文条件等，综合考虑确定作用力系。

季节冻土地区的挡土墙，在墙背土体的冻融循环过程中，反复承受土压力和水平冻胀力的交替作用。在一般情况下，水平冻胀力较土压力要大得多。在水平冻胀力作用下，挡土墙抗滑和抗倾覆稳定能满足要求时，土压力作用下的稳定是没有问题的。但是，在采取某些减少水平冻胀力的措施后，有可能使水平冻胀力小于土压力。另一方面，在寒季和暖季，阻止墙体滑动的力和作用于墙上的推力是不同的。

8.4.4　本条的编制参考了《冻土地区建筑地基基础设计规范》JGJ 118—2011。

9.1

花岗岩在我国的分布范围很广，而且各个地质时代均有出露。太古宙至晚古生代的花岗岩在昆仑—秦岭一线以北的中国北部最为广布，中生代的花岗岩在大兴安岭—太行山—武陵山一线以东的中国东部和西南三江（金沙江、澜沧江、怒江）地区最为发育，新生代花岗岩仅分布于西藏、滇西地区。花岗岩风化残积土天然强度较高，孔隙比较大，压缩性中等~偏低，具亲水性，呈弱透水~微透水性，具很强的结构性，遇水易软化崩解，具塑性等。

工程实践表明，若处理不当，花岗岩风化残积土易发生工程病害，主要有基床破坏，边坡失稳，地基承载力不足（含软土路堤）及基础不均匀沉降等，要采取相应工程措施防止工程病害的发生。花岗岩以下三个特性可能引起工程病害：

（1）花岗岩类往往发育有深厚的风化层，且由于多种因素的影响，风化界限起伏不均，差异风化明显，同时花岗岩体后期常被各种岩脉侵入，造成风化不均匀，使风化程度的划分极为复杂、困难。

（2）在一些条件下，花岗岩的风化产物含有较多的高岭石、蒙脱石、伊利石等黏土矿物，这些矿物工程性质较差，特别是遇水后强度迅速衰减。

(3)各种节理裂隙是影响风化作用的重要因素,也是诱发工程地质灾害的重要根源,一方面风化层深厚,植被发育,使断层、节理、裂隙具有很强的隐蔽性,另一方面沿这些结构面风化程度较围岩加剧,形成软弱面、带,特别是在地下水的活动下,工程性质很差的风化黏土类矿物向这些软弱面富聚,且定向排列,使之性质更加恶化。

从花岗岩风化物的粒度成分看,颗粒组成不同的花岗岩风化物有不同的 c、φ 值特征,作为填料,对路基和边坡的效应不相同,具体见说明表 9.1。

说明表 9.1 花岗岩风化物的粒度成分与 c、φ 值的关系

主要粒度成分	风化物 c、φ 值特征		天然强度	受水影响	边坡效应	路基效应
砾石和砂粒	φ 值较大	c 值较小	较大	较大	边坡冲蚀和崩岗破坏容易发生	作为路基填料时一般无病害发生
黏粒和粉粒	φ 值较小	c 值较大	较低	较弱	边坡在水的作用下一般不会产生冲蚀破坏	为路基填料时容易产生翻浆冒泥等病害
砂粒和粉粒	c、φ 值介于上述两种风化物之间		较大	较大	边坡在无有效防护时容易产生小规模的冲蚀	作为路基填料时一般无病害发生

不同地域、不同地质时代花岗岩风化残积土的工程特性差异较大,本章节重点总结铁四院多年来对我国中南、华东、华南等地区广泛分布不同时期花岗岩风化残积土的工程特性的研究成果和工程实践经验,用于指导不同工程特性花岗岩(或母岩为花岗岩的变质岩)风化残积土路基工程的设计。各项目要开展系统性的基本特性测试试验,获取关键技术参数,区别不同的工程特性进行设计。花岗岩风化残积土的工程分类及特性归纳总结如附录 A. 0. 7。

综上,本次修订,以花岗岩风化残积土为对象,增加本章。某些以花岗岩为母岩的变质岩或其他类似岩石的风化残积土路基可参照本章规定进行设计。

9. 1. 2 花岗岩地区自然边坡冲蚀、崩塌严重地段,边坡工程地质条件差;山谷斜坡花岗岩风化壳深厚,开挖后在地表水或地下水等因素作用下,边坡稳定性差,较高陡的边坡易失稳坍塌、滑动或诱发工程滑坡;因此,为降低工程处理难度及风险,减少边坡病害并节约工程费用,路基要绕避花岗岩风化残积土自然边坡冲蚀、崩塌严重或坡面危岩、孤石发育且规模较大及易产生工程滑坡等地段,难以绕避时,要选择在易于处理的位置短距离通过,并采取可靠的处理措施。

9. 1. 3 花岗岩风化残积土路基要尽量避免高填深挖及长路堑,以免大量破坏自然植被,加剧水土流失,导致生态环境恶化,诱发次生地质灾害。

根据铁四院多年来的调查研究成果和工程实践经验确定路基边坡控制高度。由于地下水渗流影响,路堑边坡稳定系数降低,容易造成边坡失稳。因此,地下水发育地段路堑边坡控制高度要适当降低,并要采取相应的排除地下水措施;自然冲沟发育地段风化物一般颗粒粗大,颗粒间黏结力弱,孔隙多,结构松散,水流冲刷后其黏粒成分易被带走,松散土体在反复水流的冲刷下,形成冲沟,冲沟沿边坡下部向上部不断延伸并扩展,最终造成边坡坍塌。因此,要适当降低边坡控制高度,从而减小可能发生的坍塌规模。

路堤高度过低时,在列车荷载反复作用及降雨影响下,当排水不良时,易导致基床强度降低及出现翻浆冒泥等。因此,规定路堤高度不小于基床厚度,以减少基床病害的发生。

因研究区域和工程实践主要是华中、华南和华东地区,边坡控制高度有一定的局限性,设计时可综合考虑项目现场工程特性、气候条件,类似工程现状等参考使用。

9.1.4 在横坡较陡的软弱夹层或接触层带、地下水发育等深厚层花岗岩风化残积土地段,软弱夹层、接触带及深厚花岗岩风化残积土泡软后岩土体力学性质差,路堑开挖易产生工程滑坡,要严格控制路堑边坡高度,并采取必要的工程滑坡预防措施。

9.1.5 根据铁四院《风化花岗岩作为路基填料和基床土的工程性质研究》成果,水泥改良花岗岩残积土强度随掺入水泥量增加而增大,能保证路基填料有足够的强度,适应高速、重载铁路的强度要求,而且强度稳定,质量容易保证。但水泥改良土压实后表现为脆性材料的特点,施工中容易产生收缩裂缝,并可能引起路基建成后和运营中产生相对应的反射裂缝,影响路基的整体完整性,留下安全隐患。同时由于水泥的水化和硬化作用进行得很快,因此对施工要求比较严格,一般要求在较短时间内完成从加水到碾压成型的几个主要工序,否则在初期强度后进行碾压会对填料强度产生较大影响。水泥改良花岗岩残积土作为填料的路基不适宜雨季施工。

花岗岩风化残积土掺入石灰改良时,土颗粒和石灰的反应时间相对于水泥改良时间要长,因而在加水改良到填筑碾压之间可以有相对宽松的时间,在施工时易于操作和把握。加入石灰以后改良土的击实曲线变得比较平缓,其最优含水量较高,击实曲线驼峰变得较为宽缓,可使改良土在一个较宽的含水量范围内达到要求的压实度,因而有利于施工中控制含水量,这对于南方多雨地区改良花岗岩残积土路基的填筑是很有利的因素。另外,在石灰料源充足的地区石灰改良花岗岩残积土比水泥改良有价格上的优势。石灰改良花岗岩残积土施工中的主要问题是缩裂,包括干缩和温缩,含水量过低或者温度过低时会产生裂缝。在掺入石灰改良时,其含水量是不可忽视的因素,含水量低于击实试验最优含水量时,石灰与花岗岩残积土难以彻底发生反应,改良效果较差。石灰改良土的强度提高有一定的局限性,存在一个最佳掺入比,一般掺入比控制在4%~6%左右较为合适。超过这一掺入比后强度基本不增加甚至会降低,这与水泥改良土随掺入水泥量强度逐级增大的特点不同。此外,改良所用生石灰磨细度有较高要求,最大粒径不得超过0.5 mm。否则因粒径大在土中不能充分消解,路基成型后生石灰遇水会爆裂崩解,造成路基松散,降低路基密实度和强度。生石灰粉细度愈大,其比表面积也愈大,在相同剂量下与土粒的作用愈充分,因而效果越好,经济性也越佳。石灰改良土不适宜用于填筑强度要求较高的基床填料,不在浸水路堤地段使用。

因此,花岗岩风化残积土化学改良时,外加剂及掺入比要根据填筑部位及强度要求、气候条件、施工条件等,结合现场试验确定。

从《风化花岗岩作为路基填料和基床土的工程性质研究》试验结果分析,级配改良后的风化花岗岩填料具有很高的强度,满足一般铁路路基基床底层和基床以下路基填料的强度要求,也适合作为高速铁路基床以下路基填料,但作为高速铁路基床底层填料时,存在动强度不能满足路基长期稳定性的情况,因此需要通过动力试验验证。

9.1.6 铁四院《花岗岩岩土工程特征及灾害防治研究》中部分花岗岩风化物重塑土的试验数据分析表明,花岗岩风化物的膨胀性一般很小,其膨胀力一般小于20 kPa,个别膨胀力大的也不超过30 kPa,膨胀率一般小于10%,个别膨胀率大的不超过20%,所有试样的自由膨胀率均不到20%,花岗岩风化物的膨胀性较弱,不具备规范中膨胀土的判别条件。部分花岗岩风化物重塑土的物理力学指标见说明表9.1.6—1。

说明表 9.1.6—1 部分花岗岩风化物重塑土的物理力学指标

取样地点＼项目	天然含水量(%)	天然孔隙比	内摩擦角 φ(°)	黏聚力 c(kPa)	膨胀率(%)	膨胀力(kPa)	体缩(%)	自由膨胀率(%)
江西龙回	19.9	1.15	28.5	2	8.1	14	9.2	16
	26.7	1.24	19.9	6	7.15	5	12.9	
福建永定	17.7	1.05	27.7	4	6.79	6	15.1	0
	21.7	1.60	24.8	2	1.4	5	17.1	
广东龙川	12.6	0.87	35.2	3	19.4	27	7.5	6
	14.2	0.81	29.7	15	12.6	17	11.4	

花岗岩风化物X衍射物象矿物分析(说明表9.1.6—2)表明,风化物中50%左右的成分是膨胀性较小的高岭石,膨胀性中等的伊利石一般不足30%,强膨胀性矿物蒙脱石含量小于7%。所以,花岗岩风化物膨胀性与其膨胀性矿物成分、含量是互相吻合的。

说明表 9.1.6—2 花岗岩风化物 X 衍射物象矿物分析

取样地点＼矿物成分	高岭石(%)	伊利石(%)	蒙脱石(%)	石英(%)	长石(%)	方解石(%)
江西龙回	58	29		8		<5
福建永定	53	15	5	22	5	
广东龙川	35	22	5	20	18	

由于花岗岩风化物的不均匀性很强,岩体风化物局部或岩脉的风化物中含蒙脱石、伊利石较多的情况也是比较常见的,从这些风化物的膨胀性可将其归为弱~中等膨胀土,其自由膨胀率可能大于40%,膨胀力甚至大于30 kPa,要按膨胀土路基设计。

9.2.1 花岗岩风化残积土包括均质黏性土、含砂砾黏性土、砂类土等,可划分为B~D组。均质黏性土、含砂砾黏性土遇水易崩解软化,水稳性差;砂类土中,细粒含量控制水稳性。花岗岩风化残积土填料组别及性质差别大,要根据其土体类型、颗粒成分、粒径级配等因素通过试验确定。

9.2.2 由以往的勘察、设计、施工及运营过程中反馈的信息表明,不同区域、不同地质时代、不同成分和结构构造的花岗岩风化程度和风化厚度相差较大,花岗岩风化残积土填料的工程特性也有所不同。由于对花岗岩风化残积土作为填料的等级、强度、抗冲刷能力、水稳性等工程特性认识不够、重视不足,花岗岩风化残积土作为路基基床填料引起了路基工程方面的许多问题,如基床破坏、边坡冲蚀、崩岗和坍滑等。但《风化花岗岩作为路基填料和基床土的工程性质研究》对既有线调查发现,风化花岗岩在既有京九铁路和梅坎铁路广泛用作基床填料,从现场调查结果看,多数路基基床目前运营情况良好,仅部分排水条件不好的低矮路堤基床有翻浆冒泥和基床板结的现象。

因此,花岗岩风化残积土作为路基基床填料的问题,不要一概而论,应该根据路基基床要求,对不同区域、不同类型的花岗岩风化残积土取样进行室内颗粒分析试验,按各种粒径的颗粒成分所占比例,结合筛分后土的性质和动三轴强度特征确定是否满足路堤基床填料要求及路堑基床是否需要改良、换填或加固。

花岗岩风化残积土,虽然土体中含有一定量的砂砾颗粒,但土状风化物整体上仍具有黏性土的工程性质,如果采用黏粒含量高的花岗岩风化残积土作为基床填料,在运营中如果排水系统不能及时将基床水排出,在列车反复作用下基床易产生翻浆冒泥。因此,时速不大于 120 km 的有砟城际铁路及客货共线铁路采用花岗岩风化残积土作基床表层填料时,要对细粒含量、水稳性进行控制。

9.2.3　根据《风化花岗岩作为路基填料和基床土的工程性质研究》成果,花岗岩风化残积土为含土砾砂或含土中、粗砂时,多属 B 组填料,可作为基床以下路堤填料。

花岗岩风化残积土作为路堤填料的病害主要有路堤边坡破坏及路基基床强度不足的问题。有的风化花岗岩虽然从颗粒分析的结果看要归类为砂类土,可以作为路基填料,但风化物黏粒中含有大量的亲水矿物,如高岭石、蒙脱石、伊利石等,这些矿物工程性质较差,特别是遇水后强度迅速衰减,边坡在路基上部荷载作用下会发生变形,破坏路基稳定。例如在梅坎铁路上,福建省永定县附近就发生了类似的边坡病害。另外,如果路堤边坡在填筑后未能及时防护或防护措施不当,边坡表层土体暴露,在自然条件下强度很快降低,在雨季经常造成边坡溜坍。因此建议,根据路基填料要求、填料工程特性,可采取填料改良及边坡防护加固措施。

9.2.4　根据铁四院《风化花岗岩作为路基填料和基床土的工程性质研究》《花岗岩岩土工程特性及灾害防治研究》等成果及工程实践经验,对于花岗岩风化残积土,通过采取控制路堤高度、边坡坡率、填料合理改良、边坡加强防护及截排水等措施,效果显著,路基稳定,状况良好。

花岗岩风化残积土为含砂、砾黏性土时,边坡整体破坏形式主要为圆弧滑动;为含土砾砂或含土中、粗砂时,主要为沿直线破裂面的滑动,因此要根据破坏形式及机理,采取不同的路堤边坡稳定分析方法。

《花岗岩岩土工程特征及灾害防治研究》得出,铁路路堤采用花岗岩风化残积土作填料,如按要求填筑压密时,其综合内摩擦角 ϕ_0 采用 35°,边坡坡率采用 1∶1.5 是安全的。

9.2.5　花岗岩风化残积土地基土一般难以取原状样,其压缩指标要结合原位测试试验和综合分析获取。

9.3.1~9.3.3　花岗岩风化残积土为含土砾砂或含土中、粗砂的路堑,虽然土体中含有一定量的砂砾颗粒,多属 B 组填料,可满足基床底层填料要求。但当黏粒含量较高时,在运营中如果排水系统不能及时将基床水排出,在列车反复作用下基床易发生翻浆冒泥。同时,路基基床是受列车荷载影响较大的部分,基床底层填料在列车动荷载作用下,受力状态是动态的,而不是静态的。填料的动力特性与静力特性有较大的差别,土体在动荷载作用下,会产生弹性变形和塑性变形,过大的塑性变形会导致土体的疲劳破坏,乃至变形失稳。因此,对基床填料的设计不能只沿用传统的准静态方法,建议基床底层一定厚度范围采取换填、改良或加固措施。

9.3.7　影响花岗岩风化残积土路堑边坡稳定的破坏形式有浅层破坏与深层破坏两种。浅层破坏主要包括冲蚀与溜坍,是整体边坡稳定情况下所产生的局部破坏;深层破坏主要包括沿风化花岗岩等岩土体中的软弱面发生的楔形破坏(楔形破坏有几个特点:一是边坡失稳主要与临空面、结构面的空间组合关系有关,与坡高坡率关系不大;二是地表、地下水活动与边坡稳定密切相关,破坏一般发生在雨季或暴雨之后)、沿风化花岗岩等岩土体中的垂直软弱面发生的倾覆破坏(垂直软弱面包括原生的构造节理、次生裂隙面,次生裂隙以卸荷裂隙为主。一般情况下倾覆破坏体厚度不大,不大于 2 m~3 m,基本呈迭瓦式破坏)、顺层滑动破坏(与风化物特性、结构、构造、断层、水文条件、斜坡形态、风化作用、地震等有关)等,影响边坡的整体稳定性。因此需根据边坡的破坏形式及机理采取不同的检算分析方法,才能采取合理有效的工程措施。实际边坡上往往是几种破坏类型共生的。例如,在冲蚀严重的边坡上也经常出现楔形体或倾覆破坏,在其他条件变化时,甚至可以发展为浅层的滑坡体等。

均质土体边坡整体滑动一般采用圆弧法,边坡沿软弱层或结构面滑动时,一般采用传递系数法。

9.3.8 弃土的堆放不要影响路基边坡的稳定。考虑到花岗岩风化残积土的堑坡破坏程度可能比一般黏性土边坡严重且影响范围大,故增大弃土堆至堑顶的距离是必要的。

9.4.1 铁四院《花岗岩岩土工程特性及灾害防治研究》室内试验及野外调查均证明花岗岩风化残积土层具有较高的抗剪强度。然而以往的工程实践中,按强度计算为安全的边坡经常发生破坏,有时甚至在施工过程中即产生滑动,分析其主要原因是风化花岗岩岩土的不均匀性及各向异性,原生或次生裂隙对边坡失稳起了决定性的作用。所以规定不管采用什么测试手段取得的土层抗剪强度,在具体取值时不要偏高,要低于峰值强度,并通过试验、反算、经验指标选取或综合分析确定。

9.4.2~9.4.4 根据《风化花岗岩作为路基填料和基床土的工程性质研究》中花岗岩风化层重塑土的湿化试验数据表明,风化花岗岩在水的浸泡下崩解速度十分迅速,平均在3 min以内即可完全崩解。这就说明多数花岗岩风化物在水的作用下,强度迅速衰减,土体黏聚力很快降低甚至消失,原有结构遭到破坏。所以,未设防护的风化花岗岩边坡,在长时间降雨条件下,土体饱水后强度降低,边坡冲蚀、崩岗和坍塌破坏便不断出现和发展。

根据铁四院《花岗岩岩土工程特性及灾害防治研究》及工程实践经验,既有花岗岩风化残积土路基边坡采用满铺浆砌片石或骨架内植草防护且植物生长良好的边坡,坡面状况良好;而未设圬工防护或植被发育不良的边坡,小型冲沟发育,冲刷较为严重,局部出现浅层坍溜,圆弧滑动较为少见。

花岗岩风化残积土黏聚力变化范围较大,与风化物的粒度成分、孔隙比等有关。花岗岩风化物的粗颗粒之间是由细颗粒的泥质成分胶结的,细粒成分在降雨的冲蚀下极易流失,造成风化物结构更加疏松,其物理力学指标降低。粗粒花岗岩地区如果路堤填筑后未能及时防护封闭,边坡表层土体在降雨等因素影响下,土中黏粒成分流失,土体会变得较为松散,其内摩擦角 φ 和凝聚力 c 的值会相应减小,在地表水冲刷等因素作用下,边坡表面就会产生溜坍破坏。细粒花岗岩风化物因其黏聚力较大,一般出现类似问题较少。粗粒风化花岗岩中适宜草皮生长的细粒土成分很少,在雨水冲刷作用下又比较容易流失,建议在植草时增设立体网或空心砖等固土措施,并换一层适宜草皮生长的黏性土或进行草籽种类的合理选择,选择耐旱、适应风化花岗岩土质的草种,如香根草等。

根据铁四院《花岗岩岩土工程特性及灾害防治研究》及多年来工程实践经验,风化花岗岩及残积土路堑坡脚采用矮挡墙,对边坡稳定和防护效果较好,可减少边坡失稳或边坡溜坍。

由于岩石的多裂隙性,花岗岩风化过程中的黏土矿物多在裂隙面聚集,形成黏土矿物夹层,这些夹层虽然在岩体及其风化物中所占比例不大,却对工程结构物的稳定造成很大隐患。这些黏土矿物通常是高岭石、蒙脱石、伊利石、绿泥石以及富铁锰的风化物,它们与周围岩石或风化物相比,遇水后强度较低,局部甚至呈流塑黏土状,并且有一定的膨胀性,从以往铁路勘测和其他工程中对取样数据的分析,有的软弱层的自由膨胀率甚至大于40%,膨胀压力可达20 kPa以上,而上部土体则由于吸水而比重增大,原有稳定的力学环境遭到破坏后,边坡失稳滑出。滑体多在坡脚或软弱的夹层处滑出,若继续发展,可形成牵引式滑坡。因此,需加强支挡防护,采用抗滑桩等工程措施。

条文中路基边坡防护加固措施,是根据铁四院《花岗岩岩土工程特性及灾害防治研究》成果及多年来工程实践经验整理归纳而成,可供设计参考选用。具体要根据填料情况、地质条件、气候特征、环保要求、施工条件等,比照类似工程,选择合理可靠的绿色防护措施。路堤边坡较高时,填筑过程中两侧边坡内可分层水平铺设土工格栅,竖向间距不大于0.6 m,宽不小于3 m。

9.4.5　根据以往的设计、施工及运营过程中反馈的信息表明,边坡暴露时易受雨水等冲刷,形成路基病害,减少雨水的直接冲刷范围可增强防护效果。因此防护骨架、框架间距不能过大。在南方、东南沿海地区,骨架净间距不大于3 m,宽度不小于0.5 m,深度不小于0.6 m;框架梁竖横向间距不大于3 m。

9.4.6　花岗岩残积土地区路基,由于花岗岩不均匀风化特性,自然边坡坡面往往发育危石、孤石等,影响运营安全;另外,陡峭山坡薄层风化残积土在遇水冲刷下可能影响路基稳定或运营安全,采取清除、拦截或加固等处理措施。

9.5

综合分析花岗岩风化残积土中各种类型的路基病害产生的原因发现,大多数是水的影响占据主导地位,是病害产生的关键诱因。

花岗岩风化残积土的强度与含水量关系密切,水对残积土强度的影响可以概括为两个方面:一是含水量的变化必然会引起土体中游离态氧化物的变化。一般认为,土体含水量的增加,在残积土体的颗粒之间起胶结作用的游离态氧化物会溶解于水,使残积土的强度降低;反之,水中呈胶体状态的游离氧化物会固化到土体的颗粒之间形成胶结物,使残积土的强度得到提高。有关专家曾对此作了专门试验研究,试验中对花岗岩残积土原状样进行特殊技术处理,使土中游离氧化物的含量由6.67%降低为5.28%,相应地残积土的强度降低了7%;二是部分花岗岩风化残积土的成分除石英外,含有较多的高岭石、蒙脱石等黏土矿物,遇水后膨胀,土质软化,强度显著降低。

花岗岩风化残积土边坡冲蚀崩岗、各种塌滑破坏病害,大都发生在连续的降雨过程中或降雨之后。花岗岩风化残积土在饱水之后土体强度(内摩擦角 φ 和黏聚力 c)降低,土体自重增加,特别是局部土体在饱水后产生较大膨胀力,使边坡原有的稳定力学环境遭到破坏,从而造成各种边坡病害的发生;路基基床病害主要为排水条件不良引起的基床强度不足、翻浆冒泥和基床板结。风化花岗岩地区基础工程方面的地质灾害,很多是由于风化花岗岩在地下水的作用下,土体原有强度降低,引起桩基摩阻力和端承力的不足造成的。所以,只有加强花岗岩风化残积土路基系统排水工程设计,才能保证路基的稳固安全。

10.1.1　随着我国工程建设发展,铁路工程通过填土场地日益多见。填土是由人类活动而弃置、堆填的土,一般未经严格压实,由于填土本身具有特殊的物理、力学性质,且其性质影响工程地质条件。因此为充实和规范特殊土路基设计,新增本章。

(1)填土根据物质组成和堆填方式分为素填土、杂填土、冲(吹)填土和填筑土四类。

素填土:由天然土经人工扰动和搬运堆填而成,不含杂质或杂质很少,一般由碎石、砂或粉土、黏性土等一种或几种材料组成。按主要物质成分为:碎石素填土、砂性素填土、粉性素填土、黏性素填土等。

杂填土:含有大量建筑垃圾、工业废料或生活垃圾等杂质的填土。

冲(吹)填土:是由水力冲填泥砂形成的填土,是我国沿海一带较常见的人工填土,主要是由于整治或疏通江河航道,或因工农业生产需要填平或填高江河附近地段时,用高压泥浆泵将挖泥船挖出的泥砂,通过输泥管排送到需要加高地段及泥砂堆积区,经沉淀排水后形成大片冲填土层。

填筑土:经分层碾压或夯实而填筑的土,一般成分单一,土质均匀,工程地质条件较好。

(2)填土根据物质组成、堆填时间及对工程的影响可分为新近填土和老填土,两者之间没有严格的区分,一般对堆填时间较长、强度较高,可做为天然地基的人工填土可定为老填土。

对杂填土,由于结构疏松,特别是有机质难以分解,分解时也留有大量空洞,即使堆填时间长,其强度、稳定性也相当差,因此将杂填土划分老填土意义不大。对素填土而言,在土的自重压密及表水与地下水的浸润、渗流作用下,经过一定时间放置,人工填土往往具有了较高的强度。如为碎石、砂等粗(巨)颗粒,堆填时间在 10 年以上,或为粉土、黏性土等细颗粒,堆填时间在 20 年以上时,一般可直接作为天然地基,因此将这部分填土分为老填土。对冲填土,在吹填时土呈流塑状态,如果场地地势低洼,排水条件差,地下水不易排出,则冲填土的强度增长是一个非常缓慢的过程,因此也很少将冲填土划分为老填土。

近些年,随着经济社会的发展,杂填土和冲填土的类型比较复杂,出现了很多新的堆填方式。杂填土出现了诸如坑填垃圾土、垃圾填埋场垃圾土等新的堆填形式。沿海、沿江地区冲填土主要有两种类型,其一是由于整治港口或疏浚江河巷道,用高压泥浆泵抽取河底泥砂弃置别处经过沉淀排水后形成的大片冲填土层;其二是专门抽取河道泥砂,冲填、抬升河岸附近湖、塘等低洼地,改造为生产或建设用地。在某些使用水力选矿的矿山、产生大量细颗粒灰渣的火电厂、化工厂等设置的尾矿坝、灰渣池沉积物,本质上也是一种冲填土。在某些山区河谷,农民改造河道,截湾筑坝造田时采用的引流到高坡冲刷山坡泥砂,冲填、沉淀到拦河坝等预定区域的沉积物,也是一种冲填土的类型。

10.1.2 填土地区铁路选线的基本原则是:在保证既有建筑物和新建路基稳定的前提下,选择填土稳定性较好或稳定性虽然稍差,但易于采取适宜的处理措施地段通过。

10.1.4 欠固结、湿陷性填土地基发生沉降,其沉降值超过桩基沉降时会产生负摩阻力,地基加固措施要考虑其不利影响。

10.2.1 填土地基沉降计算要考虑其固结状态的影响。与正常固结土不同,欠固结土的沉降量包括两部分:由土的自重应力增量(固结完成后的有效自重应力和目前有效自重应力之差)引起的沉降和由附加应力产生的沉降。未完全固结的填土进行沉降计算时,要考虑地基在自重及路堤填料、施工期荷载及运营期荷载作用下的的固结沉降。填土层地基沉降计算一般采用 e-lg$P$ 曲线进行计算。

10.2.4 路堤坡脚受水浸泡或冲刷时易导致填土地基沉降,可采取抬高式护道或坡脚墙等措施加固,以防止坡脚受水浸泡或冲刷。

10.3.3 填土场地路堑边坡的破坏形式,一般有浅层破坏和深层破坏两种。浅层破坏包括冲蚀与溜坍,是整体边坡稳定情况下产生的局部破坏,一般采用适宜的边坡防护措施可避免。深层破坏包括坍滑与滑坡,影响整体边坡的稳定性,滑面形式一般有圆弧形、直线形及折线形几种,与填土类型、性质、下伏基底形状有关。填土场地路堑边坡要在采用适宜的稳定性检算方法的基础上进行支护设计。

10.3.6　地下水发育的填土场地路堑,为减小地下水对基床及坡脚的影响,降低基床处理难度,可设置路堤式路堑;经技术经济比较,也可结合边坡支挡防护,采用钢筋混凝土 U 形槽进行封闭处理。

10.4.1　填土场地路基地基处理要根据填土类型、物质成分及状态、路堤高度、施工工期、机具设备、铁路等级及环境因素等,参照既有临近工程处理经验进行设计,施工前要进行现场试验及试验性施工,确定施工工艺参数,加固后地基要满足相应等级铁路的稳定和变形要求。

10.4.2　填土场地地基处理确定横向加固范围时,要综合考虑路基稳定、不均匀沉降及防排水等要求,避免地基产生横向不均匀沉降影响路基排水或路基稳定。

10.4.4　厚层填土场地路基地基处理技术类型主要包括挤密法、置换法、注浆法及结构物法几种。挤密法主要包括强夯、挤密砂石桩、沉管碎石桩及灰土(水泥土)挤密桩等;置换法主要包括振冲碎石桩、水泥粉煤灰碎石桩及素混凝土桩、旋喷桩及螺杆桩等,其中螺杆桩是近些年出现的一种新型的变截面异形桩,桩体材料与素混凝土桩相同,桩体截面上部为圆柱型,下部为螺纹型,变截面的构造满足了附加应力的分布规律和应力分担比及刚度变化的要求,调整了土与桩之间的作用,桩侧土体应力分摊比及应力扩散度提高,桩端荷载减少,使桩身受力与土体受力协调一致,可有效节约材料,适用于处理已自重固结的素填土地基;注浆主要是利用压缩设备将浆液注入人工填土层的孔隙内使其扩散、胶凝或固化,从而改善地层岩土物理力学性能,由于注浆法应用于人工填土地基处理的工程实例及相关研究偏少,施工前要进行现场试验及试验性施工以确定其适用性。

钢筋混凝土桩板结构是填土场地地基处理的一种新型方法,该结构主要的工作机理是,通过承载板将上部荷载传到桩体,桩体把荷载扩散到桩间土、下卧硬层或桩底岩石层,从而达到稳定和控制路基沉降变形的目的,适用于对沉降要求严格的深厚层填土场地路基。

11.1.1　规模较大、性质复杂的滑坡区,由于整治工程大,且因性质不明、工程可靠度低,要以绕避为主。

11.1.2　正确评价滑坡的稳定性、分析滑坡对铁路的危害程度,是确定整治或绕避以及整治工程力度的关键。滑坡一经发现,要及早整治,争取主动,以求取得事半功倍的效果,防止病害蔓延恶化,造成处理困难,甚至发展至难以处理的地步。高速铁路、无砟轨道城际铁路路基对变形要求严格,滑坡地段的高速铁路、无砟轨道城际铁路路基,除采取措施控制滑坡的整体稳定外,还要采取控制路基侧向变形和不均匀沉降的措施。

11.1.3　整治滑坡,要一次根治、不留后患。

滑坡的形成和发展是多因素作用的结果,治理滑坡要从诸因素中分清主次,有针对性地进行整治设计,同时又要考虑各种因素的相互影响,进行综合整治,工程措施不能单打一,对大型滑坡尤要如此。水是滑坡的首恶,防止水进入滑动带和排除滑动带的水,都是十分重要的。南昆线八渡车站巨型滑坡采用立体排水(地面排水系统与地下排水的泄水洞)和支挡(锚索桩、锚索)相结合的综合整治措施,取得显著效果。减载对减缓滑坡的变形,保证施工期间的安全,减小支挡工程,均十分有效。滑坡类型较多,同一类型的滑坡又有多种不同的情况,因此,实践中尚要根据具体情况具体分析,灵活应用各种技术,综合整治。

11.1.5 根据以往既有工程的经验,在断裂带、特殊岩土及松散土质深路堑、破碎软质岩高边坡、具有不利软弱层面的路堑高边坡、斜坡软弱地基上填筑路堤,地表水汇集或地下水发育地段路基等易产生工程滑坡,要采取预防措施,设置预加固工程,避免产生滑坡后进行整治。

11.2.1 作用于滑坡体上的临时荷载,虽然作用时间短,但一些临时荷载对滑坡稳定极为不利,因此,对于临时荷载要作分析检算。考虑地震对古滑坡的影响时,要调查分析滑坡产生的条件,是否经历了与设计相当的地震作用的影响,反算滑面 c、φ 值时要考虑历史上地震作用的影响。

11.2.2 综合 c 法、综合 φ 法、兼有 c 和 φ 法三种稳定计算方法属于简化算法,手算方便,符合过去缺乏电算的实际情况。近年来,随着计算机的普及,稳定性检算以电算为主,复杂的计算过程容易解决,实际应用中早已采用传递系数法进行滑坡稳定性计算,故本次修编在条文中不再提及这三种简化算法,而主要推行传递系数法。传递系数法中的滑面岩土抗剪指标取值可以按 11.2.4 条获得,并综合滑带岩土的组成成分、饱水情况、排水是否顺畅等情况,考虑指标取值。

目前国际通用的稳定计算方法较多,常用的有瑞典条分法、毕晓普法、斯宾塞法、摩根斯坦—普瑞斯法等。其中瑞典条分法、毕晓普法适用于圆弧滑面,斯宾塞法、摩根斯坦—普瑞斯法、传递系数法适用于圆弧滑面和折线形滑面,铁路行业一直采用传递系数法。

采用传递系数法计算滑坡稳定系数时,需先指定稳定系数值,调整其大小,直到计算的滑坡剪出口(最后一条块)的剩余推力为零,该指定值即为稳定系数。传递系数法计算稳定系数的的误差取决于滑面控制点处滑面倾角变化。该变化越大,误差越大,甚至可达 2 倍以上。在滑动段与抗滑段的交界附近,误差对倾角的变化很敏感,而在滑坡的后缘误差对倾角的变化的敏感度要小一些。条块划分时,一般要求(α_{i-1}—α_i)的绝对值小于 10°。对于转折点处的倾角变化量超过 10°时,要对滑面进行圆角处理,消除尖角效应,满足该条件其误差可控制在 3% 以内。或采用其他的分析方法,如斯宾塞法、摩根斯坦—普瑞斯法等。

11.2.3 计算滑坡剩余下滑力时先确定安全系数 F_s,按公式计算滑坡剪出口(最后一条块)的推力即滑坡剩余下滑力。

滑坡剩余下滑力计算中的安全系数的取值,要根据滑坡规模大小、变形的快慢以及危害程度,综合滑坡的发展阶段、滑面岩土抗剪强度、工程的重要性及建筑物的重要性、永久性以及修复的难易程度,综合考虑,一般取 1.1~1.25。对于危害小的滑坡,且资料可靠以及属于附属或临时工程,安全系数可取小值,反之取大值;稳定检算考虑临时荷载时,安全系数可适当降低。特殊情况经必要的论证后可酌情增减。

传递系数法分为显式解法和隐式解法。正文中的表达式为显式解法,也叫增大下滑力法。隐式解法也叫强度折减法,采用将滑面强度除以安全系数的方式计算抗滑力。

隐式解法的剩余下滑力可按下列公式计算:

$$T_i = W_i\sin\alpha_i + \psi_i T_{i-1} - (W_i\cos\alpha_i\tan f_i + c_i l_i)/F_s \qquad (说明\ 11.2.3—1)$$

$$\psi_i = \cos(\alpha_{i-1} - \alpha_i) - \sin(\alpha_{i-1} - \alpha_i)\tan f_i / F_s \qquad (说明\ 11.2.3—2)$$

计算推力时,当 $F_s = 1$ 时,显式解法与隐式解法两种算法的推力结果相同。当 $F_s > 1$ 时,显式解的推力计算值大于隐式解计算值;当 $F_s < 1$ 时,显式解的推力计算值小于隐式

解计算值。显式解法和隐式解法对应的安全系数取值范围不同,铁路行业一直采用显式解,对应安全系数一般取 1.1~1.25,积累了丰富的使用经验,故本次修订推荐采用显式解法。待隐式解法有丰富使用经验后再进行修订。《铁路路基设计规范》TB 10001—2016 第 3.3.4 条及其条文说明中推荐采用显式解法作为折线滑动边坡的稳定系数的计算公式。现在各行业越来越倾向于使用强度折减方式的隐式解法,这样将与毕晓普法、斯宾塞法、摩根斯坦—普赖斯法等采用强度折减方式的计算方法相一致。

对于大型复杂滑坡采用多种极限平衡方法进行分析,并采用有限元数值计算综合验证。

11.2.4 土工试验要尽量选用岩土直剪实验方法。当滑坡为首次滑动时,可采用峰值强度;当滑坡为经常滑动或为古滑坡复活时,要做多次剪切或环剪,可采用残余强度;当滑带物质滞水时,要做饱和快剪或控制相应含水量下的快剪;当滑带物质的灵敏度高时,要在原位做试验,反之,可在实验室内做;当滑带物质中粗颗粒的含量超过 30% 时,要做大面积剪,反之,可用小试样做。

采用反算法求滑面 c、φ 值,必须注意地质条件基本一致,并根据其差异性,特别是反算时滑坡地质条件与滑坡以后可能出现的最不利情况之间的区别,分析所求 c、φ 值的合理性。

经验数据有其局限性,要注意使用条件。只有当滑带物质含水程度、生成历史及滑坡的滑动性质相似时,方可参照使用。

试验资料是代表该试样的现状含水率、密度和选定试验方法的试验值。试验条件、选用试验方法不能完全模拟现场情况。反算值是在假定滑坡处于极限条件或某一确定安全系数前提下得出的,反算值代表全滑面的平均抗剪强度,实际各段抗剪强度值是不同的,这样势必降低牵引段和抗滑段的实际值、增大主滑段值,因而其结果的合理性需要分析、斟酌。斜坡变形发生后,随着时间的推移,其断面形状、岩土性质、水文地质条件和人为作用等将产生不同的变化,滑动面(带)的抗剪强度值亦会随之改变,因此需要结合可能出现的最不利组合条件等分析选用。

11.3.1 地表排水工程对滑坡长期稳定作用较大,其布置的总原则是:避免地表水流入滑体,并使滑体范围的地表水迅速排出滑体。

11.3.2 地下排水分浅层地下排水和深层地下排水。浅层地下水常用支撑渗沟、渗沟工程引排,支撑渗沟主要用来支撑滑坡前缘潮湿土体兼起引排土体中的浅层滞水、地下水,疏干土体的作用,对浅层滑坡,其作用明显。

对地下水,可疏而不可堵。要根据水文地质条件,特别是滑动带地下水分布类型、补给水源和方式,采取截、排、疏、引等措施。对浅层地下水,常用各种形式的渗沟,对深层地下水,常用仰斜排水钻孔、泄水洞。埋深较大的截水渗沟、泄水洞一般施工较困难,造价也较高。因此,工程修建前要收集详细、准确的工程地质、水文地质资料,进行充分的可行性论证。仰斜排水孔,为防止坍孔,保持长期排水效果,一般内置滤水管(渗水软管或 PVC 管),其中 PVC 管的上部 2/3 处开孔,外裹透水土工布。

11.3.3 减载对减缓滑坡变形有明显作用。对中小型滑坡,减载可作为整治滑坡的主要手段采用,对大、中型滑坡,要与其他工程措施联合使用,对保证施工期间的安全,减小抗滑工程,具有明显作用。要当注意的是减载可能增加新的暴露面,要充分论证是否会产生次生滑坡,或是否会使滑坡稳定条件恶化,要慎重选择减载方案。反压时,要注意地基是否稳定,避免产生新的滑坡。

11.3.4 抗滑桩在整治滑坡中已被广泛应用,具有布置灵活、施工简便、施工对滑坡稳定性影响小等优点,效果显著。近年,结合路基边坡工程,各种桩间挡土结构与桩组成复合支挡,应用普遍,效果显著。

锚索与抗滑桩组成锚索抗滑桩,改善桩的受力,减少桩截面和锚固段长度,效果较好。预应力锚索近年应用于整治滑坡的工程实例较多,但锚固段一般都置于稳定岩层中,锚固段为土层的实例较少,其内锚都采用砂浆锚因,外锚形式主要有钢筋混凝土的格子梁和垫礅,对土层采用格子梁。格子梁、垫墩尺寸根据滑坡体岩土承载力大小计算确定。防止锚索预应力松弛,是一种非常重要的措施,外锚梁、墩处土体的局部溜坍,常造成锚索预应力松弛,从而引起锚索失效,因此对土层坡面要采取防止表土被雨水冲蚀而产生局部溜坍的措施。

抗滑挡土墙必须置于滑面以下稳定地层,一般埋入完整基岩内不小于 0.5 m,或埋入稳定坚实地层内不小于 2 m,还要注意地基以下能否形成新的滑面,是否存在深层滑面。抗滑挡土墙基坑开挖深度较深时,对滑坡稳定性不利,施工中要采取不破坏滑坡稳定性的措施,如短跳槽开挖、及时砌筑等。

中铁二院科研课题"多排、埋入式抗滑桩加固大型滑坡研究",通过数值计算与模型试验、离心机试验,揭示了折线型滑坡和直线型滑坡中双排桩承担推力的相关规律:

前、后排桩承担推力之和与仅设单排桩时桩承担推力之比一般在 1.05~1.40,因此在设计中,各排桩承担滑坡推力的总和要大于传统方法得到的滑坡出口推力。

对于折线型滑坡,一般情况下对于全长桩而言,折线型滑坡后排桩承担的推力大于前排桩,当前排桩位于抗滑段、后排桩位于下滑段时,后排桩与前排桩承担的推力之比为(6~7):(4~3)。当双排桩排间距较小时(如:小于 $6a$,a 为桩截面长边宽度),采用较小排间距的门型桩或采用椅式桩、斜撑桩、锚索桩代替两排桩,更具有经济合理性。折线型滑坡排桩如说明图 11.3.4—1 所示。

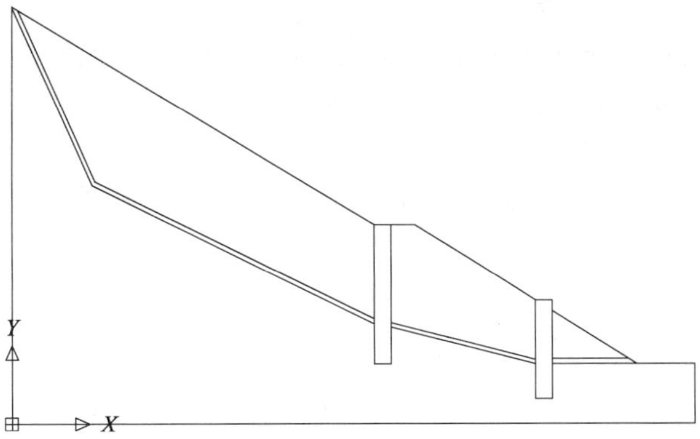

说明图 11.3.4—1 折线型滑坡双排桩示意图

对于折线型滑坡,后排桩沉埋(说明图 11.3.4—2)有利于减小其所受的滑坡推力,后排桩的沉埋深度分别为 0、$0.33h_s$、$0.5h_s$(h_s为桩位滑体厚度)时,作用于后排桩上的有效滑坡推力之比为1:0.832:0.365,作用于前排桩上的有效滑坡推力之比为 1:1.00:

1.44。建议当滑体厚度较大时(如:大于 15 m)可设置沉埋桩,有利于减小作用于后排桩体上的滑坡推力,桩顶埋深以设桩位置处滑体厚度的 1/3 为宜;沉埋深度较大时存在越顶破坏的可能,要进行越顶稳定性检算。

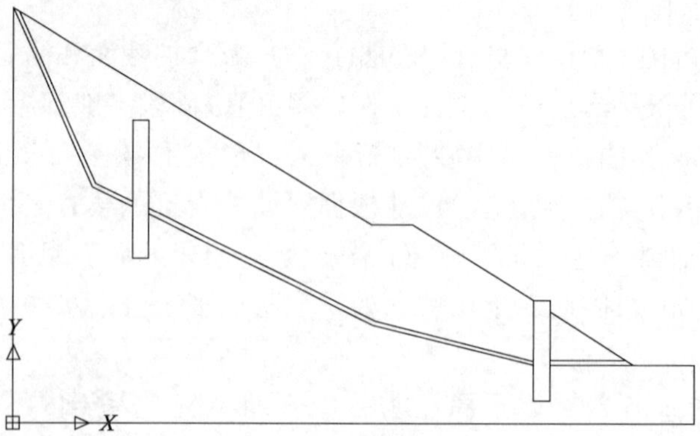

说明图 11.3.4—2　折线型滑坡双排桩(后排桩沉埋)示意图

对于直线型滑坡,随着排间距的变化,各排桩后侧的有效滑坡推力的比例关系基本随着所阻挡的滑体面积及其厚度的增大而增大。对于长滑面的大型陡倾顺层滑坡,可以考虑设置 3 排桩甚至更多排抗滑桩,宜采用等间距布置,以充分合理地利用桩体材料的抗滑性能。

11.3.7　采用高压旋喷桩、微型桩等措施,提高滑动带土体抗滑强度,增强滑坡稳定性,对土质、中小型滑坡,经实践证明是有效的。

11.3.8　滑坡前沿受河水冲刷易诱发产生新的滑坡,设置河岸防护工程可阻止进一步冲刷滑坡前沿、防止滑坡变形。

11.4.3　土质及破碎软质岩石路堑边坡,特殊岩土边坡,当边坡高度大于边坡极限坡高时,坡脚和下部应力大于岩土强度,容易出现岩土破坏而引起边坡破坏。铁二院在南昆线、内昆线,铁四院在梅坎线、赣龙线等,对破碎软质岩石路堑高边坡、岩堆碎石土路堑采取锚固桩坡脚预加固后再开挖,工程效果显著;在京珠高速公路粤境北段路路堑高边坡采用锚管或锚杆锚固边坡中下部,以“固脚”、“强腰”,亦取得好的工程效果。岩性软硬不均或岩石顺层地段,无条件放缓边坡或顺层面开挖时,设置坡脚锚固桩预加固后再开挖;赣龙等线的工程实践证明,边坡较高时,采取分层开挖、坡面分级锚固稳定的措施,是技术先进、经济合理、行之有效的新方法、新工艺。

11.4.4　与水平软弱地基相比,斜坡软弱地基上填筑路堤,易出现地基失稳变形。为防止斜坡软弱地基上填筑路堤,对薄层软弱土层,可采取全部挖除,对较厚的软弱土层,可采取土体改良、提高密实度等地基加固措施消除土体可压缩性,或采取锚固桩侧向约束,限制地基侧向变形。铁二院内昆线、渝怀线工程经验表明,斜坡软弱地基路堤采取设置锚固桩侧向约束为主,结合软弱地基地基加固,工程效果显著。

11.5.1　监测主要分为施工安全监测、防治工程效果监测。施工安全监测主要是了解由于工程扰动等因素对滑坡体的影响,并及时地指导工程实施、调整工程部署、安排施工进度等。防治效果监测主要是了解工程实施后滑坡体的变化特征,一方面了解滑坡体变形破坏特征,另一方面针对实施的工程进行监测,以直接了解工程实施效果。有必要时可进行长期监测,长期监测一般采用自动监测方式。

11.5.4 监测仪器类型多,价格差别大,耐久性不同,要根据滑坡监测期限要求选择,并保证埋设成活率。

11.5.5 水电、地矿、国土资源、建筑等行业规范中有关滑坡监测周期的规定不尽相同。如《滑坡防治工程设计与施工技术规范》要求,施工安全监测周期为8 h~24 h,防治效果监测周期为7 d~10 d,长期监测周期为10 d~15 d;《三峡库区三期地质灾害防治工程设计技术要求》要求,施工安全监测周期为12 h、24 h、3 d、7 d,防治效果监测周期为7 d~10 d,长期监测周期为15 d~30 d;《崩塌·滑坡·泥石流监测规程》要求,正常监测周期为15 d,特殊监测(汛期、险情预报、警报期、防治工程施工期)周期为1 d,甚至实时监测。

12.1.1 《岩土工程勘察规范》GB 50021—2001(2009年版)删除了单纯以崩塌体体积方量对崩塌规模进行分类的相关条文,按照该规范的条文解释,崩塌规模的划分要根据崩塌体的危害程度、工程治理难度和体积方量等方面综合判定。

12.1.3 岩堆均匀性差,在外部荷载作用下易产生不均匀变形和侧向变形。岩堆地段的高速铁路、无砟轨道城际铁路路基对变形要求严格,除采取控制整体稳定的加固措施外,还要采取控制不均匀沉降和侧向变形的措施。

12.2.2 若山坡上的可能崩塌物的体积数量不大,或危岩的数量不多,而且其母岩的破碎程度不甚严重,条件许可时全部清除,并在清除后对母岩进行适当的防护加固;当条件限制难以清除时,可针对性采用支顶、锚固或拦挡措施。若坡面危石分布较广,可采用柔性主动防护系统或根据检算采用分级拦挡措施,情况复杂时,可分区域采用多种措施综合整治。检算跳跃高度不大,当冲击能量小时,可采用拦石墙或刚性防护网拦截。当冲击能量较大时,可采用单级或多级被动柔性防护系统。若边坡岩层较破碎易产生掉块,无大的危石时,可采用挂网喷浆封闭、锚杆(索)框架梁等措施。若山坡母岩风化破碎,崩塌坠石的物质来源丰富,崩塌的规模虽不大,但可能频繁发生,则要设置拦截建筑物。

钢轨护栏是一种利用钢轨做立柱与横撑(或角钢)的一种刚性结构,针对小能级的落石被动防护以前在铁路上应用较多,具有就地取材、施工灵活等特点,但存在抗冲击能力差,结构耐久性差等显著缺点,近年来已使用很少。

刚性防护网是近年新出现的一种被动防护结构,一般由型钢立柱、钢绞线、钢丝格栅网、间距保持板等组成,如说明图12.2.2—1所示。刚性防护网是一种介于"刚性"系统和"柔性"系统之间的结构,具有防护能级明确、工厂化生产、施工快捷、质量易于控制、耐久性好等特点。目前国内市场上已形成防护能级25 kJ~100 kJ,系统高度1.5 m~6.0 m的系列产品,适应不同情况下小能级落石的防护需要。目前刚性防护网已在长昆客专、云桂线等在建铁路以及兰青铁路等既有线上推广应用。

柔性引导防护系统是在传统主、被动柔性防护系统基础上发展成的一种新型防护系统,一般由柔性金属网片、锚杆、支撑绳、纵向拉绳、横向拉绳和缝合绳等构件组成,如说明图12.2.2—2所示。其是通过覆盖的柔性金属网来控制落石运动范围和轨迹,并将落石引导到预设地点的一种柔性防护系统,分覆盖式和张口式两种。柔性引导防护系统兼具传统主、被动防护功能,具有防护能级高、施工与维护方便快捷、使用范围广、美观环保等特点。目前柔性引导防护系统已在川黔铁路和安六铁路上应用且取得良好的效果。

12.2.6 落石的弹跳高度和速度可按边坡岩体和坡面堆积物类型,把边坡简化为折线段,

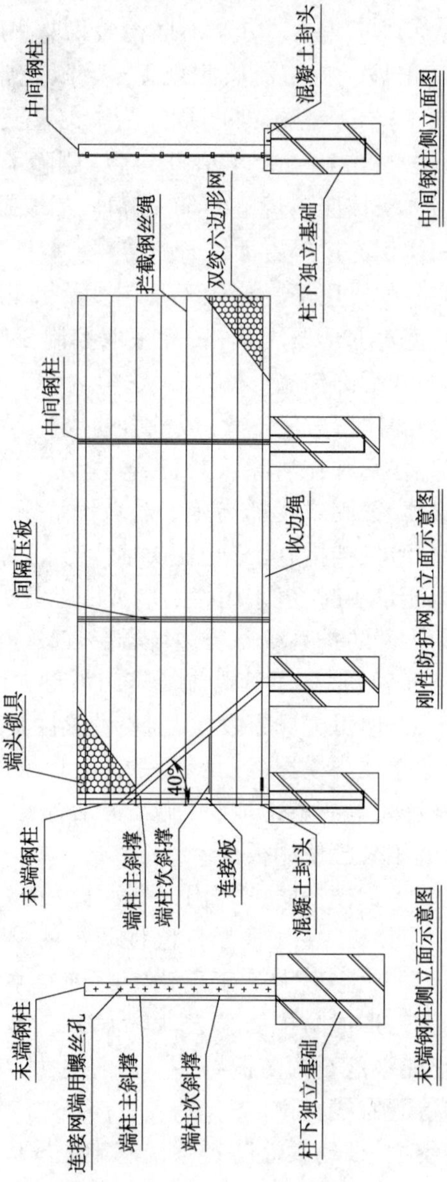

说明图 12.2.2—1　刚性防护网

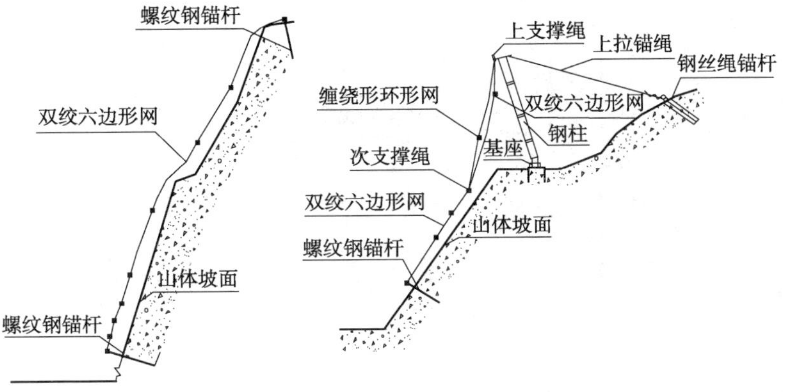

覆盖式柔性防护系统示意图　　张口式柔性防护系统示意图

说明图 12.2.2—2　柔性引导防护系统

取最大的危岩岩块计算。岩块和坡面碰撞后的速度衰减用法向弹性系数 R_n 和切向摩擦系数 R_t 确定。一般情况下可参考说明表 12.2.6 确定 R_n 和 R_t 的值。

说明表 12.2.6　岩块和坡面碰撞系数

岩性 / 碰撞系数	硬岩	软岩	硬土	普通土	松土
R_n	0.40	0.35	0.30	0.26	0.22
R_t	0.86	0.84	0.81	0.75	0.65

注：坡面被灌木丛覆盖，R_t 减少 0.1。

12.2.7 根据最大的冲击动能确定拦挡建筑物的结构和遮挡建筑物的防护层的厚度。结构安全系数 K 取 1.2～1.5。

在一般设计中，不考虑随机因素的影响，取参数的均值进行计算。块体离开地面后，按自由落体计算。

一般来说，坡面上的岩块体由于降雨时的动、静水压力，植物的根劈作用等自然营力作用下，发生缓慢的变形，当这种变形积累到一定程度时，岩块就会失稳，向坡下滚动。由于失稳前的位移为长期积累，所以其初始速度一般都很小，可以略去不计，即

$$v_{x0}{}^{(1)} = v_{x0}{}^{(0)} = 0 \qquad \text{(说明 12.2.7—1)}$$

$$v_{y0}{}^{(1)} = v_{y0}{}^{(0)} = 0 \qquad \text{(说明 12.2.7—2)}$$

式中上角标(0)表示第 i 次碰撞点碰撞前的状态；上角标(1)表示第 i 次碰撞点碰撞后的状态；下角标 0 表示初始碰撞点。

当块体和坡面碰撞时，其动能和运动轨迹都会发生变化，设第 i 次碰撞前的速度分量为 $v_{xi}{}^{(1)}$，$v_{yi}{}^{(1)}$，法向弹性系数为 R_{ni} 和切向摩擦系数为 R_{ti}，如说明图 12.2.7—1 所示。

则碰撞后的运动分量为

$$v_{xi}{}^{(1)} = -R_{ni} v_{xi}{}^{(0)} \qquad \text{(说明 12.2.7—3)}$$

$$v_{yi}{}^{(1)} = R_{ti} v_{yi}{}^{(0)} \qquad \text{(说明 12.2.7—4)}$$

根据线路位置和基础状态选定拦挡建筑物的位置后，就可根据块体运动轨迹选择其高度，如说明图 12.2.7—2 所示。

块体的轨迹和能量，为防护工程设计提供依据。

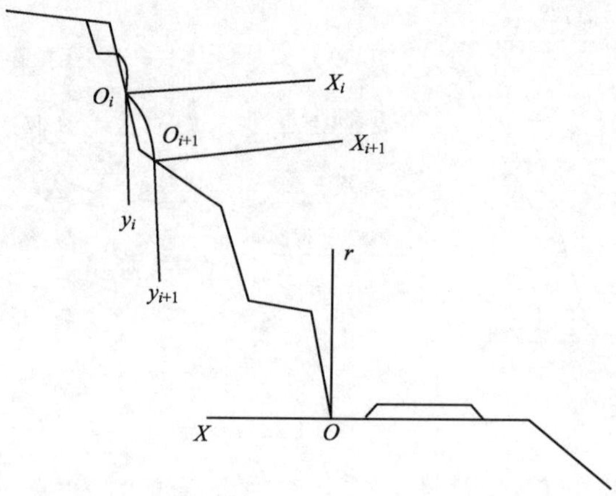

说明图 12.2.7—1　第 i 次碰撞点到 $i+1$ 次碰撞点的轨迹

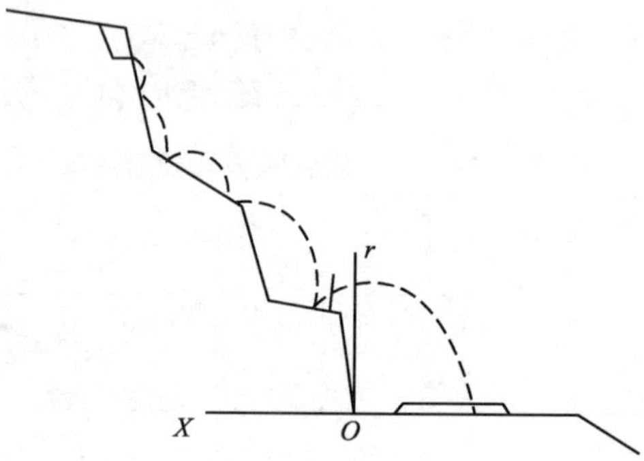

说明图 12.2.7—2　运动轨迹与拦挡建筑物

计算结果，以图的形式绘出块体的运动轨迹曲线，拦挡建筑物部位的块体的弹跳高度，以及该位置块体的速度 v_{xB} 和 v_{yB}。质量为 m 的块体在拦挡建筑物碰撞点的动能（E_B）为

$$E_B=\frac{1}{2}m(v_{xB}^2+v_{yB}^2) \qquad \text{（说明 12.2.7—5）}$$

12.3.1　当岩堆具有倾斜较陡的基底接触面或其体内具有倾斜较陡的层理面或软弱夹层时，再加上路基荷载后或者切割其某一部分后，可能诱发岩堆的全部或某一部分沿最软弱的结构面或下伏岩土界面发生滑动。因此，要根据试验资料的分析，考虑地面水和地下水的作用，采用最不利的物理力学指标，分别进行稳定性检算。

12.3.2　当岩堆体地下水较发育时，可采用支撑渗沟等措施。沟谷中的岩堆一般分布较厚，结构松散，易受水影响，要考虑加强排水及支护措施。对于临河的岩堆要根据设防标高做好冲刷防护。

12.3.4　岩堆发生滑动的事例是相当多见的，不管规模大小，都可能造成严重的后果。当判定岩堆有沿下伏岩石界面（特别有软弱夹层）发生滑动时，要按滑坡地段路基进行设计。

12.3.7　岩堆均匀性差，在外部荷载作用下易产生变形。尤其是低矮路堤、路堑，在列车动荷载的作用下会引起岩堆的振密，变形过大。要采取换填、压实或灌浆等处理措施。

13.1.1 岩溶是水对可溶性岩石(碳酸盐岩、石膏、岩盐等)进行以化学溶蚀作用为主,流水的冲蚀、潜蚀和崩塌等机械作用为辅的地质作用,以及由这些作用所产生的现象总称。除一般认为的碳酸盐岩外,在白垩系红层钙质胶结或钙质砾石成分的地层中也有岩溶发育现象。

因岩溶发育引起路基工程地质问题主要有:溶洞顶板稳定性不足产生垮塌;覆盖型岩溶因地下水位波动或表水入渗在土层中形成土洞,因土洞坍塌引起地表塌陷造成路基下沉和破坏;岩溶地面坍塌对路基稳定性的破坏;溶蚀深槽充填的具有膨胀性坡残积黏性土的边坡失稳,深切溶蚀裂隙、溶洞而引起的边坡块体失稳;反复泉与间歇泉浸泡路基的基底,引起路基沉陷;突发性的地下涌水冲毁路基,以及溶蚀洼地内排水不畅所产生的浸水路基等诸多方面。

因此,在岩溶地区选线,必须认真勘察,全面了解岩溶发育范围、特征及严重程度,慎重确定线路的走向和位置。一般情况下,对岩溶强烈发育区、水文地质及环境条件复杂的岩溶发育区,要尽量设法绕避;对不太严重的岩溶地段,选择其最窄的、最易于处理的地段通过。当覆盖层厚,土洞特别发育、岩溶处理困难、费用巨大时,要以桥代路通过。

13.1.2 人为坑洞的种类很多,经常遇到的有煤窑、淘金洞、古墓等。其中煤窑,特别是大规模煤矿采空区,对铁路危害最大,开采深度越深,地表影响面积越大。采空区常发生的病害有沉陷、坍洞和坍塌,因此,在采空区选线,要了解矿区的开采规模和实际开采的情况。对大型采空区,尤其是对煤层陡峭的矿区更要注意,将线路位置设于采区以外,即在地表移动盆地的边界外通过;对小型采空区和对路基有危害的其他人为洞穴,一般变形延续时间长,成为长期隐患,亦要尽量避免,不可避免时,要查明情况,尽可能以低填浅挖通过并采取可靠的措施处理。

13.1.3 岩溶或覆盖层土洞较发育、水文及环境条件较复杂地段,采用桩板结构跨越处理,其基础置于溶洞下部稳定底板的完整基岩内,是较稳妥可靠的处理措施。但如路堤高、基础设置较深,相应造价和风险也较高。因此,本次修订增加本条路堤高度控制规定,作为路桥技术经济综合比选的重要依据。

溶蚀裂隙发育较深,边坡充填或覆盖较厚的具膨胀性的坡残积黏性土层时,充填物或具膨胀性的坡残积黏性土层遇水易软化失稳,要严格控制路堑边坡高度。

13.1.4 岩溶地段路堑,基底隐伏的岩溶裂隙及较小型的溶洞在工程地质勘察阶段较难详细查明,施工开挖又极易被岩渣掩埋、填塞而留下隐患,故要在施工开挖后补充岩溶勘察。对路堑基底揭示的岩溶,可采用现场实测、钎探的方法,查明岩溶形态及充填情况;对基底 15 m~20 m 范围可采用综合勘探的手段,进行详细探查。

宜万线对累计 27 km 长的路堑隐伏岩溶进行探查,共发现物探异常 632 处,钎探及钻探验证其中 174 处异常为溶蚀破碎、溶隙、溶槽,233 处为溶洞顶板整体稳定性不足。

13.1.6 人为坑洞常发生的病害有沉陷、坍洞和坍塌,一般变形延续时间长,考虑其复杂性,人为坑洞地段线路以路基形式通过时,要设置地面位移观测设施对施工期和运营期基底地表沉陷及水平位移进行监测,根据监测结果,及时采取适宜的处理措施。

13.1.7 钻孔注浆实行"探灌结合"的信息化施工原则,注浆孔中一般要有不少于注浆总孔数 30% 的钻孔作为先导孔,其兼做勘探孔,取芯并编制柱状图,根据揭示的地下岩溶形态调整注浆工艺。先导孔的选择在注浆区域内要具有代表性、均匀性。

13.1.8 岩溶注浆是隐蔽工程,注浆结束后要同时采用压水试验、钻探取芯、物探方法

(面波或其他有效的物探方法)进行注浆效果检查,根据质量检验结果,结合施工过程资料,对注浆效果作出评价。但检测注浆质量的方法在煤炭、冶金和水利等部门都各不相同,铁路部门也没有制定统一的检测方法。目前,常用的质量检测方法有:钻孔验证、压水试验、瞬态面波法、电测深法、电磁波 CT。采用压水试验、物探方法检测时,要在注浆前、注浆后分别进行检测,且注浆前后采用的物探方法要为同一种物探方法,以便对比注浆前后地基的变化情况和评价注浆效果。

(1)以往,铁路岩溶路基注浆效果检测主要是依据中国有色金属工业总公司、中华人民共和国冶金部颁布的《注浆技术规程》(YSJ211-92,YBJ44-92),采用抽样钻孔取芯观察水泥结石情况和压水试验两种方法进行检测。由于地质体的各向异性和不均匀性,导致水泥浆液渗透方向和注入量的不定性,因此钻孔取芯观察水泥结石率具有一定的偶然性。压水试验是检验方法中最直接的一种,但目前还没有统一的作业规程和定量标准。据《南广铁路岩溶路基防治技术研究》中期试验结果,目前的比值评判标准具有一定的局限性,还需进一步研究。

(2)电测深法的评价分析的基础为被测地层的电差异性,检测剖面在溶洞、土洞、溶蚀裂隙发育带等电性异常明显,一般情况下能基本定性地检测岩溶孔洞的注浆充填效果。

(3)电磁波 CT 对溶洞的分布和土石界面的识别效果比较好,能直观有效的反映层间地质环境的变化,这是其他方法所不具备的。因其测试较为复杂,造价较高而未被大量使用、尚未见到建立在统计数据基础上的定量分析标准。

(4)瞬态面波根据岩土体注浆前后面波速度大小和面波频散曲线形态的变化进行综合分析评价注浆效果,能比较全面、客观地反映受浆介质体的实际状态,具有使用方便、灵活、劳动强度低等优点,可以大面积的实施检测,能达到立体评价注浆质量的效果。

1996 年浙赣铁路彬江车站岩溶路基注浆工程和 1998 年浙赣铁路江山 K310、K312 岩溶注浆工程均采用了面波检测方法,通过与钻孔取芯观察和压水试验对比,相互印证,综合评价,评价效果良好。彬江工程完工后,经过数年的观测,路基状况良好,未发生新的塌陷,表明面波检测是一种可行的注浆质量检测方法。

铁四院与上海铁路局通过试验研究,提出如下岩溶路基塌陷注浆质量面波检测标准,并于 2009 年成为"浙赣线岩溶路基塌陷病害整治研究"科技成果,可作为参考,见说明表 13.1.8—1。

说明表 13.1.8—1　路基岩土体注浆质量检测标准

介质	面波检测速度 v(m/s)	面波频散曲线	注浆后岩土体单位吸水量 ω [L/(min · MPa · m)]	备　注
土层(路堑)	$v \geq 19.7\,h+58.2$	不离散	$\omega \leq 0.33$	(1)面波检测以速度标准为主,辅以频散曲线。 (2)压水试验检测孔可按 3% 计,但每个注浆工点的压水试验检测孔数量不少于 2 个。 (3)当两种检测方法判定的注浆质量结果不一致时,以压水试验检测判定为准
岩层(路堑)	$v \geq 9.8\,h+342.8$	不离散	$\omega \leq 0.42$	
土层(路堤)	$v \geq 12.0\,h+58.7$	不离散	$\omega \leq 0.33$	
岩层(路堤)	$v \geq 9.8\,h+207.8$	不离散	$\omega \leq 0.42$	

注:面波检测深度 $h \leq 25$ m。

根据《南广铁路岩溶路基防治技术研究》的检测标准研究,在电测深 4 段 4 058 m、瞬态面波 4 段 938 点、电磁波 CT 4 段 75 孔对等综合检测的基础上,提出了原地面的注浆合格瞬态面波标准，见说明表 13. 2. 8—2。

说明表 13. 1. 8—2 岩溶注浆瞬态面波判释标准

类别	判释标准
土	$v_s = 29.273\ H + 100$
岩石	$v_s = 23.998\ H + 360 (H < 10\text{m})$
	$v_s = 23.998\ H + 290 (H \geq 10\text{m})$
溶洞	$v_s = 16.67\ H + 46$

注浆施工过程中要加强质量控制，注浆结束后，采用综合物探方法结合钻孔取芯、压水试验对注浆质量进行检查和评价。钻孔取芯孔数不少于注浆总孔数的 2%，在注浆孔间布置；瞬态面波测点在整治范围内注浆孔间抽检，测点数不少于注浆总孔数的 5%，且一般不少于 10 个测点；电测深检测段落长度为注浆整治长度的 10%，且一般不小于 15 m，测试剖面的布置要优先选择岩溶最发育地段。

注浆效果检测及评价：

(1) 钻孔取岩芯：检查孔数为不少于注浆总孔数的 2%，土层、裂隙岩溶、洞穴等必须干钻取芯，岩芯采取率＞90%。观察岩芯灰浆结石明显，土洞、岩溶裂隙、溶洞等管道灰浆充填饱满视为合格。注浆检查孔不仅起检查作用，还要起补充注浆的作用，当为不合格时要补注浆，结束后按设计要求封孔。

注浆检查孔要按下列布置原则：

①设在岩溶发育或病害严重部位；

②设在注浆量大及有疑问的部位；

③在工程的关键部位。

(2) 压水试验：压水试验孔不少于 2%，且每个工点压水试验孔不少于 3 孔。当注浆后吸水量小于注浆前吸水量的 35%，且不存在明显漏水现象；或注浆后岩土体单位吸水量 ω 满足"说明表 13. 1. 8—1 路基岩土体注浆质量检测标准"表中要求视为合格。当为不合格时要补注浆。

(3) 瞬态面波法检测：不少于注浆总孔数的 5%，面波检测曲线无"之"字形拐点，且频散曲线不离散，面波检测速度满足"说明表 13. 1. 8—1 路基岩土体注浆质量检测标准"表中要求，且不低于合格压水试验或完整岩层处的面波速度值视为合格。当为不合格时要补注浆。

(4) 注浆前后物探成果资料对比，电阻率曲线产生较为明显的有利改变。

13. 2. 1 为消除地基不均匀性引发基底不均匀沉降，基床范围内的溶沟、溶槽，小型的溶洞、溶蚀裂隙发育带，充填物不满足基床填料要求时，要将堆积填充物予以清除，回填碎石、片石；当基床厚度范围内以堆积充填物为主，且不满足基床填料要求，要将其全部清除，突出的坚硬岩石均进行清爆，按土质路基基床换填碎石类土考虑。

13. 2. 3 - 13. 2. 4 溶洞、溶蚀裂隙发育带及覆盖层土洞，危及路基稳定时，要视具体情况采取回填、跨越、加固等措施处理。使用说明如下：

(1) 回填：系采用片石、碎石等填料，填充露出地表或埋藏于路基底部的溶洞，适用于较浅的干涸或水量很小的溶洞。

溶洞充填物通常松散、软弱，溶洞表层溶蚀部分亦较松散、破碎，作为路基的基底，其承载力往往不能满足设计要求。对不能满足承载力要求的溶洞充填物及溶洞表层溶蚀部分,要予以清除并换填强度高稳定性好的填料,如碎石、片石等,换填必须填满填实,保证其上部荷载传递到稳定岩层中。当路基以下溶洞顶板很薄,而且洞口很小,以至无法进洞清除充填物和换填加固时,可先将顶板炸开,以清除洞内填充物及松散物,再回填片石;对于很深的溶洞,当充填物密实时,亦可采取其上部一定厚度范围内清除、换填碎石,表层用浆砌片石封闭的措施处理。

(2)跨越:对于狭小又深的溶洞,可根据其宽度的大小采用混凝土或钢筋混凝土板梁跨越;对于跨度较大的溶洞,或需要保持排水者,一般采用桥或涵通过。

(3)加固:为加强岩溶顶板强度,防止坍塌,可采取以下加固措施:

洞内加固:溶洞洞径大、顶板完整、洞内施工条件较好时,可采用浆砌片石或片石混凝土支顶墙或支顶柱加固。用干砌片石、浆砌片石回填也能起加固作用。

(4)嵌补支顶加固:对于影响路堑边坡稳定的坡面上的溶洞,可采用洞内片石回填,洞口用圬工嵌补支顶加固。

(5)注浆加固:对于溶蚀裂隙发育带及埋藏较深的溶洞、土洞,一般采用注浆加固;采用回填、支顶、跨越等措施处理影响既有线运营安全时,一般采用注浆加固。

桩板结构由钻孔灌注桩、钢筋混凝土承载板组成,桩、板间刚性联接,与路基填土共同组成一个承载结构。承载板承受路基、列车及轨道荷载并传递至桩基,通过桩基传递给稳定的地基。由于路基填土和地基土对桩—板结构的约束作用,使路基整体具有较大的纵、横向和竖向刚度。

桩板结构按桩基与承载板的连接方式分为:

(1)独立墩式:桩基与承载板直接相连;

(2)托梁式:首先通过托梁横向连接桩基,其上再与承载板相连;

(3)复合式:独立墩式与托梁式的组合结构,中跨采用独立墩式,边跨采用托梁式;

桩板结构按承载板在路基内的设置位置分为:非埋式、埋入式。

(1)非埋式:承载板设置在轨道结构下部,处理方式与桥梁类似,承受了较大的温度荷载,不利于做成较长的连接结构;

(2)埋入式:承载板设置在路基下部,可以设置成较长的连接结构。

桩板结构的优点是结构简单、受力明确。具有较高的纵、横向和竖向刚度,纵、横向稳定性好,竖向变形小;施工简便,与桥梁方案相比,工程造价较低。适用于新建客运专线,无砟轨道等基底稳定性和变形控制标准较高的路基工程中工程地质条件复杂的路堤和路堑地段,以及桥—桥(隧、路)间短路基、站场咽喉区等特殊地段岩溶发育及松软土地基加固。当覆盖层厚度小于25 m~30 m,基底岩溶强发育,地下水位较高,可以考虑桩板结构加固,以消除隐患。

13.2.5　岩溶注浆的深度,一般要根据病害发生地区的岩溶地面塌陷的致塌机理和注浆加固的目的来确定。若加固埋藏较浅的破碎顶板、溶洞或溶蚀发育带,减缓溶蚀速率,作为路基地基,加固深度10 m~15 m即可;若为埋藏较深的溶洞或溶蚀发育带,加固厚度5 m~8 m即可,着重加固基岩面附近,既能充填开口的洞隙,又能固结岩土体,使其形成帷幕,阻隔地下水上、下活动,防止坍塌,这也是南昆线、株六线、洛湛线、赣龙线等岩溶病害整治的常用深度。

2006年在浙赣线提速改造工程岩溶地基处理中,未加固的覆盖层、土洞发生多处塌陷,危及路基稳定。主要原因是,在地下水位高、波动大、抽取地下水等人为活动频繁的条件下,易加剧覆盖层土洞的形成、发展和塌陷,诱发病害。为吸取类似教训,本次修订时,进一步明确了覆盖层及土洞处理的原则性要求。

此外,岩溶病害分段处理后,将改变区域内水文地质条件,诱发新的岩溶病害,因此,分段处理时,要综合考虑岩溶的隐伏性、多变性、勘探资料的精确性及水文地质条件的变化,避免分段过于零碎,消除隐患。

在覆盖土层内注浆时,要注意注浆区域附近是否存在既有建筑物。如有,要在注浆区域与建筑物之间设置止浆帷幕,避免因浆液侵入既有建筑物地基,对建筑物的稳定产生不良影响。

13.2.6 路基基底注浆加固宽度,需考虑路堤、路堑边坡及挡墙的稳定性。本条对一般情况下路基基底注浆加固宽度进行了规定,当路基基底范围附近存在大型地下溶洞时可按如下评价方法:

地下溶洞距路基坡脚的安全距离,可保证即便洞顶坍塌呈漏斗形,也不致危及路基安全,可按坍塌时岩土扩散角的计算公式计算:

$$L=H\times\cot\beta \quad \text{(说明 13.2.6—1)}$$

$$\beta=\frac{1}{F}\left(45^\circ+\frac{\varphi}{2}\right) \quad \text{(说明 13.2.6—2)}$$

式中 L——溶洞顶板坍塌边界距路基坡脚的最近水平距离(m);

H——溶洞顶板厚度(m);

β——坍塌扩散角(°);

F——安全系数,取1.10~1.25;

φ——岩石的内摩擦角(°)。

溶洞顶板以上有覆盖土层时,岩土界面处用土体稳定坡率(综合内摩擦角)向上延长坍塌扩散线与地面线相交,路基边坡坡脚一般要在距交点不小于5 m以外范围,不能满足时,可采取收坡或稳定坡脚的处理措施。

13.2.7 注浆孔距和注浆段的单位注浆量等与溶蚀发育程度、溶隙、溶缝的连通性和浆液浓度有关,波动范围较大,因此强调通过现场试验确定。电气化铁路岩溶病害采用注浆加固时,其注浆孔位布置要注意钻机塔架避开接触网输电线危险区。

注浆水泥一般采用42.5普通硅酸盐水泥。对酸性地层及地下水地段,可采用抗酸水泥等特种水泥。对于空溶洞注浆加固,实践证明,浆液中掺一定量的砂、粉煤灰等物质,其加固效果很好,且可以节省工程造价。遇以下特殊情况时,一般采用水泥—水玻璃双液注浆:

(1)当地下水流速大于200 m/d,用双液速凝;

(2)水泥单液地表冒浆时,用双液封堵;

(3)注浆已超出有效范围或整治范围,浆液扩散过远时,用双液控制;

(4)为提高工作效率,缩短需清孔再注浆的时间,用双液增效;

(5)岩溶垂直裂隙贯通性好,浆液渗流太深,用双液处理。

根据多年实践,其水泥与水玻璃重量比不大于(1∶0.2)~(1∶0.1)[体积比约(1∶0.1)~(1∶0.05)]。

注浆压力通过现场注浆试验确定,一般为0.1 MPa~0.5 MPa,压力最大时可达1.5 MPa

以上；对覆盖土层、溶蚀裂隙发育带及埋深大的溶洞、土洞，注浆压力要取较大值。

单孔注浆结束条件：当注浆达到以下标准之一时，可以结束该孔注浆，并及时用水泥砂浆封孔：

(1)持续注浆压力维持在0.2 MPa左右，吸浆量不大于40 L/min维持30 min；

(2)冒浆点超出注浆范围3 m~5 m时；

(3)单孔注浆量达到平均注浆量的1.5~2倍，且进浆量明显减少时。

分段注浆结束标准：对基岩采用0.2 MPa~0.5 MPa压力闭浆20 min，土层及卵石土层采用0.1 MPa~0.3 MPa压力闭浆30 min可达到分段注浆结束标准。

13.2.8　对于路堑边坡上的干溶洞，洞内可用片石回填，洞口设干砌片石并用砂浆勾缝或采用浆砌片石封闭。对位于路基基底或支挡结构物基底的干溶洞，深度较浅时，用砂、碎石或片石等回填夯实，洞口用浆砌片石或片石混凝土封闭。

13.2.9　对于岩溶裂隙发育岩体破碎的路堑边坡，影响边坡稳定时，要进行边坡整体稳定分析，并采用支挡、预应力锚索、框架锚杆、浆砌片石嵌补支顶等加固措施提高整体稳定性；对裸露、突出的岩块进行锚固或主、被动防护网加固；边坡上小型溶洞、裂隙中的岩溶水引排至路基两侧的排水系统中；靠近天沟的溶洞、裂隙要回填、封闭，防止天沟水的渗漏。

13.2.11　岩溶水是危及路基安全的主要因素之一，以疏导为主，以往工程实践采用疏导措施，收到了良好的效果。对岩溶上升泉(上升泉、多潮泉、间歇泉等)不能堵塞。在以往工程实践中，由于堵塞了上升泉，造成路基翻浆冒泥、边坡坍塌等病害。如贵昆线乌速龙填方地段，路堤基底有两处间歇性上升泉，与邻近的一个约40 m的岩溶洼地有着水力联系，由于事先没有作处理，将路堤直接修在上升泉上，以至每逢雨季，路堤地基及坡脚受到上升泉涌水的浸泡冲蚀，引起了长约160 m的路堤边坡坍滑。处理时，先将上升泉附近的填土清除，然后填筑一层厚约1 m的片石，以利水流渗透，防止地基岩溶裂隙水由于毛细管作用上升软化路堤土体，再在片石层之上填筑土方，并在两处上升泉口分别增设半节涵洞和纵向排水沟，以引出季节性的岩溶水流，坍塌严重的一段路堤改作桥通过。经过处理以后效果很好，路基未见新的病害。

疏导、截围措施的内容及使用条件说明如下：

(1)疏导：在岩溶地段，地表水和地下水具有较强烈的侵蚀性，是使岩层溶解与破坏的主要因素。因此，在设路基时，必须注意调整地表流水，疏导洼地积水及地下水。一般采用排水沟、泄水隧洞、渗水暗沟、涵洞等建筑物以疏导之，防止地表水和地下水对路基的危害。水量很小时亦可在路堤下部用片石或其他透水性较强的材料填筑，以利水流渗透，防止积水危害路基。

(2)截围："截"是指沿垂直水流方向设置排水沟、截水渗沟、截水墙、截水隧洞等建筑物，截住水流是使其改变原有的流动途径。当路堑边坡上出露暗河，如水量不大时，亦可用急流槽将水流引入侧沟排出；当水流急或水量大时，则可在暗河上游距路堑一定距离处设浆砌片石截水墙，并开挖一新的通道，将水流引入附近的沟谷中。"围"是指在岩溶洞穴顶部周围设浆砌片石围墙，或设浆砌片石水沟围截地表水，不使地表水进入岩溶洞穴中。洞穴很大很深，附近又缺填料时，可用此法处理。当洞穴平时为落水洞，雨季期间由于地下河排泄条件不良，暂时又可能转变为上升泉时，也可用此法处理。围墙高度要根据上升泉压力大小和水头高度而定。

13.2.12 路基通过封闭的溶蚀洼地时,往往破坏原有地表水系,有的路堤是直接掩盖了落水洞,造成路基病害。因此,排泄封闭的溶蚀洼地的地表水很重要,要在查清水情的基础上,做好疏导工程,使地表水畅通。当洼地四周地形不高时,可在较低处开挖排水沟;当洼地四周地势较高或开挖排水沟较长时,则可选择适当位置开凿泄水洞,将洼地内的地表水引入邻近沟谷排走。对不可避免受雨季期间积水浸泡的路堤,其浸水部分要用水稳定性较高的中粗砂、碎石、不易风化的石块等作为填料。

宜万铁路对大型封闭洼地套落水洞地段的岩溶路堤,采用了基底填筑不同级配的渗水填料与设反滤层结合、维持原排水通道畅通的方法。在路基流量较大的落水洞处,则设涵引水归槽入洞。

13.2.13 宜万铁路在处理通过裸露型岩溶地段封闭洼地落水洞或裂隙发育的岩溶路堤时,采用在路堤基底垫层内铺高强度双向土工格栅加无纺土工布增强路堤稳定性,取得了较好效果。

13.3.1 已废弃和调查访问无法查明的采空区,要通过地表变形勘查和综合物探与钻探相验证的综合勘探方法,查明采空区地表形态、顶板岩土性质、坑道埋藏深度和走向,坑洞截面尺寸及填充情况等,作为基底稳定性分析的依据,确定地基加固边界和加固措施。

13.3.2 铁路路基无法绕避小型采空区,要通过坑洞顶板稳定性的力学计算,对变形影响区域进行稳定性评估,以确定地基处理范围及加固深度。

小型采空区,坑洞顶板为土层时,坍塌扩散线的倾角(β),采用土体稳定坡率(综合内摩擦角),取值范围参考《铁路工程地质手册》(1999年修订版)第四篇第四章第四节表4-4-9崩坏拱φ表。

普氏崩坏拱法适用于深埋的松散岩土,坑洞两侧有侧压力存在,顶板岩土崩落时向两侧、向上扩展至崩落体边缘线的坡率达到φ角时停止。当顶板厚度较大,由松散土层和岩层构成时,崩落在地表的影响,还延伸至岩石移动角的影响范围。

(1)采空区埋藏较浅、顶板为松散岩土时,路基横向处理范围:路基坡脚外预留5 m~15 m宽的安全距离,从这点以塌陷时的扩散角β为俯角,向下连线至与坑洞底板相交,其交点即为路基基底处理的边界,如说明图13.3.2(a)所示。沿路基走向的处理长度,如说明图13.3.2(b)所示,按式(说明13.3.2—1)~式(说明13.3.2—4)计算确定,加固深度至采空区底板。

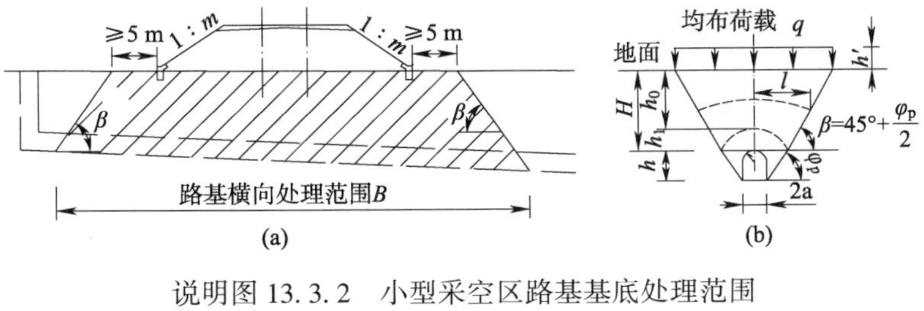

说明图13.3.2 小型采空区路基基底处理范围

$$l=a+h\cdot\tan(90°-\varphi_p)+\frac{H}{2}\tan(90°-\beta) \qquad \text{(说明 13.3.2—1)}$$

$$\beta=45°+\frac{\varphi_p}{2} \qquad \text{(说明 13.3.2—2)}$$

$$\varphi_p = \arctan\left(\tan\varphi + \frac{c}{p}\right) \quad \text{（说明 13. 3. 2—3）}$$

$$p = \gamma \cdot l \left[(h_0 + h') + \frac{l}{3f_{kp}}\right] \quad \text{（说明 13. 3. 2—4）}$$

式中 φ_p——顶板岩土的综合内摩擦角(°)；

φ——顶板岩土的内摩擦角(°)，无试验资料时，可参考说明表 13. 3. 2—1 选用；

c——顶板岩土的黏聚力(kPa)；

p——垂直压应力(kPa)；

γ——顶板的天然重度(kN/m^3)；

f_{kp}——顶板岩石的坚实系数；

h'——均布荷载换算高度(m)；

h_0——地面至破裂拱天然高度(m)；

a——沿线路走向采空区长度的二分之一(m)；

h——采空区的高度(m)；

H——采空区顶板厚度(m)。

说明表 13. 3. 2—1　崩坏拱顶板岩土的内摩擦角 φ 值

围岩类别 / 项目	Ⅰ	Ⅱ	Ⅲ	Ⅳ	Ⅴ	Ⅵ
内摩擦角 φ	>78°	67°~78°	55°~65°	43°~54°	31°~42°	≤30°
滑动面摩擦角 θ			≥0. 9φ	(0. 7~0. 9)φ	(0. 5~0. 7)φ	

(2)采空区埋藏较深、顶板厚度较大时，要根据调查、勘测资料结合坑洞的宽度、高度，顶板岩体性质、地面变形程度、稳定性计算等综合考虑，处理范围要考虑岩层移动角的影响宽度。

①沿线路走向的处理长度按式(说明 13. 3. 2—5)计算确定：

$$l = a + h \cdot \cot\varphi + \frac{H_{上}}{2}\cot\beta + \frac{H_{下}}{2}\cot\gamma \quad \text{（说明 13. 3. 2—5）}$$

式中 φ——采空区上覆表土移动角(°)；

$H_{上}$——上山方向采空区上覆岩层厚度(m)；

$H_{下}$——下山方向采空区上覆岩层厚度(m)；

β——矿区所采用的采空区上覆岩层上山方向移动角(°)；

γ——矿区所采用的采空区上覆岩下山方向移动角(°)。

②路基地基加固宽度为路基底宽(D)、路基两侧围护带宽度($2d$)、采空区上覆岩土影响宽度三部分，按式(说明 13. 3. 2—6)~式(说明 13. 3. 2—8)计算确定：

$$B = D + 2d + 2h\cot a + H_{上}\cot\beta' + H_{下}\cot\gamma' \quad \text{（说明 13. 3. 2—6）}$$

$$\cot\beta' = \sqrt{\cot^2\beta \cdot \cos^2\theta + \cot^2\delta \cdot \sin^2\theta} \quad \text{（说明 13. 3. 2—7）}$$

$$\cot\gamma' = \sqrt{\cot^2\gamma \cdot \cos^2\theta + \cot^2\delta \cdot \sin^2\theta} \quad \text{（说明 13. 3. 2—8）}$$

式中 B——路基横断面地基处理宽度(m)；

D——路基底面宽度(m)；

d——路基一侧围护带宽度(路基坡脚外预留的安全距离)，高速铁路无砟轨道铁路路基不小于 15 m；

h——基岩上覆土层厚度(m)；

β'——矿区所采用的采空区上覆岩层上山方向斜交移动角(°)；

γ'——矿区所采用的采空区上覆岩层下山方向斜交移动角(°)；

δ——矿区所采用的采空区上覆岩层沿岩层走向的移动角(°)；

θ——路基坡脚线与矿层走向线构成的锐角(°)。

计算式(说明 13. 3. 2—4)中的顶板岩层坚实系数等级见说明表 13. 3. 2—2。

说明表 13. 3. 2—2　岩层坚实系数等级表

顺号	工程地质特征	代表性岩层	坚实系数	重度 (kN/m^3)	内摩擦角 φ(°)
1	很坚实致密、无节理和未风化的完全没有地层压力的岩层	如很坚实的花岗岩类及花岗岩、石英斑岩、硅质页岩，最坚实的砂岩及石灰岩	≥15	26~30	—
2	坚实致密和未风化的岩层，但在坑道顶有小的裂缝，可能有不大的局部垂直压力，无侧压力	如坚实的石灰岩，不坚实的花岗岩，坚实的砂岩及大理岩、白云岩、黄铁矿	≥8	25	80
3	尚坚实致密及风化轻微的岩层，有不大的垂直压力，无侧压力	如普通砂岩，铁矿	6	24~25	75
4	尚坚实致密及风化轻微的岩层，有不大的垂直压力，无侧压力	如砂质页岩，薄层砂岩	5	24~25	72. 5
5	中等坚实的岩层，有不大的垂直压力，没有侧压力，或只有很小的侧压力，岩层块体可能沿着成层面和沿着节理脱落，但地层压力不大，并已收到风化的岩层	如坚实的黏板岩，不坚实的砂岩和石灰岩、软砾岩	4	24~28	70
6	中等坚实的岩层，有不大的垂直压力和很小的侧压力	如不坚实的页岩，致密的泥灰岩，密实胶结的黏土	3	25	70
7	尚软的岩层，有较大的垂直压力和很小的侧压力	如软页岩和石灰岩，冻土，普通泥灰岩，胶结的卵石土和砾石土，块石土	2	24	65
8	尚软的或破碎的岩层，有大的垂直压力，有较大的侧压力	如碎石土，破碎页岩，黏结的卵石土和碎石土，硬化黏土、硬煤	1. 5	18~20	60
9	软的或破碎的岩层，有很大的垂直压力和侧压力	如密实黏土，普通煤(f= 1. 0 ~ 1. 4)，密实的冲击土、黏性土	1	18	45
10	粒状及松软的岩层，有极大的垂直压力和侧压力	如湿砂、黏砂土，种植土、泥炭土，轻砂黏土	0. 6	15~16	30

13. 3. 5　石长线在歇驾山石膏矿采空区地段，对地表已出现沉陷变形、施工无法进入采空巷道的地段，采用注浆加固措施。注浆加固的区域根据地表变形测绘和综合地质勘探成果划定；处理边界结合坑洞宽度、高度、坑道走向，顶板厚度及岩土体的性质等综合条件，由稳定性检算等确定。施工步骤：

(1)在处理边界处通过孔白坑道内灌注 C15 混凝土形成混凝土止浆坝,钻孔间距按双排交错布置,横向 3 m,沿线路纵向孔距5 m、按三角形布置;灌注压力按不小于地下水头高及灌注工艺通过工艺试验确定;

(2)在止浆坝内侧采空区先孔内灌注中粗砂夹 10% ~20% 的碎石或卵砾石;

(3)灌注中粗砂无法填充的空隙,采用压力注浆,灌注饱满。

13.3.6 人为洞穴是人工开挖所留下的空洞,要在施工前详细探查,妥善处理,避免在施工或运营中发生路基病害。

对埋藏较浅的人为洞穴的处理,可采用开挖、回填、夯实的措施;埋藏较深时,可采用灌土浆、砂浆、混凝土浆或桩板结构等措施。

13.3.7 洞穴所产生的沉陷和坍塌,除与上覆岩层或土层的强度不够有关外,还与地下水的波动有关,因此强调不可以采用引排地下水的措施。

14.1.1 沙漠是沙质荒漠的简称,是地球上以风成沙物质和沙丘覆盖地表的特定区域,分布于干旱和极干旱地区的荒漠领域。

戈壁是地面组成物质以粗砂、砾石、基岩为主的砾质荒漠,气候变化剧烈,风力作用强烈。风沙流中沙物质以粗颗粒为主,平均粒径大于沙漠地区,常混杂 30% ~40% 细颗粒。

沙漠化是指在干旱、半干旱和部分半湿润地区,由于受自然因素或人类活动的影响,破坏了自然生态系统的脆弱平衡,使原非沙漠的地区出现了以风沙活动为主要标志和类似沙漠景观的环境变化过程,沙漠化地表一般以粉、细砂为主。简言之,沙漠化也就是沙漠的形成和扩张过程。

14.1.2 风沙活动强烈地段、大风频繁地段和山前风影地段是铁路风沙灾害发生的主要路段,流沙掩埋铁路现象时有发生,严重威胁着列车的安全运营。虽然铁路运营部门投入大量的人力、物力和财力多次进行了防沙工程补强及维养,但由于防沙工程时效性短,维养任务艰巨,不能保证一劳永逸。因此,线路走向要绕避上述地段。当无法绕避时,结合后期沙害维养难度和成本,通过经济技术比选,考虑采用合适的防沙工程措施类型或桥梁、明洞等合适的工程结构。

曲线地段由于受外轨超高等的影响,当列车运行速度在不利工况情况下,容易引起列车翻车,且线路在转弯处气流会发生分离现象,形成涡旋流,容易积沙,因此,选线时要尽量避免小半径曲线。

14.1.3 铁路产生沙害的直接原因是路基工程改变了原微地形地貌,导致风沙流平衡状态发生改变,产生风蚀和风积现象。一般情况下,路基工程对气流的扰动程度越大线路沙害就越严重。因此,合理的路基断面形式是防治线路沙害的关键。

路堑和零断面属易积沙断面。当风沙流通过路堑时,气流在路堑内形成涡旋流,携沙能力大幅度下降,致使大部分沙粒沉积在线路上,路堑越深则积沙越严重,且堑内不易清沙,特别是深长路堑内的清沙工作十分繁重;在零填零挖断面地段,气流受钢轨的阻碍作用,在钢轨之间形成弱风区,近地表流沙很容易沉积在钢轨之间,有时一场大风后路基即被积沙掩埋,严重影响行车安全。

与路堑和零断面相比,合理的路堤高度可以大幅度减轻线路沙害。当风沙经填方地段时,过流断面减小,气流被压缩,路堤顶面风速增大,气流携沙能力增强,路堤顶面不易积沙,人工清沙也较容易,同时风沙流主要在路基坡脚积沙,一次强风沙天气不容易掩埋铁路路基。因此,为避免积沙而言,路堤是一种最好的断面形式。但随着路堤的增高,工程投资增加,且高度超过 6 m 时路基顶面出现回流,容易产生积沙,所以对路堤的高度做出相应控制规定。

大风对列车的影响在路堑里要比在路堤上小得多,但是路堑地段容易积沙。在路堤地段设置合理的防风结构后,可以大大降低风荷载影响。但是在路堤、路堑过渡地段,由于风场发生变化,防风结构不易针对性设置,影响列车运行平稳,所以要尽量避免。兰新第二双线相关研究表明,路堑地段轨面至地面高度达到4.4 m 后,大风对列车运行、影响较小。

固定、半固定、低矮沙丘带和地下水位较浅地段,植被覆盖度较高,地表流沙基本稳定,易于设置防沙工程。沙丘背风侧属于弱风区,易于积沙,要将线路设置在背风坡一定距离;戈壁地区主要为过境风沙流,大风风口地段,风沙流活动强烈,线路要绕避;土地沙漠化迅速和大面积严重沙漠化土地沙源丰富,风沙流活动强烈,线路易被积沙所淹没,不能设置在该地段。

14.1.4 基于沙害成因的特殊性、多变性,风沙防护工程很难做到一劳永逸,沙害的治理应该是一个长期持久的过程。

(1)铁路沙害程度与风沙严重程度不是完全一致的。严重风沙地段,如及时得到了治理,沙害轻微,甚至没有;轻微风沙地段,如不治理,可能造成严重沙害。

(2)同样的沙害对铁路运营的影响也不相同。高速铁路路基面积沙在列车通过时,会卷入车体,严重威胁高速列车运行安全性;积沙影响道岔的正常使用;股道间严重积沙在雨天有可能会造成股道间连电,扰乱正常的行车秩序;扣件被风沙掩埋,轨道精调时造成螺栓无法拧紧,沙石的进入会严重损坏螺栓孔内部结构,因此高速铁路风沙防护的目标是路基面不得积沙。

对于其他铁路,沙害程度主要根据路基积沙给运营带来的危害大小而划分。(1)严重(一级)沙害:路基积沙掩埋轨头,危及行车安全;(2)中等(二级)沙害:路基积沙掩埋扣件,影响巡道及养护作业;(3)轻微(三级)沙害:积沙掩埋道床,污染道床,引起线路病害。对于Ⅰ级铁路,要尽量避免轻微沙害发生。

(3)路基等建筑物修建易引起微地貌改变,风沙对路基的危害程度也会产生变化。尤其是戈壁风沙流地区,前期勘察期间未见流沙,但在铁路工程建成后沙害严重。因此,勘察设计阶段要设置风沙流监测设备,根据现场监测数据,并结合路基形式和微地形地貌等,按照近期与远期结合,分步实施的原则进行,使防治工程更具有针对性,同时减少防沙工程投资。

(4)通车初期,由于施工破坏部分地表粗化层和植被,引起轻微沙害,可在运营管理中逐步整治。防沙治沙不要限于铁路建设过程,在运营过程中也要予以高度重视,降低风沙对铁路线路的危害程度。

14.1.5 由于铁路沿线的防风工程、防风沙工程属于薄壳结构,在风沙荷载作用下很短时间内就会发生破坏,而且铁路运营安全责任重大,与房建工程存在较大差别,因此最大风速取值按照 1 分钟平均风速的最大值。

14.1.6 工程防沙措施优点是见效快、施工简便、便于就地取材,不足之处是防护周期短,很难做到一劳永逸,在铁路运营初期往往经历几年就会被沙埋失效,需要不断维修养护。因此,本次修编提出防护工程设计年限,运营 5 年后的防沙工程设计和资金投入要主要由工务部门负责,根据现场具体沙害情况进行及时、适宜的维护、完善。

14.1.7　在风沙地区,路基土石方要尽量移挖作填,减少取、弃土工程。如必须设置时,弃土堆、取土坑要设在背主导风向侧,以避免被主导风吹蚀或积沙掩埋路基。

取土坑、弃土堆的位置对路基防沙的影响较大,如取土坑距离路堤太近,则路堤坡脚易遭风蚀,造成边坡不稳定。弃土堆距离堑顶太近,则积沙易掉入堑内,直接威胁路基安全。因此取土坑、弃土堆设置要离开路基一定的距离,必要时还要采取防护措施。当设置在迎主导风向侧时,要将取土坑与弃土堆分别筑成截沙沟和挡沙堤进行工程防沙,截沙沟和挡沙堤表面必须增加防风蚀工程处理措施。

14.1.8　线路附近地表原有植被和地表硬壳,为天然固沙层,在施工时不要破坏,并禁止在线路两侧一定距离内剥皮取土,或随意挖取和践踏,以免破坏原有稳定地表,使沙害加重。对破坏部分还要进行恢复和采取必要的防护措施。

14.1.9　通过现场监测,在掌握大风特征、风沙流结构特征、年均输沙量等因子的基础上,有针对性的设置沙障高度和措施强弱,实现工程经济合理设计的原则。

14.2.1　根据现行规范规定,设计时速 250 km 及以上的高速铁路,基床厚度无砟轨道为 2.7 m,有砟轨道为 3.0 m;设计时速200 km 的客货共线铁路基床厚度为 2.5 m。由包兰、兰新、沙通等线的调查表明,路堤高度不足 1 m 时,积沙较为严重。因此根据基床填料要求、沙害影响确定最小路堤高度。

14.2.2　沙漠地区可用常见填料以粗砂、中砂、细砂、粉砂为主,按《铁路路基设计规范》TB 10001,其分组见说明表 14.2.2。

说明表 14.2.2　砂类土填料细分表

分类	颗粒名称	级配	细粒含量
B1 组	粗砂、中砂	良好	<15%
B2 组	粗砂、中砂	间断	<15%
		—	15%~30% 粉土
B3 组	粗砂、中砂	均匀	<15%
		—	15%~30% 黏土
C1 组	粗砂、中砂	—	30%~50% 粉土
C2 组	粗砂、中砂	—	30%~50% 黏土
	细砂	良好	<15%
C3 组	细砂	间断或均匀	<15%
	粉砂	—	—

14.2.3　包西铁路开展了风积沙物理改良的试验研究,掺和料为粉土,采用风积沙：粉土(体积比)1：0.5~1：2 四种不同掺量,进行了填筑、碾压试验。试验结果表明,随着粉土掺量增大,含水率增大、塑性指数减小、干密度增大、压实度及地基系数增大。掺配比 1：1.5~1：2 时,碾压 6 遍,即可满足压实标准。

14.2.4　砂类土填料无黏聚力,上部道砟、AB 组颗粒填料在施工及运营过程中,容易压入、破坏,因此补充本条。

14.2.5　用粉细砂填筑的路堤,由于填筑压实过程相对困难,透水后密实度变化较大,高路堤运营后多有下沉情况,因此建议路堤高度超过 6 m 时,路基两侧适当予以加宽。

风积沙填料黏粒含量很少,渗透系数大,黏聚力趋近于零,碾压方法采用洒水振动碾压和水坠碾压。碾压层容易浮化松散，因此检测取样位置要在压实表面以下 10 cm～15 cm处。

14.2.6 大风地区，风力强大，对路基风蚀作用强烈，不论用卵石土、碎石土、粗砾土或石质弃渣等填筑的路堤，均有不同程度的风蚀，特别是路肩和边坡上部最严重。故采用碎石类土等作填料时，要对路基面宽度每侧适当加宽。细粒土边坡及路肩均要采取防护措施。

14.3.2 风沙地区粉、细砂路基，边坡坡率不要陡于自然安息角。风成沙的自然安息角一般在 28°～32°之间，相应的坡率约为1∶1.5～1∶1.75。考虑到机车振动及自然因素对路基稳定性的影响，路基边坡坡率不陡于 1∶1.75，高度超过 6 m 时，适当提高其稳定系数，采用 1∶2。因变坡后坡面易积沙，且施工较困难，也不易保持，故均采用一坡到顶的直线型。

14.3.3 路堑越深，边坡越陡，积沙越严重。因此，沙漠地区选线时，应力求避免路堑，无法避免时可采用展开式浅路堑。戈壁地区活动沙粒虽然不丰富，但分布范围广，加之风沙流活动的空间高度比沙漠地区高（据玉门铁路防沙组在玉门一带观测，平均可达1.8 m），故一般拦截措施难以见效。浅路堑易于积沙，做成展开式后，可使风沙流较平顺地越过路堑。即使有部分积沙现象，也可在较平缓的边坡上停留下来，不致直接危害线路。

14.3.4 沙漠地区年降水量不大，但雨量集中，常出现暴雨。以包兰线沙坡头为例，1954 年至 1962 年间，年平均降水量为 202 mm，而 1958 年 7 月 25 日，1 h 内集中降水 45 mm，使一碗泉路基被破坏。沙层渗透系数虽较大，但当其表面有因积水形成的黏性土结皮时，则渗透能力大大降低。故一般情况下要设置排水设备。由于沙粒或沙性土沟壁易坍塌，不能保持沟的形状，故同时还要加以铺砌加固。

如果一次降雨能为沙层吸收渗透，不产生径流，则路基可不作排水设施，即路堑不设侧沟，路堤不设排水沟。

14.3.5 路堑易于积沙，为防止少数越过防护工程的沙流及堑坡局部风蚀物侵入道床，要在两侧留出平台。平台虽不能防止或减少积沙，但可供积沙暂时堆存，起到防止积沙掩埋钢轨的缓冲作用。平台宽度视当地风沙流活动强度、边坡高度及路堑长度而定，一般不小于 2 m。大风区当风力出现较大频率时才产生沙害，因而在浅路堑或半填半挖路基地段，可以采用大型积沙平台的路堑断面形式，平台宽度可按一次暴风（南疆线吐鱼段为 30 年一遇的大风）带来的沙量确定，一般不小于 3 m。

14.4.1 风沙流通过路堤时，在迎主导风向侧下部气流明显减速，路堤坡脚风速最小，由坡脚向路肩逐渐增大，路肩处风速最大；背主导风向侧风速则由上而下递减，部分沙粒从气流中跌落堆积，故以粉、细砂填筑的路堤，迎主导风向侧上部易受风蚀，路肩最为严重，常被吹蚀成浑圆状，坡面呈风蚀槽，使路肩宽度不足，甚至轨枕头外露，危及行车安全。背主导风向侧因气流涡旋作用，坡面上部被掏蚀成凹槽和小坑，边坡下部形成堆积。因此，粉、细砂作填料的路堤，其路肩和边坡要进行防护。

当风沙流越过路堑时，产生涡旋作用，堑内风速降低，背主导风向侧风速由堑顶向坡脚处锐减，迎主导风向侧坡脚向堑顶逐渐增加，因此，粉、细砂路堑边坡易遭风蚀，堑顶最为严重，随路堑的加深而逐渐减轻，迎主导风向侧受到风力冲击最大，坡面被掏蚀成凹坑。路堑风蚀造成边坡坍塌，沙粒堆积在坡脚平台上，甚至侵入道床影响养护作业和行车安全，所以，粉、细砂路堑坡面要进行防护。

大风区路堤采用粉细砂填筑时，全坡面要进行防风蚀防护；采用其他填料时，边坡高度不大于 3 m 要全坡面防风蚀防护，边坡高度大于 3 m 要对上部 2/3~3/4 高度且不小于 1.5 m 坡面防风蚀防护。

大风区是指 8 级风及以上出现的日数占全年日数不小于 23% 的地区，风力强大是指常年有 10 级以上大风。

14.4.3 植物防护要以种植灌木为主，在具备植草条件下可采用草灌结合防护。草种、灌木要选择适应性强、耐干旱、抗风蚀、茎秆低矮、根系发达的沙生植物，还要结合防风固沙林带统一考虑。

14.4.4 路基边坡防护的途径有多种，常用的防护类型主要有下列几种形式，介绍如下：

(1) 卵石土、碎石土、粗砾土包坡：粉、细砂边坡高度 $h \leqslant 6$ m，粉土 $h \leqslant 8$ m 的地段；包坡厚度一般采用 0.2 m。

(2) 黏性土包坡：适用黏性土丰富、雨水较少，边坡高度不大于 6 m 地区，其缺点是容易开裂剥落，故要采用塑性指数为 10~20，含沙量小于 10% 的土质为宜；如塑性指数大于 20 时，可掺入适量的沙，以防止土中水分蒸发后，产生龟裂剥落，包坡厚度一般为 0.2 m。

(3) 栽砌卵石方格护坡：卵石方格的尺寸一般采用 1 m×1 m，卵石直径不小于 10 cm，方格内平铺小卵石、粗砾石。

(4) 空心砖：边坡高度一般不大于 5 m，大风区、风蚀严重地段空心砖边长要适当减小，高度不小于 15 cm。有植物防护条件时，空心砖可植草；无植物防护条件，有必要时，砖内可夯填水泥改良土或其他抗风蚀材料。

(5) 水泥砂浆与沥青胶砂块板护坡：当地砂类土与水泥或沥青预制成砂浆块板，适用风蚀较严重的路堤和路堑边坡，边坡高度一般不大于 8 m，砂浆块板尺寸一般为 0.5 m×0.3 m×0.05 m。

(6) 骨架护坡：边坡高度一般大于 3 m，一般不带截水槽，骨架间距 2 m~4 m，厚度一般 0.4 m，可与植物防护、及(1)~(4)种防护结合使用。

(7) 干(浆)砌片石护坡：适用石料来源丰富、风蚀较严重的路堤和路堑边坡，边坡高度一般大于 3 m，防护厚度不小于 0.3 m。

(8) 土工材料边坡防护：适用易风蚀、坍塌的路堤和路堑边坡，材料可采用立体植被防护网、土工网、土工网垫、土工格室等。

(9) 化学防护：是采用固化剂、土工合成材料与高分子化学材料固结活动沙体以取得治理作用。

路基边坡因防护线长、用料量大，其防护材料的选择，要根据当地情况就地取材，因材施用。并优先选用粗颗粒土，如卵石、碎石、砾石、卵石土、片石等坚实耐久、抗风蚀力强的材料做防护层，以达到既防风蚀又节省投资的目的。

14.4.6 如施工紧急，运输困难，可先用草席、土工合成材料等作临时防护，待通车后，再远运防护材料，更换成永久性防护。

14.5.1 铁路风沙平面防护的目标主要包括：轨枕扣件及道床范围不要产生积沙；线路列车运行范围空间内不能超过 8 级以上的含沙砾气流通过；线路两侧 500 m 范围内沙丘不能产生移动；所有防护工程必须稳固并不要被风卷入道床引起安全事故；线路两侧养护通道要保持通畅。

防沙工程主要有工程措施和植物措施。工程措施见效快，不受环境条件的限制，但周期短，很容易被积沙所掩埋。植物措施见效慢，在环境恶劣的条件下难以实施，但周期长，只要维护得当,保障植物的覆盖度,就能够彻底解决沙害。因此,在环境条件允许的情况下,首选植物防沙。铁路沿线环境恶劣,植物无法成活时,要采用工程防沙。

风沙平面防护内容主要包括:防沙措施类型、结构形式、设计高度、布设位置、透风率、基础埋深等。风沙平面防护设计要首先充分掌握铁路沿线风速、风向随时间、地点的变化规律,最好能有至少2年的风沙观测数据积累,根据观测到的风沙数据,确定相应的最大的风速,并根据设计风速目标进行全段区划,并选择防沙措施类型,计算基础埋深,确定沙障的透风率与设计高度,根据2年不同季节的风向确定各种措施的布设位置等。

风沙流是造成铁路沙害的主要因素,掌握其规律是高效防治沙害的关键。然而风沙流具有明显的地域性,例如,沙漠地区风速小、沙源充足,风沙流很容易达到饱和状态,携沙高度小,较低的阻沙沙障就可以有效阻拦风沙流;戈壁地区风速高、沙源相对较少,风沙流经常处于非饱和状态,携沙高度为沙漠地区的2~3倍(中铁西北科学研究院有限公司在兰新铁路风沙流监测中,发现9 m处仍存在粒径较大的颗粒),较高的阻沙沙障才能有效拦截风沙流。沙漠地区风速小,可以采用抗风能力弱的沙障,例如HDPE网沙障、芦苇方格沙障等;而戈壁地区风力强劲,要选择抗风压能力强的沙障,例如冲孔钢板沙障、钢筋混凝土沙障等。

沙障基础的埋深决定着防沙工程的稳定性,当沙障埋深不足时,在风力作用下很容易失稳,导致防沙工程过早失效,影响防沙效果。因此,沙障设计前要根据监测数据验算抗倾覆性,合理确定基础埋深。

输沙量和防沙体系的阻沙率是决定风沙防护设计年限和风沙防护措施强弱的关键因子。在严重风沙地段防护设计前建立试验段,详细监测年均输沙量与不同防沙体系的阻沙率,在此基础上估算经过防护措施到达线路积沙量,评价防沙体系的效益,科学合理的进行防沙设计。

由于铁路属于线性构筑物,跨度大,沿线风沙环境和水文地质条件不同,为节约防沙工程投资,要根据监测数据分段进行防沙设计。

14.5.2 铁路沿线防护带主要由阻沙措施、固沙措施和输沙措施组成,阻沙措施主要用于阻拦过境风沙流,固沙措施主要用于固定本地沙源,但有害风向与线路小角度相交时,可根据现场实际情况将阻沙措施和固沙措施结合使用。戈壁地区主要以过境风沙流为主,故防沙工程要以高立式阻沙沙障为主。输沙措施对区域环境要求较高,应用之前要经过合理性论证。

14.5.3 湿沙层是指在流动沙丘地区,表面干沙层的厚度一般不超过10 cm,在10 cm以下,水分含量逐渐增大,到40 cm的深处,水分含量可达2%以上,这就是湿沙层。在有水源可利用或年平均降水量大于250 mm的地区,可以采用植物治沙;在年降水量为100 mm~250 mm,且湿沙层含水率大于2%的地区,要结合工程措施采用植物固沙。

14.5.4 沙漠地区铁路防护宽度,是多年来一直有争议的问题,沙障设置过宽,会造成人力物力的浪费,过窄则防护效果较差,路基出现风沙灾害,危及行车安全。防护措施的设置宽度或范围的大小,不仅涉及防沙效益,更涉及资金的投入、施工周期及其后期维养等诸多方面。根据沙漠铁路防护现状调查,有些流动沙丘严重地段,防护宽度已经超过1 000 m,有些戈壁风沙流地区由于采取了很有效的阻沙措施,宽度100 m也起到了很好的效果。原规范确定的防护宽度(见说明表14.5.4)依据包兰线移动沙丘特征、气候条件、防护体系确定,对于戈壁风沙流、沙漠化土地并不一定适宜,因此本次修编取消了防护宽度的具体规定，具体根据具体地形、风沙特点、风向、危害程度、对铁路的影响程度、采用的防护结构体系等，由设计单位综合确定。

说明表 14.5.4　防沙体系宽度

风沙危害程度	防沙体系宽度(m)			
	迎主导风向侧		背主导风向侧	
	防护带	植被保护带	防护带	植被保护带
严重	250~300	不小于400	100~200	不小于150
中等	150~200	不小于300	100	不小于100
轻微	100	不小于200	50	不小于50

现阶段多条线路的防沙思路是基于沙漠地区的风沙研究成果，由于风沙流携沙高度低，大部分沙粒集中在1 m以下，且大型施工机械不易进入，阻沙措施的设计高度一般在1 m~1.5 m，风沙活动强烈的地区均设置多排沙障来提高阻沙效率。但在戈壁地区风沙流携沙高度高，即使设置多排沙障，防沙效率也没有大幅度提高。其主要原因是沙障高度较低，大部分沙粒跃过沙障沉积在线路上形成沙害。现场监测和室内模拟表明，防沙措施的高度是影响防沙效率高低最主要的因素，只要基于现场监测数据和数值仿真分析合理设置阻沙措施的高度，就能够有效的解决沙害。因此，在携沙高度较高的路段，要通过增加沙障高度来提高沙障的防沙效率。

14.5.5　采用植物防沙时，要采用合理的建植条件，确保植物的成活率。

1　树(草)种要选择生长良好、固沙能力强的当地沙生植物，引种外地树(草)种时，要经过栽培试验，成功后推广应用。采用当地植物，一般能适应当地的自然环境，较为稳妥可靠，且种源也有保证，但还须注意选择生长较快、覆盖度较大的物种。各种植物的选择要与当地气候及生长条件相适应。

2　植生袋也称生长袋、绿生袋、种子袋等，是指用无纺布、纤维棉、木浆纸、麻制品等为载体制成镶嵌有植物种子的夹层，再与聚乙烯编织网等材料相连接而制成的有一定规格的袋子。

植生带是采用专用机械设备，依据特定的生产工艺，把草种、肥料、保水剂等按一定的密度定植在可自然降解的无纺布或其他材料上，并经过机器的滚压和针刺的复合定位工序，形成的产品。

植被纤维毯是采用椰壳、棕榈纤维、麦秸、稻秸、聚丙烯等材料制作成为纤维毯，将草种、肥料、添加剂等按一定配比植入到纤维毯上，并经过滚压、针刺等定位工序，加工成为植被纤维毯。植被纤维毯可以直接铺设在平整好的土壤表面，用“∩”形锚杆固定即可，具有保墒保温、适应性强、施工速度快等优点。

3　植物防沙包括种草和种植乔、灌木。草本植物能够适应较差的自然条件，易于生长，枝条密集，能迅速固定沙面，但寿命不长；乔、灌木林带防风和截沙的作用较强，但一般需要较好的水分条件才能成活生长。所以，理想的植物防沙措施是乔、灌、草相结合，取长补短，达到较好的防风固沙效果。

造林方法有灌溉造林、半灌溉造林、旱生造林。具体根据降雨量、地表水和地下水资源，以及当地栽植经验确定。一般在邻近有地面水源或地下水源的地方，可引水、提水进行灌溉造林；在年平均降水量大于250 mm的地区采用半灌溉造林，植树初期5年内进行灌溉造林,树木成林后不再继续灌溉;在年平均降水量为100 mm~250 mm,湿沙层含水量大于2%的干旱地区,也可以营造旱生防沙林,但成林很慢。

4 在沙源较丰富和风力较大的铁路沿线,多采用稀疏结构林带。因紧密结构林带的上下都很稠密,中等风速几乎不能穿透,虽有利于防沙,但林缘及林中积沙现象严重,形成沙堆,压埋林带;通风结构林带不能有效的防沙,由于透风性大,造成林缘及林带中风蚀现象严重。而稀疏结构林带的防沙特点,介于上述两者之间,林缘和林带中沙埋、风蚀现象也较轻,故设计时,一般采用稀疏结构林带。

6 目前灌溉方式有明渠自流漫灌和暗管输水的喷灌、滴灌、微灌等。采用漫灌技术要求低,设施造价低廉,但水资源浪费较大,适用于水资源丰富的地区。喷灌是借助水泵和管道系统或利用自然水源的落差,水喷到空中,散成小水滴或形成弥雾降落到植物上和地面上的灌溉方式;节水效果较好,但在风力较大时,易产生喷水不均匀现象。滴灌是干旱荒漠地区营造防沙林的一种很好的灌溉方式,能够实现较高的水资源利用率。微灌是按照作物需求,通过管道系统与安装在末级管道上的灌水器,将水和作物生长所需的养分以较小的流量,均匀、准确地直接输送到作物根部附近土壤的一种新型灌溉方法,能够实现最大限度地节约用水,但是其管网造价偏高,不适合大范围推广。

14.5.6 固沙措施的作用原理主要是通过增加地表粗糙度的方式来降低沙物质的二次飞扬,通常适用于风蚀区,而风积区则很难出现沙物质的二次飞扬,所以可不设置固沙措施。在戈壁地区,受长期的风蚀作用,地表为粗颗粒物质覆盖,基本趋于稳定,一般情况下,很难出现沙物质的二次起动,故可弱化固沙措施。

14.5.7 阻沙措施主要是阻拦过境风沙流,将外来沙源拦截在线路之外。

1 从多年的现场实践来看,设计人员往往计算风沙流的风压按净风计算,如果安全系数不够大的话,往往造成隐患或者形成事故,因此要根据各地风沙流的特点,适当选择风沙流密度进行风沙荷载计算。

3 高立式沙障的阻沙效果与主要有害风向相关,当沙障与主要有害风向垂直时,防沙效率最高,故高立式沙障要与主要有害风向垂直。沙障距离线路太近,一旦沙障失效,沉积在沙障周围的流沙就会侵入线路,短时间内加剧线路沙害,影响行车安全,因此,高立式沙障要距线路一定的距离,一定程度上起到缓冲作用。

4 沙漠地区风速小,气流携沙高度低,沙障高度不能过高;戈壁地区风速大,气流携沙高度高,沙障高度不能过低。

5 设置多排沙障时,为了尽可能地发挥沙障降低风速的作用,排间距一般为障高的10~20倍。前缘沙障易被积沙所掩埋,不要使用永久性沙障。

6 挡沙堤实质上是一种不透风高立式沙障,用以拦截外来流沙,但其结构形式使得其对风沙流的扰动较弱,风沙流净化能力偏差,故一般适用于地形平坦的轻微风沙地段。在风沙灾害较为严重地区,可配合其他防护设施综合应用,如在挡沙堤顶部布设中立式HDPE网沙障,增加其阻沙效果;也可在前后一定距离范围内,布设其他阻沙措施,二者之间的距离小于20 m。

14.5.8 风沙平面防护系统按照使用功能可分为防火隔离带和养护通道。为防止防火带和养护带成为新的沙源,表面铺设卵石、碎石和粗粒土,颗粒粒径要满足防风蚀要求。

14.5.9 治理沙害,要消除发生沙害的原因,对路基两侧植被保护带内,不合理的取弃土、开垦、樵牧等破坏植被的行为要及时禁止,以免引起新的沙源。对破坏生态平衡的行为,往往不被人重视，等发展严重时，再谋治理，就会耗去大量的人力、物力和时间，故将沙害控制在萌发之前。

14. 5. 10 河道风沙灾害和湖岸风沙灾害具有明显的季节性特点，主要是指在枯水期，由于河流和湖泊中水量大幅度降低，致使河道和湖泊出现大量裸露的底床，在风力作用下，上述部位会提供充沛的沙源，形成明显的季节性沙害。

根据微地形地貌条件利用拦水坝、浆砌片石引水渠、浅碟形生态引水渠等工程措施进行引水治沙，并对该区域进行封育。引水压沙具有简便、环保、高效等特点，同时兼有固沙和输沙的作用，在有条件的地方进行引水压沙，可起到事半功倍的作用。中铁西北科学研究院在青藏线措那湖段建立了引水压沙试验，治沙效果良好，如图 14. 5. 10 所示。

说明图 14. 5. 10 青藏线措那湖引水治沙试验段

14. 6. 1 风力强劲的戈壁地区，风速可达 60 m/s 以上，相对于沙害而言，强劲的大风对道路运输的影响有过之而无不及，大风轻则造成列车停轮，重则吹翻列车，给列车安全运营带了严重隐患。

列车车辆在横向风力作用下，车辆的稳定力矩等于倾覆力矩时，此时的风速叫临界翻车风速。临界翻车风速是设置防风措施的主要依据。根据已有的风洞实验：最易翻车的 50 t 和 60 t 棚车的临界翻车风速为 50. 6 m/s，此值为瞬时风速。在大风地区，造成翻车的因素很杂，除了风力外，还与当地地形、线路平面状况、路堤高度、坡道坡度、行车速度、列车颠簸摆动情况、空棚车门关闭状态等因素有关，所以，有时在大风地区风速虽未达到实验临界翻车风速值也可能发生翻车事故。大风区的路堤，为防止大风吹翻列车，要设置挡风墙工程。根据已有的工程实践经验，设置挡风墙的段落一般按 30 年一遇出现的危险翻车风速进行确定。

环境风速一般是指轨面以上 4 m 等高处挡风墙前的来流瞬时风速，为 3 s 的平均风速。兰新铁路第二双线挡风墙区段旅客列车安全运行速度限值：环境风速不大于20 m/s 时，可以正常速度运行；环境风速不大于 25 m/s 时，运行速度不大于 200 km/h；环境风速不大于 30 m/s 时，运行速度不大于 120 km/h；环境风速不大于 32. 6 m/s 时，运行限制速度 80 km/h；环境风速大于 32. 6 m/s 时，严禁旅客列车进入风区。大风警戒级(档)别及警戒风速范围见说明表 14. 6. 1。

说明表 14.6.1 大风警戒级(档)别及警戒风速范围

警戒级别	档别	平均风速范围(m/s)	瞬时风速范围(m/s)	无挡风墙地段列车限制运行条件	有挡风墙地段列车限制运行条件
蓝色	1	$21\leqslant v<25$	$25\leqslant v<30$	1. 禁止门窗关闭不良的空棚车、未苫盖防风网的篷布车辆、装载重点代号及装载剧毒物品的车辆进入; 2. 空棚车运行速度不大于60 km/h,客车运行速度不大于 140 km/h; 3. 其他列车运行速度不大于80 km/h	1. 禁止未苫盖防风网的篷布车辆进入; 2. 客车运行速度不大于 160 km/h,其他列车运行速度不大于 80 km/h
黄色	2	$25\leqslant v<30$	$30\leqslant v<36$	1. 禁止空棚车、空集装箱车、苫盖防风网的篷布车辆进入; 2. 单层客车运行速度不大于 120 km/h,双层客车运行速度不大于 100 km/h	1. 禁止门窗关闭不良的空棚车、苫盖防风网的篷布车辆、装载重点代号及装载剧毒物品的车辆进入; 2. 双层客车运行速度不大于 140 km/h
	3	$30\leqslant v<33$	$36\leqslant v<39$	单层客车运行速度不大于 80 km/h,双层客车运行速度不大于 60 km/h,其他列车运行速度不大于 60 km/h	空棚车、空集装箱车运行速度不大于60 km/h
橙色	4	$33\leqslant v<36$	$39\leqslant v<42$	禁止客车、空敞车、空罐车、重棚车、轨道车进入	1. 禁止空棚车、空集装箱车进入; 2. 单层客车运行速度不大于 140 km/h,双层客车运行速度不大于 100 km/h,轨道车运行速度不大于 60 km/h
	5	$36\leqslant v<39$	$42\leqslant v<46$	禁止重集装箱车、接触网作业车进入	1. 禁止双层客车、轨道车进入; 2. 单层客车运行速度不大于 120 km/h,其他列车运行速度不大于 60 km/h
	6	$39\leqslant v<42$	$46\leqslant v<50$	禁止装载 50 t 以上货物的整列棚车进入	1. 禁止接触网作业车进入; 2. 单层客车运行速度不大于 100 km/h
红色	7	$v\geqslant 42$	$v\geqslant 50$	禁止各种列车进入	禁止各种列车进入

注:乌鲁木齐铁路局《乌鲁木齐铁路局普速铁路大风天气列车安全运行办法》(乌铁总〔2014〕852 号)规定。

14.6.2 大风环境下吹翻列车的主要是横向风,因此,防风工程主要是削减横向风的风力,使列车处于防风工程的遮蔽区内,确保大风环境下,列车能够顺利通过。防风工程与主导风向的夹角是决定遮蔽效果好坏的关键因素,当夹角等于 0°时,即防风工程与主导风向平行时,背风侧横向风力基本没有衰减,遮蔽效果最差,随着角度的逐渐增大,背风侧横向风力逐渐减小,当夹角等于 90°时,即防风工程与主导风向垂直时,背风侧横向风速衰减幅度最大。

14.6.3 风洞实验研究表明;挡风墙的合理高度要是列车车厢高的 70%,再高就无意义了。2003 年兰新线百里风区提速改造时,对 3 m 高挡风墙安全性,采用计算流体力学(CFD)的方法,对运行列车的稳定性进行了准静态分析。依据倾覆临界值和脱轨系数安全值,分别计算出了列车在拟定运行速度下的临界风速:车速为 160 km/h 时,倾覆临界风速为 66 m/s,脱轨临界风速为 61 m/s;车速为 200 km/h 时,倾覆临界风速为 65 m/s,脱轨临界风速为60 m/s。所以,设置 3 m 高挡风墙后可满足行车的抗风安全要求。

14.6.4 土堤式挡风墙:抗风能力强,施工维修方便,但占地面积、填方量大,适用于路堤较低,当地填料丰富,且附近有石料的地段。在路堤的迎风侧采用土石修建土堤形式的挡风墙,并与路堤连成一体,墙顶宽 1.0 m,背风侧边坡坡度 1 : 1,迎风侧边坡坡度 1 : 1.50~1 : 1.75,迎风侧坡面用干砌片石加固。在同等情况下,土堤式挡风墙高度需要更高些。

对拉式加筋土挡风墙:工程造价低廉,稳定性好,但施工较为复杂,且墙面板容易被大风刮起的石子打磨,需经常维修。墙面板用 C20 钢筋混凝土预制,迎风侧墙前路肩宽度不小于 1.0 m。

悬壁(扶壁)挡风墙:采用就地灌注,或预制拼装,施工较灵活,造价相对较高,墙的悬臂混凝土需经常维修。迎风侧路肩高程以上顺坡夯填土至挡风墙墙面处,坡面用干砌片石防护。

兰新第二双线路基防风工程的设置结合具体的大风风区划分、风速分布及其频率特征、不同的路堤高度和路堑深度,以及现场微地形地貌,采用多种挡风墙结构。

路堤挡风墙结构主要有悬臂式、扶臂式、柱板式,墙高 3.5 m~4.0 m;路堑挡风墙结构主要采用悬臂式、扶臂式,墙高 2 m~4.0 m,大风频繁的核心区、沟口、路堤路堑过渡段等采用柱板式挡风墙。

14.6.5 兰新第二双线在联调联试、百里风区专项试验期间发现,挡风墙高度以下风速衰减明显,但在路堤路堑防风结构过渡段出现晃车现象。铁一院、中南大学、铁科院通过数值计算、现场试验及测试,对过渡段防风结构进行了补强,主要采用的方法有:加高过渡段挡风墙、外补内切挡风墙、延长路堤挡土墙、新增路堑悬臂挡土墙、改变地形地貌、外补内切土堤等。

15.1.1 铁路雪害有积雪和雪崩两种主要形式。积雪包括自然降雪和风吹雪所形成的积雪。大量积雪或雪崩不仅掩埋铁路、阻断交通,还会摧毁路基等建筑,严重危害行车安全。

自然降雪是指在风力较弱或无风的情况下,降雪在线路上形成均匀积雪,降雪溶化后,渗入道砟进入路基面,增加了路基表面含水量,降低承载能力,并形成冻害。这种自然降雪积雪是不能预防的。

风吹雪所形成的积雪是降雪之后或降雪的同时,风力达到一定强度,雪被风吹形成风雪混合的气流,被风雪流搬运的雪在风速减弱的地方堆积起来,这种风携带着雪运行及其堆积的过程称为“风吹雪”。它的形成要有丰富的雪原,较强的风力和复杂的地形。风吹雪对路基及行车产生严重的危害。

雪崩是指在重力影响下,山坡积雪的崩塌。雪崩的形成首先要经山坡积雪积累过程,其次积雪产生断裂,第三,释放后的积雪迅速向下运动,在堆积地区停积。大量的雪崩不仅能掩埋铁路、阻断交通,还能击毁行车和建筑物。

自然降雪一般不采取工程措施,所以铁路防治的雪害主要为风吹雪所形成的积雪和雪崩两种主要形式。

15.1.2 在山岳丘陵地带的迎风侧,风受到山丘屏障的壅塞作用,在山前山脚外一定范围内(一般为山高的 4~8 倍)风速减低,减速程度和距山脚的距离成反比,离山脚越近,减速越大,由山脚至山顶,风速又逐渐增大;当到山顶时,风速最大,风翻越山顶后又开始降低,至背风侧山脚降至最低值,后又逐渐增大,直至距山脚 12~14 倍山高时,风速趋向正常。

15.1.3 在路堤的迎风边坡上,因路堤的屏障作用,气流的流线加密,在坡脚处使风速减小,而坡脚至路肩则风速又逐渐增大,到路肩增至最大,翻越路堤后,气流再度扩散,使背风边坡的风速从路肩至坡脚逐渐减小,坡脚处风速减至最小,在降低至起动风速以下的区域中,便产生积雪。因此,当风雪流在较高路堤上面绕越时,由于路基面处于增速区域,故路基面上无积雪,只在减速区的坡脚和边坡上积雪。而对较矮的路堤,由于增速作用小,在路肩和部分路面上也产生积雪。为避免这一雪害,一般将路堤高度提高到多年平均积雪深度的3倍以上,同时不小于1.5 m为宜。雪害地段深、长路堑的积雪、边坡冻融等病害多,原因比较复杂,整治工程投资大,故在选线时也要尽可能避免,以设置隧道或明洞为宜。

15.1.4 近年来,根据我国东北地区通霍线铁路路堤雪害治理的经验,根据地形、地貌、气候、积雪厚度、植被及地表层土层情况,因地制宜的采用防雪堤、防雪栅栏、灌木林带相结合的综合措施,形成阻、固、防相结合防护体系,不但防雪,还能恢复植被。在山体上载土增加了覆盖土层的厚度,阻雪还能避免第二年春旱对植被的破坏,更好的促使植被生长,扩大植被的覆盖面积,既有效的达到防雪效果,又恢复和改善了生态环境。

15.1.5 明洞或棚洞等遮蔽建筑物,可以使雪崩从线路顶上通过,是防治雪崩最有效的措施,但造价较高。当线路要求较高,雪崩频繁,沟槽很大、很陡,采用其他措施困难时,可采用这类措施。

15.1.6 在地形较陡、路基截排水措施不完善的情况下,深厚积雪融雪后产生的水流对路基本体、坡脚冲刷或冲蚀影响不容忽视,要根据地形和路基条件结合雨季地面排水状况,预估融雪后水流对路基的冲刷、冲蚀或路基反复冻融等不利影响,加强路基防排水或坡面加固防护措施。

15.1.7 雪害地区路基设计要根据沿线历年冬季风向、风速、风雪流的发生频率和持续时间、降雪量及积雪深度等资料,结合沿线地形、地貌等,分析预测路基填挖引起的地形、地势变化对雪害类型、危害程度的变化,提出工程对策。由于一般气象台、站都设在城镇附近,与线路上的情况出入较大,故要尽可能进行实地观测。

积雪地区的路基设计,要有一至两个冬季的现场资料作为依据,要在冬季进行现场积雪情况的调查,以便对设计进行必要的修改,优化完善工程措施。使设计更加合理,确保质量,工程安全可靠。

15.2.3 当风遇到路堑时,在2 m以下的浅路堑中形成减速区,积雪严重。在2.5 m~4 m深的路堑中,背风的边坡上风速降低,而迎风侧的边坡附近产生旋风气流。当风雪通过这类路堑时,根据风速变化情况,在背风侧的边坡附近产生积雪,而在迎风侧的边坡附近不会产生积雪。风雪流遇到4 m~6 m深的路堑,在其中既产生减速又产生较弱的旋风气流,故这类路堑中积雪较缓慢,积雪产生在背风边坡上。当风雪流遇到大于6 m深的路堑时,在其中要产生旋风气流,阻止雪在路堑中堆积,故一般大于6 m深的路堑积雪病害相对较轻。但是由于受风吹雪的风向、风速、地形条件等复杂因素影响,深路堑的积雪难以避免,除雪抢险及维修养护十分困难,积雪平台可在深路堑设置1 m~2 m的侧沟平台基础上适当加宽,具体加宽值可以根据风吹雪的风向、地形条件和附近雪害严重程度,结合路堑走向、边坡形式及高度综合考虑。

15.3.1 经验证明,防护林带不仅起到了很好的防雪作用,而且有绿化造林的意义。因为防护林带既是一种永久的防护措施,又能收到综合利用的效果。防护林带的防护效果与林带结构(林带布置、高度、透风度)有密切关系。防护林带要选用上、下紧密,使风雪流不易通过的乔、灌木混合林,使林带起到长期的防护作用。

15.3.4 防雪栅栏是风雪流通过防雪栅栏空格时,由于气流的断面受到压缩,而以较高速度通过,在栅栏的前面也出现局部减速区并堆积少量的积雪,但大部分雪穿过防雪栅栏堆积在距栅栏1 m~2 m 之外的减速区域中。防雪栅栏也可作为防雪林未建成前的过渡措施,因为防雪林一般需经过 5~6 年成长期,其防雪效果才会逐渐增大。因此,在防雪林未形成前,用防雪栅栏作为过渡措施也是很有必要的。

防雪栅栏离堑顶或路堤坡脚的距离,可参考栅栏下风侧雪堤长度来确定,与栅栏高度及孔隙度有关,当栅栏孔隙度为 20% ~70% 时,防雪栅栏下风侧的雪堤长度可参考中科院冰川所建议的公式计算:

$$L=\frac{980H}{109-\alpha} \qquad \text{(说明 15.3.4)}$$

式中 L——下风侧雪堤长度(m);

H——栅栏高度(m);

α——栅栏孔隙度(%)。

当 $L>25H$ 时,栅栏将失去效用,L 一般采用 30 m~50 m。

在积雪较少或缺乏木材及气候、土壤条件不能植林时,可以就地取材,用片石、土或草皮等筑堤(墙)防雪,施工简单且较经济。

15.3.5 防雪堤(墙)距路堑堑顶或路堤坡脚的距离,一般采用20 m~30 m,最小不小于10 m,最远不超过 40 m。在雪量较大时,也可设置多道防雪堤(墙),堤(墙)的间距可视具体情况而定,一般为 30 m~40 m,路堤地段,雪的含水量较大、墙较高、透风式防雪墙孔隙度较大时取大值;反之取小值。透风式防雪墙的设置,根据交通部西部交通建设科技项目“公路风吹雪雪害防治技术研究”的成果,最大自然降雪深度≤10 cm,防雪墙高度1.5 m,最大自然降雪深度>10 cm,防雪墙高度 1.8 m,或选择设置透风防雪墙,孔隙度为20% ~40% 。

15.3.6 导风设备是用来改变风雪流的速度和方向的,根据不同的防雪原理,导风设备可分下导风板和侧导风板二种形式。

下导风板是借助于风的动力作用,使风雪流通过导风板下口时,风道断面减小,风速增大,从而可将雪从路基上吹走。按导风板迎风面与水平面的夹角不同可分为前倾式、后倾式和直立式三种。前倾式下导风板迎风面与水平面的夹角小于 90°,适应于背风半路堑;后倾式下导风板迎风面与水平面的夹角大于 90°,适应于迎风半路堑;直立式下导风板迎风面与水平面垂直,适应于迎风半路堑。

导风板下导口的高度与板面宽度、板面水平倾角、导风板的位置有关,根据国内外有关资料,将导风板下导口的高度列于说明表 15.3.6,供参考。

说明表 15.3.6 导风板下口高度参考数据表

板面宽度(m)	背风山坡(前倾式下导风板)					迎风山坡(后倾式下导风板)				
	板面倾角(°)					板面倾角(°)				
	50	60	70	80	90	130	120	110	100	90
	导风板下口高度(m)					导风板下口高度(m)				
2.0	0.98	1.11	1.20	1.26	1.28	0.98	1.11	1.20	1.26	1.28

续上表

板面宽度(m)	背风山坡(前倾式下导风板)					迎风山坡(后倾式下导风板)				
	板面倾角(°)					板面倾角(°)				
	50	60	70	80	90	130	120	110	100	90
	导风板下口高度(m)					导风板下口高度(m)				
2.5	1.10	1.24	1.35	1.41	1.43	1.04	1.18	1.28	1.34	1.36
3.0	1.22	1.37	1.49	1.56	1.59	1.11	1.26	1.36	1.43	1.45
3.5	1.33	1.50	1.63	1.71	1.73	1.17	1.32	1.44	1.51	1.53
4.0	1.43	1.62	1.75	1.84	1.89	1.23	1.39	1.51	1.58	1.60
4.5	1.56	1.76	1.91	2.00	2.03	1.30	1.46	1.59	1.61	1.69
5.0	1.67	1.89	2.05	2.15	2.18	1.35	1.53	1.66	1.74	1.77
5.5	1.77	2.00	2.18	2.28	2.32	1.41	1.60	1.73	1.82	1.84

侧导风板是利用导风板和主导风向成一定交角,使风雪流沿导风板侧向吹刮,改变风雪流的方向,将雪引导在路基上风侧的一定范围内堆积,而不掩埋路基。

15.3.7 线路必须通过可能发生雪崩的路段时,可按照稳定山坡积雪,改变雪崩运动方向,减缓雪崩运动速度等原则采用水平台阶、稳雪栅栏、消能楔、土丘、导雪堤等防护工程措施。采取设置在经常产生坡面雪崩的山坡及沟槽雪崩的源头,目的是为了分段撑托山坡积雪,以改变雪的物理力学性质,稳定山坡积雪,不使其滑动,同时也可阻挡较短距离的坡面滑雪。这类措施主要适用于高差不大,雪崩源头较小的山坡及沟槽,或作为其他类型工程措施的辅助工程。

水平台阶主要用于防治小型雪崩,在山坡上沿等高线修筑水平台阶,可以改变山坡微地形,稳定山坡积雪。

消能楔及土丘适用于坡度较缓、规模较大的沟槽雪崩,一般多设置在雪崩运动区及堆积区的上部。

导雪堤适用于防治山坡坡度较陡的沟槽雪崩。

雪崩裂点是指风吹雪集雪区范围最高点的位置。

雪檐是指风吹雪在背风的分水内岭处形成很厚的悬挂雪体。

16.1.1 被水浸泡的路基种类繁多、情况各异,规范择取对路基安全影响较大的水塘、内涝地段、河滩、滨河、滨海及水库地段作一般规定,积水洼地和滞洪区根据受水浸泡时间长短和水深等条件可参照本章节水塘、内涝地段路基设计,行洪区根据行洪量、流向、水深、流速及地形、地基冲刷深度等条件可参照本章节滨河或河滩路基设计。

16.1.2~16.1.3 河滩、滨河、滨海地段的铁路路基是路基的薄弱环节之一,其原因是多方面的,但主要的是除对水文地质条件难以准确掌握之外,人为地过多挤压河床、不适当的压缩桥长等严重影响水流顺利通过,破坏了大自然的规律。因此,强调选线时要避免过多的挤压河床和压缩桥长。

路堤侵入河道后,压缩了河道流水断面,必然改变天然河道的水力因素,使水位壅高,流速增大,加剧对路堤的危害。同时,局部河床形态与水力因素的变化,将影响上、下游较长河段的水流状态,引起对沿河建筑物、农田、房舍的危害。因此要求铁路定线时,滨河路堤要避开洪水泛滥区。难以避免时,侵入泛滥区河滩范围内的路堤要减小其与水流的交角,以减轻冲刷。路堤侵入洪水泛滥区河槽,要通过全面的技术经济比较,采用完善的工程措施。路堤浸入山区河流的河槽,难以保证工程安全,吸取既有铁路的教训,故本条规定路堤不得侵入山区河流的河槽。近年来,我国在修建山区铁路时,通过技术经济比较,曾采用河道内修建桥梁以代替浸水滨河河道的措施。

为避免在河滩路堤与河岸间形成水袋,在路堤前形成回流或长期积水,影响路堤稳定,故要避免在河滩范围内设计折向下游的路堤。如必须设计折向下游的路堤时,可通过增长桥孔或增设导流工程的技术经济比较,以消除水袋。山区河流流速湍急,可以采用增长桥孔的措施。

16.1.5　路堤检算时一般采用假定破裂面的条分法,但必须按浸水和非浸水两部分分别考虑土体重度和强度指标的取值。土的强度参数按地下水位高度(浸润曲线以上加地下水壅升高度)以上和以下分别采用夯后快剪和夯后饱和快剪试验值。

当路基两侧存在较大水头差及水文条件复杂时,稳定性分析必须考虑在堤内产生的稳定渗流及水位骤然下降在堤内产生的不稳定渗流对路堤边坡产生的渗透压力和冲蚀作用,路堤要按路堤内渗流的最不利情况进行检算,必要时要进行流网计算。水位下降幅度和时间的变化比较复杂,一般认为当土体的渗透系数$K \geqslant 0.001$ cm/d、水位消落速度小于1 m/d时为缓降,而大于3 m/d时为骤降。当水位骤然变化时,路堤内侧的水向水位底侧渗流,对水位低侧的边坡产生渗透压力和冲蚀作用。对于跨越支沟的路堤,支沟中水位高出水库水位较大时,路基体内将产生稳定渗流,若其上下游的水位差不显著,在水库泄水或洪水来临时,水位骤然变化将在路基体内产生不稳定渗流。路堤体内的渗透变形主要为管涌和流土。要从土的不均匀系数、颗粒直径、土体的密实度和渗透系数及路堤体内的渗透速度、渗透压力等因素分析其渗透破坏作用。

水库及滨海路基波浪对边坡及堤身破坏作用均会对稳定性产生较大影响。在封冰和流冰地区冰荷载对边坡破坏力作用大,对稳定性影响极为不利。滨河及水库上游地段流速较大,水流对路基边坡及地基局部冲刷作用也直接影响路堤稳定安全性。这些不利作用都要在路堤稳定性分析中认真考虑。

在淤积快的水库区,由于蓄水初期为危险期,这时没有淤积物或淤积物很少,对于河道或河滩内的淤积物受河水流速、河道形状等因素影响其厚度不断变化,因此,检算路堤稳定性时,不考虑将来淤积后增加的路堤抗滑能力。

16.1.7、16.2.2、16.3.2、16.4.5、16.5.6　浸水部位填料的水下强度及变形、渗流性能等水稳性对路基稳定性和沉降影响较大,故要求采用水稳性好的填料填筑。

滨河、河滩、滨海、水库地段,路堤长期浸水时,一方面浸水部位填料细粒含量越大,越易降低强度及软化下沉,对路基的整体稳定、沉降变形等影响不可小视;另一方面,这些地段水位反复升降波动较大,渗流作用随填料内细粒含量增加、级配性能降低等因素而增强,进一步对路堤渗流稳定产生较大的不利影响。因此,长期浸水的滨河、河滩、滨海、水库地段,路堤浸水部位要采用渗水土填筑。

水塘地段虽为长期常水位浸水条件,但一般深度较浅、基本对称涨水且幅度小,人为退水慢,A、B 组粗粒土填料渗流作用很弱,渗水土可不考虑。因此,高速铁路、无砟轨道城际铁路,正线路堤对稳定和沉降要求严格,要优先采用渗水土填筑。

内涝浸水是指远离主流作用的河流阶地、冲积平原地段,仅受偶然性洪水浸淹或倒灌浸泡而形成季节性浸水作用。路基两侧基本对称涨退水,A、B 组粗粒土填料渗流作用相对较弱,渗水土可不考虑。与水塘地段类似,高速铁路、无砟轨道城际铁路,正线路堤对稳定和沉降要求严格,要优先采用渗水土填筑。

滨河、河滩、以及水库支流等季节性浸水地段,受气候、地形、地貌条件影响,浸水时间、浸水深度、水位升降幅度及快慢等难以准确预计,浸水影响是十分复杂的问题。从填料采用方面,除考虑浸水强度降低影响路基稳定和沉降外,更要重点考虑填料渗流作用强弱对路基渗流稳定性的强烈不利影响,比内涝地段严重得多。而渗水土填料渗流作用很弱,可不考虑。为保证安全稳定,减少浸水危害,路基浸水部位要优先采用渗水土填筑。

水塘以及季节性内涝、滨河、河滩浸水是路基常遇的浸水类型。在渗水土严重缺乏条件下,针对这些浸水时间短、浸水深度较小、非渗水土填料渗流作用相对较弱、对路基危害较轻地段,结合不同铁路等级,特别是时速 200 km 以下的有砟轨道铁路及车站,浸水部位填料采用相适宜的非渗水土与采取放缓边坡、加宽护道、加强防水、隔渗或加固等可靠的处理措施相结合,易于满足渗流稳定性和沉降要求。经技术经济综合分析,具有可行性和明显的经济性时,浸水部位填料可就地取材,采用水稳性较好的 A、B、C 组粗颗粒填料或改良土填筑,既满足路基工程要求,又降低工程投资。

16.2.2、16.3.2、16.4.5、16.5.6 根据上述原则提出了非渗水土具体应用范围、采用措施及填料类别等设计要求。未涉及的,仍要采用渗水土填料。

16.1.8 浸水深度及浸泡时间对路基的稳定性影响很大,浸水越深、时间越长、危害越大,所以当水深较小、浸泡时间较短时,可采取放缓边坡。为了加强路基的稳定性及抗冲刷能力以及满足养护要求,可在一侧或两侧设置护道。护道宽度根据稳定性检算确定,另外,为了防洪抢险需要(堆料、站人及走车),护道宽度一般不小于 2 m。护道顶面要做成 2%~4% 的外向排水坡,外缘在平纵剖面上要尽量顺直,避免凹凸不平,出现阻水现象。若当地渗水土填料来源丰富,造价便宜,以采用单一的水稳定性较好的填料为宜。当采用两种或两种以上的填料时,由于两种材料性质不同,接触面处边坡易产生冲蚀和剥落,故在接触面处设不小于 0.5 m 宽的平台,以保护上部边坡的稳定。当上下部填料粒径相差过大,细颗粒容易渗入下部时,要设隔离垫层,其材料可用碎石或砂卵石,其厚度一般为 0.3 m~0.5 m,也可采用土工布。严寒地区在浸水路堤坡脚防护高程以下设置宽护道或挡水埝,可以有效保护浸水路堤,减轻冻胀病害。

16.1.9 填料和地基为粉土或砂类土的路堤,当两侧水头差较高时,易产生管涌现象,导致路基失稳或破坏。产生管涌的水头高度与土质、停滞时间、渗流径路有关,一般通过计算确定,对重大工程才进行模型试验。防止管涌的计算参数有时难以准确确定,因此在设计时,要优先考虑减小水头差的高度,消除管涌产生的条件,一般是通过扩大或增设过水建筑物来实现,有困难时才考虑防治措施,如截堵或延长渗流径路,放缓外侧边坡,增设护道或设置防渗措施等。

16.1.10 松软的土层处理可按本规范软土路基的有关规定进行,对湿陷性黄土地基,可预先浸水使其自行湿陷,或用强夯法加固地基土层。对设在饱和粉细砂地基上高度小于 2.5 m 的低路堤,要采取防止列车振动液化的处理措施。

如地基砂层的天然密度小于振稳密度,则需考虑如下措施:如有条件可抬高线路以提高路堤高度,或路堤顶部填筑高阻尼的黏性土,或用强夯、挤密砂桩、碎石桩等方法加固饱和松砂地基。

16.1.11 取土坑设置在安全影响范围以外,并要远离浸水路基坡脚或护底石。河滩路堤取土坑要设在对岸或下游一侧安全距离以外。

16.2.5 近些年在丘陵区出现不少水塘、内涝地段挖方路堑工点，根据设计及建设经验，水塘大小、水深、水塘离堑顶距离、地下水位和地基渗透性等具体条件对路堑安全影响较大。水塘较小时，可采取废弃、填平水塘、整平路堑外场地、设置排水沟等措施避免积水，但由于水塘较大或无法满足当地排水或灌溉要求时无法废弃水塘，可采取放缓路堑边坡、设置防渗永久围堰、设置支撑渗沟或渗水盲沟等措施综合处理，但路基排水困难时或高速铁路防排水等技术标准要求高时，可通过经技术比较采取设置 U 形槽断面钢筋混凝土封闭式路堑结构。

16.4.3 波列累计频率是指波列中某个波浪要素（如波高）不小于某一数值的波浪个数占该波浪波列总个数的百分数。它代表波浪要素的短期（以几十分钟计）统计分布规律，在该统计期内，可以认为海面处于定常状态，或者说波浪要素的平均状态不随时间变化。设计波浪重现期的标准主要反映建筑物的使用年限和重要性；设计波浪的累积频率标准则主要反映波浪对不同类型建筑物的不同作用性质。

各类建筑的设计波高波列累计频率系根据《铁路工程水文勘测设计规范》TB 10017—99 规定列出的。

16.4.4 港区铁路采用的设计潮位频率一般为 1/50，与滨海铁路就会出现断高，此时要在滨海路基的一定区段内设置渐变段，逐渐降低路肩高程，使之与港区铁路平顺相接，同时必须采取可靠的防浪措施。为了保证不产生越浪，一般可采用防浪墙。

16.4.6 斜坡式断面形式与一般路基断面形式一致，易于衔接，且施工及养护方便，故只有在有使用要求或条件限制时才采用直墙式断面。

16.4.7 滨海路基的边坡坡率，因波浪作用远较滨河路基大，所以外海侧要缓于内海侧，坡石护面的稳定性较人工护面低，故其边坡坡率亦要相应放缓，堤头部分临空面多于堤身，抗御波浪能力相应较差，故缓于堤身部分。

16.4.9 护坡垫层是护坡面层的基础，强度不够也会导致面层失稳，所以对垫层的重量和厚度都作了规定。本条系根据《港口及航道护岸工程设计与施工规范》JTJ 300、《防波堤设计与施工规范》JTS 154-1 的有关规定列出。

16.4.10 为了保证护坡基础稳定，一般均在外海侧设抛石棱体。为了施工方便，抛石棱体顶面要高出施工水位。棱体顶面宽度和厚度根据《防波堤设计与施工规范》JTS 154-1 的有关规定列出，是结合实际工程经验的数值。

16.4.11 护底的作用是防止堤前的地基土壤被冲刷，造成护面层和抛石棱体的下滑或局部坍塌，从而影响堤的稳定性。条文中护底块石层的厚度和宽度，以及在护底块石层下铺设碎石层的厚度是实际工程中一般采用的数值。对砂质海底，护底层的宽度和厚度可按《防波堤设计与施工规范》JTS 154-1 的有关规定确定。

16.4.12 滨海路堤坡面防护设计中护面块体重量、护面厚度、护底块石重量、栅栏板平面尺寸和厚度及强度、防浪墙的强度及稳定性分析等十分复杂，要按照《防波堤设计与施工规范》JTS 154-1、《港口及航道护岸工程设计与施工规范》JTJ 300 等有关规定，根据滨海水深、波浪高度、波长、波浪压力等要素，进行坡面受力及稳定性分析后计算确定，所采用材料（块石、混凝土等）的强度要求等要满足抗侵蚀、抗冻及耐久性要求，其稳定及强度、防腐等要求也要满足铁路路基设计有关标准。

16.5.1～16.5.2 沿水库边岸或跨越其支沟、支流修筑铁路时，由于水库水位升降、波浪侵袭、地下水壅升、坍岸，水流冲刷、淤积等因素对库岸和路基的破坏作用，及库水浸泡、渗透对库岸地基和路基本体强度的影响，在设计时要根据这些不利因素，分清主次，采取相应的加固防护措施。

水库路基的路肩高程见《铁路路基设计规范》TB 10001 有关规定。

16.5.4 水库蓄水后，随地下水壅升、水位升降变化，波浪的动力作用及库岸地层浸水后性质的变化破坏了既有边坡的稳定，使库岸发生磨蚀、坍塌、滑坡等变形。根据工程建筑物的具体位置，要对库岸作出稳定性评价。当危及建筑物安全时，则要对库岸或路基进行防护加固。坍岸主要是在第四系松散地层中发生，基岩除风化层和能被波浪磨蚀的软质岩层外一般不考虑坍岸问题。

进行库岸稳定性分析，主要考虑以下三个方面：

(1)根据库岸地层、地质构造、岩性和岸坡坡率大小，预测坍岸的可能性、坍岸大小和规模及可能出现的其他不良地质现象。

(2)对水库回水范围内，因水流受阻而使流速变缓，导致大量泥沙下沉而淤积。水库淤积对水库蓄水、水库的抗洪能力是不利的，但对库岸起到了保护作用，特别是含沙量大的河流，淤积的速度很快，进行库岸稳定性分析时，要充分考虑水库淤积的有利因素，避免造成不必要的浪费。

(3)水库蓄水后，地下水位相应壅升，破坏了既有的水文地质环境，有可能使地基承载力降低，并在铁路运营后易造成路堑和低路堤的翻浆冒泥现象。黄土地区，进行铁路勘测设计时，要注意地下水壅升对库岸稳定和铁路地基的影响。

16.5.7 防护建筑物顶面高程为按铁路设计的洪水频率计算的设计水位加波浪侵袭高加壅水高度加安全值 0.5 m，由于大型水库的安全性比铁路的影响更大，铁路设计洪水频率往往低于水库设计洪水频率，当铁路设计水位低于水库正常高水位时，为确保路基稳定、安全，要采用水库正常高水位作为设计水位。底面高程为水库设计低水位减波浪影响深度(可采用 2~2.5 倍低水位时的波浪高)。当有封冰和流冰时，此下限要低于冰盖层的下缘。波浪影响深度，根据官厅水库实测资料及有关其他参考资料，约为波浪高的 2~2.5 倍。

水库地区浸水路堤，一般要在防护建筑物顶面设置宽度不小于 2 m 的平台，这是考虑了水库地区浸水路堤一旦损坏，修复困难，影响面广等情况，有了 2 m 宽的平台，就可以增强其稳定性，便于维修工作，加之浸水路堤的沉降量难以事先准确确定，运营期间若路堤沉降较大，需要进行路堤的加高加宽时，可由平台开始向上帮宽路基，而不影响原有防护建筑物。

库区路堤浸水部位的坡面，一般以防止波浪侵袭破坏作用为主，而水库上游地段，因库水下泄后流速增大，尚需考虑水流的冲刷作用。

在防护范围内要设置较强的防护建筑物，用以抵抗波浪的侵袭作用。防护类型宜用柔性结构，以适应库区浸水路堤沉降量大而快的特点。据对多数已成水库的调查，浸水路堤和土坝迎水坡面皆采用干砌片石或各种类型的混凝土块板铺砌而成。在防护建筑物与土体之间要做好反滤层，防止土粒流失。

16.5.8 水库蓄水后，库岸地层物理力学性质的变化及波浪等对水库边岸的冲刷、磨蚀，库岸将产生滑动、坍塌等变形现象，当建筑物距水库较近时，库岸变形将影响建筑物的稳定。

库岸距线路较远、最终库岸稳定时间较长、防护工程量较大时，可考虑预测期限、坍岸规模，采取分期分批防护措施。近期措施仅考虑急需的防护设施，远期的加固防护措施要保证在各种因素变化过程中不降低路基的安全性。对预测淤积严重地段，可采用简易防护或不设防护。

水库坍岸的快慢，根据库岸土质及其所在位置的不同而异。例如受主导风向作用的库岸，坍势比背风向的重；浸水深的库岸，坍势比浸水浅的重；高陡的库岸，坍势比低缓的重，具体要根据线路位置离开库岸远近的不同及上述不同因素综合考虑，区别缓急，分期投资。对坍势较重，近期将威胁路基安全的地段，在新建时要做好库岸的防护工程。

水库蓄水后，流速减小，从水库上游及支沟携带下的砂土将在水库中逐渐沉积。对水库路基有影响的是水库岸边淤积，而其沉积，一般最易发生在水库上游老河床及漫滩、支沟沟口，河湾凸出一侧或突出岸嘴的下游。在这些淤积迅速的地段，防护建筑物开始能发挥其应有的作用，但淤积后防护建筑将被掩埋而失去作用，使用时间较短。可尽量采用轻型的临时措施，以节省投资。

水库坍岸的防护高度与水库路基的防护高度有所不同。由于水库坍岸主要是由常水位时的波浪力对库岸的冲刷、磨蚀作用而产生的，故采用水库正常高水位作为控制防护建筑物的顶面高程，一般取水库正常高水位加波浪侵袭高加 0.5 m 安全高来做为水库坍岸的防护顶面高程，但根据设防意图，亦可采用水库正常高水位或低于该水位。

水库坍岸的防护类型要根据地形、地质条件、波浪、冰荷、流速等情况确定，通常采用干砌片石护坡、挡土墙、堆石(抛石、片石垛)、石笼等工程措施，根据工程条件合理运用。如黄河中游某水库在洪水时期的水库坍岸抢险中，采用石笼防护，在枯水期则视需要采用挡土墙及干砌片石护坡防护，对有抗冲刷要求的特殊建筑物(如水库码头)可采用浆砌片石护坡防护。

附录 A

为方便设计，本次修订时，根据铁路工程岩土分类标准结合相关标准规定及研究成果，将本规范涉及的特殊土(岩)分类或工程特性分级统一汇总纳入附录 A。

C. 0. 3 兰新铁路部分路段的风沙流密度情况：见说明表 C. 0. 3—1～说明表 C. 0. 3—7。

说明表 C. 0. 3—1 红层上游沟底风沙流密度计算值

高度(m) 风沙流密度(g/m^3)	0	0.5	1	2	3	5	7	9
$\rho_{22.5}$	0.003 85	0.002 5	0.001	0.000 3	0.000 009	0.000 03	0.000 024	0.000 02
$\rho_{27.5}$	0.005 4	0.007 49	0.004 13	0.000 84	0.000 85	0.000 277	0.000 07	0.000 05
$\rho_{32.5}$	0.032 9	0.035 6	0.024	0.012 9	0.002	0.001 3	0.001 8	0.001 36
$\rho_{37.5}$	0.584 3	0.3	0.04	—	—	—	—	—

注：$\rho_{22.5}$、$\rho_{27.5}$、$\rho_{32.5}$、$\rho_{37.5}$分别对应的是 20 m/s～25 m/s、25 m/s～30 m/s、30 m/s～35 m/s、35 m/s～40 m/s 风速范围内的风沙流密度。

说明表 C.0.3—2 红层下游沟底风沙流密度计算值

风沙流密度(g/m³) \ 高度(m)	0	0.5	1	3	5	7	9
$\rho_{22.5}$	0.000 25	0.000 15	0.000 07	0.000 053	0.000 05	0.000 046	0.000 035
$\rho_{27.5}$	0.006 5	0.003 8	0.005 1	0.003 27	0.001 7	0.001 65	0.001 6
$\rho_{32.5}$	0.003 5	0.002 8	0.248	0.035 4	0.048 9	0.026 3	0.038 2
$\rho_{37.5}$	0.122	0.23	—	—	—	—	—

注：$\rho_{22.5}$、$\rho_{27.5}$、$\rho_{32.5}$、$\rho_{37.5}$分别对应的是20 m/s～25 m/s、25 m/s～30 m/s、30 m/s～35 m/s、35 m/s～40 m/s风速范围内的风沙流密度。

说明表 C.0.3—3 红柳观测站风沙流密度计算值

风沙流密度(g/m³) \ 高度(m)	0	0.5	1	3	5
$\rho_{22.5}$	0.001 15	0.000 075	0.000 012	0.000 016	0.000 006
$\rho_{27.5}$	0.000 037	0.000 477	0.000 047	0.000 033	0.000 045
$\rho_{32.5}$	0.000 384	0.001 13	0.000 79	0.000 124	0.000 082
$\rho_{37.5}$	1.54	0.786	—	0.037	0.025

注：$\rho_{22.5}$、$\rho_{27.5}$、$\rho_{32.5}$、$\rho_{37.5}$分别对应的是20 m/s～25 m/s、25 m/s～30 m/s、30 m/s～35 m/s、35 m/s～40 m/s风速范围内的风沙流密度。

说明表 C.0.3—4 十三间房观测站风沙流密度计算值

风沙流密度(g/m³) \ 高度(m)	0	0.5	1	2	3	5	9
$\rho_{22.5}$	0.000 927	0.000 356	0.000 216	0.000 09	0.000 07	0.000 03	0.000 027
$\rho_{27.5}$	0.003 86	0.000 987	0.000 94	0.000 064	0.000 02	0.000 1	0.000 083
$\rho_{32.5}$	0.002 4	0.045	0.01	0.000 7	0.008 47	0.004 9	0.003 8
$\rho_{37.5}$	0.043 56	—	—	0.006	—	0.747 9	0.116 9
$\rho_{42.5}$	3.84	—	—	0.443 7	—	—	—

注：$\rho_{22.5}$、$\rho_{27.5}$、$\rho_{32.5}$、$\rho_{37.5}$、$\rho_{42.5}$分别对应的是20 m/s～25 m/s、25 m/s～30 m/s、30 m/s～35 m/s、35 m/s～40 m/s、40 m/s～45 m/s风速范围内的风沙流密度。

说明表 C.0.3—5 猛进东观测站风沙流密度计算值

风沙流密度(g/m³) \ 高度(m)	0	0.5	1	3	7
ρ_{23}	0.000 096	0.000 0028	0.000 0015	0.000 0158	0.000 0185
ρ_{29}	0.000 023	0.000 258	0.000 1	0.000 033	0.000 117
ρ_{35}	0.004 17	0.000 749	0.000 62	0.000 174	0.003 1
P_{41}	0.021	0.032 7	0.011	0.005 6	—

注：ρ_{23}、ρ_{29}、ρ_{35}、ρ_{41}分别对应的是20 m/s～26 m/s、26 m/s～32 m/s、32 m/s～38 m/s、38 m/s～44 m/s风速范围内的风沙流密度。

说明表 C. 0. 3—6　托克逊东观测站风沙流密度计算值

风沙流密度(g/m^3) \ 高度(m)	0	1	2	3	7
ρ_{23}	0. 005	0. 000 68	0. 000 35	0. 000 13	0. 000 038
ρ_{29}	0. 221 5	0. 058 5	0. 013 85	0. 005 14	0. 001
ρ_{35}	0. 093	0. 046 97	0. 018 5	0. 013 5	0. 001 56
ρ_{41}	0. 078 9	0. 052 6	0. 026	0. 002 2	0. 005 7

注:ρ_{23}、ρ_{29}、ρ_{35}、ρ_{41}分别对应的是 20 m/s~26 m/s、26 m/s~32 m/s、32 m/s~38 m/s、38 m/s~44 m/s 风速范围内的风沙流密度。

说明表 C. 0. 3—7　铁泉东观测站风沙流密度计算值

风沙流密度(g/m^3) \ 高度(m)	0	0. 5	1	3
ρ_{21}	0. 008	0. 003	0. 000 9	0. 000 3
ρ_{23}	0. 003	0. 000 7	0. 000 2	0. 000 24
ρ_{25}	0. 009 2	0. 024 2	0. 010 7	0. 000 35
ρ_{27}	6. 998	1. 505	1. 674	0. 25

注:ρ_{21}、ρ_{23}、ρ_{25}、ρ_{27}分别对应的是 20 m/s~22 m/s、22 m/s~24 m/s、24 m/s~26 m/s、26 m/s~28 m/s 风速范围内的风沙流密度。

UDC

P

中华人民共和国行业标准

TB

TB 10025—2006
J 127 —2006

铁路路基支挡结构设计规范

Code for design on retaining structures of railway subgrade

2006-06-25 发布　　2006-06-25 实施

中华人民共和国铁道部　　发　布

关于发布《铁路路基支挡结构设计规范》的通知

铁建设〔2006〕118 号

《铁路路基支挡结构设计规范》(TB 10025—2006)，经审查现予发布（另发单行本)，自发布之日起施行。原发《铁路路基支挡结构设计规范》(TB 10025—2001）同时作废。

本标准由铁道部建设管理司负责解释，由铁路工程技术标准所、中国铁道出版社组织出版发行。

中华人民共和国铁道部

二〇〇六年六月二十五日

前　　言

本规范是根据铁道部《关于印发〈2004 年铁路工程建设规范、定额、标准设计编制计划〉的通知》(铁建设函〔2004〕42 号)的要求,在《铁路路基支挡结构设计规范》(TB 10025—2001)基础上修订而成的。

本规范在修订过程中,认真总结了我国铁路路基支挡结构设计、施工及运营中的经验和教训,借鉴了国内外有关标准的规定。

工程技术人员必须按照“以人为本、服务运输、强本简末、系统优化、着眼发展”的铁路建设理念,结合工程具体情况,因地制宜,充分发挥主观能动性,积极采取安全、可靠、先进、成熟、经济、适用的新技术,不能生搬硬套标准。勘察设计单位执行(或采用)单项或局部标准,并不免除设计单位及设计人员对整体工程和系统功能质量问题应承担的法律责任。

本规范共分 12 章,内容包括:总则、术语、重力式挡土墙、短卸荷板式挡土墙、悬臂式和扶壁式挡土墙、锚杆挡土墙、锚定板挡土墙、加筋土挡土墙、土钉墙、抗滑桩、桩板式挡土墙和预应力锚索等,另有 3 个附录。

本次修订的主要内容有:

1. 适用范围修改为旅客列车设计行车速度等于或小于200 km/h、货物列车设计行车速度等于或小于 120 km/h。
2. 增加了路基支挡结构混凝土结构耐久性设计的有关要求。
3. 增加了路基支挡结构设计应考虑列车动载的影响,架桥机等运架设备应作为临时荷载进行验算的规定。
4. 删除了使用浆砌片石的内容,修订了重力式挡土墙等支挡结构的材料要求。
5. 增加了悬臂式挡土墙和扶壁式挡土墙的结构设计可参照《混凝土结构设计规范》(GB 50010)按极限状态法设计的规定。
6. 增加了悬臂式挡土墙、扶壁式挡土墙和桩板墙对轨道及列车荷载产生的土压力可按弹性理论计算的规定。
7. 修订了加筋土挡土墙的适用范围,增加了路堤式加筋土挡墙的有关内容。
8. 增加了膨胀土地段不得使用土钉墙的规定。
9. 增加了预应力锚索的锚索板、锚索地梁、格子梁、预应力锚索桩等设计内容,删除了临时性工程的有关内容。

本规范以黑体字标志的条文为强制性条文,必须严格执行。

在执行本规范过程中,希望各单位结合工程实践,认真总结经验,积累资料。如发现需要修改和补充之处,请及时将意见及有关资料寄交铁道第二勘察设计院(四川省成都市通锦路 3 号,邮政编码:610031),并抄送铁道部经济规划研究院(北京市海淀区羊坊店路甲 8 号,邮政编码:100038),供今后修订时参考。

本规范由铁道部建设管理司负责解释。

主编单位:铁道第二勘察设计院。
参编单位:铁道第一勘察设计院、铁道第三勘察设计院、铁道第四勘察设计院。
主要起草人:李海光、高志伟、李安洪、赖紫辉、罗一农、彭泽仁、曾长贤。

目　　次

1 总 则

1.0.1 为统一铁路路基支挡结构设计技术标准,使路基支挡结构设计符合安全适用、技术先进、经济合理的要求,制定本规范。

1.0.2 本规范适用于铁路网中客货列车共线运行、旅客列车设计行车速度等于或小于200 km/h、货物列车设计行车速度等于或小于120 km/h 标准轨距铁路路基支挡结构的设计。

1.0.3 路基支挡结构设计应贯彻国家技术、经济政策,按照全面规划、远期近期结合、统筹兼顾的原则,广泛收集资料,认真进行调查研究和选定方案。

1.0.4 路基支挡结构设计应积极采用新技术、新结构、新材料、新工艺。

1.0.5 路基工程在下列情况下应修筑支挡结构:

1 为减少路堑边坡薄层开挖、路堤边坡薄层填方地段或为加强路堤本体稳定地段的陡坡路基;

2 为避免大量挖方、降低边坡高度或加强边坡稳定性的路堑地段;

3 不良地质条件下的加固地基、边坡、山体、危岩或拦挡落石地段;

4 受水流冲刷影响路堤稳定的沿河、滨海路堤地段;

5 为节约用地、少占农田或为保护重要的既有建筑物地段;

6 为保护生态环境地段;

7 其他特殊条件需要的地段。

1.0.6 路基支挡结构设计应符合下列要求:

1 在各种设计荷载组合下,支挡结构应满足稳定性、坚固性和耐久性的要求,结构类型及设置位置应安全可靠、经济合理、便于施工养护,使用的材料应保证耐久、耐腐蚀;

2 支挡结构设计时,必须查明山体和地基的工程地质、水文地质条件,合理选择岩土的物理力学参数;

3 支挡结构的抗震设计应符合《铁路工程抗震设计规范》(GB 50111)的有关规定;

4 路堤或路肩挡土墙的墙后填料及其压实度应符合铁道部现行相关规范的规定;

5 支挡结构与桥台、隧道洞门、既有支挡结构连接时,应衔接平顺;

6 城市及风景区的支挡结构形式及墙面,宜与其他相邻建筑物相协调;

7 站场路肩挡土墙顶面设施,应兼顾调车作业的安全性及方便性;

8 电气化铁路区段及埋设电缆区段的路肩挡土墙应预留电杆及电缆的坑、槽、沟、洞位置,并统筹考虑各专业工程的衔接与配合;

9 支挡结构地段的防排水设计,应与路基排水设施协调,形成完善的排水系统。

10 钢筋混凝土结构中的普通受力钢筋,可采用 HRB400 钢和 HRB335 钢。

11 按极限状态法设计的结构,设计参数的选取、结构计算和构造要求等执行现行《混凝土结构设计规范》(GB 50010)有关规定;按容许应力法设计的结构,设计参数的选取、结构计算和构造要求等执行现行《铁路桥涵钢筋混凝土和预应力混凝土结构设计规范》(TB 1002.3)有关规定。

1.0.7　混凝土结构耐久性设计应符合铁路混凝土耐久性设计的有关要求。钢筋混凝土结构设计使用年限为60年。

1.0.8　作用于路基上的列车荷载应采用中华人民共和国铁路标准活载,活载分布于路基面上的宽度,自轨枕两端向下按45°扩散角计算。轨道和列车荷载按换算土柱法计算,其换算土柱的高度和分布宽度应符合本规范附录A的规定。设计中应考虑列车动载的影响。架桥机等运架设备应作为临时荷载进行验算。

1.0.9　路肩挡土墙的平面位置,在直线地段应按路基宽度确定,曲线地段宜按折线形布置,并应符合曲线路基加宽的规定。在转折处应设沉降缝断开。

1.0.10　增建第二线,在并行不等高的两线间设置支挡结构时,应根据路基情况、地基基础状态、施工对行车干扰等因素确定方案。

1.0.11　对挡土墙基底下持力层范围内的软弱层或挡土墙位于斜坡上时,应检算其整体稳定性。挡土墙整体稳定系数不得小于1.25,沉降变形应满足有关的控制要求。

1.0.12　防护栏杆立柱及扶手的水平推力应按0.75 kN/m作用在立柱顶上计算,并应按1 kN集中荷载检算。路肩挡土墙设置防护栏杆地段应符合下列规定:

1　墙顶高出地面2 m且连续长度大于10 m时;

2　墙趾下为悬崖陡坎或地面横坡陡于1∶1、连续长度大于20 m的山坡时;

3　车站有调车作业地段。

1.0.13　本规范第1.0.12条第1、2款地段两端各延长5 m的范围内,应在靠山侧铺设单侧护轨。

1.0.14　当挡土墙较高时,应根据需要设置台阶或检查梯。

1.0.15　路基支挡结构设计除应符合本规范外,尚应符合国家现行的有关强制性标准的规定。

2 术　语

2.0.1　一般地区　general area

除浸水地区、高烈度地震区、不良地质地区和特殊岩土地区以外的地区。

2.0.2　重力式挡土墙　gravity retaining wall

依靠墙体自重抵抗土压力、防止土体坍滑的支挡结构。

2.0.3　衡重式挡土墙　balance weight retaining wall

以填土重力和墙体自重共同抵抗土压力的支挡结构。

2.0.4　卸荷板　relieving slab

用以减小衡重式挡土墙下墙土压力、增加全墙抗倾覆稳定的构件。

2.0.5　悬臂式挡土墙　cantilever retaining wall

由立臂式面板、墙趾板、墙踵板三部分组成采用钢筋混凝土材料建造的支挡结构。

2.0.6　扶壁式挡土墙　counterfort retaining wall

在悬臂式挡土墙沿墙长度方向每隔一定距离增设一道扶壁，将立臂式面板与墙踵板连接支固的支挡结构。

2.0.7　锚杆挡土墙　anchored wall

由肋柱、面板、锚杆组成，靠锚杆拉力维持土体稳定的支挡结构。

2.0.8　锚定板挡土墙　anchor slab wall

由墙面系、钢拉杆、锚定板和填土共同组成的支挡结构。

2.0.9　锚定板抗拔力　pull out resistance of anchor slab

锚定板前方土体受压缩时所提供的抗力。

2.0.10　加筋土挡土墙　reinforced soil wall

由墙面系、拉筋和填土共同组成的支挡结构。

2.0.11　抗滑桩　slide-resistant pile

由锚固段侧向地基抗力抵抗悬臂段的土压力或滑坡下滑力的横向受力桩。

2.0.12　桩板式挡土墙　pile-sheet retaining wall

在桩间设挡土板等结构来稳定土体的支挡结构。

2.0.13　土钉墙　soil nailing retaining wall

在土质或破碎软弱岩质路堑边坡中设置钢筋土钉，靠土钉拉力维持边坡稳定的支挡结构。

2.0.14　预应力锚索　prestressed anchored cables

通过对锚索施加张拉力使岩土体达到稳定状态或改善结构内部应力状况的支挡结构。

2.0.15　地震动峰值加速度　seismic peak ground acceleration

与地震动加速度反应谱最大值相应的水平加速度。

3　重力式挡土墙

3.1　一般规定

3.1.1　一般地区、浸水地区、地震地区和特殊岩土地区的路肩、路堤和路堑等部位,可采用重力式(或衡重式)挡土墙。路肩、路堤和土质路堑挡土墙高度不宜大于 10 m,石质路堑挡土墙不宜大于 12 m。

3.1.2　重力式挡土墙墙身材料应采用混凝土或片石混凝土,其强度等级及适用范围应按表 3.1.2 采用。

表 3.1.2　重力式挡土墙材料强度等级与适用范围

材料种类	重度(kN/m^3)	混凝土强度等级	适 用 范 围
混凝土或片石混凝土	23	C15	$t \geq -15$ ℃地区
		C20	浸水及 $t < -15$ ℃地区

注:表中 t 系最冷月平均气温。

3.1.3　重力式挡土墙可按容许应力法计算。混凝土、片石混凝土的容许应力值应按表 3.1.3 采用。

表 3.1.3　混凝土、片石混凝土的容许应力(MPa)值

应 力 种 类	符 号	混 凝 土 强 度 等 级			
		C30	C25	C20	C15
中心受压	$[\sigma_c]$	8.0	6.8	5.4	4.0
弯曲受压及偏心受压	$[\sigma_b]$	10.0	8.5	6.8	5.0
弯曲拉应力	$[\sigma_{bl}]$	0.55	0.50	0.43	0.35
纯剪应力	$[\tau_c]$	1.10	1.00	0.85	0.70
局部承压应力	$[\sigma_{cl}]$	$8.0\times\sqrt{\frac{A}{A_c}}$	$6.8\times\sqrt{\frac{A}{A_c}}$	$5.4\times\sqrt{\frac{A}{A_c}}$	$4.0\times\sqrt{\frac{A}{A_c}}$

注:1　片石混凝土的容许压应力同混凝土,片石掺用量不大于总体积的 20%;

2　A 为计算底面积,A_c 为局部承压面积。

3.2　设计荷载

3.2.1　作用在挡土墙上的力应按表3.2.1所列荷载进行组合。

表 3.2.1 挡土墙荷载

荷载分类	荷载名称
主 力	墙背岩土主动土压力 墙身重力及位于挡土墙顶面上的恒载 轨道及列车荷载产生的土压力、离心力、摇摆力 基底的法向反力及摩擦力 常水位时静水压力和浮力
附加力	设计水位的静水压力和浮力 水位退落时的动水压力 波浪压力 冻胀力和冰压力
特殊力	地震力 施工及临时荷载 其他特殊力

注:1 常水位系指每年大部分时间保持的水位；
2 冻胀力和冰压力不与波浪压力同时计算；
3 洪水和地震不同时考虑。

3.2.2 浸水挡土墙应从设计水位及以下选择最不利水位作为计算水位。

3.2.3 浸水挡土墙墙背填料为渗水土时,可不计墙身两侧静水压力和墙背动水压力。

3.2.4 墙身所受浮力,应根据地基地层的浸水情况按下列原则确定:

1 碎石类土、砂类土(细砂、粉砂除外)和节理很发育的岩石地基,按计算水位的100%计算;

2 节理不发育的岩石地基按计算水位的50%计算。

3.2.5 当主力与附加力、特殊力组合时,应将材料的容许应力(纯剪应力除外)乘以不同的提高系数。当主力与附加力组合时乘以1.30,当主力与特殊力组合时乘以1.40;当主力与地震力组合时,应符合现行《铁路工程抗震设计规范》(GB 50111)的规定。

当主力与附加力组合时,地基容许承载力可乘以1.20。当挡土墙按有荷载、无荷载计算,其基底合力蹬偏心距为负值时,墙踵基底压应力可超过地基容许承载力,一般地区最大不得超过30%,浸水地区不得超过50%,但平均压应力不得超过地基容许承载力。当主力加地震力时,应符合现行《铁路工程抗震设计规范》(GB 50111)的规定。

3.2.6 单线铁路挡土墙应按有列车荷载与无列车荷载进行检算;双线铁路及站场内的挡土墙,除按有列车荷载进行检算外,尚应按邻近挡土墙的一线、二线有列车荷载与无列车荷载等组合进行检算。

3.2.7 作用在墙背上的主动土压力,可按库仑理论计算。

3.2.8 墙背俯斜度较大、土体中出现第二破裂面时,应按第二破裂面法计算土压力。

3.2.9 墙背为折线形时,可简化为两直线段计算土压力,其下墙段的土压力可用力多边形法计算。

3.2.10 挡土墙前的被动土压力可不计算。当基础埋置较深且地层稳定、不受水流冲刷和扰动破坏时,根据墙身的位移条件,可采用1/3被动土压力值。

3.2.11 墙背填料的物理力学指标应根据试验资料确定。有经验时,也可按表3.2.11采用。路堑挡土墙墙背地层的物理力学指标,可根据边坡设计的数据综合确定。

表 3.2.11　填料的物理力学指标

填料种类		综合内摩擦角 ϕ_0	内摩擦角 ϕ	重度(kN/m³)
细粒土(有机土除外)	墙高 $H\leqslant 6$ m	35°	—	18、19
	6 m<墙高 $H\leqslant 12$ m	30°~35°		
砂类土		—	35°	19、20
碎石类、砾石类土		—	40°	20、21
不易风化的块石类土		—	45°	21、22

注：1　计算水位以下的填料重度采用浮重度；

2　填料的重度可根据填料性质和压实等情况作适当修正；

3　全风化岩石、特殊土的 ϕ、c 值宜根据试验资料确定。

3.2.12　土与墙背间的摩擦角应根据墙背的粗糙程度、土质和排水条件确定。有经验时，也可按表 3.2.12 所列数值采用。

表 3.2.12　土与墙背间的摩擦角 δ

墙背 / 墙身材料	巨粒土及粗粒土	细粒土(有机土除外)
混凝土或片石混凝土	$\phi/2$	$\phi_0/2$
第二破裂面或假想墙背土体	ϕ	ϕ_0

注：1　ϕ 为土的内摩擦角，ϕ_0 为土的综合内摩擦角；

2　当按表计算的 $\delta>30°$ 时，采用 $\delta=30°$。

3.3　计　　算

3.3.1　挡土墙沿基底的抗滑动稳定系数 K_c 应分别按下列公式计算：

非浸水

$$K_c=\frac{\left[\sum N+\left(\sum E_x-E'_x\right)\cdot\tan\alpha_0\right]\cdot f+E'_x}{\sum E_x-\sum N\cdot\tan\alpha_0}\tag{3.3—1}$$

浸　水

$$K_c=\frac{\left(\sum N-\sum N_w+\sum E_x\cdot\tan\alpha_0\right)\cdot f}{\sum E_x-\left(\sum N-\sum N_w\right)\cdot\tan\alpha_0}\tag{3.3—2}$$

式中　$\sum N$——作用于基底上的总垂直力(kN)；

$\sum E_x$——墙后主动土压力的总水平分力(kN)；

E'_x——墙前土压力的水平分力(kN)；

$\sum N_w$——墙身的总浮力(kN)；

α_0——基底倾斜角(°)；

f——基底与地层间的摩擦系数。

当为倾斜基底时，应检算沿地基水平方向的滑动稳定性。基底下有软弱土层时，应检算该土层的滑动稳定性。

3.3.2 基底与地层间的摩擦系数，宜根据试验资料确定。在有经验时，也可采用表3.3.2所列值。

表3.3.2 基底与地基间的摩擦系数 f

地 基 类 别	f
硬塑黏土	0.25~0.30
粉质黏土、粉土、半干硬的黏土	0.30~0.40
砂类土	0.30~0.40
碎石类土	0.40~0.50
软质岩	0.40~0.60
硬质岩	0.60~0.70

3.3.3 挡土墙抗倾覆稳定系数 K_0 应按下式计算：

$$K_0 = \frac{\sum M_y}{\sum M_0} \tag{3.3.3}$$

式中 $\sum M_y$ ——稳定力系对墙趾的总力矩(kN·m)；

$\sum M_0$ ——倾覆力系对墙趾的总力矩(kN·m)。

3.3.4 挡土墙抗滑动稳定系数 K_c 不应小于1.3，抗倾覆稳定系数 K_0 不应小于1.6。

计入附加力时，K_c 不应小于1.2，K_0 不应小于1.4。架桥机等运架设备临时荷载作用下，K_c 不应小于1.05，K_0 不应小于1.1。

3.3.5 挡土墙基底合力的偏心距应按下式计算：

$$e = \frac{B}{2} - c = \frac{B}{2} - \frac{\sum M_y - \sum M_0}{\sum N} \tag{3.3.5}$$

式中 e——基底合力的偏心距(m)：当为倾斜基底时，为倾斜基底合力的偏心距；土质地基不应大于 $B/6$，岩石地基不应大于 $B/4$；

B——基底宽度(m)，倾斜基底为其斜宽；

c——作用于基底上的垂直分力对墙趾的力臂(m)；

$\sum N$——作用于基底上的总垂直力(kN)。

当为倾斜基底时，作用于其上的总垂直力为

$$\sum N' = \sum N \cdot \cos\alpha_0 + \sum E_x \cdot \sin\alpha_0$$

3.3.6 基底压应力 σ 应按下列公式计算：

$$\text{当}|e| \leqslant \frac{B}{6}\text{时}, \sigma_{1,2} = \frac{\sum N}{B}\left(1 \pm \frac{6e}{B}\right) \tag{3.3.6—1}$$

$$\text{当 } e > \frac{B}{6}\text{时}, \sigma_1 = \frac{2\sum N}{3c}, \sigma_2 = 0 \tag{3.3.6—2}$$

$$\text{当 } e < -\frac{B}{6}\text{时}, \sigma_1 = 0, \sigma_2 = \frac{2\sum N}{3(B-c)} \tag{3.3.6—3}$$

式中　σ_1——挡土墙趾部的压应力(kPa)；

σ_2——挡土墙踵部的压应力(kPa)。

基底平均压应力不应大于基底的容许承载力[σ]。

3.3.7　墙身截面强度检算应符合下列要求：

1　检算截面的合力偏心距 e'：

当按主力计算时　　$|e| \leqslant 0.3B'$

当按主力加附加力计算时　$|e| \leqslant 0.35B'$

式中　B'——墙身截面宽度(m)。

2　检算截面的法向压应力，不应大于所用材料的容许压应力。当计算的最小应力为负值时，应小于所用材料的容许抗弯曲拉应力，并应检算不计材料承受拉力时受压区应力重新分布的最大压应力，其值不得大于容许压应力。

3　必要时墙身截面应作剪应力检算。

3.4　地基与基础

3.4.1　挡土墙基底宜采用明挖基础。当基坑开挖较深且边坡稳定性较差时，应采取临时支护措施；当基底下为松软土层时，可采用加宽基础、换填土或地基处理等措施。水下基坑开挖困难时，也可采用桩基础或沉井基础。

3.4.2　基础埋置深度的确定应符合下列要求：

1　埋置深度一般情况不应小于1.0 m。

2　当冻结深度小于或等于1.0 m时，在冻结深度线以下不应小于0.25 m，且不应小于1.0 m。当冻结深度大于1.0 m时，不应小于1.25 m，还应将基底至冻结线下0.25 m深度范围内的地基土换填为非冻胀土。

3　受水流冲刷时，在冲刷线下不应小于1.0 m。

4　路堑挡土墙基底在路肩以下不应小于1.0 m，并低于侧沟砌体底面不小于0.2 m。

5　在软质岩层地基上不应小于1.0 m。

6　膨胀土地段基础埋置深度不宜小于1.5 m。

3.4.3　基础在稳定斜坡地面时，其趾部埋入深度和距地面的水平距离应符合表3.4.3的规定。

表3.4.3　斜坡地面墙趾埋入深度和距地面的水平距离

地层类别	埋入深度(m)	距地面的水平距离(m)
硬质岩层	0.60	1.50
软质岩层	1.00	2.00
土　层	≥1.00	2.50

3.4.4　基础位于较完整的硬质岩层构成的稳定陡坡上时，可采用台阶式基础，其最下一级台阶底宽不宜小于1.0 m。

3.4.5　挡土墙位于纵向斜坡上，当基底纵坡大于5%时，应将基底设计为台阶形式。

3.4.6　挡土墙受滑动稳定控制时，可采用倾斜基底。一般地区挡土墙可设不大于0.2∶1的斜坡。浸水地区挡土墙不宜设倾斜基底。

3.4.7 挡土墙受倾覆稳定、基底偏心或基底承载力控制时,可设置墙趾台阶,混凝土台阶的连线与竖直线间的夹角不应大于45°。

3.4.8 明挖基础的基坑应及时回填夯实,顶面应设计为不小于4%的排水横坡。对黏土地基,墙底宜设置碎石土或灰土等垫层;对湿陷性黄土、膨胀土等特殊土地基,应采取消除湿陷或防止水流下渗的措施。

3.5 构造要求

3.5.1 支挡结构与路堤、路堑连接时,应符合下列规定:

1 支挡结构与路堤连接可采用锥体填土连接。挡土墙端部伸入路堤内不应小于0.75 m。路堤锥体顺线路方向的坡度,当锥体边坡高度在8 m以内时不应陡于1∶1.25,在20 m以内时不应陡于1∶1.5。

2 路堤、路肩挡土墙端部嵌入原地层的深度,土质不应小于1.5 m,弱风化岩层不应小于1 m,微风化岩层不应小于0.5 m。

3 路堑挡土墙应向两端顺延逐渐降低高度,并与路堑坡面平顺相接。

4 其他挡土墙按上述规定直接与路堤、路堑连接有困难时,可在其端部采用重力式挡土墙过渡或用其他端墙形式过渡。

3.5.2 混凝土或片石混凝土墙顶宽度不应小于0.4 m。

3.5.3 路肩挡土墙顶部应设置帽石。帽石应采用混凝土制作,其厚度不得小于0.4 m,宽度不得小于0.6 m,飞檐宽度应为0.1 m。

3.5.4 沿墙长每隔10~20 m或与其他建筑物相接处应设置伸缩缝,在基底的地层变化处应设置沉降缝。伸缩缝和沉降缝可合并设置。缝宽采用2~3 cm。缝内沿墙的内、外、顶三边填塞沥青麻筋或沥青木板,塞入深度不得小于0.2 m。

3.5.5 当墙背为石质路堑或填石路堤时,可设置空缝。路肩、路堤挡土墙两端应设置锥体护坡。

3.5.6 挡土墙上应设置向墙外坡度不应小于4%的泄水孔,按上下左右每隔2~3 m交错布置,折线墙背的易积水处必须设置泄水孔。

3.5.7 泄水孔应采用管型材料,其进水侧应设置反滤层,反滤层应优先采用土工合成材料、无砂混凝土块或其他新型材料。无砂混凝土块或砂夹卵石反滤层的厚度不得小于0.3 m,墙背为膨胀土的反滤层厚度不应小于0.5 m。在靠近路肩或地面的最低一排泄水孔的进水口下部应设置隔水层。

4　短卸荷板式挡土墙

4.1　一 般 规 定

4.1.1　地基承载力较高，墙高大于 6 m、小于等于 12 m 的一般地区路肩墙可采用短卸荷板式挡土墙。

4.1.2　短卸荷板式挡土墙由上、下墙和卸荷板组成，上、下墙高度比例宜为 4 : 6。墙身可采用片石混凝土或混凝土，一般情况下，混凝土强度等级应为 C20。短卸荷板采用钢筋混凝土，其受力钢筋直径不应小于 12 mm，设计使用年限为 60 年。

4.1.3　短卸荷板式挡土墙可按容许应力法设计，其容许应力值应按本规范表 3.1.3 采用。

4.2　设计荷载及计算

4.2.1　作用在短卸荷板式挡土墙上的荷载力系，应按本规范第 3.2.1 条、第 3.2.5 条和第 3.2.6 条的规定办理。

4.2.2　作用在墙背上的主动土压力可按库仑理论计算，其中上墙可按第二破裂面法计算，两破裂面交点在短卸荷板悬臂端；下墙可按力多边形法计算，土压力强度可简化为矩形分布，作用点为下墙墙高的 1/2 处（图 4.2.2）。

4.2.3　计算作用于短卸荷板上的竖向压力时，可先计算第二破裂面上的竖向分力，短卸荷板承受其长度相应部分投影的应力，再计算第二破裂面以下的土体重量，两者叠加为短卸荷板的竖向压力，在板上均匀分布，见图 4.2.3。

4.2.4　土与墙背间的摩擦角 δ，可按本规范表 3.2.12 所列数值采用。

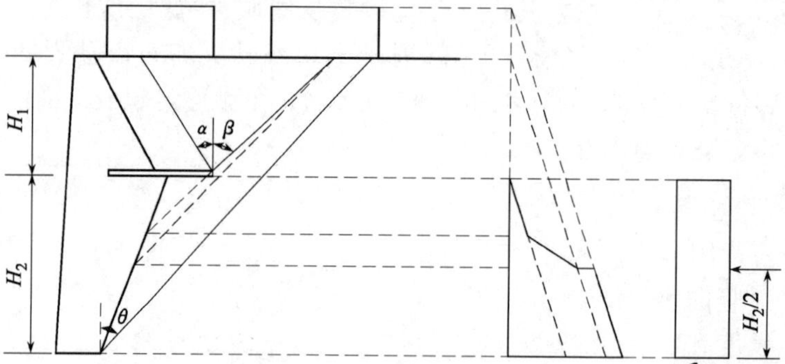

图 4.2.2　下墙土压力强度及作用点位置

α—上墙第二破裂角（°）；β—上墙第一破裂角（°）；

θ—下墙破裂角（°）；H_1—上墙高度（m）；H_2—下墙高度（m）

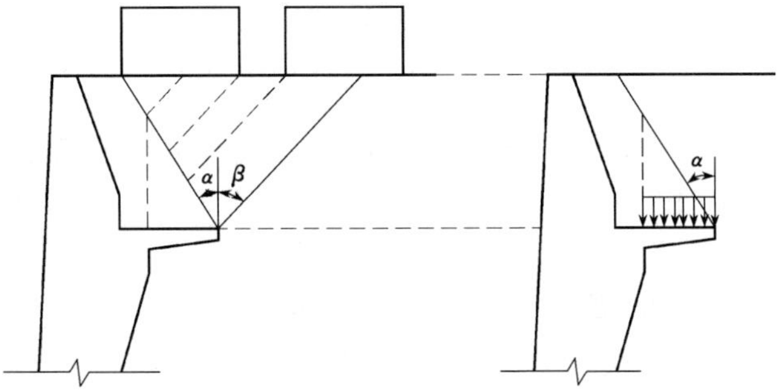

图 4.2.3　短卸荷板上的竖向压力及分布

α—上墙第二破裂角(°);β—上墙第一破裂角(°)

4.2.5　墙背填料的物理力学指标应根据试验资料确定。当填料为黏性土时,可采用抗剪强度相等的原则,换算综合内摩擦角代替其内摩擦角和黏聚力,稳定系数可采用 $K_c=1.3$ 和 $K_0=1.6$。

4.2.6　当墙背填料的物理力学指标缺少试验数据时,可按表 3.2.11 选用内摩擦角或综合内摩擦角,稳定系数应根据填料黏聚力和墙高按表 4.2.6 取值。

表 4.2.6　稳定系数取值

墙高(m) / 稳定系数 / 黏聚力(kPa)	$6<H\leqslant10$		$10<H\leqslant12$	
	K_c	K_0	K_c	K_0
$c\leqslant5.0$	1.30~1.40	1.60~1.70	1.40~1.45	1.60~1.75
$5.0<c\leqslant10.0$	1.30~1.50	1.60~1.80	1.50~1.60	1.80~1.90
$10.0<c\leqslant15.0$	1.30~1.60	1.60~1.90	1.60~1.75	1.90~1.95

注:1　相同填料,稳定系数应随墙高增大而增大;

2　当无黏聚力实测值时,可根据填料的分类取值,即 A 组填料取小值、B 组填料取中值、C 组填料取大值。

4.2.7　短卸荷板式挡土墙的稳定性计算方法应符合本规范第3.3节的规定。

4.2.8　设计短卸荷板式挡土墙时,应对上、下墙之间和台阶上部处墙身截面进行强度检算。上、下墙之间截面强度检算的位置,可按图 4.2.8 选取。

在墙身截面强度检算中,上墙墙背的水平土压力可按实际墙背用库仑公式的计算值乘以 1.4 的系数计算;竖向土压力可不乘系数。

4.2.9　短卸荷板长度和截面尺寸应通过计算确定,基底应力应按均匀分布考虑,同时满足本规范第 4.2.8 条规定的强度检算要求。其插入端长度宜控制在上墙底宽的 1/2~2/3,配筋设计可按悬臂梁结构计算。

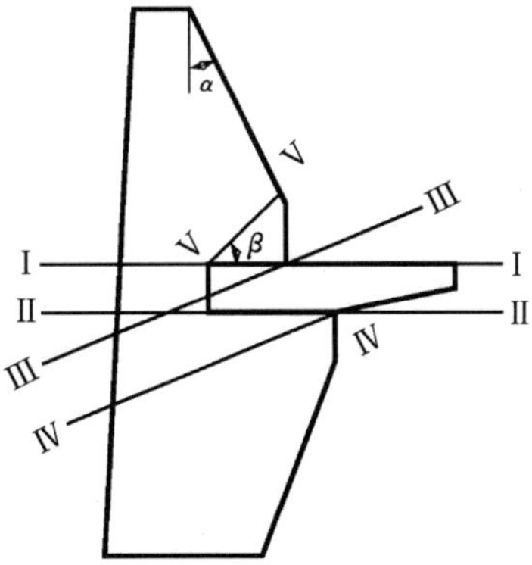

图 4.2.8　上、下墙之间截面强度检算位置

Ⅰ—Ⅰ、Ⅱ—Ⅱ为截面的法向拉应力和水平剪应力,Ⅲ—Ⅲ、Ⅳ—Ⅳ、Ⅴ—Ⅴ为斜截面的剪应力

4.3 构造要求

4.3.1 短卸荷板式挡土墙基底及基础埋置应符合本规范第3.4节的规定。

4.3.2 短卸荷板式挡土墙的构造要求应符合本规范第3.5.1条~第3.5.4条的规定。卸荷板顶面高度处墙体内应设置一排向墙外坡度不小于4%的泄水孔。

4.3.3 卸荷板与上墙墙体的接触面上,沿纵向每隔30~40 cm插入长度为35 cm的短钢筋。卸荷板插入部分应垫以20 cm厚的混凝土垫板,垫板应设构造钢筋。

4.3.4 卸荷板施工宜优先采用现浇混凝土。当采用预制混凝土板吊装施工时,卸荷板及垫板表面应粗糙,铺设时应铺垫水泥砂浆。

5　悬臂式和扶壁式挡土墙

5.1　一 般 规 定

5.1.1　悬臂式挡土墙和扶壁式挡土墙应采用钢筋混凝土结构，设计使用年限为 60 年。扶壁式挡土墙不宜在不良地质地段或设计地震动峰值加速度 0.2g 及以上的地区采用。悬臂式挡土墙和扶壁式挡土墙的结构形式，见图 5.1.1—1 及图 5.1.1—2。

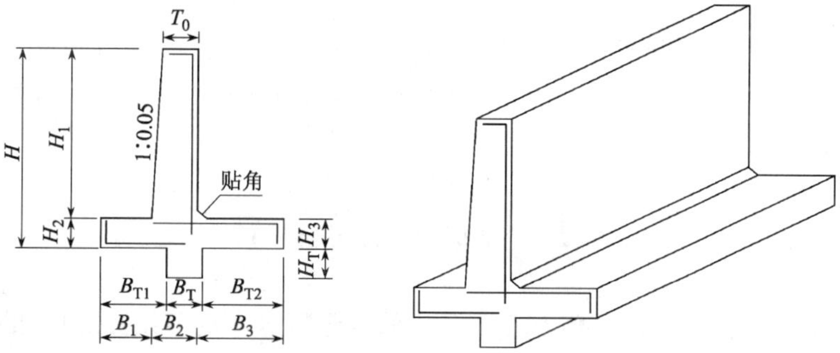

图 5.1.1—1　悬臂式挡土墙结构形式

图 5.1.1—1 和图 5.1.1—2 中：

H——墙高

H_1——悬臂高度或立壁板高度

H_2——趾板高度

H_3——踵板高度

T_0——悬臂板或立壁板顶宽

B_1——趾板宽

B_2——悬臂板底宽

B_3——踵板宽

B_{T1}——凸榫外缘距墙趾的距离

B_T——凸榫宽度

H_T——凸榫高度

B_{T2}——凸榫内缘距墙踵的距离

5.1.2　墙的最大高度应符合下列规定：

1　悬臂式挡土墙高度不宜大于6 m，墙顶宽度不应小于0.2 m。当墙高大于4 m时，宜在墙面板前加贴角。

2　扶臂式挡土墙高度不宜大于10 m，墙顶宽度不宜小于0.3 m。

5.1.3　悬臂式挡土墙和扶壁式挡土墙的基础埋置深度应符合本规范第3.4节的有关要求。

5.1.4　悬臂式挡土墙和扶壁式挡土墙的结构设计可参照现行国家标准《混凝土结构设

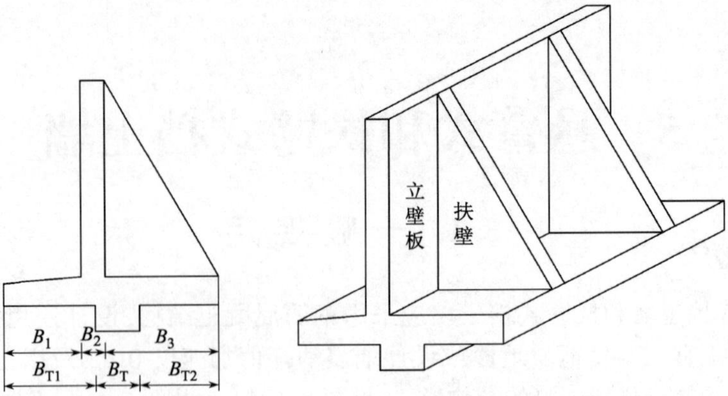

图 5.1.1—2　扶壁式挡土墙结构形式

计规范》(GB 50010)按极限状态法设计,必要时采用容许应力法进行验证。按极限状态法设计时,荷载分项系数可采用 1.65。土压力计算时,墙背填料的物理力学指标应符合本规范第 3.2.11 条的规定。

5.2　设计荷载及计算

5.2.1　悬臂式挡土墙和扶壁式挡土墙承受的荷载应符合本规范第3.2.1条的规定。

5.2.2　对于路肩式墙(墙顶以上填土小于 1.0 m),轨道及列车荷载在悬臂或扶壁上产生的侧向土压力及在踵板上产生的竖向土压力可按弹性理论条形匀布荷载作用下的土压应力公式计算。

1　荷载产生的水平土压应力应按下列公式计算:

$$\sigma_{hi}=\frac{\gamma h_0}{\pi}\left[\frac{bh_i}{b^2+h_i^2}-\frac{h_i(b+l_0)}{h_i^2+(b+l_0)^2}+\arctan\frac{b+l_0}{h_i}-\arctan\frac{b}{h_i}\right]\tag{5.2.2—1}$$

式中　σ_{hi}——荷载产生的水平土压应力(kPa);

b——荷载内边缘至面板的距离(m);

h_i——墙背距路肩的垂直距离(m);

h_0——荷载换算土柱高(m);

l_0——荷载换算宽度(m)。

2　在踵板上荷载产生的竖向土压力应按下列公式计算:

$$\sigma_v=\frac{\gamma h_0}{\pi}\left(\arctan X_1-\arctan X_2+\frac{X_1}{1+X_1^2}-\frac{X_2}{1+X_2^2}\right)\tag{5.2.2—2}$$

$$X_1=\frac{2x+l_0}{2(H_1+H_s)},X_2=\frac{2x-l_0}{2(H_1+H_s)}$$

式中　σ_v——荷载在踵板上产生的垂直压应力(kPa);

x——计算点至荷载中线的距离(m);

H_1——悬臂板的高度(m);

H_s——墙顶以上填土高度(m)。

5.2.3　悬臂式挡土墙和扶壁式挡土墙的土压力按库仑理论计算时,可按第二破裂面法计算。当第二破裂面不能形成时,可用墙踵下缘与墙顶内缘的连线作为假想墙背进行计算。

5. 2. 4 计算挡土墙实际墙背和墙踵板的土压力时,可不计填料与板的摩擦力。

5. 2. 5 计算挡土墙整体稳定和墙面板的内力时,可不计墙前土的作用;计算墙趾板内力时,应计算底板以上的填土重力。

5. 2. 6 悬臂式和扶壁式挡土墙的稳定性和基底应力计算,应符合本规范第 3. 3. 1 条~第 3. 3. 6 条的规定。

5. 2. 7 悬臂式挡土墙各部分均应按悬臂梁计算。

5. 2. 8 扶壁式挡土墙各部分可按下列方法简化计算:

1 作用于墙面板的荷载,可按墙高呈梯形分布,墙面板竖向弯矩沿墙高和沿线路方向的分布如图 5. 2. 8—1 所示。

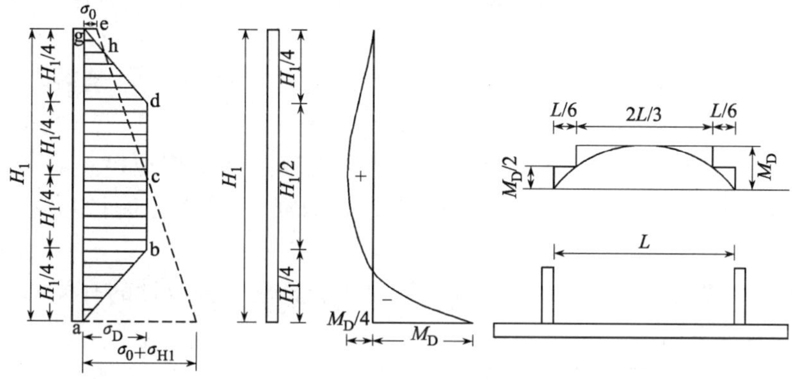

图 5. 2. 8—1 土压力竖直弯矩沿墙高及沿线路方向的分布

M_D—板跨中弯矩;H_1—墙面板的高度;σ_0—由路基面以上荷载引起的法向土压应力;

σ_D—悬臂板中部土压应力,其值为 $\sigma_0+0.5\sigma_{H1}$;

σ_H—墙面板底端由填料引起的法向土压应力;L—扶壁之间的净距

2 墙趾板应按悬臂板计算。

3 墙踵板纵向可视为扶壁支承的连续梁,不计墙面板对底板的约束;作用在墙踵板的荷载除计算板上的土压力及基底反力外,尚应计算由于墙趾板弯矩作用在墙踵板上产生的等代荷载;墙踵板横向荷载可不检算。

4 扶壁应按悬臂的 T 形梁计算,将墙面板视为梁的翼缘,扶壁视为梁的腹板,如图 5. 2. 8—2 所示。

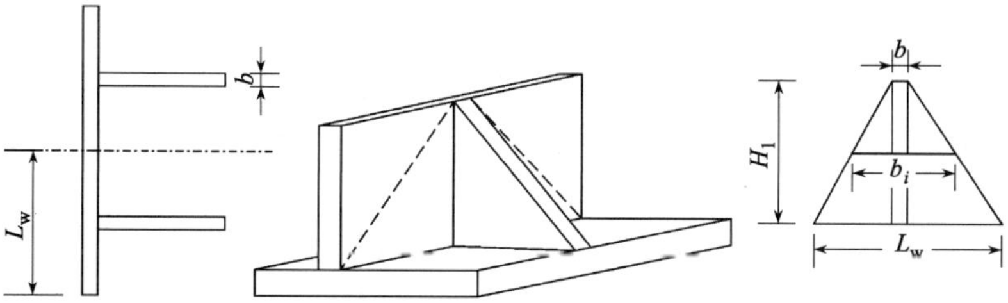

图 5. 2. 8—2 扶壁计算简化图式

L_w—扶壁计算单元长度;b——扶壁厚度;

H_1—立壁板高度;b_i—扶壁按悬臂的 T 形梁计算时的翼缘板长度

5　当挡土墙受滑动稳定控制时,应在墙的底面下设置防滑键(凸榫),其高度应保证键前土体不被挤出,厚度应满足键的直剪强度,但不应小于 0.3 m。

5.3　构造要求

5.3.1　伸缩缝的间距不应大于20 m。沉降缝、泄水孔的设置应符合本规范第 3.5.3 条和第 3.5.4 条的规定。

5.3.2　墙身混凝土强度等级不宜低于 C30。主筋宜采用 HRB400 钢,直径不应小于 12 mm。箍筋宜采用 HRB335 钢,直径不应小于 8 mm。

5.3.3　凸榫尺寸及位置不应改变,其榫槽混凝土应与底板混凝土同时灌筑。

5.3.4　浇灌混凝土时,应一次完成浇灌。如有间断,第二次浇灌时,应保证新混凝土与已浇灌混凝土粘结牢固。

5.3.5　墙后填筑应在墙身混凝土强度达到设计强度的70%时进行。填料应分层夯实,反滤层应在填筑过程中及时施工。

5.3.6　墙面板(悬臂式挡土墙为悬臂板)、扶壁的混凝土保护层厚度应满足现行铁路混凝土结构耐久性设计的有关要求。趾板和踵板钢筋的混凝土保护层厚度不宜小于 70 mm。

5.3.7　裂缝最大宽度验算应满足现行铁路混凝土结构耐久性设计的有关要求。

6　锚杆挡土墙

6.1　一般规定

6.1.1　锚杆挡土墙适用于一般地区岩质路堑地段，设计使用年限为60年。

6.1.2　设计锚杆挡土墙时，应根据地质及工程具体情况，可选用肋柱式、板肋式、无肋柱式或格构式等结构形式。

6.1.3　设计肋柱式锚杆挡土墙时，根据地形可采用单级或多级。在多级墙上、下两级墙之间应设置平台，平台宽度不宜小于2.0 m。每级墙高度不宜大于8 m，可根据地质和施工条件确定，总高度不宜大于18 m。

6.1.4　肋柱式锚杆挡土墙肋柱间距宜为2～3 m，板肋式锚杆挡土墙肋柱的间距宜为3～6 m，格构式锚杆挡土墙的肋柱间距宜为3～5 m。肋柱可采用预制单根整柱，亦可采用分段拼装或就地灌筑。

6.1.5　每级肋柱上的锚杆可设计为双层或多层。锚杆可按弯矩相等或支点反力相等的原则布置，向下倾斜，每层锚杆与水平面的夹角不应大于45°，宜为15°～25°，间距不应小于2.0 m。

6.2　设计荷载及计算

6.2.1　作用于锚杆挡土墙墙背上的荷载组合，应符合本规范第3.2节的有关规定。

6.2.2　墙背主动土压力可按库仑理论计算其水平分力。墙背摩擦角应符合本规范第3.2.12条的规定。锚杆挡土墙为多级时，应分别计算其墙背土压力。

6.2.3　当采用逆作法施工柔性结构的多层锚杆挡土墙时，土压力分布可按图6.2.3确定，其中的e_{hk}可按下式计算：

$$e_{hk}=\frac{E_{hk}}{0.9H} \tag{6.2.3}$$

式中　e_{hk}——侧向岩土压力水平分力的应力分布标准值(kPa)；

E_{hk}——根据库仑理论计算的侧向岩土压力合力的水平分力(kN)；

H——挡土墙高度(m)。

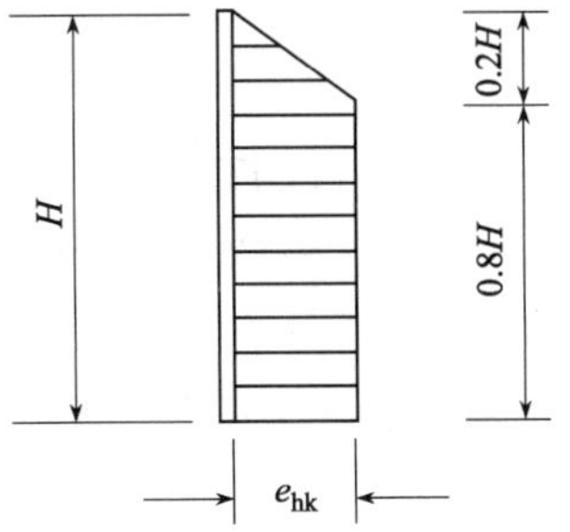

图6.2.3　岩质边坡土压力分布

6.2.4　肋柱设计应符合下列规定：

1　作用于肋柱的荷载应按两肋柱中心之间的距离计算。

2　肋柱截面可采用矩形或T形，截面宽度或腹板宽度不得小于30 cm。

3　设计装配式肋柱时，应考虑肋柱在搬运、吊装及施工过程中受力不均匀等情况，在肋柱的内外两侧配置通长的受力钢筋。

4 肋柱的锚杆拉力、肋柱的弯矩和剪力,应根据锚杆层数、柱底与基础的连接形式,按简支梁或连续梁计算。肋柱结构设计应符合现行国家标准《混凝土结构设计规范》(GB 50010)的规定,荷载分项系数可采用 1.6。

6.2.5 装配式墙面板设计应符合下列规定:

1 墙面板可采用钢筋混凝土槽形板、空心板和矩形板。

2 墙面板可按以肋柱为支点的简支板计算,其计算跨度为净跨度加板的两端搭接长度,搭接长度不得小于 10 cm。

3 墙面板的规格不宜过多。每种墙面板的计算荷载应为:沿板的宽度采用与其相应土压应力图示中的最大值,按均布荷载计算。板结构设计应符合现行国家标准《混凝土结构设计规范》(GB 50010)的规定,板结构的荷载分项系数可采用 1.35。

6.2.6 现场灌筑的无肋柱式锚杆挡土墙,其墙面板的内力可分别沿竖直方向和水平方向取单位宽度按连续梁计算。计算荷载在竖直方向应取墙面板的土压应力,在水平方向应取墙面板所在位置土压应力的平均值。

6.2.7 锚杆的截面及长度应符合下列规定:

1 锚杆应按轴心受拉构件设计,其钢筋截面面积应按下式计算:

$$A_s = K \times N_t / f_y \tag{6.2.7—1}$$

式中 A_s——钢筋的截面面积(mm^2);

N_t——锚杆轴向承载力设计值(N);

K——荷载安全系数,可采用 2.0~2.2;

f_y——钢筋的抗拉设计强度(N/mm^2)。

2 锚杆长度应包括非锚固长度和有效锚固长度。非锚固长度应根据肋柱与主动破裂面或滑动面的实际距离确定。有效锚固长度应根据锚杆的拉力按式(6.2.7—2)计算,并应按式(6.2.7—3)验算锚杆与砂浆之间的容许粘结力。岩层中的有效锚固长度不宜小于 4.0 m,且不宜大于 10 m。

$$L_a = \frac{KN_t}{\pi D f_{rb}} \tag{6.2.7—2}$$

$$L_a = \frac{KN_t}{n\pi d \xi f_b} \tag{6.2.7—3}$$

式中 L_a——锚固段长度(mm);

K——安全系数,取 2.0~2.5;

D——锚固体直径(mm);

d——单根钢筋直径(mm);

n——钢筋根数;

f_{rb}——水泥砂浆与岩石孔壁间的粘结强度设计值,按附录 C 中表 C.0.1 采用;

f_b——水泥砂浆与钢筋间的粘结强度设计值,按附录 C 中表 C.0.2 采用;

ξ——采用两根或两根以上钢筋时,介面粘结强度降低系数,取 0.60~0.85。

6.3 构造要求

6.3.1 肋柱和墙面板的混凝土强度等级宜为 C30。肋柱和墙面板中钢筋的混凝土保护层厚度应满足《铁路混凝土结构耐久性设计暂行规定》的要求。受力钢筋可采用 HRB400 钢或 HRB335 钢。

6.3.2 裂缝最大宽度的验算应满足铁路混凝土结构耐久性设计的有关要求。

6.3.3 肋柱的基础应采用 C20 混凝土。各分级挡土墙之间的平台顶面，宜用 C20 混凝土封闭，其厚度宜为 15 cm，并设 2% 横向向外排水坡。

6.3.4 锚杆钢筋宜选用 HRB400 带肋钢筋或高强精轧螺纹钢筋，其直径为 18～32 mm。不宜采用镀锌钢材。钢筋每孔不宜多于 3 根。锚杆未锚入地层部分，必须做好防锈处理。腐蚀环境下可采用钢筋表面环氧涂层等措施。

6.3.5 锚孔应严格执行灌浆施工工艺要求。当采用水冲洗影响锚杆的抗拔强度时，应采用高压风吹净。

6.3.6 锚孔直径应根据锚杆的布置、灌浆管尺寸及钢筋支架位置确定。

6.3.7 锚孔注浆材料应采用水泥砂浆，其强度等级不应低于 M30。注浆采用孔底注浆法。安装肋柱或墙面板应待锚孔砂浆达到设计强度的 70% 以上方可进行。

7　锚定板挡土墙

7.1　一般规定

7.1.1　一般地区路肩地段或路堤地段，锚定板挡土墙墙高不应大于10 m，设计使用年限为60年。

7.1.2　锚定板挡土墙可采用肋柱式或无肋柱式结构。

7.1.3　设计锚定板挡土墙时，可根据地形采用单级或双级墙。单级墙的高度不宜大于6 m，双级墙的总高度不宜大于10 m。双级墙上、下两级之间宜设置平台，平台宽度不宜小于2.0 m。肋柱式锚定板挡土墙其上、下级墙的肋柱应沿线路方向相互错开。

7.1.4　肋柱式锚定板挡土墙的肋柱间距宜为2.0~2.5 m。每级肋柱上拉杆可设计为双层或多层，必要时也可设计为单层。肋柱可为整柱，也可分段拼接，拼接时肋柱接头宜为榫接。

7.2　设计荷载及计算

7.2.1　墙面板所受的土压力应按重力式挡土墙有关规定计算。其中填料产生的土压应力可按图7.2.1设计，并按式(7.2.1)计算土压应力。轨道及列车荷载产生的土压力可不乘增大系数。

$$\sigma_H = \frac{1.33E_x}{H} \cdot \beta \qquad (7.2.1)$$

式中　σ_H——水平主动土压应力(kPa)；

E_x——主动土压力的水平分力(kN)；

H——墙高(m)(当为分级墙时，为上、下级墙之和)；

β——土压力增大系数，一般采用1.2~1.4。

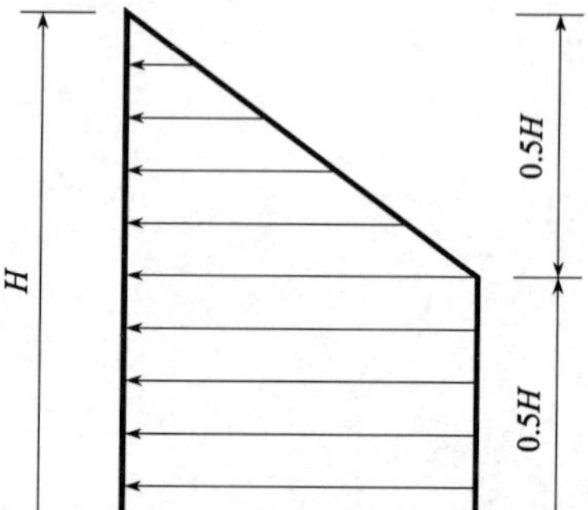

图7.2.1　填料产生的土压应力分布

7.2.2　锚定板挡土墙的整体稳定性，可采用折线裂面方法或整体土墙方法计算。稳定系数不应小于1.8。

1　计算锚定板挡土墙整体稳定性应包括墙顶有荷载与无荷载两种情况。对双线铁路尚应考虑Ⅰ线有荷载、Ⅱ线无荷载和Ⅰ线无荷载、Ⅱ线有荷载等多种组合，取其不利者控制。

2　折线裂面法应对上述各种荷载下墙面板所受土压力，按乘与不乘土压力增大系数分别计算，取其不利者控制。

7.2.3　肋柱设计应符合下列规定：

1　肋柱设计荷载的计算跨度应为两相邻肋柱中心之间的距离；

2　肋柱应按受弯构件计算，承受由墙面板传来的土压力，肋柱与拉杆及肋柱与基础连接处为反力支点；

3　肋柱的弯矩、剪力及拉杆拉力的计算，应根据拉杆层数、柱底与基础的连接形式确定；

4　肋柱设计还应考虑肋柱支点的变形，以及在搬运、吊装和施工过程中由于拉杆受力不均匀等非正常荷载情况，在肋柱的内、外侧配置受力钢筋。

7.2.4　拉杆设计应符合下列规定：

1　最上排拉杆至填土顶面的距离不得小于1.0 m。

2　拉杆长度应满足墙体的整体稳定性要求，且最下一排拉杆的长度应置于主动土压力破裂面以外不小于3.5倍锚定板高度。路肩墙最上一排拉杆长度，应大于另一侧轨枕端头。

3　拉杆直径应根据拉杆设计拉力及所选用钢材的容许应力，按式(7.2.4)计算，且不宜小于22 mm。

$$d=2\times\sqrt{\frac{R\times10^4}{\pi[\sigma_s]}}+0.2 \tag{7.2.4}$$

式中　d——拉杆直径(cm)；

R——拉杆的设计拉力(kN)；

$[\sigma_s]$——拉杆钢材的容许拉应力(kPa)；

0.2——考虑钢材锈蚀增加的安全储备量(cm)。

4　螺丝端杆(包括螺纹、螺母、垫板及焊接)均应按拉杆等强度设计。螺丝端杆长度应为肋柱、钢垫板及螺母厚度之和加10 cm。当螺丝端杆与拉杆的连接采用帮焊时，端杆还应增加一段焊接的长度。

5　拉杆、拉杆与肋柱及拉杆与锚定板连接处应进行防锈处理。

7.2.5　锚定板设计应符合下列规定：

1　锚定板面积应根据拉杆设计拉力及锚定板容许抗拔力，按式(7.2.5)确定。

$$F_A=\frac{R}{[P]} \tag{7.2.5}$$

式中　F_A——锚定板面积(m^2)；

R——拉杆设计拉力(kN)；

$[P]$——锚定板单位面积容许抗拔力(kPa)，应根据现场拉拔试验确定；当无条件进行现场拉拔试验时，可根据工点具体条件，参照经验数据确定。

2　锚定板可采用钢筋混凝土板，肋柱式锚定板面积不应小于0.5 m^2，无肋柱式锚定板面积不应小于0.2 m^2。

3　锚定板内力可按中心有支点单向受弯构件计算，锚定板应双向布筋。此外，尚应检算锚定板与钢垫板连接处混凝土局部承压与冲切强度。

7.2.6　墙面板设计应符合下列规定：

1　肋柱式锚定板挡土墙，其墙面板可采用钢筋混凝土槽形板、矩形板、空心板，也可采用拱形板，但选用的形式不宜过多。

墙面板可按两端简支的受弯构件计算，其计算跨度为净跨加板与肋柱的搭接长度，搭接长度不得小于 10 cm。

墙面板的计算荷载应为与墙面板位置相应的压力图中的最大值,按均布荷载计算。

2　无肋柱式锚定板挡土墙的墙面板,可采用钢筋混凝土矩形板、十字形板、六边形板。当一块墙面板上连接一根拉杆时,其内力与配筋可按单支点双悬臂计算。

7.2.7　无肋柱式锚定板墙可采用混凝土条形基础;肋柱式墙的基础可采用混凝土条形基础、杯座式基础等。基础检算应按重力式挡土墙的基础检算办法办理。基础厚度不宜小于 50 cm,襟边不宜小于 15 cm。基础埋置深度应符合本规范第 3.4 节的有关规定。

7.3　构造要求

7.3.1　锚定板挡土墙墙后填料应采用砂类土(粉砂、黏砂除外)、砾石类土、碎石类土,也可采用符合规定的细粒土;不得采用膨胀土、盐渍土,严禁采用有腐蚀作用的酸性土和有机质土。

7.3.2　锚定板挡土墙墙后填料应分层填筑压实,并应符合《铁路路基设计规范》(TB 10001)的有关规定。

7.3.3　锚定板挡土墙墙后填料为细粒土时,路基顶面应采取防、排水措施,设置柔性封闭层。

7.3.4　锚定板挡土墙应在墙背底部至墙顶以下0.5 m范围内,填筑不小于 0.3 m 厚的渗水性材料或用无砂混凝土板、土工织物作为反滤层,并应采取排水措施。

7.3.5　锚定板挡土墙的墙面板、肋柱及锚定板等钢筋混凝土构件的强度等级不应小于C30。拉杆、螺丝端杆宜选用可焊性和延伸性良好的钢材,也可采用 45SiMnV 精轧螺纹钢材作为拉杆。

7.3.6　锚定板墙基础应采用 C20 混凝土。分级墙之间的平台顶面宜用 C15 混凝土封闭,其厚度宜为 15 cm,并设 2% 向外横向排水的坡度。

7.3.7　锚定板挡土墙埋于土中部分的拉杆,应进行防锈处理。

7.3.8　肋柱与锚定板均应预留拉杆孔洞。锚定板、肋柱与螺丝端杆连接处,在填土前宜用沥青砂浆充填,并用沥青麻筋塞缝,外露的端杆和部件应在填土下沉基本稳定后,再用水泥砂浆封填。

7.3.9　肋柱不得前倾,应适当向填土一侧倾斜,其仰斜度宜为 20∶1。肋柱吊装时,应在肋柱基础的杯座槽内铺垫沥青砂浆。

7.3.10　拉杆及锚定板埋设时,应在填土夯填至拉杆高度以上 20 cm 后再挖槽就位。锚定板前方超挖部分应用混凝土或灰土回填夯实。挖槽时,宜使锚定板比设计位置抬高 3~5 cm,不得直接碾压拉杆或锚定板。

8 加筋土挡土墙

8.1 一般规定

8.1.1 加筋土挡土墙适用于Ⅰ、Ⅱ级铁路一般地区、地震地区的路肩地段和路堤地段。

8.1.2 加筋土挡土墙的单级高度不宜大于10 m,当墙高大于10 m时应作特殊设计。

8.1.3 加筋土路肩墙墙顶宜设在基床表层底面高程处,路堤墙墙顶应设平台,平台宽度不宜小于1.0 m。

8.1.4 加筋土挡土墙墙面宜采用钢筋混凝土板。面板形状可采用矩形、十字形、六角形或整体式面板等。

8.1.5 加筋土挡土墙的拉筋材料宜采用土工格栅、复合土工带或钢筋混凝土板条等,拉筋材料应具有下列性能:

1 抗拉强度高、延伸率小和蠕变变形小;

2 筋土界面之间具有足够的摩擦力;

3 有较好的耐腐蚀性和抗老化性;

4 当采用土工合成材料拉筋时,尚应符合《铁路路基土工合成材料应用设计规范》(TB 10118)的有关规定。

8.1.6 加筋土挡土墙的填料应采用砂类土(粉砂、黏砂除外)、砾石类土、碎石类土,也可选用C组细粒土填料,不得采用块石类土。

8.1.7 填料的物理力学指标应根据试验确定。当缺少试验数据时,可按本规范第3.2节的规定采用。

8.1.8 加筋土挡土墙地基处理应满足设计要求。

8.1.9 路基面上需设置杆架、沟槽、管线的地段应采取保证加筋土挡土墙完整和稳定的措施。

8.2 设计荷载及计算

8.2.1 作用于加筋土挡土墙整体假想墙背上的荷载及土压力计算,应符合本规范第3.2节的规定。

8.2.2 加筋土挡土墙应进行外部稳定性分析检算和内部稳定性计算。

外部稳定性分析检算应包括抗(水平)滑动稳定、抗倾覆稳定、基底合力偏心距、地基承载力检算,初步确定加筋体宽度(筋带长度),软弱地基尚应进行整体滑动稳定性及地基沉降计算;内部稳定性计算应包括拉筋强度检算、抗拔稳定检算、面板结构设计等。

8.2.3 加筋土挡土墙抗滑动稳定、抗倾覆稳定、基底合力偏心距检算时,可将其视为实体墙,检算的要求应符合本规范第3.3节的规定。

8.2.4 加筋土挡土墙基底压应力应满足地基承载力要求,可按下式计算:

$$\sigma = \frac{\sum N}{B - 2e} \tag{8.2.4}$$

式中　$\sum N$——作用于基底上的总垂直力(kN)；

B——加筋体基底宽度(m)；

e——基底合力的偏心距(m)，$e \leqslant B/6$，$e<0$ 时取$e=0$。

8.2.5　软弱地基上加筋土挡土墙的整体滑动稳定或沉降检算应按《铁路特殊路基设计规范》(TB 10035)软土地基路堤的有关要求进行。软弱地基的地基承载力、整体滑动稳定性或工后沉降不满足要求时，可采取加长拉筋或地基处理措施。

8.2.6　内部稳定性计算时应将路堤墙加筋体上填土换算成等代均布填土荷载〔图 8.2.7(b)〕，荷载土柱高 h_z 应按下式计算：

$$h_z = \frac{1}{m}\left(\frac{H}{2} - a\right) \tag{8.2.6}$$

式中　h_z——路堤墙上填土换算荷载土柱高(m)，$h_z>H_s$ 时取$h_z=H_s$；

m——填土边坡坡率；

H——加筋土挡墙墙高(m)；

a——墙顶以上堤坡脚至加筋面板的水平距离(m)。

当进行外部稳定检算时，加筋挡土墙墙顶以上填土荷载应按填土几何尺寸计算。

8.2.7　内部稳定性分析时，拉筋锚固区和非锚固区的分界可采用 0.3H 分界线(图 8.2.7)。路肩墙加筋体上填土厚度应计入墙高内。

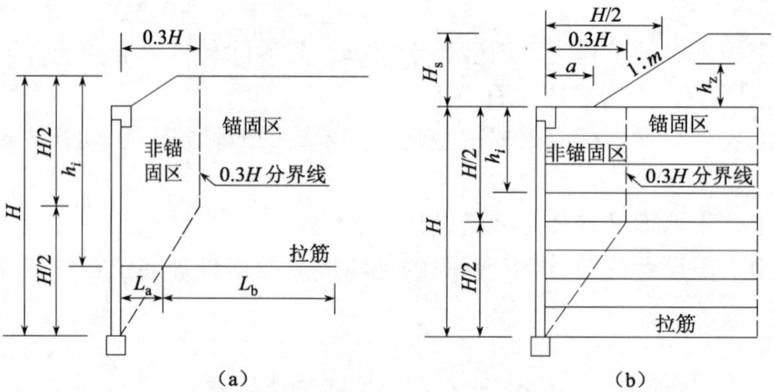

图 8.2.7　拉筋锚固区与非锚固区分界线

8.2.8　作用于路肩挡土墙墙面板上的土压应力应按下列公式计算：

1　面板后填料产生的水平土压应力应按下式计算：

$$\sigma_{h1i} = \lambda_i \gamma h_i \tag{8.2.8—1}$$

当 $h_i \leqslant 6$ m 时，$\lambda_i = \lambda_0(1-h_i/6)+\lambda_a(h_i/6)$；

当 $h_i>6$ m 时，$\lambda_i=\lambda_a$。

$$\lambda_0 = 1-\sin\phi_0$$

$$\lambda_a = \tan^2(45°-\phi_0/2)$$

式中　σ_{h1i}——填料产生的水平土压应力(kPa)；

γ——加筋体的填料重度(kN/m³)；

h_i——墙顶(路肩挡土墙包括墙顶以上填土高度)距第 i 层墙面板中心的高度(m);

λ_i——加筋土挡墙内 h_i 深度处的土压力系数;

λ_0——静止土压力系数;

λ_a——主动土压力系数;

ϕ_0——填料综合内摩擦角。

2 荷载产生的水平土压应力应按弹性理论条形荷载考虑,采用下式计算:

$$\sigma_{h2i}=\frac{\gamma h_0}{\pi}\left[\frac{bh_i}{b^2+h_i^2}-\frac{h_i(b+l_0)}{h_i^2+(b+l_0)^2}+\arctan\frac{b+l_0}{h_i}-\arctan\frac{b}{h_i}\right] \tag{8.2.8—2}$$

式中 σ_{h2i}——荷载产生的水平土压应力(kPa);

b——荷载内边缘至面板的距离(m);

h_0——荷载换算土柱高(m);

l_0——荷载换算宽度(m)。

3 作用于墙面板的水平土压应力为填料和荷载产生的水平土压应力之和,应按下式计算:

$$\sigma_{hi}=\sigma_{h1i}+\sigma_{h2i} \tag{8.2.8—3}$$

式中 σ_{hi}——墙面板上的水平土压应力(kPa)。

8.2.9 拉筋所在位置的垂直压力为填料自重压力与荷载产生的压力之和,应按下式计算:

$$\sigma_{vi}=\gamma h_i+\frac{\gamma h_0}{\pi}\left(\arctan X_1-\arctan X_2+\frac{X_1}{1+X_1^2}-\frac{X_2}{1+X_2^2}\right) \tag{8.2.9}$$

$$X_1=\frac{2x+l_0}{2h_i},X_2=\frac{2x-l_0}{2h_i}$$

式中 σ_{vi}——第 i 层面板所对应拉筋上的垂直压应力(kPa);

x——计算点至荷载中线的距离(m)。

8.2.10 拉筋拉力应按下式计算:

$$T_i=K\sigma_{hi}S_xS_y \tag{8.2.10}$$

式中 T_i——第 i 层拉筋的计算拉力(kN);

K——拉筋拉力峰值附加系数,取 1.5~2.0;

S_x,S_y——拉筋之间水平及垂直间距(m),采用土工格栅拉筋时只有垂直间距 S_y。

8.2.11 拉筋拉力不应大于拉筋的容许抗拉强度 T_a。

当采用土工合成材料时　　$T_a=T/F_i$

当采用钢筋混凝土板条时　　$T_a=[\sigma]A'_j$

式中 T——由加筋材料拉伸试验测得的极限抗拉强度(kN);

F_i——拉筋考虑铺设时机械损伤、材料蠕变、化学及生物破坏等因素时的影响系数,应按实际经验确定,无经验时可采用 2.5~5.0;当施工条件差、材料蠕变性大时,取大值;

$[\sigma]$——拉筋容许拉应力(kPa);

A_j'——扣除预留锈蚀量后拉筋截面面积(m^2)。

8.2.12 拉筋抗拔力应根据拉筋上、下两面所产生的摩擦力按下式计算:

$$S_{fi}=2\sigma_{vi}aL_bf \tag{8.2.12}$$

式中 S_{fi}——拉筋抗拔力(kN);

a——拉筋宽度(m);

L_b——拉筋的有效锚固长度(m);

f——拉筋与填料间的摩擦系数,应根据抗拔试验确定;当无试验数据时,可采用0.3~0.4。

8.2.13 检算拉筋抗拔稳定性时,应包括有荷载和无荷载两种情况,并按下列规定,分别检算全墙抗拔稳定和单板抗拔稳定。

1 全墙抗拔稳定系数不应小于2.0,可按下式计算:

$$K_s=\sum S_{fi}/\sum E_{xi} \tag{8.2.13}$$

式中 $\sum S_{fi}$——各层拉筋摩擦力的总和(kN);

$\sum E_{xi}$——各层拉筋承受水平土压力的总和(kN)。

2 单板抗拔稳定系数 S_{fi}/E_{xi} 不宜小于2.0,条件困难时可适当减小,但不得小于1.5。

8.2.14 土工格栅包裹式加筋土挡土墙筋材回折包裹长度应按下式计算:

$$l_0=\frac{D\sigma_{hi}}{2(c+\gamma h_i\tan\delta)} \tag{8.2.14}$$

式中 L_0——计算拉筋层的水平回折包裹长度,为水平投影长度(m);

D——拉筋的上、下层间距(m);

c——拉筋与填料之间的黏聚力(kPa);

δ——拉筋与填料之间的摩擦角(°),填料为砂类土时取(0.5~0.8)ϕ。

8.2.15 墙面板设计应符合下列规定:

1 作用于单板上的水平土压力应按均匀分布考虑;

2 单板可沿垂直向和水平向分别计算内力;

3 墙面板与拉筋连接部分应加强配筋;

4 墙面板采用的钢筋混凝土预制构件,应根据现行《铁路桥涵钢筋混凝土和预应力混凝土结构设计规范》(TB 10002.3)按双向悬臂梁进行单面配筋设计;

5 包裹式加筋土挡土墙钢筋混凝土墙面板可按构造要求配筋。

8.3 构造要求

8.3.1 拉筋竖向间距不宜大于1.0 m。采用复合土工带或钢筋混凝土板条作拉筋时,其水平向间距亦不宜大于1.0 m。拉筋长度在满足稳定条件下尚应按下列原则确定:

1 土工格栅的拉筋长度不应小于0.6倍墙高,且不应小于4.0 m。

2 钢筋混凝土板条拉筋长度不应小于0.8倍墙高,且不应小于5.0 m。

3 当墙高小于3.0 m时,拉筋长度不应小于4.0 m,且应采用等长拉筋。当采用不等长的拉筋时,同长度拉筋的墙段高度不应小于3.0 m,且同长度拉筋的截面也应相同。相邻不等长拉筋的长度差不宜小于 1.0 m。

4 当采用钢筋混凝土板条拉筋时，每段钢筋混凝土板条长度不宜大于 2 m。

8.3.2 筋材之间连接或筋材与墙面板连接时，连接强度不得低于设计强度。墙面板与土工格栅及复合土工带拉筋之间应采用连接棒或其他连接方式等强度连接；墙面板与钢筋混凝土板条拉筋之间以及钢筋混凝土板条拉筋段之间应采用电焊等强度连接。

8.3.3 墙面板应设楔口或连接件与周边墙面板间相互密贴。包裹式挡土墙墙面板宜采用在加筋体中预埋钢筋与墙面板进行连接，钢筋埋入加筋体中的锚固长度不宜小于 3.0 m，钢筋直径一般为 16~22 mm。

8.3.4 包裹式加筋土挡土墙拉筋应采用统一的水平回折包裹长度，其长度应大于计算值，且不宜小于 2.0 m。加筋土体最上部 1、2 层拉筋的回折长度应适当加长。

8.3.5 填料应分层填筑压实，填料压实标准应符合现行《铁路路基设计规范》(TB 10001)的规定。填料与筋带直接接触部分不应含有尖锐棱角的块体，填料中最大粒径不应大于 10 cm，且不宜大于单层填料压实厚度的 1/3。

8.3.6 墙面板下应设置厚度不小于0.4 m 的 C15 混凝土条形基础。对土质地基和风化层较厚难以全部清除的岩石地基，基础的埋置深度不应小于 0.6 m。墙前应设 4% 的横向排水坡，在无法横向排水地段应设纵向排水沟，基础底面应设置于外侧排水沟底以下。

8.3.7 帽石应采用 C15 混凝土现场灌筑，分段长度可取 2~4 块墙面板宽度，且不应大于 4.0 m，厚度不应小于 0.5 m。当设栏杆时，应在帽石内预埋 U 形螺栓。

8.3.8 墙面板上的金属连接件及金属拉筋应进行防锈处理，受力钢构件应预留 2 mm 的防锈蚀厚度。采用钢筋混凝土板条拉筋时，截面内应设置必要的防裂钢筋，其所有连接部分应采用沥青砂浆封闭。

8.3.9 沿墙每隔20~30 m 或基底地层变化处应设置 2 cm 宽的沉降缝，并在面板内侧沿整个墙高设置宽 20 cm 的反滤层。

8.3.10 加筋区内填砂黏土、砂粉土时，路基顶面应设置柔性封闭层，墙面板内侧应设 30 cm 厚的砂卵石反滤层。

8.3.11 拉筋应平直铺设于密实填土上，底部应与填土密贴。拉筋顶面填土时，严禁沿拉筋方向推土和施工车辆直接碾压拉筋，碾压前拉筋顶面的填土厚度不应小于 0.2 m。

8.3.12 直立墙墙面板安装施工时，面板应适当后仰，倾斜度宜为 20∶1。

9 土 钉 墙

9.1 一 般 规 定

9.1.1 土钉墙适用于一般地区土质及破碎软弱岩质路堑地段。在腐蚀性地层、膨胀土地段及地下水较发育或边坡土质松散时，不宜采用土钉墙。土钉墙结构形式见图 9.1.1。

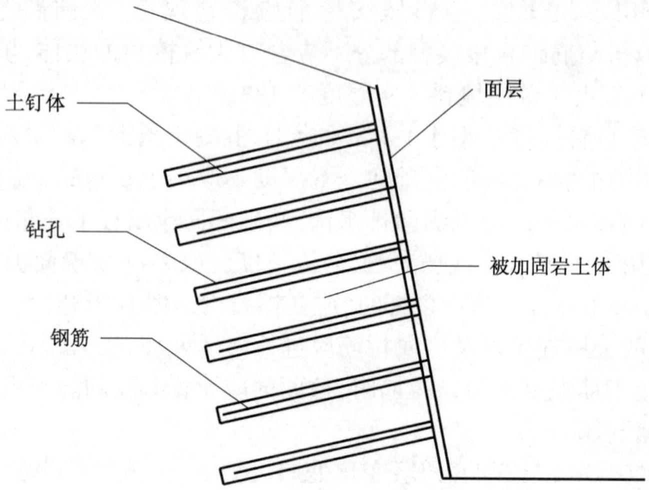

图 9.1.1　土钉墙结构形式

9.1.2 土质边坡土钉墙总高度不应大于10 m，岩质边坡土钉墙总高度不应大于 18 m，单级土钉墙高度宜控制在 10 m 以内。土钉墙墙面胸坡宜为 1∶0.1~1∶0.4。根据地形地质条件，边坡较高时宜设多级。多级墙上、下两级之间应设置平台，平台宽度不宜小于 2 m，每级墙高不宜大于 10 m。

9.1.3 土钉的长度应为墙高的0.5~1.0倍，间距宜为 0.75~2 m，与水平面夹角宜为 5°~20°。土钉墙分层开挖高度，土层宜为0.5~2 m，岩层宜为 1.0~4.0 m。

9.2 设计荷载及计算

9.2.1 作用于土钉墙墙面板上的荷载组合，应按重力式挡土墙有关规定计算。

9.2.2 作用于土钉墙墙面板土压应力呈梯形分布（图 9.2.2），应分别按式（9.2.2—1）和式（9.2.2—2）计算。

当 $h_i \leqslant \frac{1}{3}H$ 时

$$\sigma_i = 2\lambda_a \gamma h_i \cos(\delta - \alpha) \qquad (9.2.2—1)$$

当 $h_i > \frac{1}{3}H$ 时

$$\sigma_i=\frac{2}{3}\lambda_a\gamma H\cos(\delta-\alpha) \qquad (9.2.2—2)$$

式中 σ_i——水平土压应力(kPa);

γ——边坡岩土体重度(kN/m^3);

λ_a——库仑主动土压力系数;

H——土钉墙墙高(m);

h_i——墙顶距第 i 层土钉的高度(m);

α——墙背与竖直面间的夹角(°);

δ——墙背摩擦角(°)。

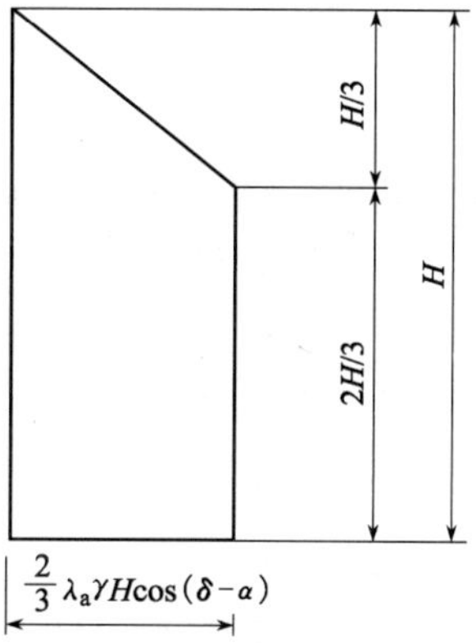

图 9.2.2 土钉墙墙背土压应力分布

9.2.3 土钉的拉力应按式(9.2.3)计算。

$$E_i=\sigma_i S_x S_y/\cos\beta \qquad (9.2.3)$$

式中 E_i——第 i 层土钉的计算拉力(kN);

S_x,S_y——土钉之间水平和垂直间距(m);

β——土钉与水平面的夹角(°)。

9.2.4 土钉锚固区与非锚固区分界面(潜在破裂面)见图 9.2.4。潜在破裂面距墙面的距离应按式(9.2.4—1~2)计算。

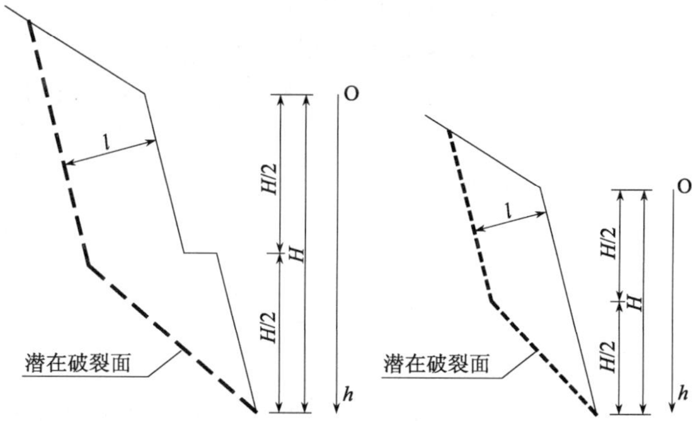

图 9.2.4 土钉锚固区与非锚固区分界面

当 $h_i\leqslant\frac{1}{2}H$ 时

$$l=(0.3\sim0.35)H \qquad (9.2.4—1)$$

当 $h_i>\frac{1}{2}H$ 时

$$l=(0.6\sim0.7)(H-h_i) \qquad (9.2.4—2)$$

式中 l——潜在破裂面距墙面的距离(m),当坡体渗水较严重或岩体风化破碎严重、节理发育时取大值。

9.2.5 土钉长度应包括非锚固长度和有效锚固长度。非锚固长度应根据墙面与土钉潜在破裂面的实际距离确定;有效锚固长度应通过土钉墙内部稳定性检算确定。

9.2.6 土钉墙内部稳定性检算应符合下列规定:

1 土钉抗拉断检算应符合下列要求:

1）土钉钉材抗拉力应按下式计算：

$$T_i = \frac{1}{4}\pi \cdot d_b^2 \cdot f_y \tag{9.2.6—1}$$

式中　T_i——钉材抗拉力（kN）；

d_b——钉材直径（m）；

f_y——钉材抗拉强度设计值（kPa）。

2）土钉抗拉断应按下式检算：

$$\frac{T_i}{E_i} \geqslant K_1 \tag{9.2.6—2}$$

式中　K_1——土钉抗拉断安全系数，系数为1.8。

2　土钉抗拔稳定性检算应符合下列要求：

1）有效锚固力F_{i1}应根据土钉与孔壁界面岩土抗剪强度τ计算：

$$F_{i1} = \pi \cdot d_h \cdot l_{ei} \cdot \tau \tag{9.2.6—3}$$

式中　d_h——钻孔直径（m）；

l_{ei}——第i根土钉有效锚固长度（m）；

τ——锚孔壁与注浆体之间黏结强度设计值（kPa），见附录表C.0.1。

2）有效锚固力F_{i2}应根据钉材与砂浆界面的黏结强度τ_g计算：

$$F_{i2} = \pi \cdot d_b \cdot l_{ei} \cdot \tau_g \tag{9.2.6—4}$$

式中　τ_g——钉材与砂浆间的黏结强度设计值（kPa），见附录C表C.0.2；

d_b——钉材直径（m）。

3）土钉抗拔稳定性应按下式检算：

$$\frac{F_i}{E_i} > K_2 \tag{9.2.6—5}$$

式中　F_i——土钉抗拔力，取F_{i1}和F_{i2}中的小值；

K_2——抗拔安全系数，系数为1.8。

3　土钉施工前，应进行现场拉拔试验，根据试验确定土钉摩阻力τ，验证设计选取参数是否合理。

9.2.7　土钉墙内部整体稳定检算应考虑施工过程中每一分层开挖完毕未设置土钉时施工阶段及施工完毕使用阶段两种情况，根据潜在破裂面应按下式进行分条分块计算稳定系数：

$$K = \frac{\sum c_i l_i S_x + \sum W_i \cos\alpha_i \tan\phi_i S_x + \sum_{i=1}^{n} P_i \cdot \cos\beta_i + \sum_{i=1}^{n} P_i \cdot \sin\beta_i \cdot \tan\phi_i}{\sum W_i \sin\alpha_i S_x} \tag{9.2.7}$$

式中　c_i——岩土的黏聚力（kPa）；

ϕ_i——岩土的内摩擦角（°）；

l_i——分条（块）的潜在破裂面长度（m）；

W_i——分条（块）重量（kN/m）；

α_i——破裂面与水平面夹角（°）；

β_i——土钉轴线与破裂面的夹角（°）；

P_i——土钉的抗拔能力,取 F_i 和 T_i 中的小值(kN);

n——实设土钉排数;

S_x——土钉水平间距(m);

K——施工阶段及使用阶段整体稳定系数,施工阶段 $K \geqslant 1.3$,使用阶段 $K \geqslant 1.5$。

9.2.8 土钉墙外部稳定性检算时,可将土钉及其加固体视为重力式挡土墙,按本规范第3.3.1条~第3.3.6条的稳定性检算方法,进行抗倾覆、抗滑动及基底承载力检算。

对于土质边坡、碎石土状软岩边坡,还应按式(9.2.7)进行圆弧稳定性检算。最危险圆弧应通过土钉墙墙底,在多数土钉以外。稳定系数不应小于1.3。

9.3 构造要求

9.3.1 土钉墙面层为喷射混凝土中间夹钢筋网时应与面层有效连接,土钉外端与钢垫板或加强钢筋应通过螺丝端杆锚具或焊接进行连接。

9.3.2 土钉墙设计与施工均应遵循“保住中部、稳定坡脚”的原则。边坡中部的土钉宜适当加密、加长,坡脚用混凝土脚墙加固,并使之与土钉墙连成一个整体。

9.3.3 土钉钉材可采用HRB 400钢或HRB 335钢,土钉直径为16~32 mm,钻孔直径为70~130 mm。土钉应设定位支架。腐蚀环境下可采用钢筋表面环氧涂层等措施。

9.3.4 喷射混凝土面层厚度宜为120~200 mm,不应小于80 mm。喷射混凝土强度等级不宜低于C20。

9.3.5 喷射混凝土面层应配置钢筋网,钢筋直径宜为6~10 mm,间距宜为150~300 mm,钢筋网搭接宜采用焊接。

9.3.6 钉孔注浆材料宜采用水泥浆或水泥砂浆,其强度宜为M30,不应低于20 MPa。边坡渗水较严重时,宜添加膨胀剂。注浆应采用孔底注浆法,注浆压力宜为0.2 MPa。

9.3.7 面层应设泄水孔,泄水孔后应设土工合成材料、无砂混凝土板反滤层。边坡渗水严重时应设置仰斜5°~10°的排水孔,排水孔长度较土钉略长,孔内应设置透水管或凿孔的聚乙烯管,并充填粗砂。

10 抗 滑 桩

10.1 一般规定

10.1.1 抗滑桩适用于稳定滑坡、加固山体及加固其他特殊路基，其设计使用年限为60年。

10.1.2 抗滑桩的设置应满足下列要求：

1 滑坡体的稳定系数应达到规定的安全值；

2 保证滑坡体不越过桩顶或从桩间滑动；

3 不产生新的深层滑动。

10.1.3 抗滑桩的桩位应设在滑坡体较薄、锚固段地基强度较高的地段，其平面布置、桩间距、桩长和截面尺寸等应综合考虑确定。桩间距宜为6~10 m。

10.1.4 抗滑桩的截面形状宜为矩形。桩的截面尺寸应根据滑坡推力的大小、桩间距以及锚固段地基的横向容许承载力等因素确定。桩最小边宽度不宜小于1.25 m。

10.2 设计荷载及计算

10.2.1 作用于抗滑桩的外力，应计算滑坡推力（包括地震地区的地震力）、桩前滑体抗力（滑动面以上桩前滑体对桩的反力）和锚固段地层的抗力。桩侧摩阻力和黏聚力以及桩身重力和桩底反力可不计算。

10.2.2 作用于每根桩上的滑坡推力应按设计的桩间距计算。滑坡推力应根据其边界条件（滑动面与周界）和滑带土的强度指标通过计算确定。

滑动面（带）的强度指标，可采用试验资料或用反算值以及经验数据等综合分析确定。

10.2.3 抗滑桩上滑坡推力的分布图形可为矩形、梯形或三角形（图10.2.3），应根据滑体的性质和厚度等因素确定。

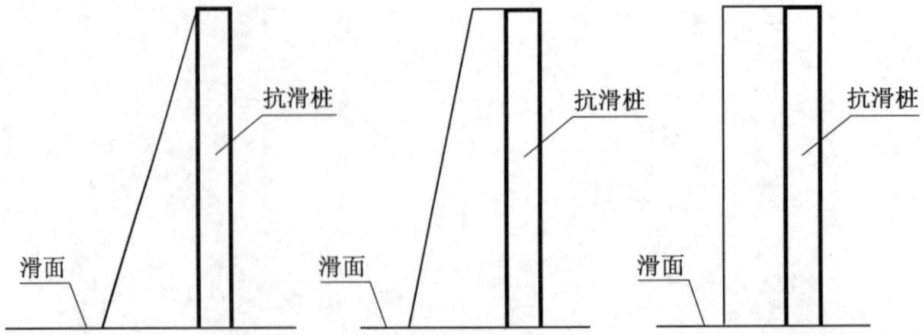

图10.2.3 滑披推力在桩上的分布

10.2.4 滑坡推力可采用传递系数法按下式计算：

$$T_i = KW_i\sin\alpha_i + \Psi T_{i-1} - W_i\cos\alpha_i\tan\phi_i - c_i l_i \quad (10.2.4\text{—}1)$$

$$\Psi = \cos(\alpha_{i-1} - \alpha_i) - \sin(\alpha_{i-1} - \alpha_i)\tan\phi_i \quad (10.2.4\text{—}2)$$

式中 T_i——第 i 个条块末端的滑坡推力(kN/m);

K——安全系数(视工程的重要性、外界条件对滑坡的影响、滑坡的性质和规模、滑动的后果及整治的难易等因素综合考虑),可采用 1.05~1.25;

W_i——第 i 个条块滑体的重力(kN/m);

T_{i-1}——第 i-1 个条块末端的滑坡推力(kN/m);

α_i——第 i 个条块所在滑动面的倾角(°);

α_{i-1}——第 i-1 个条块所在滑动面的倾角(°);

ϕ_i——第 i 个条块所在滑动面上的内摩擦角(°);

c_i——第 i 个条块所在滑动面上的单位黏聚力(kPa);

l_i——第 i 个条块所在滑动面上的长度(m)。

10.2.5 滑动面以上桩前的滑体抗力,可通过极限平衡时滑坡推力曲线(图 10.2.6)或桩前被动土压力确定,设计时选用其中小值。当桩前滑坡体可能滑动时,不应计及其抗力。

10.2.6 作用于桩上的滑坡推力,可由设计抗滑桩处的滑坡推力曲线(图 10.2.6)确定。

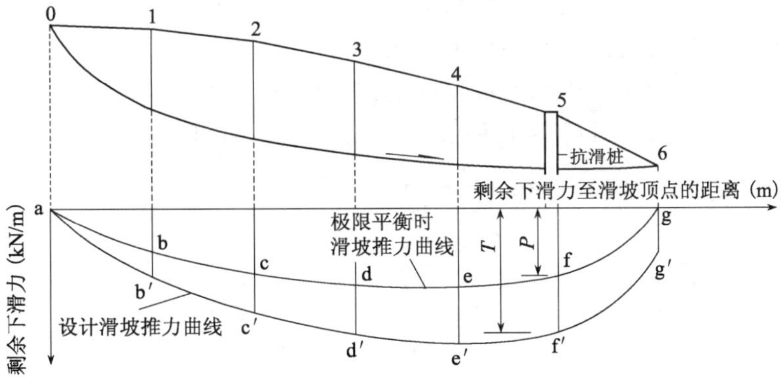

图 10.2.6 滑坡推力曲线

T—桩上滑坡推力;P—桩前滑体抗力。

10.2.7 滑动面以上的桩身内力,应根据滑坡推力和桩前滑体抗力计算。滑动面以下的桩身变位和内力,应根据滑动面处的弯矩、剪力和地基的弹性抗力进行计算。

10.2.8 滑动面以下的地基系数应根据地层的性质和深度按下列条件确定:

1 较完整岩层和硬黏土的地基系数应为常数 K。

2 硬塑~半干硬砂黏土及碎石类土、风化破碎的岩块,当桩前滑动面以上无滑坡体和超载时,地基系数应为三角形分布;当桩前滑动面以上有滑坡体和超载时,地基系数应为梯形分布。

10.2.9 抗滑桩桩底支承可采用自由端或铰支端。

10.2.10 抗滑桩锚固深度的计算,应根据地基的横向容许承载力确定。当桩的位移需要控制时,应考虑最大位移不超过容许值。

1 地层为岩层时,桩的最大横向压应力 σ_{max} 应小于或等于地基的横向容许承载力。地基的横向容许承载力与岩石单轴抗压极限强度的对应关系可按本规范附录表 B.0.1 采用。当桩为矩形截面时,地基的横向容许承载力可按下式计算:

$$[\sigma_H]=K_H\eta R \quad (10.2.10—1)$$

式中　K_H——在水平方向的换算系数，根据岩石的完整程度、层理或片理产状、层间的胶结物与胶结程度、节理裂隙的密度和充填物，可采用0.5~1.0；

η——折减系数，根据岩层的裂隙、风化及软化程度，可采用0.3~0.45；

R——岩石单轴抗压极限强度（kPa）。

2　当地层为土层或风化成土、砂砾状岩层时，滑动面以下深度为 $h_2/3$ 和 h_2（滑动面以下桩长）处的横向压应力应小于或等于地基的横向容许承载力，其计算应符合以下规定：

1）当地面无横坡或横坡较小时，地基 y 点的横向容许承载力可按下式计算：

$$[\sigma_H]=\frac{4}{\cos\phi}[(\gamma_1 h_1+\gamma_2 y)\tan\phi+c] \quad (10.2.10—2)$$

式中　$[\sigma_H]$——地基的横向容许承载力（kPa）；

γ_1——滑动面以上土体的重度（kN/m^3）；

γ_2——滑动面以下土体的重度（kN/m^3）；

ϕ——滑动面以下土体的内摩擦角（°）；

c——滑动面以下土体的黏聚力（kPa）；

h_1——设桩处滑动面至地面的距离（m）；

y——滑动面至锚固段上计算点的距离（m）。

2）当地面横坡 i 较大且 $i\leqslant\phi_0$ 时，地基 y 点的横向容许承载力可按下式计算：

$$[\sigma_H]=4(\gamma_1 h_1+\gamma_2 y)\frac{\cos^2 i\sqrt{\cos^2 i-\cos^2\phi_0}}{\cos^2\phi_0} \quad (10.2.10—3)$$

式中　ϕ_0——滑动面以下土体的综合内摩擦角。

10.2.11　桩的变形系数应符合下列规定：

1　当锚固段地基系数为常数 K 时，桩的变形系数可按下式计算：

$$\beta=\left(\frac{KB_p}{4EI}\right)^{\frac{1}{4}} \quad (10.2.11—1)$$

式中　β——桩的变形系数（m^{-1}）；

K——地基系数（kPa/m），按本规范附录B表B.0.2采用；

E——桩的钢筋混凝土弹性模量（kPa），$E=0.8E_c$；

E_c——混凝土弹性模量（kPa）；

I——桩的截面惯性矩（m^4）；

B_p——桩的计算宽度（m），对矩形桩 $B_p=b+1$（b 为矩形桩的设计宽度）。

2　当锚固段地基系数为三角形分布时，桩的变形系数可按下式计算：

$$\alpha=\left(\frac{mB_p}{EI}\right)^{\frac{1}{5}} \quad (10.2.11—2)$$

式中　α——桩的变形系数（m^{-1}）；

m——随深度增加的土质地基系数（kPa/m^2），按本规范附录B表B.0.2采用。

3　锚固段地基系数为梯形分布时，可将桩分成若干小段，每小段内采用常数分布近似计算。

10.2.12 抗滑桩结构可按现行国家标准《混凝土结构设计规范》(GB 50010)进行设计,其荷载分项系数的取值应符合《建筑结构荷载规范》(GB 50009)、《建筑地基基础设计规范》(GB 50007)及《建筑抗震设计规范》(GB 50011)的规定。一般情况下,永久荷载分项系数可采用1.35。

10.2.13 抗滑桩桩身按受弯构件设计。当无特殊要求时,可不做变形、抗裂、挠度等项验算。

10.3 构造要求

10.3.1 桩身混凝土的强度等级应为C30。当地下水有侵蚀性时,水泥应按有关规定选用,耐久性设计应满足《铁路混凝土结构耐久性设计暂行规定》的要求。桩身中的主筋宜采用HRB400钢,箍筋可采用HRB 335钢或HRB 400钢。

10.3.2 抗滑桩井口应设置锁口,桩井位于土层和风化破碎的岩层时宜设置护壁,一般地区锁口和护壁混凝土强度等级宜为C15,严寒和软弱地基地段宜为C20。

10.3.3 抗滑桩纵向受力钢筋直径不应小于16 mm。净距不宜小于120 mm,困难情况下可适当减小,但不得小于80 mm。当用束筋时,每束不宜多于3根。当配置单排钢筋有困难时,可设置2排或3排。受力钢筋混凝土保护层不应小于70 mm。

10.3.4 纵向受力钢筋的截断点应按现行国家标准《混凝土结构设计规范》(GB 50010)的规定计算。

10.3.5 抗滑桩内不宜设置斜筋,可采用调整箍筋的直径、间距和桩身截面尺寸等措施,满足斜截面的抗剪强度。

10.3.6 箍筋宜采用封闭式,肢数不宜多于4肢,其直径不宜小于14 mm,间距不应大于400 mm。

10.3.7 抗滑桩的两侧和受压边,应适当配置纵向构造钢筋,其间距不应大于300 mm,直径不宜小于12 mm。桩的受压边两侧,应配置架立钢筋,其直径不宜小于16 mm。当桩身较长时,纵向构造钢筋和架立钢筋的直径应增大。

11 桩板式挡土墙

11.1 一般规定

11.1.1 桩板式挡土墙适用于一般地区、浸水地区和地震区的路堑和路堤,也可用于滑坡等特殊路基的支挡结构设计,其设计使用年限为60年。

11.1.2 桩板式挡土墙的桩间距、桩长和截面尺寸应综合考虑确定。桩的自由悬臂长度不宜大于15 m,桩的截面尺寸不宜小于1.25 m,截面形式可采用矩形或T形。桩间距宜为5 m~8 m。桩板墙顶位移应小于桩悬臂端长度的1/100,且不宜大于10 cm。

11.1.3 锚固桩的设置应满足下列要求:

1 桩应锚固在稳定的地层中;

2 确保桩后土体不越过桩顶或从桩间滑走;

3 不应产生新的深层滑动。

11.1.4 加锚索(杆)的锚固桩应保证桩与锚索(杆)的变形协调。

11.1.5 锚固桩之间应设置挡土板或其他措施维持岩(土)体稳定。

11.2 设计荷载及计算

11.2.1 桩板式挡土墙的计算荷载应包括活载和岩(土)体所产生的土压力或滑坡推力、水的浮力、地下水的渗透压力、地震力以及施工产生的临时荷载等。

滑坡路基上的桩板式挡土墙应按滑坡推力和土压力的最不利者作为计算荷载。桩的重力可不计算。当桩的设计荷载为土压力时,附加安全系数为1.1~1.2。当桩上设有锚索时,应按本规范第12.2.3条的规定进行设计。

11.2.2 作用于墙背上岩土产生的土压力 σ_H 可按库仑理论计算,轨道及列车荷载引起的土压力 δ_H 可按弹性理论计算,见图11.2.2。

11.2.3 作用在桩上的荷载宽度可按其左右两相邻桩之间距离的一半计算,作用在挡土板上的荷载宽度可按板的计算跨度计算。桩间挡土板上的压力可根据桩间岩(土)体的稳定情况和挡土板的设置方式按全部岩(土)体压力或按部分岩(土)体压力计算。

11.2.4 锚固点以下的桩身变位和内力,应根据锚固点处的弯矩、剪力和地基的弹性抗力进行计算,计算时可不计桩侧摩阻力。桩的宽度可按下式计算:

$$B_p = b + 1 \tag{11.2.4}$$

式中 B_p——桩的宽度(m);

b——矩形桩的设计宽度(m)。

11.2.5 锚固桩桩底支承应结合地层情况和桩底嵌固深度采用自由端或铰支端。

11.2.6 地面处桩的水平位移不宜大于10 mm,且侧壁应力不应大于地层的横向容许承载力。否则,地层上部应采取适当的加固措施,或增加桩的埋深和加大桩的截面积。

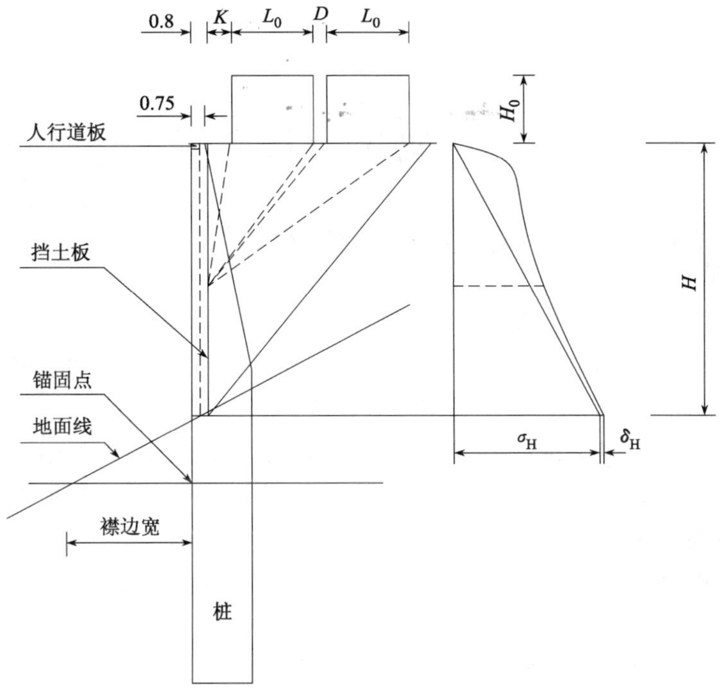

图 11.2.2　土压力分布

11.2.7　路堤(肩)中的锚索(杆)桩板式挡土墙,应避免填料下沉所产生的锚索(杆)次应力。

11.2.8　锚索(杆)可按容许应力法计算,桩和挡土板的混凝土结构应按现行国家标准《混凝土结构设计规范》(GB 50010)计算。钢筋混凝土桩的荷载分项系数 a_p 为 1.35～1.50,桩荷载的变异性大时应取大值,变异性小时应取小值;挡土板的荷载分项系数 a_p 为 1.35。

11.2.9　计算锚固桩桩身截面强度,当无特殊要求时,可不作最大裂缝宽度验算。在腐蚀性环境作用下,应进行最大裂缝宽度验算,最大裂缝宽度值可适当放宽,并采用适当的防腐附加措施。有牛腿的桩,除检算强度以外,尚应作牛腿的裂缝宽度验算。挡土板应作最大裂缝宽度验算。

11.3　构 造 要 求

11.3.1　锚固桩和挡土板的混凝土强度等级不宜低于 C30,桩身中主筋宜采用 HRB 400,箍筋和挡土板中的主筋可采用 HRB 335 钢或 HRB 400 钢。灌注锚索(杆)孔的水泥(砂)浆强度等级不宜低于 M30。

11.3.2　锚固桩配筋的要求应按本规范第10.3节的有关规定办理。

11.3.3　设牛腿的锚固桩,牛腿的高度不宜小于 40 cm,宽度不宜小于 30 cm。

11.3.4　当采用拱型挡土板时,不宜采用素混凝土,应沿径向和环向配置一定数量的构造钢筋,构造钢筋间距不宜大于 250 mm,直径不宜小于 10 mm。

11.3.5　桩上设置钢筋锚杆时,一根锚杆不宜多于 3 根钢筋,钢筋直径不宜大于 32 mm。

12 预应力锚索

12.1 一般规定

12.1.1 预应力锚索适用于土质、岩质地层的边坡及地基加固，其锚固段宜置于稳定岩层内，腐蚀性环境中不宜采用预应力锚索。必须使用时，应采取严格的防腐措施。对极软岩、风化岩及处于腐蚀性环境时，宜采用压力分散型锚索。

12.1.2 预应力锚索应采用高强度低松弛钢绞线制作，采用的钢绞线应符合《预应力混凝土用钢绞线》(GB 5224)的规定。施工中不得采用有机械损伤、严重锈蚀、电烧伤等造成降低强度的锚索材料。

12.1.3 预应力锚索所用锚具应符合国家现行《预应力筋专用锚具、夹具和连接器应用技术规程》(JGJ 85)的规定。

12.1.4 预应力锚索永久性防护涂层材料应满足以下要求：

1 对钢绞线具有防腐蚀作用；

2 对钢绞线有牢固的粘结性，且无有害反应；

3 能与钢绞线同步变形，在高应力状态下不脱壳、不裂；

4 具有较好的化学稳定性，在强碱条件下不降低其耐久性；

5 便于施工操作。

12.1.5 预应力锚索注浆水泥应采用硅酸盐水泥或普通硅酸盐水泥。

12.2 设计荷载及计算

12.2.1 作用在锚索结构物上的荷载包括土压、水压、上覆荷载、滑坡荷载、地震荷载及其他荷载等。预应力锚索设计时，一般情况可只计算主力，在浸水和地震等特殊情况下，尚应计算附加力和特殊力。

12.2.2 预应力锚索用于整治滑坡时，其设计荷载及滑坡推力应按本规范第10.2节的有关规定计算。

12.2.3 预应力锚索作为承受侧向土压力的支挡工程或用于边坡加固时，其设计荷载应按重力式挡墙有关规定计算，结构物承受的侧向土压力应按主动土压力的1.2~1.4倍计算。

12.2.4 锚固力设计计算应符合下列规定：

1 滑坡加固时，预应力锚索宜采用锚索预应力(抗滑力)的方法计算，并通过对边坡稳定性分析、计算滑坡的下滑力确定锚固力。设计锚固力可按下式计算：

$$P_t = F/[\lambda \sin(\alpha+\beta)\tan\phi + \cos(\alpha+\beta)] \tag{12.2.4—1}$$

式中 P_t——设计锚固力(kN)；

F——滑坡下滑力(kN)；

ϕ——滑动面内摩擦角(°)；

α——锚索与滑动面相交处滑动面倾角(°)；

β——锚索与水平面的夹角，以下倾为宜，不应大于45°，宜为15°~30°；

λ——折减系数，对土质边坡及松散破碎的岩质边坡，应进行折减。

2　设计锚固力 P_t 应小于容许锚固力 P_a，锚固钢材容许荷载应满足表12.2.4的要求。

表12.2.4　锚固钢材容许荷载

设计荷载作用时	$P_a \leqslant 0.6P_u$ 或 $0.75P_y$
张拉预应力时	$P_{at} \leqslant 0.7P_u$ 或 $0.85P_y$
预应力锁定中	$P_{ai} \leqslant 0.8P_u$ 或 $0.9P_y$

注：P_u 为极限张拉荷载(kN)，P_y 为屈服荷载(kN)。

根据每孔锚索设计锚固力 P_t 和所选用的钢绞线强度，可按式(12.2.4—2)计算每孔锚索钢绞线的根数 n。

$$n=\frac{F_{s1}\cdot P_t}{P_u} \tag{12.2.4—2}$$

式中　F_{s1}——安全系数，取1.7~2.2，腐蚀性地层中取大值；

P_u——锚固钢材极限张拉荷载。

3　对于永久性锚固结构，设计中应考虑预应力钢材的松弛损失及被锚固岩(土)体蠕变的影响，决定锚索的补充张拉力。

4　锚索间距应以所设计的锚固力能对地基提供最大的张拉力为标准。锚索间距宜采用3 m~6 m，最小不应小于1.5 m。

12.2.5　锚固体设计应符合下列规定：

1　锚固体应确定锚索锚固段长度、孔径、锚固类型。锚固体的承载能力应通过锚固体与锚孔壁的抗剪强度、钢绞线束与水泥砂浆的粘结强度以及钢绞线强度三部分控制，设计应取其小值。

2　锚固体抗拉拔安全系数 F_{s2} 不应小于2.5。

3　锚索或单元锚索的锚固段长度按下列公式计算，采用 l_{sa}、l_a 中的大值，宜为4~10 m。

1)根据水泥砂浆与锚索张拉钢材粘结强度确定的锚固段长度 l_{sa} 可按下式计算：

$$l_{sa}=\frac{F_{s2}\cdot P_t}{\pi\cdot d_s\cdot \tau_u} \tag{12.2.5—1}$$

当锚索锚固段为枣核状时

$$l_{sa}=\frac{F_{s2}\cdot P_t}{n\cdot\pi\cdot d\cdot \tau_u}$$

2)根据锚固体与孔壁的抗剪强度确定的锚固段长度 l_a 可按下式计算：

$$l_a=\frac{F_{s2}\cdot P_t}{\pi\cdot d_h\cdot \tau} \tag{12.2.5—2}$$

式中　d_s——张拉钢材外表直径(m)，见附录C表C.0.3；

d——单根张拉钢材直径(m)；

d_h——锚固体(即钻孔)直径(m);

n——每孔锚索钢绞线根数;

τ_u——锚索张拉钢材与水泥砂浆的粘结强度设计值(MPa),见附录C表C.0.2;

τ——锚孔壁与注浆体之间粘结强度设计值(MPa),见附录C表C.0.1。

4 锚固体的直径应根据设计锚固力、地基性状、锚固类型、张拉材料根数、造孔能力等因素确定,宜采用ϕ100~150 mm。

12.2.6 锚索总长度由锚固段长度、自由段长度及张拉段长度组成。锚索自由段长度受稳定地层界面控制,在设计中应考虑自由段伸入滑动面或潜在滑动面的长度不应小于1 m,自由段长度不应小于3 m~5 m。张拉段长度应根据张拉机具决定,锚索外露部分长度宜为1.5 m左右。

12.2.7 锚索的紧固头应固定在外锚结构上。外锚宜采用钢筋混凝土结构,形式可根据被加固边坡岩土情况确定,常用的有垫墩(垫块、垫板)、地梁、格子梁、柱、桩、墙等。外锚结构设计应符合下列规定:

1 锚索垫墩应双向布筋,可按中心有支点单向受弯构件计算内力,并检算垫墩与钢垫板连接处混凝土局部承压与冲切强度。垫墩面积应根据被加固边坡地基承载力确定。

2 地梁、格子梁可将锚拉点锚索预应力简化为集中荷载,按弹性地基梁进行计算。地梁、格子梁可简化为单元梁,按简支梁、连续梁进行内力计算。

3 锚索桩可简化为受横向变形约束的弹性地基梁,根据变形协调原理,锚拉点桩的位移应与锚索伸长相等进行桩的内力计算。

12.3 构造要求

12.3.1 预应力锚索应由锚固段、自由段和紧固头三部分构成,紧固头应由垫墩、钢垫板和锚具组成。

12.3.2 锚索垫墩、地梁、格子梁、桩的混凝土强度等级不宜低于C30。

12.3.3 锚索的钢材可采用ϕ12.7 mm或ϕ15.2 mm的钢绞线。每孔锚索可由单束或多束钢绞线组成。

12.3.4 拉力型锚索锚固段制作宜采用一系列的紧箍环和扩张环(隔离架)使之成为波纹状,注浆后形成枣核(糖葫芦)状;压力型锚索应由不与灌浆体相互粘结的保护套管的杆体和位于锚固段注浆体底端的承载体组成。

12.3.5 锚索应进行防锈、防腐处理。锚固段锚索应清污除锈,自由段锚索还应涂防腐剂、外套ϕ22 mm聚乙烯塑料套管隔离防护,张拉段锚索也应涂防腐剂。当地层具有腐蚀性或地下水具有侵蚀性时,注浆材料应采用抗侵蚀性水泥,锚索应采用全长波纹管防护。锚索的防腐应符合《岩土锚杆(索)技术规程》(CECS 22:2005)的规定。

12.3.6 钻孔可采用水钻或干钻。当水钻可能影响边坡稳定时,应采用干钻。锚孔应严格执行灌浆施工工艺要求,当用水冲洗影响锚索的抗拔能力时,应采用高压风吹净。

12.3.7 锚索孔注浆材料宜采用M35水泥砂浆。注浆采用孔底注浆法,注浆压力不应小于0.6 MPa~0.8 MPa,砂浆灌注应饱满密实,第一次注浆完毕,水泥砂浆凝固收缩后,孔口应进行补浆。

12.3.8 锚索张拉应分两次逐级张拉,第一次张拉值应为总张拉力的70%,两次张拉间隔时间不宜少于 3 d~5 d。总张拉力应包括超张拉力值。自由段为土层时，超张拉力值宜为 15% ~25%；自由段为岩层时，超张拉力值宜为 10% ~15%。张拉应待孔内砂浆达到设计强度的 70%后方可进行，张拉中应对锚索伸长及受力情况作好记录，核实伸长与受力值的相符性。

12.3.9 锚具底座顶面应与钻孔轴线垂直，确保锚索张拉时千斤顶张拉力与锚索在同一轴线上。

12.3.10 预应力锚索张拉锁定后，锚头部分应涂防腐剂，再用 C30 混凝土封闭，保护层厚度不宜小于 5cm。

12.3.11 在锚固工程施工初期，应进行预应力锚索锚固试验。锚固试验的数量可按工作锚索的 3%控制，有特殊要求时可适当增加。锚固试验的平均拉拔力，不应小于预应力锚索的超张拉力。当平均拉拔力低于此值时，应再按 3%的比例补充锚固试验的数量。

附录A　列车和轨道荷载换算土柱高度及分布宽度

A. 0. 1　列车和轨道荷载换算土柱高度及分布宽度应符合表 A. 0. 1 的规定。

表 A. 0. 1　列车和轨道荷载换算土柱高度及分布宽度

项目			单位	Ⅰ级铁路					Ⅱ级铁路		
				特重型		重　型		次重型	次重型	中型	轻型
路段旅客列车设计行车速度 v			km/h	$120 \leqslant v \leqslant 160$		$120 < v \leqslant 160$	120	120	$80 \leqslant v \leqslant 120$	$80 \leqslant v \leqslant 100$	80
轨道条件		钢　轨	kg/m	75	60	60	60	50	50	50	50
轨道条件		混凝土枕型号		Ⅲ	Ⅲ	Ⅲ	Ⅲ	Ⅱ	Ⅱ	Ⅱ	Ⅱ
轨道条件		铺轨根数	根/km	1667	1667	1667	1667	1760	1760	1760	1760
轨道条件		混凝土轨枕长度	m	2. 6	2. 6	2. 6	2. 6	2. 5	2. 5	2. 5	2. 5
轨道条件		道床顶面宽度	m	3. 5	3. 5	3. 4	3. 4	3. 3	3. 3	3. 0	2. 9
轨道条件		道床边坡坡率		1. 75	1. 75	1. 75	1. 75	1. 75	1. 75	1. 75	1. 5
基床表层类型	土质	道床厚度	m	0. 5	0. 5	0. 5	0. 5	0. 45	0. 45	0. 40	0. 35
基床表层类型	土质	换算土柱宽度	m	3. 7	3. 7	3. 7	3. 7	3. 5	3. 5	3. 4	3. 3
基床表层类型	土质	换算土柱荷载强度	kPa	60. 2	60. 2	59. 7	59. 7	60. 1	60. 1	59. 1	58. 5
基床表层类型	土质	换算土柱重度 18 kN/m³ 换算土柱高度	m	3. 4	3. 4	3. 4	3. 4	3. 4	3. 4	3. 3	3. 3
基床表层类型	土质	换算土柱重度 19 kN/m³ 换算土柱高度	m	3. 2	3. 2	3. 2	3. 2	3. 2	3. 2	3. 2	3. 1
基床表层类型	土质	换算土柱重度 20 kN/m³ 换算土柱高度	m	3. 1	3. 1	3. 0	3. 0	3. 0	3. 0	3. 0	3. 0
基床表层类型	土质	换算土柱重度 21 kN/m³ 换算土柱高度	m	2. 9	2. 9	2. 9	2. 9	2. 9	2. 9	2. 9	2. 8
基床表层类型	硬质岩石	道床厚度	m	0. 35	0. 35	0. 35	0. 35	0. 3	0. 3	0. 3	0. 25
基床表层类型	硬质岩石	换算土柱宽度	m	3. 4	3. 4	3. 4	3. 4	3. 2	3. 2	3. 2	3. 1
基床表层类型	硬质岩石	换算土柱荷载强度	kPa	60. 5	60. 4	60. 1	60. 1	60. 8	60. 8	59. 8	59. 6
基床表层类型	硬质岩石	换算土柱重度 19 kN/m³ 换算土柱高度	m	3. 2	3. 2	3. 2	3. 2	3. 2	3. 2	3. 2	3. 2
基床表层类型	硬质岩石	换算土柱重度 20 kN/m³ 换算土柱高度	m	3. 1	3. 1	3. 1	3. 1	3. 1	3. 1	3. 0	3. 0
基床表层类型	硬质岩石	换算土柱重度 21 kN/m³ 换算土柱高度	m	2. 9	2. 9	2. 9	2. 9	2. 9	2. 9	2. 9	2. 9
基床表层类型	硬质岩石	换算土柱重度 22 kN/m³ 换算土柱高度	m	2. 8	2. 8	2. 8	2. 8	2. 8	2. 8	2. 8	2. 8
基床表层类型	级配碎石或级配砂砾石	道床厚度	m	0. 3	0. 3	0. 3	—	—	—	—	—
基床表层类型	级配碎石或级配砂砾石	换算土柱宽度	m	3. 3	3. 3	3. 3	—	—	—	—	—
基床表层类型	级配碎石或级配砂砾石	换算土柱荷载强度	kPa	60. 8	60. 7	60. 3	—	—	—	—	—
基床表层类型	级配碎石或级配砂砾石	换算土柱重度 19 kN/m³ 换算土柱高度	m	3. 2	3. 2	3. 2	—	—	—	—	—
基床表层类型	级配碎石或级配砂砾石	换算土柱重度 20 kN/m³ 换算土柱高度	m	3. 1	3. 1	3. 1	—	—	—	—	—
基床表层类型	级配碎石或级配砂砾石	换算土柱重度 21 kN/m³ 换算土柱高度	m	2. 9	2. 9	2. 9	—	—	—	—	—
基床表层类型	级配碎石或级配砂砾石	换算土柱重度 22 kN/m³ 换算土柱高度	m	2. 8	2. 8	2. 8	—	—	—	—	—

注：1　表中换算土柱高度按特重型、重型、次重型轨道为无缝线路，中型、轻型为有缝线路轨道的计算值；当重型、次重型轨道铺设有缝线路时，其换算土柱高度应减小 0. 1 m；

2　重度与本表不符时，需另计算换算土柱高度；

3　列车竖向荷载采用“中—活载”，即轴重 220 kN、间距 1. 5 m；

4　列车和轨道荷载分布于路基面上的宽度，自轨枕底两端向下按 45°扩散角计算；

5　Ⅱ型轨枕的换算土柱高度考虑了轨枕加强地段每千米铺设根数 1840 的影响。

附录 B　抗滑桩设计参考值

B. 0. 1　较完整岩层的单轴极限抗压强度、侧向容许应力和地基系数对应值应符合表 B. 0. 1 的规定。

表 B. 0. 1　较完整岩层的单轴极限抗压强度、侧向容许应力和地基系数对应值

顺　号	抗压强度(kPa)		地基系数(kN/m³)	
	单轴极限值	侧向容许值[σ]	竖直方向 K_0	水平方向 K
1	10 000	1 500~2 000	100 000~200 000	60 000~160 000
2	15 000	2 000~3 000	250 000	150 000~200 000
3	20 000	3 000~4 000	300 000	180 000~240 000
4	30 000	4 000~6 000	400 000	240 000~320 000
5	40 000	6 000~8 000	600 000	360 000~480 000
6	50 000	7 500~10 000	800 000	480 000~640 000
7	60 000	9 000~12 000	1 200 000	720 000~960 000
8	80 000	12 000~16 000	150 000~2 500 000	90 000~2 000 000

注：$K=(0.6\sim0.8)K_0$。

B. 0. 2　抗滑桩地基系数及地层物理力学指标应符合表 B. 0. 2 的规定。

表 B. 0. 2　抗滑桩地基系数及地层物理力学指标

地层种类	内摩擦角	弹性模量 E_0 (kPa)	泊松比 μ	地基系数 K (kPa/m)	剪切应力 (kPa)
细粒花岗岩、正长岩	80°以上	5 430~6 900	0. 25~0. 30	$2.0\times10^6\sim2.5\times10^6$	1 500 以上
辉绿岩、玢岩		6 700~7 870	0. 28	2.5×10^6	
中粒花岗岩	80°以上	5 430~6 500	0. 25	$1.8\times10^6\sim2.0\times10^6$	1 500 以上
粗粒正长岩、坚硬白云岩		6 560~7 000			
坚硬石灰岩	80°	4 400~10 000	0. 25~0. 30	$1.2\times10^6\sim2.0\times10^6$	1 500
坚硬砂岩、大理岩		4 660~5 430			
粗粒花岗岩、花岗片麻岩		5 430~6 000			
较坚硬石灰岩	75°~80°	4 400~9 000	0. 25~0. 30	$0.8\times10^6\sim1.2\times10^6$	1 200~1 400
较坚硬砂岩		4 460~5 000			
不坚硬花岗岩		5 430~6 000			

续上表

地层种类	内摩擦角	弹性模量 E_0 (kPa)	泊松比 μ	地基系数 K (kPa/m)	剪切应力 (kPa)
坚硬页岩	70°~75°	2 000~5 500	0.15~0.30	$0.4\times10^6\sim0.8\times10^6$	700~1 200
普通石灰岩		4 400~8 000	0.25~0.30		
普通砂岩		4 600~5 000	0.25~0.30		
坚硬泥灰岩	70°	800~1 200	0.29~0.38	$0.3\times10^6\sim0.4\times10^6$	500~700
较坚硬页岩		1 980~3 600	0.25~0.30		
不坚硬石灰岩		4 400~6 000	0.25~0.30		
不坚硬砂岩		1 000~2 780	0.25~0.30		
较坚硬泥灰岩	65°	700~900	0.29~0.38	$0.2\times10^6\sim0.3\times10^6$	300~500
普通页岩		1 900~3 000	0.15~0.20		
软石灰岩		4 400~5 000	0.25		
不坚硬泥灰岩	45°	30~500	0.29~0.38	$0.06\times10^6\sim0.12\times10^6$	150~300
硬化黏土		10~300	0.30~0.37		
软片岩		500~700	0.15~0.18		
硬　煤		50~300	0.30~0.40		
密实黏土	30°~45°	10~300	0.30~0.37	$0.03\times10^6\sim0.06\times10^6$	100~150
普通煤		50~300	0.30~0.40		
胶结卵石		50~100	—		
掺石土		50~100	—		

B.0.3 抗滑桩随深度增加的土质地基系数应符合表B.0.3的规定。

表B.0.3　抗滑桩随深度增加的土质地基系数

序　号	土　的　名　称	竖直方向 m_0 (kPa/m²)	水平方向 m (kPa/m²)
1	$0.75<I_L<1.0$ 的软塑黏土及粉质黏土；淤泥	1 000~2 000	500~1 400
2	$0.5<I_L<0.75$ 的软塑粉质黏土及黏土	2 000~4 000	1 000~2 800
3	硬塑粉质黏土及黏土；细砂和中砂	4 000~6 000	2 000~4 200
4	坚硬的粉质黏土及黏土；粗砂	6 000~10 000	3 000~7 000
5	砾砂；碎石土、卵石土	10 000~20 000	5 000~14 000
6	密实的大漂石	80 000~120 000	40 000~84 000

注：1　I_L 为土的液性指数，其土质地基系数 m_0 和 m 值，相应于桩顶位移0.6~1.0 cm；

2　有可靠资料和经验时，可不受本表限制。

附录 C　锚杆、锚索设计参考值

C. 0. 1　锚孔壁与注浆体之间粘结强度设计值应符合表 C. 0. 1 的规定。

表 C. 0. 1　锚孔壁与注浆体之间粘结强度设计值

岩土种类	岩土状态	孔壁摩擦阻力（MPa）	岩石单轴饱和抗压强度（MPa）
岩　石	硬岩及较硬岩	1. 0~2. 5	>15~30
	较软岩	0. 6~1. 0	15~30
	软　岩	0. 3~0. 6	5~15
	极软岩及风化岩	0. 15~0. 3	<5
黏性土	软　塑	0. 03~0. 04	
	硬　塑	0. 05~0. 06	
	坚　硬	0. 06~0. 07	
粉　土	中　密	0. 1~0. 15	
砂　土	松　散	0. 09~0. 14	
	稍　密	0. 16~0. 20	
	中　密	0. 22~0. 25	
	密　实	0. 27~0. 40	

注：1　锚孔壁与水泥砂浆之间的粘结强度设计值应通过现场拉拔试验确定。当无试验资料时，可参照此表选用，但施工时应进行拉拔验证。

2　有可靠的资料和经验时，可不受本表限制。

C. 0. 2　钢筋、钢绞线与水泥砂浆之间的粘结强度设计值应符合表 C. 0. 2 的规定。

表 C. 0. 2　钢筋、钢绞线与水泥砂浆之间的粘结强度（MPa）设计值

锚　杆　类　型	水泥浆或水泥砂浆强度等级	
	M30	M35
水泥砂浆与螺纹钢筋或带肋钢筋间	2. 40	2. 70
水泥砂浆与钢绞线、高强钢丝间	2. 95	3. 40

注：1　当采用两根钢筋点焊成束时，粘结强度应乘折减系数 0. 85；

2　当采用三根钢筋点焊成束时，粘结强度应乘折减系数 0. 65。

C. 0. 3　锚索束表面尺寸应符合表 C. 0. 3 的规定。

表 C. 0. 3 锚索束表面尺寸

束数	外表直径 d_s(cm)	ϕ12. 7 mm 型		ϕ15. 2 mm 型	
		直 径 d_s (cm)	周 长 v (cm)	直 径 d_s (cm)	周 长 v (cm)
3	$(d\pi+3d)/\pi$	2. 48	7. 79	3. 00	9. 42
4	$(d\pi+4d)/\pi$	2. 89	9. 08	3. 46	10. 86
5	$(d\pi+5d)/\pi$	3. 29	10. 34	3. 94	12. 38
6	$(d\pi+6d)/\pi$	3. 70	11. 62	4. 42	13. 89
7	$(d\pi+7d)/\pi$	3. 70	11. 62	4. 42	13. 89
9	$(d\pi+8d)/\pi$	4. 50	14. 14	5. 39	16. 93
12	$(d\pi+9d)/\pi$	4. 91	15. 43	5. 87	18. 44

C. 0. 4 预应力钢绞线规格应符合表 C. 0. 4 的规定。

表 C. 0. 4 预应力钢绞线规格

名 称	公称直径 (mm)	强度级别 (MPa)	公称截面积 (mm^2)	单位重量 (kg/m)	极限张拉荷载 P_u (kN)	屈服张拉荷载 P_y (kN)	伸长率 (%)	1 000 h 松弛率(%)		设计荷载作用时(kN)			
								初始负荷 (kN)		使用状态		预应力施加过程中 $0.9P_y$	预应力传递时 $0.7P_u$
								$0.7P_u$	$0.8P_u$	$0.6P_u$	$0.65P_u$		
由 7 根钢丝构成 ϕ12. 7 mm	12. 7	1 860	98. 7	0. 774	184	156	3. 5	<2. 5	<4. 5	110. 4	119. 6	140. 4	128. 8
由 7 根钢丝构成 ϕ15. 2 mm	15. 2	1 860	139	1. 101	259	220	3. 5	<2. 5	<4. 5	155. 4	168. 4	198	181. 3

本规范用词说明

执行本规范条文时,对于要求严格程度的用词说明如下,以便在执行中区别对待。
(1)表示很严格,非这样做不可的用词:
正面词采用“必须”;
反面词采用“严禁”。
(2)表示严格,在正常情况下均应这样做的用词;
正面词采用“应”;
反面词采用“不应”或“不得”。
(3)表示允许稍有选择,在条件许可时首先应这样做的用词:
正面词采用“宜”;
反面词采用“不宜”。
(4)表示有选择,在一定条件下可以这样做的,采用“可”。

《铁路路基支挡结构设计规范》
条 文 说 明

本条文说明系对重点条文的编制依据、存在的问题以及在执行中应注意的事项等予以说明。为了减少篇幅,只列条文号,未抄录原条文。

1.0.2 经检算分析,行车速度从 160 km/h 提高到 200 km/h 时,列车荷载对支挡结构的稳定性计算影响甚小,同时本次修订时将挡土墙抗倾覆稳定系数提高到 1.6,增加了支挡结构的安全度。因此,本规范可适用于旅客列车设计行车速度等于或小于200 km/h标准轨距铁路路基支挡结构的设计。

1.0.3 全面规划、远期近期结合,是针对分期修建的双线铁路或站场的支挡工程,在近期工程设计时,应提出近期与远期相结合的合理方案,尽量做到远期工程能充分利用近期建筑物。在条件许可的情况下配合路基工程,力争一次设计成双线支挡,避免拆除重建。

认真进行方案比选,是针对过去在山区傍山线的路基支挡工程设计中,一般多与路基土石方工程比较,而不与桥隧方案比选,因此本条强调认真进行方案比选,含有与桥隧比较之意。此外支挡工程本身又有不同结构形式,亦应进行选型比较。

1.0.4 20多年来,我国铁路支挡技术发展很快,"支挡"一词已不是过去单纯靠支撑来平衡路基土压力或山体滑动的浆砌片石挡土墙,而是采用支撑、土筋复合结构以及锚固等多种支挡新技术,如锚杆、锚定板、加筋土、预应力锚索等新结构挡土墙及抗滑桩。这些新型支挡结构与重力式挡土墙相比,具有结构轻、施工快、便于预制和机械化施工、节省材料与劳动力、造价低等优点,因此本条强调应积极采用。有些新结构,虽已取得一定经验,但尚不具备纳规条件,今后还需开展必要的试验,积累经验,逐步推广。

1.0.6 本条是根据多年支挡设计的经验、教训以及国内外资料,提出对支挡设计的基本要求。

1 支挡结构在各种荷载组合作用下,应符合强度、稳定性和耐久性的要求。

支挡类型除了选择重力式挡土墙外,可根据现场的地形、地质、水文等具体情况结合工程技术条件,从各种支挡类型中选择最合适的形式。不论选择哪种类型,应符合经济合理、便于施工和养护的要求。

支挡结构建筑材料的选用可视类型而定,重力式挡土墙一般应考虑采用混凝土或片石混凝土灌筑。其他支挡结构除了采用钢筋混凝土外,由于结构类型不同需用其他材料,如加筋土挡土墙的拉筋采用土工格栅、钢筋混凝土拉带或其他材料的拉带,锚杆挡土墙、锚定板挡土墙的拉杆则宜选用可焊性和延伸性良好的钢材。由于上述材料埋在填料中,因此本条强调应保证有耐久、耐腐的要求。

2 针对过去支挡结构设计中,由于地基勘探不明致使施工开挖后不得不变更设计的情况,因而本条强调必须探明山体和地基的工程地质条件、水文地质情况,使设计符合实际。对地基土的物理、力学性质的确认，主要是避免将同一基础置于物理、力学性质和压缩性差异悬殊的地基上，防止基础不均匀下沉。

4 路堤填料的选用及其压实要求在《铁路路基设计规范》条文说明中已详细阐述。路基填料一般就是支挡结构墙后填料，但有些支挡结构对填料的选用又有各自的要求，因此本条强调支挡结构墙后填料应符合《铁路路基设计规范》(TB 10001)的规定。

9 雨水下渗会降低墙背填土的力学指标或软化地基，大大降低支挡结构的稳定性，切实做好排水、隔水措施，对保证支挡结构的稳定十分重要。另外，路肩墙也应采取措施，避免雨水在墙面漫流。因此本条强调了设置支挡结构地段，应与路基排水设施协调，形成完善的排水系统。

10 HRB 400 钢具有强度高、延性好的特点，本次将 HRB 400 钢作为一种钢种纳入本规范。路基支挡结构的钢筋选用应经强度计算，裂纹宽度验算并经济比选后确定，强度控制时宜采用 HRB 400 钢。

1.0.7 混凝土的耐久性不足，不仅会增加使用过程中的维护费用，影响工程的正常使用，而且会过早结束结构的使用年限，造成严重的资源浪费。为使混凝土结构设计能够适应铁路工程建设的需要，并有利于可持续发展的战略，明确铁路混凝土结构耐久性设计的具体内容和方法，《铁路混凝土结构耐久性设计暂行规定》已于 2005 年 10 月颁布施行，路基支挡结构设计亦应按该暂行规定中的有关要求进行设计。

1.0.8 根据《铁路路基设计规范》(TB 10001)及《新建时速 200 公里客货共线铁路设计暂行规定》(铁建设函〔2005〕285 号)的规定，列车竖向静荷载采用中华人民共和国铁路标准活载，即"中—活载"。

列车荷载通过轨枕在道床内的扩散角按 45°计算，主要是根据铁道部科学研究院在既有线上测试的结果。当道床厚度为0.5 m时，动荷载分布在路基面上的宽度约为 3.5 m，从而得出动荷载在道床内的扩散角约为 45°，故本条规定采用 45°。

在支挡结构设计中一般采用静力法，是将路基面上的轨道和列车荷载的合力，换算为与路基填料重度相同的土柱来代替作用在路基面上的荷载。考虑到列车运行速度的提高以及架桥机等施工运架设备的不断更新，设计中应考虑冲击力、离心力、制动力和摇摆力等的影响，必要时可适当增大安全系数。架桥机等运架设备应作为临时荷载进行检算，检算时安全系数可适当降低。

列车动荷载的考虑：根据查询资料和科研研究显示，动荷载所产生的土压力为其等幅值静荷载所产生的土压力 1.2 倍左右。动荷载试验实测值和弹性理论计算值的墙背土压力分布图形较为接近，均呈中上部偏大、底部较小的曲线分布形式，但实测值的衰减速率明显高于理论计算值。在距路基面 2.0 m 深度以下，其侧压力很小。考虑动荷载对路肩墙的影响时应注意：

(1)如果以库仑理论计算土压力，当挡土墙高 2 m~4 m 时，应适当提高安全系数。安全系数的取值应通过研究确定，也可采用满铺荷载计算。

(2)将动荷载和静荷载分开考虑；通过试验进一步了解动荷载在墙背的分布情况，确定可行的计算公式。

随着荷载作用距离的增加，动荷载土压力逐渐减小。动荷载土压力与荷载作用距离之间基本符合线性关系，且横向在距离荷载外边缘 2.5 m 以外影响较小。按照客运专线铁路目前的标准，如果挡土墙设置在路肩以外，可减小动荷载的影响。因此，客运专线铁路路肩墙设计可以从路肩放坡 1 m~2 m,采取非埋入式路堤墙的形式比较安全。

1.0.11　挡土墙基底下遇有软弱土层时,可能导致挡土墙及墙后填料沿着软弱层面产生剪切破坏,此种情况应进行滑动稳定检算。其滑动稳定系数根据多年工程实践规定,重力式挡土墙不得小于 1.15,其他挡土墙不得小于 1.25。挡土墙位于斜坡上时,挡墙墙趾以下边坡的稳定问题以往容易被忽视,因此本条强调除了挡墙本身的稳定检算外,应保证斜坡的整体稳定。

3.1.1　一般地区重力式挡土墙系指非浸水地区、非地震区以及非滑坡等不良地质地区的重力式挡土墙。

重力式挡土墙基础底面宽、体积大,如高度过大,与桩锚体系挡土结构相比,其稳定性、安全度等方面均显不足,既不利于土地的开发利用,也往往是不经济的。经多个工程测算,当土质边坡高度大于 6 m~8 m、石质边坡高度大于 8 m~10 m 时,上述状况已明显存在,且重力式路堑挡土墙施工难以采用逆作法,开挖面形成后边坡稳定性降低,若挡墙施工不及时,很容易引起坡面剥落、溜坍甚至引发浅层滑坡。为减少长期运营中的维护工作量,“高填、深挖”在方案研究阶段就力求避免。参考《建筑边坡工程技术规范》(GB 50330—2002)有关规定,本条对挡墙高度作了限制。

3.1.2　对于Ⅰ、Ⅱ级铁路挡土墙,其强度安全更应受到重视。以往由于挡土墙需要大量的浆砌片石,其砂浆质量及墙的整体砌筑质量不易保证,出于保证砌体质量的目的,《新建客货共线铁路工程施工补充规定(暂行)》(铁建设〔2004〕8 号)明确规定:“重力式挡土墙施工不得使用浆砌片石”,这就意味着重力式挡土墙材质必须采用混凝土或片石混凝土。因此,本条规定Ⅰ、Ⅱ级铁路为了保证挡土墙的强度,其材质应用混凝土或片石混凝土。

3.1.3　混凝土的中心和偏心受压容许应力参照现行《铁路桥涵混凝土和砌体结构设计规范》(TB 10002.4—2005)表 3.0.5 相应数值确定,片石混凝土可参照采用。

3.2.1　作用在挡土墙上的各种荷载按其性质和发生几率分为主力、附加力和特殊力。主力是经常作用的;附加力是偶然发生的或者其最大值发生几率很小;特殊力是暂时的或属灾害性的,发生几率也很小。

由于挡土墙计算时分为有荷(指轨道及列车荷载)、无荷等多种组合,故表 3.2.1 中仍把墙背主动土压力和轨道及列车荷载产生的土压力分列。地震动峰值加速度是依据现行《中国地震动参数区划图》(GB 18306—2001)取代原地震基本烈度。

3.2.2　本条中设计水位含义见《铁路路基设计规范》(TB 10001—2005)第 3.0.1 条。最不利水位是指设计水位或其下某一水位,当用此水位检算挡土墙时,得出的抗倾覆稳定系数或抗滑动稳定系数最小,或得出的基底应力最大。

3.2.5　本条有关墙体材料容许应力部分根据现行《铁路桥涵混凝土和砌体结构设计规范》(TB 10002.4—2005)定出。

关于地基容许承载力,因主力是经常发生的,而附加力是暂时的,其几率较小,且地基容许承载力一般都具有一定储备量,即使基础某一侧边缘应力超过容许值,也只是局部的、暂时的,不致影响其安全使用,因此地基容许承载力在主力加附加力的情况下可予以提高,但为了防止压应力出现过大的不均匀分布,本条规定主力加附加力时,地基容许承载力可提高 20%。

挡土墙有时会出现基底合力的偏心距为负值的情况,即墙有向后倾的趋势,此时出现

"墙压土",产生被动土压力作用于墙背,这样就调整了墙基底的受力状态,此时一般地区墙踵的基底压应力可使之超过地基容许承载力 30%,浸水挡土墙由于已考虑了水的浮力等附加力的作用,可使踵部容许承载力超过更多一些,一般用 50% 控制。据实践经验,这样的规定不会影响墙身及基底的稳定。

3.2.10 有些文献资料认为,按库仑公式计算的被动土压力值偏大。另外,挡土墙处于被动状态时产生的位移远较主动状态时大,由于挡土墙前后土体既互相作用又互为一体,因此墙后土体处于主动状态时所产生的位移难以促使墙前土体进入被动状态,显然墙前土体的抗力较被动土压力小,故本条规定墙前土体对挡土墙的抗力只取部分被动土压力值。为安全起见,一般情况下可取 1/3 被动土压力值。

3.2.11 当挡土墙墙背填料为细粒土时,以往多用综合内摩擦角计算土压力,但至今没有较准确的换算内摩擦角的方法,通常采用 35°的数值,用此值计算的土压力在某些情况下与实测值有一定偏差。因此,只有在有经验时,才可使用表 3.2.11 中的数据。

路堑挡土墙墙后地层的物理、力学指标应根据地质资料和边坡设计数据,参照说明表 3.2.11 综合确定。

说明表 3.2.11 路堑地层的物理力学指标

路堑边坡	综合内摩擦角 ϕ_0	重度(kN/m^3)
1∶0.5	65°~70°	25
1∶0.75	55°~60°	25
1∶1.0	50°	24~25
1∶1.25	45°	22~24
1∶1.5	35°~40°	18~22

3.2.12 墙背摩擦角对土压力影响较大,由于我国目前尚缺少较确切的试验数据,条文中表 3.2.12 所列的是参照国内外的经验和一些研究试验而定出的,因此,只有在有经验时,才可使用。其中墙背土体产生第二破裂面时,其墙背摩擦角为 ϕ 或 ϕ_0。

3.3.1 挡土墙基底一般可采用平底,当抗滑稳定受控制时,可采用斜底。

墙前土压力的水平分力 E_x',主要是指墙前的部分被动土压力(一般可取计算被动土压力 E_p 的三分之一,即 $E_x' = E_p/3$)。浸水挡土墙墙前土体易被水流冲刷破坏,不能长期保存,为安全起见,可不计算墙前土压力。

3.3.2 依据《铁路工程岩土分类标准》(TB 10077—2001)的有关规定,对原地层类别及基底与地基间的摩擦系数表 3.3.2 进行了适当调整,只有在有经验时,才可选用。

3.3.4 对重力式挡土墙的稳定性验算,许多设计者反映,设计结果主要由抗滑稳定性控制,这与以往重力式挡土墙标准图设计图表中结论是一致的,而现实工程中挡土墙倾覆破坏的可能性往往大于滑动破坏。这是因为设计中采用的摩擦系数设计值有一定的安全储备,且墙前被动土压力一般没有考虑,同时也说明过去规范中抗倾覆稳定性的安全储备较低。考虑我国铁路运输日趋提速的现实,结合 160 km/h 列车动应力对挡墙倾覆稳定性影响的加大,并参考《建筑边坡工程技术规范》(GB 50330—2002)的相关标准,这次对挡土墙倾覆稳定性安全系数稍作调整,由原来的 1.5 调整为 1.6。计算附加力时,K_c 不应小于 1.2,K_0 不应小于 1.4。架桥机等运架设备临时荷载作用下,K_c 不应小于 1.05,K_0 不应小于 1.1。

由于附加力是偶然发生的或者其最大值发生几率很小的荷载，从挡土墙设计应力求技术可行、经济合理的角度考虑，对计算附加力时挡墙的抗倾覆、抗滑动稳定系数适当降低，多年的运用实践证明是合理的。

根据铁二院完成的“影响支挡结构安全的因素”科研项目结果，对架梁机临时荷载进行检算时，进一步降低支挡结构抗倾覆及抗滑稳定系数是可行的。大量的铺架实践也证明，按现行规范所设计的重力式路肩墙和路堤墙，单纯由于架桥机荷载导致支挡结构的破坏现象是比较罕见的。架桥机等临时荷载需根据检算工况，限制其行走路线。对重力式路肩墙，架梁车建议应沿路基面中心线或偏向远离挡墙一侧行走；而对衡重式路肩墙，架梁车建议尽量沿路基面中心线行走。上述方案仍不能解决时，建议通过调整改良架梁车走运结合的方法解决。

3.3.6 当计算基底压应力过程中出现 $e>B/6$ 时，基底墙踵将出现拉应力，对于一般地基与基底间是不能承受的，这时按无拉应力的平衡条件重新分配压应力。

重新分配的压应力合力作用在距墙趾为 c 的三角形应力图的形心上，该应力图一边长为 $3c$，则有 $\sum N=\frac{1}{2}\sigma_1 3c$。本条中式(3.3.6—2)为 $\sigma_1=2\sum N/3c$，$\sigma_1=0$。

3.3.7 检算墙身截面上可能产生正、负偏心值，故用绝对值 $|e'|$ 表示。

由于墙体材料能承受一定的拉力，因此其偏心值较基底的偏心值大。条文规定考虑主力时，$|e|\leqslant 0.3B'$ 是为避免出现较大的拉应力。

3.4.2 本条第4款规定的基础埋置深度，由于路堑的路基面是稳固的，因而可将路基面视为地面，基底埋设在路肩下 1 m 即可。但若路堑侧沟较深，有可能出现侧沟砌体底面深度大于 1 m 的情况，此时侧沟砌体底面低于挡土墙基底，如侧沟渗水，将影响挡土墙的地基，故本条规定挡土墙基底应低于侧沟砌体底面不小于 0.2 m。

3.4.3 在斜坡地面上的挡土墙，其基础的埋入深度除按表 3.4.3 中规定的最小埋入深度外，还受墙趾距斜坡地面的水平距离控制。表中规定的数值是根据多年的经验总结得出的。

3.4.4 当墙基位于较完整的硬质岩石构成的斜坡上时，由于岩石节理不发育，抗压强度大于 30 MPa，基础部分不产生侧压力。为了节省基础开挖工程和墙体数量，可将墙基开挖成台阶式，修成台阶式基础。其最下一层台阶的宽度规定不宜小于 1 m，是为了保证挡土墙基础的稳定。

3.4.6 当挡土墙受抗滑稳定控制时，采用倾斜基底的措施，其中一般地区设不大于 0.2∶1 的斜坡，是根据以往实践经验定出的。

浸水地区因受水浸泡岩土易软化，不易软化的地基 f 值一般较高，不受抗滑控制，故规定浸水地区不宜设置倾斜基底。

3.4.7 当挡土墙受抗倾覆稳定、基底偏心或基底承载力控制时，加设墙趾台阶可调整墙身及基底的受力状态，达到节省墙体材料、降低工程造价的目的。检算墙趾台阶时，通常考虑墙趾台阶为悬臂，墙趾台阶承受基底竖向反力，以此检算墙趾台阶的弯曲应力和剪应力。若基础台阶连线与台阶竖直线间之夹角(即刚性角)混凝土基础不大于 45°，可不进行墙趾台阶的弯曲应力和剪应力检算。

3.4.8 明挖基础为防止基坑积水软化墙基，导致地基承载力降低，施工后应及时回填夯实，顶面必要时应加设黏土防渗层或铺砌一层浆砌片石。

对湿陷性黄土等特殊地基,可采用重夯夯实地基或用黏土作防水层及设置 3∶7 灰土垫层等措施,以防地表水下渗软化墙基。

3.5.1 支挡结构两端与路堤的连接方式,关系到前后工程的衔接及挡土墙的长度和稳定,其连接方式如同桥台耳墙与路堤连接,因此在接头处采用锥体边坡过渡以便与路堤边坡坡面平顺相接。

为了加强挡土墙与路基的连接,故规定挡土墙端部伸入路堤内的长度不应小于 0.75 m。

挡土墙锥体顺线路方向边坡坡度,因不受列车荷载的影响,比照路堤边坡坡度变陡一级,为了统一,故规定锥体边坡高度在 8 m 以内,顺线路方向的锥体边坡坡度为 1∶1.25, 8 m~20 m 为 1∶1.5;垂直线路方向的边坡坡度与路堤边坡相同。

为了保证重力式挡土墙端部不受水流的冲刷或雨水的冲蚀,其端部需嵌入原地层一定长度。其嵌入长度,土质地层不应小于1.5 m,弱风化的岩石地层不应小于 1 m。

3.5.6 墙身设置泄水孔是为了疏导墙后积水,增加墙身的稳定性。排水条件的好坏直接影响挡土墙土压力大小,所以要求泄水孔布置得当、排水通畅,最低排泄水孔应布置在排水沟(或侧沟)的设计最高水位线以上部位。

为了发挥泄水孔的排水效能,要求泄水孔进口处设置反滤层,以保证泄水孔不被堵塞,墙后土的细颗粒也不会被带走。由于挡土墙后填料中含水量一般较小,动水压力可不计,因此对反滤层的要求不高,无须通过计算决定其颗粒级配和层数等。土工合成材料施工方便,质量容易控制,施工效率高,故规范中推荐优先采用。根据实践经验,只要在泄水孔进口处设边长为 0.3 m 的正立方体砂夹卵石或砾石反滤层,即可满足要求。

对于墙后排水不良或填料有冻胀或膨胀性,应在墙后最低排泄水孔至墙顶下 0.5 m 之间全部设置土工合成材料或厚度不小于 0.5 m 的砂夹卵石反滤层,既可减轻冻胀或膨胀力对墙的影响,又可防止墙后产生静水压力,同时起反滤作用。

4.1.1 所谓短卸荷板式挡土墙是卸荷板末端在下墙破裂棱体内,以填土重量和墙身自重共同抵抗土体侧压力的挡土墙。短卸荷板式挡土墙的卸荷板长度可以任意调整,使其基底偏心矩接近零,基底应力分布比较均匀,墙身截面积较小,较衡重式挡土墙截面减少 30% 左右。经侯月线工程实践和经济比较,短卸荷板式挡墙可节省工程费 10% ~20% ;墙高大于 6.0 m 时,短卸荷板式挡土墙与衡重式挡土墙相比开始显示经济效益,墙越高经济效益越大。故条文提出适合 6 m 以上的挡土墙。又因实践经验尚少,故要求墙高一般不宜超过 12 m,以保证安全。

4.1.2 短卸荷板式挡土墙是由上墙、下墙和卸荷板组成的支挡结构物,与衡重式挡土墙类似。由于短卸荷板式挡土墙墙体较薄,截面较小,为提高其抗剪强度,墙体推荐采用混凝土或片石混凝土,材料强度等级提高一级,即用 C20。当墙身截面强度控制时,提高材料强度等级要比增加墙身体积经济。

4.2.2 上墙的受力机理与衡重式挡土墙完全相同,因此上墙的土压力可按第二破裂面的方法计算,两破裂面交点在卸荷板悬臂端。

根据"路肩短卸荷板式挡土墙的研究"科研成果,得出结论:下墙墙背土压力的计算采用力多边形法是较为合适的。由于力多边形法考虑了上墙对下墙土压力的影响,理论上较为严谨,而延长墙背法和校正墙背法误差较大,未考虑上墙对下墙土压力的影响,而且墙踵和卸荷板末端连线与下墙实际墙背间的一块土体无法考虑。土压力分布的规律为上下两头小、中间大，作用点位置约为下墙高度的0.52倍左右，考虑到力作用点对挡土墙的倾覆稳定、偏心矩和基底应力均有较大影响，因此建议短卸荷板式挡土墙下墙土压力强度按矩形分布，作用点位置为下墙墙高的二分之一处，这样既接近实际情况，又简化计算过程。

4.2.3 为卸荷板配筋和检算卸荷板上方斜截面的剪应力，需要知道卸荷板上的土压力及土压力对卸荷板固定端的弯矩。“路肩短卸荷板式挡土墙的研究”中进行了离心模型试验，实测试验值与下述“经验算法”(参照悬臂式挡土墙底板土压力的计算方法)计算值吻合，说明此“经验算法”是可取的，故推荐此法，即：先计算第二破裂面上的竖直分力，短卸荷板承受其长度相应部分垂直投影的竖直分力，再计算第二裂面以下卸荷板之上的土体重量，两者叠加则为短卸荷板的竖直压力，为计算方便，在板上按均匀分布。

4.2.5 在短卸荷板挡土墙设计中，由于按第二破裂面法和力多边形法导出黏性土土压力的计算公式非常复杂，而且计算出的土压力偏小，因此，为计算方便和安全起见，仍采用由综合内摩擦角计算上下墙土压力来进行挡土墙稳定性及截面强度的检算。但采用一个定值的综合内摩擦角 ϕ_0 代替黏性土指标 c、ϕ 时，黏聚力 c 越大，则土压力的计算值“失真”越严重；挡土墙越高，则危险性越大。若有条件时，墙背填料应通过试验测定其力学指标 c、ϕ，然后通过抗剪强度相等原则换算综合内摩擦角。换算方法可参考以下公式：

$$\phi_0=\arctan\left[\tan\phi+\frac{c}{\gamma H}\right]$$

此时，稳定系数可采用 $K_c=1.3$，$K_0=1.6$。

4.2.6 在工程设计中，由于种种原因，填料往往缺乏试验数据，为适应此实际情况，根据“路肩短卸荷板式挡土墙”的研究成果，认为：当填料无试验数据时，可根据填料种类按表3.2.11选用综合内摩擦角。此时，应根据填料的分类和墙高按表4.2.6选择稳定系数进行设计。

4.2.8 短卸荷板式挡土墙上、下墙之间，即卸荷板处墙身截面变化较大，是这种墙型的薄弱截面。卸荷板固定端上方的一段产生的应力水平很高，是上墙各点应力水平最高的一段；而卸荷板下方靠墙背处，不仅应力水平很高，且等值线非常密集，变化快。因此在设计时，应进行墙身截面强度检算。同时检算台阶上部处墙身截面的法向拉应力和水平剪应力。

在进行以上墙身截面强度检算中，需获得上墙墙背土压力值。

由于卸荷板挡土墙达到主动极限状态时，上墙产生第二破裂面，该破裂面与上墙墙背间的一块土体位移很少，始终不可能达到主动极限状态，因此上墙墙背承受的土压力是大于主动土压力的。

根据“路肩短卸荷板式挡土墙”的研究结果，认为：上墙承受的土压力是介于主动土压力与静止土压力之间的某一数值，考虑到这个值很难计算，但均为主动土压力的1.31~1.43倍和1.27~1.41倍，为简化计算，建议上墙墙背的水平土压力按实际墙背用库仑公式的计算值乘以1.4的增大系数来求算。考虑到此时墙背摩擦力不能充分发挥和偏于安全起见，竖直土压力不乘增大系数。

Ⅰ-Ⅰ和Ⅱ-Ⅱ水平截面的检算方法可按《铁路工程设计技术手册·路基》中的有关公式进行。如果Ⅰ-Ⅰ截面不能通过，则放缓上墙墙背坡度；如果Ⅱ-Ⅱ截面不能通过，则放缓下墙墙背坡度。应注意Ⅰ-Ⅰ截面承受的土压力是上墙实际墙背承受的土压力，而Ⅱ-

Ⅱ截面承受的土压力则是第二破裂面上的土压力，但如果这个土压力小于实际墙背上的土压力，为安全起见，则仍用实际墙背上的土压力。

Ⅲ-Ⅲ和Ⅳ-Ⅳ斜截面剪应力的检算，按《铁路工程设计技术手册·路基》介绍的方法进行，先求最危险截面与水平面的夹角β，然后求出该斜截面上的剪应力τ_{max}，应小于或等于墙身材料的容许剪应力〔τ〕，如不满足强度要求，则采取改善措施，这两个斜截面上承受的外力分别为检算Ⅰ-Ⅰ和Ⅱ-Ⅱ截面时的土压力。

Ⅲ-Ⅲ截面穿过钢筋混凝土卸荷板侵入墙体，考虑到板的厚度较小，该斜截面又是控制截面，为安全起见，不考虑钢筋混凝土的容许剪应力，全部截面按墙体材料的容许剪应力检算。

卸荷板悬臂端作用着较大的竖直压力，上墙经卸荷板固定端部为起点的斜截面Ⅴ-Ⅴ应进行剪应力检算，该截面与水平面成β角。β可由下式确定：

$$\tan\beta=\tan\alpha\pm\sqrt{\tan^2\alpha+1}$$

式中　α——上墙墙背倾角。

4.2.9　卸荷板长度是控制下墙土压力大小的关键。在挡土墙检算过程中，不仅要调整基底宽度，而且要调整卸荷板长度来满足检算的要求，这样才能使短卸荷板挡土墙的截面最小，因为基底宽度与卸荷板长度又互相有影响，所以检算过程实际上也是优化过程。要达到墙身截面和卸荷板长度的优化，采用手算的办法是很困难的，因此，短卸荷板挡土墙的设计计算宜通过编制设计计算的优化程序来进行。

4.3.3　短卸荷板式挡土墙墙体较薄，尤其是卸荷板与上墙底部及下墙顶部的接触面处的墙身更为薄弱，同时其应力又集中，所以除了满足强度检算要求外，根据侯月线实践经验，在构造上应采取如下加强措施：

(1)卸荷板与上墙墙体接触面，沿纵向每隔30 cm~40 cm插入长度35 cm的短钢筋，以增强接触面的抗剪强度；

(2)上、下应垫以20 cm厚的钢筋混凝土垫板，长度可为卸荷板伸入墙体2/3，采用构造钢筋纵向布置。

4.3.4　侯月线工程实例的经验认为：在条件容许时，其卸荷板的施工方法应优先采用现浇，其优点是卸荷板与上、下墙体连接良好，并避免卸荷板吊装的困难，但如工期紧，施工场地也有大型吊装机械进场和吊装条件时，也可采用预制的施工方法，但要注意预制时，在板的上、下面不可放置油毛毡，避免卸荷板与上、下墙接触不良，在卸荷板中安放吊装环，不可超出板面等，卸荷板及垫板表面应有一定粗糙度，铺设时，应铺垫砂浆，使其与墙体连接稳固。

5.1.1　钢筋混凝土悬壁式挡土墙在国外使用很普遍。日本国铁规范规定：墙高3 m以下采用重力式挡土墙，3 m~6 m采用悬臂式挡土墙，6 m以上采用扶壁式挡土墙。悬壁式挡土墙其结构稳定性依靠墙身自重和上方填土来保证，墙趾板可显著增大抗倾覆稳定性，减小基底应力，凸榫可增大结构的抗滑性能。该墙型的主要特点是构造简单、施工方便，墙身截面较小，自身质量轻，可以较好地发挥材料的强度性能，以消耗一定数量的钢材和水泥来换取石料，宜在石料缺乏、地基承载力较低的填方中采用，其轻型美观的造型也适用于城市。由于踵板受施工条件的限制，一般用于较平坦的填方地段。根据《铁路工程可靠度设计统一标准》(GB 50216—94)第1.0.4条的规定，铁路工程结构设计基准期宜为50年或100年。结合铁路混凝土结构耐久性设计的有关规定，本规范中的钢筋混凝土悬壁式、扶壁式挡土墙的设计使用年限,一般情况下宜为 60 年。

5.1.2 当墙高较大时,钢材用量增大。本规范参考国外规范及国内工程实践规定:悬臂式挡土墙高度不宜大于 6 m,扶壁式挡土墙高度不宜大于 10 m。

5.1.4 根据《铁路路基支挡结构设计规范》局部修订编制大纲审查会的审查意见,悬臂式挡土墙的结构设计采用极限状态法。荷载分项系数根据经验校准法反算确定。为了与按容许应力法设计的安全度大致相当,在主力的作用下,荷载分项系数为1.61~1.67,可按 1.65 考虑。在地震地区,还应符合《铁路工程抗震设计规范》(GB 50111)、《建筑抗震设计规范》(GB 50011—2001)的规定。结构设计应包括正截面设计、斜截面设计、裂缝开展宽度验算等。结构设计应满足《混凝土结构设计规范》(GB 50010—2002)的规定,必要时采用容许应力法进行验证。

5.2.2 根据模型试验和以往的实测资料,列车荷载在墙背上产生的土压力的分布形式与弹性理论计算出的分布图形相似,故路肩式或接近于路肩式的直墙背挡土墙可按弹性理论条形匀布荷载作用下的土中应力公式计算列车荷载产生的土压力。

5.2.3 条文规定土压力按第二破裂面法计算,第二破裂面不能形成时按墙踵与墙面板顶连线作为假想墙背计算。模型试验和现场测试资料证明,按库仑理论用第二破裂面法比较符合实际。但第二破裂面法计算比较麻烦,边界条件复杂,且上、下墙要分开计算。不过通常悬臂式墙和扶壁式墙的底板踵部的厚度仅为墙高的 1/10~1/12,因此全墙土压力可一次计算,即第二破裂面从墙底算起,误差不超过 2%。

5.2.4 不考虑墙面板的墙背与填料的摩擦,一是由于在墙型及构造上墙面板与底板连为一体,当墙体变形时,实际墙背与填料不易产生摩擦,且目前尚无可靠的实测资料,因此墙背摩擦角不好确定;二是不计墙背摩擦角偏于安全。

5.2.5 不考虑墙前土压力是由于悬臂式墙和扶壁式墙基础埋深较小、基坑扰动较大、回填土又往往难保夯实密度,因此可忽略墙前土压力,但在计算墙趾板的内力时则应考虑趾板以上的填土重。

5.2.6 挡墙受滑动稳定控制时,设凸榫以免踵板过长。设凸榫前 K_c 应等于 1.1,设凸榫后 K_c 应大于或等于 1.3。地基的容许承载力应满足设计要求。在施工前应将基底夯实整平,浇灌一层5 cm~10 cm的低等级混凝土,作为钢筋绑扎作业面。

5.2.8 整体扶壁式挡土墙是一个比较复杂的空间受力系统,在计算时将其简化为平面问题。墙面板纵向按多跨连续梁计算,竖向按下端固定的悬臂梁计算,踵板亦按扶壁支承的连续梁计算,且不考虑墙面板对底板的约束。这种算法偏于安全。此外,应当注意的是,在计算踵板时除了荷载以外,尚应考虑由于趾板的弯矩作用在踵板上产生一个附加的等代荷载。根据经验,等代荷载的分布呈抛物线形。

扶壁计算时简化成以底板为支点,变截面的 T 形悬臂梁。翼缘为墙面板、扶壁为 T 梁的腹板。计算荷载为作用在墙背上的土压力,不考虑实际墙背与第二破裂面之间土柱的土压力,即将这部分的土柱作为墙身的一部分。目前衡重式挡土墙也采用这种算法,实际证明并无大的问题。

防滑键嵌固在地基中主要承受在滑动过程中的剪力作用,因此只需检算剪应力。键的前面承受被动土压力,键的高度应确保键前面的土体不被挤出,计算键的被动土压力时应考虑底板竖向压力的影响。

5.3.1 沿墙长每隔10 m~20 m以及与其他建筑物连接处,应设置伸缩缝。在基底地层变化处，应设沉降缝，两者可合并设置，缝宽 0.02 m~0.03 m。缝内沿墙内、外、顶三边填塞沥青木板，塞入深度不小于 0.2 m。

沿墙高和墙长应设置泄水孔，按上下左右间隔 2 m~3 m 交错布置。泄水孔的设置不应使其旁钢筋外露。泄水孔的进水侧应设反滤层，墙背反滤层宜采用土工合成材料、无砂混凝土板或其他新型材料。为使墙后积水不渗入基础，在最底排泄水孔下设置隔水层。

5.3.2 参照《混凝土结构设计规范》（GB 50010—2002）第 3.4 节结构的“耐久性规定”，结合铁路混凝土结构耐久性设计的有关要求，设计使用年限为 60 年，混凝土的强度等级可按 C30 考虑，主筋可采用 HRB 400，箍筋可采用 HRB 335。

5.3.6 趾板和踵板作为悬臂式、扶壁式挡土墙的基础，容易受到侵蚀性介质的作用，对其保护层厚度有较高的要求。

5.3.7 当混凝土保护层厚度较大时，虽然裂缝宽度计算值也较大，但较大的保护层厚度对防止钢筋的锈蚀是有利的（较大的保护层厚度对裂缝宽度计算有利的一面在裂缝最大宽度计算公式中没有反映出来）。因此，对于混凝土保护层较大的构件，在计算最大裂缝开展宽度时，可根据保护层的性质对公式中保护层的取值进行限制；当在外观上的要求允许时，也可根据实践经验对裂缝宽度允许值作适当的放大。

6.1.1 锚杆挡土墙是由钢筋混凝土肋柱、墙面板和锚杆组成的支挡结构，它依靠锚固在稳定岩土层内锚杆的抗拔力平衡墙面处的土压力。根据《铁路工程可靠度设计统一标准》（GB 50216—94）第 1.0.4 条的规定，铁路工程结构设计基准期宜为 50 年或 100 年。本规范中的锚杆挡土墙设置在路堑边坡上，结合《铁路混凝土结构耐久性设计暂行规定》，其设计使用年限可按 60 年考虑。

我国从 1966 年开始于成昆线上应用锚杆挡土墙，继而在川黔、鹰厦、太焦、沙通、枝柳等铁路线上的岩石地段修建多处，使用至今情况良好，而且锚杆在岩层中灌浆锚固已取得了较多的经验。1996 年编制的《铁路岩质路堑立柱式钢筋混凝土锚杆挡土墙》（铁二院编制），给锚杆挡土墙的推广应用打下了一定的基础。土层锚杆的设计和应用也在不断发展。土层锚杆由于土层的抗剪强度低，需要对锚固段采取必要的措施：端部扩大锚固、连续球体锚固、增大灌浆压力、采用第二次灌浆等，以提高锚杆的极限抗拔力。由于土层锚杆还没有广泛地应用于铁路工程，故条文规定仅适用于岩质路堑地段。岩质是指硬质岩层（花岗岩、闪长岩、片麻岩、石灰岩、石英砂岩、矽质砾岩等）及软质岩层（页岩、泥灰岩、云母片岩、千枚岩等），其中包括节理发育、风化程度微弱的硬质岩石，岩体的内摩擦角等于或大于 45°。

6.1.2 锚杆挡土墙的形式可根据地质及工程情况选择不同的形式。

6.1.4 锚杆层数为两层时，锚杆可按照两个支点的弯矩和跨中弯矩相等的原则布置；如果锚杆层数大于两层，可按照各支点处弯矩相近的原则布置。由此而确定的立柱截面最经济。如果按各点反力相等的原则布置锚杆，则各锚杆的截面积相等，有效长度亦相等。这样锚杆的用料最经济。每层锚杆与水平面的夹角在 15°~25°之间时，便于灌浆。锚杆间距不小于 2.0 m 是为了防止出现“群锚”现象。

6.2.2 岩层土压力计算是一个比较复杂的问题，为简化计算，目前多采用库仑主动土压力公式计算，有条件时亦可用岩石力学分析法进行核算。

分级锚杆挡土墙墙背土压力，按说明图 6.2.2 的计算图式计算。土压力根据上、中、下墙位置分别计算，土压力分布图形如说明图 6.2.2 所示。

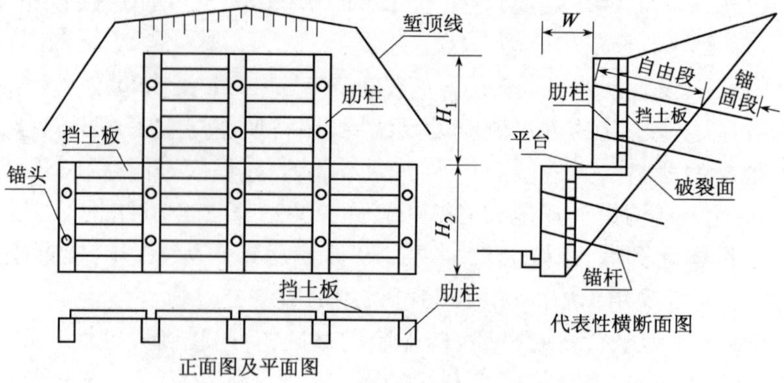

说明图 6.1.2—1　两级柱板式锚杆挡土墙示意

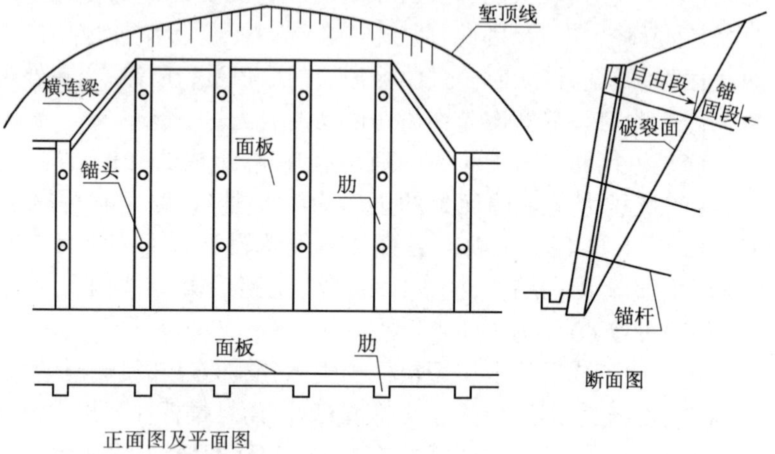

说明图 6.1.2—2　板肋式锚杆挡土墙示意

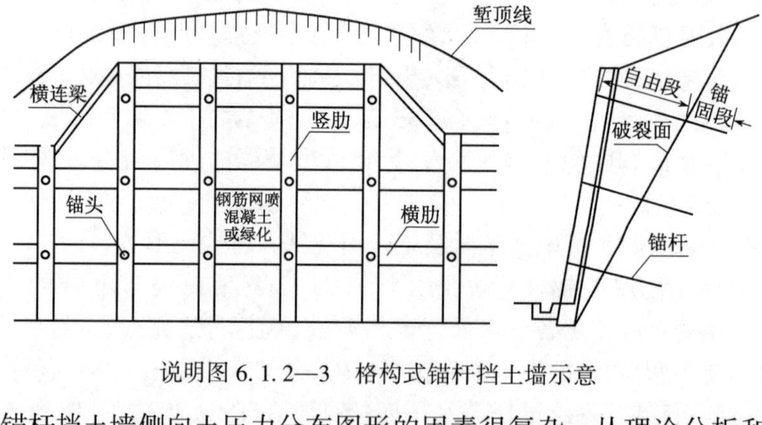

说明图 6.1.2—3　格构式锚杆挡土墙示意

6.2.3　影响锚杆挡土墙侧向土压力分布图形的因素很复杂。从理论分析和实测结果来看，挡土墙结构刚度、位移大小与方向、锚杆层数、是否采用逆施工方法、墙后岩土类别和软硬程度等情况都可能影响侧压力的分布图形。不同条件时分布图形可能是三角形、梯形或矩形，仅用侧向压力随深度成线性增加的三角应力图形已不能反映许多锚杆挡土墙侧向压力的实际情况。国内外工程实测资料显示，采用逆作法施工锚杆对边坡变形产生

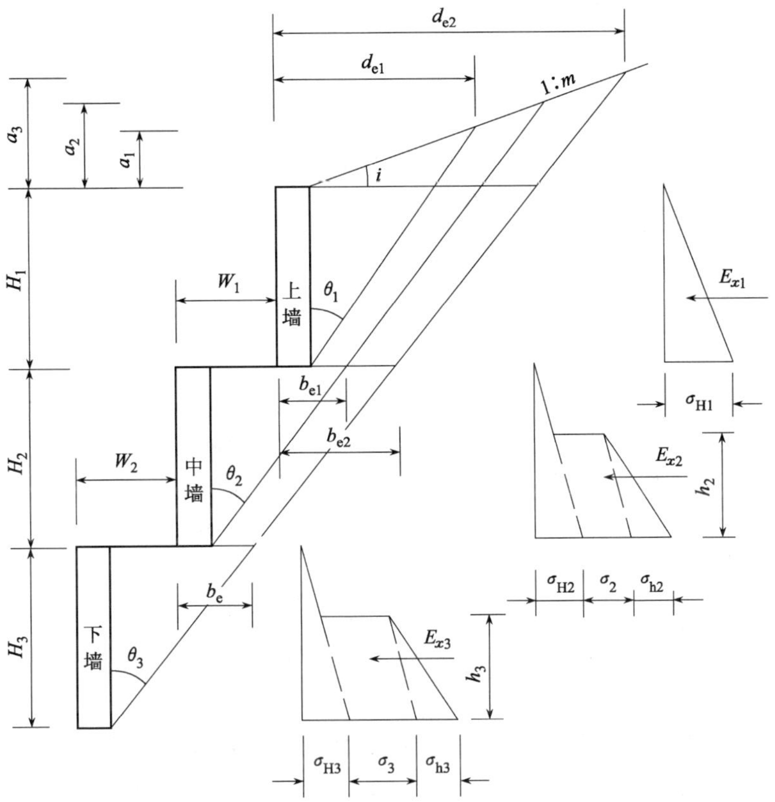

说明图 6.2.2　分级锚杆挡土墙土压力

约束作用和支撑作用,而岩石和硬土的竖向拱效应明显,边坡的侧向压力向锚固点传递,应力图形的分布呈矩形,与有支撑时基坑土压力呈矩形、梯形分布图形类似。上述条件之外的边坡宜采用库仑三角形应力分布图形或地区经验图形。

6.2.4　锚杆挡土墙肋柱截面宽度,除应按计算确定外,尚须考虑墙面板在肋柱最小搭接长度不小于 10 cm 及肋柱预留锚杆尺寸的要求,因此条文规定肋柱宽度不得小于 30 cm。

装配式肋柱应考虑肋柱在搬动、吊装过程以及施工中可能出现受力不均等不利因素,故规定在肋柱内外两侧不切断钢筋,应配置通长的受力钢筋。

安全系数及荷载分项系数的确定:由于锚杆挡土墙的应用还不十分广泛,1996 年编制的《铁路岩质路堑立柱式钢筋混凝土锚杆挡土墙》是对原铁二院参考图《铁路岩质路堑立柱式钢筋混凝土锚杆挡土墙》的修改版,为保证安全,在设计中立柱的安全系数仍相应于原图的 $K=1.8$ 采用,则对应于新规范安全系数为 1.6。立柱在锚杆挡土墙中是一个重要的构件,因此,本规范规定在立柱的结构设计时,荷载分项系数采用 1.6,以保证所设计的构件与以前既有工程的安全度一致。

6.2.5　本条第3款系指装配式锚杆挡土墙面板的计算。由于墙面板所受土压力沿墙高可按梯形或三角形分布,因此在说明图 6.2.5(a)的情况下可沿墙高将土压力图分成 2~3 段,然后按每段的最大土压力计算;在说明图 6.2.5(b)的情况下可按一种板型设计。由上可知,板的设计偏于安全。本规范规定,结构设计时,板的荷载分项系数采用 1.35,与《建筑结构荷载规范》(GB 50009—2001)中永久荷载分项系数一致。

6.2.7　设计锚杆长度时,应根据岩石类别、强度、节理、风化程度等多种因素考虑决定。

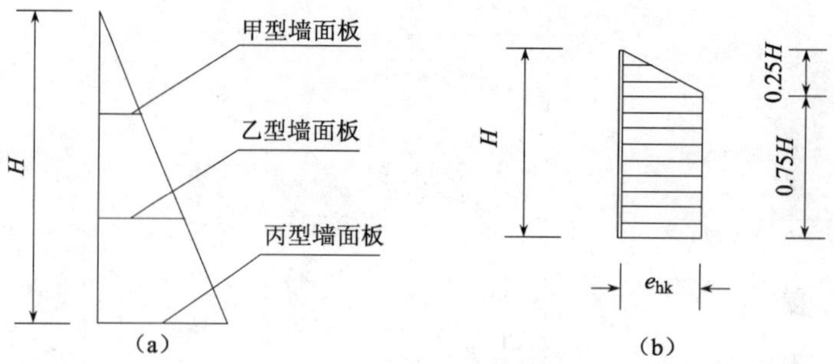

说明图 6.2.5　墙面板土压力

(1)在软质岩或风化岩层中,锚孔壁对砂浆的抗剪强度一般低于砂浆对钢拉杆的粘结力。因此,软质岩及风化岩层中的锚杆极限抗拔力受孔壁抗剪强度所控制。已有的拉拔试验资料表明,软质岩和风化岩层的极限抗拔力数值相差很大,主要是抗拔强度受到许多条件和地质因素(如岩层的性质、埋藏深度、地下水、不同灌浆方法等)的影响。因此风化岩层作为锚固层时,要求在施工前应进行现场拉拔试验。若无试验资料,在初步设计时可参照附录 C 表 C.0.1 和表 C.0.2 采用。但施工设计时,应根据现场拉拔试验值进行修正。

(2)在较完整的硬质岩层中,岩层强度一般大于砂浆的强度,锚杆对砂浆的抗剪强度一般大于砂浆对钢拉杆的粘结力,因此,在完整硬质岩层中的锚杆极限抗拔力主要取决于砂浆对钢拉杆的粘结力。

我国铁路部门所做的锚杆拉拔试验表明,当采用热轧螺纹钢筋作为拉杆时,在完整硬质岩中锚孔应力传递深度不超过 2 m。当锚孔深度大于 1 m 时,用 1 根 ϕ25 mm 的 16 Mn 钢筋锚固多被拉断而不会从锚孔中拔出。用 2 根 ϕ32 mm 的 16 Mn 钢筋被拉到屈服点均未发现岩层有明显变化。这表明钢拉杆在完整硬质岩层中的锚固深度,只要超过 2 m 就足够了。但为了保证岩层锚杆的可靠性,根据多年工程实践的经验,规定锚杆的有效锚固长度在岩层中不宜小于 4 m。

6.3.1　锚杆墙的设计使用年限为60年。参照《混凝土结构设计规范》(GB 50010—2002)第 3.4 节的规定,设计使用年限为 60 年的混凝土的强度等级为 C30。综合考虑过去锚杆挡土墙的使用情况和现在混凝土结构为满足耐久性要求,强度等级向高等级发展,本条规定:一般情况下,混凝土的强度等级宜为 C30。肋柱和墙面板的耐久性方面的说明参见第 5.3.7 条的条文说明。

6.3.4　对于非预应力全粘结型锚杆,当锚杆承载力设计值低于 400 kN 时,采用 HRB 400 级和 HRB 335 级钢筋能满足设计要求,其构造简单,施工方便。承载力较大时可采用锚索。高强精轧螺纹钢筋则适用于中级承载能力的预应力锚杆,有钢绞线和普通粗钢筋的类似优点,其防腐的耐久性和可靠性较高,处于水下、腐蚀性较强地层中的预应力锚杆宜优先采用。精轧螺纹粗钢筋的接长必须采用专用连接器,不得采用任何形式的焊接。钢筋下料应采用砂轮锯切割,严禁采用电焊切割,其有关技术要求详见《公路桥涵设计手册》中“预应力高强精轧螺纹粗钢筋设计施工暂行规定”。

镀锌钢材在酸性土质中易产生化学腐蚀,发生“氢脆”现象,故不宜采用。

锚杆未锚入地层部分,必须做好防锈处理。锚杆钢筋防止锈蚀的方法,目前国内采用以防锈油漆(或船底漆)为底漆,再包扎两层沥青玻璃丝布的方法。当土壤或地下水具有腐蚀性和侵蚀性时,注浆材料应采用抗侵蚀性水泥,钢筋可采用环氧涂层等措施。

7.1.2 锚定板挡土墙由墙面板、拉杆、锚定板及填土共同组成。墙面的结构形式可采用肋柱式墙面板和无肋柱墙面板,肋柱式由肋柱和挡土板拼装而成。

肋柱式和无肋柱式锚定板的结构形式见说明图 7.1.2。

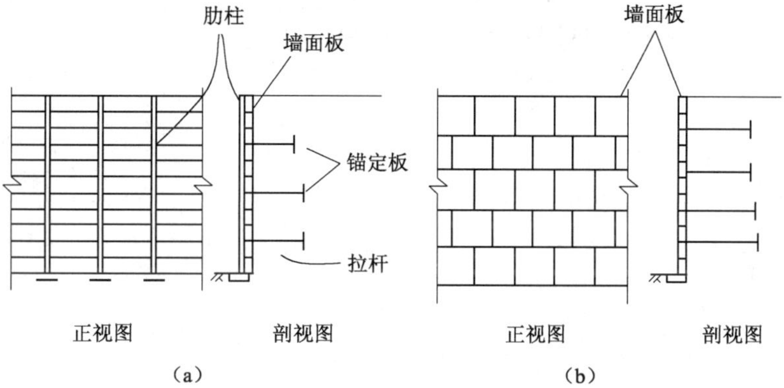

说明图 7.1.2 锚定板挡土墙结构形式

(a)肋柱式锚定板挡土墙;(b)无肋柱式锚定板挡土墙;

7.1.3 为便于施工及养护维修,在双级锚定板挡土墙的上、下两级墙之间应设置不少于 2.0 m 宽的平台。对肋柱式锚定板挡土墙,根据工程实践经验,为避免因上墙肋柱基础下沉而使下墙拉杆产生过大的次应力,条文规定:上、下两级墙的肋柱沿线路方向应相互错开,见说明图 7.1.3。

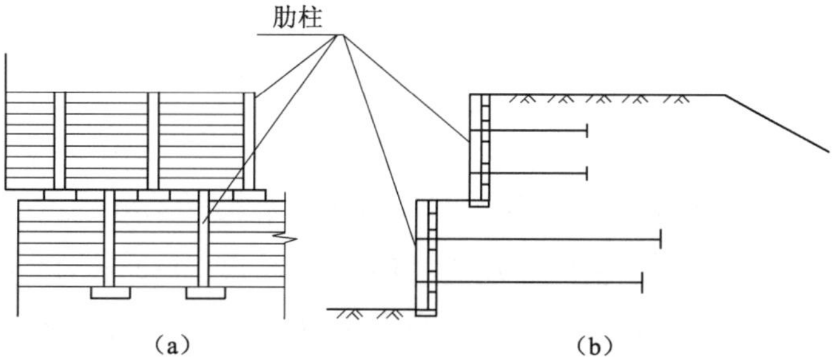

说明图 7.1.3 分级墙肋柱布置

(a)正视图;(b)剖视图

7.2.1 墙面板所受的土压力由墙背填料产生的土压力与填料表面轨道及列车荷载产生的土压力两部分叠加而成。

由于墙面板、拉杆、锚定板及填土的相互作用,土压力比较复杂,它与填料性质、压实程度、拉杆位置及其长度、锚定板大小等许多因素有关。为此,曾进行过大量的室内外实测与试验。实测与试验结果表明,锚定板挡土墙墙面板实际所受填料产生的土压力大于按库仑理论计算的主动土压力。说明表 7.2.1 为部分工点实测土压力与计算值的比较。

因此,根据实测结果,对墙面板所受填料产生的土压力规定,按库仑主动土压力乘以

1.2~1.4 的增大系数 β。对结构位移要求较严时，土压力增大系数取大值。

实测的土压力分布图形与通常采用的三角形分布也不相同。例如鲅鱼圈锚定板挡土墙实测土压力沿墙面的分布曲线接近抛物线形，如说明图 7.2.1。

说明表 7.2.1　无列车荷载情况下实测土压力值与库仑土压力计算比较

项目 / 地点	填　高（m）	库仑主动土压力计算值（kN/m）	实测土压力值（kN/m）	实测值与计算值之比	备　　注
南　平	10.0	172	221.24	1.29	实测值为施工结束后测得
鲅鱼圈	5.25	94.6	116.4	1.23	实测值为铺轨道 10 个月后测得
三家店	5.0	42.5	65.8	1.55	实测值为竣工 1 年后
西南交大等模型试验	—	66.6	80.5	1.21	

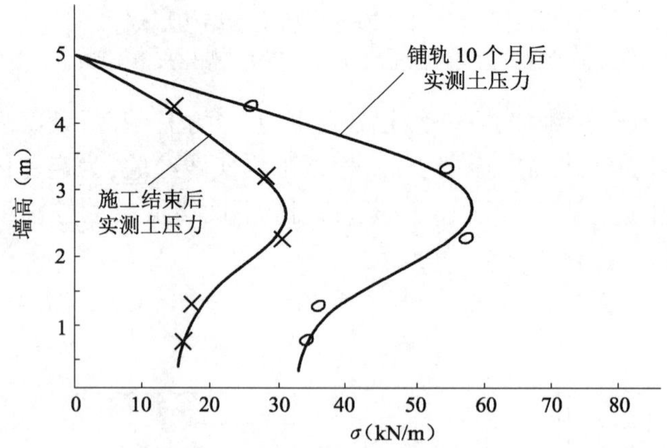

说明图 7.2.1　鲅鱼圈锚定板挡土墙实测土压力分布

为了简化计算，填料产生的土压力建议采用说明图 7.2.1 所示的分布图形，该图形的面积应等于库仑主动土压力的水平分力 E_x 乘以土压力增大系数 β，即

$$\left(\frac{1}{2}\times 0.5+0.5\right)\cdot H\cdot \sigma_{\mathrm{H}}=E_x\cdot\beta$$

$$\sigma_{\mathrm{H}}=\frac{1.33E_x}{H}\cdot\beta \qquad \text{（说明 7.2.1）}$$

列车荷载对墙面板土压力的影响：根据实测资料，列车荷载对土压力的影响不大，而且只对上层拉杆有影响。实测列车荷载产生的土压力值其结果远小于现行路基支挡规范规定计算列车荷载产生的土压力。因此，列车荷载产生的土压力，仍按重力式挡土墙有关规定计算，不再乘增大系数。

7.2.2　锚定板挡土墙的整体稳定检算是保证挡土墙安全使用的关键，也是决定拉杆长度的依据，因此必须慎重对待。

整体稳定检算可采用折线裂面法（即 Kranz 法）或整体土墙方法计算，可根据锚定板设置的具体条件选择其中一种方法。如缺乏经验,应同时以两种方法进行分析比较,采用偏于安全的计算结果。

整体稳定检算时,假想墙背上的主动土压力值不乘增大系数。锚定板挡土墙一般不需进行抗倾覆检算。

7.2.3 肋柱的内力计算可根据肋柱上设置的拉杆层数、肋柱与肋柱及肋柱与基础的连接状况,按简支梁或连续梁计算。

考虑到肋柱的支点为其后端与锚定板连接的埋在填土中的拉杆,实为弹性支承,各支承点变形是由填土和拉杆的变形组成,一般情况下各支点变形量是不相同的,因而应按弹性支承连续梁计算肋柱内力。由于填土的不均匀且土体变形十分复杂,因而各支点柔度系数变化较大,很难准确计算。同时,考虑到肋柱在搬运吊装及施工过程中拉杆受力不均匀等情况,以及上述可能出现的各种不利因素,故在肋柱计算中,应同时按刚性支承连续梁和弹性支承连续梁计算,并按两种情况计算所得的最不利弯矩、剪力进行肋柱截面设计和配筋,保证肋柱有足够的安全度并防止出现裂缝。

7.2.5 锚定板单位面积容许抗拔力应根据现场拉拔试验确定。如无现场试验资料,可根据经验按下列三种方法选用。如缺乏经验,可同时考虑这三种方法,采用偏于安全的计算结果。

(1)铁科院建议的容许抗拔力

铁道部科学研究院与武汉局、铁三院、沈阳局、上海轻工业设计院等单位在武昌、太岚线、常州、四平、南平等地做了大量锚定板现场拉拔试验。根据试验资料统计分析,并通过有限单元方法计算,进行验证后,建议锚定板单位面积容许抗拔力〔P〕采用以下数值:

当锚定板埋置深度为 5 m~10 m 时,〔P〕=130 kPa~150 kPa;

当锚定板埋置深度为 3 m~5 m 时,〔P〕=100 kPa~120 kPa;

当锚定板埋置深度小于 3 m 时,锚定板的稳定不是由抗拔力控制,而是由锚定板前被动抗力阻止板前土体破坏来控制,这时锚定板的“抗拔力”应按下式计算:

$$[P]=\frac{1}{2K}\gamma h_i^2(\lambda_p-\lambda_a)\cdot B \qquad \text{(说明 7.2.5—1)}$$

式中〔P〕不是单位面积容许抗拔力。为了和深埋锚定板的容许抗拔力保持一致,将〔P〕视作单块锚定板的容许抗拔力。

(2)铁三院建议的经验计算式

铁三院以室内模型试验(填料采用龙口石英砂)资料为依据,并用部分现场资料校核归纳,建议锚定板容许抗拔力按下式计算:

$$[P]=\frac{P_f}{K} \qquad \text{(说明 7.2.5—2)}$$

$$P_f=e^x\cdot\beta^{-1} \qquad \text{(说明 7.2.5—3)}$$

$$x=\left[5.7\left(\frac{H}{h}\right)^{-0.41}\cdot\ln\left(\frac{H}{h}\right)\right] \qquad \text{(说明 7.2.5—4)}$$

式中 〔P〕——锚定板容许抗拔力(kN);

K——安全系数,可采用 2~3;

P_f——锚定板极限抗拔力(kN);

H——锚定板的埋深,即填土顶面至锚定板底面距离(cm);

h——锚定板高度(cm)。

当$\frac{H}{h}>\left(\frac{H}{h}\right)_{cr}$时,以$\left(\frac{H}{h}\right)_{cr}$值代入经验式中。

这里锚定板临界埋深比$\left(\frac{H}{h}\right)_{cr}=20.2h^{-0.307}$,锚定板尺寸系数$\beta=100\left(\frac{h'}{h}\right)^{2.66}$,$h'=$ 10 cm。

各种锚定板尺寸的临界埋深比与锚定板尺寸系数值如说明表7.2.5。

说明表7.2.5　锚定板的临界埋深与锚定板尺寸系数值

锚定板尺寸(cm)	60×60	70×70	80×80	90×90	100×100	110×110
$(H/h)_{cr}$	5.75	5.48	5.26	5.07	4.91	4.77
β	0.851	0.565	0.396	0.290	0.219	0.170

(3)铁四院根据室内模型试验推荐的经验计算式

$$[P']=0.01\beta\cdot K_b\cdot K_h\cdot E_s \qquad \text{(说明7.2.5—5)}$$

$$K_h=\left(\frac{H_2}{h}\right)^{\frac{1}{2}} \qquad \text{(说明7.2.5—6)}$$

式中　$[P']$——锚定板单位面积容许抗拔力(kPa);

K_b——无量钢系数,其数值按$K_b=\sqrt{b}$确定(b为用m表示矩形锚定板的短边长度);

K_h——与锚定板埋深比有关的系数;

H_2——拉杆至柱底的距离(m);

h——锚定板高度(m);

E_s——填土试验压缩模量(kPa);无试验资料时,对一般黏性土填料,根据拉杆至柱底的距离H_2,参照下列数值采用:

$H_2\leqslant3$ m时,$E_s\approx4\,000$ kPa~6 000 kPa;

$H_2>3$ m时,$E_s\approx6\,000$ kPa~8 000 kPa;

β——与锚定板埋设位置有关的折减系数:当$l>H_1\times\cot\alpha+(a+b)$时,$\beta=1.0$,否则可按下式计算:

$$\beta=\frac{l}{H_1\times\cot\alpha+(a+b)}$$

l——拉杆长度(m);

H_1——拉杆至填土表面的距离(m);

α——矩形锚定板的长度(m),

$$\cot\alpha=\frac{1}{H_1-\frac{h}{2}}$$

7.3.9　由于锚定板挡土墙为拼装结构,为避免产生过大的位移,故规定肋柱安装时不得前倾,应适当后仰,其后仰倾斜度宜为20∶1。

8.1.1　加筋土挡土墙是由拉筋材料、填料、墙面板(或包裹式结构)及基础组成的柔性整体结构。在填料中放置筋材,构成土—筋复合体,当筋材与其周围土之间发生相对位移时,填料与拉筋之间形成摩擦阻力,从而平衡填料作用于墙面(或包裹式结构)上的水平土压力。

加筋土挡土墙中加筋的土体及结构均为柔性,在外力作用下有较好的整体变形协调能力,不仅可适应较大的地基变形,而且与其他类型的挡土结构相比,具有良好的抗震性能。国外的实践研究证明了土壤加筋结构的良好抗震性。1995 年日本神户地震造成市内建筑大范围的破坏,但对加筋土结构,除发现结构有一些小的变形外,未见格栅加筋结构断裂的现象。我国是一个多地震国家,也是世界上地震灾害严重的国家,因此有必要将加筋土挡土墙的适用范围推广到地震地区。铁一院在青藏铁路和兰(州)武(威)铁路复线以及铁二院在云南广(通)大(理)线的地震区中均采用了加筋土挡土墙的结构形式。

铁四院在株(洲)六(盘水)复线铁路上应用加筋土路堤墙的结构形式,墙高 6.5 m,取得了良好的效果。本次修订将路堤墙纳入规范,但由于应用工程较少,设计理论有待进一步研究,计算方法可参照公路及国外相关方法及经验进行。

在滑坡和崩坍等工程地质不良地段由于地质条件复杂,土压力变化较大,可能导致墙面板受力不均产生相互错位,而且这种地段修筑加筋土挡土墙挖方量也比较大,故应慎重采用。

8.1.2 加筋土挡土墙按墙高分类没有定量规定。根据全国不完全统计,在已修建的铁路加筋土挡土墙中除用砂砾和黄土填料外,墙高大于 10 m 者较少,因此本规范以 10 m 作为高、矮墙的分界线。对于大于 10 m 的高墙,应作特殊设计,且宜选择粗粒土、黄土等作填料。高墙设错台有利于调整墙面水平位移,减少墙面板对地基的压力,并便于施工操作,因此当挡土墙较高时,一般采用多级的形式。

随着近年来对加筋材料、面板形式的应用研究,加筋技术获得了长足发展,加筋土挡土墙结构的应用范围也得到扩充,在干线铁路上不仅应用单级加筋土路肩式直墙的结构形式,也采用了路堤式墙、斜面墙、多级墙及单级高墙等结构形式,并做了大量的试验研究工作。铁四院先后在梅(州)坎(市)铁路中应用了双级加筋土挡土墙,上、下级墙高分别为 7.0 m、7.6 m,在赣(州)龙(岩)铁路中应用了斜面式加筋土挡土墙,单级墙高达 12.2 m,其中梅坎、赣龙铁路中的加筋土挡土墙均受季节性浸水影响。实践证明,各种加筋土挡土墙结构形式现状良好。由于影响加筋结构稳定的因素很多,对多级挡墙、斜面墙结构的设计理论有待进一步完善,故本规范暂未将其列入。

8.1.4 墙面板承受侧压力,防止土颗粒外泄,对土工合成材料还应具有防止紫外线辐射功能,因此要求有一定的刚度和强度,还应满足美观、运输方便、易于安装等要求。国内外目前普遍采用钢筋混凝土面板,其平面形状多为十字形、矩形、六角形等,对包裹式加筋土墙可采用钢筋混凝土整板式墙面进行防护。

8.1.5 拉筋的材料性能在加筋土挡土墙中具有重要的作用,拉筋的长期强度和变形性能关系到挡土墙的稳定,耐久性关系到挡土墙的使用年限,因此选材是拉筋设计的主要环节。

为使拉筋在承受填土和压实施工中避免产生脆性断裂,因此拉筋必须具备一定的韧性和柔性。拉筋的抗拔力是依靠拉筋与填料的摩擦力,因此摩擦系数要求大。此外,拉筋不能有过大的蠕变,蠕变易使拉筋产生应力松弛,导致应力转移,促使墙面变形甚至破坏。因此,条文中对拉筋材料仅提出原则性要求,具体指标可参照有关应用技术规范或技术手册。

土工格栅是一种抗老化、抗蠕变、抗拉强度高、抗拉刚度大、施工简单、与填土共同作用效果好的拉筋材料，目前普遍采用的土工格栅主要为高密度聚乙烯土工格栅和双向经编高强度涤纶土工格栅。复合土工带是我国近年来开发的另一种拉筋材料，为合成塑料内嵌高强度钢丝的拉筋材料。

8.1.6　加筋土挡土墙的填料不仅影响土压力的大小，而且直接影响拉筋的摩擦力，因此宜用粗粒土填筑。块石不得用作填料的原因主要是填筑时易砸坏拉筋，而且由于块石与拉筋受力不均匀，影响拉筋应力，危及挡土墙的稳定性。另外，采用土工格栅拉筋时，为避免填料损伤拉筋，不得采用碎石土、角砾土。

目前国内在浸水地区应用加筋土工程的实例不多，因此本规范不建议在浸水地区应用加筋土挡土墙。需要在季节性浸水地区修建时，应遵循《铁路路基设计规范》(TB 10001)的规定，采用渗水性土作填料，其目的是为保证水位变化时水流在加筋体中便于排出，以达到忽略对加筋体动水压力的影响。

8.1.8　加筋土挡土墙与其他刚性挡土墙相比，更能适应软弱地基的变形。铁四院在广州枢纽软土地基上设计了高6.5 m的路肩式加筋土挡土墙，地基采用粉喷桩处理，在桩顶地面处铺设一层厚0.5 m的中粗砂垫层，目前效果良好。但是在软弱地基上修建加筋土挡土墙必须考虑软基沉降对加筋体中内部应力的影响，墙面板下基础与拉筋处地基的不均匀沉降将会使下层筋材拉力及墙面连接处连接件的应力显著增大。

8.1.9　杆架基础、沟槽、管线等结构物应尽量避免埋设在加筋体内。当必须设置时，局部拉筋被断开，这时必须采取有效措施，保证加筋土挡土墙及各种埋设物、杆架基础的稳定和安全。一般可在拉筋断开处设连接框架、加强拉筋或采用整体式基础等结构形式。

8.2.4　基底压应力的分布和基础与地基之间的相对刚度、荷载的大小与分布、地基土的种类与性质、基础的埋置深度及基底面积大小等因素都有直接的关系。加筋土挡土墙作为一种柔性整体结构，在外力作用下具有较好的变形协调能力，地基承载力验算中，基底压应力如按刚性挡土墙的梯形或三角形的分布形式进行计算，显然过于保守。如不考虑地基变形的影响，加筋体自重产生的基底应力分布与加筋体的形状相同，在墙后土压力、墙顶荷载外力作用下，在基底将产生一偏心作用，按 Meyerhoff 理论，可近似假定基底应力在偏心范围内$(B-2e)$均匀分布(见说明图 8.2.4)，这与株六复线、梅坎线等加筋土挡土墙的试验测试分析成果及英国、德国等国外的一些相关规范一致。

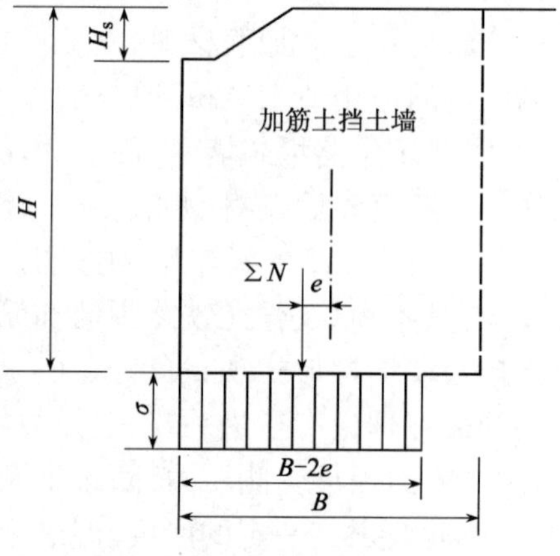

说明图 8.2.4　基底应力分布

采用主动土压力计算挡墙所受的土压力时，有时出现基底合力偏心距为负值的情况(特别是对斜面式挡墙)。实际工程中，当出现墙压土时，墙与填土之间应力调整，墙背所受土压力应比主动土压力大，这时可假定基底压应力均布在整个基底上，取$e=0$，即近似按$\sigma=\sum N/B$计算基底压应力。

在土质地基上，采用铁路上传统的地基容许承载力法控制加筋土挡土墙基底压应力时，设计墙高不大(一般不大于 8 m)。在工程试验中，测试基底垂直应力往往比设计容许承载力大,而状态稳定,未出现破坏迹象。国外一般采用极限承载力除以适当系数(1.35~2.0)来控制基底压应力,因此对加筋土挡土墙的承载力检算,有经验时可适当提高地基的控制承载力。

8.2.6 条文中式(8.2.6)是根据日本《加筋土挡土墙设计施工指南》(土木研究所编)的规定建立的,意为该等代均布土层厚度等于距面板背面0.5倍加筋体高度的水平距离的点上的加筋体上填土高度 H_z(说明图8.2.6)。

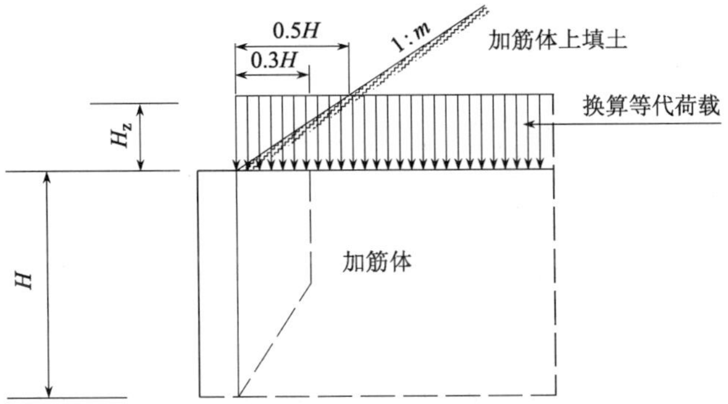

说明图8.2.6 加筋土上等代荷载计算图式

条文所以采用等代荷载,是为了适应本规范采用的计算筋带拉力的正应力均匀分布法(该法只允许均布荷载)。

应该注意的是,此项等代荷载只适用于内部稳定性分析,即拉筋断面与长度的计算。在外部稳定性验算时,加筋土上填土重力应按加筋体上填土断面计算。

8.2.7 确定拉筋有效长度与无效长度,实际是确定非锚固区和锚固区的分界线。条文称此线为0.3H分界线。此分界线实际上是将实测资料各层拉筋所受拉力的最大值(峰值)圆顺地连接起来而得到的所谓"潜在破裂面",其形状与法国有关加筋土设计规范所说的0.3H分界线接近。

8.2.8 作用于墙面板上的土压应力是作为拉筋强度、拉筋间距设计的主要依据,它包括面板后加筋体内填料产生的水平土压应力 σ_{h1i}、路基面上荷载产生的水平土压应力 σ_{h2i},对路堤墙尚有加筋体以上填料产生的水平土压应力 σ_{h3i}。

(1)由填料产生的水平土压力的计算方法是参照公路规范和国外规范并根据现场原型实测资料确定的。土压力系数以墙顶填土以下6.0 m深度处为分界线,6.0 m以内采用变量,其变化范围自静止土压力系数 λ_0 渐变至主动土压力系数 λ_a,6.0 m以下采用主动土压力系数 λ_a。土压力系数 λ_i 为深度 h_i 的连续函数。按此计算方法求得的土压力,沿墙高上部6.0 m内呈曲线分布,在该墙高段内的总土压力约为主动土压力的1.25倍,而6.0 m以下呈直线分布,即主动土压力。土压力的此种分布规律与现场试验实测结果是吻合的:挡土墙上部接近静止土压力,下部接近主动土压力。对路堤墙由填料产生的水平土压应力,可按式(说明8.2.8—1)进行计算。

(2)由荷载产生的水平土压力,对加筋土路肩墙按布辛涅斯克假定用条形荷载作用下土中应力公式计算,其值接近现场实测结果。

加筋土路堤墙中,由荷载产生的水平土压应力 σ_{h2i} 可按应力扩散法采用下式计算:

$$\sigma_{h2i}=\lambda_i\gamma h_0 l_0/L' \quad \text{(说明 8.2.8—1)}$$

式中　σ_{h2i}——荷载产生的水平土压应力(kPa)；

γ——加筋体上填土重度(kN/m^3)；

h_0——荷载换算土柱高(m)；

l_0——荷载换算宽度(m)；

L'——由荷载产生的土压力分布宽度(m)，如说明图 8.2.8 所示，当图中扩散线上的 A 点未进入非锚固区时，取 $\sigma_{h2i}=0$。

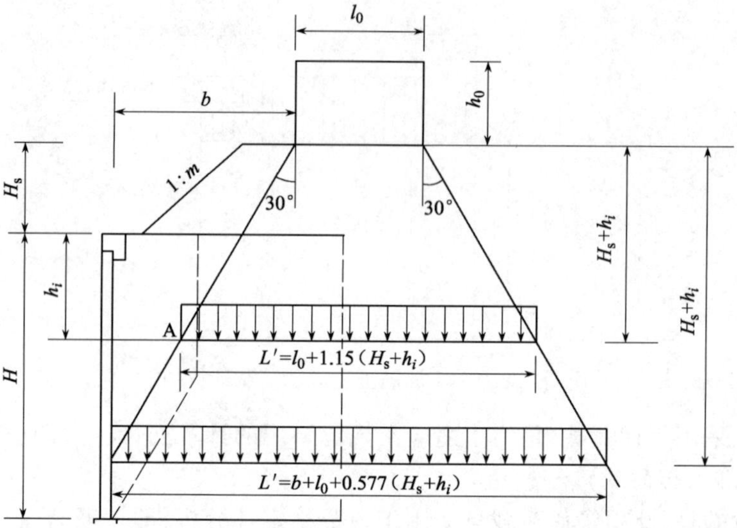

说明图 8.2.8　荷载产生的土压力分布

(3)路堤墙加筋体上填土产生的水平土压应力按下式计算：

$$\sigma_{h3i}=\lambda_i\gamma h_z \qquad (说明\ 8.2.8—2)$$

式中　σ_{h3i}——加筋体以上填土产生的水平土压应力(kPa)。

作用于墙面板的水平土压应力按下式计算：

$$\sigma_{hi}=\sigma_{h1i}+\sigma_{h2i}+\sigma_{h3i} \qquad (说明\ 8.2.8—3)$$

式中 σ_{h1i}按式(8.2.8—1)计算。

8.2.9　对于路肩墙无荷载作用时，计算拉筋所在位置的垂直压力为 γh_i。有荷载作用时，计算拉筋所在位置的垂直压力按式(8.2.9)计算。垂直压力 σ_{vi} 沿拉筋长度的分布是不同的，在实用时，可取线路中心线下、拉筋未端和墙背三点的应力平均值作为计算值，也可按 30°扩散角(如说明图 8.2.8)计算。

对路堤墙尚应包括加筋体以上填料产生的垂直应力，可按下式计算：

$$\sigma_{vi}=\gamma h_i+\gamma h_0 l_0/L'+\gamma h_z \qquad (说明\ 8.2.9)$$

当说明图 8.2.8 中锚固段上的点不在扩散区时，取 $\sigma_{vi}=\gamma h_i+\gamma_1 h_z$。

8.2.10　式(8.2.10)中拉筋拉力峰值附加系数 K 的规定是根据模型试验及现场实测资料确定的。实测结果表明，拉筋在无效区和有效区的分界面上的拉力为大于理论计算值的峰值，模型试验中这个峰值拉力较墙面处拉筋拉力大 1.05~1.40 倍，比该处计算值大 1.36~1.87 倍，而现场实测峰值与计算值之比最大达 2.70 倍，平均为 1.56 倍。据法国有关加筋土设计规范介绍，墙面板连接处的拉筋拉力相当于最大(峰值)拉力的 0.75 倍。因此，为了保证拉筋的安全，考虑峰值的影响，计算拉筋拉力时应乘以 1.5~2.0 的峰值附加系数。

土工合成材料的容许抗拉强度按现行《铁路路基土工合成材料应用设计规范》(TB 10118)的有关规定采用。有经验时,影响系数也可按各种影响条件分别采用。

如拉筋及连接件为金属构件,计算拉筋强度时应预留防锈蚀量,一般总厚度为 2 mm。

8.2.12 计算拉筋摩擦力不考虑拉筋侧面的摩擦力,偏于安全。摩擦系数 f 值不仅与拉筋表面的粗糙度和填料性质及颗粒大小有关,而且与填土压实度及填筑高度有关。根据模型试验和现场实测结果,f 值都大于 0.4,为安全起见,本条文采用 0.3~0.4。

8.2.13 规定拉筋的抗拔稳定系数是稳定安全系数,条文规定全墙取 2.0,单板不宜小于 2.0,条件困难时不宜小于 1.5。所谓条件困难是指下述情况等:如顶部拉筋由于上覆土压力较小,如果稳定系数亦取 2.0,拉筋则长。

此外,拉筋的抗拔稳定性检算尚须检算无荷载情况。由于荷载对顶部拉筋的影响大,有荷载时,侧压力大,竖向压力亦大,不一定是最不利的。无荷载时侧压力小,竖向力也相对小,即摩擦力小,此时可能是最不利的,因此要检算无荷载情况。

9.1.1 土钉墙是从隧道新奥法基础上发展起来的一门边坡支挡新技术,通过钢筋等高强度长条材料对原位岩土体进行加固,从而提高原位岩土体的“视凝聚力”及其强度,使被加固土体形成了性质与原来大为不同的复合材料“视重力式挡土墙”。目前土钉广泛应用于深基坑支护及边坡工程中,在侯月铁路膨胀岩(土)路堑边坡及南昆铁路软弱破碎岩质路堑高边坡中成功地进行了研究与应用。

不宜设置永久土钉墙的地段是指:

(1)标贯击数 $N<9$、相对密度 $D_r<0.3$ 的松散砂土;

(2)液性指数大于 0.5 的软塑、流塑黏性土;

(3)含有大量有机物或工业废料的低强度回填土、新填土及中强腐蚀性土;

(4)塑性指数大于 20 和液限大于 50% 且无侧限抗压强度小于 50 kPa 的黏性土。

在顺层及存在不利结构面的岩质边坡中不宜设置土钉墙,如设置土钉墙,必须沿层面或不利结构面进行整体抗滑、抗剪稳定性检算。

9.1.2 土钉墙在深基坑支护中应用高度一般小于12 m,但也有做到 15 m 高的。法国巴黎至布雷斯特铁路单级土钉墙高达21.6 m,南昆铁路 DK339 土钉墙试验工点为两级 21 m 高。因单级土钉墙比多级土钉墙承受的土压力大且土钉更长,故墙较高时,从经济及稳定方面考虑,一般采用两级或多级。

9.1.3 本条是从国内外一系列土钉墙应用情况总结得出的。土钉墙分层开挖的最大高度取决于岩(土)体的自稳能力。

9.2.2 土钉墙由于面板、土钉与边坡岩土相互作用,土压力的问题比较复杂,它与边坡岩土性质、注浆压力等许多因素有关。山西太原煤矿设计研究院通过土钉墙原位测试认为,土钉墙所承受的土压力无论分布情况还是值的大小与库仑土压力均有较大差别。王步云将其简化为说明图 9.2.2—1 中曲线 3 所示的形式。

铁二院在南昆铁路软弱破碎岩质深路堑高边坡工程试验中对土钉墙进行了专题研究。说明图 9.2.2—2 为南昆铁路 DK339 土钉墙试验段代表性断面图。试验工点地层为全风化(W_4)~强风化(W_3)的泥岩夹砂岩,岩层节理发育,风化破碎严重。设计土钉长 8 m,平台中部加长至 10 m,土钉间距 1 m。土钉墙实测土压力如说明图 9.2.2—3 所示,其分布呈中部大、上下小的趋势,但总的土压力与库仑土压力相接近。

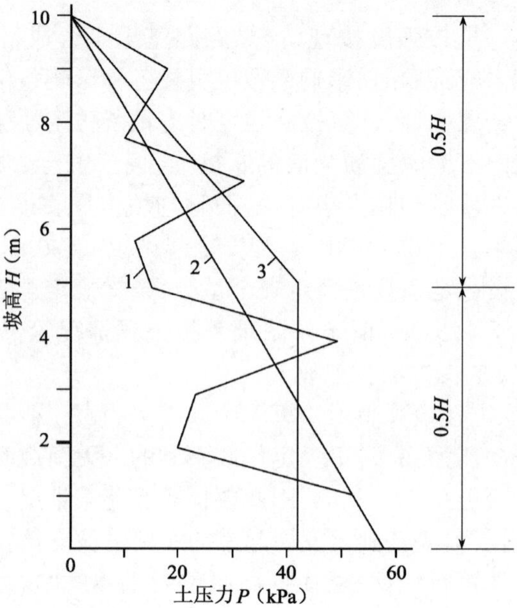

说明图 9.2.2—1　土钉面层土压力分布

1—实测土压力;2—主动土压力;3—简化土压力

喷层后土压力分布形态与最大轴力确定的土压力分布形态相近,但总的土压力仅为库仑主动土压力的30%~40%。

为简化设计,将土钉墙面板作为假想墙背,简化后的墙背土压力按式(9.2.2—1)及式(9.2.2—2)计算。此处作用于土钉墙面板上的设计土压力与土钉喷层后实际土压力是不同的。

说明图 9.2.2—2　南昆铁路试验段土钉墙代表性断面

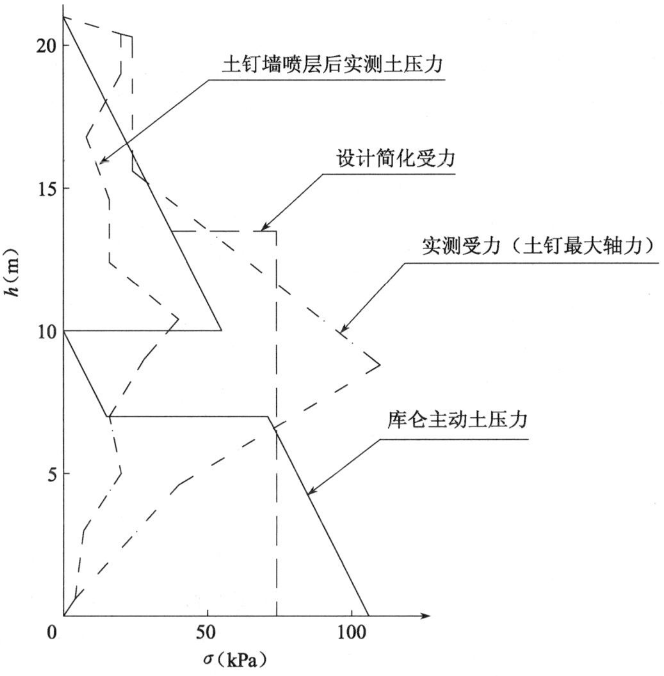

说明图 9.2.2—3　土钉墙沿墙高受力分布

9.2.4　土钉的有效锚固长度与无效长度是由加固岩土体潜在破裂面确定,根据实测资料将每层土钉最大轴力连线简化后所得,与 0.3H 法接近。

9.2.6　土钉的内部稳定检算包括钉材拉断检算及土钉拉拔检算,与本规范第 6.2.7 条锚杆挡墙的检算基本一致。

9.2.7　由于边坡土体开挖未设土钉时属危险阶段,因此土钉墙除考虑使用阶段的整体稳定检算外,还必须考虑施工阶段的稳定检算,但稳定系数取值略小一些。

9.2.8　土钉墙外部稳定性检算,是将土钉及其加固体视为重力式挡土墙,按重力式挡土墙的稳定性检算方法,进行抗倾覆稳定、抗滑稳定及基底承载力检算。土钉墙简化成挡土墙,其厚度一般按照土钉水平长度的 2/3~11/12 选取,如说明图 9.2.8—1 所示。

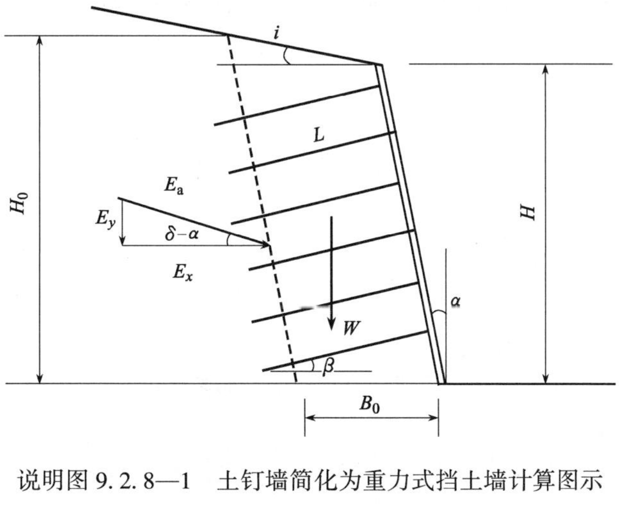

说明图 9.2.8—1　土钉墙简化为重力式挡土墙计算图示

对于土质边坡、碎石土状软岩边坡,还应进行圆弧稳定性检算。最危险滑弧面应通过土钉墙墙底,除下部少数土钉穿过圆弧外,大多数土钉均在圆弧以内。最危险圆弧面确定后,可用简单条分法进行稳定性计算(说明图 9.2.8—2),计算公式同式(9.2.7)。计算时,应计入穿过最危险圆弧面一定长度的土钉作用力。达不到要求时,宜加长土钉或适当设置锚索,以满足外部整体稳定要求。

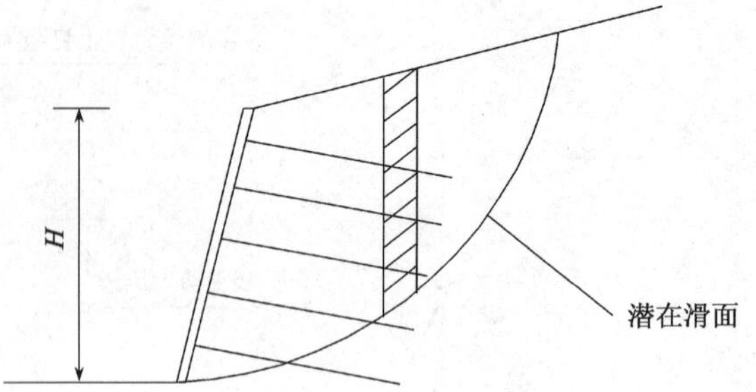

说明图 9.2.8—2　按圆弧面进行外部稳定计算图示

9.3.2　土钉墙实测受力为中部大、上下小,且中部呈现臌肚子特征。数值分析结果表明,土钉墙坡脚存在应力集中问题,故提出“保住中部、稳定坡脚”的设计施工原则,并强调边坡中部土钉宜适当加强。

10.1

本节适用于具有明显滑动面且滑动面以下为稳定地层的单排钢筋混凝土大截面埋式抗滑桩。当滑坡推力很大,设置单排抗滑桩不足以抵抗滑坡推力而必须设置第二排抗滑桩,或者有多层滑动面需分级设置抗滑桩时,可根据具体情况先确定每排抗滑桩所承受的滑坡推力,然后参照本规范有关规定进行设计。对于悬臂抗滑桩的设计,当地基系数为常数时(岩质地基),由于锚固段地基侧向抗力不受悬臂段岩体或土体的影响,故可按照本规范设计。抗滑桩这种结构除了稳定滑坡以外,还可以在高边坡开挖前作为预加固桩,两桩之间设桩间挡土墙或土钉墙;在顺层地段抵抗顺层下滑力,在软土地区作为侧向约束桩;也可以与其他构件配合使用,如桩板墙、桩基托梁等。两桩之间在能形成土拱的条件下,土拱的支撑力和桩侧摩擦力之和应大于一根桩所能承受的滑坡推力。根据《铁路工程可靠度设计统一标准》(GB 50216—94)中第 1.0.4 条的规定,铁路工程结构设计基准期宜为 50 年或 100 年,结合铁路混凝土结构耐久性设计的有关规定,本规范中抗滑桩的设计使用年限为 60 年。

10.2.3　滑坡推力的分布对抗滑桩的设计影响很大,由于影响因素很多,很难给出各类滑坡推力的分布图形。在计算滑坡推力时,通常假定滑坡体沿滑动面均匀下滑。当滑体为砾石类土或块石类土时,下滑力采用三角形分布;当滑体为黏性土时,采用矩形分布;介于两者之间时,采用梯形分布。此外,根据铁二院两种模拟滑体的抗滑桩模型试验结果,当滑体为松散介质时,下滑力的重心约在滑动面上桩长 1/4 处;当滑体为黏性土时,虽然比松散介质稍高,但也未超过滑动面以上桩长的 1/3。另外,从多次实验的结果可看出,滑体的完整性越好,其下滑力的重心越低。综上考虑,规定滑坡推力可采用三角形、梯形或矩形分布是安全可行的。

10.2.4　滑坡推力的计算方法是工程设计中的常用方法,其原理是通过加大自重产生的下滑力增加安全度。除此之外，还有一种计算方法，通过折减滑面的抗剪强度增大安全度，其物理力学意义比较明确，它反映了滑坡开始滑动时 c、ϕ 值降低的程度，但稳定分析时要用试算法确定安全系数，计算工作量较大。计算公式如下：

$$T_i = W_i \sin\alpha_i + \Psi' T_{i-1} - W_i \cos\alpha_i \frac{\tan\phi}{K} - \frac{c_i}{K} l_i \qquad \text{（说明 10.2.4—1）}$$

传递系数：

$$\Psi' = \cos(\alpha_{i-1} - \alpha_i) - \sin(\alpha_{i-1} - \alpha_1) \frac{\tan\phi_i}{K} \qquad \text{（说明 10.2.4—2）}$$

当 $K>1$ 时，比式（10.2.4—1）的计算结果小。当 $K=1$ 时，两种方法的计算结果一样。不管是用第一种方法还是用第二种方法计算都应注意，当滑面为折线时，相邻两滑段的 α_i-1 和 α_1 相差较大时，应在两坡段之间增加连接线段增加分块密度，才能得到比较准确的计算结果。

10.2.5 当抗滑桩受到滑坡推力的作用产生变形时，一部分滑坡推力通过桩体传给锚固段地层，另一部分传给桩前滑体。但是，桩前滑体本身的抗力与滑坡的性质和桩前滑体的大小等因素有关。试验表明，桩前滑体的体积愈大，抗剪强度愈高，滑动面愈平缓、愈粗糙，桩前滑体抗力愈大，反之愈小。另外，还与是否存在多层滑面有关。对某一定的滑坡，当抗滑桩受到滑坡推力的作用产生变形时，滑动面以上桩前滑体抗力大于桩体所能提供的极限抗力时，桩前滑体将产生隆起破坏，（如狮子山 2 号抗滑桩破坏试验），或沿桩前滑体中某一薄弱面产生剪切破坏（如大海哨抗滑桩破坏试验）。

10.2.6 作用在抗滑桩上的滑坡推力和桩前滑体抗力，由设计滑坡推力曲线确定。若抗滑桩设在图 10.2.6 中滑坡的第四分块末端，该处设计滑坡推力曲线的竖直高度 T，即为作用于桩上的滑坡推力。极限平衡时滑坡推力曲线的竖直高度 P，即为作桩前滑体抗力。

抗滑桩破坏试验和模型试验表明，虽然各次试验所得的桩前滑体抗力的分布图形不完全相同，但基本呈抛物线分布，抗力的最大值出现在滑体的中部，靠近滑动面处的抗力较小。当滑体为黏性土时，由于黏聚力的影响，顶部抗力较滑体为松散介质时大，合力重心也较高。

说明表 10.2.6—1 为数根抗滑桩破坏试验和室内模型试验滑体抗力的统计资料。从表中不难看出，桩前滑体的重心一般比滑坡推力的重心高 15%～20%。

说明表 10.2.6—1　下滑力和桩前重心高度汇总

项目 \ 名称		狮子山 2 号试验	大海哨 试验	滑体为石英砂模型试验（铁二院）	滑体为砂黏土模型试验（铁二院）	连续抗滑墙模型试验（西南交大）	单排抗滑桩模型试验（西南交大）
下滑力重心高度		$0.5h_1$ *	$0.5h_1$ *	$(0.255\sim0.268)h_1$	$(0.261\sim0.262)h_1$	$0.5h_1$ *	$(0.410\sim0.490)h_1$
桩前滑体抗力重心高度	实测	$(0.614\sim0.664)h_1$	—	$(0.420\sim0.446)h_1$	$(0.603\sim0.900)h_1$	$(0.530\sim0.550)h_1$	$(0.410\sim0.600)h_1$
	计算	$(0.577\sim0.590)h_1$	$(0.542\sim0.590)h_1$	—	—	—	—

注：表中有 * 号者表示以千斤顶和杠杆施加的外荷载。

本条文未规定桩前滑体抗力的分布图形，设计时可根据实际情况，采用与滑坡推力相同的分布图形或抛物线分布图形。

当桩前滑体抗力采用抛物线分布时，可将抗力图形简化为一个三角形和一个倒梯形，见说明图 10.2.6。

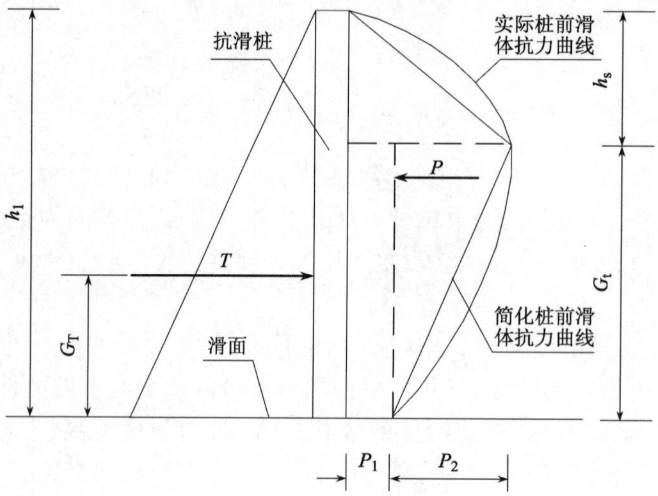

说明图 10.2.6　滑体抗力分布图形

图中 h_s 为最大应力处距桩顶的高度，它随滑体黏聚力的增大而减小。根据试验，h_s 一般等于滑动面以上桩长的 1/4～1/3。该值对计算影响不大，计算时可采用说明表 10.2.6—2 给出的数值。p_1 和 p_2 根据简化后滑动面处弯矩和剪力相等的原理确定，即

$$P_1=\frac{2P(2-h_s/h_1-3\eta_p)}{h_1-h_s} \qquad \text{（说明 10.2.6—1）}$$

$$P_2=\frac{2P[3h_s/h_1-(h_s/h_1)^2-3+3\eta_p(2-h_s/h_1)]}{h_1-h_s} \qquad \text{（说明 10.2.6—2）}$$

式中　P——桩前滑体抗力(kN/m)；

η_p——桩前滑体抗力的合力重心至滑动面距离与滑动面以上桩长之比，该值可较滑坡推力的重心高 10%～15%；

h_1——滑动面以上的桩长(m)。

说明表 10.2.6—2　最大应力处距桩顶高度 h_s 参考值

滑坡推力图形	G_T/h_1	h_s
三角形分布	1/3	$h_1/2$
梯形分布	1/3～1/2	$h_1/2$～$h_1/5$
矩形分布	1/2	$h_1/5$

10.2.7　在计算滑动面以上的桩身内力时，对桩前滑体抗力的分布图形未作具体规定，可采用与下滑力相同的分布图形，也可采用如说明图 10.2.6 中的抛物线分布图形。当采用与下滑力相同的分布图形时，桩身内力可根据一般结构力学公式直接计算；当采用抛物线的分布图形时，应当首先确定桩前滑体抗力合力的重心高度，按式(说明 10.2.6—1)及式(说明 10.2.6—2)计算 P_1 和 P_2，然后按下式计算桩身内力：

当 $y \leqslant h_s$ 时

$$Q_y = T_1 y + 0.5 T_2 y^2 / h_1 - 0.5(P_1 + P_2) y^2 / h_s \quad (说明 10.2.7—1)$$

$$M_y = 0.5 T_1 y^2 + T_2 y^3 / 6h_1 - (P_1 + P_2) y^3 / 6h_s \quad (说明 10.2.7—2)$$

当 $y > h_s$ 时

$$Q_y = T_1 y + 0.5 T_2 y^2 / h_1 - 0.5(P_1 + P_2) h_s - P_1(y - h_s) - P_2(y - h_s) + 0.5 P_2 (y - h_s)^2 / (h_1 - h_s) \quad (说明 10.2.7—3)$$

$$M_y = 0.5 T_1 y^2 + T_2 y^3 / 6h_1 - 0.5(P_1 + P_2) h_s (y - 2h_s/3) - 0.5 P_1 (y - h_s)^2 - 0.5 P_2 (y - h_s)^2 + P_2 (y - h_s)^3 / 6(h_1 - h_s) \quad (说明 10.2.7—4)$$

式中 Q_y——滑动面以上桩身任意计算点的剪力(kN);

M_y——滑动面以上桩身任意计算点的弯矩(kN · m);

y——滑动面以上桩顶至任意计算点的距离(m);

其余符号意义同前。

在计算滑动面以下桩身内力和变位时,按弹性地基梁计算,并应根据地基系数的分布情况选用相应的计算方法。当地基系数为三角形分布时,应采用“m”法;当地基系数为常数 K 时,应采用“K”法。

10.2.9 桩底支承一般采用自由端或铰支端是由于:

(1)根据抗滑桩破坏试验和室内模型试验,当锚固段为松散介质或较完整的基岩时,地层抗力均成两个对顶的三角形,桩底弯矩为零,桩底支承条件符合自由端。进一步的试算表明,在狮子山2号试桩锚固段地基系数取$0.3×10^6$ kPa/m,在大海哨试桩锚固段地基系数取$0.2×10^6$ kPa/m,柱底支承条件按自由端考虑时,桩身变位和弯矩的计算值与实测值基本吻合,证明桩底支承条件按自由端考虑是符合实际的。

(2)当锚固段上部为土层,桩底嵌入一定深度的较完整基岩时,此情况与桩下部嵌入一定深度的完整基岩时相类似。但考虑到目前这种边介条件的实测资料较少和过去的计算习惯,保留了桩底为铰支端的支承条件,可按两种桩底支承条件中的任何一种情况计算。当采用自由端时,各层的地基系数必须根据具体情况选用;当采用铰支端计算时,应把计算“铰支点”选在嵌入段基岩的顶面,并根据嵌入段的地层反力计算嵌入段的深度。

10.2.10 对于较完整的岩质岩层及半岩质岩层的地基,桩身作用于围岩的侧向压应力,一般不应大于容许强度。桩周围岩的侧向允许抗压强度,必要时可直接在现场试验取得,一般按岩石的完整程度、层理或片理产状、层间的胶结物与胶结程度、节理裂隙的密度和充填物、各种构造裂面的性质和产状及其贯通程度等情况,分别采用垂直允许抗压强度的0.5~1.0倍。当围岩为密实土或砂层时,其值为0.5倍,较完整的半岩质岩层为0.60~0.75倍,块状或厚层少裂隙的岩层为0.75~1.0倍。对于一般土层或风化成土、砂砾状的岩层地基,抗滑桩在侧向荷载作用下发生转动变位时,桩前的土体产生被动土压力,而在桩后的土体产生主动土压力。桩身对地基土体的侧向压应力一般不应大于被动土压力与主动土压力之差。在工程设计中,要使锚固段完全满足要求,有时会很困难,所以根据多年的工程经验,满足滑动面以下深度 $h_2/3$ 和 h_2(滑动面以下桩长)处的横向压应力应小于或等于被动土压力与主动土压力之差即可。此时滑动面以下 $h_2/3$ 深度范围内进入塑性区。

10.2.12　抗滑桩属于地下结构，它的受力情况不同于桥涵结构，桥涵有频繁的反复动荷载影响，而抗滑桩不仅不承受动荷载，有的甚至远离路基，因此其结构计算按极限状态法较切合实际，从而达到节约钢材的目的。一般地区抗滑桩结构设计的荷载分项系数采用《建筑地基基础设计规范》(GB 50007—2002)的综合荷载系数1.35，即《建筑结构荷载规范》(GB 50009—2001)中按永久荷载效应控制时的情况。

10.2.13　抗滑桩一般允许有较大的变形。桩身裂缝超过允许值后，由于其保护层较厚，虽然裂缝宽度的计算值较大，但较大的混凝土保护层厚度对防止钢筋锈蚀是有利的，这一点在目前的计算公式中没有反映出来，且钢筋局部锈蚀对桩的强度不会有很大影响，因此本条允许一般情况下不作桩的抗裂和挠度等检算。但处于比较严重的腐蚀性环境中时，如果对裂缝开展宽度不控制，将无法满足耐久性的要求。如果严格按照其他结构的要求来控制最大裂缝宽度，钢筋增加数量太大。根据以往设置抗滑桩的实践经验，对裂缝宽度的允许值可作适当的放大，并辅以适当的防腐附加措施。腐蚀环境下的防腐附加措施的解释详见第5.3.8条的条文说明。

10.3.1　根据《混凝土结构设计规范》(GB 50010—2002)第3.4节的规定，在二类环境中的情况b和三类环境中，设计使用年限为50年的最低混凝土强度等级为C30。综合考虑过去抗滑桩的使用情况和现在混凝土结构为满足耐久性要求，其强度等级向高等级发展，本条规定混凝土的强度等级不宜低于C30。

10.3.3～10.3.7　抗滑桩为大截面的地下钢筋混凝土构件，不论是采用的建筑材料还是施工方法，均与一般钢筋混凝土构件有所不同。因此，在多年生产实践的基础上，参照《混凝土结构设计规范》(GB 50010—2002)和《铁路桥涵地基与基础设计规范》(TB 10002.3—99)，在构造细节上作了一些具体的规定，如：

(1)参照《铁路桥涵地基和基础设计规范》对钻(挖)孔桩的要求，规定抗滑桩纵向受力钢筋的直径不小于16 mm，净距不宜小于12 cm，困难情况下不得小于8 cm。

(2)《混凝土结构设计规范》(GB 50010—2002)中规定，结构的基础部分，钢筋的净保护层厚度不应小于7 cm。当柱子各边纵向受力钢筋多于3根时，应放置附加钢筋；考虑到抗滑桩为地下结构，桩身一般在十几米以上，工人必须在坑内上下作业，不宜设置过多的箍筋肢数，因此，规定不宜采用多于4肢的封闭箍筋，并允许箍筋在一行上所箍的受拉筋不受限制。箍筋的间距不应大于40 cm。

(3)为使钢筋骨架有足够的刚度和便于人工作业，对箍筋、架立筋和纵向分布钢筋的最小直径作了一定限制。

(4)为使桩截面的四周形成钢筋网，以提高混凝土抗剪能力，本条文对箍筋和纵向分布钢筋的最大间距作了一定的限制。

11.1.1　在抗滑桩出现以后不久，桩板式挡土墙也就跟着出现了。20世纪70年代初在枝柳线上首先将桩板式挡墙应用在路堑中，接着在南昆等线上应用到路堤中，由于经验的不断积累，这项技术已日臻成熟，因此在1992年和1993年已经分别出现了路堑式、路肩式桩板挡土墙的通用图。多年来的实践证明，桩板式挡土墙是一种较好的支挡形式。根据《铁路工程可靠度设计统一标准》(GB 50216—94)中第1.0.4条的规定，铁路工程结构设计基准期宜为50年或100年，结合铁路混凝土结构耐久性设计的有关规定，本规范中的桩板式挡土墙的设计使用年限为60年。

11.1.2　前几年曾修建了一些较高的桩板式挡墙，桩的自由悬臂长度达到或超过15 m，但有的在施工过程中发生桩的位移过大甚至桩折断事故，如京九线赣龙段某路堑桩板式挡土墙，最大的悬臂长达到 18 m，当路基开挖到路基面以后不久即发生桩断墙倒的事故。事故原因故然很多，但与悬臂太长、岩体压力增长过大有很大关系，从安全的角度出发，适当控制悬臂的长度以及桩顶位移是很有必要的。

11.1.4 锚固桩的刚度与锚索（杆）刚度相差很大，在锚索（杆）桩的设计中，锚索（杆）的变形量对桩的内力影响很显著，所以一定要控制锚索（杆）伸缩量，使之与桩的变形协调，不然会使桩实际承受的内力与设计值相差过大，而且有可能出现相反的值，即计算出现负弯矩的部位发生正弯矩，或者反过来，计算正弯矩的截面实际上却是负弯矩。

11.2.2 南昆线某桩板墙工点实测表明，轨道及列车荷载引起的土压力影响范围主要集中分布在路基面以下一定深度，并随深度衰减较快，与采用弹性理论计算的应力分布基本上是一致的。

11.2.3 桩板式挡土墙的桩间净距 L_n 一般为 2 m~4 m，而墙高 h（自路基面算起）通常不会低于 5 m，高的可以达到 15 m，桩间墙的长高比 $L_n/h<0.8$。前苏联学者克列因早年根据模型试验的结果提出当 $L_n/h<0.8$ 时，土压力可以乘 0.7~0.8 的折减系数，铁二院通过模型试验也有类似的结论，故在桩板墙的设计中，多采用0.7~0.8 的折减系数。实践证明这样做是可行的，没有因此而出现任何不稳定迹象。

11.2.6 地基系数 K 和 m 是根据地面处桩位移值为 6~10 mm 时得出来的。试验资料证明，桩的变形和地基抗力不成线性关系，而是非线性的，变形愈大，地基系数愈小，所以当地面处桩的水平位移超过 10 mm 时，常规地基系数便不能采用，必须进行折减，折减以后地基系数变小，得出桩的变形更大，形成恶性循环，故通常采用增加桩截面或加大埋深来防止地面处桩水平位移过大。

11.2.7 设置于路堤（肩）的锚索（杆）桩防止由于填料下沉而使锚索（杆）产生次应力是十分重要的。从理论上说，只要很小一个荷载竖向压在锚索（杆）上，在其上产生的拉力就是无穷大，因此要力求避免填料压在锚索（杆）上。

11.2.8 桩板墙以前按《混凝土结构设计规范》（GBJ 10—89）进行结构设计，本规范采用《混凝土结构设计规范》（GB 50010—2002），在没有更多的研究成果的条件下，采用钢筋截面面积不变的原则，反算相应的荷载分项系数 a_p。以往按《钢筋混凝土结构设计规范》（TJ 10—74）的规定计算时，桩受弯基本安全系数为 1.4。反算时针对不同的荷载分布（矩形分布和三角形分布）、不同的桩长和截面以及不同的钢筋设计强度的取值标准，按《混凝土结构设计规范》（GB 50010—2002）进行了 246 根桩的检算，荷载效应分项系数在 1.30~1.35 之间，与抗滑桩的荷载分项系数接近。考虑到桩板墙为悬臂桩，悬臂一般较长，设计时未考虑悬臂段自重，且离线路近，经过综合分析，对于桩的荷载效应分项系数取 1.35~1.50，挡土板荷载效应分项系数取 1.35。

12.1.1 预应力锚索广泛应用于岩锚和土锚，土锚地层主要为砂土层。为确保锚索工程安全可靠，本规范限制了预应力锚索的使用范围，即锚索锚固段置于岩层内（说明图 12.1.1）。锚固段若置于土层中，则必须进行拉拔试验并进行个别设计。

对于预应力锚索，其寿命主要受腐蚀控制。因此，在腐蚀性地层中不宜设置永久性锚索。从地层腐蚀性角度出发，国际预应力协会（FIP1990）规定，在下列地层中不宜设置永久性锚索：

（1）地下水 pH 值小于 6.5 的地层；

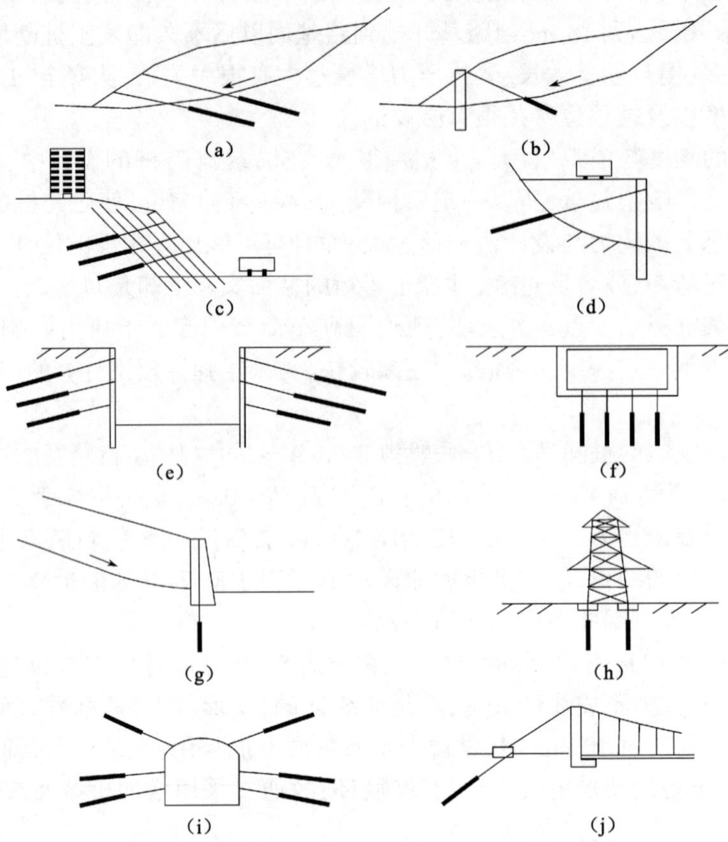

说明图 12.1.1　预应力锚索应用示意

(2)地下水 CaO 的含量大于 30 mg/L 的地层；

(3)CO_2 含量大于 15 mg/L 的地层；

(4)NH_4^+ 含量大于 15 mg/L 的地层；

(5)Mg^{2+} 含量大于 100 mg/L 的地层；

(6)SO_4^{2-} 含量大于 200 mg/L 的地层。

当受条件限制不能避开弱中腐蚀性地层时，应对锚固段采取特别防腐措施。由于压力分散型锚索可形成双层防腐，同时灌浆体受压不易开裂，具有较好的耐久性，因而具有较强的抗腐蚀性能力。

预应力锚索加固技术几乎涉及土木建筑工程的各个领域，广泛应用于边坡、基坑、地下工程、坝基、码头、海岸、船坞等的加固、支挡、抗浮抗倾。

12.1.3　预应力锚索采用高强度、低松弛钢绞线，是提高单孔承载能力的主要手段，故本章只引用了预应力钢绞线的国家标准，未包括其他钢种或未编入国家标准的预应力钢绞线。附录 C 表 C.0.3 只给出了强度级别为 1860MPa 的预应力钢绞线规格，其他级别钢绞线可参照国标《预应力混凝土用钢绞线》(GB 5224—2003)执行，设计时应说明所采用钢绞线的强度级别。

12.1.4　本条规定与国外对防腐蚀涂料的物理力学要求基本一致。

12.2.1　进行锚固设计时，应根据建筑物特点、周围环境、地质条件等，选取主要的荷载作为设计荷载。

12.2.2~12.2.3 由于滑坡推力计算时已考虑1.05~1.25的安全系数，因此预应力锚索用于整治滑坡时，下滑力可作为计算荷载。锚索用于支挡工程或边坡加固只承受侧向土压力时，通过大量测试，表明锚索结构承受比主动土压力更大的侧向压力，计算荷载可按主动土压力的1.2~1.4倍计算。

12.2.4 根据国内外大量统计资料，锚索设计强度一般采用材料保证强度的60%左右。如漫湾等13个水电站锚索工程，锚索设计强度取值是锚索材料强度的0.55~0.65倍，平均为0.62倍，超张拉时是0.66~0.75倍，平均为0.705倍。南昆铁路预应力锚索设计强度取值是锚索材料强度的0.58倍。表12.2.4的要求与日本"VSL锚固施工法设计施工规范"一致。式(12.2.4—2)中安全系数 F_{s1} 一般可选用1.7~2.0，高腐蚀地层的永久性锚索可选用 $F_{s1}=2.0\sim2.2$。

从施工工艺考虑，锚索设置方向以水平线向下倾为宜，多采用15°~30°。通过技术经济综合分析，按单位长度锚索提供抗滑增量最大时的锚索下倾角可参照下式计算：

$$\beta=\frac{45^\circ}{A+1}+\frac{2A+1}{2(A+1)}\phi-\alpha$$

式中 A——锚索的锚固段长度与自由段长度之比；

ϕ,α——设锚索段滑动面的内摩擦角和滑动面倾角。

对于土质边坡和松散破碎的岩质边坡，在外力长期作用下存在一定的压缩变形，坡面锚索预应力在滑动面上产生的法向正应力将产生一定的损耗。因此，在采用锚索墩、锚索地梁、格子梁加固土质边坡和松散破碎的岩质边坡时，应对锚索在滑动面上产生的法向力进行折减。

预应力锚索是群锚机制，锚索的间距不宜过大。但锚索间距太小时，受群锚效应的影响，单根锚索承载力降低，故间距又不能太小。根据通常设计和张拉试验观察，间距小于1.2 m时，应考虑锚孔孔周岩土松弛区的影响，因此规定锚索间距宜大于1.5 m或5倍孔径。根据经验，一般采用3~6 m。

12.2.5 锚索的锚固段长度通常在4~10 m间选取，且要求锚固段必须位于良好的地基之中，这是通过大量的数值分析及试验研究后所确定的。锚索锚固段破坏通常是从靠近自由段处开始，灌浆材料与地基间的粘结力逐渐被剪切破坏，即使增加锚固段长度，也不可能提高锚固效果，并非锚固段越长越好。但锚固段太短时，由于实际施工期间锚固地基的局部强度降低，使锚固危险性增大。因此，在设计中一般按4~10 m选取。当锚固段计算长度超过10 m时，通常采用加大孔径或减小锚索间距或增加锚索孔数等来调整。

12.2.6 自由段的长度包括对张拉锚索施加预应力而产生的伸长部分，通常将锚索自由段伸入滑动面(或潜在破裂面)以下不小于1 m。自由段短的锚索，相同的锚固荷载下的伸长也短，随着锚固段的地基蠕变变形，其锚固力减少的比例也大，应力松弛更加明显。一般规定，自由段长度不小于3 m~5 m。

12.3.1 预应力锚索结构如说明图12.3.1—1和说明图12.3.1—2所示。

12.3.8 采用分次逐级张拉，可使锚索逐步受力，均匀受荷，同时可减少地层徐变引起的预应力损失。当单孔锚索束数较少时，锚索张拉可采用整体张拉，但必须分次逐级进行；当单孔锚索束数较多时，可采用分次单根—对称—分级循环张拉，其循环次数不宜少于4次。预应力锚索应设置一定数量的测力计，以掌握锚索应力变化情况。测力计设置数量

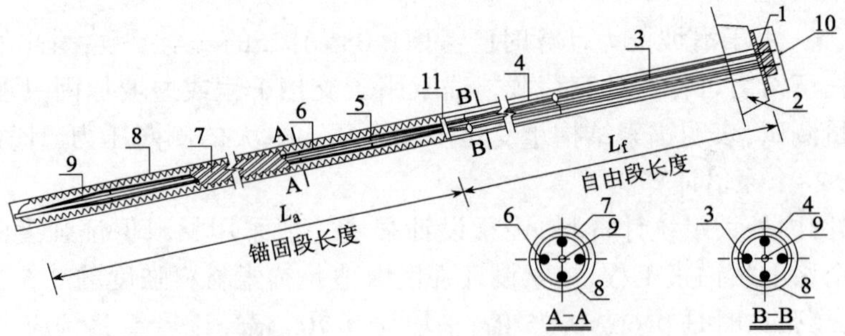

说明图 12.3.1—1　永久性拉力型锚索

1—锚具;2—垫座;3—涂塑钢绞线;4—光滑套管;5—隔离架;
6—无包裹绞线;7—波形套管;8—钻孔;10—保护罩;
11—光滑套管与波形套管搭接处(长度不小于 200 mm)

一般不少于该工点锚索孔数的 5%,每工点不少于 2 孔。

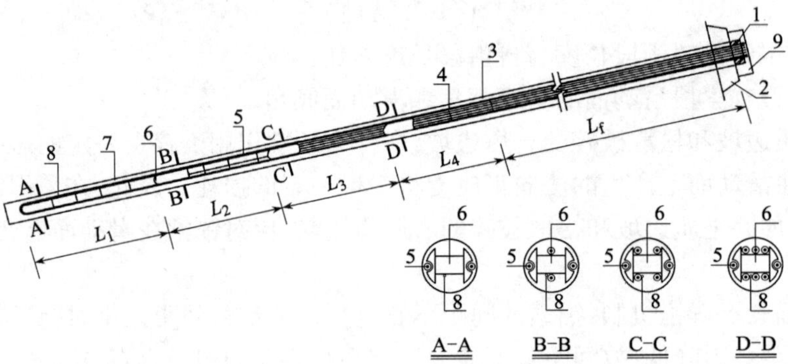

说明图 12.3.1—2　永久性压力分散型锚索

1—锚具;2—垫座;3—钻孔;4—隔离环;5—无粘结构钢绞线;6—承载体;
7—水泥浆体;8—注浆管;9—保护罩 L_1、L_2、L_3、L_4—1、2、3、4 单元锚索的
锚固段长度;L_f—单元锚索的自由段长度

12.3.11　预应力锚索锚固试验可分为破坏性试验(拉拔试验)和非破坏性试验(张拉试验)。破坏性试验可选择与加固工程地质条件相似的现场进行,不得在实际锚固工程部位进行,其主要目的是确定锚索可能承受的最大张力、锚固工程的安全及所采用参数是否正确。非破坏性试验一般都在有代表性的工作锚索中进行,其目的是验证设计的合理性和安全性,同时检查和控制施工质量的技术要求是否合适。

本次印刷已根据铁道部铁建设〔2009〕22 号《关于发布〈铁路桥涵钢筋混凝土和预应力混凝土结构设计规范〉等三项标准局部修订条文的通知》作了修改。

中华人民共和国行业标准

铁建设〔2009〕172号

铁路边坡防护及防排水工程设计补充规定

2009-09-21 发布　　**2009-09-21 实施**

中华人民共和国铁道部　发布

关于发布《铁路边坡防护及防排水工程设计补充规定》等3项标准的通知

铁建设〔2009〕172号

现发布《铁路边坡防护及防排水工程设计补充规定》、《铁路边坡防护及防排水工程施工质量验收补充规定》、《铁路边坡防护及防排水工程管理补充规定》等3项标准(以上3项标准均另发单行本),自发布之日起施行,现行铁路工程建设标准及管理办法与以上3项标准相悖者,以本次发布的3项标准为准。

以上3项标准由铁道部建设管理司负责解释,由铁路工程技术标准所、中国铁道出版社组织出版发行。

中华人民共和国铁道部

二○○九年九月二十一日

前　言

为进一步改进和提高铁路边坡防护及防排水工程的设计质量,确保铁路工程建设质量及运营安全,特编制《铁路边坡防护及防排水工程设计补充规定》(以下简称补充规定)。

本补充规定共6章37条,内容包括总则、基本规定、路基、桥涵、隧道、取弃土场,另有1个附录。

本补充规定主要针对目前铁路边坡防护及防排水工程设计存在的问题,重点补充了以下规定:

1. 明确了铁路边坡防护及防排水工程应按结构物进行系统设计。
2. 明确了合理确定工程类型的原则。
3. 规定了客运专线及时速200 km客货共线Ⅰ级铁路路基边坡高度。
4. 规定了隧道设计应遵循"早进晚出"的原则。
5. 强调了边坡防护及防排水工程细节处理要求。
6. 取消了使用浆砌片石的有关规定。
7. 补充了特殊岩土、不良地质条件下边坡防护及防排水工程设计的规定。
8. 补充了弃土场设计有关规定。

在执行本标准过程中,希望各单位结合工程实践,认真总结经验,积累资料。如发现需要修改和补充之处,请及时将意见及有关资料寄中铁二院工程集团有限责任公司技术中心(四川省成都市通锦路3号,邮政编码:610031),并抄送铁道部经济规划研究院(北京市海淀区羊坊店路甲8号,邮政编码:100038),供今后修订时参考。

本补充规定由铁道部建设管理司负责解释。

主编单位:中铁二院工程集团有限责任公司。

参编单位:中铁二局集团有限公司。

主要起草人:魏永幸、李安洪、胡　建、李正祥、高柏松、刘　鹏、李　雄、包维民、要美芬、张正强、王立新、李文戈。

目　次

1 总　　则

第一条　为进一步改进和提高铁路边坡防护及防排水工程的设计质量,确保铁路工程建设质量及运营安全,制定本补充规定。

第二条　本补充规定适用于新建铁路路基、桥涵、隧道、站场等边坡防护及防排水工程设计。

第三条　铁路边坡防护及防排水工程应按结构物进行系统设计,其功能应满足铁路工程运营安全的要求。

第四条　设计单位必须严格执行国家和铁道部现行有关管理办法、技术标准及本补充规定。

2 基 本 规 定

第五条　铁路选线和总体设计应从系统工程角度统筹考虑边坡防护及防排水工程，优化线路平、纵断面，做好工程方案比较，合理确定工程类型。

第六条　路基工程应避免高填、深挖和长路堑，特殊岩土、不良地质区段应严格控制路基填挖高度。客运专线及时速200 km客货共线Ⅰ级铁路，平原地区路堤高度不宜超过6 m；山区地质条件良好地段路堤边坡高度不应超过12 m，膨胀土、湿陷性黄土等特殊岩土及岩溶发育区等不良地质区段不应超过8 m。路堑边坡高度在土质及风化破碎软质岩地段不应超过15 m，硬质岩石地段不应超过30 m，中~强膨胀岩土地段不应超过10 m。

第七条　桥涵布置应满足铁路排水系统设置的需要，同时应保证自然水系的通畅。

第八条　隧道设计应遵循“早进晚出”、“无仰坡”进出洞的原则。相邻隧道洞口间距小于30 m时，宜采用明洞连接，以提高列车运营的安全性和舒适度。

第九条　路基、桥梁、隧道洞口应避免通过危岩落石发育区，无法避免时应设置明洞、棚洞，同时采取清除、加固、拦截、遮蔽等综合整治措施。

第十条　两桥之间距离小于150 m且为路堑时，应根据地层条件综合分析选用桩板等结构进行处理。

第十一条　复杂地形地貌、地质不良条件下的深切冲沟地段，线路宜以桥梁方式通过。

第十二条　取弃土场应进行设计，取弃土场设计必须符合水保、环保的要求，并不得影响邻近建注物的安全。

第十三条　边坡防护及防排水工程设计应符合以下规定：

1　边坡防护结构设计使用年限应为60年。

2　排水设施结构设计使用年限应为30年。

3　设计应确保排水设施系统性和完整性。

4　进行基础、防渗及末端设计。

5　边坡防护及防排水工程设计图纸应符合附录要求。

第十四条　客运专线及时速200 km客货共线Ⅰ级铁路路基排水设施设计降雨重现期应按50年标准采用。

第十五条　客运专线及时速200 km客货共线Ⅰ级铁路的侧沟、天沟、排水沟应采用混凝土浇筑或预制拼装，不得采用浆砌片石。侧沟、天沟、排水沟应进行基础、接缝和防渗设计。

第十六条　混凝土预制构件应工厂化生产。水泥砂浆或混凝土必须采用砂浆或混凝土搅拌机进行生产。

第十七条　电缆槽及排水沟盖板应优先采用活性粉末混凝土（RPC）等强度较高的材料。

3 路 基

3.1 挡 土 墙

第十八条 挡土墙设计应进行反滤层、泄水孔、隔水层、伸缩缝等构造设计。

第十九条 挡土墙反滤层设计应符合下列要求：

1 反滤层结构形式及材料应结合墙背填料和岩土性质合理选用，宜采用袋装砂夹卵砾石或土工合成材料。

2 泄水孔应按上下左右间隔 2 m~3 m 交错布置，墙背易积水处及反滤层最低处必须设置。泄水孔可采用 PVC 管材预埋，其向外的排水坡度不应小于4%，进水口应采用透水土工布包裹。最低一排泄水孔应设于反滤层底部。

3 反滤层最低处应设置隔水层。隔水层宜采用混凝土与挡土墙墙身同时浇筑。

第二十条 伸缩缝应沿挡土墙纵向每隔 10~20 m 或在与其他建筑物相接处设置，基底的地层变化处应设置沉降缝。

3.2 边 坡 防 护

第二十一条 边坡防护设计不得采用全坡面混凝土或浆砌片石防护。

第二十二条 边坡防护设计应在查明边坡的工程地质、坡体结构、水文、气象条件的基础上，结合区域工程经验，合理选择防护形式及设计参数。

1 路堤及土质和风化软质岩路堑边坡应采用工程防护与植被防护相结合的形式（宜选用带截水缘骨架或锚杆（索）框架梁内植被护坡）。

2 地下水发育地段的路堑边坡应增设支撑渗沟、仰斜排水孔等排除地下水的措施。

3 膨胀土路堑边坡应采取“缓边坡、宽平台、加固坡脚、加强坡面防护和排水”的综合防护措施，坡面防护宜选用支撑渗沟及带截水缘的骨架护坡，骨架内种植植物。

4 黄土路堑边坡应采取“加固坡脚、加强坡面防护和排水”的综合防护措施，坡面防护宜选用带截水缘骨架护坡，骨架内种植植物。

第二十三条 客运专线铁路的护坡骨架应采用混凝土浇注或预制混凝土构件拼装。护坡骨架必须嵌入坡面，确保坡面排水畅通。

第二十四条 土质和软质岩边坡的框架梁必须嵌入坡面，确保坡面排水畅通；框架梁应设带截水缘的镶边并一体浇注。

3.3 防排水系统

第二十五条 排水设施应系统完整、排水通畅，排水系统径路区域地基应保证长期稳定。排水设施设计应符合下列要求：

1　侧沟、天沟、排水沟的纵向排水坡度不应小于 2‰。单面排水坡段长度不宜大于 400 m，必要时应增设横向排水设施引入自然沟渠或涵洞，不得直接排入农田。湿陷性黄土地区的路基排水设施或自然坡排水集水区应远离路基坡脚。

2　膨胀土、湿陷性黄土、砂性土、戈壁碎石土等易冲刷地区排水设施设计应考虑集中水流冲刷对局部微地貌改造以及淤积的影响，采用设计径流量的 1.10 倍确定过水断面尺寸。

3　路基排水设施均应采取防止冲刷或渗漏的加固措施，可选用混凝土或其他措施进行加固。

4　天沟不应向路堑侧沟排水，受地形限制需排入侧沟时，必须设置急流槽，并根据天沟流量调整下游侧沟截面尺寸。

5　边坡平台截水沟必须引入相邻排水设施。边坡骨架或框架梁护坡的排水槽与路堤坡脚排水沟之间应设置连接排水槽，避免边坡集中水流冲刷路堤坡脚。

6　路基与桥台衔接处的排水沟应与天然沟槽衔接，避免冲刷桥台锥坡。排水沟与涵洞衔接处的沟底高程不应低于涵洞流水面高程。

7　排入自然沟、渠的天沟、排水沟，其末端应设置消能、沉淀设施，避免集中水流对地表冲蚀。

第二十六条　地下水发育地段的路堤基底、路堑基床换填层底部应采取排除地下水的措施。渗水暗沟应每隔 30 m～50 m，以及在平面转折、纵坡变坡点处设置检查（维修）井。

第二十七条　站场范围各种排水设施应协调一致，形成完整的排水系统且排水通畅。站场排水设施应符合下列要求：

1　站场排水应结合自然水系、城镇排水规划、场坪排水、站内建筑排水等进行系统的规划和设计，大型站场应编制排水系统总图。

2　纵向排水槽的排水坡度不应小于 2‰，单面排水坡长度不宜大于 200 m，必要时应设置横向排水槽。

3　站场排水设施不应与接触网柱、雨棚柱基础等交叉。困难条件下可绕行，但不得降低排水能力。

4　水管、风管等管线应系统设计，避免与排水设施相互干扰。

5　无砟道岔区，应采取措施避免积水。

第二十八条　排水设施采用混凝土现浇或预制拼装，混凝土强度等级不应低于 C25。混凝土排水设施应按间距 10 m～20 m 设置伸缩缝。采用预制拼装，应设置找平垫层，接缝水泥砂浆强度等级不应低于 M10。

4 桥 涵

第二十九条 排洪涵洞设置应满足铁路路基排水的要求,并与自然水系、地方排灌系统相衔接。排洪涵洞设计应符合下列要求:

1 满足路基排水、地方既有或规划排水系统的要求。

2 有足够净空满足养护维修的需要。

3 黄土、砂土、戈壁碎石土等地区,应考虑泥砂淤积对过水面积的影响。

4 岩溶地区,应考虑暗河、泉眼等水流对设计流量的影响。

5 涵洞上下游铺砌设计应考虑壅水、冲刷对上下游的影响,膨胀土、黄土、戈壁碎石土地区涵洞上下游铺砌长度不应小于 10 m。湿陷性黄土、严寒和寒冷地区的铺砌基底应进行防渗处理。

第三十条 涵洞内不得有积水,排洪涵出入口与两侧地面或既有水沟不能顺接时,应视不同地形作以下特殊处理:

1 涵洞入口流水面高程低于既有水沟高程 2 m 以上时,应在涵洞入口端设置急流槽或缓流坎。

2 涵洞出口流水面高程低于既有水沟高程时,应在涵洞出口拉沟引出汇入自然水系,必要时设置缓流池。

第三十一条 桥台锥体设计应符合下列要求:

1 填筑材料应采用 A、B 组填料或改良土。

2 桥台锥体地基位于软土、松软土地段时,应进行地基处理。

3 桥台锥体填土基本稳定后进行锥体坡面铺砌。锥体护坡应设泄水孔,并用 PVC 管材预埋,其间距不大于 1.5 m。锥体坡脚应设垂裙,埋入深度不得高于一般冲刷线。

5 隧 道

第三十二条 隧道洞口边仰坡应根据岩土性质、气象、水文条件及边坡高度,采用工程防护和植被防护相结合的加固措施。

第三十三条 洞外排水设施应避开不良、不稳定地质体,应以较短途径引排到自然稳定的沟谷中,途经路堑侧沟、涵洞排放时,水沟末端应与侧沟、涵洞无缝顺接,并应验算其过水能力,防止雍水。

第三十四条 对不利于施工及运营安全的地表径流、坑洞、漏斗、陷穴、裂缝等,应采取封闭、引排、截流等工程措施。洞口自然冲沟、水渠横跨隧道洞口时,排水方案应选用明洞顶设渡槽排水。

第三十五条 洞内排水系统应与洞外排水系统顺接,必要时设置具有检修、维护功能的缓冲井(池)。

6 取弃土场

第三十六条 弃土场设计应进行场地和基底条件的调查,对集中弃土以及临近江河、交通线、重要建筑等重点弃土场应测绘断面并进行地质勘探。

第三十七条 弃土场设计必须符合水保、环保的要求,并不得影响建筑物安全。弃土场设计应符合下列要求:

1 严禁在不良地质体、不稳定斜坡、软土上弃土。

2 弃土应远离路堑堑顶,严禁在膨胀土、黄土等特殊岩土堑顶上方弃土。

3 严禁在岩溶漏斗、暗河口等位置弃土,避免堵塞水流通道。

4 弃土场占压沟槽时,应在弃土堆坡脚设置拦渣坝或支挡结构,并采取有效防排水措施;可能产生泥石流等次生灾害时,应进行防洪评估。

5 桥梁和涵洞基础开挖弃土应设置集中弃土场进行堆放。

6 软弱地基上设置弃土场,应分析弃土引起地面沉降对邻近建筑物的影响,弃土施工不得影响建筑物的安全。

附录　铁路边坡防护及防排水工程设计图纸及内容

工程项目		图　名	内　容	备　注
路基	挡土墙	挡土墙正面图	包括边坡高度、支挡结构布置、设计说明	
		横断面设计图	包括挡土墙位置与高度、高程、与其他结构的连接	比例尺1:500
		结构设计图	包括挡土墙的形式、材料、截面尺寸及技术要求,包括反滤层及泄水孔、隔水层的材料要求及细部构造图	
	边坡防护	边坡防护正面图	包括边坡高度、长度、设计说明	锚杆(索)框架梁及复杂工点
		横断面设计图	包括加固防护形式、高度、高程、与其他结构的连接	
		结构设计图	包括加固防护的形式、材料、截面尺寸及有关技术要求	
	排水系统	区间排水系统平面布置总图	内容包括地形、地貌,自然水系与既有排水建筑,线路中心线、桥梁隧道涵洞分布及路基坡脚坡顶线,取弃土位置,排水设施中线、长度、水流方向及出入口高程,涵洞中心位置与孔径,路基排水设施与桥、涵、隧、站等排水设施及地方农田水利灌溉系统的的衔接	比例尺1:500~1:2 000
		站场排水系统平面布置总图	内容包括地形、地貌,自然水系与既有排水建筑,线路中心线、桥梁隧道涵洞分布及路基坡脚坡顶线,取弃土位置,排水设施中线、长度、水流方向及出入口高程,涵洞中心位置与孔径,路基排水设施与桥、涵、隧、站等排水设施及地方农田水利灌溉系统的的衔接	比例尺1:500~1:2 000
		横断面设计图	包括排水沟、侧沟、盲沟的位置、截面形式与沟底高程,沟底地基处理形式	比例尺1:200
		结构设计图	包括沟型、材料、截面尺寸及接缝、伸缩缝、特殊地段沟底地基处理与防渗等有关技术要求	

续上表

工程项目		图　名	内　容	备　注
桥涵	涵洞排水系统	涵洞出入口铺砌设计	包括铺砌的类型、结构形式、高度、厚度、宽度	与涵洞设计图合并出图
		涵洞出入口排水	包括出入口高程、两端顺接方式,与既有水沟、路基侧沟等的连接、水流方向	与涵洞设计图合并出图
		改沟工程平面布置图	包括改沟平面及沟型横断面、与既有水沟、路基侧沟等的连接、水流方向	地形复杂、排水困难工点,比例尺1:500
	基坑边坡防护	开挖边坡防护设计	包括基坑边坡高度、长度、防护形式、面积、材料、截面尺寸及技术要求,一般包括断面图和结构图,复杂工点应包括平面和正面图	与桥梁设计图合并出图,复杂工点单独出图
	桥台锥体	桥台锥体设计图	包括锥体地基处理、填料及填筑压实标准,以及锥体范围及高度,铺砌厚度,垂裙高度、厚度、宽度等	与桥址平面图、总布置图合并出图
	交通涵	交通涵出入口设计	包括出入口高程,与既有道路的连接。有人行梯步时,梯步设计的平面、立面及构造图	与交通涵设计图合并出图
隧道	边仰坡防护	边仰坡防护平面布置图	包括挡墙、翼墙及边仰坡防护工程平面布置、加固范围及设计说明	与隧道洞口设计图合并出图
		边仰坡防护正面图、纵断面图	包括挡墙、翼墙及边仰坡防护工程的高度、长度	与隧道洞口设计图合并出图
		结构设计图	包括边坡防护的形式、材料、截面尺寸及有关技术要求	
	洞外排水系统	洞外排水系统平面图	包括洞外排水设施中线、长度、水流方向	与隧道洞口设计图合并出图
		结构设计图	包括沟型、材料、截面尺寸及有关技术要求	
取弃土场	取弃土场平面布置图		包括场地边界、占地面积、用地类别、挡渣墙长度与高度、排水设施、植被恢复措施	比例尺1:500~1:2000
	取弃土场横断面图		包括挡渣墙布置、边坡防护、排水设施	比例尺 1:200~1:500
	挡砟墙结构设计图		包括挡渣墙材料、截面尺寸及有关技术要求	

UDC

TB

中华人民共和国行业标准

P

TB 10118 —2006
J 532 —2006

铁路路基土工合成材料应用设计规范

Code for design for applications of geosynthetics on subgrade of railway

2006-06-25 发布　　　　2006-06-25 实施

中华人民共和国铁道部　　发　布

关于发布《铁路路基土工合成材料应用设计规范》的通知

铁建设〔2006〕117号

《铁路路基土工合成材料应用设计规范》(TB 10118—2006),经审查现予发布(另发单行本),自发布之日起施行。原发《铁路路基土工合成材料应用技术规范》(TB 10118—99)同时作废。

本标准由铁道部建设管理司负责解释,由铁路工程技术标准所、中国铁道出版社组织出版发行。

中华人民共和国铁道部

二〇〇六年六月二十五日

前　言

本规范是根据铁道部《关于印发〈2003 年铁路工程建设规范、定额、标准设计编制计划〉的通知》(铁建设函〔2003〕41 号)的要求,在《铁路路基土工合成材料应用技术规范》(TB 10118—99)的基础上修订而成的。

本规范在修订过程中,认真总结了我国铁路路基建设的经验和教训,借鉴了国内外有关标准的规定。

工程技术人员必须按照"以人为本、服务运输、强本简末、系统优化、着眼发展"的铁路建设理念,结合工程具体情况,因地制宜,充分发挥主观能动性,积极采用安全、可靠、先进、成熟、经济、适用的新技术,不能生搬硬套标准。勘察设计单位执行(或采用)单项或局部标准,并不免除设计单位及设计人员对整体工程和系统功能质量问题应承担的法律责任。

本规范共分 8 章,主要内容包括:总则、术语和符号、基本规定、基床加固与处理、路基防护、路基排水、加筋土工程和地基处理等。

本次修订的主要内容有:

1. 将适用范围修改为铁路路基工程应用土工合成材料的设计;
2. 删除了原规范中"施工质量检验"一节;
3. 增加了"基本规定"一章;
4. 增加了成熟的新型土工合成材料在路基防护和严寒地区的应用规定;
5. 增加了软式透水管用于构成排水系统的规定;
6. 明确了加筋土挡土墙拉筋材料,增加包裹式挡土墙回折包裹长度计算公式;
7. 明确了土工合成材料加筋土路堤的稳定安全系数不得小于 1.3;
8. 增加了路堤填土界面加筋的内容;
9. 修订了软土地基加固和盐渍土路基隔断等要求;
10. 对土工合成材料施工中的有关规定进行了补充、修改。

本规范以黑体字标志的条文为强制性条文,必须严格执行。

在执行本规范过程中,希望各单位结合工程实践,认真总结经验,积累资料。如发现需要修改和补充之处,请及时将意见及有关资料寄交铁道第四勘察设计院(湖北省武汉市武昌区杨园街和平大道 745 号,邮政编码:430063),并抄送铁道部经济规划研究院(北京市海淀区羊坊店路甲 8 号,邮政编码:100038),供今后修订时参考。

本规范由铁道部建设管理司负责解释。

主编单位:铁道第四勘察设计院。

参编单位:铁道第一勘察设计院、铁道第二勘察设计院、铁道第三勘察设计院。

主要起草人:李小和、秦立新、包黎明、冯俊德、吴连海。

目　次

1 总　　则

1.0.1 为统一铁路路基土工合成材料应用的技术要求,提高铁路路基工程质量,满足铁路工程建设的需要,制定本规范。

1.0.2 本规范适用于铁路路基工程应用土工合成材料的设计。

1.0.3 铁路路基工程应用土工合成材料,应根据铁路等级、路基结构形式、地质、水文和气象条件进行设计。设计应遵循因地制宜、安全可靠、经济合理,并与其他工程材料、工程措施综合应用的原则。

1.0.4 铁路路基工程应用土工合成材料除应符合本规范外,尚应符合国家现行的有关强制性标准的规定。

2 术语和符号

2.1 术　　语

2.1.1 土工合成材料 geosynthetics

岩土工程应用的合成材料产品的总称。

2.1.2 土工织物 geotextile

以聚合物纤维为原料制成的具有渗透性的布状土工合成材料。

2.1.3 织造土工织物 woven geotextile

由纤维纱或长丝按一定方向排列机织的土工织物。

2.1.4 非织造土工织物 nonwoven geotextile

由短纤维或长丝按随机或定向排列制成的薄絮垫，经机械结合、热粘或化粘而成的土工织物。

2.1.5 土工膜 geomembrane

由聚合物或沥青制成的一种相对不透水薄膜。

2.1.6 复合土工合成材料 composite geosynthetic

由两种或两种以上土工织物、土工膜或其他材料复合制成的土工合成材料。

2.1.7 复合土工膜 composite geomembrane

用土工织物或其他材料与土工膜结合而成的不透水材料，根据主要功能的不同，复合土工膜可分为横向排水型和加筋型两种。

2.1.8 复合土工排水材料 composite geodrain

以土工织物包裹不同形状和材料的芯材制成的土工排水材料。

2.1.9 塑料排水带 strip geodrain

由不同形状的塑料条带排水芯材外包以非织造土工织物制成的竖向排水材料，是复合土工排水材的一种。

2.1.10 特种土工合成材料 special geosynthetic

经过特殊工艺制成的具有特种用途的土工合成材料。

2.1.11 土工模袋 geofabriform

由双层土工织物制成的连续(或单独的)袋状材料，其中灌注混凝土或砂浆凝结成板状或其他形状的结构。

2.1.12 土工网 geonet

经挤压或热粘而成的平面网状土工合成材料。

2.1.13 塑料土工格栅 plastic geogrid

用高密度聚乙烯等聚合物经挤压加工再进行拉伸制成的格栅状土工合成材料。

2.1.14 经编土工格栅 warp-knitted geogrid

采用高强度涤纶或玻璃纤维原料，双轴向技术编织，经聚氯乙烯或改性沥青涂层整理生产的土工格栅产品。

2.1.15　土工格室　geocell

由土工合成材料片焊接或组装成的具蜂窝状结构的三维土工合成材料制品。

2.1.16　土工网垫　geomat

由丝条状合成材料经过一定的工艺处理,并在结点上相互熔合而成的孔隙很大的三维网状土工合成材料。

2.1.17　立体植被护坡网　three-dimensional vegetation grids

一种类似于棱型格室状的植草土工网,以塑料丝纺织加工制成。

2.1.18　聚苯乙烯泡沫塑料　expanded polystyrene

由聚苯乙烯加入发泡剂膨化经模塑或挤压制成的轻型土工材料。

2.1.19　软式透水管　flexible permeable hose

高强度圈状支撑体外包土工织物及强力合成纤维外覆层制成的管状排水材料。

2.1.20　复合拉筋带　composite geobelt

经挤压拉伸再加筋制成的条带抗拉材料。

2.1.21　袋装砂井　sand well with geotextile bag

在土工织物长袋中装砂制成砂袋,打入软土中形成的竖向排水体。

2.1.22　反滤　filtration

在使流体通过的同时,保持受渗透压力作用的土粒不流失。

2.1.23　隔离　separation

防止相邻的不同介质混合。

2.1.24　加筋　reinforcement

把具有一定抗拉强度的土工合成材料埋于土体内适当位置,依靠其与土界面的相互作用,提高土体强度和稳定性,限制土体位移的措施。

2.1.25　极限抗拉强度　ultimate tensile strength

材料试样在缓慢增大的均匀单轴拉力作用下破坏时的最大拉力。

2.1.26　圆球顶破强度　ball burst strenth

以规定直径圆球顶杆匀速垂直顶压于土工合成材料平面时,土工合成材料所能承受的最大顶压力。

2.1.27　CBR 顶破强度　CBR burst strenth

以 CBR 仪的圆柱形顶杆匀速垂直顶压于土工合成材料平面时,土工合成材料所能承受的最大顶压力。

2.1.28　延伸率　elongation rate

试样拉断时的应变值,以百分比表示。

2.1.29　等效孔径　equivalent opening size(EOS)

用于表示织物型土工合成材料特征孔径的指标。采用不同的筛余率标准,可得到不同的等效孔径值,目前我国多取 O_{95}。

2.1.30　梯度比　gradient ratio

在淤堵试验中,水流通过土工织物及其上 25 mm 厚土料时的水力梯度与水流通过再上面 50 mm 土料的水力梯度的比值。

2.1.31　蠕变　creep

材料在大小不变的力的作用下，变形随时间增长而逐渐增大的现象。

2.2 符　号

A——与填料性质有关的无因次系数

B_s——与被保护土的类型、级配、土工织物品种和状态有关的经验系数

C_u——土颗粒的不均匀系数

d_n——土的特征粒径

k_g——土工织物的渗透系数

k_s——土的渗透系数

k_v——土工织物的垂直渗透系数

O_{95}——土工织物的等效孔径

T_a——土工合成材料的容许抗拉强度

T——土工合成材料的极限抗拉强度

3 基本规定

3.0.1 土工合成材料的性能应满足铁路路基工程的使用要求和应用条件。

3.0.2 土工合成材料的性能指标应包括下列方面，工程设计时应根据材料类型和工程需要确定性能试验项目：

1 物理性能，包括单位面积质量、厚度（及其与压力的关系）、材料比重、孔径等；

2 力学性能，包括条带拉伸、握持拉伸、撕裂、顶破、刺破、直剪摩擦、拉拔摩擦、蠕变等；

3 水力学性能，包括垂直渗透系数、平面渗透系数、淤堵性、防水性等；

4 耐久性能，包括抗紫外线能力、化学稳定性和生物稳定性等。

3.0.3 土工合成材料设计容许抗拉强度 T_a 应按下式计算：

$$T_a=\frac{1}{F_{iD}\cdot F_{cR}\cdot F_{cD}\cdot F_{bD}}\cdot T \tag{3.0.3}$$

式中 F_{iD}——铺设时机械破坏影响系数；

F_{cR}——材料蠕变影响系数；

F_{cD}——化学剂破坏影响系数；

F_{bD}——生物破坏影响系数；

T——由加筋材料拉伸试验测得的极限抗拉强度。

其中，F_{iD}、F_{cR}、F_{cD}和 F_{bD}四项影响系数应按实际经验确定；无经验时，其乘积宜采用2.5~5.0；当变形控制要求高、材料蠕变性大、施工条件差时，应采用大值；当为临时性工程时，宜取小值。

3.0.4 土工合成材料与土之间的摩擦系数宜通过试验确定，当试验条件不具备时，可参照当地经验或相关资料确定。

3.0.5 土工合成材料应具有经国家主管部门认可的测试单位的测试报告；材料应有标志牌，并应注明商标、产品名称、代号、等级、规格、执行标准、生产厂名、生产日期、毛重、净重等。

3.0.6 土工合成材料运输、储存和堆放时应注意防冻、避免阳光照射，并应保持通风、干燥和远离高温源。

3.0.7 土工合成材料施工应采用先进的方法和工艺，不得损伤土工合成材料。

3.0.8 土工合成材料施工时，应按规定要求进行工序验收，合格后方可进行下道工序。

4　基床加固与处理

4.1　一 般 规 定

4.1.1　新建铁路基床防渗、反滤和排水可采用土工合成材料。

4.1.2　既有铁路基床翻浆冒泥、下沉外挤、道碴陷槽、积水等病害,可采用土工合成材料加强基床和改善排水条件。

4.1.3　基床冻害可采用铺设土工合成材料隔离防渗层、保温层,并结合降排水进行综合防治。

4.1.4　土工合成材料的类型应根据基床加固与处理的需要合理选用。

4.2　设　　计

4.2.1　土工合成材料的铺设位置、垫层设置等应符合下列要求:

1　新建铁路基床需要处理时,宜将土工合成材料铺设在基床底层表面(图 4.2.1—1)或换填层的底面。

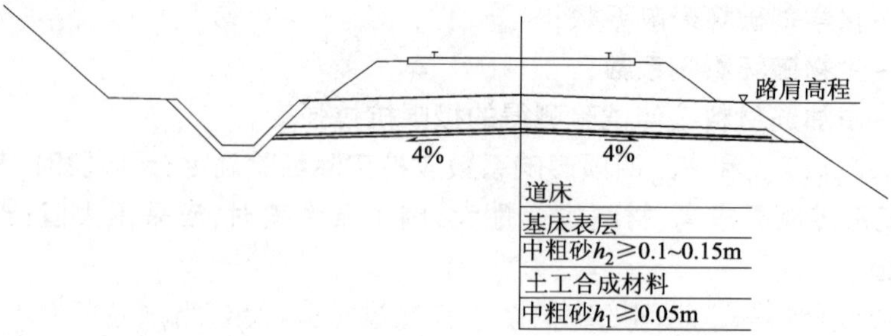

图 4.2.1—1　土工合成材料铺设在基床底层表面

2　既有铁路基床翻浆冒泥、冻害整治时,土工合成材料可铺设在基床表面(图 4.2.1—2);采用土工格室或其他土工合成材料加固基床、整治基床下沉外挤等病害时,可铺设在基床表层内(图 4.2.1—3)。

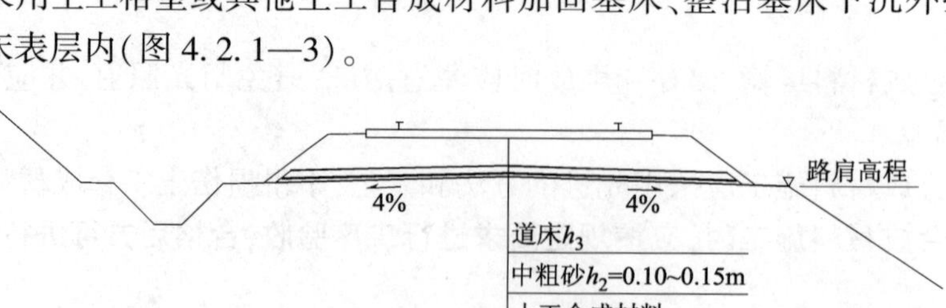

图 4.2.1—2　工合成材料铺设在基床表面

注:1　道床厚 h_3+中粗砂厚 h_2≥标准道床厚度;

2　中粗砂 h_1+h_2≥0.20 m;

3　中粗砂含泥量不得大于 5%。

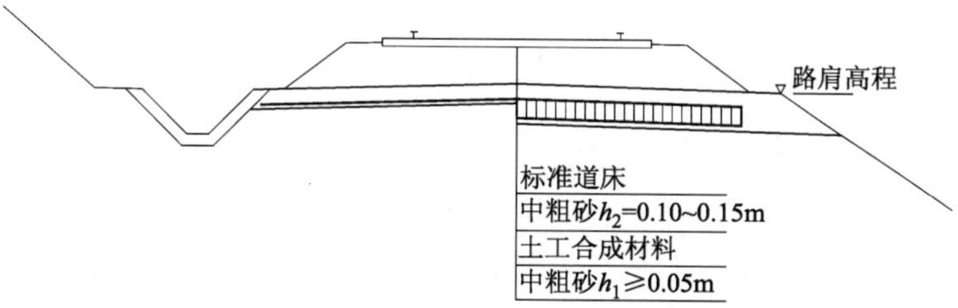

图 4.2.1—3 土工合成材料铺设在基床表层内

注:1 土工合成材料右侧所示为土工格室,左侧所示为其他土工合成材料;

2 中粗砂 $h_1+h_2 \geq 0.20$ m;

3 中粗砂含泥量不得大于5%。

3 土工合成材料的上、下面应铺设砂垫层,且材料下填土质量应满足设计要求。

4 土工合成材料应全断面铺设,当铺设在基床表面时,土工合成材料不得暴露于道床之外;用于膨胀土、湿陷性黄土地区时,土工合成材料横向铺设宽度应适当加宽;当铺设土工格室时,其范围宜在碴脚范围内。

5 既有铁路基床病害整治时,土工合成材料纵向应分别向病害地段两端延长 5 m 以上。

6 土工合成材料横向排水坡度不宜小于4%。

4.2.2 新建铁路基床加固处理设计时,根据具体情况可选用下列土工合成材料:

1 防地表水下渗可选用不透水的复合土工膜、土工膜、排水板等;

2 引排地下水可选用较厚土工织物包裹碎石、砂、砾石作为过滤体和排水体;

3 冻害地区可铺设聚苯乙烯泡沫塑料或聚胺酯保温层。

4.2.3 既有铁路路基基床病害整治时,土工合成材料应按下列要求选用:

1 整治既有铁路基床翻浆冒泥,可选用复合土工膜等不透水土工合成材料;

2 整治既有铁路基床强度不足、下沉外挤、陷槽、积水等病害可采用土工格室,格室的高度、焊距应根据病害的严重程度选择;用于加固补强时,格室高度及换填深度宜通过计算确定,也可参考同类型病害整治的成功经验确定;格室内宜填充中粗砂、砾石,并压实;

3 整治既有铁路道碴陷槽、积水病害可选用软式透水管或其他排水材料;

4 既有铁路基床冻害可选用复合土工膜或土工膜防治;冻害较轻时可选用较厚的无纺土工织物;冻害严重时还应铺设保温材料,保温材料可选用聚苯乙烯泡沫塑料或聚胺酯。

4.2.4 土工合成材料的技术性能应满足下列要求:

1 复合土工膜、土工膜的渗透系数不应大于 10^{-11} cm/s,断裂强度不应小于 20 kN/m,CBR 顶破强度不应小于 2.5 kN,膜厚不应小于 0.3 mm,在严寒地区应满足抗冻要求;

2 无纺土工织物的等效孔径 O_{95} 和垂直渗透系数 k_v 应满足设计要求,断裂强度不应小于 12 kN/m,CBR 顶破强度不应小于 1.5 kN;

3 保温层的表观密度、抗压强度、导热系数、吸水率等性能指标应满足设计要求,且耐久性能好。

4.3　施工要点

4.3.1　基床开挖断面必须满足设计要求。砂垫层下的基面应做成倾向路基外侧不小于4%的排水坡，基面及砂垫层中不得含有尖锐杂物及碎石。

4.3.2　铺设的土工织物和土工膜应平整无褶，铺设的土工格室应充分张拉成型并及时用设计要求的材料充填压实。

4.3.3　土工合成材料的连接应满足下列要求：

1　土工织物的连接可采用缝接、搭接或胶接，搭接宽度不得小于30 cm。

2　土工膜、复合土工膜、排水板一般可采用搭接、粘接或焊接方式，用于基床防水和冻害防治时，宜采用粘接或焊接方式；采用粘接或焊接方式时，接缝宽度不应小于10 cm，连接处的各项技术性能指标不应低于设计要求，且不得渗水；采用搭接方式时，搭接宽度不应小于30 cm。

3　土工织物、土工膜、复合土工膜、排水板等纵向连接时，如线路有纵坡，应使高端压在低端上；当线路为平坡时，可将新铺的一端垫在相邻已铺好的一端之下。

4　聚苯乙烯泡沫塑料或聚胺酯间应连接牢固，接缝应密实。

5　土工格室两单件间应使用连接件连接牢固，连接强度不得低于设计强度。

4.3.4　土工合成材料铺设后，应及时铺垫层覆盖，并夯拍密实。

4.3.5　既有铁路路基基床病害整治施工必须确保行车安全。根据施工条件，施工可采用封锁线路、便线绕行，或架空轨道、限速行车、分段施工等方法。

5 路基防护

5.1 一般规定

5.1.1 路基边坡应采用土工合成材料与其他工程材料、工程措施相结合的综合防护措施。

5.1.2 土工网垫、立体植被护坡网、土工网可用于适宜植物生长的土质边坡防护。

5.1.3 土工合成材料石笼或沉枕、土工模袋等冲刷防护类型可与土、石、混凝土等结合，覆盖于坡面或河底，构成抗冲刷护坡。

5.1.4 土工合成材料可用于风沙地区路基边坡防护。

5.2 坡面防护

5.2.1 土质、风化岩、易风化软岩和坡面有地下水渗出的路堑边坡以及坡面易受雨水冲刷的路堤边坡，宜采用立体植被护坡网、土工网垫、土工网等结合种植植物、植生带等绿色防护措施。

5.2.2 土工合成材料技术性能应满足下列要求：

1 暴露状态下使用寿命不应少于5年；

2 土工网垫水土保持能力系数不应小于5，30 min 时回弹恢复率不应低于 80%，极限抗拉强度不应低于 0.8 kN/m；

3 立体植被护坡网极限抗拉强度不应低于0.8 kN/m。

5.3 冲刷防护

5.3.1 土工合成材料用于冲刷防护工程时，其适用条件可根据表 5.3.1 确定。

表 5.3.1 冲刷防护工程类型及适用条件

防护类型	结构形式	适用条件
土工格栅或土工网石笼	土工格栅或土工网等制成箱形或圆柱形，笼内装块石、卵石形成条体或块体	适用于临时工程，流速 4~5 m/s，无滚石河段
土工织物沉枕	土工织物缝成管袋，内填砂石料等制成的枕状物	流速 4~5 m/s、冲刷较严重的护坡、护底，如丁坝、顺坝等
土工模袋	土工模袋内充填流动性水泥砂浆或混凝土，厚度应根据工程需要确定	护坡坡度不陡于 1∶1.5 的水上、水下工程。充填水泥砂浆时，容许流速为 2~3 m/s；充填混凝土时，容许流速大于 3 m/s

5.3.2 土工合成材料石笼和沉枕冲刷防护工程设计应符合下列规定：

1 石笼和沉枕应具有足够大的体积和质量，其尺寸应通过稳定性计算确定；稳定性计算一般应校核抗滑稳定、抗浮稳定和水流作用下的稳定性。

2 制作沉枕的管袋材料宜采用机织型土工织物,其经纬向断裂强度不应小于12 kN/m。

3 防护范围内的上、下端宜设锚固措施。

4 土工格栅或土工网石笼内应选用卵石、块石充填,块径应大于网孔尺寸。

5.3.3 土工模袋冲刷防护工程设计应符合下列规定:

1 模袋应铺放在稳定的边坡上,必要时应进行边坡稳定性分析,检算其稳定性,一般情况下模袋护坡坡度不得陡于1∶1.5。

2 模袋设计应根据工程条件选用混凝土或砂浆模袋,并进行模袋混凝土护坡厚度计算、稳定性检算和排渗核算。

3 模袋护坡厚度可分别按抗弯曲应力、抗浮动、抗冰推力进行计算,取其大值;一般竣工后的砂浆模袋护坡平均厚度不应小于10 cm,混凝土模袋护坡平均厚度不应小于15 cm。

4 土工模袋应具有一定的抗拉强度和耐老化能力,应承受0.2 MPa以上的压力。

5.4 风沙防护

5.4.1 风沙地区路基本体防护设计应符合下列规定:

1 粉砂、细砂填筑的路堤边坡及粉细砂地层路堑边坡,可选用立体植被护坡网、土工网、土工网垫等作为风蚀防护层;防护断面形式如图5.4.1—1、图5.4.1—2所示。

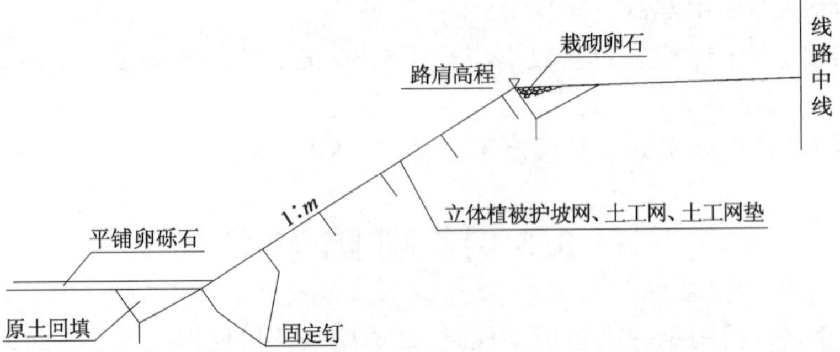

图5.4.1—1 路堤坡面防护断面

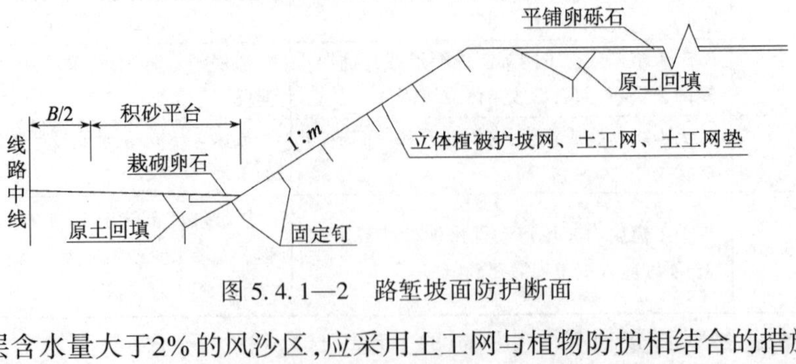

图5.4.1—2 路堑坡面防护断面

2 沙层含水量大于2%的风沙区,应采用土工网与植物防护相结合的措施。

5.4.2 路基两侧防沙工程设计应采取固沙与阻沙相结合的防沙措施。固沙措施宜采用立体植被护坡网、土工网、土工网垫、土工格栅等覆盖于沙面或沙地上固定浮沙;阻沙措施宜采用方格状土工网沙障或高立式土工合成材料防沙网沙障。

5.5 严寒地区防护

5.5.1 严寒地区路堑的边坡、堑顶、路基面以下和路堤地基需保温处理时,宜采用复合土工膜、聚苯乙烯泡沫塑料或聚胺酯保温材料等作为保护层。

5.5.2 严寒地区挡土墙可采用土工合成材料在墙背设置保温层,并应符合下列规定:

1 保温层可采用聚苯乙烯泡沫塑料或聚胺酯,材料应具有一定的强度、低导热系数、低吸水率。

2 保温层的厚度应通过计算确定,Ⅱ级及以下的铁路工程,可取当地标准冻结深度的1/10~1/15,并不应小于50 mm。

3 保温板可单向、双向或三向设置;单向可设置于墙背面,双向可设置于墙背面和墙顶地面,三向可设置于墙背面、墙顶地面和垂直于墙轴的两端。

5.5.3 土工合成材料的技术性能应符合本规范第4.2.4条的规定。

5.6 施工要点

5.6.1 土工合成材料防护工程施工应符合下列规定:

1 立体植被护坡网、土工网垫、土工网结合植物用于坡面防护时宜在适宜植物生长的季节铺设,铺设前应整平坡面并适量洒水湿润边坡,铺设时应与坡面密贴。路堤应伸入路肩并加以固定。对于路堑边坡,铺设范围应至堑顶以外1 m。

2 立体植被护坡网、土工网垫、土工网用于风沙防护时,在边坡坡顶和坡脚分别开挖深度不小于0.5 m的三角沟槽,并以固定钉固定其首端及末端后回填夯实。固沙植物宜在铺网后栽植。

3 立体植被护坡网、土工网垫搭接宽度不应小于5 cm,土工网搭接宽度不应小于10 cm。铺设时采用不短于20 cm的固定钉垂直坡面固定,其间距宜为0.5 m~1.5 m。

4 土工合成材料铺设后应及时撒土覆盖,并及时播种植物,加强养护。

5.6.2 土工合成材料石笼及沉枕冲刷防护工程的施工应符合下列规定:

1 石笼、沉枕填料的填充率不宜低于80%。

2 安置位置正确,堆叠、衔接应稳固、紧密,能发挥其整体作用。

3 施工作业不得损坏石笼、沉枕。

5.6.3 土工模袋冲刷防护工程的施工应符合下列规定:

1 施工前应预先划定作业空间,清理施工场地,设立水准点、水位及流速观测设施。

2 模袋铺设时,应在其上、下缘插入挂袋钢管,上缘挂在固定桩和松紧器上,将模袋从坡上往坡下铺设。

3 充填模袋宜采用特制的灌料泵进行,灌料后料口应扎紧。

5.6.4 严寒地区土工合成材料施工应符合下列规定:

1 保温板长度应超过设计的保温区范围。

2 铺设保温板时接缝应密闭;铺设厚度大于100 mm时,可采用2层及以上,层与层的接缝应错开。

6 路基排水

6.1 一般规定

6.1.1 土工合成材料可作为反滤层、隔水防渗层、排水管等材料用于截排路基或支挡防护建筑物的地表水和地下水。

6.1.2 土工合成材料品种及规格应结合截排水目的及水源、结构物的特点选择，可单独使用，也可与其他材料配合使用。

6.1.3 反滤材料宜选用无纺土工织物，隔水防渗材料宜选用土工膜或复合土工膜，排水管可选用带孔塑料管或软式透水管。

6.1.4 **反滤材料应具有保土性、透水性和防淤堵性。**

6.2 设　计

6.2.1 土工织物或土工织物与砂砾石在以下情况可作为反滤材料：

1 护坡、护墙及挡土墙背后的反滤层；

2 截排地表水或地下水的暗沟、渗沟，当沟壁为细粒土或粉细砂时，其截水部分的反滤层；

3 浸水路堤的粗、细粒土填料间的反滤层；

4 d_{85}<0.075 mm 的土不宜单独使用土工织物作反滤层，可在土工织物与土体之间设置含泥量小于 5% 的中粗砂层。

6.2.2 反滤材料的保土性应符合下式要求：

$$O_{95} \leqslant B_s d_{85} \tag{6.2.2}$$

式中　O_{95}——土工织物的等效孔径(mm)；

d_{85}——土的特征粒径(mm)，按土中小于该粒径土的质量占总土质量的 85% 确定；

B_s——与被保护土的类型、级配、土工织物品种有关的经验系数，可按表 6.2.2 确定。

表 6.2.2　B_s 值表

土　类	条　　件	B_s 值
粗粒土	C_u<2 或 C_u>8	1
	C_u=4	2
	其余	1~2
细粒土	无纺土工织物 O_{95}≤0.3 mm	1.8

注：$C_u = \dfrac{d_{60}}{d_{10}}$

式中　C_u——土颗粒的不均匀系数；

d_{60}，d_{10}——被保护土的特征粒径(mm)，分别为土中小于该粒径的土质量分别占总质量的 60% 和 10%。

6.2.3 反滤材料的透水性应符合下式要求：

$$k_g \geqslant A k_s \tag{6.2.3}$$

式中 k_g——土工织物的渗透系数(cm/s)，应按其垂直渗透系数 k_v 确定；

k_s——土的渗透系数(cm/s)；

A——无因次系数，根据工程经验确定：当被保护土的级配良好，水力梯度小和预计不致发生淤堵时，A 值取 1~10；当被保护土为细粒土、水力梯度大，长期渗透性要求高时，A 值大于 10。

6.2.4 反滤材料的防淤堵性应符合下式要求：

$$GR \leqslant 3 \tag{6.2.4}$$

式中 GR——梯度比。

6.2.5 路基顶面或底面需要隔水防渗或横向排水时，宜采用砂垫层中夹铺土工膜或复合土工膜，横向排水坡度不宜小于 4%。

6.2.6 采用土工合成材料的渗沟应符合下列要求：

1 当渗沟不长、渗水量不大时，可采用土工织物包裹碎石或砂砾石，见图 6.2.6—1；当渗沟较长、渗水量较大时，可在渗沟底部设置软式透水管或塑料渗水管，如图 6.2.6—2。

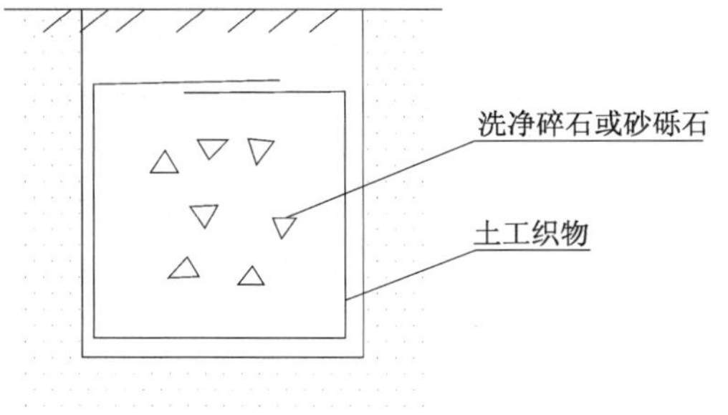

图 6.2.6—1 土工织物包裹碎石或砂砾石渗沟断面

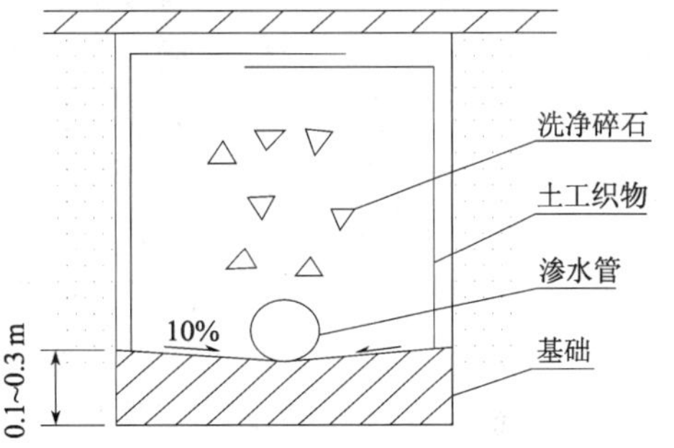

图 6.2.6—2 铺设塑料渗水管或软式透水管的渗沟断面

2 渗沟的断面尺寸及渗水管管径应根据排水要求和渗水量大小计算确定。

3 塑料渗水管管径宜为20 cm~30 cm，软式透水管管径宜为5 cm~20 cm。

4 渗沟底为不透水软弱地层时，应在渗水管底设置厚0.1 m~0.3 m 基础。根据地层情况，基础可采用砂垫层中夹铺土工膜或复合土工膜、混凝土、浆砌片石等，并向渗水管平面轴线设置不小于 10% 的排水坡。

6.2.7 引排路堑边坡或滑坡体内的地下水，宜在仰斜泄水钻孔中插入软式透水管或塑料渗水管。泄水孔位布置、直径及长度应根据含水层水文地质情况确定，仰斜角度宜为 10°~15°，困难时不应小于 5°。

6.2.8 地下水发育地段的路堑挡土墙，可沿墙背斜向平行设置多条软式透水管或塑料渗水管，倾斜角度宜为 45°，并与沿墙底纵向设置的较大管径渗水管连接。斜向渗水管的管径及布设应根据地下水发育情况确定，管间距宜为 2 m~3 m，管径宜为5 cm~10 cm；纵向渗水管管径宜为 8 cm~20 cm。

6.2.9 塑料渗水管管径、渗水孔的大小及布置，应根据管材种类、渗水及排水的要求和被保护土质情况确定。塑料渗水管外宜用土工织物包裹作为反滤层。

6.2.10　软式透水管、塑料渗水管和土工织物包裹砂石料渗沟的排水量及渗水量计算，可按有关规范、规定执行。

6.2.11　土工合成材料的技术性能应符合下列要求：

1　作反滤层的土工织物宜采用耐腐蚀、抗老化的无纺土工织物，且应满足保土、透水、防淤堵设计准则，刺破强度和撕裂强度不应小于 400 N，CBR 顶破强度不应小于 1.5 kN；

2　作为隔水防渗材料的土工膜和复合土工膜，膜厚不应小于 0.3 mm，渗透系数不应大于 10^{-11} cm/s，CBR 顶破强度不应小于 2.5 kN，在严寒地区还应具有抗冻性；

3　塑料渗水管材应质量轻、耐化学腐蚀，使用寿命长，可在 −25 ℃～60 ℃条件下使用，有良好的透水、渗滤、纵向排水性能，并具有较高抗拉、抗压强度和环形刚度。

6.3　施工要点

6.3.1　盲沟、渗沟开挖后应疏干沟内积水，平整沟底及沟壁，清除尖石、树根等杂物，避免刺破、损伤土工织物。

6.3.2　土工织物应铺设平顺、松紧适度，并与沟壁被保护土体密贴，不得有皱褶。破损时应及时修补，修补面积应大于破损面积的 4 倍。

6.3.3　反滤土工织物的搭接宽度不宜小于20 cm。隔水防渗土工膜和复合土工膜宜用粘接法，粘接宽度不应小于 10 cm，粘接强度不应低于材料设计强度，连接面不得夹有砂石等杂物。

6.3.4　渗沟和挡土墙后的渗水管应按设计位置铺设并固定。挡土墙后斜向管与纵向管接口可采用“T”形接头，渗水管接口应牢固，不易松动，并避免土、碎石等落入管中。

6.3.5　塑料渗水管外的土工织物应包裹绑扎牢固，不得脱落、皱褶。

6.3.6　土工合成材料铺设后应及时回填或覆盖，回填碎石等填料时，应采取避免损伤土工织物和渗水管的措施。

6.3.7　引排水的仰斜钻孔应顺直，成孔后应及时插入渗水管，并固定管口。

7　加筋土工程

7.1　一般规定

7.1.1　当路堤填料为细粒土或软质岩、改建或增建二线帮宽或加宽的路基稳定性较差、受地形限制需要加陡路堤边坡时，可采用土工合成材料加筋补强。

7.1.2　200 km/h 及以上铁路的正线不宜采用土工合成材料加筋土挡墙及加筋收陡边坡的形式。

7.1.3　采用土工合成材料作拉筋的加筋土挡土墙，单级高度不宜大于 10 m，大于 10 m 时应进行特殊设计。

7.1.4　**加筋土挡土墙必须作好地基处理。**

7.1.5　严寒地区加筋土筋材应选用耐低温的土工合成材料。

7.2　加筋土路堤

7.2.1　土工合成材料在路堤中可采用下列结构形式：

1　采用细粒土或软质岩等填料的路堤边坡，宜选用图 7.2.1—1 的边坡加筋补强结构形式，抑制边坡浅层溜坍和增强边坡抗冲蚀的能力；

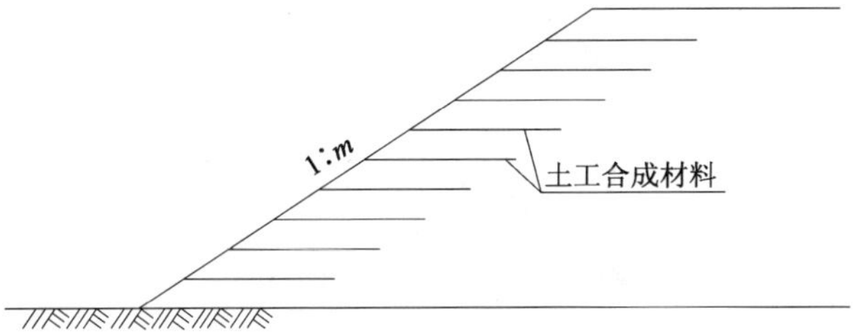

图 7.2.1—1　路堤边坡加筋补强结构形式

2　受地形、地物限制需加陡路堤边坡时，宜选用图 7.2.1—2 的加筋土路堤结构形式，筋材的回折长度可根据本规范式(7.3.4)计算；

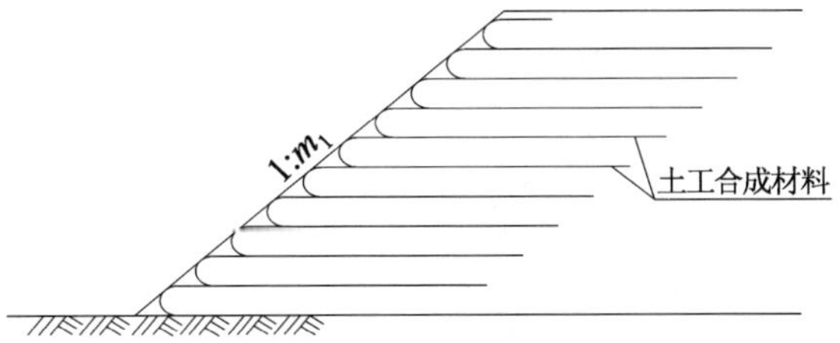

图 7.2.1—2　外边回折的加筋土路堤结构形式

3　增强路堤填土界面处摩擦力，提高路堤的整体稳定性时，宜选用图 7.2.1—3 的填土界面加筋结构形式。

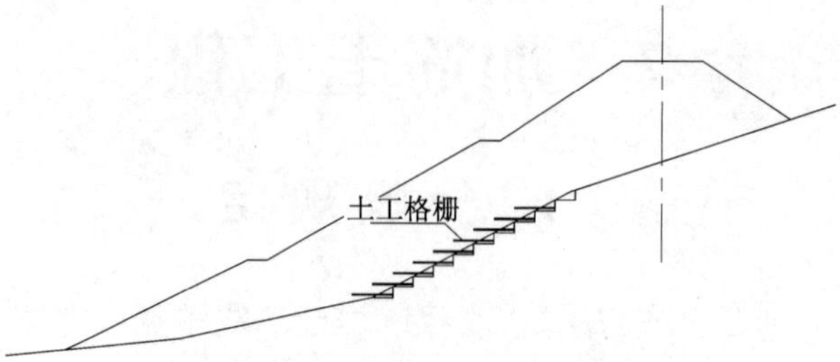

图 7.2.1—3　填土界面加筋结构形式

注：图 7.2.1—1 和图 7.2.1—2 中，m 为《铁路路基设计规范》（TB 10001）或《铁路特殊路基设计规范》（TB 10035）所规定之坡率；m_1 为加陡路堤边坡坡率。

7.2.2　当路堤采用多层土工合成材料加筋时，各层土工合成材料之间的间距不宜小于每一填筑层的最小厚度，且不宜大于1 m，加筋材料的最小铺设宽度不应小于 2.5 m。

7.2.3　加筋土路堤土工合成材料的铺设层数和长度应按圆弧滑动法或楔体滑动法稳定性检算确定，安全系数不得小于 1.3。筋材的锚固长度除应满足抗拔稳定性检算要求外，且不得小于 2.5 m。

7.2.4　加筋材料的技术性能指标应符合下列规定：

1　用于路堤边坡加筋补强时，宜选用土工格栅、土工网，其极限抗拉强度不应小于 25 kN/m；

2　用于加筋土路堤的土工合成材料宜选择强度高、变形小、粗糙度大、抗老化、蠕变变形小的土工格栅，其极限抗拉强度不应小于 35 kN/m；

3　填土界面加筋宜选用土工格栅。

7.3　加筋土挡土墙

7.3.1　加筋土挡土墙可采用包裹式、挂板式等结构形式。

7.3.2　加筋土挡墙结构型式应符合下列规定：

1　以土工合成材料作筋材的挡土墙，可采用图 7.3.2—1～图 7.3.2—4 的结构形式；当墙高大于 6.0 m 时，宜采用图 7.3.2—3 的结构形式。

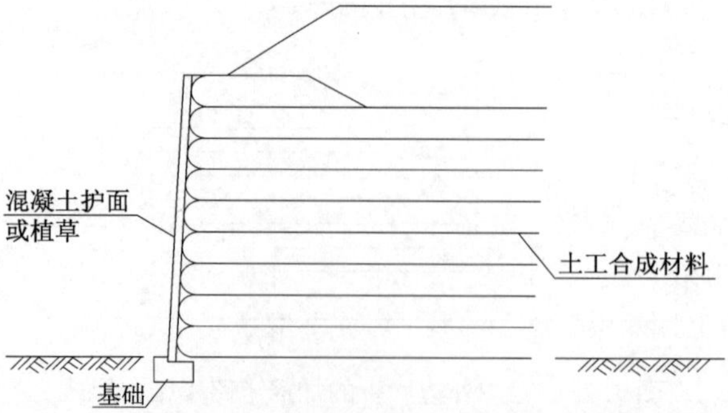

图 7.3.2—1　加筋土挡土墙结构形式之一（包裹式）

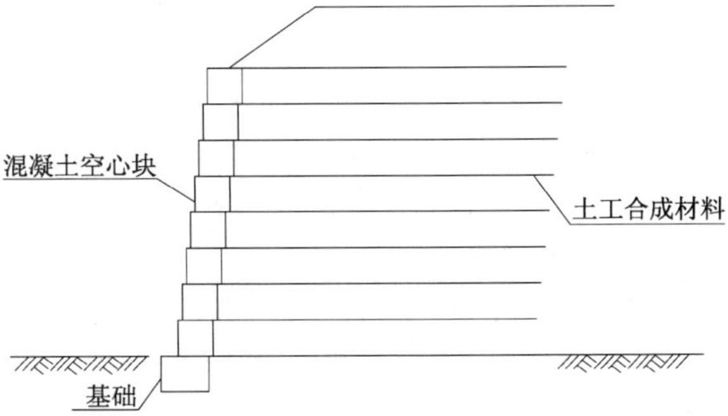

图 7.3.2—2　加筋土挡土墙结构形式之二(挂板式)

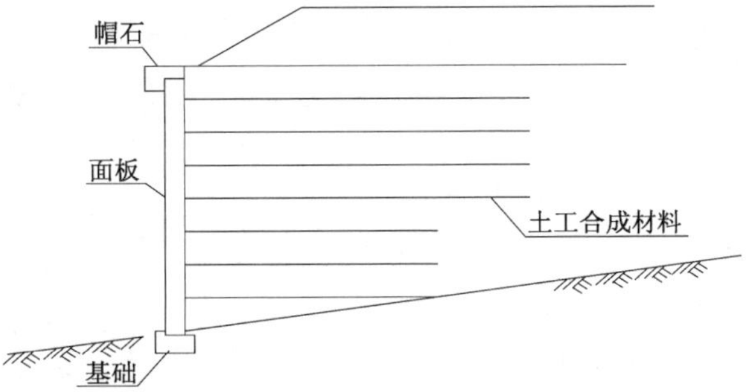

图 7.3.2—3　加筋土挡土墙结构形式之三(挂板式,拉筋材不等长布置)

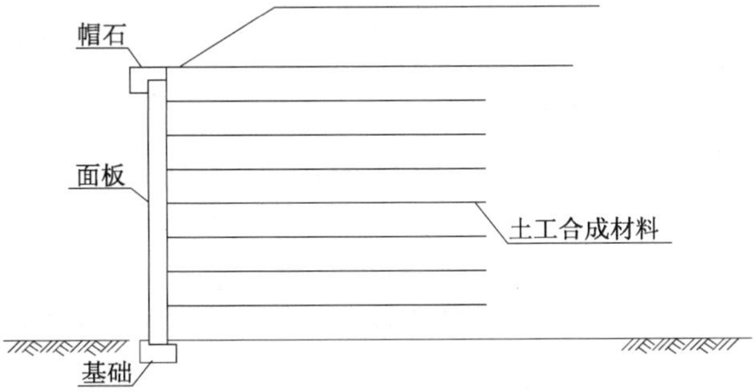

图 7.3.2—4　加筋土挡土墙结构形式之四(挂板式,拉筋材等长布置)

2　路基面上需设置杆架、沟槽、管线的地段,应采取保证加筋土挡土墙的完整和稳定的工程措施。

3　土质地基和风化层较厚难以全部清除的岩石地基,加筋土挡土墙面板基础的埋置深度不应小于 0.6 m,并应满足防冲刷和防冻胀要求。

4　加筋土挡土墙应有防水、排水设施,顶面应设置柔性封闭层。

7.3.3　加筋土挡土墙内部、外部稳定性和筋材长度等应按有关规定进行计算,筋材的长度除应满足计算要求外,还应满足不小于 0.6 倍加筋土挡土墙墙高,且不应小于 4.0 m。

7.3.4　包裹式加筋土挡土墙筋材回折包裹长度应按下式计算:

$$L_0=\frac{D\cdot\sigma_{\mathrm{h}}}{2(c+\gamma\cdot h\cdot\tan\delta)}\tag{7.3.4}$$

式中　L_0——计算拉筋层的水平回折包裹长度，按水平投影长度(m)；

D——拉筋的上、下层间距(m)；

σ_h——作用在墙面上的侧向应力(kPa)；

c——拉筋与填料之间的黏聚力(kPa)；

γ——填料重度(kN/m^3)；

h——拉筋距顶部的距离(m)；

δ——拉筋与填料之间的摩擦角(°)。

土工格栅拉筋采用等长的水平回折包裹长度应大于计算的最小值，且不宜小于2.0 m，加筋土体最上部1~2层拉筋的回折长度应适当加长。

7.3.5　土工格栅、复合拉筋带设计容许抗拉强度应按本规范式(3.0.3)计算。

7.3.6　土工合成材料拉筋的技术性能指标应符合以下规定：

1　拉筋应选择强度高、延伸率小、能与填料产生足够摩擦力、抗老化性能好、蠕变变形小的高密度聚乙烯土工格栅、双向经编高强度涤纶土工格栅或复合拉筋带，并且其铺设、接长和与面板连接应简单易行；

2　土工格栅极限抗拉强度不应小于35 kN/m；

3　土工格栅极限抗拉强度对应的延伸率，高密度聚乙烯土工格栅不应大于12%，其他土工格栅不应大于10%；

4　复合拉筋带破断时，拉伸应变不得大于2%，单根破断拉力不得小于9 kN，表面应有粗糙花纹。

7.4　施工要点

7.4.1　加筋土路堤施工应符合下列要求：

1　铺设土工合成材料时，应将强度高的方向置于垂直于路堤的轴线方向。

2　土工合成材料受力方向上的连接必须牢固，连接强度不得低于材料的设计容许抗拉强度，另一方向应密贴排放。

3　土工合成材料的铺设应拉紧不得有褶皱，必要时可用插钉固定；多层铺设时，上下层接缝应错开。

4　铺设土工合成材料的填土表面应平整，不得有坚硬凸出物，严禁碾压机械直接在土工合成材料表面上进行碾压。

5　土工合成材料摊铺后应及时填筑填料，避免阳光长时间直接照射。

7.4.2　加筋土挡土墙施工应符合下列要求：

1　用作拉筋的土工格栅应将强度高的方向垂直于墙面铺设；复合拉筋带应垂直于墙面呈扇形散开铺设，并分布均匀，自墙面板起至筋带长度的1/3以后不得重叠。

2　筋材与面板的连接、土工格栅的回折长度应符合设计要求。

3　筋材应铺设在有1%~3%横坡的平整压实的填土上(使筋材末端比前端高5 cm~10 cm)；筋材应拉直、拉紧，不得有卷曲、扭结；筋材拉紧固定后，应立即填铺上层填料。

4　筋材需要接长时，连接处强度不得低于设计容许强度，同一层接点不得多于2个。

5　筋材重叠交叉时，筋材之间应用填料隔开，其厚度宜大于5 cm；墙面转角处相邻2~4块面板上宜增设加强筋材，加强筋材的数量不宜少于结构设计数量的1/3，加强筋材

可与面板斜交。

6 填料的种类、颗粒粒径应符合设计要求，与筋材直接接触部分的填料不应含有尖锐棱角的块体，填料中最大粒径不宜大于单层填料压实厚度的1/3。

7 填料必须分层填筑、碾压，分层厚度以30 cm为宜。

8 填料的碾压顺序应从筋材中部压向筋材尾部，再由中部压向面板，全面轻压后再重压；填料未压实前，碾压机械不应做90°转向操作；压实机械与面板距离不应小于1 m，在此范围内应采用小型夯实机械或人工夯实。

9 施工机械严禁在未覆盖填料的筋材上行驶，机械行驶时，其筋材上填料覆盖厚度不宜小于20 cm。

8 地基处理

8.1 一般规定

8.1.1 土工合成材料可用于软土、松软土、盐渍土等地基的加筋补强、加速排水固结及毛细水隔断。地基加筋补强宜选用强度较高、延伸率较小的土工格栅、土工织物或土工格室,加速地基排水固结宜选用塑料排水带或袋装砂井,毛细水隔断宜采用复合土工膜。

8.1.2 采用土工合成材料处理软土地基的措施,应根据地基情况、路堤高度及稳定、工后沉降、工期等要求确定。

8.1.3 当盐渍土地区路堤高度小于不发生次生盐渍化的路堤最小高度,且难以采用降低地下水位等措施时,可设置复合土工膜毛细水隔断层。

8.2 设　计

8.2.1 软土地基加筋补强设计应符合下列规定:

1 采用土工合成材料加筋补强软土地基,应在路堤底部铺设单层或多层土工合成材料与砂石等组成加筋垫层,约束地基侧向变形、均化基底应力分布、提高地基承载力和增强路堤抗滑稳定性。

2 土工合成材料加筋补强软土地基时,应根据可能发生的破坏形式,进行稳定性检算和沉降计算。

3 土工合成材料的变形宜与土体的变形相适应。

4 地表应铺设中粗砂或其他透水性好的均质渗水料垫层,垫层厚度不宜小于40 cm,含泥量不宜大于 5%。

5 土工合成材料应沿路堤底部横向满铺;铺设层数应根据稳定性检算确定,不宜超过 3 层。

6 土工织物或土工格栅应强度高、延伸率小和不易老化。

8.2.2 大面积软土地基处理工程中,可采用大直径软式透水管作为集水井,表面辅以网状小直径软式透水管组成排水体系,加速地基排水固结。

8.2.3 软土地基排水固结设计应符合下列规定:

1 排水带或袋装砂井平面布置可采用正三角形或正方形。

2 排水带或袋装砂井的间距及长度应通过计算确定。

3 地基的固结度宜采用太沙基固结理论计算;当排水带或袋装砂井插入较深,施工对地基扰动较大时,宜考虑涂抹和井阻对固结的影响。

4 排水带设计的等值砂井直径 d_w 按下式换算:

$$d_w = \alpha \frac{2(b+\delta)}{\pi} \qquad (8.2.3)$$

式中 α——折减系数,无试验资料时可采用1;

b,δ——分别为排水带的宽度与厚度。

5 稳定分析与沉降计算应按有关规范执行。

6 地表应铺设中粗砂或其他透水性好的均质渗水料垫层,垫层厚度不宜小于50 cm,含泥量不宜大于5%。

7 排水带芯材应具有足够的抗拉强度、耐腐性、柔性和垂直排水能力,滤套应具有一定的强度及反滤能力。

8 袋装砂井袋料应选用韧性强的聚丙烯或其他适用的织造土工织物制成,抗拉强度应能承受砂袋自重,装砂后砂袋的渗透系数不应小于砂的渗透系数;袋料主要技术性能指标应满足表8.2.3要求。

表8.2.3 袋装砂井袋料技术性能指标

项目 \ 砂井长度(m)	<10	10~15	15~20
极限抗拉强度(kN/m)	8	12	15
质量(g/m^2)	85	90	95
规格(经×纬)(根/10 cm)	40×40		
渗透系数(cm/s)	$>5\times10^{-3}$		
等效孔径(mm)	$O_{95}<0.05$		

9 砂袋内充填料应采用中粗砂,其含泥量不应大于3%,渗透系数不应小于5×10^{-3} cm/s。

8.2.4 复合土工膜毛细水隔断层宜设置在路堤底部,横断面型式如图8.2.4所示。在有地表积水地段,复合土工膜应设置在地表最高积水位以上不小于0.5 m处。

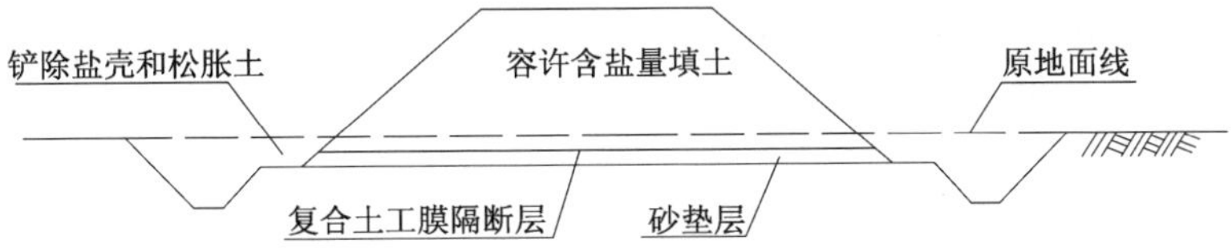

图8.2.4 复合土工膜隔断层路基横断面形式

8.2.5 复合土工膜的技术性能应满足下列要求:

1 膜厚不应小于0.35 mm,渗透系数不应大于10^{-11} cm/s;

2 对硫酸盐、氯盐、碳酸盐具有长期耐腐蚀性和抗老化性能;

3 CBR顶破强度不应小于2.5 kN;

4 严寒地区使用时,还应满足抗冻要求。

8.3 施工要点

8.3.1 软土地基加筋补强施工应符合下列规定:

1 土工织物在铺设时,幅与幅之间纵向连接可采用搭接法,其搭接宽度宜为0.3 m~0.5 m;土工格栅可不搭接,采取密贴排放;土工合成材料受力方向的连接应采取可靠措施,连接强度不得低于设计容许强度。

2 铺设多层土工合成材料时,其上、下层接缝应错开,错开距离不宜小于 0.5 m。

3 铺设土工合成材料前应整平砂垫层,铺设时不得褶皱和损坏,铺好后应及时填砂覆盖。

4 土工合成材料铺好后,应按设计要求铺回折段砂,用刮板整平后逐幅回折,并用砂压住。

5 土工合成材料上铺的砂垫层,应采用人工或轻型机械运砂进场,散铺整平,且不宜直接碾压,待其上填土后再行碾压;第一层填料碾压应从两边开始循序向中间进行,土工合成材料上的垫层和填料厚度大于 0.6 m 后,方可采用重型机械碾压。

8.3.2 软土地基排水带排水固结法施工应符合下列规定:

1 定位时,锚靴或管靴应压紧套管下端对准桩位。

2 插入过程中导轨应垂直,钢套管不得弯曲,透水滤膜不得被扯破和污染;排水带底部应有可靠的锚固措施,当发生芯带随同套管拔出长度大于 0.5 m 时,应重新补打。

3 排水带超出孔口的长度应保证伸入砂垫层中0.3 m~0.5 m,并将外露排水带保护好,不宜曝晒过久。

4 排水带接长时应采用滤膜内芯平搭的连接方式,搭接长度不应小于 20 cm,用滤膜包裹,并可靠固定。

8.3.3 软土地基袋装砂井排水固结法施工应符合下列规定:

1 砂袋灌砂率应达95%以上,灌砂率(r)按下式计算:

$$r=\frac{m_{sd}}{0.78d^2h\rho_d}\times 100\% \tag{8.3.3}$$

式中 m_{sd}——实际灌入砂的质量(kg);

d,h——砂井直径、深度(m);

ρ_d——中粗砂的干密度(kg/m^3)。

2 砂井可采用振动法或锤击法施工,导轨应垂直,钢套管不得弯曲,套管只准往下压入,不得起管后再往下压入,沉入时应用仪器控制垂直度。

3 在钢套管上应划出标尺,以控制砂井入土深度。

4 下砂袋时需经套管入口滚轮,平稳迅速地送入套管内并拉住袋尾,待起管提升 0.5 m 时方可松开,让砂袋坠入孔内;放入砂袋时应防止砂袋发生扭结、缩颈、断裂和砂袋磨损。

5 起拔套管时应先启动激振器,后提升套管,并应垂直起吊,防止带出或损坏砂袋;当带出长度大于 0.5 m 时,应重新补打。

6 砂袋超出孔口长度应保证伸入砂垫层中0.3 m~0.5 m。

7 已施打的袋装砂井应及时向袋内补砂,每隔 3 d 补砂一次,一般补砂 2~3 次,遇雨时应在雨后及时补砂。

8.3.4 盐渍土路基土工膜隔断层的施工应符合下列规定:

1 土工膜铺设面应设置砂垫层,并自线路中心向两侧做成 4% 的横坡;

2 土工膜的连接应确保不渗不漏;

3 土工膜隔断层铺好后,应及时填土,第一层填土应采用人工摊铺,厚度不得小于 0.3 m,土中不得夹有带棱角的石块,严禁用羊足碾碾压。

本规范用词说明

执行本规范条文时,对于要求严格程度的用词说明如下,以便在执行中区别对待。
(1)表示很严格,非这样做不可的用词:
正面词采用“必须”;
反面词采用“严禁”。
(2)表示严格,在正常情况下均应这样做的用词:
正面词采用“应”;
反面词采用“不应”或“不得”。
(3)表示允许稍有选择,在条件许可时首先应这样做的用词:
正面词采用“宜”;
反面词采用“不宜”。
(4)表示有选择,在一定条件下可以这样做的,采用“可”。

《铁路路基土工合成材料应用设计规范》
条 文 说 明

本条文说明系对重点条文的编制依据、存在的问题以及在执行中应注意的事项等予以说明。为了减少篇幅,只列条文号,未抄录原条文。

1. 0. 1　20世纪60年代我国铁路部门开始研究应用土工合成材料防治翻浆冒泥和包石材料作盲沟排水,80 年代应用土工织物处理软土地基,铁路路基工程应用土工合成材料已有 40 多年的成功经验。铁路路基在土工合成材料应用研究和实践过程中,取得了许多研究成果,积累了丰富的资料和数据,为制定本规范奠定了基础。

1. 0. 2、**1. 0. 3**　考虑目前铁路路基工程应用土工合成材料的情况,土工合成材料在路基工程中有较广泛的适用性,因此对适用的列车设计行车速度未作限定,即目前的铁路路基工程均可应用。但是不同的铁路等级、不同的列车设计行车速度、列车荷载不同,路基结构形式也不同,应用土工合成材料应酌情设计。同时,路基工程应用土工合成材料应充分考虑工程地质条件和气象特点,尽可能采取综合应用的措施,发挥综合效应,使设计切合实际、经济合理、安全可靠,提高土工合成材料应用的实际效果。

《铁路路基工程施工质量验收标准》(TB 10414—2003)对土工合成材料的施工质量检验已有较全面的规定,因此本次修订删除了原规范第 3 章至第 7 章中"施工质量检验"一节外,还将原规范名称《铁路路基土工合成材料应用技术规范》改为《铁路路基土工合成材料应用设计规范》。

3. 0. 1　土工合成材料应用十分广泛,铁路路基工程土工合成材料主要应用于防渗、隔离、加筋、反滤、排水、防护和保温等,故土工合成材料的功能和技术性能必须与其使用要求和应用条件相一致。"应用条件"是指环境条件、工程地质条件和水文地质条件等。

按国际土工合成材料协会(IGS)分类法,土工合成材料产品分类如下:

- 土工合成材料
  - 土工织物
    - 织造
      - 机织（含编织）
      - 针织
    - 非织造（无纺）
      - 针刺
      - 热粘结
      - 化学粘结
  - 土工膜
  - 土工复合材料
    - 复合土工膜
    - 复合土工织物
    - 复合防排水材料：排水带、排水管、排水防水材料等
  - 土工特种材料：土工格栅、土工带、土工格室、土工网、土工模袋、土工网垫、聚苯乙烯泡沫塑料等

目前国内土工合成材料所用原材料主要有聚丙烯(PP)、聚乙烯(PE)、聚酯(PER)、

聚酰胺(PA)、高密度聚乙烯(HDPE)和聚氯乙烯(PVC)等几种,它们的用途、特点和产品适用范围比较参见说明表3.0.1。

说明表3.0.1 土工合成材料各种原材料用途、特点和产品适用范围

材料名称	材料用途	材料特点	产品适用范围	附注
高强聚酯纤维(俗称涤纶丝或PET丝)	经编土工格栅、经编复合土工布、高强度机织土工布(聚酯短纤维用于无纺布)	柔性材料,生产过程中经过超高倍数拉伸,强度高,断裂伸长率≤22%,蠕变系数最小,耐温范围为-70 ℃~180 ℃,抗紫外线、微生物腐蚀性能优良,但其耐酸、碱盐性能略低于聚丙烯,是一种理想的土工合成材料原料	适用于挡土墙加筋、软土地基处理、高边坡防护及易暴露于外界的水利工程	材料性能好,但成本略高于其他材料
高强聚丙烯纤维(俗称丙纶丝或PP丝)	经编土工格栅、经编复合土工布、高强度机织土工布	柔性材料,生产过程中经过超高倍数拉伸,强度高,断裂伸长率≤20%,蠕变系数较大,耐温范围为-30 ℃~150 ℃,抗紫外线差,抗微生物、酸、碱盐腐蚀性能优良,是一种理想的土工材料原料	适用于软土地基处理、边坡防护及环境治理工程(如垃圾填埋场)	材料价格较低,且双向及单向格栅强度高达200 kN/m,幅宽均≥5.0 m
聚丙烯裂膜丝(俗称PP丝)	编织土工布、砂井袋、充砂管袋	柔性材料,生产过程中经过超高倍数拉伸,强度较高,断裂伸长率≤20%,蠕变系数取值为4.0,(最大),耐温范围为-30 ℃~150 ℃,抗紫外线差,抗微生物、酸、碱盐腐蚀性能优良	适用于软土地基处理及各种水利工程	只适用于生产低档土工布,多用于临时工程
玻璃纤维	玻纤土工格栅	脆性材料,生产过程中经过超高倍数拉伸,强度较高,断裂伸长率≤4%,实际应用中为1.5%~2.5%,蠕变系数小,耐温范围为-50 ℃~240 ℃,不受紫外线影响,抗微生物、酸、碱盐腐蚀性能优良	适用于公路路面处理工程,不能用于地基处理	成本较低
聚酯工程塑料(俗称PET)	塑料拉伸土工格栅	刚性材料,生产过程中经过低倍数机械拉伸,强度高,断裂伸长率小,蠕变系数小,取值为1.67,耐温范围为-70 ℃~180 ℃,抗紫外线、微生物腐蚀性能优良,但其耐酸、碱盐性能略低于聚丙烯,是理想的土工合成材料原料	适用于挡土墙加筋、软土地基处理、高边坡防护及易暴露于外界的水利工程	拉伸工艺复杂,成本高,目前国内暂没有厂家生产
聚乙烯工程塑料(俗称PE)	塑料拉伸土工格栅	刚性材料,生产过程中经过低倍数机械拉伸,强度较高,断裂伸长率≤20%,蠕变系数取值为2.67,大于聚酯材料,耐温范围为-30 ℃~150 ℃,抗紫外线差,抗微生物、酸、碱、盐腐蚀性能优良	适用于挡土墙加筋、软土地基处理、边坡防护等工程	拉伸工艺较复杂,成本较高,双向格栅强度低,单向格栅幅宽窄

续上表

材料名称	材料用途	材　料　特　点	产品适用范围	附　　注
聚丙烯工程塑料(俗称 PP)	塑料拉伸土工格栅	刚性材料,生产过程中经过低倍数机械拉伸,强度较低,断裂伸长率≤20%,蠕变系数取值为 4.0,(最大),耐温范围为-30 ℃~150 ℃,抗紫外线差,抗微生物、酸、碱盐腐蚀性能优良	可用于软土地基处理、边坡防护等工程,不能用于挡土墙加筋	拉伸工艺简单,成本较低,产品经折叠后,强度损失大,双向格栅强度低,单向格栅幅宽窄
聚丙烯工程塑料+钢丝	钢塑复合土工格栅	刚性材料,强度极高,断裂伸长率≤4%,蠕变系数小,耐温范围为-30 ℃~150 ℃,抗紫外线差,抗微生物、酸、碱、盐腐蚀性能极差	可用于软土地基处理、边坡防护等工程,不能用于挡土墙加筋	该材料生产的格栅结点强度低,网孔大,且易腐蚀

注:本表参照中国标准出版社出版的《土工合成材料应用手册》、《土工合成材料标准汇编》汇编。

3.0.2　土工合成材料的测试项目应按工程需要确定。挡土墙高度大于 6 m 时,建议对加筋材料作蠕变试验。

3.0.3　土工合成材料的强度在实际工程中因机械损伤、化学与生物作用以及在长期使用中的蠕变等因素会不同程度地削弱。国际上普遍采用四项影响系数按式(3.0.3)计算设计容许抗拉强度。

3.0.4　《公路加筋土工程设计规范》(JTJ 015—91)列出的填料设计参数如说明表 3.0.4。

说明表 3.0.4　填料设计参数

填料类型	重度(kN/m³)	计算内摩擦角(°)	似摩擦系数
中低液限黏性土	18~21	25~40	0.25~0.4
砂性土	18~21	25	0.35~0.45
砾碎石类土	19~22	35~40	0.4~0.5

注:1　黏性土计算内摩擦角为换算内摩擦角;
　2　似摩擦系数为土与筋材的摩擦系数;
　3　墙高较高的挡土墙计算内摩擦角和似摩擦系数采用低值。

3.0.6　与其他建筑材料比较,土工合成材料有两个明显的特点:一是在阳光照射下容易老化;二是土工合成材料是人工合成的聚合物,受热容易变形甚至燃烧。故土工合成材料的运输、储存和堆放,要避免阳光照射、远离热源。

3.0.7　土工合成材料受损伤后,其力学性能降低,所以本条强调“土工合成材料施工应采用先进的方法和工艺,不得损伤土工合成材料”。此外,施工方法和施工工艺还应考虑土工合成材料铺设固定后,位置不得因施工而受到扰动。

4.1.2、4.1.3　既有铁路基床翻浆冒泥病害,多发生在基床排水条件不良、土质较为密实的粉质黏土或风化严重的软质岩地段。病害的特征为软化层较薄、下卧层强度较高。在病害地段的基床表面铺设土工膜或复合土工膜可起隔离(隔水、隔浆、隔砟)与排水作用,在雨量较少地区、病害程度较轻微时,亦可使用300 g/m²以上的无纺土工织物进行反滤和排水处理。

既有铁路基床下沉外挤病害系由于土质不良和水的作用造成基床土软弱、抗剪强度降低,表现出“深陷槽”、“外挤土垄”等特征,最终导致基床受剪切破坏,直接影响线路上部结构的稳定。病害地段可在基床表层内铺设土工格室,扩散基床应力、提高基床的刚度,并根据下卧基床软弱层的强度选用合适厚度的材料。格室内填充砂砾石或合格填料。当道碴陷槽较深、积水严重时,可采用插渗水管引排。病害整治已有较多成功实例。

既有铁路基床冻害一般发生在季节性冻土地区,因路基面在土、水、温度的共同影响下产生不均匀冻胀所致。基床冻害往往伴生翻浆冒泥、道碴陷槽、基床土外挤等。冻害防治除了换土措施以外,可选用土工膜或复合土工膜进行隔、排水,选用厚度不小于5 cm的聚苯乙烯泡沫塑料进行保温处理。冻害较轻时,可选用较厚的无纺土工织物进行防治。

各类基床病害的发生与发展,均离不开水的诱发作用,故采用土工合成材料进行处理时,应根据需要同时采取相应的降、排水措施与之配合,可参考以下措施:

(1)基床表面横向排水坡度≥4%;

(2)若两侧既有浆砌片石路肩高于基床排水面,高出部分应改为干砌片石(侧面下部不勾缝)或每隔1 m加设一个泄水孔;

(3)侧沟深度不足者应进行加深改造,侧沟流水面的高程至少应低于土工格室或其他土工合成材料垫层下排水面出口处0.2 m。

4.2.1

2 在既有铁路采用土工膜(复合土工膜)与土工织物整治基床翻浆冒泥病害时,应铺设在基床表面,清除基床表面软层后即可铺设土工合成材料。铺设横坡应不小于4%,以利排水。土工合成材料上、下均应设置砂保护层,上部砂层厚度不宜小于0.10 m,下部砂层厚度不宜小于0.05 m,总厚度应大于等于0.20 m,在双层道床地段可利用道床的砂垫床,在单层道床地段可将下部0.10 m厚的道碴置换为砂层。

既有铁路采用土工格室加固基床,整治基床下沉外挤时,应将其作为置换层铺设在基床表层内,置换的材料厚度视病害程度而定。土工格室下中粗砂保护层厚度不宜小于0.05 m,土工格室与砂层之间视具体需要加设150~200 g/m^{2}土工织物1~2层,其作用是隔离、反滤、排水和加筋。土工格室上即路基面,可直接铺设碎石道床。为了保证置换层的排水通畅,土工格室两侧应依次设置碎石反滤层、干砌片石路肩(或留有泄水孔的浆砌片石路肩)。

3 土工合成材料的铺设深度应注意以下几方面:

(1)铺设土工合成材料后,不应降低原有道床的标准厚度;

(2)土工合成材料下的基床土应具有不致使材料破坏和降低处理效果的压实度与承载力,不满足时可清除软弱层、降低材料铺设面或对基床土采取辅助性的其他改良、补强措施;

(3)根据实践经验,土工膜(复合土工膜)与土工织物应铺设于钢轨位置(复线地段为内侧钢轨位置)轨枕底下不小于0.35 m的深度下,以避免道床捣固的损害。

4 一般地区土工合成材料的铺设宽度,原则上应满足轨道与列车上部荷载作用于路基面上的应力分布宽度(即沿轨枕两端头底面起以45°扩散角传力至路基面),且不外露于道床。铺设宽度与铺设深度有关,根据实际应用,应全断面铺设。

冻害、膨胀岩土地段,路基面需“全封闭”隔、排水,故土工合成材料应全断面铺设,并与片石路肩、侧沟配合应用。

4.2.3 铁路路基基床病害的多样性,决定了所用土工合成材料的多样性。本条主要根据实践经验提出了有针对性地选用土工合成材料的要求。

根据原杭州铁路分局、同济大学“土工格室整治基床下沉病害的设计研究”报告(2003 年 8 月),土工格室焊距越小、高度越高,列车动应力衰减越明显。试验表明,焊距 680 mm 的土工格室整治与换砂法相比,动应力衰减不明显,不宜选用。

土工格室用于既有铁路基床病害整治,具有施工简便、工效高、材料运输方便,特别是对行车干扰小等优点。与充填料构成的垫层可大幅度提高基床刚度,具有明显的扩散荷载作用,降低基床表面动(静)应力水平,可防止基床侧挤和道碴陷槽病害的发生。根据已有的模型试验和现场实测资料,与砂垫层相比较,最大应力可降低 5% ~ 11%;与普通填土层相比,可降低 17% ~ 36%。

据西南交通大学的研究,土工格室与充填料构成的垫层扩散后,应力可按“当量厚度理论”计算。

未铺设土工格室前,传递至路基面的应力 P 为

$$P=\frac{a\times b}{(a+2h\tan\alpha)\times(b+2h\tan\alpha)}\times P_0$$

铺设土工格室(高度为 t)后,传递至路基面的应力 P'为

$$P'=\frac{a\times b}{[a+2(h+Z_g)\tan\alpha]\times[b+2(h+Z_g)\tan\alpha]}\times P_0$$

当量厚度 Z_g 为

$$Z_g=\sqrt[3]{\frac{E_1}{E_2}}\times t$$

式中　a,b——轨枕长度、宽度;

h——枕下道床厚度;

α——扩散角(一般为 45°);

t——土工格室高度;

E_1,E_2——土工格室和基床土的弹性模量。

在既有铁路基床病害整治设计中,可根据基床实际软弱程度,调整土工格室厚度,使扩散后应力满足基床承载力要求。

4.2.4

1　根据主要功能的不同,复合土工膜可划分为加筋型和横向排水型两种。加筋型复合土工膜具有较高的强度和模量,长期效果好,经编复合土工膜和氯丁橡胶土工膜均属于这一类型。横向排水型复合土工膜一般由无纺土工织物与土工膜复合而成,常见的有“一布一膜”、“两布一膜”等。

2　土工织物为透水性土工合成材料。用于基床处理的多为无纺土工织物,无纺土工织物的等效孔径(亦称开孔尺寸)O_{95}一般为 0.05 mm~0.5 mm。因粉质黏土基床中小于 0.05 mm的颗粒多占60%以上,且铺设于基床表面的土工织物在列车活载作用下处于“双向排水”状态时,为了使土工织物保持较好的隔浆、渗水作用,实用中建议等效孔径采用 O_{95}=0.05 mm~0.08 mm。土工织物的透水性一般以渗透系数来表征,渗透系数 $k=1\times10^{-3}$ cm/s~1×10^{-2} cm/s。

3　常用的绝热保温材料包括模塑聚苯乙烯泡沫塑料(EPS)、挤塑聚苯乙烯泡沫塑料(XPS)、聚胺酯泡沫塑料(PU)等,其相应的性能指标可分别参见《绝热用模塑聚苯乙烯泡

沫塑料》(GB/T 10801.1—2002)、《绝热用挤塑聚苯乙烯泡沫塑料》(GB/T 10801.2—2002)和《软质聚胺酯泡沫塑料》(GB/T 10802—1989)。对 EPS 而言,其厚度应不小于 5 cm。

4.3.3 土工织物的连接一般有搭接法和缝接法。缝接方法有一般缝法、丁缝法和蝶形缝法等三种,各种缝接法的接缝强度一般都小于原材料强度。拉力测试表明,丁缝法和蝶形缝法比一般缝法抗拉强度较高。

4.3.5 既有铁路采用土工合成材料整治病害的施工,根据施工条件可采用封锁线路或架空轨道的施工方法。

封锁施工分“揭盖”与“不揭盖”两种。其基本作业工序为:拆除轨道(“不揭盖”方式用千斤顶支撑轨道,挖除道床)→修整基面(含挖除软弱基床部分)→摊铺下层砂垫层→铺设土工合成材料→材料连接→摊铺上层砂垫层→恢复轨道,捣固整理。

扣轨施工采用的轨束梁架空结构应根据轨道类型、运营条件、架空跨度计算确定。扣轨施工的基本作业工序为:搭设轨束梁→挖除既有道床→修整基面(含挖除软弱基床部分)→摊铺下层砂垫层→铺设土工合成材料→材料连接→摊铺上层砂垫层→恢复道床,捣固密实→拆除轨束梁。

土工合成材料的铺设可采取纵铺与横铺两种方法。

5.1.3 作为传统冲刷防护措施的替代材料,土工合成材料具有质量轻、强度高、耐腐蚀、柔性强、施工方便、与土体相互作用有反滤、排水或防渗作用,并具有吸收水流冲击能之优点。土工合成材料可与土、石、混凝土等结合,覆盖于岸坡或河底,构成抗冲刷工程。除石笼、沉枕、土工模袋等类型外,经验成熟时,也可采用压块软体沉排和连锁压块软体沉排等措施。

5.1.4 风沙地区的路基本体防护应进行粗粒土包坡和土工合成材料辅助种草种树的经济技术比较。本体外的平面防护,经济上合理时可用立体植被护坡网、土工网、土工网垫来代替传统的种草方格等防沙、固沙和阻沙,用尼龙网立式沙障进行阻沙和拦沙。

5.2.2 为了保证施工和正常使用,用于坡面防护的土工合成材料应考虑以下因素:

1 影响土工合成材料性能的自然因素主要是阳光照射,所以隐蔽的土工合成材料使用寿命长。而对于暴露于阳光下的土工合成材料如植物防护中所采用的土工网、土工网垫、立体植被护坡网,在植物未长成之前,会受到阳光照射,对其使用寿命提出不少于 5 年的要求,以保证植物防护完全发挥作用之前土工合成材料不至于失效。

2 水土保持能力系数为在相同降水量条件下设防护与不设防护水土保持时间之比。土工网垫在植物成活之前,可以保护坡面免遭风雨的侵蚀,要求其水土保持能力系数不小于 5。土工网垫运输和施工中不可避免地会被压扁,为了保证其三维结构,要求 30 min 时回弹恢复率不低于 80%。

5.3.2 石笼和沉枕的稳定性计算应考虑抗滑稳定、抗浮稳定和水流作用下的稳定性,可参考《土工合成材料工程应用手册》(中国建筑工业出版社)的有关计算方法进行计算。

石笼一般长 2 m~3 m、宽 1 m~3 m、高 0.5 m~1 m,圆柱体时直径为 1 m;土工织物沉枕直径一般为 0.6 m~1.0 m,长 5 m 或10 m,沿其长轴每隔 30 cm~50 cm 用 ϕ4~5 mm 的合成材料筋绳捆扎一圈作为加固腰箍。

5.3.3 土工模袋护坡厚度确定和稳定性计算,可参考《土工合成材料工程应用手册》的有关计算方法。

5.4.1

1 将立体植被护坡网、土工网、土工网垫用于风沙路基防护，作为植物固沙的先行措施，不仅能起到阻止流沙移动的作用，而且有利于对沙受到扰动后所引起的风沙活动进行快速防护，并具有材料运输方便、施工速度快等优点。覆以土工网的路基边坡，坡面性状发生明显改变时，粗糙度可提高数十倍至一百倍以上。由于坡面粗糙度的增加，其蚀积环境发生了改变，在风力降低、风蚀减弱的同时，风沙流中的部分沙粒及呈悬移状态细颗粒被阻滞沉积下来，使土工网下覆沙表面细颗粒物质增加，并出现薄层结皮。细颗粒物质增加是流动沙质面固定转化的初期阶段的重要标志之一，随着这种积累过程的不断进行，有机质及微生物会随之出现，地表沉积物及理化性质也相应改变，这为局部环境的改善及后期植物的生长创造了良好的环境条件。

2 对于土工网与植物相结合的防护措施，植物物种的选择是关键因素之一。根据气候特征，对植物物种的选择要从以下几方面考虑：

(1)当地天然分布的优良固沙植物或引进的在当地生长良好的固沙植物；

(2)所选植物应具有耐旱、抗风蚀、耐贫瘠、耐高温、根系发达、易繁殖、寿命长等优良特征；

(3)兼顾植物的生物学形态，根据各类植物的防风固沙作用，以灌木、半灌木为主；

(4)适于在土工网防护坡面上栽植。

5.4.2 固沙措施采用立体植被护坡网、土工网、土工网垫等土工合成材料覆盖于沙丘或沙地上，只起固定浮沙的作用。固沙要与阻沙相结合，阻沙工程设于外缘。靠路基侧的活动沙丘、沙地，当风向与阻沙工程走向小角度(小于30°)相交时，宜全部平铺；当风向与阻沙工程走向大角度相交时，可按阻沙工程降低的风速在起动风速下的范围以外开始平铺；风向较紊乱时，宜全部平铺。

土工网方格沙障设置宽度 L 与沙源和风况等有关。在没有其他防沙措施相配合的情况下，可按下式计算：

$$L=L_1+L_2 \qquad \text{(说明 5.4.2)}$$

式中 L_1——基本宽度(m)，一年内≥17 m/s 风速累积小时数为 T，当 $T \leqslant 5$ 时，$L_1 = 30$ m～60 m；当 $T > 5$ 时，$L_1 = 60$ m～100 m；

L_2——沙埋宽度(m)。

采用平铺立体植被护坡网、土工网、土工网垫等固沙措施或采用土工网沙障固阻沙措施时，宜与营造旱生灌木林相结合，防沙效果才显著。

高立式土工合成材料防沙网沙障只起阻沙作用，一般设置一排，输沙量大时设两排或三排。设于设防带外缘，沙源少时，离路基坡脚 50 m 左右；沙源丰富时，离路基坡脚 100 m～300 m。

5.5.2 目前用于挡土墙保温的主要土工合成材料采用硬质聚苯乙烯泡沫塑料，实践证明，它们用于防止土体产生冻胀十分有效。

聚苯乙烯泡沫塑料保温层厚度可参照《土工合成材料工程应用手册》计算确定。

5.6.1 草种应播种在网垫中间。草籽播种后，表面覆盖土厚度以盖住网垫为宜，不应使网垫暴露于阳光下。

5.6.2 土工合成材料石笼可为矩形和圆柱形，具体应根据工点情况而定。矩形的底面是平面，接触面积大，稳定性好，更适合堆叠施工；圆柱形易于沿坡面滚下，省时省力。

6.1.1 传统的路基反滤、排水、隔水防渗材料主要是天然的土、砂石料和浆砌片石或混凝土等。由于土工合成材料本身具有一定的反滤、排水和隔水防渗功能，而且与传统材料相比，具有质量轻、耐腐蚀、强度高、流体阻力小、质量稳定、施工方便等特点，所以，国内外铁路、公路、水利、市政、环保等工程的反滤、排水、隔水防渗设计施工中，大量采用了土工合成材料，取得了许多成功的经验。因此，铁路路基和支挡结构工程中地表水或地下水的反滤、排水、隔水防渗可采用土工合成材料。

6.1.2 可用于反滤、排水、隔水防渗的土工合成材料及规格较多，而且性能各异，所以应结合结构物的受力、变形和防水、排水要求，选择适宜的材料品种和规格，在满足技术要求、经济合理的前提下，充分发挥材料性能。可单独使用一种土工合成材料，也可采用多种土工合成材料或与传统砂砾材料配合使用，以满足工程需要。

6.1.4 土工织物反滤层设计准则主要包括保土准则、透水准则、防淤堵准则。三个方面均应满足，否则就会影响其使用功能。

6.2.1 土工织物具有隔离、反滤和排水功能，因此在砂石料缺乏时，经过技术经济比较后，可采用土工织物作为反滤材料。

d_{85}<0.075 mm 的土颗粒较小，直接用土工织物作为反滤层，其等效孔径 O_{95} 一般难以满足防淤堵要求，故一般应在土工织物与土体间设置中粗砂层予以过渡，砂层的厚度可采用 10 cm～15 cm。

6.2.2 保土准则是基于反滤层中的最大孔径应小于土的最大粒径，以保证土颗粒不会流失，但允许少部分细小颗粒穿过织物流走，在长期使用条件下不致于使反滤层淤堵，保证排水通畅。

国内外对反滤准则的研究已有三十多年的历史，并不断提出许多新的和改进的反滤准则。静荷单向水流的反滤准则较为成熟，动荷双向水流下的反滤准则尚处于研究阶段。铁路路基排水多数情况下以静荷单向水流为主，尤其是排除地下水。对于动荷双向水流情况下，反滤层保土要求更为严格，一般以较厚的无纺土工织物与砂层相结合为宜。

具有代表性、应用较多的静荷单向水流下的保土准则是 Calhoun（美国陆军工程师团准则）、Giround、Heerten（德国土力学及基础工程学会准则）等三个准则。Giround 准则考虑了被保护土颗粒级配情况和紧密情况，Heerten 准则则将被保护土分为有问题土和稳定土两大类并考虑原土粒级配情况，而 Calhoun 准则只将土简单地分为粗粒土和黏粒土，用织物孔径与土颗粒粒径的大小对比建立挡土准则，但 Calhoun 准则假定被保护土都是均质的（不均匀系数 C_u<2），没有考虑被保护土层可能形成天然滤层，在设计上偏于安全和保守。

铁道部科学研究院综合研究了国内外多种准则和大量的铁路实践资料，提出了土工织物反滤层设计准则，认为土工合成材料的保土性能与土工织物的种类及等效孔径和土颗粒不均匀系数有关，建议采用以 Calhoun 准则为基础的保土准则，如式（6.2.2）。

6.2.3 透水准则是以渗透系数表示的准则，要求织物的渗透系数应大于土的渗透系数某一量值，如 $k_g>Ak_s$。一般砂性土取 $A=1\sim10$，黏土取 $A=10\sim100$。由于细粒土不可避免对土工织物产生一定淤堵现象，导致渗透系数降低，因此 A 值应选取高值。同样，重要工程对土工织物长期渗透性要求高，A 值也应取高值。

6.2.4 美国陆军工程师团曾利用不同种类的无黏性土和土工织物进行了梯度比试验，得出 $GR\leqslant3$ 的梯度比准则。虽然国内外一些研究者对具体的取值及试验结果的实用性等提出了异议,但目前它仍然是国际上判断织物淤堵的一项通用指标,可在一般工程设计中应用。对于比较重要的工程,仍以采用长期的渗透试验来确定更可靠。

6.2.6　渗沟的布置、结构形式、检查井设置等设计,参见《铁路路基设计规范》(TB 10001)、《铁路工程设计技术手册·路基》等有关规范及设计手册。

图 6.2.6—1 所示渗沟断面形式,在基床病害整治中常用于截排或疏干基床土体水分,也可用于排除浅层土体滞水。采用无纺土工织物代替传统的砂砾石反滤层,施工简便,排水效果好,已广泛应用。长度以不超过 100 m 为宜,纵向坡度一般为 5%,最小不小于 1%。截面尺寸根据排水需要确定,一般不小于0.3 m×0.3 m,并不大于 1.0 m×1.0 m。沟内用作渗水、排水的碎石、砂砾石应筛选和洗净,靠近土工织物的粒径应小一些。

图 6.2.6—2 所示渗沟断面形式,是以塑料渗水管或软式透水管代替管式渗沟中传统的钢筋混凝土管或无砂混凝土渗水管。塑料渗水管和软式透水管质量轻,安装方便,施工效率高,耐腐蚀,渗水及排水效果好。铁三院已将 PVC 硬塑料渗水管成功应用于多处地下水路堑纵向渗沟中,铁二院及铁四院也已将软式透水管用于多处路基地下排水工程中。采用这两种渗水管,渗沟断面宽度可适当减小。一般渗沟深 2.0 m,人力施工时,宽度最小不小于 0.8 m;沟深超过 2.0 m 时,宽度不小于 1.0 m。机械施工时,可适当加宽。

6.2.7　采用仰斜钻孔排除滑坡或路堑边坡地下水,在国内外已有许多成功经验,效果较好,但一般仰斜排水孔对于土质较差及风化破碎岩层,易塌孔堵孔,影响排水效果。在仰斜钻孔中插入塑料渗水管或软式透水管,可起到较好的支撑孔壁、渗水和排水的作用。塑料渗水管的渗水圆孔直径可采用 5~10 mm,纵向间距 50~75 mm,沿管周分三排均匀交错排列。靠出水口约 1~2 m 范围的塑料渗水管可不设渗水孔。

6.2.8　地下水发育地段的路堑挡土墙,在砂砾石料缺乏时,可在墙背设置斜向与纵向塑料渗水管或软式透水管。铁二院等单位已设计施工一些工点,并取得了一些经验。也可与墙背设置土工织物反滤层及墙底设置渗水管结合。如挡土墙较长、地下水流量较大时,可以将渗水沿纵向渗水管分段引排至侧沟中,斜向渗水管间距、管径必须满足排水要求,纵向渗水管一般要比斜向渗水管管径大一些。

6.2.9　目前塑料渗水管生产厂家较多,材料大多为 PVC、PP/PE等。种类有波纹管、卷绕管、等壁管等,管径及规格更多,但一般成品管不带渗水孔,可根据设计需要加工。等壁管渗水孔一般为圆形,波纹管及卷绕管渗水孔可为圆形或长槽形。渗水孔应沿管壁表面均匀排列、交错布设,开孔率(每延米管长渗水孔总面积占管壁表面积百分比)一般不低于 1%~3%。圆形孔直径一般为 0.5 cm~2.0 cm,间距不应小于两倍孔径;长槽形孔宽一般为 0.5 cm~1.0 cm,长度一般为 2.0 cm~10.0 cm,渗水孔纵向间距不应小于一倍孔长。

斜坡岩土体中的深、长泄水孔中和挡土墙后的塑料渗水管外应包裹无纺土工织物,以防止细土颗粒流入管中,避免日久淤堵管路而降低排水性能。图 6.2.6—2 所示渗沟中,如已用土工织物外包碎石或砂砾石,塑料渗水管外可不包裹土工织物。管外包裹无纺土工织物的质量一般不低于 200 g/m²,并绑扎牢固。

6.2.10　渗沟或塑料渗水管的排水流量应大于渗入水量,安全储备系数 F 可参考下式的要求:

$$F=\frac{Q_T}{Q_c}\geqslant 2.0\sim 5.0 \qquad \text{(说明 6.2.10—1)}$$

式中　Q_T——管件的排水流量(m^3/s);

Q_c——渗入管内的水流量(m^3/s)。

对于可以清淤的渗水管 F 取小值,对于无法清淤的渗水管 F 取大值。

(1)渗入管内的水流量 Q_c 按下式计算:

$$Q_c = \pi \cdot k_s \cdot d_{ef} \cdot L \qquad \text{(说明 6.2.10—2)}$$

式中 k_s——土的渗透系数(m/s);

d_{ef}——有效管径(m),$d_{ef}=d \cdot \exp(-2\pi\alpha)$,其中 d 为排水管直径(m),α 为无因次流入阻力系数,可取$\alpha=0.1\sim0.3$(当土工织物渗透系数较大时取小值,反之取大值),有条件时应根据所选土工织物进行相应的渗透试验确定;

L——渗水管长度(m)。

(2)渗水管的排水流量 Q_T 按下式计算:

$$Q_T = v \cdot A \qquad \text{(说明 6.2.10—3)}$$

式中 A——渗水管的排水断面积(m^2);

v——水流的流速(m/s),$v=\frac{1}{n}R^{2/3} \cdot i^{1/2}$,其中 n 为管的粗糙率,R 和 i 分别为水力半径和水力坡降;对于软式透水管,n 可取 0.014;对于硬聚氯乙烯管,n 可取 $0.01\sim0.012$;对于光滑塑料管,可按 $v=186.7 \cdot R^{0.714} \cdot i^{0.572}$ 计算;对于塑料波纹管,可按$v=71 \cdot R^{2/3} \cdot i^{1/2}$计算。

6.2.11 本条仅对土工合成材料用于排水时的基本性能提出了要求,应用时要结合工程实际需要,对强度、变形、排水、渗滤、抗冻等各项性能指标作具体规定。

作为铁路路基排水的塑料渗水管,以硬聚氯乙烯塑料波纹管为宜。当对强度和径向变形要求不高时,也可选用其他类型塑料管。

软式透水管是将高强防锈钢圈、滤布和加强合成纤维外覆层组合在一起构成的渗水管,不仅具有反滤、透水、排水功能,而且质量轻,是一种轻型的排水管材。要求作为反滤层的土工织物必须满足保土、透水、防淤堵准则,管体钢圈应弹性好,径向耐压强度高、变形小,能满足工程需要。

6.3.4 塑料渗水管和软式透水管接口一般采用柔性接口。塑料渗水管接口采用承插式接头,并用配套橡胶圈密封;软式透水管接口可采用配套直通或三通(T 形)塑料接头。

6.3.5 安插塑料渗水管时,对作为反滤层的土工织物绑扎可采用高强尼龙绳,每道间距不应大于 0.5 m。

6.3.6 土工合成材料在阳光照射下易老化,影响材料性能,因此一般要求在 48 h 内应回填或及时覆盖。从高处直接抛落碎石易砸坏土工织物或渗水管,回填碎石时靠近土工织物或渗水管处应轻放,达一定厚度后(不小于 0.3 m)再用小型机具夯实。

6.3.7 仰斜钻孔钻成后可在钻孔内直接插入塑料渗水管或软式透水管,也可随钻具一起钻入后再抽出钻具。出水口 0.6 m 范围内应用黏土或水泥砂浆堵塞钻孔与管壁间隙,并固定管口。采用软式透水管时,也可根据土质和地下水情况采用风力灌砂方法,使管壁与孔壁密贴。

7.1.1 土工合成材料加筋路堤,其主要作用在于提高路堤堤身的稳定性和抵抗边坡浅层溜坍的能力,因此当路堤采用细粒土、软质岩等填料填筑时,可采用土工格栅、土工网等加固边坡。南昆、襄石等线的使用效果良好。

7.1.3 据全国不完全统计,目前用土工合成材料的加筋土挡土墙,除用砂砾石或黄土填料的墙体外，墙高超过 10 m 者较少，铁路部门单级超过 10 m 的更少，因此本条对采用土工合成材料作筋材的加筋土挡土墙单级高度作了限定。单级高度超过 10 m 时，可根据具体情况作特殊设计。

7.1.5　严寒地区土工格栅应抗低温。“青藏铁路路基设计原则”要求土工格栅在-45 ℃低温下冻融循环 200 次抗拉强度不小于设计标准值。

7.2.1　根据目前铁路、公路土工合成材料在路堤中的应用情况，总结提出了边坡加筋补强、加筋土路堤和填土界面加筋等结构形式，或者叫三种使用方法。

1　长荆、洛湛、株六、西宁、武九、赣龙等新建铁路，路堤以中～弱膨胀土或其他土质较差的填料填筑的边坡，以及惠河高速公路大于 20 m 高填方边坡，采用土工格栅对边坡进行加筋补强，铺设宽度 2.5 m～4 m、层间距 0.6 m 左右，材料极限抗拉强度 25 kN/m，有效抑制了边坡浅层溜坍现象发生，增强了坡面抗雨水冲刷的能力，效果良好。

加筋补强土工格栅铺设宽度可按下式确定：

$$L=L_1+L_2\geqslant 2.5\ \text{m} \qquad \text{（说明 7.2.1）}$$

式中　L_1——气候影响层厚度，根据经验确定；

L_2——锚固长度，一般为 0.5 m～1.0 m。

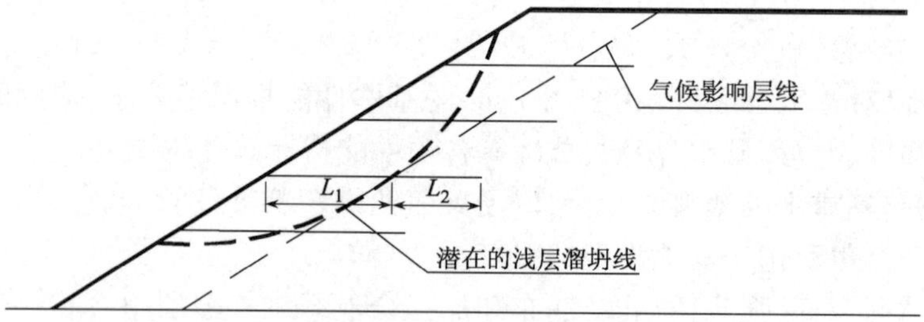

说明图 7.2.1　加筋补强形式

2　广州市华南高速公路、赣龙线等工程中，受地形条件限制，采用土工格栅进行加陡路堤边坡设计。其中赣龙线路堤边坡高 12 m，路堤加陡边坡设计坡率为 1∶0.75；华南高速公路路堤边坡高达 20 m，按 1∶1.3～1∶1.5 进行加陡设计，避免了坡脚落入水库，效果良好。

3　惠河高速公路陡坡路堤，于自然地面挖宽 2 m 台阶后，台阶铺设 TGDG25 型土工格栅，铺设宽度 4 m，有效提高了路堤抗滑稳定性，建成通车 5 年来，效果良好。

7.2.2　加筋土多层土工合成材料以一定间距分层铺设，为了便于施工和充分发挥筋材的作用，各层间距不宜小于一层填土的最小厚度。为了确保加固效果，同时又因受材料强度的控制，所以各层间距不宜大于 1 m。铺设宽度不小于 2.5 m 是考虑施工时，边坡附近 1.5 m 范围内土体压实较困难。对于膨胀土路堤，其“气候影响层”一般为 0.8 m～1.5 m，最大可达 2 m，所以作此规定。

7.2.3　加筋路堤设计中，稳定计算和锚固长度计算是设计的两个主要内容，稳定计算可按铁路有关规范、手册的相关内容进行，推荐采用圆弧滑动法或楔体滑动法。

7.2.4　土工织物、土工网、土工格栅等在相同应变条件下以土工格栅强度最高，而且土工格栅与填料的咬合作用好，因此从技术与经济角度出发，推荐采用土工格栅作为路堤加筋的主要材料。根据目前国内实际应用情况及南昆、襄石铁路施工经验，当仅仅是为防止边坡浅层溜坍,对材料强度要求较低时,采用土工网亦可达到加固的目的。

边坡加筋补强多采用极限抗拉强度 25 kN/m 的土工格栅。加陡边坡设计中,土工格栅强度应通过计算确定,一般采用35 kN/m及以上极限抗拉强度。考虑施工等原因,近年愈来愈多采用双向土工格栅。

7.3.2

1 当加筋土挡土墙较高,且地基承载力不受控制时,墙的下部范围可采用较短的筋材,特别是墙横向净空受限制时,缩短下部筋材长度,可减少开挖土方量。但当墙较低或地基承载力较低时,为达到应力扩散减少地基压应力,则应采用等长布置。墙高以 6 m 为界是根据《铁路路基支挡结构设计规范》(TB 10025)的规定"当采用不等长的拉筋时,同长度拉筋的墙段高度不应小于 3.0 m"而制定的。

3 加筋土挡墙整体上属于重力式实体结构,因此面板基础的埋置深度原则上应与一般重力式挡墙相同。根据《铁路路基设计规范》(TB 10001)的规定,对于一般土质地基,挡土墙基础埋置深度要求在地面以下至少 1 m。但是国内大量的工程实践表明,上述规定对于加筋土来说偏大,因此参照《公路加筋土工程设计规范》(JTJ 015—91),规定0.6 m为最小埋置深度。但对于低温地区,尚应考虑冻结深度的影响。对冲刷地区,应考虑冲刷深度的影响。

4 加筋体中填料含水饱和时,将在面板后产生水压作用,从而增大挡墙的侧压力。当填料中含有细粒土时,还会显著降低土与筋材间的摩擦力。当水中含有对筋材有腐蚀性的盐类时,将缩短拉筋的使用年限。因此,应采取防渗、疏排、改良填料等措施。

当加筋体背面有地下水渗入时,一般宜在加筋体背面和底部设置排水层,这样可避免地下水渗入加筋体内。若加筋体修建在渗水性较强的地基上,则加筋体下部不再设排水层,但仍应截排后面流向加筋体的水,以避免顺坡渗入。

在墙顶面设置防渗封闭层的目的,是为防止雨水从加筋体顶面流入或渗入加筋土内部和基础,增加加筋体的容重,降低加筋体的强度和地基承载力。

7.3.3 按加筋土挡土墙的破坏形式,其稳定性检算包括内部和外部稳定性检算两部分。

内部稳定性检算是根据摩擦加筋原理及锚固理论,确定拉筋的强度、长度、布置间距和面板结构等。

外部稳定性检算是指加筋土体的整体稳定检算。其计算方法是将加筋体作为刚体,根据重力式挡土墙的设计原理,检算所拟定的加筋体断面尺寸是否满足整体稳定性要求。

关于内部和外部稳定性检算方法和要求,有关规范、手册有详细说明,可根据具体情况采用。

7.3.6

1 拉筋材料的性能对加筋土挡土墙的设计有重大影响。拉筋的强度和变形性能关系到挡土墙的稳定,拉筋不能有过大的变形,特别是蠕变易使拉筋产生应力松弛,使墙体变形量过大甚至破坏。拉筋的抗拔力是依靠拉筋与填料间的摩擦力提供的,因此摩擦系数应满足设计要求。

高密度聚乙烯土工格栅和双向经编高强度涤纶土工格栅,是国外近年来开发的一种抗老化、抗蠕变性能较好、抗拉强度高、施工简单、与填土共同作用效果较好的拉筋材料。复合拉筋带(即钢塑复合拉筋带)是我国近年来研制的另一种拉筋材料,已在公路和铁路加筋土工程中使用。而聚丙烯土工格栅抗蠕变性能差,蠕变影响系数达 4.0~5.0。因此,推荐采用高密度聚乙烯土工格栅、双向经编高强度涤纶土工格栅、复合拉筋带作为拉筋材料。

2 考虑到铁路加筋土挡土墙的受力特性,安全性要求较高,综合其技术和经济等因素,要求土工格栅极限抗拉强度不小于 35 kN/m。

7.4.1

1 一般土工合成材料两个方向的强度并不一致,其纵向强度高。而路堤边坡多表现为侧向滑移,强调土工合成材料强度高的方向垂直于路堤轴线方向铺设,与其受力方向一致,更有利于充分发挥其材料性能,节省工程造价。

2 土工格栅、土工网的连接一般采用绑扎。根据工程经验,采用绑扎法时,一般每隔 10 cm~15 cm 应有一个绑扎点,且为使搭接处的强度满足要求,搭接宽度不应小于10 cm,在受力方向至少应有两个绑扎点。在另一方向,根据国内外工程实践经验,只要做到密贴排放即可,但应注意若多层铺设时,必须将上、下层搭接缝错开布置。

3 若土工合成材料铺设后还有褶皱,将不利于材料强度的发挥。在工程中,为保证土工格栅、土工网等的铺设质量,常采用插钉等固定方法。

4 铺设土工合成材料的土层表面如有坚硬凸出物,则易穿破或损伤土工合成材料。因此在铺设前,应将场地平整压实。为了保证土工合成材料不受损伤,严禁碾压机械直接在土工合成材料上碾压。

5 土工合成材料是以人工合成的聚合物(如塑料、化纤、合成橡胶)为原料,制成各种类型的产品,极易受紫外线照射降解的破坏,应特别注意保护,因此强调土工合成材料摊铺后应及时填土覆盖,以尽量保证材料的使用寿命。

7.4.2

1 拉筋铺设的方向与墙面垂直,是为了保证土工格栅或复合拉筋带均匀受力,充分发挥材料强度性能。要求复合拉筋带在加筋体内有 1/3 的长度不重叠,尽可能均匀分布,辐射状散开,达到各节点间后半部不存在明显的“无筋区”,保证加筋体能充分发挥整体作用的目的。

3 筋材铺设时,下层填料应压实、整平,其横向坡度以 1%~3% 为宜,这是保证筋材拉紧、拉直、不卷曲、扭结、皱褶的关键。筋材末端比前端高 5 cm~10 cm,以适应加筋体墙面板处沉降较小、后部沉降较大的特点。

5 筋材之间的摩擦要小于筋材与填料之间的摩擦,因此要求筋材在加筋体内不互相接触。考虑到筋材分层铺设和填料压实厚度一般为 30 cm 左右,故交叉时要求筋材间隔开的厚度应大于 5 cm。在外转角处,为防止加筋体后半部分无筋材情况发生,同时也为了加强墙体转角处的整体稳定性,故规定在外转角处两侧相邻 2~4 块板上增设加强筋材,其加筋材交叉部分应用填料隔开。

6 填料应按设计要求选取,要求级配良好、易压实、水稳定性好。填料与筋材直接接触部分不应含有尖锐棱角的块体,以免损伤筋材。为了控制填料的级配,使加筋体的压实质量有保证,也为使填料中一些大块不易接触筋材,要求填料最大粒径不应大于单层填料压实厚度的 1/3。

7 填料的压实质量是加筋土工程成败的关键。为保证填料的压实,填料应分层铺填和分层碾压。加筋材料的分层铺设厚度一般为 30 cm 左右,故规定填料的分层压实厚度为 20 cm~30 cm。

8 碾压顺序应按规定的顺序进行，压路机方向应平行于墙面板，下一次碾压的轮迹应与上一次轮迹重叠轮迹宽度的1/3。第一遍先轻压，使筋材位置在填料中先固定，然后再重压。碾压的遍数以填料碾压后达到规定的压实度为准。碾压前应进行碾压试验，根据碾压机械性质确定碾压遍数，以指导施工。距面板1 m范围内及拐角处压路机无法压实，应用蛙式夯或平板夯等轻型机械压实，一般情况下不应采用人工夯。

9 用推土机摊铺填料时，筋材上填料的覆盖厚度不得小于20 cm，未压实的加筋体一般不允许车辆在上行驶，以免造成筋材错位。

8.1.1 国内应用土工合成材料加固铁路路堤软土地基已有二十多年的历史，大量的试验研究和工程实践积累了丰富的经验，其理论、技术也比较成熟。土工合成材料加固软土地基主要有地基的加筋补强和竖向排水固结。应用土工合成材料加筋补强可提高地基稳定性，具有施工简单、少占农田（与反压护道比较）等优点，但不能解决沉降问题。

土工格室加固软基由于设计理论不完善和价格因素，限制了进一步推广应用。但由于其具有不可比拟的高强度和大刚度，在特定条件下的软土加固工程中仍有应用。铁四院曾在武广电化、长荆线软基加固工程中成功应用了土工格室。

8.2.1

2 土工合成材料加固软土地基可能发生的破坏形式主要有深层圆弧滑动破坏、浅层水平滑动破坏和地基整体承载破坏，应根据可能发生的破坏形式按有关规范、技术手册的规定进行稳定性检算。

3 土工合成材料设计容许强度取值，原则上应根据材料与地基土变形相协调来确定。铁四院在连云港软土路堤试验中，测得坍滑时土工织物只发挥了延伸率为15%的强度，而大多数按土工织物峰值强度设计的路堤经施工检验都是稳定的，说明土工织物的作用是很有潜力的，但其强度发挥的影响因素较多，目前尚缺乏量化资料，建议土工织物取应变量15%的拉伸应力作为设计容许强度。对土工格栅，因其延伸率一般小于15%，建议按其极限抗拉强度的90%作为设计强度。对于填土期较长、地基采取了加速固结措施、施工期沉降量大的情况，土工合成材料的变形也大，强度得以充分发挥，设计容许强度还可适当提高。

5 铁四院在广珠线软土路堤试验中实测三层土工织物的应力，发现当填土高度7.56 m时，表层、中层和底层土工织物最大应变分别为4.0%、2.3%和6.5%，所发挥的拉力分别为8 kN/m、4.6 kN/m和13 kN/m，总共只发挥了极限抗拉强度的17%，尤其是中间层基本上未发挥多少作用。当路堤稳定性由整体滑动破坏控制时，增加土工合成材料层数对提高路堤稳定性作用已不十分明显，故规定土工合成材料的铺设层数不宜超过3层。

6 土工合成材料用于地基加筋补强应有较高的强度，极限抗拉强度一般不小于35 kN/m，高密度聚乙烯土工格栅延伸率不大于12%，其他土工格栅延伸率不大于10%。土工织物应具有与砂垫层相匹配的渗透性，渗透系数要求不小于5×10^{-3} cm/s。

8.2.3

2 排水带或袋装砂井的间距、排列方式及插入深度应根据地基情况、沉降及稳定等要求，按固结理论计算确定。

3 排水带、袋装砂井等细长排水体打入地基较深时，产生压缩弯折而使排水功能衰减，形成井阻作用；涂抹作用主要是由于施工时对地基扰动造成，因常用导管的平均直径往往比排水体直径(或等值直径)大一倍以上,常常形成一定范围的涂抹区。涂抹区内扰动土的渗透性能也比地基土明显降低。井阻和涂抹作用对地基固结效果有一定的影响,设计一般不考虑。需考虑时,具体计算可参照《塑料排水带地基设计规程》(CTAG 02—97)办理。

5　排水带、袋装砂井和射水砂井均为排水固结措施,路堤的稳定分析与沉降计算可按《铁路特殊路基设计规范》(TB 10035)或其他相关规范、规定执行。

6　排水带产品性能指标要求可参照《塑料排水带地基设计规程》(CTAG 02—97)表 2. 1. 4。

8. 2. 4　隔断层的作用在于切断毛细水上升通道,防止地下水中盐分被带入路堤土体产生次生盐渍化。隔断层设在路堤底部,一般可保证路堤整体不产生次生盐渍化病害。隔断层设在路堤上部或中部可以节省隔断层工程量,但不能保证隔断层以下部分路堤不产生病害。因此,对新线和增建二线,隔断层最好设在路堤底部。对既有铁路改造,若隔断层设在路堤底部,会干扰行车、影响运营,所以隔断层宜设在路肩下一定深度。用于毛细水隔断层的复合土工膜,宜选用二布一膜。

8. 2. 5　作为隔断层的复合土工膜不容许渗水,为此必须满足渗透系数不大于 10^{-11} cm/s 这一指标。在盐渍土环境下使用,土工合成材料应耐腐蚀,不致因化学因素引起老化脆裂。为了防止施工中造成破损,要求复合土工膜厚度 ≥ 0. 35 mm、顶破强度不小于 2. 5 kN。